Bettina Henzler
Filmästhetik und Vermittlung

D1705105

Bremer Schriften zur Filmvermittlung, Band 3
Herausgegeben von Winfried Pauleit

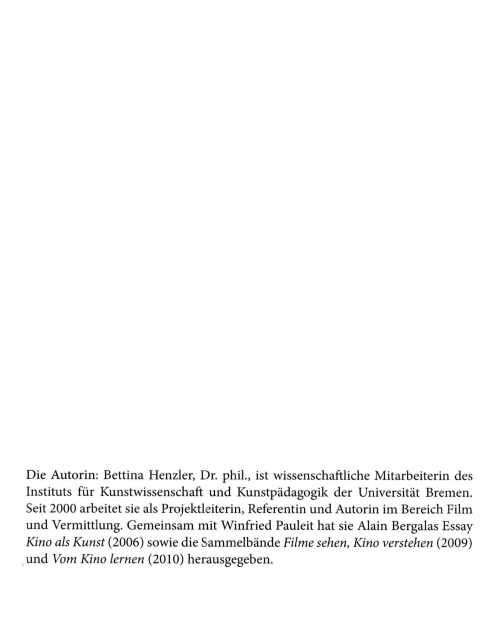

Die Autorin: Bettina Henzler, Dr. phil., ist wissenschaftliche Mitarbeiterin des Instituts für Kunstwissenschaft und Kunstpädagogik der Universität Bremen. Seit 2000 arbeitet sie als Projektleiterin, Referentin und Autorin im Bereich Film und Vermittlung. Gemeinsam mit Winfried Pauleit hat sie Alain Bergalas Essay *Kino als Kunst* (2006) sowie die Sammelbände *Filme sehen, Kino verstehen* (2009) und *Vom Kino lernen* (2010) herausgegeben.

Bettina Henzler

Filmästhetik und Vermittlung

Zum Ansatz von Alain Bergala:
Kontexte, Theorie und Praxis

Bibliografische Information der Deutschen Nationalbibliothek
Die Deutsche Nationalbibliothek verzeichnet diese Publikation in der
Deutschen Nationalbibliografie; detaillierte bibliografische Daten sind im
Internet über http://dnb.d-nb.de abrufbar.

Diese Arbeit wurde von der Philosophischen Fakultät
der Universität Bremen 2011 als Dissertation angenommen.

Die Publikation erfolgt mit der freundlichen Unterstützung des
Instituts für Kunstwissenschaft und Kunstpädagogik der Universität
Bremen und der *Johanna und Fritz Buch Gedächtnis-Stiftung*, Hamburg.

Schüren Verlag GmbH
Universitätsstr. 55 · 35037 Marburg
www.schueren-verlag.de
© Schüren 2013
Alle Rechte vorbehalten
Gestaltung: Nadine Schrey
Druck: Druckhaus Marburg
Printed in Germany
Geruckt auf Papieren aus nachhaltiger Waldwirtschaft
ISBN 978-3-89472-758-1

Inhalt

Dank

Mein herzlicher Dank gilt allen Personen und Institutionen, die die Entstehung dieser Arbeit unterstützt haben:

Winfried Pauleit verdanke ich den entscheidenden Anstoß, die kontinuierliche Förderung und Begleitung meiner Forschung. Ihm und Sebastian Schädler danke ich vielmals für die intensive Betreuung des Arbeitsprozesses und für zahlreiche wegweisende Anregungen.

Alain Bergala, Eugène Andréanszky (Les enfants de cinéma), Nathalie Bourgeois (Cinémathèque française) und Francis Desbarats danke ich für inspirierende Einblicke in ihre Arbeit und die großzügige Bereitstellung von Materialien.

Perrine Boutin, Kyung-Ho Cha, Torsten Gladrow, Chloé Guerber, Tina Heidborn, Ursula Riegl, Serguej Spetschinski, Volker Pantenburg, Julia Ucsnay, Inga Weicke, Manuel Zahn danke ich für ihren hilfreichen Rat, aufmerksame Lektüren und vielfältige Anstöße.

Besonders herzlich danke ich Juliane Henzler, Ursula Henzler und Malte Weicke für das sorgfältige Lektorat des Manuskriptes und ihre Bereitschaft, die Fertigstellung der Publikation auch kurzfristig und mit einigem Zeitaufwand zu unterstützen.

Der Universität Bremen sowie der Johanna und Fritz Buch Gedächtnis-Stiftung danke ich für die finanzielle Unterstützung, Annette Schüren und Nadine Schrey für die freundliche Betreuung der Publikation.

Einleitung

«Vielleicht sollten wir anfangen, den Film nicht als
fertigen Gegenstand, sondern als Spur eines kreativen
Prozesses und das Kino als Kunst zu denken
– aber das fällt der Pädagogik nicht leicht.»[1]
Alain Bergala

Film steht seit der Jahrtausendwende auf der Agenda der deutschen Bildungspolitik und die Forderung nach ästhetischer Bildung findet sich im aktuellen Beschluss der Kultusministerkonferenz zur Medienbildung (2012)[2]. In der schulischen Praxis sind filmästhetische Vermittlungssätze allerdings bisher wenig verbreitet. Zwar gab es bereits im Umfeld der Reformpädagogik Anfang des 20. Jahrhunderts Überlegungen zur ästhetischen Bildung[3] mit Filmen und in Filmzeitschriften, Kommunalen Kinos, Programmkinos, Museen und Universitäten wird Film auch als ästhetischer Gegenstand vermittelt. Diese Tradition fand jedoch bis dato kaum Eingang in deutsche Schulen. Anders ist es in Frankreich. Dort hat sich in der Filmclubbewegung der 1940er bis 1960er Jahre die Cinephilie als eine kulturelle Praxis verbreitet, die nicht nur die französische Filmproduktion, Filmkritik und Filmwissenschaft sondern auch die Filmpädagogik nachhaltig geprägt hat. Cinephil sein heißt in diesem Kontext, Film als Kunstform zu begreifen, das Kino als Bildungsraum zu erfahren und die Liebe zu Filmen an andere weiterzugeben zu

---

1   Alain Bergala: *Kino als Kunst. Filmvermittlung an der Schule und anderswo.* Hg.: Bettina Henzler, Winfried Pauleit. Marburg, 2006 (Originalausgabe: *L'hypothèse cinéma. Petit traité de la transmission du cinéma à l'école et ailleurs*, Paris, 2002).

2   Mit dem Kongress «Kino macht Schule» 2003 in Berlin rückte die Bundeszentrale für politische Bildung das Thema Filmbildung auf die politische Agenda. 2006 gründete das Bundeskulturministerium und die Filmförderanstalt Vision Kino – Netzwerk für Film und Medienkompetenz (Potsdam/Berlin), um die Filmbildung bundesweit zu vernetzen und zu fördern. Siehe *Medienbildung in der Schule. Beschluss der Kultusminister-Konferenz vom 8. März 2012*, S. 5. Download unter www.visionkino.de/WebObjects/VisionKino.woa/wa/CMSshow/1174114 (3.2.2013).

3   Vgl. Jürgen Hüther: Wegbereiter der Medienpädagogik (6). Die Kinoreformer 1907–1920. In: *merz 4*, 2002, S. 251. Der Filmtheoretiker, Künstler und Bauhausmeister László Moholy-Nagdy übertrug in seinen Schriften die reformpädagogischen Ansätze des Bauhauses zur ästhetischen Bildung auch auf den Film. Siehe Jan Sahli: *Filmische Sinneserweiterung. László Moholy-Nagys Filmwerk und Theorie.* Marburg, 2006, S. 42–54.

wollen. Die Cinephilie hat den Boden für die Etablierung der Filmvermittlung an französischen Schulen bereitet: Seit den 1980er Jahren ist Film hier Abiturfach und im Rahmen von landesweiten Schulkinoprojekten werden Kinder ab der Grundschule an Filmkultur und Filmerbe herangeführt.

Einen Einblick in diese einflussreiche Tradition der französischen Filmvermittlung gewährt der Essay *Kino als Kunst. Filmvermittlung an der Schule und anderswo*, der 2006 in Deutschland erschienen ist. Der Filmwissenschaftler und Autor Alain Bergala stellt darin ein Bildungskonzept vor, in dem Film als künstlerische Praxis und als Teil der Film- und Kunstgeschichte im Mittelpunkt steht. *Kino als Kunst* zeigt, dass man in Bildungskontexten *anders* über Film sprechen, ihn *anders* wahrnehmen kann: mit einem cinephilen statt medienkritischen Blick, der sich nicht allein auf aktuelle mediale Entwicklungen fokussiert, sondern die historisch gewachsene ästhetische Vielfalt des Mediums ins Auge fasst. Die Überzeugungskraft von *Kino als Kunst,* das in Deutschland, wie in Frankreich in zweiter Auflage erschienen ist, liegt dabei in der Verbindung ganz unterschiedlicher Theorie- und Praxisfelder des Mediums Film, die in der Pädagogik, aber auch in der Wissenschaft, nur selten zusammengedacht werden. Das Buch ist Ergebnis einer jahrelangen Erfahrung in der Filmvermittlung in den verschiedensten Kontexten, wie Schule, Filmkritik, Regie, Universität und Museum. Es schließt an filmtheoretische Überlegungen im Kontext der französischen Cinephilie an und reflektiert die Potentiale der digitalen Medien für die Filmvermittlung und Pädagogik.[4] Spezifisch für dieses Buch, wie für alle anderen filmpädagogischen Publikationen Bergalas ist die Verbindung von Theorie und Praxis, Wissenschaft und Pädagogik: Das Nachdenken über Filmpädagogik führt Bergala immer wieder zu theoretischen Überlegungen über Film, Bildung und Ästhetik – und umgekehrt.

Kino als Kunst bietet Anlass, der für Pädagogik wie Filmwissenschaft relevanten Frage nachzugehen, wie Filmwissen und Filmtheorie mit Überlegungen zu Bildung und Pädagogik verbunden sind: Wie können Filmästhetik und Vermittlung zusammengedacht werden? In der vorliegenden Arbeit werde ich daher Alain Bergalas Filmpädagogik in Hinblick auf drei zentrale Fragestellungen untersuchen: Auf welchen kulturgeschichtlichen Voraussetzungen beruht der ästhetische Vermittlungsansatz und wie hat er sich entwickelt? Welche theoretischen Überlegungen liegen ihm zugrunde? Wie lässt er sich in der Praxis umsetzen? Ich greife die in *Kino als Kunst* formulierten Thesen auf und reflektiere die Bedingungen und

---

4   Statt des in Hinblick auf die Schule häufig verwendeten Begriffs der Filmbildung steht in dieser Arbeit der Begriff der Filmvermittlung im Zentrum, der auch Vermittlungsformen in anderen Bildungskontexten umfasst (Museen, Kinos, Universitäten, Zeitschriften usw.). Siehe dazu auch das Vorwort in: Bettina Henzler, Winfried Pauleit: *Filme sehen, Kino verstehen. Methoden der Filmvermittlung.* Marburg, 2009, S. 7f.

Möglichkeiten einer Vermittlung des Films als ästhetische Form an Schule und Universität. Bis heute werden Filme häufig als Stichwortgeber für Themen, als weitere Textsorte oder als Mittel der sozialen Kommunikation verhandelt und so die schwer zu fassende Form und Wirkung des Mediums in Diskurs und Praxis ‹stillgelegt›. Wie ist es möglich, die individuell unterschiedliche ästhetische Filmerfahrung in Bildungs- und Erkenntnisprozesse zu integrieren? Was heißt es, Film – wie Bergala fordert – als Alterität, als Störfaktor in die Institutionen zu bringen? Und warum dient eine ästhetische Bildung mit Filmen nicht nur dem Spezialinteresse cinephiler Kreise, sondern ist in Hinblick auf soziale Chancengleichheit und ethische Bewußtseinsbildung auch eine gesellschaftspolitische Notwendigkeit?

Den in *Kino als Kunst* vorgeschlagenen Vermittlungsansatz erörtere ich im Folgenden in Hinblick auf soziologische, rezeptionsästhetische und filmwissenschaftliche Theorien und nehme dabei das Spannungsfeld von Gesellschaft, Individuum und Ästhetik in den Blick. Zu diesem Zweck analysiere ich die Vielzahl der von Bergala in den letzten 40 Jahren veröffentlichten filmpädagogischen Interventionen und Medien und diskutiere die praktische Umsetzung seiner theoretischen Überlegungen. Dies bietet Anregungen und Argumentationsgrundlagen für die Entwicklung der Filmvermittlung als kulturelle und ästhetische Bildung. Denn ich stelle eine in Deutschland bisher nur wenig bekannte cinephile Vermittlungspraxis vor und zeige die Perspektiven einer Filmvermittlung auf, die Wissenschaft, künstlerische Praxis und Pädagogik miteinander verbindet. Darüberhinaus bearbeite ich am Beispiel von Bergala ein bisher wenig erforschtes Kapitel der französischen Filmkultur: den Einfluss der französischen Cinephilie auf die Filmpädagogik in Frankreich. Dabei wird es um die Frage gehen, inwiefern Bergalas Vermittlungskonzept von theoretischen Überlegungen und methodischen Ansätzen der Cinephilie geprägt ist, diese bündelt und in Hinblick auf neue Medien weiterentwickelt. Dies ist auch in Bezug auf aktuelle bildtheoretische Forschungen von Interesse, da die Cinephilie phänomenologische Herangehensweisen mit Strategien der Filmanalyse verknüpft.

Gegenstand und Kontexte

In dem vorliegenden Buch stehen die von Alain Bergala publizierten Schriften und Medien der Film- und Medienpädagogik im Mittelpunkt. Die Besonderheit dieser pädagogischen Arbeiten liegt in der biografisch bedingten Verbindung verschiedener Institutionen und Praxisbereiche, die für die Filmvermittlung wesentlich sind. Als Pädagoge war Bergala bereits in den 1970er Jahren an den ersten medienpädagogischen Pilotprojekten an Schulen beteiligt und hat seither

einige der wichtigsten Filmbildungsprojekte in Frankreich konzeptionell begleitet. Als Kritiker der *Cahiers du cinéma* befasste er sich in den 1980er Jahren intensiv mit der ästhetischen Tradition dieser Zeitschrift, einem der ‹Wortführer›
der französischen Cinephilie, und nahm an Debatten um die Vermittlungsfunktion der Filmkritik teil. Als Regisseur und Hochschullehrer setzte er sich mit
dem filmischen Schaffensprozess auseinander und entwickelte die Methode der
Schaffensanalyse, die es an Schule und Universität ermöglicht, Filmanalyse und
kreative Praxis miteinander zu verbinden. Als Filmbeauftragter für das französische Bildungsprogramm *Les arts à l'école* (2000–2002) initiierte er neben Filmprojektklassen mit Künstlern auch die DVD-Reihe *L'Eden cinéma* für Schulen.[5]
Es handelte sich dabei um den bis dato einmaligen Versuch der französischen
Ministerien für Bildung und Kultur, eine Bildungsreform zu lancieren, die die
Kunstvermittlung von der Grundschule an ins Zentrum der schulischen Bildung
rücken sollte. In diesem Rahmen stellten Bergala und seine Mitarbeiterinnen
Anne Huet und Catherine Groupil umfangreiches Material für die Filmbildung
bereit und entwickelten neue Methoden der Filmvermittlung im Medium DVD.

   Die Entwicklung von Bergalas filmpädagogischem Ansatz steht im Kontext
der Geschichte der französischen Filmpädagogik in den letzten 40 Jahren. Wie
ich bereits an anderer Stelle gezeigt habe,[6] verbindet er zwei ihrer wesentlichen
Strömungen miteinander. Seine frühen Texte zeugen von einer semiologischen
Medienpädagogik, die Filme als Zeichensysteme entschlüsselt, und spätere Texte
wie *Kino als Kunst* vertreten eine cinephile Filmpädgogik, die Filme als ästhetische Form in ihren film- und kunstgeschichtlichen Kontexten vermittelt. Bergalas pädagogisches Engagement fügt sich ein in eine lange, bis auf die französische
Revolution zurückgehende Tradition bildungspolitischer Bestrebungen, welche
die ästhetische Bildung der Bürger als Projekt der Demokratisierung verfolgten.
Insbesondere überkreuzen sich in *Kino als Kunst* verwendete Begriffe und Argu-
mentationsfiguren mit den allgemeinen Kunstvermittlungsdiskursen in Frankreich. Dies gilt beispielsweise für die Thesen von der widerständigen Kunst, die
als ein individuelles Schockerlebnis erfahren wird; von der Geschmacksbildung
als Basis für eine ästhetische und politische Urteilskraft und von der Rolle des
Vermittlers als eines *passeurs*, der seine individuellen Vorlieben in den Unterricht
einbringt.[7] Ich werde die Beziehungen zu diesen drei Kontexten, der Filmpäda-

5   Es sind 30 DVDs in der Reihe *L'Eden cinéma* erschienen, siehe Titelliste im Anhang.
6   Bettina Henzler: Von der Pädagogik audiovisueller Medien zur Vermittlung des Kinos als Kunstform.
    In: Bettina Henzler, Winfried Pauleit: Film sehen, Kino verstehen. Methoden der Filmvermittlung.
    Marburg, 2009, S. 10–32.
7   Nathalie Montoya beschreibt diese Diskurse in ihrer soziologischen Studie zur Kunstvermittlung
    in Frankreich, die sie auf Interviews mit Praktikern der Kunstvermittlung und Texte, die in diesem

gogik, den ästhetischen und den cinephilen Diskursen, herausarbeiten und dabei das Spezifische der cinephilen Vermittlungtradition Frankreichs erläutern, deren Ausrichtung und Vielfalt auch im internationalen Kontext einmalig ist.

Von den pädagogischen Schriften Bergalas sind in Deutschland bisher nur *Kino als Kunst* sowie kleinere, diese Publikation begleitende Texte erschienen.[8] Das Buch wurde auch außerhalb von Fachkreisen rezipiert. Dafür spricht, neben der für ein Fachbuch ungewöhnlich hohen Auflage, eine Vielzahl von Pressereaktionen, die von Bürgerfunk und Lokalzeitschriften, über überregionale Tagespresse bis hin zu Filmfachzeitschriften reichten.[9] Der positive Tenor dieser Artikel, die zentrale Thesen von Bergala aufgreifen, zeugt von der Inspirationskraft der cinephilen Filmpädagogik auch oder gerade für den deutschsprachigen Raum. Die Publikation wurde in Deutschland von einer Reihe Fachveranstaltungen begleitet, die eine intensivere fachliche und wissenschaftliche Auseinandersetzung ermöglichten: Lehrerfortbildungen, Fachkongresse, Vortragsreihen an Universitäten.[10] Denn aufgrund der eingangs erwähnten Verbindung von filmtheoretischen und pädagogischen Überlegungen ist der cinephile Vermittlungsansatz auch anschlussfähig an die Film- und Medienwissenschaft, in der sich in

---

Kontext erschienen sind, stützt. Nathalie Montoya: *Médiateurs et dispositifs de médiation culturelle. Contribution à l'établissement d'un grammaire d'action de la démocratisation de la culture.* Paris, 2008 (unveröff. Dissertation).

8   Alain Bergala: Allein das Begehren bildet. In: *Ästhetik & Kommunikation. Ästhetische Erziehung im Medienzeitalter* 125, 2004, S. 21–24. Alain Bergala: Freiheit und Regeln. In: *Recherche Film und Fernsehen. Medien Kompetenz–Konsum–Vermittlung. Zeitschrift der deutschen Kinemathek* 2, 2007, S. 44–49 (Orig. 2000).

9   *Kino als Kunst* wurde mit 10.000 Exemplaren verkauft. Siehe u.a. die Rezensionen von Klaus-Dieter Felsmann in *Filmdienst* (24/2006), Nicole Ribbecke in *Der Schnitt* (1.4.2007), Jörg Becker in *Ray* (1.3.2997); Stefanie Schlüter in *Die tageszeitung* (14.12.2006), Bernd Rebhandl in *faz.net* (21.12.2006). Dagmar Brunow im *Freien Sender Kombinat Hamburg* (11.2.2007), Stefan Stosch in *Hannoversche Allgemeinen Zeitung* (7.12.2006) sowie Artikel in *Neue Westfälische* (11.1.2007) und in *Münstersche Zeitung* (17.11.2006).

10   Bergala gab eine Reihe Fortbildungsveranstaltungen für Lehrer und Lehrerinnen – insbesondere für den Französischunterricht (u.a. Bonner Kinemathek 2004, Universität Stuttgart 2005, Kino am Raschplatz Hannover und Institut Français Berlin 2006). Er referierte auf Fachtagungen, wie dem filmpädagogischen Kongress Vision Kino 2006 in Berlin, dem filmwissenschaftlichen Kongress *Vom Kino lernen* 2009 in Bremen und der Kinema Tagung Braunschweig 2010, und hielt Vorträge im Rahmen von Gastvortragsreihen zur Film- und Medienbildung an den Universitäten Bremen (2008), Frankfurt am Main (2011/2012) und im Rahmen des Kulturforums Filmbildung Essen (2010/2011). Die Gastvortragsreihe der Universität Bremen und der Kongress *Vom Kino lernen* wurden dokumentiert in *Filme sehen, Kino verstehen* (Henzler, Pauleit 2009) und in *Vom Kino lernen. Internationale Perspektiven der Filmvermittlung* (Hg.: Bettina Henzler, Winfried Pauleit, Christine Rüffert, Karl-Heinz Schmid, Alfred Tews, Berlin, 2010). Die Vorlesungsreihe Bochum/Duisburg wurde dokumentiert in *Orte filmischen Wissens. Filmkultur und Filmvermittlung im Zeitalter digitaler Netzwerke* (Hg.: Gudrun Sommer, Vinzenz Hediger, Oliver Fahle, Marburg, 2011). Bergalas Beitrag zu der Vorlesungsreihe in Frankfurt und Marburg «Medienkultur und Bildung im Zeitalter digitaler Netzwerke» kann auf der Website www.medien-bildung.eu/events/vortraege-ws2011 (10.12.2012) eingesehen werden.

den letzten Jahren ein wiedererwachtes Interesse an der Filmvermittlung abzeichnet. Gerade die ästhetische Ausrichtung, die Verbindung der Filmgeschichte mit der Kunstgeschichte, begründet zudem seine Relevanz für die Kunstwissenschaft und Kunstpädagogik, in deren Kontext zunehmend auch Film vermittelt wird.[11]

Eine wissenschaftliche Auseinandersetzung mit dem in *Kino als Kunst* vorgestellten cinephilen Vermittlungsansatz und der Vermittlungstradition der französischen Cinephilie steht in Deutschland (aber auch in Frankreich) erst am Anfang. Das Forschungsprojekt *Kunst der Vermittlung* der Berliner Filmwissenschaftler und Filmvermittler Michael Baute, Volker Pantenburg, Stefan Petke und Stefanie Schlüter untersuchte am Medium des filmvermittelnden Films die Vermittlungspraxis der französischer Cinephilie, darunter auch wichtige filmvermittelnde Filme von Bergala.[12] Die Bände *Filme sehen, Kino verstehen* und *Vom Kino lernen* versammeln eine Reihe von Artikeln, die Bergalas Vermittlungsansatz in verschiedenen Richtungen weiterentwickeln, diskutieren und durch andere Perspektiven kontrastieren. Ausgehend von Bergalas Konzept einer Schaffensanalyse reflektiert beispielsweise Winfried Pauleit den Film als ein «Handlungsfeld» und Christine Rüffert überträgt diese Methode auf die Arbeit mit Experimentalfilmen.[13]

Darüberhinaus sind erste medien- und bildungswissenschaftliche Einzelpublikationen erschienen, die das Konzept der Alterität aufgreifen und dessen Bildungspotential in Bezug auf verschiedene theoretische Kontexte untersuchen. Sebastian Schädler begründet in *Wenn Derrida Schneewittchen trifft* anhand der Differenztheorie von Jacques Derrida das Potential einer Arbeit mit anderen, ‹pädagogisch wertlosen› Bildern.[14] Manuel Zahn entwickelt in *Ästhetische Film-Bildung* ausgehend von der ästhetischen Theorie von Theodor W. Adorno das Bildungspotential von ästhetischen Erfahrungen mit Experimentalfilmen.[15] Und Hanne Walberg bezieht sich in *Film-Bildung im Zeichen des Fremden* auf Gilles

---

11 Beispielsweise an den Universitäten Hamburg und Bremen. In Bremen wurde in den letzten Jahren ein Schwerpunkt der Filmvermittlung aufgebaut, der, orientiert an Bergalas Ansatz, die künstlerische Praxis, Wissenschaft und Vermittlung miteinander verbindet.

12 Die Ergebnisse des Forschungsprojektes des Vereins Entuziazm e.V. finden sich auf der Internetseite www.kunst-der-vermittlung.de.

13 Winfried Pauleit: Film als Handlungsfeld. Oder: Wie «falsches Spiel» zu Bildungsprozessen führt. In: Henzler, Pauleit 2009, S. 118–136. Christine Rüffert: Lichtspiele unter der Lupe. Filmvermittlung anhand von Experimentalfilmen. In: Henzler, Pauleit 2009, S. 93–117.

14 Sebastian Schädler: *Wenn Derrida Schneewittchen trifft... Filmpädagogik und [Dekonstruktion von Geschlechterklischees]*. München, 2008.

15 Manuel Zahn: *Ästhetische Film-Bildung. Studien zur Materialität und Medialität filmischer Bildungsprozesse*. Bielefeld, 2012.

Deleuzes Filmtheorie und die Phänomenologie von Bernhard Waldenfels, um die bildende Wirkung von Filmen als Fremdheitserfahrung zu fassen.[16]

Eine wissenschaftliche Auseinandersetzung mit den theoretischen Grundlagen des in *Kino als Kunst* vorgestellten Ansatzes fand bisher jedoch nicht statt. Ebenso steht die Erforschung der gesamten filmpädagogischen Arbeiten von Bergala im Kontext der französischen Kulturtheorien und Cinephilie bisher aus. Hier sind lediglich meine eigenen Vorarbeiten zu diesem Buch zu nennen.[17] Und auch in Frankreich befassen sich bisher nur wenige Forschungsarbeiten mit den Diskursen und der Geschichte der französischen Filmpädagogik – wie beispielsweise die Dissertationen *Origines, conditions et perspectives idéologiques de l'enseignement du cinéma dans les lycées* von Francis Desbarats und *Le 7ième Art aux regards de l'enfance* von Perrine Boutin.[18]

Vorgehensweise und Aufbau

Die wissenschaftliche Auseinandersetzung mit Bergalas filmpädagogischen Arbeiten erfolgt in dieser Arbeit auf drei Ebenen, die in allen Kapiteln verhandelt werden. Erstens analysiere und systematisiere ich die von ihm publizierten Texte und Medien der Filmvermittlung und erarbeite dabei die wichtigsten theoretischen und methodischen Fragen. Um einer deutschsprachigen Leserschaft die vorwiegend nur in französischer Sprache verfügbaren Materialien zugänglich zu machen, gehe ich ausführlich auf Bergalas Argumentation sowie die von ihm entwickelten Methoden ein und übersetze in größerem Umfang Zitate ins Deutsche. Zweitens zeige ich die kulturgeschichtlichen und theoretischen Kontexte der cinephilen Filmpädagogik auf. Angesichts der Vielfalt an Bezügen, die allein *Kino als Kunst* aufweist, beschränke ich mich dabei auf die drei wichtigsten Einflussfaktoren: Das sind die französischen kultur- und bildungspolitischen Diskurse, die in der zweiten Hälfte des 20. Jahrhunderts von der Soziologie Pierre Bourdieus geprägt wurden. Das ist die von dem Kulturtheoretiker Roland Barthes

---

16 Hanne Walberg: *Film-Bildung im Zeichen des Fremden. Ein bildungstheoretischer Beitrag zur Filmpädagogik*. Bielefeld, 2011.

17 Siehe Bettina Henzler: L'éducation à l'image in Frankreich. In: Klaus-Dieter Felsmann (Hg.): *8. Bukkower Mediengespräche*. München, 2004, S. 141–146; Von der Pädagogik audiovisueller Medien zur Vermittlung des Kinos als Kunstform. In: Henzler, Pauleit 2009, S. 10–32; Fährten legen. Zu Alain Bergalas filmvermittelnder DVD «Le point de vue». www.kunst-der-vermittlung.de. Berlin, 2009; ich, du, er, sie, es. Intersubjektivität in der Filmvermittlung. In: Henzler, Pauleit u.a. 2010, S. 58–65.

18 Francis Desbarats: *Origines, conditions et perspectives idéologiques de l'enseignement du cinéma dans les lycées*, Toulouse, 2002 (unveröff. Dissertation); Perrine Boutin: *Le 7ième art aux regards de l'enfance: Les médiations dans les dispositifs d'éducation à l'image cinématographique*. Avignon, 2010 (unveröff. Dissertation).

formulierte Rezeptionsästhetik, die die französische Texttheorie und Bildtheorie stark beeinflusst hat. Und das ist der cinephile Diskurs in der Tradition der *Cahiers du cinéma* mit seiner spezifischen Reflexion der Filmvermittlung und der biografischen Dimension der Kinoerfahrung. Drittens greife ich die wichtigsten von *Kino als Kunst* aufgeworfenen Fragen auf und diskutiere sie in Bezug auf die theoretischen Kontexte und ihre praktische Umsetzung. Dazu zählen vor allem die gesellschaftspolitische Relevanz der Filmpädagogik, die dem Vermittlungsansatz zugrundegelegte Beziehung von Subjekt und Film sowie die Gestaltung der Vermittlungsbeziehung.

Die Arbeit beginnt mit einem einführenden Kapitel in die filmpädagogischen Publikationen von Alain Bergala und deren wichtigste kulturgeschichtliche Kontexte: die Cinephilie und Filmpädagogik in Frankreich. Es folgen vier theoretische Kapitel, in denen die für Bergalas Vermittlungsansatz wesentlichen Pole – Gesellschaft, Individuum und Ästhetik – in ihrer Wechselbeziehung zueinander untersucht werden. Ich beziehe dabei soziologische, psychoanalytische, ästhetische und cinephile Theorien ein. Den Abschluss bilden zwei Kapitel zur Filmvermittlung, die zunächst theoretisch erörtert und anschließend in Hinblick auf ihre Umsetzung in Medien und Methoden konkretisiert wird. Die theoretischen Kapitel sind mit Blick auf die Vermittlungspraxis geschrieben, u.a. enthält das Kapitel zur Ästhetik auch eine Medienanalyse, um die theoretischen Ausführungen zu veranschaulichen. Die Vermittlungskapitel wiederum greifen die theoretischen Vorüberlegungen auf, um deren Verzahnung mit dem Vermittlungskonzept zu verdeutlichen. Die vielfältigen Querverbindungen zwischen den Kapiteln, in denen die zentralen Thesen aus verschiedenen Blickwinkel beleuchtet und differenziert werden, sind durch Verweise im Text vermerkt, um auch eine ‹nichtlineare› Lektüre zu ermöglichen.

Kapitel 1 widmet sich dem der Arbeit zugrundeliegenden Korpus an Publikationen und seiner Kontextualisierung. Darin werden die Geschichte der Cinephilie und die Entwicklung der Filmpädagogik in Frankreich in ihrer wechselseitigen Beziehung dargestellt. Anhand der biografischen Entwicklung von Alain Bergala, der die Arbeitsfelder der Cinephilie und Pädagogik miteinander verbindet, wird zudem seine Schlüsselrolle für die französische Filmpädagogik verdeutlicht.

In Kapitel 2 steht die gesellschaftspolitische Dimension von Bergalas Filmpädagogik im Vordergrund. Wie ich zeigen werde, führt die bereits in seinen ersten medienpädagogischen Texten formulierte Ideologiekritik in seinen späteren Texten zu der Strategie der Vermittlung von Kunst als Alterität. Der in *Kino als Kunst* zentrale Begriff der Alterität wird in seiner Vieldeutigkeit eingeführt, um in den folgenden Kapiteln vor allem in Hinblick auf seine ästhetische und ethische Dimension konkretisiert zu werden. In einem zweiten Schritt diskutiere ich den

Begriff des Geschmacks und der Geschmacksbildung in Bezug auf die Ästhetik von Immanuel Kant und die Soziologie von Pierre Bourdieu. Bourdieus Soziologie des Geschmacks begründet die gesellschaftskritische und politische Dimension von Bergalas Forderung nach einer Geschmacksbildung an den Schulen und ermöglicht, diese in den größeren Kontext der französischen Bildungspolitik zu stellen. Vor dem Hintergrund von neueren soziologischen Forschungen zur Ästhetisierung und Mediatisierung des Alltags wird die Relevanz dieser Forderung für eine zeitgemäße Filmpädagogik und Bildungspolitik deutlich.

In Kapitel 3 stelle ich als Gegenposition zu Bourdieus soziologischem Kunstverständnis die Rezeptionsästhetik vor, die Roland Barthes in seinen späten foto- und filmtheoretischen Schriften beschrieben hat. Barthes gelingt darin eine poststrukturalistische Neuformulierung von Kants Ästhetik, mit der er in den 1970er Jahren die französische Cinephilie und auch Bergalas Arbeiten beeinflusst hat. Ich werde in diesem Kapitel zunächst die Parallelen zwischen Barthes' Rezeptionsästhetik, die sich auf fixe Bilder (Fotografien, Filmstandbilder) bezieht, und cinephilen Diskursen nachweisen, um die Relevanz dieser Theorie für eine filmspezifische Ästhetik zu belegen. Barthes' Ansatz bildet zugleich die Basis für die folgenden Kapitel, denn er beschreibt eine Wechselbeziehung zwischen Individuum und Kunstwerk, eine Form von ‹Intersubjektivität›, die sowohl für Bergalas Bildungs- und Vermittlungskonzept wie für seine Reflexion des filmischen Schaffensprozesses wegweisend ist.

In Kapitel 4 steht die in cinephilen Diskursen häufig angeführte Beziehung zwischen Kino und Kindheit im Vordergrund. Dahinter verbergen sich im Wesentlichen zwei Fragen: einerseits nach der Beziehung zwischen Filmwahrnehmung und Kindheit und andererseits nach der Persönlichkeitsbildung durch Filme. Bergala hat diese Thematik im Zuge seiner jahrelangen Auseinandersetzung mit der Filmpädagogik von zwei verschiedenen Seiten beleuchtet: anhand des Zuschauermodells der psychoanalytischen Filmtheorie und anhand der Erinnerungen von Cinephilen an ihre ‹Kinokindheit›. Das Kapitel ist daher zweigeteilt. Zunächst wird Bergalas Lektüre der psychoanalytischen Zuschauertheorie in seinen frühen Texten vorgestellt und ihre Relevanz für den Vermittlungsansatz in *Kino als Kunst* diskutiert. Danach werden die in *Kino als Kunst* formulierten Thesen zur persönlichen Prägung durch Filme anhand der exemplarischen cinephilen Selbstzeugnisse von Serge Daney, Jean-Louis Schefer, Philippe Arnaud und von Teilnehmern der Umfrage *Cet enfant de cinéma* überprüft.[19] Sie lassen

---

19 Alain Bergala, Nathalie, Bourgeois (Hg.): *Cet enfant de cinéma que nous avons été*. Aix-en-Provence, 1993.

sich damit historisch-biografisch einordnen und gewinnen in der doppelten Perspektive an Profil und Überzeugungskraft.

Das 5. Kapitel widmet sich der in *Kino als Kunst* skizzierten Ästhetik und Analyse des Schaffensprozesses, die Bergala ausgehend von der eigenen Regiepraxis in seinen filmwissenschaftlichen Arbeiten entwickelt und erforscht hat. Zur Kontextualisierung schlage ich einen Bogen von Barthes' Rezeptionsästhetik über die von André Bazin formulierte Ästhetik des filmischen Realismus bis hin zu Serge Daneys Ethik des Bildes und des Kinos. Es geht dabei um eine Tradition der französischen Bildtheorie, die den Film von der Fotografie ausgehend betrachtet und mit André Bazins berühmten Text «Ontologie des fotografischen Bildes» eingeleutet wurde.[20] In seinen späten Schriften formuliert Barthes vor dem Hintergrund des Poststrukturalismus eine Bazins Realismustheorie ähnliche Rezeptionsästhetik der Fotografie. Ich zeige, wie sich Bergalas Reflexion des Schaffensprozesses auf diese beiden Kontexte bezieht und verdeutliche auch ihre Verbindung zu der von Cinephilen beschriebenen subjektiven Filmerfahrung. In Hinblick auf die Filmkritik von Serge Daney erschließt sich zudem die ethische Dimension dieser Ästhetik. Denn Daney aktualisierte – unter dem Stichwort der Alterität der Bilder – Bazins Realismustheorie und die in den *Cahiers du cinéma* seit den 1950er Jahren geführte Debatte um die moralische Dimension der Ästhetik mit Blick auf die durch das Fernsehen geänderte Medienlandschaft.

In Kapitel 6 werde ich Bergalas Konzept in Hinblick auf die Vermittlungssituation untersuchen. Auf eine Darstellung der kontinuierlichen Entwicklung dieses Ansatzes seit den 1970er Jahren folgt die theoretische Formalisierung und Diskussion der Vermittlung als Dreiecksbeziehung zwischen Lehrer/in, Film und Schüler/inn/en, insbesondere der Rolle des Lehrers/der Lehrerin als *passeur*.[21] Daran schließt die Frage nach den Vermittlungsstrategien an, mit denen die von Bergala anvisierte Filmvermittlung eingelöst werden kann. Zur Diskussion des cinephilen Vermittlungskonzepts greife ich die in den früheren Kapiteln vertieften theoretischen Fragestellungen auf und führe sie – unter Bezugnahme auf bildungstheoretische Überlegungen von Jacques Rancière, Simone Weil und Fernand Deligny weiter aus. Darüberhinaus erweisen sich die von Roland Barthes formulierte intersubjektive Rezeptionsästhetik und die von Serge Daney geforderte Ethik der Alterität als grundlegende Prinzipien für das cinephile Vermittlungskonzept.

Diese Prinzipien liegen auch der Gestaltung der Vermittlungsmedien zugrunde, die abschließend in Kapitel 7 vorgestellt werden. Es geht mir zum einen

---

20 André Bazin: «Ontologie des fotografischen Bildes». In: Ders.: *Was ist Film?* Hg.: Robert Fischer. Berlin, 2004, S. 33–42 (Orig. 1945).

21 Um die Lektüre dieses Textes zu erleichtern, werde ich im Folgenden auf die Differenzierung der Geschlechter verzichten, die weibliche Form ist immer mitgedacht und mitgemeint.

darum, die wichtigsten von Bergala entwickelten Medien in Hinblick auf ihre Didaktik zu analysieren und in Bezug zu den theoretischen Ausführungen zu setzen. Die Bandbreite reicht von Diapositivserien über Rohschnittmaterialien, Vermittlungsvideos, Filmhefte, filmvermittelnde Filme bis hin zu der erwähnten DVD-Reihe. Teilweise werde ich dabei Bergalas eigene Filmanalysen skizzieren, teilweise – vor allem in Hinblick auf die DVDs – beispielhaft eigene Analysen vorschlagen. Zum anderen wird die Frage nach dem den Medien impliziten Filmverständnis weiterverfolgt und die ihnen zugrundeliegenden Methoden der Filmanalyse dargelegt. Damit nehme ich die zentrale Forderung Bergalas ernst, in der Vermittlung vom konkreten Gegenstand in seiner spezifischen Ästhetik auszugehen, und skizziere nebenbei beispielhafte Analysen von Filmen wie ZIRKUS (THE CIRCUS, Charlie Chaplin, USA 1928), MOONFLEET (DAS SCHLOSS IM SCHATTEN, Fritz Lang, USA 1955) oder FAHRRADDIEBE (LADRI DI BICICLETTI, Vittorio de Sica, I 1948), die für die Arbeit mit Kindern geeignet sind.

Im Zentrum dieser Arbeit steht die Lektüre und Diskussion von Primärtexten, einerseits Bergalas eigene Publikationen, andererseits die genannten kultur- und filmtheoretischen Positionen. Neben den filmpädagogischen Arbeiten Bergalas werde ich seine wichtigsten filmwissenschaftlichen Arbeiten einbeziehen, sofern diese für die Fragestellung relevant sind. Da es sich hierbei um eine interdisziplinär angelegte Forschungsarbeit handelt, ist es nicht möglich, zu jeder einzelnen der verhandelten Theorien den betreffenden aktuellen Forschungsstand umfassend wiederzugeben. Um die jeweiligen Felder präzise abzustecken, werde ich stattdessen aktuelle Überblicksdarstellungen und thematisch relevante Forschungsarbeiten hinzuziehen. Was die Erarbeitung der kulturgeschichtlichen Kontexte betrifft, möchte ich vor allem auf zwei wegweisende Forschungen verweisen, denen diese Arbeit viel zu verdanken hat: Zum einen sind dies Antoine de Baecques Publikationen zur Geschichte der französischen Cinephilie und Kulturpolitik.[22] Zum anderen ist dies Francis Desbarats' bereits erwähnte Forschung zur geschichtlichen Entwicklung der französischen Filmpädagogik, in der er auch ausführlicher auf die Filmpädagogik von Alain Bergala eingeht.[23]

---

22 Antoine de Baecque, der selbst Redakteur der *Cahiers du cinéma* (1996–98) war, hat in mehreren Büchern eine historische Aufarbeitung der Rolle der Zeitschrift innerhalb der französischen Cinephilie geleistet. Neben den Büchern *La cinéphilie. Invention d'un regard, histoire d'une culture 1944–1968* (Paris, 2003) und *Les Cahiers du cinéma. Histoire d'une revue* (Paris, 1991) ist insbesondere die mittlerweile neunbändige Anthologie der *Cahiers du cinéma* zu nennen, in der zu verschiedenen Themen wichtige Artikel der Zeitschrift versammelt sind. Zur französischen Kulturpolitik veröffentlichte er *Crises dans la culture française. Anatomie d'un échec* (Paris, 2008).
23 Desbarats 2002. Wie de Baecque schreibt auch Desbarats aus der zweifachen Perspektive des Insiders und des Historikers. Als von der französischen Cinephilie geprägter Lehrer verfasst er eine Geschichte der Entwicklung des Filmabiturs an französischen Gymnasien.

Diese außerordentlich umfang- und detailreichen historischen und diskursge-schichtlichen Arbeiten widmen sich gleichermaßen der faktischen Entwicklung, den dominierenden Diskursen, wie der Rolle einzelner Akteure der französi-schen Cinephilie und der Filmpädagogik. Sie bieten damit einen Überblick über die wesentlichen geistesgeschichtlichen und institutionellen Kontexte der cine-philen Filmvermittlung.

Anmerkung zum Umgang mit dem Material

«*Kino als Kunst* ist vielleicht die wichtigste Reflexion des Kinos der letzten 20 Jahre – sagen wir seit dem Erscheinen von *Das Bewegungs-Bild* und *Das Zeit-Bild* von Gilles Deleuze.»[24] Mit dieser enthusiastischen Aussage zielt der Filmkriti-ker Michel Frodon auf die Vielfalt an theoretischen Fragen, die dieses schma-le Buch aufwirft und die von Überlegungen zur Persönlichkeitsbildung bis hin zum Entwurf einer filmspezifischen Ästhetik reichen. Allerdings liegt hier die Betonung auf *Fragen*, denn der in aller Eile – kurz vor dem absehbaren Ende des Bildungsprogramms *Les arts à l'école* – verfasste Essay ist eher eine Skizze, die ein Feld absteckt, als eine systematische theoretische Abhandlung, wie Frodon im Folgenden auch weiter ausführt:

«Nichts bestimmt dieses kleine Buch jedoch dazu, diesen ehrenvollen Rang einzunehmen. Offenbar in Eile geschrieben […], behandelt es ein sehr spe-zielles Thema und zeugt von einer persönlichen Erfahrung. Es handelt sich also um das Gegenteil eines theoretischen Werks, das reiflich durchdacht ist, das den wünschenswerten Abstand zu seinem Gegenstand einnimmt, und auf Anhieb den Umfang und die Komplexität des behandelten Bereichs absteckt. Diese offensichtlichen ‹Mängel› geben ihm aber gerade seine Ausdrucksstär-ke und gedankliche Kraft, die Schnelligkeit, mit der es zu den neuralgischen Punkten gelangt, die Leichtigkeit, mit der es sich innerhalb des von ihm er-forschten intellektuellen Feldes bewegt.»[25]

24 «*L'hypothèse cinéma* est peut-être le livre de pensée du cinéma le plus important depuis vingt ans – disons depuis la parution de *l'Image-Mouvement* et *l'Image-Temps* de Gilles Deleuze. Rien ne prédis-pose pourtant ce petit bouquin à occuper un si prestigieux statut. Visiblement écrit dans l'urgence (au point qu'il souffre de quelques coquilles), il s'appuie sur un thème très particulier et rend compte d'une expérience personelle. On se trouve donc aux antipodes de l'ouvrage théorique mûrement réfléchi, prenant tout le recul souhaitable avec son objet, et établissant d'emblée l'étendue et la complexité du domain abordé. Ces ‹manques› apparents lui donnent justement sa vigueur de pensée et d'expression, sa rapidité à atteindre les points névralgiques, sa légèreté de déplacement dans le champs intellectuel qu'il explore.» Michel Frodon: Alain Bergala à l'école de l'amour du cinéma. In: *Le monde*, 31.7.2002 .
25 Ebd.

Diese Vorzüge und Mängel von *Kino als Kunst* kennzeichnen auch die meisten anderen Publikationen Bergalas zur Filmpädagogik. Es handelt sich dabei oft um Standortbestimmungen, um Positionierungen innerhalb des zeitgenössischen Feldes politischer und pädagogischer Praxis, die nicht primär nach theoretischer Kohärenz und Systematik streben. Auch wenn Bergala in seinen frühen Texten noch stärker um die Verankerung seiner Thesen in einem konsistenten theoretischen Modell (der Psychoanalyse und Semiologie) bemüht war, so gewinnen die Texte doch gerade in ihrer zunehmenden Distanz zu übergeordneten Theorien an Vielschichtigkeit und Flexibilität. Er greift gleichermaßen auf theoretische Erkenntnisse wie auf persönliche Erfahrungen zurück, um die pädagogische und künstlerische Praxis zu reflektieren.

In einem Nachruf auf Christian Metz beschreibt Bergala sein Verhältnis zur Theorie selbst als «unrein».[26] Dementsprechend verbindet er in seinen Texten – ganz im Sinne des cinephilen Begriffs vom ‹unreinen Kino› – völlig heterogene Einflüsse miteinander. Es liegt ihm fern, die konkrete Erfahrung einem widerspruchsfreien theoretischen Gebäude unterzuordnen. Wiederholt lehnt er einen theoretischen oder politischen Dogmatismus ab und plädiert für ein strategisches und taktisches, an der pädagogischen Praxis orientiertes Denken. Bereits 1979 schreibt er in einem Text zur Pädagogik der Fotografie: «Die wirklichen Fragen und Weichen werden heute auf Seiten der Strategien, der Arbeitsprotokolle, der konkreten pädagogischen Praxis gestellt.»[27] Für seine filmwissenschaftlichen und ästhetischen Schriften bedeutet dies, dass er von den Filmen selbst, von ihren konkreten Entstehungsbedingungen und ihrer Ästhetik ausgeht, um daraus weiterführende theoretische Überlegungen zu entwickeln.

Bergalas aktuelle Texte sind zudem durch ein literarisches, bildhaftes Schreiben gekennzeichnet. Er argumentiert dabei mit Schlüsselbegriffen wie Geschmack, Alterität, Begehren, Widerstand, Begegnung usw., deren Bedeutung er meist nicht präzise definiert, sondern deren Vieldeutigkeit er nutzt, um sie in unterschiedlichen Kontexten einzusetzen. Da es sich häufig um aus der Alltagsrealität entlehnte Begriffe handelt, ermöglicht diese Verfahrensweise ein direktes Verständnis und stellt zwischen verschiedenen Ebenen der Argumentation unmittelbar einleuchtende Zusammenhänge her. Zudem argumentiert Bergala häufig in Gegensatzpaaren – wie beispielsweise Schule und Kunst, Film und Sprache –, mit denen er seine jeweilige Position absteckt. Diese dienen weniger dazu, ‹in Stein gehauene›, unversöhnliche Standpunkte zu etablieren, als viel-

---

26 Alain Bergala: Au séminaire. In: *Cahiers du cinéma* 472, 1993, S. 7.
27 Jean-Louis Libois: L'arrivée de l'image à l'école. Entretien avec Alain Bergala. In: *La nouvelle critique (Libérer les images et les sons)* 115, 1978, S. 53–55, hier 55.

mehr ein bewegliches Denksystem zu generieren, dessen Widersprüche festgefahrene ideologische Standpunkte eher infrage stellen als bestätigen.

Diese Denkfiguren und Schlüsselbegriffe greife ich auf und analysiere ihre Funktionsweisen und Bedeutungen innerhalb von Bergalas Texten. Wenn ich dabei Modelle für eine Formalisierung des ästhetischen Vermittlungsansatzes vorschlage, so ist es jedoch nicht mein Anliegen, ein theoretisches System zu etablieren, innerhalb dessen sich Bergalas pädagogisches Konzept widerspruchsfrei einfügen könnte. Dies würde der beschriebenen Eigenart seines Umgangs mit Theorien nicht entsprechen und auch die Vielseitigkeit der vorgestellten Medien und Publikationen ausblenden. Indem ich Bergalas Argumentationsweise zu den genannten ästhetischen, cinephilen und bildungspolitischen Diskursen in Bezug setzte, führe ich sie auf ihre historischen-gesellschaftlichen Kontexte zurück und relativiere sie dadurch. Dennoch ist meine Arbeit nicht als eine Diskursanalyse angelegt, die ausschließlich die diskursive Konstruktion von Aussagen im Blick hat. Vielmehr geht es mir darum, den cinephilen Vermittlungsansatz vor dem Hintergrund zentraler Theorien zu diskutieren, die eine Begründung und Präzisierung der in die Diskurse diffundierten Begriffe leisten können. Von Bergala oft nur knapp angerissene Fragen können so in ihrer Tragweite besser erfasst und auf ihre theoretische Grundlage zurückgeführt werden. Im Mittelpunkt steht die Frage nach der wissenschaftlichen Fundierung des cinephilen Vermittlungsansatzes und nach seiner Relevanz für die konkrete, zeitgenössische Praxis. Dies öffnet Raum für eine Weiterentwicklung der Filmpädagogik und für weiterführende Forschungen. Denn nicht nur für die Pädagogik, sondern auch für die Wissenschaft ist es eine Herausforderung, «Film als Spur eines kreativen Prozesses» zu denken.

1. Cinephilie und Filmvermittlung

Die Entwicklung und cinephile Ausprägung der Filmpädagogik in Frankreich ist von unterschiedlichen Faktoren beeinflusst. Dazu gehören der gesellschaftlich etablierte Status des Films als Kulturgut sowie die wesentliche gesellschaftspolitische Funktion, die politische Diskurse und Akteure der Kultur und kultureller Bildung zuerkannt haben. In *Crises dans la culture française* stellt Antoine de Baecque dar,[1] dass in der französischen Geschichte in unterschiedlichen Staatsformen und unter Regierungen jeder Couleur die Kultur als wichtiges identitätsstiftendes Moment der Gesellschaft begriffen wurde. Aus der monarchistischen Tradition des Sonnenkönigs ging die repräsentative Funktion der Kultur als Symbol der Staatsmacht hervor. In Folge der französischen Revolution und der damit verbundenen Säkularisierung übernahmen Kunst und Kultur auch die Rolle der Religion, des Kultus als gemeinschaftsstiftendes Element. Ebenfalls aus der französischen Revolution stammt das Ideal der kulturellen Demokratisierung, das vor allem von den Volksbildungsbewegungen des 20. Jahrhunderts getragen wurde. So forderte der Marquis de Concordet bereits 1792 in der französischen Nationalversammlung die Erziehung mündiger Staatsbürger durch kulturelle Bildung[2] – einen Gedanken, den die Minister Jack Lang und Catherine Tasca noch 2002 für ihr Projekt *Les arts à l'école* (dt. «Die Künste an die Schule») aufgriffen.

Was den im internationalen Vergleich einzigartigen Status des Films in der französischen Gesellschaft betrifft, sind folgende weitere Faktoren zu nennen, die sich gegenseitig bedingen: Frankreich zählt bezogen auf seine Einwohnerzahl zu den wichtigsten Filmindustrien weltweit – sowohl in Hinblick auf die Stärke der Filmproduktion als auch auf die Besucherzahlen.[3] Prestigeträchtige ‹Institutio-

---

1   De Baecque 2008.
2   Siehe Montoya 2008, S. 111. Zur politischen Funktion von Kultur und kultureller Bildung in Frankreich siehe auch Pascale Lismonde: *Les arts à l'école. Le plan de cinq ans de Jack Lang et de Catherine Tasca*. Paris, 2002.
3   2008 wurden in Frankreich (bei 61 Mio. Einwohnern) 230 Filme produziert und 190 Mio. Kinoeintritte verzeichnet. Zum Vergleich: Im selben Zeitraum wurden in ganz Europa (450 Mio. Einwohner)

nen› wie die Internationalen Filmfestspiele von Cannes als Filmmarkt und als Wettbewerb des internationalen Films sowie die Cinémathèque française als Hüterin und Vermittlerin des Filmerbes verleihen dem Medium Film eine kulturelle Strahlkraft weit über Frankreichs Grenzen hinaus. Charakteristisch ist dabei das Ineinandergreifen von kulturellem Traditionsbewußtsein und ökonomischen Interessen, was der Zwitterrolle des Films als Kulturgut und Industrieprodukt entspricht. Materiell wird die französische Filmkultur durch ein starkes, auf die nationale Filmproduktion und -rezeption ausgerichtetes Fördersystem begünstigt. Ideell basiert sie auf der geistesgeschichtlichen Strömung der Cinephilie, die die kulturelle Alltagspraxis ebenso wie die intellektuelle Auseinandersetzung mit Film und die Filmvermittlung nachhaltig geprägt hat.

Die Entwicklung der Filmvermittlung wurde in Frankreich von progressiven politischen Bewegungen der *éducation populaire* (dt. Volksbildung) begünstigt. Denn hier traf das gesellschaftspolitische Verständnis von Kultur mit dem Wunsch zusammen, das populäre Medium des Films in die kulturelle Bildung einzubinden. Zu einer Zeit, als die nationalsozialistische Diktatur in Deutschland den Film als Propagandamittel missbrauchte und die Filmerziehung an Schulen etablierte,[4] formierte sich in Frankreich die *Front Populaire,* ein Zusammenschluss der linken Parteien, der die Bildung – auch die Filmvermittlung – der Bürger als ein wichtiges Mittel im Kampf gegen den faschistischen Antihumanismus förderte.[5] Während die Rolle des Films als nationalsozialistisches Propagandamittel die Auseinandersetzung mit diesem Medium in Deutschland nachhaltig belastete, blühte in Frankreich nach dem Krieg die cinephile Filmvermittlung als Teil der kulturellen Volksbildung auf.[6] Als 1980 die sozialistische Regierung unter François Mitterand an die Macht kam, knüpfte sie unter anderem an diese Tradition der Volksbildung an und etablierte in einer Reihe von Reformen die Filmpädagogik an französischen Schulen.

1140 Filme produziert, in Nordamerika (bei 338 Mio. Einwohnern) 716 Filme, in Indien (bei 1186 Mio. Einwohnern) 1132 Filme. Die verzeichneten Kinoeintritte betrugen in Europa 925 Mio., in Nordamerika 1341 Mio. und in Indien 2900 Mio. Vgl. Marché du film: Focus 2010/2009. In: *World Film Market Trends/Tendences du marché mondial du film.* Hg. Europäische audiovisuelle Informationsstelle. Strasburg, 2010, www.obs.coe.int/oea_publ/market/focus-bis.html (20.7.2012).

4   Unter anderem wurde von den Nationalsozialisten die «Die Reichsanstalt für Film in Bild und Wissenschaft gegründet» und ein systematischer Ausbau der Landesbildstellen vorangetrieben. Siehe Knut Hickethier: Zur Tradition schulischer Beschäftigung mit Massenmedien. Ein kleiner Abriß. In: Reent Schwarz (Hg.): *Manipulation durch Massenmedien, Aufklärung durch Schule?* Stuttgart, 1974, S. 21–52.

5   Siehe Montoya 2008, S. 112 und de Baecque 2008, S. 64–71.

6   Zwar hat auch das Vichy-Regime Strategien der *Front populaire* aufgegriffen und kulturelle Aktivitäten zur Stiftung eines Gemeinschaftsgefühls gefördert, der Gedanke einer Bildung und Aufklärung durch Kultur wurde jedoch von der Résistance weiterverfolgt. De Baecque 2008, S. 71ff.

Der Kristallisationspunkt dieser beiden kulturgeschichtlichen Traditionen, der Cinephilie und der Volksbildungsbewegung, war die französische Filmfilmclubbewegung nach dem 2. Weltkrieg, in der sich die gesellschaftliche Aufbruchstimmung der Nachkriegszeit mit dem Enthusiasmus für das Kino als wesentlichem Unterhaltungsmedium verbanden (1.1).[7] In der Filmclubbewegung mit ihren spezifischen Vermittlungspraxen formierte sich die französische Cinephilie (1.1.1) und ihr einflussreichstes Kommunikationsorgan, die Zeitschrift *Cahiers du cinéma* (1.1.2). Sie sollten die schulische und außerschulische Filmvermittlung personell und konzeptionell nachhaltig prägen (1.1.3). Der Einfluss der Cinephilie auf die Filmvermittlung in Frankreich zeigt sich insbesondere in der filmpädagogischen Arbeit von Alain Bergala, ehemals Kritiker der *Cahiers du cinéma* und selbst ein Kind der Filmclubbewegung (1.2).

1.1 Cinephilie: Bildung im Kino

Die Blüte der französischen Filmclubbewegung ging einher mit einem breiten gesellschaftlichen Engagement für die Volksbildung im Nachkriegsfrankreich. Die Erfahrung von Krieg, Besatzung und Vichyregime veranlasste Intellektuelle und Künstler, die der Résistance nahe gestanden hatten, sich für die Bildung der Bevölkerung einzusetzen. Eine Reihe von progressiven, gesellschaftlichen Gruppen und Vereinen traten für die Utopie einer neuen Gesellschaft mündiger Staatesbürger durch kulturelle Bildung ein.[8] Zugleich entstanden nach dem Krieg eine Vielzahl Filmclubs in den verschiedensten gesellschaftlichen Kontexten. Sie kamen dem Bedürfnis der Bevölkerung nach, endlich alle Filme sehen zu können, die während der Besatzungszeit oder bereits davor verboten waren. Kirchennahe oder gewerkschaftliche Einrichtungen initiierten populäre Filmclubs, die sich der Volksbildung in Fabriken, Schulen, Kirchen oder anderen Orten widmeten. In eher elitären Filmclubs verkehrten bürgerliche Kreise, Künstler und Intellektuelle. Man knüpfte dabei an die Filmclubbewegung der 1920er Jahre[9] und an die

---

7 Siehe Desbarats 2002, S. 287–342.
8 Siehe Boutin 2010, S. 141f und de Baecque 2008, S. 83f.
9 Bereits in den 1920er Jahren gab es in Frankreich eine Hochzeit von Filmclubs, allerdings vor allem in Künstler- und Intellektuellenkreisen. Der Intellektuelle Louis Delluc initiierte den ersten Filmclub in Frankreich. Der einzige populären Filmclub war zu dieser Zeit *Les Amis de Spartacus* von Léon Moussinac, er zeigte, dem Verbot durch die Staatesorgane zum Trotz, u.a. russischen Revolutionsfilme. Diese Blütezeit der Filmclubs endete mit dem Aufkommen des Tonfilms, der von vielen Intellektuellen als das Ende des Kinos als Kunstform begriffen wurde. Francis Desbarats: *Le cinéma est-il-un art? Mise en perspective historique*. In: Les enfants de cinéma (Hg.): Actes de la Rencontre École et cinéma 15, 16 et 17 octobre 2008, Lyon, S. 33–41.

der *Résistance* nahestehenden geheimen Filmclubs der Kriegszeit an, die während der Besatzung verbotene Filme in privaten Kreisen gezeigt hatten.[10]

In den Filmclubs der Nachkriegszeit und in der Cinémathèque française, dem ‹Tempel› der Pariser Cinephilen, konnte man die ehemals verbotenen Filme entdecken, die die kommerziellen Kinos nicht zeigten: die Klassiker der Stummfilmzeit, insbesondere die russische Avant-Garde,[11] die amerikanischen und russischen Filme, die während des Krieges entstanden waren, aber auch zeitgenössische europäische Filme, insbesondere den italienischen Neorealismus. Die Filmclubs waren Orte eines Rituals der Filmvermittlung, zu dem die Präsentation der Filme durch den Leiter des Filmclubs, die Projektion und die anschließenden Diskussionen gehörten. In ihnen fanden die politischen und ästhetischen Debatten ihre Fortsetzung, die zu Besatzungszeiten nur im Geheimen ausgetragen werden konnten. Wie Desbarats vermutet, hatten diese Debatten möglicherweise auch die Funktion, «die Stille und Passivität auszutreiben, die das Land während des Krieges 39 bis 44 ergriffen hatte.»[12]

Eine wichtige Integrationsfigur der französischen Filmclubbewegung war der Filmkritiker und Vermittler André Bazin, der am «Kreuzweg» der heterogenen cinephilen Gruppen stand.[13] Als Katholik für den der Kommunistischen Partei nahestehenden Verein *Travail et Culture* in der Volksbildung tätig, leitete er populäre Filmclubs in Fabriken ebenso wie elitäre Filmclubs, in denen Intellektuelle verkehrten. De Baecque betont Bazins seltene Begabung, mit vollkommen unterschiedlichen Publikumskreisen einen Dialog führen zu können und nach einer ihm eigenen Mäeutik die ästhetische und weltanschauliche Dimension von Filmen zu erschließen:

«Diese Pädagogik basiert auf der Überzeugung, dass der Mensch dank der Kultur besser werden könne. André Bazin ist einer der Köpfe dieser missionarischen Nachkriegsbewegung. Er hat nicht nur durch eine Vielzahl an Texten

---

10 Beispielsweise Henri Langlois, der Gründer der *Cinémathèque française*, führte einen solchen verbotenen Filmclub. Der Boykott von deutschen Filmen war zudem Zeichen des Widerstands gegen die Besatzungsmacht. Dudley Andrew: *André Bazin*. Paris, 1983, S. 101.

11 Die Filme der russischen Avantgarde unterlagen in den 1920er und 1930er Jahren der Zensur und konnten nach dem Krieg erstmals gesehen werden. Vgl. Desbarats 2008.

12 «[…] on peut aussi penser que ces débats eurent une fonction plus souterraine: exorciser les silences et les passivités qui avaient saisi le pays pendant la guerre de 39–45.» Ebd., S. 36. Desbarats verweist auch auf die gesellschaftliche Verschiebung, die die Résistance mit sich brachte. So hatten sich in der Résistance Personen aller gesellschaftlicher Schichten im gemeinsamen Kampf zusammengeschlossen. Diese Berührung zwischen Arbeitern, Bürgerlichen, Adeligen und Intellektuellen führte einerseits zu einem stärkeren Bedürfnis unterprivilegierter Schichten, an der Kultur der Gebildeten teilzuhaben. Umgekehrt war aber auch die Bereitschaft der Intellektuellen sehr groß, ihre Bildung weiterzugeben und zu ›teilen‹. Desbarats 2008, S. 36.

13 De Baecque 2003, S. 38.

und Analysen in *Le parisien libéré, Esprit, L'Observateur* und *L'Ecran français* in einigen Monaten die Anerkennung der anderen Filmkritiker gewonnen, er wurde auch für ein zunehmend breites Publikum zum ‹Apostel des Kinos›, ein Traum der populären Cinephilie.»[14]

Bazin trug maßgeblich zur internationalen Strahlkraft der französischen Filmclubbewegung bei, indem er die Kultur des Zeigens und Debattierens von Filmen auch in anderen Ländern – wie Algerien, Marokko oder Deutschland – einführte. So lancierte er im Auftrag der französischen Besatzungsmacht die deutsche Filmclubbewegung, die eine Schlüsselrolle bei der Etablierung der alternativen Filmkultur und der intellektuellen Auseinandersetzung mit Film in Deutschland spielen sollte.[15]

Die in den Filmclubs angestoßenen Debatten setzten sich in einer Flut von Zeitungsartikeln in populären Blättern, intellektuellen Kulturmagazinen oder in den zu dieser Zeit entstandenen Filmzeitschriften wie *Positif* und den von Bazin mitgegründeten *Cahiers du cinéma* fort. Die Filmkritik war ein Schauplatz aktueller gesellschaftspolitischer Auseinandersetzungen, auf dem sich eine linkspolitisch engagierte Kritik mit Vertretern einer konservativ-ästhetizistischen Kritik Gefechte lieferten. Die Nähe der Filmclubbewegung zur Résistance und der damit verbundene Status des Films als ‹verbotene› Kunstform prägte dabei das Selbstverständnis der cinephilen Filmkritik nachhaltig. Film als Gegenkultur – und zwar gleichermaßen als Medium des Widerstandes *und* als populäre Kunstform –, das Filmesehen als eine «klandestine», eine heimliche, verbotene Praxis wurde zu einem bis heute immer wiederkehrenden Topos cinephiler Diskurse.[16]

Das Ende der Blütezeit der Filmclubs wurde durch die allgemeine Politisierung und Individualisierung im Zuge der Studentenrevolte im Mai 1968 herbeigeführt. Zwar fungierten in Frankreich Theater und Kino als ‹Zugpferde› der Revolte – anders als in den englischsprachigen Ländern, wo diese von Musik und Popkultur getragen wurde. Die massiven Proteste von Künstlern und Cinephilen gegen die

---

14   «Cette pédagogie repose sur la croyance que l'homme peut devenir meilleur grâce à la culture. André Bazin est l'un des chefs de file de ce mouvement missionaire de l'après-guerre. Il a non seulement gagné en quelque mois la reconnaissance des autres critiques de cinéma, multipliant les textes et les analyses, dans *Le Parisien libéré, Esprit, L'Observateur* et *L'Écran français*, mais il s'est fait également l'apôtre du cinéma auprès d'un public de plus en plus vaste, un rêve de cinéphilie populaire.» Ebd., S. 34.

15   André Bazin reiste im Auftrag der französischen Besatzungsmacht seit 1947 jährlich nach Deutschland, um dort mit Lehrern, Schülern und Studenten, Künstlern und Intellektuellen seine analytischen Filmgespräche zu führen. 1950 erhielt er den Auftrag, eigens auf die Filmvermittlung ausgerichtet Filminstitute zu gründen und lancierte damit die deutsche Filmclubbewegung, u.a. gründete er die Filmclubs in Freiburg und Landau. Zur Rolle von Bazin für die Filmclubbewegung in Frankreich und Deutschland siehe Andrew 1981, S. 90–98.

16   De Baecque 2003, S. 20f.

Absetzung von Henri Langlois, des prominenten Leiters der Cinemathèque française, durch das französische Kulturministerium waren die Vorhut der Bewegung. Sie brachten neue Aktionsformen hervor und waren Ausdruck des allgemeinen Unbehagens an den politischen Verhältnissen.[17] Jedoch löste der aktive ‹Kampf auf der Straße› die gesellschaftspolitische Auseinandersetzung in den Filmclubs ab, die in kürzester Zeit einen Großteil ihrer Mitglieder verloren. An die Stelle der Filmclubveranstaltungen, wo sich ein Publikum verschiedenster politischer und gesellschaftlicher Couleur zusammenfand und diskutierte, traten nun zielgruppenspezifische, themenorientierte Veranstaltungen (z.B. zu Homosexualität, Feminismus, Dritte Welt), wie sie auch heute noch im Arthaussektor zu finden sind.[18]

1.1.1 Was ist Cinephilie?

Der Begriff «Cinéphilie» stammt aus Frankreich und wird im deutschsprachigen Kontext, wo der ‹falsche› Begriff des Cineasten für den kenntnisreichen Filmliebhaber geläufiger ist, vor allem verwendet, um sich auf die Tradition und Praxis der französischen Filmkultur zu beziehen.[19] In der allgemeinen Definition bezeichnet Cinephilie – zu deutsch «Kinoliebe» – die dem Amateur bzw. Liebhaber (dem *Cinephilen)* eigene subjektive, affektive (*liebende)* Haltung gegenüber Filmen, die sich von der angeblichen Neutralität der wissenschaftlichen Auseinandersetzung unterscheidet. Damit verbunden ist eine kulturelle Praxis, die das Schauen von Filmen, das Debattieren und Schreiben über Filme einschließt. Cinephilie bezeichnet somit eine Filmkultur, die mit der Gesamtheit der Filmwerke auch ihre Fortsetzung in der Zuschauerpraxis umfasst und für die Film, Filmerfahrung und Filmwissen zusammengehören:

> «Denn für das Kino ist es notwendig, dass man von ihm redet. Die Worte, die es benennen, die Geschichten, die es erzählen, die Diskussionen, die es wiederbeleben, formen seine wahre Existenz. Die Leinwand seiner Projektion, die erste und einzige, die zählt, ist geistig: Sie besetzt den Kopf derjenigen, die Filme sehen, um danach davon zu träumen, die Gefühle zu teilen, sich an Filme zu erinnern, sie zu diskutieren und von ihnen zu schreiben.»[20]

---

17 De Baecque 2008, S. 124f; de Baecque 2003, S. 343–364f.

18 Desbarats 2002, S. 427ff.

19 Der Begriff des Cineasten ist als wissenschaftlicher Begriff ungeeignet, da das französische Wortes *cinéaste* eigentlich den Regisseur meint. Daher wird in letzter Zeit auch häufiger auf den Begriff der Cinephilie zurückgegriffen, insbesondere in Bezug auf das historische Phänomen der französischen Cinéphilie.

20 «Car le cinéma a besoin que l'on parle de lui. Les mots qui le nomment, les récits qui le racontent, les discussions qui le font revivre, modèlent sa véritable existence. L'écran de sa projection, le premier et

Antoine de Baecque ordnet die Cinephilie in *La cinéphilie. Invention d'un regard, histoire d'une culture* vor allem einer bestimmten historischen Epoche in Frankreich zu: der Zeit der Filmclubbewegung zwischen 1944 und 1968, die die französische Filmkultur nachhaltig geprägt hat. Diese klassische Cinephilie brachte Formen der Filmvermittlung hervor, die bis heute von Programmkinos, Festivals, Filmmuseen oder Filmzeitschriften gepflegt werden: die Programmierung und Präsentation von Filmen, die Filmgespräche mit dem Publikum in Anschluss an die Vorführung, das Debattieren und Schreiben über Filme, die Etablierung von Ranglisten und das Führen von Interviews mit Regisseuren. Die klassische Cinephilie hatte in der Durchsetzung des Kinos als Kunstform und in der Entstehung der Nouvelle Vague ihre größte und nachhaltigste internationale Wirkung. Wenn der Cinephile Jean Douchet selbstbewusst behauptet, dass der Kritiker ein Werk erfinde,[21] so beruht dies auf der Erfahrung, dass die französische Filmkritik durch ihr vehementes Eintreten für Filme des klassischen Hollywoodkinos, die Anerkennung dieser ‹Konsumprodukte› als komplexe Kunstwerke und die Etablierung ihrer Regisseure als Autoren bewirkt hat.[22] Cinephilie war in diesem Sinne eine kulturelle Praxis, eine Form der Filmvermittlung und die Erfindung des Kinos als Kunstform.

Francis Desbarats definiert in seiner Studie zur Entwicklung der Filmvermittlung an französischen Schulen die Cinephilie ähnlich wie de Baecque. Allerdings schließt er dabei auch den Einfluss der klassischen Cinephilie auf die nachkommenden Generationen und insbesondere auf die Filmpädagogik in Frankreich ein:

«Daher werden wir stärker als auf andere Akteure den Akzent auf diejenigen legen, die in Frankreich die Cinephilen genannt werden, und die die Eigenart hatten die Bilder des Kinos mit Worten und Texten zu umgeben, angesichts der Freigiebigkeit der Leinwände die Lust an vergessenen oder raren Filmen zu entdecken, und vor allem, die Botschaften der Künstler zu entschlüsseln, die inmitten einer oberflächlichen Welt untergründig wirken. Dieser Verdienst wurde 1948 von William Wyler anerkannt, als er – angesichts des Wissens von A. Bazin und J.-C. Tachella über seine Filme – ausrief: ‹Ich bin in Amerika noch nie solchen Typen wie Ihnen begegnet›, oder 1978 von Douglas Sirk, der wissen wollte, ob Jean-Louis Comolli noch immer über Filme schreibe, weil er sich ‹zutiefst geehrt gefühlt habe› von dem Essay, den der Kritiker 10

---

le seul qui compte, est mental: il occupe la tête de ceux qui voient les films pour, ensuite, en rêver, en partager les émotions, en pratiquer la mémoire, la discussion, l'écriture.» De Baecque 2003, S. 10f.

21 Jean Douchet: *L'art d'aimer.* Paris, 2003, S. 24.
22 De Baecque 2003, S. 14.

Jahre zuvor über seine Filme veröffentlicht hatte. Es sind die Cinephilen, bei denen die Debatten, Argumente und Methoden der Filmerziehung über den längsten Zeitraum hinweg verfolgt werden können.»[23]

Desbarats führt diesen Einfluss einerseits auf Personen zurück, die ihre Filmbildung noch in den Filmclubs erworben haben und die bis heute als Pädagogen, Wissenschaftler oder Kritiker tätig sind – dazu gehören auch Alain Bergala und er selbst. Andererseits schreibt er ihn der ästhetischen Tradition der *Cahiers du cinéma* zu, die in den wesentlichen Debatten der Cinephilie federführend waren und die die Inhalte der schulischen Filmvermittlung nachhaltig geprägt haben.

Thomas Elsaesser erweitert in seinem Artikel «Cinephilia or the Uses of Disenchantement» den Begriff der Cinephilie darüber hinaus auch auf nichtfranzösische Kontexte. Er unterscheidet zwischen der klassischen Cinephilie («Cinephilia take one»), die im Gefolge der französischen Cinephilie in den 1960er Jahren in England und in Amerika aufkam und wie diese an das Ritual des Kinobesuchs geknüpft war, und einer zweiten, zeitgenössischen Cinephilie («Cinephilia take two»), die die neuen Medien (DVD, Internet) zur Rezeption und Aneignung von Filmen nutzt. An die Stelle des Kinoerlebnisses als einmalige, idealisierte Erfahrung tritt in dieser neuen Form der Cinephilie die Liebe zum Filmausschnitt und der nichtlineare Zugriff auf Filme. Anstelle in Filmclubs und Filmzeitschriften zu debattieren, werden Filmerfahrungen auf Internetblogs kommentiert und ausgetauscht:[24]

«Technology now allows the cinephile to re-create in and through the textual manipulations, but also through the choice of media and storage formats that sense of the unique, that sense of place, occasion, and moment so essential to all forms of cinephilia, even as it is caught in the compulsion to repeat. This work of preservation and re-presentation – like all work involving memory and the archive – is marked by the fragment and its fetish-invocations. Yet fragment is also understood there in a special sense. Each film is not only a

---

23 «Ainsi, nous mettrons l'accent, plus que sur d'autres acteurs, sur ceux qui se sont appelés en France les cinéphiles, qui ont eu la particularité d'entourer les images de cinéma de paroles et de textes, d'inventer autour de la munificence des écrans le désir des films oubliés ou rares et, surtout, de déchiffrer les messages d'artistes faisant œuvre secrète au sein d'un monde de frivolité, mérite qui leur fut reconnu, en 1948 par William Wyler, s'exclamant devant la connaissance qu'A. Bazin et J.-C. Tacchella avaient de ses films, ‹je n'ai jamais rencontré de types comme vous aux Etats-Unis›, ou en 1978 par Douglas Sirk, demandant si Jean-Louis Comolli écrivait toujours sur le cinéma, parce qu'il s'était ‹senti profondément gratifié› par l'essai que le critique avait publié sur ses films dix ans plus tôt. C'est entre les cinéphiles que les débats, les raisons, les méthodes concernant l'enseignement du cinéma peuvent être suivis sur la plus longue durée.» Desbarats 2002, S. 41f. Desbarats zitiert Andrews 1983, S. 103.
24 Thomas Elsaesser: Cinephilia and the Uses of Disenchantment. In: Marijke de Valck, Malte Hagener (Hg.): *Cinephilia. Movies, Love and Memory.* Amsterdam, 2005, S. 27–43, hier: 38.

fragment of that totality of moving images which always already exceeds our grasp, our knowledge and even our love, but it is also a fragment, in the sense of representing, in whatever form we view or experience it, only one part, one aspect, one aggregate state of the many, potentially unlimited aggregate states by which the images of our filmic heritage now circulate in culture.»[25]

Alain Bergala steht für alle drei der genannten Definitionen der Cinephilie. Er wuchs in der Zeit der klassischen Cinephilie auf und hat – wie er in *Kino als Kunst* schreibt – als Studierender in den Filmclubs seine Filmbildung erworben. Er hat als Filmkritiker und Filmpädagoge an die ästhetische Tradition der klassischen Cinephilie angeknüpft und diese auch nach 1968 weiterentwickelt. Mit seinem pädagogischen Konzept der Arbeit an Fragmenten ist er aber auch ein Vertreter der neuen Cinephilie, die sich die neuen Medien zu eigen macht. Ich werde daher im Folgenden einen pragmatischen Begriff der Cinephilie verwenden, der sich nicht auf die Epoche der klassischen Cinephilie beschränkt, sondern auch deren Wirkung berücksichtigt. Es wird die Frage im Zentrum stehen, wie die im Umfeld der *Cahiers du cinéma* entstandenen filmästhetischen Diskurse und Vermittlungspraktiken Bergalas Filmpädagogik geprägt haben. Wenn im Kontext dieser Arbeit von Cinephilie die Rede ist, wird es sich somit – sofern ich es nicht anders präzisiere – um Positionen der *Cahiers du cinéma* oder von Autoren aus deren Umfeld handeln.

Abschließend möchte ich kurz noch auf den von Elsaesser verwandten psychoanalytischen Begriff des Fetischismus eingehen. Die Deutung der Cinephilie als eine Form des männlichen Fetischismus, der sich auf das idealisierte, quasireligiöse Ersatzobjekt Film (oder auch das Filmfragment) richtet, wurde von Vertretern der Semiologie, wie Christian Metz, im Zuge einer Distanzierung von der Cinephilie in den 1970er Jahren eingeführt.[26] Sie scheint mir nicht unbedingt geeignet, die hier nur kurz skizzierte Komplexität dieses kulturellen Phänomens in Frankreich zu bestimmen, sie weist aber auf einen häufig behaupteten Antagonismus zwischen Cinephilie und Semiologie hin. Cinephile, als «Amateure» des Kinos, und Semiologen, die auf der Basis der Linguistik eine wissenschaftliche Auseinandersetzung mit Filmen eingeführt haben, definieren sich häufig in gegenseitiger Abgrenzung (Vgl. 3).[27] Dieser forcierte Antagonismus, der sich auch in Bergalas Texten findet, verdeckt jedoch die Beziehung zwischen beiden

---

25 Ebd., S. 40f.
26 Siehe Christian Metz: *Der imaginäre Signifikant*. München, 2000 (Orig. 1977), S. 9ff. Louis Shorecki verweist auch darauf, dass die historische Cinephilie ein männliches Phänomen war. Louis Shorecki: Contre la Nouvelle Cinéphilie (Extraits). In: De Baecque (Hg.): *Critique et Cinéphilie*, Paris, 2001, S. 132–162, hier 142f.
27 Vgl. Jacques Aumont, Michel Marie: *Dictionnaire théorique et critique du cinéma*. Paris, 2007, S. 34.

Ansätzen. So bezeichnet Elsaesser die Semiologie als eine enttäuschte Cinephilie, als Ergebnis einer Entzauberung des idealisierten Liebesobjektes und als destruktive Kompensation des Verlusts. In diesem Sinne nennt Desbarats Christian Metz einen ehemaligen Cinephilen, der seine Cinephilie in der Neutralität seines wissenschaftlichen Ansatzes zu «exorzieren» versucht habe.[28] Umgekehrt hat gerade die Cinephilie spezifische Formen des Filmwissens hervorgebracht.[29] Es sind nicht zuletzt die detaillierten Filmanalysen von André Bazin und anderen Filmkritikern, die der wissenschaftlichen und theoretischen Auseinandersetzung mit Filmen an den Universitäten den Weg geebnet haben, noch bevor die Semiologie entstand.[30]

1.1.2. Vermittlungstrategien der Zeitschrift *Cahiers du cinéma*

Für das Selbstverständnis der französischen Cinephilie ist der Vermittlungs- und Bildungsgedanke konstitutiv. In ihren Diskursen werden Kino und Filmclubs als eine Schule des Lebens beschrieben. Im Kino fand man einen Zugang zur Welt, eine moralische und politische Haltung und eine soziale Zugehörigkeit. Die Zirkel der Cinephilen wurden von vielen jungen Männern der Nachkriegsgeneration als Ersatzfamilie empfunden.[31] Auch feierten sie das Kino als Ort der Bildung, in Abgrenzung zu der als autoritär und lebensfremd empfundenen Schule. Das Sehen von Filmen, das Debattieren und Schreiben über Filme verhalf Cinephilen zu einem fundierten filmhistorischen Wissen. Es brachte das «Erlernen eines Blicks» (frz. «apprentissage d'un regard»)[32] mit sich und wies manchen auch den Weg in den künftigen Beruf. Zu der Erfahrung einer autodidaktischen Bildung im Kino kam bei einigen auch der Wunsch nach der Vermittlung des ‹geliebten› Objekts hinzu. Dem Geist der Volksbildungsbewegung verpflichtet, setzten sich André Bazin, Henri Agel und andere cinephile Intellektuelle dafür ein, einem größeren Publikum Filmkunst nahe zu bringen. Auf Basis dieser historisch gewachsenen Vermittlungstradition hat die Cinephilie die Entwicklung der schulischen Filmvermittlung in Frankreich beeinflusst. Dabei spielte die Zeitschrift *Cahiers du cinéma* eine Schlüsselrolle: zum einen durch die von ihr etablierten Diskurse zur Filmästhetik, die sich auch in der schulischen Filmvermittlung wie-

---

28 Desbarats 2002, S. 243.
29 Douchet 2003, S. 62.
30 Vor diesem Hintergrund relativiert auch Desbarats die These vom Fetischismus der Cinephilie und verweist darauf, dass es sich weniger um einen Einschluss des Ichs in das Objekt Film handelt, als vielmehr um eine transitive Beziehung im Sinne des Psychoanalytikers Winnicott. Die Bindung an den Film ist demnach eine Vorbedingung von Kreativität und Imagination. Desbarats 2002, S. 213.
31 Vgl. ebd. 2002, S. 187ff.
32 De Baecque 2003, S. 31.

derfinden, und zum anderen durch das Engagement wichtiger Vertreter der Zeitschrift für die Filmvermittlung.

Die Zeitschrift *Cahiers du cinéma* hat im Kontext der französischen Cinephilie und der internationalen Filmgeschichte eine einzigartige Position inne. Über mehr als 20 Jahre hinweg erfolgte im Umfeld dieser Zeitschrift eine intensive theoretische Auseinandersetzung mit dem Kino, die den Status von Filmen und Filmregisseuren in Frankreich und international verändert, die in den 1960er Jahren zu einer Erneuerung des französischen Kinos durch die Nouvelle Vague beigetragen und die nicht zuletzt die in den 1970er Jahren in Amerika und anderen Ländern entstehenden Filmwissenschaften beeinflusst hat. Die Kritiken der *Cahiers du cinéma* haben den Debatten der französischen Filmclubbewegung zu weltweitem Ruhm verholfen.

Es ist festzuhalten, dass die wesentlichen in den *Cahiers du cinéma* in den 1950er Jahren vertretenen Positionen bereits vor der Gründung der Zeitschrift 1951 formuliert wurden. André Bazin verfasste schon 1945/46 seine für die Filmtheorie wegweisenden Manifeste des filmischen Realismus «Ontologie des photographischen Bildes» und «Der Mythos des totalen Kinos».[33] Seine differenzierten Filmanalysen, insbesondere des italienischen Neorealismus und der amerikanischen Genrefilme, setzten Maßstäbe für die Filmwissenschaft. Gemeinsam mit seinen Freunden und Kollegen Jean-Charles Tacchella, Alexandre Astruc und Roger Leenhardt setzte er sich für die Anerkennung des Films als Kunstform ein. So postulierte Astruc in «La caméra-stylo» und Leenhardt in «A bas Ford, vive Wyler» einen persönlichen Regiestil, der auch die arbeitsteiligen Studioproduktionen herausragender Hollywoodregisseure auszeichne.[34] Diese Aufwertung des ‹Kommerzkinos› erregte vor allem den Unwillen der in Frankreich nach dem Krieg dominierenden kommunistischen Filmkritik, der Bazin selbst nahestand. Besonders heftige Gegenreaktionen von dieser Seite rief auch Bazins Kritik an der Heroisierung Stalins in zeitgenössischen russischen Filmen hervor. Er warf darin bereits die für die *Cahiers du cinéma* später zentrale Frage nach dem Verhältnis von politischem Gehalt und ästhetischer Form auf.[35]

Nichtsdestoweniger ist es das Verdienst der *Cahiers du cinéma* und insbesondere der zweiten Generation der sogenannten *jeunes turcs* (dt. junge Türken)

---

33 «Ontologie de l'image photographique» erschien 1945 in der Zeitschrift *Confluences*, «Le mythe du cinéma totale» 1946 in *Critique*. Ebd., S. 43. Die deutsche Übersetzung ist erschienen in: Bazin 2004, S. 13–42 u. S. 43–49.

34 Beide Artikel erschienen 1948 in *L'Écran français*. Siehe Andrew, S. 104ff.

35 Bazin verglich in seinem Artikel «Le mythe de Stalin dans le cinéma soviétique» (*Esprit*, August 1950) die Stilisierung Stalins im russischen Kino mit derjenigen Tarzans im Hollywoodkino. Dieser Artikel machte ihn berühmt, führte aber auch zu einem irreparablen Bruch mit der kommunistischen Vereinigung *Travail et Culture*, für die Bazin in der Nachkriegszeit als Vermittler tätig war. Andrew, S. 137f.

und späteren Regisseure der Nouvelle Vague François Truffaut, Jean-Luc Godard, Jacques Rivette, Claude Chabrol u.a. diese Ideen aufgegriffen, radikalisiert und innerhalb der 1950er Jahre öffentlich durchgesetzt zu haben. Sie verhalfen der berühmten *politique des auteurs* (dt. Autorenpolitik) zum Siegenszug und machten die Auffassung salonfähig, dass Filme Kunstwerke sind, der Malerei der Renaissance wie der griechischen Tragödie ebenbürtig.

Mit dem jungen Truffaut als Wortführer verfolgten sie in ihren Polemiken vor allem zwei Stoßrichtungen. Zum einen wurde das zeitgenössische französische Kino des poetischen Realismus, das «cinéma de qualité», das in Frankreich ein hohes Ansehen genoss, angegriffen und von seinem Sockel gestoßen.[36] Zum anderen verteidigten die ‹jungen Wilden› vehement Regisseure des klassischen Hollywoodkinos, wie Alfred Hitchcock, William Wyler und Samuel Fuller, deren Filme sowohl in linken als auch in konservativen Kreisen als ideologische Massenware abgelehnt wurden.[37] Angesichts eines ‹literarischen› Kinos, das sein Renommee den Drehbuchautoren und Stoffen verdankt, erklärten sie die *mise en scène*, die Inszenierung für und durch die Kamera, zum eigentlichen Kern des filmischen Schaffens. Sie inthronisierten die Regisseure als die ‹wahren› Filmautoren, die nicht nur Ausführende von Ideen (der Drehbuchautoren) sind, sondern eine eigene Handschrift haben.

Im Konflikt mit der kommunistischen Filmkritik, die vor allem auf politisch korrekte Inhalte setzte, positionierten sich die *Cahiers du cinéma* als Vertreter einer «Moral der Form». So setzte sich Chabrol für die «kleinen Themen» gegenüber den «großen» (= politischen) Themen ein, und Jacques Rivette formulierte in seinem Artikel «Von der Niedertracht» die These, dass auch ein linker Regisseur wie Gilles Pontecorvo in der Art und Weise, wie er sein Sujet filme, eine moralisch verwerfliche Haltung offenbaren könne. Die These von der Moral der Kamerafahrten[38] diente den Mac-Mahonians, einer Gruppe jüngerer, auf die Nouvelle Vague folgender Kritiker um die Ziehväter Eric Rohmer und Jean Douchet, teilweise auch dazu, einen politischen Konservatismus oder einen apo-

---

36 Siehe de Baecque 2003, S. 135–168.

37 Mit seinem berühmten Interviewband *Le cinéma selon Hitchcock* (dt. *Mr. Hitchcock, wie haben Sie das gemacht?*) verhalf Truffaut Alfred Hitchcock in Frankreich und den USA zur Anerkennung als Filmautor (Paris, 1966).

38 Ursprünglich stammt die Formel «La morale est affaire de travellings» (dt. «Die Moral ist eine Angelegenheit von Kamerafahrten») von Luc Moullet, der damit den politisch reaktionären Regisseur Samuel Fuller gegen die linke Filmkritik in Schutz nahm. Er wurde von Godard in Bezug auf die Darstellung des Holocausts umformuliert und verallgemeinert in «Le travelling est affaire de morale» (dt. «Die Kamerafahrt ist eine Frage der Moral») und schließlich von Rivette in seinem Artikel «Über die Niedertracht» aufgegriffen. Vgl. de Baecque 2003, S. 169–220.

litischen Ästhetizismus zu legitimieren. Das Kino wurde von ihnen unabhängig von gesellschaftspolitischen Kontexten als eine klassische Kunst rezipiert.[39]

In die entgegengesetzte politische Richtung schlugen die *Cahiers du cinéma* dagegen in den späteren 1960er Jahren aus, als sie zur Speerspitze einer linken Ideologiekritik wurden und sich vom Erbe Bazins und der klassischen Cinephilie distanzierten. Ihre Redakteure sahen es nun als Gebot der Stunde, die Bevölkerung über die ideologische Wirkungsweise kultureller Produkte, insbesondere des Massenmediums Kinos aufzuklären und wappneten sich dafür mit dem theoretischen Instrumentarium ihrer Zeit.[40] Unter dem Einfluss der damals aktuellen Kulturtheorien des Strukturalismus, der Semiologie und der Psychoanalyse befassten sich die *Cahiers du cinéma* nun kritisch mit den Konventionen des klassischen Hollywoodkinos und analysierten den Realismus als Effekt filmischer Konstruktion. Ihre Kritik basierte allerdings weiterhin auf einer Analyse der Formen filmischen Erzählens und des Kinodipositivs. Einige der in dieser Zeit verfassten theoretischen Arbeiten zum Kino wurden in der englischsprachigen Zeitschrift *Screen* veröffentlicht und zu Grundlagentexten der (amerikanischen) Filmwissenschaften.[41]

Die allgemeine Politisierung im Mai 1968 änderte auch das Selbstverständnis der Filmkritik, die sich nun als Teil einer gesellschaftlichen Intervention begriff und zum aktiven Handeln übergehen wollte. Dazu gehörte der von den *Cahiers du cinéma* lancierte Protest gegen die Absetzung des Leiters und Gründers der Cinémathèque française und die weniger erfolgreiche Gründung einer *Front Culturel* – in Anlehnung an die *Front Populaire* – Anfang der 1970er Jahre:[42] Die Filmkritik wurde zur kollektiven Arbeit. Kritiker bildeten Aktivisten-Gruppen,

---

39 Die konservativen Tendenzen der Mac-Mahonians, denen die Gründer der *Cahiers du cinéma* André Bazin und Jacques Doinel-Valcroze kritisch gegenüberstanden, führten jedoch Anfang der 1960er Jahre zu Verwerfungen innerhalb der *Cahiers du cinéma*. So verweigerten die Verehrer des Hollywoodkinos unter dem Chefredakteur Eric Rohmer ihren ehemaligen Kollegen – den Regisseuren der Nouvelle Vague, die Ende der 1950er Jahre die Zeitschrift verlassen hatten, um selbst Filme zu drehen – die Anerkennung und Unterstützung. Ausgerechnet ihre eigene Zeitschrift tat sich schwer damit, das moderne Kino zu erkennen und gegenüber den Angriffen der Filmbranche und der Kritik zu verteidigen. Der Konflikt führte schließlich zu einer Absetzung von Rohmer als Chefredakteur, an dessen Stelle Rivette trat, der in den 1960er Jahren eine Öffnung der *Cahiers du cinéma* für andere Ästhetiken und die gerade aktuellen Gesellschaftstheorien anstieß. Ebd., S. 180–219.

40 Siehe de Baecque 2003, S. 326 und Emilie Bickerton: *Eine kurze Geschichte der «Cahiers du cinéma»*. Zürich, 2010, S. 69f.

41 Bickerton, S. 93.

42 Die *Cahiers du cinéma* organisierten sich dem Zeitgeist entsprechend als Kollektiv. Bei einem Aktionstag in Avignon (*Rencontres d'Avignon*) bildeten sie Aktivistengruppen, die sich in verschiedenen Kontexten politisch-aufklärerisch engagierten und darüber dann in dem Heft Bericht erstatteten. Bergala war (unter dem Pseuydonym Alain Belbo) bereits damals an einer der Gruppen beteiligt, die sich mit der Situation der Kulturvermittlung auseinandersetzten. Siehe beispielsweise Alain Belbo: Problème d'une stratégie de l'animation. In: *Cahiers du cinéma* 245/6, 1973, S. 15–18 oder Alain Belbo u.a.: Bilan

die sich für die politische Aufklärung der Bevölkerung engagieren wollten. Jedoch führte der politische Aktivismus, der das Kino als Gegenstand der Filmkritik aus dem Augen verlor, und die theoretische Radikalisierung, die zunehmend schwer verständliche Texte hervorbrachte, zu einem Verlust der Leserschaft und einer massiven Krise der Zeitschrift.[43]

Seit Mitte der 1970er Jahre fand unter der Chefredaktion von Serge Daney und Serge Toubiana eine Rückbesinnung auf die ästhetische Tradition der Zeitschrift statt. Man setzte sich mit dem ‹Erbe› der Gründergeneration auseinander. Daney aktualisierte Bazins Realismus und die Moral der Ästhetik in Hinblick auf die zeitgenössische Medienlandschaft. Unter dem Stichwort der *scénographie* wurde die *mise en scène* wiederaufgegriffen und vor allem als Problem der Raumkonstruktion reflektiert. Alain Bergala und Serge le Peron knüpften mit ausführlichen Set-Reportagen an das Interesse der Nouvelle Vague-Generation für die Drehpraxis an. In den 1980er Jahren folgte zudem die kritische Auseinandersetzung mit der durch die französische Förderpolitik massiv geförderten ‹Marke› des Autorenfilms. Angesichts des Niedergangs des Kinos als populärem Leitmedium stand auch die Rolle des Kritikers auf dem Prüfstand, der federführend von Daney als Vermittler einer zunehmend marginalisierten Filmkunst neu definiert wurde. Als Antwort auf die Pluralisierung der Zuschauerkultur erweiterten die *Cahiers du cinéma* jedoch auch ihre Perspektive. Neben der ‹Verteidigung› von marginalen Filmen des internationalen Kinos steht bis heute die Auseinandersetzung mit aktuellen Entwicklungen im Mainstreamkino. Der damit einhergehende Verlust einer klaren redaktionellen Linie und der intellektuellen Meinungsführerschaft wird auch als Niedergang des ästhetischen Projekts der *Cahiers du cinéma* verstanden.[44] Zumal deren redaktionelle Unabhängigkeit durch den Verkauf an den internationalen Kunstverlag Phaidon gefährdet ist.[45]

Nichtsdestotrotz betonte Desbarats noch 2002: «Trotz ihrer politischen Entwicklungen ist es den *Cahiers du cinéma* gelungen, eine sehr kohärente Position

de la commission d'animation culturelle. In: *Cahiers du cinéma* 248, 1973, S. 16–27. Siehe auch de Baecque 1991, S. 285.

43   Siehe Bickerton, S. 89–102.

44   Vor allem Emily Bickerton vertritt in ihrer Geschichte der *Cahiers du cinéma* die Auffassung, dass mit dem Weggang von Serge Daney die Zeitschrift als theoretisches Projekt ihr Ende gefunden und sich im Ungefähren des gefälligen Mainstreams verloren haben (Bickerton, S. 143f). Der von de Baecque herausgegebene Sammelband *Théories du cinéma* (Paris, 2004) relativiert allerdings diese Position. Er enthält in den *Cahiers du cinéma* erschienene theoretische Positionen, von denen knapp die Hälfte aus der Zeit nach 1980 stammt, darunter auch Artikel von Gilles Deleuze, Jacques Rancière, Michel Chion und Alain Bergala.

45   2009 wurden die *Cahiers du cinéma* an Phaidon verkauft. Er stellte unter anderem die Buchpublikation der *Cahiers du cinéma* ein, um unter diesem Label seine eigenen, englischsprachigen Bücher herauszugeben.

zur Filmkultur zu entwickeln.»[46] So sind folgende Aspekte der von der Zeitschrift seit den 1950er geformten ästhetischen Haltung für die schulische Filmpädagogik und insbesondere für den von Bergala in *Kino als Kunst* vertretenen ästhetischen Ansatz bis heute relevant:

- die Autorenpolitik
- die Auseinandersetzung mit dem filmischen Realismus
- die Ethik der Form und die Bevorzugung der ‹kleinen Sujets›
- die Ästhetik des filmischen Raumes
- der Vergleich von Filmen mit anderer Kunstformen
- das Engagement für die Vermittlung.

André Bazin hat den *Cahiers du cinéma* zwei Erbschaften hinterlassen: die theoretische Auseinandersetzung mit Filmen und die Filmvermittlung. Diese wurden im Laufe der Jahre mit unterschiedlicher Gewichtung fortgeführt. So sind die *Cahiers du cinéma* zwar eine Zeitschrift für einen spezialisierten Kreis von Filmliebhabern, die sich durch theoretisch anspruchsvolle, oft schwer verständliche Artikel auszeichnet. Im Laufe ihrer Geschichte trat aber der Vermittlungsaspekt immer wieder in den Vordergrund. Die *Cahiers du cinéma* fungierten als eine alternative Filmhochschule, deren Kritiker ihren Blick schulten, um später selbst Filme zu drehen – wie die berühmte Generation der Nouvelle Vague, aber auch jüngere Regisseure wie Pascal Bonitzer, Serge le Péron oder Danièle Debroux – oder um an Hochschulen Film zu lehren – wie Jean Douchet, Alain Bergala und viele andere.

Zudem fühlten Kritiker der *Cahiers du cinéma* sich auch der Filmvermittlung gegenüber einem breiteren Publikum verpflichtet, mit dem Ziel einer politischen Aufklärung in den Jahren der Politisierung oder als Vermittler der marginalisierten Filmkunst seit den 1970er Jahren. Die Entwicklung der Filmpädagogik an französischen Schulen wurde seit den 1990er Jahren intensiv redaktionell begleitet[47] und an dem Bildungsprogramm *Les arts à l'école* beteiligte sich der Verlag der *Cahiers du cinéma* auf seine Weise: In Kooperation mit dem staatlichen

---

46 «En dépit de leurs évolutions politiques, *Les Cahiers du cinéma* ont réussi à créer un approche de la culture cinématographique d'une grande cohérence.» Desbarats 2002, S. 576 u. S. 570f.

47 Mitte der 1990er Jahre erschien ein Schwerpunkt zu zwei Projekten der aktiven Filmarbeit, u.a. *Jeunes Lumières*, an dem auch Bergala beteiligt war (Heft 494, 1996). Langs Bildungsprogramm war Schwerpunktthema des Heftes 552 (2000), in Heft 554 (2001) wurden die Reaktionen von Lehrern und Studentinnen aufgegriffen und von Bergala in einem offenen Brief beantwortet, in Heft 562 (2001) die Bilanz des ersten Jahres gezogen. Nach Ende der Reform gab es die Dokumentation eines runden Tisches mit Alain Bergala und Christine Juppé-Leblond über die Zukunft der Filmbildung Heft 591 (2004). Zudem wurde die Reihe *L'Eden cinéma* mit mehreren Rezensionen begleitet (u.a. Heft 585, 2003). März 2012 erschien ein Schwerpunkt zu Filmvermittlung an Schule und Hochschule.

Zentrum für Lehrmedien (CNDP) 2000 gab er die Reihe *Les petits cahiers* heraus, in der bis heute 40 Einführungen zu verschiedenen Themen der Filmgeschichte und -ästhetik erschienen sind.[48] Besonders hervorzuheben ist das Engagement einzelner, prominenter Kritikerpersönlichkeiten, die sich wie André Bazin in verschiedenen instiutionellen und medialen Kontexten für die Filmvermittlung eingesetzt und dadurch eine Brücke zwischen Fachkreisen und Gesellschaft geschlagen haben. Im Folgenden seien kurz drei der prominentesten Vermittler genannt, auf die ich im weiteren Verlauf der Arbeit zurückkommen werde.

Jean Douchet, Wegefährte der Nouvelle Vague, der sich abgesehen von wenigen Kurzfilmen und Rollen in Filmen befreundeter Regisseure nie selbst auf die Seite der Filmpraxis begeben hat, leitet noch heute als 80jähriger einen wöchentlichen Filmclub an der Cinémathèque française. Douchet war einer der ersten, der in den 1980er Jahren das Medium Video für Filmanalysen genutzt hat. Seine Reihe *Image par image* diente als Vorbild für die Vermittlungsvideos, die der CNDP ab Ende der 1980er Jahre zur Begleitung der Filme herausgab, die Stoff des Filmabiturs waren.[49] Bis heute hat er eine große Zahl filmvermittelnder Filme sowohl für den schulischen Kontext, als auch für kommerzielle DVD-Editionen produziert.

Serge Daney war nicht direkt im pädagogischen Bereich tätig, hat aber in einer Vielzahl von Artikeln die bildende Funktion des Kinos in Bezug auf seine eigene Kindheit reflektiert und sich mit der Rolle des Filmkritikers als Vermittler auseinandergesetzt. Er war neben André Bazin einer der einflussreichsten französischen Filmkritiker, erst Redakteur und Chefredakteur der *Cahiers du cinéma*, später Kolumnist bei der *Libération* und Mitbegründer der Filmzeitschrift *Trafic*. Sein Bekanntheitsgrad rührte daher, dass er pointierte filmtheoretische Überlegungen mit Reflexionen zur Lage der Welt verband und dass er bestrebt war, seine Leidenschaft für Filme, auch einem nichtcinephilen Publikum zu vermitteln.[50] Um ein größeres Publikum zu erreichen, wechselte er Anfang der 1980er Jahre zur *Libération*, wo er eine populäre Kolumne zum Fernsehen verfasste. Er machte es sich zur Aufgabe, die von den *Cahiers du cinéma* initiierte politische Kritik der Ästhetik auch im Zeitalter des Fernsehens fortzusetzen.

---

48 Bis heute erschienen *Les petits cahiers* zu verschiedenen Themen, Genres und Werken der Filmkunst, wie z.B. die Einstellung, das Dekor, das Musical, der Western, die Filmkritik, das afrikanische Kino, Abbas Kiarostami.

49 Douchet hat *Image par image* (insgesamt fünf Filme) gemeinsam mit seinen Studenten der Fémis produziert. Er hat auch die ersten Videos für den CNDP (Centre national de la documentation pédagogique) konzipiert. Siehe auch das Douchet gewidmete Dossier *www.kunst-der-vermittlung.de/dossiers/cinephilie-douchet/* (12.12.2012).

50 Laut de Baecque haben die Texte zum Fernsehen Daney berühmt gemacht. Sie wurden posthum publiziert, u.a. in: Serge Daney: *Le salaire du zappeur*. Paris, 1993. De Baecque 2003, S. 378.

Während Douchet und Daney ihre Vermittlungsarbeit vor allem einem außerschulischen Publikum widmeten, kommt Alain Bergala – unter anderem aufgrund seines bildungspolitischen Engagements – eine Schlüsselrolle in der schulischen Filmvermittlung zu. Auch nachdem er seine Arbeit als Pädagoge in den 1980er Jahren zugunsten seiner Tätigkeit als Redakteur bei den *Cahiers du cinéma* aufgegeben hatte, befasste er sich weiterhin mit praktischen und theoretischen Fragen der Filmädagogik. Er hat, wie de Baecque schreibt, «immer einen scharfen Sinn für die Pädagogik, den menschlichen Kontakt bewahrt, und durch seine Seminare und Artikel viel zum gute Ruf der Zeitschrift beigetragen.»[51]

1.2 Die Entwicklung der Filmpädagogik an französischen Schulen

In seiner umfangreichen diskursanalytischen Arbeit über die Entwicklung des Filmabiturs an französischen Schulen führt Francis Desbarats fünf wesentliche historische Etappen der französischen Filmpädagogik an.[52] Im Zuge der Reformpädagogik (frz. *éducation nouvelle)* der 1920er Jahre setzte der Pädagoge Célestin Freinet erstmals die Pathé-Baby-Kamera für die aktive Filmarbeit mit Kindern und Jugendlichen ein.[53] Im Nachkriegsfrankreich folgte die bereits erwähnte Volksbildungsbewegung mit ihren cinephilen Vermittlungsinitiativen. Und in den 1970er Jahren inspirierte die Studentenrevolte erneut pädagogische Reforminitiativen, die eine von der Semiologie beeinflusste Medienpädagogik hervorbrachten. Diese wichtigen zivilgesellschaftlichen Reformbewegungen konnten sich zwar politisch nicht durchsetzen, brachten aber die wesentlichen Impulse, Methoden und Ansätze der Filmvermittlung hervor. Auf dieser Basis konnte dann seit den 1980er Jahren in zwei Etappen, jeweils unter Federführung einer sozialistischen Regierung, die Institutionalisierung der Filmbildung an französischen Schulen erfolgen.[54]

51 «L'animation culturelle n'est pas non plus un mauvais terrain d'apprentissage, comme le démontre l'itinéraire d'Alain Bergala, déjà présent au stage des *Cahiers* en Avignon durant l'été 1972 (sous le non d'Alain Belbo), l'un des responsables du Centre Éducatif et Culturel de Yerres, en région parisienne. De cette formation, le critique gardera toujours un sens aigu de la pédagogie, du contact humain, contribuant beaucoup, à travers ses cours et ses articles, au renom de la revue.» De Baecque 1991, S. 286.

52 Desbarats 2002. Die Arbeit konzentriert sich auf die Entwicklung der Filmvermittlung an Gymnasien, aber sie geht auch ausführlich auf die größeren historischen, institutionellen, politischen und ideologischen Kontexte der schulischen Filmbildung ein, die bis in die 1920er Jahre zurückreichen.

53 Freinet veranlasste seine Schüler, gefilmte Briefe zu produzieren, mit denen sie anderen Schulklassen ihr Heimatdorf vorstellten. Diese Tradition der «lettres filmées» gibt es bis heute in der französischen Filmvermittlung. Ebd., 2002, S. 277ff.

54 Von 1981 bis 1986 war François Mitterand Präsident einer sozialistischen Regierung; nach einer kurzen Phase der Kohabitation mit dem Konservativen Jacques Chirac als Premierminister folgte ab

Die Reformpädagogen hatten Filme im schulischen Kontext vor allem als Instrumente der Wissensvermittlung und Kommunikation eingesetzt.[55] Dagegen ist es der Filmclubbewegung zu verdanken, dass die ästhetische Filmvermittlung in der französischen Gesellschaft Fuß fasste. Insbesondere erschloss sie auch das kulturelle Filmerbe. Engagierte cinephile Lehrer, wie der Latein- und Literaturlehrer Henri Agel, setzten sich für eine Integration der Filmbildung in den Schulunterricht ein. Sie verfolgten bereits in den 1950er Jahren das Ziel, die autoritäre Pädagogik zu reformieren, die Interessen der Schüler stärker zu berücksichtigen und durch filmkulturelle Bildung eine eigenständige Urteilsfähigkeit zu fördern.[56] Dennoch erwies sich die Institution Schule in dieser Zeit insgesamt als unbeweglich. Sie blieb einer autoritären Erziehung und einem positivistischen Wissensverständnis verhaftet. Eine unter der Leitung der kommunistischen Intellektuellen und Wissenschaftler Paul Langevin und Henri Wallon vorbereitete Bildungsreform wurde auf Eis gelegt, nachdem die kommunistischen Minister im Zuge des kalten Krieges die Regierung verlassen mussten.[57] Und auch das nach dem Krieg für den prominenten Schriftsteller André Malraux gegründete Kulturministerium stand der Etablierung der schulischen Filmvermittlung eher entgegen.[58]

Zwar machte sich Malraux – der selbst theoretische Texte über das Kino verfasst und einen Film über den spanischen Bürgerkrieg gedreht hat – um die Filmkultur verdient, indem er sich für eine Anerkennung des Films als Kulturgut einsetzte und die staatliche Filmförderung Frankreichs, den Centre national

1988–1993 seine zweite Phase mit einer sozialistischen Regierung. Von 1997 bis 2002 war Jacques Chirac Präsident in Kohabitation mit einer sozialistischen Regierung unter Lionel Jospin. Die wesentlichen Reformimpulse im Bereich der Filmbildung an französischen Schulen gehen damit auf die sozialistischen Regierungen zurück.

55 Nur im Rahmen außerschulischer Freizeitangebote wurden Kindern und Jugendlichen auch Spielfilme zur Unterhaltung gezeigt. Desbarats 2002, S. 270–280.

56 Henri Agel schrieb auch ein erstes Lehrbuch zur Filmvermittlung (*Le cinéma*, 1955) im Auftrag der katholischen Privatschulen, die bereits 1957 Filmkurse für die Oberstufe vorsahen. So zeigten sich bereits seit den 1920er Jahren die katholischen Institutionen der Filmbildung gegenüber aufgeschlossener als die laizistischen staatlichen Schulen, die laut Desbarats eine kritischere Haltung zum Bild einnahmen. Desbarats 2002, S. 294f.

57 Vgl. Desbarats 2002, S. 292f.

58 1959 gründeten de Gaulle und Malraux das Kulturministerium, indem sie einen Teil des Bildungsministeriums (*Education nationale*) abspalteten. Zur Legitimation seines Ministeriums definierte Malraux die Kultur in Abgrenzung zur allgemeinen Bildung. Für ihn stellten Kunst und Schule – wie auch für viele Cinephile – einen Gegensatz dar. Dieser durch die Trennung der beiden Ministerien Bildung und Kultur institutionalisierte Antagonismus zwischen einem (elitären) Kunstbegriff und der utilitaristisch ausgerichteten Massenbildung an den Schulen verhinderte laut Lismonde bis in die 1980er Jahre, als Jack Lang Kulturminister wurde, eine Kooperation beider Ministerien zur Förderung der Kunst an der Schule. Lismonde, S. 24ff.

de la cinématographie (CNC), dem Kulturministerium angliederte.[59] Als Kulturminister strebte er zudem eine ‹Demokratisierung der Kultur› an: Das Pantheon
der Kunst sollte für alle zugänglich gemacht werden. Den Bildungsinstitutionen
Schule und Universität stand der Autodidakt hingegen skeptisch gegenüber, da
er durch sie die individuelle Freiheit der Kunsterfahrung gefährdet sah: «Das
Wissen gehört der Universität, die Liebe vielleicht uns.» – Dieser berühmte Satz
sollte die Kunstvermittlung in Frankreich jahrzehntelang überschatten.[60] Die von
Malraux initiierte *action culturelle* konzentrierte sich auf die Organisation einer
Begegnung zwischen Betrachter und Kunstwerk/Künstler: Das Kunstwerk, so die
vom Kulturministerium vertretene Linie, brauche keine Vermittler, es offenbare
sich am besten selbst.

Der Reformimpuls der Volksbildungsbewegung wurde von den staatlichen
Institutionen in der Nachkriegszeit nicht aufgegriffen. Die Filmclubs blieben alternative Bildungseinrichtungen für die filmbegeisterte Bevölkerung der Nach-
kriegsjahre, an den Gymnasien waren sie lediglich eine Ergänzung zum regulären Unterricht, die nur die interessierten Schüler erreichte. So konnte der Mythos
der Cinephilie als alternative Bildungsinstanz jenseits staatlicher Institutionen
entstehen.[61]

Erst die allgemeine Politisierung in den 1960er und 1970er Jahren gab auch
den Reforminitiativen für die Schule wieder Aufwind. Progressive Lehrerverei-
nigungen[62] forderten erneut eine Ausrichtung des Schulunterrichtes an der Alltagsrealität und an den Interessen der Schüler. Vor dem Hintergrund der ideologiekritischen Kulturtheorien geriet insbesondere der Literaturunterricht unter
Druck, den klassischen Kanon der Literatur zu verlassen und sich für die neuen
Medien zu öffnen. Dabei waren sich fortschrittsoptimistische und kulturkritische Reformer darin einig, dass nicht das Kino, sondern die audiovisuellen Medien Gegenstand des Unterrichts sein sollten. Alle kulturellen Formen sollten
in den Unterricht einbezogen und damit eine ideologiekritische ‹Aufklärung›
der Kinder und Jugendlichen ermöglicht werden. Diesen Reformbemühungen

---

59 Malraux war selbst ein Liebhaber des Stummfilmkinos. Er hat zusammen mit Bors Peskine den Film
HOFFNUNG (SIERRA DE TERUEL, 1945) gedreht und das Buch *Esquisse d'une psychologie du cinéma*
(1946) verfasst. Desbarats 2002, S. 325.

60 «La connaissance est à l'université, l'amour peut-être, est à nous.» Malraux zitiert nach Lismonde, S. 25.

61 Desbarats 2002, S. 326. Diese Frustration der schulischen Reformbewegung führte laut Desbarats vermutlich zu dem messianischen Übereifer von Cinephilen, die den Films als privilegiertes Medium der
Erkenntnis und der Wahrheitsvermittlung verteidigten. Desbarats zitiert in diesem Zusammenhang
Eric Rohmer, ehemaliger Lehrer, dann Kritiker und Regisseur der Nouvelle Vague, der diesen Messia-
nismus rückblickend selbstkritisch reflektiert. Desbarats 2002, S. 320f.

62 Unter anderem die Vereinigung der Französischlehrer: AFEF (*Association française des professeurs
de français*), die 1967 zunächst unter dem Namen AFPF gegründet wurde, und eine Gruppe junger
reformfreudiger Lehrer mit Namen *Enseignement 1970*. Desbarats 2002, S. 247 und 382.

kam die Entwicklung der Semiologie, als einer linguistischen Filmwissenschaft zupass, um den ‹subjektiven›, emphatischen Diskurs der cinephilen Filmvermittlung durch eine ‹objektive›, wissenschaftliche Methodik zu ersetzten.[63]

Die Filmvermittlung setzte sich in den 1970er Jahren zunächst schneller an Universitäten durch, wo Filmseminare als Teil anderer Fachrichtungen angeboten wurden. An den Schulen entwickelte sie sich lediglich im Rahmen weniger, aber einflussreicher lokaler Pilotprojekte, die sich – manche in direkter Zusammenarbeit mit den intellektuellen Köpfen der Semiologie wie Roland Barthes, Umberto Eco, Christian Metz[64] – der Arbeit mit audiovisuellen Medien (Werbung, Radio, Fernsehen, Film) widmeten. Diese fünf, zwischen 1965 und 1977 entstandenen Projekte, darunter auch ein Projekt in Yerres, an dem Bergala beteiligt war, orientierten sich jedoch nicht ausschließlich an der Semiologie. Sie integrierten auch Aspekte der cinephilen Filmvermittlung (u.a. schulische Filmclubs) und der aktiven Medienarbeit.[65]

Als Anfang der 1980er Jahre unter François Mitterand die sozialistische Partei nach fast dreißig Jahren die Regierung stellte, war es Zeit für eine Realisierung der über sechzigjährigen Reformbestrebungen im Bildungssystem. In zwei wesentlichen Etappen, Mitte der 1980er Jahre und Ende der 1990er Jahre wurde die Kunstvermittlung an den Schulen ausgebaut und im Zuge dessen auch die Filmvermittlung als Teil des Schulunterrichtes etabliert. Die Reformen wurden durch eine Kooperation zwischen Kultur- und Bildungsministerium unter Federführung von Jack Lang durchgeführt, der zunächst Kulturminister und von 2000 bis 2002 Bildungsminister war.[66] Kurz nach ihrem Regierungsantritt war die sozialistische Regierung zunächst bestrebt, durch eine Initiative für Bildungsfernsehen an die Ideen der allgemeinen Volkbildung durch kulturelle Bildung anzuknüpfen. Die Bildungsinitiativen der Regierung verlagerten sich jedoch schnell auf die Schule.

---

63 Laut Desbarats erwies sich die Semiologie als probates Mittel, um die verschiedenen politischen Positionen zu bedienen. Sie bestätigte konservative Kreise in ihrer Weigerung dem Kino den Status der Kunstform zuzuerkennen, und linke Kreise in ihrer grundsätzlichen Kritik an dem Kanon der klassischen Künste. Es erschien ein erstes Lehrbuch, das die Semiologie von Christian Metz für den Schulunterricht aufbereitete und im pädagogischen Kontext bekannt machte: Michel Tardy: *Le professeur et les images*. Paris, 1966.

64 Metz hat beispielsweise für die L'ICAV (*Institiation à la culture audiovisuelle*) bei der Konzeption von Lehrmaterialien mitgewirkt. Desbarats 2002, S. 372.

65 Ebd., S. 343–388.

66 Jack Lang war nicht der Urheber der Reformen. In beiden Amtszeiten griff er bereits bestehende Projekte und Initiativen (wie die Initiative des Bildungsministeriums zur Einführung der Abiturfächer Kunst oder die Pilotprojekte zur künstlerischen Projektarbeit) auf. Dennoch ist es sicherlich kein Zufall, dass die größten Reformimpulse in seine Amtsperioden fielen. Die Kooperationsbereitschaft zwischen den Ministerien, die Kontinuität in dem Engagement für eine künstlerische Erziehung an den Schulen sowie der Impuls einer großangelegten Umsetzung der Reformideen sind auch seinem Engagement zu verdanken.

1984 wurden zunächst versuchsweise an 14 Gymnasien verschiedene künstlerische Fächer, darunter auch *Cinéma et audiovisuel* (dt. Film und audiovisuelle Medien) als Wahlfach (frz. *option*) eingeführt. 1986 wurden diese Wahlfächer in Wahlpflichtfächer für das Abitur (frz. *sections*) umgewandelt.[67] Heute wird *Cinéma et audiovisuel* an 235 Gymnasien als Abiturfach angeboten.[68] Für die inhaltliche Betreuung des Filmabiturs wurde die Stelle einer Generalinspektorin für Film im Bildungsministerium eingerichtet, die Christine Juppé-Leblond seither bekleidet. Die Ausgestaltung des Faches ist von der Cinephilie (Vermittlung von Filmgeschichte), der Semiologie (Analyse von Filmen und anderen Medien als Texte) und der Kunsterziehung (künstlerische Praxis, zeitgenössische Kunst und neue Medien) beeinflusst. Laut Desbarats hatte die Semiologie, die sich im Rahmen der geisteswissenschaftlichen Fächer[69] an den Schule etablieren konnte und gegen deren Dominanz sich Bergala in *Kino als Kunst* wendet, bis Anfang des 21. Jahrhunderts den größten Einfluss auf die Ausgestaltung des Filmunterrichts.[70]

Neben dieser Institutionalisierung als Abiturfach wurde Film auch an Mittelschulen in AGs angeboten. In diesem Kontext wurde insbesondere die künstlerische Praxis in Zusammenarbeit mit Filmschaffenden erprobt. Ab Ende der 1980er Jahre schließlich entstanden – zunächst auf Initiative des CNC – in dichter Folge die drei großen Schulkinoprojekte Frankreichs: 1989 *Collège au cinéma* (für Mittelschulen), 1993 *Lycéens aux cinéma* (heute: *Lycéens et apprentis au cinéma*, für Gymnasien und Berufsschulen) und 1994 *École et cinéma* (für Grund-

---

67 Ebd., S. 51 u. 81.
68 Film kann an 200 Gymnasien als Nebenfach und an 135 als berufliche Spezialisierung mit 5 Wochenstunden im Abitur gewählt werden. www.education.gouv.fr/cid21004/l-education-a-l-image-au-cinema-et-a-l-audiovisuel.html (8.3.2012).
69 Die Schüler entscheiden sich für eine bestimmte Ausrichtung ihres Abiturs auf Geisteswissenschaften, Naturwissenschaften u.a. Film wird im Rahmen der geisteswissenschaftlichen Spezialisierung angeboten, ist aber grundsätzlich interdisziplinär angelegt.
70 Desbarats weist drei wesentliche Strömungen der französischen Filmpädagogik nach: die Traditionen der *Lettres* (des französischen Literaturunterrichts) der *Arts plastiques* (des Kunstunterrichts), und der *Cinéphilie*, die nicht in einem konkreten Schulfach institutionalisiert ist, sondern vielmehr auf den außerschulischen Kontext der französischen Filmkultur verweist. Der Einfluss auf die Filmbildung erfolgt zum einen über das jeweilige Unterrichtsfach, in dem Film im Lehrplan steht, zum anderen über den interdisziplinären Ansatz der Filmbildung an französischen Schulen. Die stärkste institutionelle Verankerung hat der Ansatz der *Lettres*, da es sich dabei um ein an allen Gymnasien und Schulen verbreitetes, methodisch etabliertes Unterrichtsfach handelt. Dieser Ansatz behandelt Film als eine Textform und greift auf die Methodik der Semiologie zurück. *Arts plastiques* ist zwar als Fach weniger einflussreich, hat aber bei der Etablierung des Filmunterrichts in französischen Gymnasien eine wichtige Rolle gespielt, da Vertreter dieses Fachs als politische Berater Schlüsselpositionen inne hatten. Diese Richtung konzentriert sich vor allem auf das Kino als Teil der zeitgenössischen Kunst, insbesondere der Videokunst, und stellt die Begegnung mit Kunstwerk und Künstlern sowie eine Vermittlung von Analyse und Praxis ins Zentrum. Die cinephile Filmvermittlung schließlich wurde nicht von einem speziellen Fach getragen, sondern vielmehr von wenigen aber sehr engagierten Lehrern, die durch die französische Filmclubbewegung geprägt sind. Desbarats 2002.

schulen). Diese von außerschulischen Einrichtungen organisierten Projekte ermöglichen teilnehmenden Schulklassen im Schnitt drei Kinobesuche im Jahr, die durch vorbereitende Fortbildungen der Lehrer und Unterrichtsmaterialien begleitet werden. Hinzu kam 1991 das Programm für außerschulische Filmbildung *Cinéville/Un été au ciné* (heute: *Passeurs d'images*), das sich vor allem an Kinder und Jugendliche in sozialen Brennpunkten richtet. Die Projekte erreichen zusammen über 1,5 Millionen Schüler jährlich.[71]

Als Jack Lang 2000 Bildungsminister wurde, initiierte er gemeinsam mit der Kulturministerin Catherine Tasca das Bildungsprogramm *Les arts à l'école* für die Künste an der Schule. Es handelte sich dabei um einen großangelegten Versuch, die bisher lediglich in freiwilligen Ateliers, Pilotprojekten oder an spezialisierten Gymnasien erprobte Kunstvermittlung zu generalisieren. Für alle Schulformen und alle Altersgruppen sollte die künstlerische Erziehung ins Zentrum der schulischen Ausbildung rücken. Das Projekt stützte sich auf zwei Säulen: die Begegnung mit dem kulturellen Erbe und die künstlerische Praxis. Neben Literatur, Musik, Tanz, Architektur, Theater und anderen Disziplinen stand auch der Film auf dem Programm.

Bergala wurde in diesem Rahmen als Berater des Bildungsministers mit der Entwicklung der Filmvermittlung an den Schulen betraut. Er setzte sich für eine Verbindung der verschiedenen Traditionen der Filmvermittlung der Reformpädagogik (kreative Praxis und Persönlichkeitsbildung), der Volksbildung (Filmgeschichte und kulturelle Demokratisierung) und der modernen Filmwissenschaft ein.[72] So initiierte er zusätzlich zu den für alle künstlerischen Bereiche und alle Altergruppen eingeführten praxisorientierten Kunstprojektklassen (*classes-à-PAC*) auch die DVD-Reihe *L'Eden cinéma* für eine analytische Auseinandersetzung mit Filmen. Während er einerseits den ‹Hype› um die neuen Medien ablehnte und in der Wahl der Filme an die Vermittlung des kulturellen Erbes in der cinephilen Tradition anschloss, setzte er in der Methodik auf die aktuellen technischen Entwicklungen – zum Unmut von cinephilen Kreisen, die das Kino als dem privilegierten Ort des Filmerlebnisses und der Filmvermittlung gefährdet sahen.[73]

---

71 Besucherzahlen im Jahr 2009: *École et cinéma* 540 975, *Collège au cinéma* 495 528; *Lycéens et apprentis au cinéma* 236 785, *Passeurs d'images* 251 018. Die Zahlen stammen aus der Bilanz des CNC von 2009. Veronique Cayla (Hg.): *1989–2009. Géographie de l'éducation au cinéma. 20 ans d'action culturelle cinématographique. Ecole et cinéma/Collège au cinéma/Lycéens et apprentis au cinéma/Passeurs d'images.* www.cnc.fr (20.2.2013).
72 Boutin, S. 161.
73 Bergala geht in *Kino als Kunst* selbst auf diesen Konflikt ein. Bergala 2006, S. 76. Der Konflikt wurde dadurch verschärft, dass er die bereits bestehenden Vermittlungsprojekte wie *École et cinéma* – an dessen Gründung er Mitte der neunziger Jahre selbst beteiligt war – nicht in sein Bildungsprogramm integrierte.

In Anbetracht der Kürze seiner Amtszeit strebte Lang zunächst eine schnelle, pragmatische Umsetzung seines Reformprogramms statt der institutionellen und gesetzlichen Verankerung an. Dieser Pragmatismus, der bereits 2001 die Durchführung von 26 000 Kunstprojektklassen ermöglichte (in fünf Jahren sollte diese Zahl auf 100 000 steigen),[74] machte seine Bildungsreform jedoch auch anfällig für eine Änderung der politischen Linie. So wurde das Bildungsprogramm nach dem Regierungswechsel 2002 von der konservativen Regierung eingefroren und sukzessive heruntergefahren.[75] Die im internationalen Vergleich einzigartige Struktur und Qualität der Filmvermittlung in französischen Schulen wurde durch eine massive Kürzungspolitik gefährdet. 2010 wurde die DVD-Reihe *L'Eden cinéma* eingestellt, Filmfächer an den Gymnasien wurden aus Kostengründen gestrichen und das Grundschulprojekt *École et cinéma* stand unter dem Druck, bei gleichbleibender Finanzierung seine Besucherzahlen (von 500 000) innerhalb eines Jahres zu verdoppeln.[76] Stattdessen lancierte die Regierung in Kooperation mit dem Fernsehen eine Internet-Videothek für Schüler *Ciné-Lycée/Culture-Lycée*.[77] Es bleibt abzuwarten, wie sich die Kultur- und Bildungspolitik angesichts knapper Staatskassen weiterentwickeln und das Ideal der kulturelle Demokratisierung in Zukunft weitergetragen wird.

---

74 Vgl. Lismonde, S. 89. Die Angaben von Lismonde sind jedoch widersprüchlich, an anderer Stelle spricht sie von 20 000 Classes-à-PAC im ersten Jahr (S. 128). Da in der Fußnote auf Seite 89 genaue Angaben über die Verteilung der Classes-à-PAC auf die verschiedenen Schularten aufgeführt sind, gehe ich davon aus, dass diese korrekt sind.
75 De Baecque 2008, S. 243.
76 Boutin 2010, S. 159f. Zur derzeitigen Situation der Filmpädagogik und Kulturpolitik in Frankreich siehe: Volker Pantenburg, Stefan Pethke, Erik Stein: Kino – Bildung – Politik. Ein Gespräch mit Eugène Andréanszky. www.kunst-der-vermittlung.de/dossiers/filmpaedagogik (20.2.2013). Bergala kommentiert in einem Interview den Rückbau des ambitionierten Bildungsprogramms: Ludovic Lamant; Charlotte Garson: France: «Un recul objectif». Interview. Alain Bergala. In: *Cahiers du cinema. Atlas (Hors série)*. Paris, 2006, S. 22–25.
77 Zu dem Projekt Ciné-Lycée siehe http://eduscol.education.fr/cid58236/culture-lycee.html, www.culturelycee.fr (30.7.2012).

1.3 Die filmpädagogischen Publikationen von Alain Bergala im biografischen Kontext[78]

Die filmvermittelnde Arbeit von Alain Bergala spiegelt die Entwicklung der Filmpädagogik in Frankreich und hat diese zugleich mitgeprägt. Bergala war bereits in den 1970er Jahren an den ersten medienpädagogischen Pilotprojekten beteiligt und konnte im Rahmen des Bildungsprojekts *Les arts à l'école* seine über dreißigjährige Erfahrung in der Filmvermittlung systematisieren und realisieren. Aufgrund seines beruflichen Werdegangs verbindet er unterschiedliche, für die Filmvermittlung relevante Praxisfelder wie Pädagogik, Filmkritik, Wissenschaft und Filmproduktion. Als langjähriger Redakteur und Wegbegleiter der *Cahiers du cinéma* steht er insbesondere für den Einfluss der französischen Cinephilie auf die schulische Filmpädagogik in Frankreich. Um dies anschaulich zu machen, werde ich im Folgenden Bergalas filmpädagogische Publikationen entlang seiner biografischen Entwicklung systematisieren.

Bergalas pädagogische Texte haben den Charakter von Interventionen, mit denen er auf von ihm konstatierte Mängel oder Missstände in der schulischen Bildung reagiert. Dabei fällt die Flexibilität seiner Positionierung auf. Je nach geänderter Sachlage passt er seine Forderungen und pädagogischen Ansätze an und scheut auch vor einer Revision früherer Positionen nicht zurück. Mit seinen ersten medienpädagogischen Publikationen vertritt Bergala in den 1970er Jahren eine von der Semiologie beeinflusste ideologiekritische Pädagogik, die er später in *Kino als Kunst* explizit zurückweist. Zwar ist auch *Kino als Kunst* von dem Anliegen geprägt, der Dominanz der Massenmedien entgegenzutreten, die pädagogische Strategie ist hingegen eine grundlegend andere. Statt einer Auseinandersetzung mit der Ideologie der dominierenden Medien fordert er darin die Begegnung mit dem Kino als Alterität. Statt kritische und bewusste Leser auszubilden, möchte er Schülern, als Rezipienten und als Schaffenden, nun vor allem ästhetische Erfahrungen ermöglichen.

Diesem signifikanten Perspektivwechsel entsprechend unterteile ich Bergalas Filmpädagogik in zwei Phasen: die *semiologische Phase*, die vor allem von der Semiologie, der ideologiekritischen und psychoanalytischen Theorie beeinflusst ist, und die *cinephile Phase*, die an die Vermittlungtradition der französischen Filmkritik anknüpft. Mit dieser Einteilung differenziere ich die von Desbarats getroffene pauschale Zuordnung Bergalas zur cinephilen Filmpädagogik, die

---

78 Auszüge aus diesem Kapitel sind bereits erschienen in: Henzler 2009.

der signifikanten Akzentverschiebung in Bergalas Schriften nicht gerecht wird.[79] Zwar zeugen auch Bergalas frühe Texte von dem Einfluss der *Cahiers du cinéma*, jedoch geschieht dies im Kontext eines allgemeinen semiologischen Ansatzes und bezieht auch nur die ideologiekritische Phase der Zeitschrift ein. Bergalas Texte der cinephilen Phase seit den 1990er Jahren sind dagegen – wie sich bereits in seinen filmkritischen Arbeiten in den 1980er Jahren abzeichnet – von der historischen Cinephilie geprägt.

Die Semiologische Phase: Als Dritter im Unterricht

«Was mir an Deinen beiden Werken *Pour une pédagogie de l'audiovisuel* und *Initiation à la sémiologie du récit en images* als neu und richtungsweisend erscheint [...], das ist der Wunsch, gleichzeitig eine technische Praxis der audiovisuellen Medien, eine pädagogische Praxis und ein theoretisches Wissen, das die klassische Semiologie bis hin zu ihrer neusten Öffnung zur Psychoanalyse einbezieht, einzusetzen; es geht um die Verweigerung einer gewissen Routine.»[80] *Jean Libois*

1974, kurz nach seiner Ausbildung zum Französischlehrer und einem Referendariat in Marokko, führte Bergala gemeinsam mit Jean-Pierre Limosin an einem integrierten Schulzentrum in Yerres[81] ein über mehrere Jahre angelegtes Projekt zur Pädagogik der audiovisuellen Medien in 6. und 7. Klassen durch. Erklärtes Ziel dieses Projektes war eine Öffnung der Schule: «[...] das Leben muss in die Schule eintreten und die Schule muss sich dem Leben öffnen».[82] Aktueller Schul-

---

79 Desbarats verweist zwar in Bezug auf Bergalas erste Publikation auf den Einfluss der Semiologie und die für einen Cinephilen ungewöhnliche Arbeit mit anderen Medien, er lässt diesen Aspekt jedoch bei seiner späteren Diskussion von Bergalas Konzepten als Beispiel für die cinephile Filmvermittlung unter den Tisch fallen. Desbarats 2002, S. 582–590.

80 «Ce qui me semble très novateur dans tes deux ouvrages *Pour une pédagogie de l'audiovisuel* et *Initiation à la sémiologie du récit en images* [...] c'est le désir de mettre en œuvre à la fois une pratique technique de l'audio-visuel, une pratique pédagogique et un savoir théorique qui tienne compte de la sémiologie classique jusqu'à sa récente ouverture sur la psychanalyse; le refus d'un certain savoir-faire.» Jean-Louis Libois: L'arrivée de l'image à l'école. Entretien avec Alain Bergala. In: *La nouvelle critique (Libérer les images et les sons)* 115, 1978, S. 53–55, hier: S. 53.

81 Das in den 1960er Jahren gegründete Kultur- und Bildungszentrum Centre Educatif et Culturel de la Vallée de Yerres bot für das Projekt eine ideale Plattform. Es integrierte in einem Gebäude eine Schule sowie soziale, kulturelle und sportliche Einrichtungen mit dem Ziel der Vernetzung und einer Öffnung der Institution Schule zur Gesellschaft. Zum Konzept des Schulzentrums gehörte eine damals neuartige Einteilung des Stundenplans in Pflichtfächer (frz. *cours*) und Wahlfächer (frz. *ateliers*), die von den Schülern gewählt wurden (je vier pro Trimester). Die Arbeit mit audiovisuellen Medien konnte also im Rahmen von Pflicht- und Wahlpflichtveranstaltungen erprobt werden.

82 «[...] la vie doit entrer dans l'École et l'École s'ouvrir à la vie [...].» Aus dem Programm des Schulzentrums, zitiert nach Alain Bergala: *Pour une pédagogie de l'audio-visuel.* Paris, 1975, S. 9.

unterricht sollte sich an der durch die Massenmedien geprägten Alltagsrealität der Schüler orientieren. Die Grundprinzipien dieses Projektes sind für viele französische Schulkinoinitiativen auch heute noch charakteristisch:

- Interdisziplinarität: Lehrer verschiedener Fachrichtungen, die nicht auf Medien spezialisiert sind, erarbeiteten gemeinsam die Unterrichtsinhalte;
- Kooperationen zwischen Schule und kulturellen Einrichtungen: In Yerres waren das Kulturzentrum: «L'atelier d'animation artistique» und das Fotostudio «La maison pour tous» beteiligt;
- «Dritte» im Unterricht: Bergala und Limosin brachten als externe Fachleute für audiovisuelle Medien ihr Wissen in den Unterricht ein.

Diese pädagogische Erfahrung verarbeitete Bergala in zwei Publikationen, die kurz hintereinander erschienen. 1975 publizierte er *Pour une pédagogie de l'audiovisuel*, einen detaillierten Erfahrungsbericht aus dem ersten Jahr des Projektes, und 1977 *Initiation à la sémiologie du récit en images*, eine Einführung in die Wirkung und Analyse der «Bilderzählung». Beide Texte stehen unter dem Einfluss der Semiologie, der ideologiekritischen Filmtheorie und der Psychoanalyse. Ihr Ziel ist die Befähigung zur Ideologiekritik. Durch die Kenntnis der ‹Sprache› der Bilder sollen Schüler eine kritische Distanz gegenüber den Massenmedien entwickeln und deren manipulative Wirkungsweise durchschauen lernen. Dabei setzt Bergala in *Pour une pédagogie de l'audiovisuel* auf eine Verbindung von Analyse und kreativer Praxis, während er in *Initiation à la sémiologie du récit en images* anhand von selbst produzierten Diaserien aktivierende Analysemethoden vorschlägt.

Im Zentrum beider Texte stehen das fixe Bild und die Bildanalyse. In *Pour une pédagogie de l'audiovisuel*, das eine Mischung aus Projektbericht, methodischen Vorschlägen, Unterrichtsmaterialien und theoretischer Reflexion ist, wird diese Bildanalyse anhand der verschiedensten Medien (Werbung, Fotografie, Fotoroman, Comic, Diaserien) vorgeführt. In *Initiation à la sémiologie du récit en images* verengt Bergala das Blickfeld und konzentriert sich auf eine Analyse von Erzählungen in Bildern, auf die Funktionsweise der ‹narrativen Codes›. Implizit steht dabei bereits das Kino als Massenmediun im Fokus, denn Bergala analysiert Bildserien im Wesentlichen in Hinblick auf die Konventionen des klassischen Hollywoodkinos.

Laut Desbarats und Libois unterscheiden sich Bergalas Bestrebungen, die Theorie der Semiologie für die pädagogische Praxis fruchtbar zu machen, von anderen Ansätzen semiologischer Medienpädagogik. Einerseits verbindet er in *Pour une pédagogie de l'audiovisuel* die Analyse mit der kreativen Praxis und andererseits widmet er sich in *Initiation à la sémiologie du récit en images* nicht nur der ‹Filmsprache›, sondern auch dem Zuschauersubjekt. Zu diesem Zweck systematisiert Bergala in diesem Text wie auch später für die Einführung in die Filmästhetik, *Esthétique du Film,* verschiedene zu seiner Zeit aktuelle psychoanalytische Zuschauertheorien.[83]

Dennoch dominiert in *Initiation à la sémiologie du récit en images* wie in *Pour une pédagogie de l'audiovisuel* die Vorstellung eines übermächtigen Codesystems, einer sprachlichen Determinierung aller visuellen Formen. Es gibt kein (relevantes) künstlerisches Schaffen jenseits der Massenkommunikation und das Zuschauersubjekt ist nicht Individuum sondern Effekt der filmischen Narration. Bereits Ende der 1970er Jahre zeichnete sich jedoch eine Distanzierung von der Semiologie ab. In kürzeren Artikeln und Interviews zur Vermittlung von Fotografie und Bildern thematisiert Bergala nun die individuelle Beziehung des Einzelnen zum Bild und dessen Ästhetik.[84]

Perspektivenwechsel: Kritiker, Regisseur und Wissenschaftler

Der sich Ende der 1970er Jahre anbahnende Perspektivenwechsel vollzieht sich in den 1980er Jahren, als Bergala zunächst Redakteur, später Chefredakteur und Leiter der Publikationsabteilung der *Cahiers du cinéma* war. Bergala stieß bereits Anfang der 1970er Jahre in der maoistischen Phase zu den *Cahiers du cinéma.* 1972 wirkte er unter dem Pseudonym Alain Belbo bei einer der politischen Aktivistengruppen zur Kulturvermittlung der *Cahiers du cinéma* mit. Etwa zeitgleich begann er auch für die Filmseite der Zeitung *Le monde diplomatique* zu schreiben und nach Ende des Schulprojektes in Yerres wurde er 1979 als regulärer Redakteur für die *Cahiers du cinéma* tätig.

Die *Cahiers du cinéma* befanden sich in dieser Zeit im Umbruch. Unter der Leitung von Serge Daney und Serge Toubiana (seit 1974) wurde die ideologiekritische Phase der Zeitschrift beendet und wieder an die cinephile Tradition der ersten Generationen angeknüpft. Es gab eine kritische Auseinandersetzung um das Erbe der Cinephilie und die Neuausrichtung der Filmkritik angesichts des veränderten Zuschauerverhaltens. Die *Cahiers du cinéma* öffneten sich gegenüber der Tagesaktualität, anderen Medien und der Produktionspraxis. Ende

---

83 Jacques Aumont; Alain Bergala; Michel Marie; Marc Vernet: Esthétique du film. Paris, 2004 (Orig. 1983). Das Buch ist auch in englischer Sprache unter dem Titel *Aesthetics of Film* (Austin, 1992) erschienen.
84 Alain Bergala: Ouverture pour une pédagogie de la photo. In: *Education 2000. Audiovisuel Communication Pédagogie* 10, 1978, S. 25–30. Alain Bergala: Répérages pour une pédagogie de l'image. In: *Les cahiers de l'animation. Des pratiques audiovisuelles à l'éducation télévisuel* 24–25, 1979, S. 13–22. Bergala, Libois 1978.

der 1970er Jahre begann Bergala für die neugegründete Fotorubrik der *Cahiers du cinéma* zu schreiben, in der Interviews und Berichte zu aktuellen Ausstellungen und Publikationen erschienen.[85] Zudem veröffentlichte er in den *Cahiers du cinéma* längere Artikel zur Dokumentarfotografie, in denen er Roland Barthes' Theorie des dritten Sinns aufgreift.[86] Mit der Herausgabe von Sonderheften zu Filmstandbildern, insbesondere dem Heft *Scénographie*,[87] knüpfte er an die theoretische Auseinandersetzung der *Cahiers du cinéma* mit dem Raum im Kino an.[88] Diese publizistische Tätigkeit korrespondierte mit der bereits erwähnten Fokussierung auf das Foto bzw. das fixe Bild in seinen pädagogischen Texten.

Neben den Artikeln zur Fotografie prägte Bergala die Zeitschrift in den 1980er Jahren vor allem durch eine intensive Auseinandersetzung mit dem filmischen Schaffensprozess. Gemeinsam mit seinem Kollegen, dem späteren Regisseur Serge le Peron, besuchte er Filmsets, verfasste Berichte über Dreharbeiten und führte Interviews mit Regisseuren, Kameraleuten und Technikern über ihre Arbeit an der Filmproduktion. Diese intensive Auseinandersetzung mit dem Filmemachen, die die unterschiedliche Aspekte der Filmtechnik und verschiedene an der Produktion beteiligte Berufsgruppen einbezog, war neu für die *Cahiers du cinéma,* die sich bisher auf die Regisseure als ‹Autoren› konzentriert hatten: «Alain Bergala ist also daran gelegen einen neuen Weg zu bahnen: denjenigen des Kinos als ‹Werkstatt› auf halber Strecke zwischen Kunsthandwerk und Experimentierfeld.»[89]

Parallel dazu begann Bergala selbst Filme zu drehen: Bereits 1979 kündigt er in einem Interview an, einen Film für Kinder machen zu wollen, der nicht die zeitgenössischen Kinderklischees reproduzieren, sondern Kinder um ihrer selbst Willen darstellen solle.[90] 1983 erschien sein erster, gemeinsam mit Jean-Pierre Limosin gedrehter Spielfilm FAUX FUYANTS – zwar nicht mit Kindern, aber mit Jugendlichen als Hauptdarstellern – der von der Presse enthusiastisch als einer

---

85 Vgl. de Baecque 1991, S. 304.

86 Alain Bergala: Le pendule (La photo historique stéréotypée). In: *Cahiers du cinéma. Images de Marque (Spécial)* 268–269, 1976, S. 40–46. Alain Bergala: Le miroir à bascule. In: *Cahiers du cinéma* 272, 1976, S. 19–25.

87 In dem Heft konfrontiert Bergala 50 Filmstandbilder mit theoretischen Texten von André Bazin, Jean-Louis Commolli, Serge Daney u.a. Alain Bergala (Hg.): *Spécial de Fotos de Films. Cahiers du cinéma. Hors série* 2, 1978. Alain Bergala (Hg.): *Scénographie. Cahiers du cinéma. Hors série,* 1980.

88 Laut Desbarats rückte mit Eric Rohmers wegweisendem Artikel «Le cinéma, art de l'espace» (*La revue du cinéma*, 1948) der Raum ins Zentrum der filmtheoretischen Auseinandersetzung der *Cahiers du cinéma* und hat damit die traditionelle Ausrichtung der Filmtheorie auf die zeitliche Dimension des Films abgelöst. Desbarats 2002, S. 582ff.

89 «Alain Bergala tient donc à creuser une piste: celle du cinéma comme ‹atelier›, à mi-chemin entre l'artisanat et l'experimentation.» De Baecque 1991, S. 302.

90 Gilles Delavaud, Gérard Lefèvre: Faire un film pour enfants. Entretien avec Alain Bergala. In: *Education 2000. Audiovisuel Communication Pédagogie (Spécial)* 13, 1979, S. 19–23.

der besten französischen Filme des Jahres aufgenommen wurde.[91] Im Laufe der 1980er Jahre entstanden weitere drei Spielfilme[92] und seit den 1990er Jahren eine Reihe essayistischer kunst-, literatur- und filmvermittelnder Filme (u.a. zu Cesare Pavese, Fernand Léger, Marseille im 19. Jh.).[93]

Bergala begann den filmischen Schaffensprozess auch theoretisch zu reflektieren. Im Zuge der kritischen Auseinandersetzung der *Cahiers du cinéma* mit dem zeitgenössischen französischen Kino publizierte er mehrere Artikel, in denen er die Autorenpolitik und die Theorie des filmischen Realismus neu zu formulieren versuchte. Er setzte sich dabei mit dem Manierismus im zeitgenössischen französischen Kino («D'une certaine manière», 1985), mit der Frage nach dem Verhältnis von Realität, Wahrheit und Künstlichkeit (u.a. «Le vrai, le faux, le factice», 1983) sowie nach der Singularität filmischen Schaffens («De la singularité au cinéma», 1983) auseinander. Insbesondere befasste er sich erstmals mit dem Schauspielen in Filmen, dem sein wissenschaftliches Interesse bis heute gilt. In dem Artikel «De l'impureté ontologique des créatures au cinéma»,[94] dem 2005 publizierte Büchlein *Monika* und der DVD L'ACTEUR AU CINÉMA analysiert er Filme in Hinblick auf die Beziehung zwischen Regie und Darstellern.

Die kontinuierliche praktische und theoretische Auseinandersetzung mit dem filmischen Schaffensprozess manifestiert sich auch in Bergalas intensiver Forschungsarbeit zu Regisseuren der Moderne, womit er die ästhetische Tradition der *Cahiers du cinéma* fortsetzte. Zu nennen ist vor allem Jean-Luc Godard, den Bergala als Student bei den Dreharbeiten zu ELF UHR NACHTS (PIERROT LE FOU, 1965) gefilmt und jahrzehntelang bei seiner Arbeit begleitet hat: zunächst in Artikeln und Interviews in den *Cahiers du cinéma*, die in *Nul mieux que Godard* (1999) gesammelt publiziert wurden; dann mit den Materialienbänden *Jean-Luc Godard par Jean-Luc Godard* (1998) und dem Bildband *Godard au travail* (dt. «Godard bei der Arbeit», 2006).[95] Hinzu kommt Roberto Rossellini, dem Bergala die Bücher *Roberto Rossellini. Le cinéma revelé* (1984) und *Voyage en Italie* (1990) widmete. In den letzten Jahren wandte er sich, auch in seinen Vermittlungsar-

---

91 Siehe unter anderem die Kritiken in *Libération* (16.5.1983/10.11.1983), *Le Monde* (14.05.1983/26.11.1983) und *Cahiers du cinéma* (348–349/353, 1983). Für den kompletten Pressespiegel siehe www.cineressource.net.

92 1983 FAUX FUYANTS (Regie gemeinsam mit Jean-Pierre Limosin); 1987 OÙ QUE TU SOIS; 1989 INCOGNITO; 1989 PENSE À MOI.

93 1991 LE TEMPS D'UN DÉTOUR. MARSEILLE AU XIXÈME; 1995 CESARE PAVESE; 1997 LES MOTIFS DE FERNAND LEGER und LES FIORETTIS DE PIER PAOLO PASOLINI, weitere kunstvermittelnde Filme siehe Anhang.

94 Alain Bergala: De l'impureté ontologique des créatures de cinéma. In: *Trafic (Qu'est-ce que le cinéma)* 50, 2004, S. 23–36.

95 Alain Bergala: *Jean-Luc Godard par Jean-Luc Godard*. Paris, 1998. Alain Bergala: *Nul mieux que Godard*. Paris, 1999. Alain Bergala: *Godard au travail*. Paris, 2006.

beit, verstärkt dem iranischen Regisseur Abbas Kiarostami zu. Eine der ersten DVDs der Reihe *L'Eden cinéma* erschien zu Kiorostamis Film Wo ist das Haus meines Freundes? (Kaneh-ye dust kojast?, Iran 1987), gefolgt von einer Einführung *Abbas Kiarostami* (2004) und einer Ausstellung *Erice-Kiarostami. Correspondances* in Barcelona und Paris (2006).[96]

Die Cinephile Phase: Hochschullehrer und Politikberater

Wie viele seiner Kollegen bei den *Cahiers du cinéma* begann Bergala in den 1980er Jahren an der Universität später auch an der Pariser Filmhochschule Fémis zu lehren.[97] In diesem Kontext entwickelte er die Methodik der Schaffensanalyse als Vorbereitung für die filmische Praxis. In der Arbeit mit den ersten Filmstudenten, die das neu eingeführte Filmabitur gemacht hatten, stellte er fest, dass diese zwar über ein fundiertes theoretisches Wissen verfügten, in der kreativen Praxis jedoch ‹blockiert› waren.[98] Diese Feststellung veranlasste ihn Anfang der 1990er Jahren wieder in der schulischen Filmpädagogik aktiv zu werden und sich auch dort für einen Richtungswechsel hin zum filmischen Schaffensprozess einzusetzen.

Sein Beitrag war zweiteilig. Zum einen entwickelte er Unterrichtsmaterial Le cinéma en jeu (1992), das Rohaufnahmen eines Films zur Verfügung stellt, den er gemeinsam mit seinen Studenten gedreht hat. Dieses Material sollte dazu dienen, den Prozess der Montage im Unterricht kreativ (nach) zu vollziehen. Zum anderen entwarf er in einem Kolloquiumsbeitrag «Quelque chose de flambant neuf» (1992) die Grundzüge einer Pädagogik des Schaffensprozesses. Gegenstand ist nun explizit das Kino als Kunstwerk. Ziel ist die Erfahrung und die Reflexion des künstlerischen Schaffensprozesses: Theorie und Praxis sollen zusammengeführt werden. Im Vordergrund stehen die Auffassung vom Kino als «unreiner Kunst», die erst in der Konfrontation mit der Realität entsteht, und das Konzept der «Negativität», mit dem Bergala die subjektiven Anteile des Schaf-

---

96 Die Ausstellung war in Barcelona 2006 (Zentrum für zeitgenössische Kultur in Barcelona CCCB) und Paris 2007/8 (Centre Georges Pompidou) zu sehen. Sie widmete sich der Vermittlung der Werke der beiden Regisseure Victor Erice und Abbas Kiarostami. Zu der Ausstellung wurde begleitend das Computerprogramm *Lignes de temps* zur Analyse und Vermittlung von Filmen vorgestellt. http://web.iri. centrepompidou.fr/pop_site.html (12.12.2012).

97 Seit den 1980er Jahren lehrt Bergala (mit Unterbrechungen) an der Universität Paris III. Es folgten Lehraufträge in Lyon und Rennes. Derzeit hat Bergala den Lehrstuhl für Filmanalyse an der Pariser Filmhochschule Fémis inne. Zur Durchlässigkeit der Universitäten für prominente Vertreter der fanzösischen Filmkritik siehe de Baecque 1991, S. 285.

98 Isabelle Heine: Le cinéma, un peu de savoir et beaucoup de création. Un entretien avec Alain Bergala. In: Isabelle Heine (Hg.): *Revue Belge du cinéma. Cinéma et pédagogie* 32, 1992, S. 55–61, hier 58.

fensaktes zu fassen versucht.[99] Er definiert damit – wie bereits in seinen Artikeln in den 1980er Jahren – den künstlerischen Schaffensprozess als individuelle Erfahrung in Abgrenzung von der Massenkommunikation.

Neben der mit LE CINÉMA EN JEU entworfenen Pädagogik des Schaffensprozesses wendete sich Bergala auch wieder der analytischen Filmvermittlung zu. Dies erfolgte aber nicht mehr anhand von selbst produzierten Bildmedien wie noch in den 1970er Jahren, sondern anhand von Filmkunstwerken. Bereits Ende der 1980er Jahre distanzierte er sich in zwei Interviews von der Medienpädagogik und forderte eine Arbeit mit Filmen des marginalisierten modernen Kinos, um den Horizont der Kinder und Jugendlichen zu erweitern.[100] Dementsprechend widmete er sich in dem 1992 im Auftrag des Bildungsministeriums produzierten Video LES CHEMINS D'IRÈNE dem Film EUROPA 51 (I 1952) von Roberto Rossellini, der in diesem Jahr auf dem Programm des Filmabiturs stand. Er knüpfte damit an seine Forschung zu Rossellini an.

Diese neuen pädagogischen Ansätze wird Bergala in den folgenden zwanzig Jahren mit breitgefächerten Aktivitäten in Projekten, Lehre und Publikationen weiterentwickeln. Neben der Lehre an der Universität engagiert er sich auch in Vermittlungsprojekten für Schulklassen. So gehörte er zu dem Beratungskomitee des 1994 ins Leben gerufenen Grundschulprojekts *École et cinéma,* für das er insbesondere das Konzept der Filmhefte entwarf.[101] Außerdem ist er bis heute pädagogischer Berater des Projektes zur Filmpraxis *Le cinéma, cent ans de jeunesse* der Cinémathèque française. Für *Le cinéma, cent ans de jeunesse*[102], das Schulklassen in Frankreich und anderen europäischen Ländern ermöglicht, ein Jahr lang gemeinsam mit einem Künstler an einem Filmprojekt zu arbeiten, hat Bergala zwei weitere Sammlungen von Rohaufnahmen gedreht, die von Schülern zu Filmen montiert werden können: LES TROIS RENCONTRES (1996) und LA LETTRE JAUNE (2004).

Als Bergala 1999 in die Expertenkommission für das Filmabitur COSEAC[103] und kurze Zeit danach zum filmpädagogischen Berater des Bildungsministers

99 Alain Bergala: Quelque chose de flambant neuf. In: *Les colloques de Cinémémoire.* Toulouse, 1993, S. 23 u. 25.
100 Monique Lafont: Mettre en contact.... In: *Cahiers pédagogiques* 240, 1986, S. 19. Chris Ronaud: Une certaine idée du cinéma. In: *APTE* 5, S. 2–5.
101 Zu *École et cinéma* siehe den Text des Projektleiters Eugène Andréanszky: Kino auf Augenhöhe mit Kindern. Pädagogisches Arbeiten im Rahmen des französischen Grundschulprojektes ‹École et cinéma›. In: Henzler, Pauleit 2009, und das Interview: Pantenburg, Petke, Stein 2008.
102 2011/2012 nahm auf meine Initiative hin erstmals auch eine Schulklasse aus Berlin Neukölln an dem Projekt teil. Siehe dazu http://blog.cinematheque.fr/100ans20112012/. Deutscher Kooperationspartner war die Deutsche Kinemathek – Museum für Film und Fernsehen.
103 Desbarats 2002, S. 93.

Jack Lang berufen wurde, konnte er seine Erfahrungen und Reflexionen zur Filmpädagogik direkt in die Bildungspolitik einbringen. Das für *Les arts à l'école* entwickelte Filmbildungskonzept führte Bergala – kurz vor dem absehbaren Ende des Projektes durch den anstehenden Regierungswechsel 2002 – in *Kino als Kunst* aus. Zentral ist darin die These vom *Kino (und der Kunst) als Alterität*, das sich dem regelgeleiteten Lernen entziehe, einen sinnlichen Zugang zur Welt eröffne und damit eine umfassende Persönlichkeitsbildung ermögliche. Da Bergala hier eine Reihe von Gedanken wieder aufgreift, die er zuvor oder später in einzelnen Artikeln dargestellt hat, werde ich die Schwerpunkte dieses Vermittlungsansatzes im Folgenden systematisch in Bezug auf die seit den 1990er Jahren erschienen Schriften zusammenfassen.

Die zentralen Thesen der cinephilen Filmpädagogik

Bereits das 1993 gemeinsam mit Nathalie Bourgeois publizierte *Cet enfant de cinéma* widmet sich der Frage nach der *Persönlichkeitsbildung durch Filme*. Es handelt sich um eine Umfrage unter 136 Personen zu der Bedeutung des Kinos für ihre Kindheit. Bergala selbst begann in diesem Rahmen erstmals über seine eigene Kinobiografie nachzudenken, die Ausgangspunkt für seine späteren Schriften «Éloge de la liste» und *Kino als Kunst* sein wird.[104] Die in diesem Buch zusätzlich zu den Antworten der Umfrage versammelten Essays der Cinephilen Serge Daney, Philippe Arnaud und Jean-Louis Schefer greift Bergala in *Kino als Kunst* wieder auf, um die persönlichkeitsbildende Funktion des Kinos zu belegen. Diese Fragestellung kehrt auch in dem 2007 erschienenen Kinderbuch *Mais où je suis?* wieder,[105] in dem er von der Begegnung mit fremden Welten als Motiv des Erwachsenwerdens in Filmen erzählt.

Das für *Kino als Kunst* zentrale *Prinzip der Subjektivität* formuliert Bergala nicht nur in Bezug auf den künstlerischen Schaffensprozess, sondern auch auf den Vermittlungsprozess. Das «Begehren» als Motor des Schaffensprozesses und des Vermittlungsprozesses steht dabei im Zentrum. In dem 2004 publizierten Artikel «Allein das Begehren bildet» deklariert Bergala das Begehren des Kindes zur unabdingabren Voraussetzung eines echten Lernprozesses und positioniert sich damit gegenüber einer disziplinarischen Pädagogik, die seit den PISA-Studie in Frankreich wieder forciert wird.[106] Wie er in *Kino als Kunst* ausführt, soll auch der Lehrer als *passeur* seine persönlichen Vorlieben, sein «Begehren» und

---

104 Alain Bergala: Éloge de la liste. In: Les enfants de cinéma (Hg.): *Allons z'enfants au cinéma: Une petite anthologie de films pour un jeune public*. Paris, 2001, S. 8–21.
105 Alain Bergala: *Mais où je suis? Territoires inconnus*. Paris, 2007.
106 Bergala 2004.

seinen «Geschmack» in die Kunstvermittlung einbringen. In «Éloge de la liste» formuliert Bergala dieses Prinzip der Subjektivität insbesondere in Hinblick auf die Filmauswahl. Statt eines scheinbar *objektiven Kanons* setzt er darin auf die *subjektive Filmliste* als wesentliches Medium der Filmvermittlung.

Seit den 1980er Jahren entwickelt Bergala eine *Ästhetik und Pädagogik des Schaffensprozesses*, die er in der Arbeit mit Studenten der Fémis und Schülern des Projektes *Le cinéma, cent ans de jeunesse* erprobt. Er greift sie für die Konzeption der Kunstprojektklassen im Rahmen von *Les arts à l'école* auf und formuliert sie 2001 in dem Fortbildungsmanuskript «Freiheit und Regeln» in Bezug auf das Kurzfilmgenre.[107] Darin grenzt er das individuelle ästhetische Filmschaffen von konventionellen Produktionsformaten ab. Hinzu tritt in *Kino als Kunst* eine *politische Dimension der Ästhetik*, die an den Diskurs zur Moral der Ästhetik in den *Cahiers du cinéma* ebenso wie an kunsttheoretische Diskurse anknüpft. Mit der Kategorie des *Widerstands* bestimmt Bergala die potentiell ideologiekritische Dimension der ästhetischen Erfahrung und fordert *Geschmacksbildung* als bildungspolitische Strategie.

Zu der Pädagogik des Schaffensprozesses tritt in *Kino als Kunst* auch die *Pädagogik des Fragments* hinzu. Bereits in LES CHEMINS D'IRÈNE schlug Bergala anstelle der klassischen Sequenzanalyse das In-Beziehung-Setzten von verschiedenen Ausschnitten vor und in der 1998 produzierten Serie kurzer Videofilme LE CINÉMA, UNE HISTOIRE DE PLANS analysierte er Einstellungen als ‹Vertreter› der Filmgeschichte. Die im Rahmen von *Les arts à l'école* lancierte DVD-Reihe *L'Eden cinéma* ermöglicht Bergala und seinen Kolleginnen, diese Methoden weiterzuentwickeln, indem sie sich die hypertextuelle Struktur von DVDs für die Vermittlungspraxis zu nutze machen. Beispielhaft dafür sind die von Nathalie Bourgeois für die Arbeit mit kleinen Kindern zusammengestellte DVD PETIT À PETIT, LE CINÉMA (2001) und die von ihm selbst konzipierte DVD LE POINT DE VUE (2007). Das Verknüpfen von Filmausschnitten ersetzt hier den Wissensdiskurs des Vermittlers. Allein durch den Vergleich des Materials soll das Denken über Filme angeregt und ein Lernprozess in Gang gesetzt werden. In einem Vortrag, den er 2009 auf dem Bremer Filmsymposium gehalten hat, stellte Bergala die These auf, dass dieses neue Vermittlungskonzept auch einen anderen Theorie- und Wissensbegriff mit sich bringe. Bei der Zusammenstellung der Filmausschnitte zu der DVD LE POINT DE VUE habe er die Grundlagen einer Theorie der Perspektive im Kino gelegt, die vom Material ausgehend Begriffsbildung ermögliche.[108]

---

107 Bergala 2007, S. S. 44–49 (Orig. 2000).
108 Bergala 2010.

Die skizzierte Verschiebung von der semiologischen Medienpädagogik zu der cinephilen Filmvermittlung in Bergalas pädagogischen Publikationen steht im Kontext der Entwicklung der Filmpädagogik an französischen Schulen (Vgl. 2) und der geistesgeschichtlichen Strömung der Cinephilie (Vgl. 4/5). In der Frühphase greift Bergala wie andere progressive Pädagogen auf die semiologische Medienkritik zurück, um die Film- und Medienpädagogik an den Schulen einzuführen. Nachdem Film in den 1980er Jahren an den Schulen etabliert wurde, wendet er sich gegen die in diesem Kontext dominierende semiologische Herangehensweise und knüpft dabei an die cinephile Tradition der Filmvermittlung an, die bis in die Filmclubbewegung der Nachkriegszeit zurückreicht. Die – insbesondere im Umfeld der Zeitschrift *Cahiers du cinéma* – etablierte Vermittlung des Filmerbes im Kontext der Kunstgeschichte, ergänzt er dabei durch eine an seine eigene Praxiserfahrung anknüpfende Pädagogik des Schaffensprozesses. Im Folgenden wird der cinephile Vermittlungsansatz im Zentrum stehen, die Texte der semiologischen Phase ziehe ich zur Kontextualisierung und theoretischen Begründung hinzu.

2. Filmvermittlung als gesellschaftspolitisches Anliegen

Unabhängig von dem skizzierten Perspektivenwechsel lässt sich in allen pädagogischen Texten Alain Bergalas ein ähnliches fundamentales gesellschaftspolitisches Anliegen feststellen. Aus der Kritik an den durch Massenmedien verbreiteten gesellschaftlichen Ideologien resultiert jeweils die Forderung, diesem Einfluss mit schulischer Bildung zu begegnen. Damit verbunden ist die Überzeugung, dass die Sensibilisierung für ideologische Einflussnahme eine notwendige Voraussetzung für Chancengleichheit ist, da sie allen Schülern eine gleichberechtigte soziale Teilhabe ermöglicht. Um dieses Ziel zu erreichen, verfolgt Bergala unterschiedliche Strategien. Während in der semiologischen Phase die Bildung des kritischen Geistes im Vordergrund steht, setzt er in der cinephilen Phase auf Geschmacksbildung durch ästhetische Erfahrungen. An die Stelle der analytischen Auseinandersetzung mit den Massenmedien tritt nun die Konfrontation mit dem Filmkunstwerk als Alterität.

Diese beiden Strategien werde ich im Folgenden in Bezug auf die theoretischen Kontexte der Semiologie, der Ästhetik und der Soziologie darstellen und diskutieren. Dabei soll die gesellschaftspolitische Dimension von Bergalas Pädagogik vor allem anhand der für den cinephilen Ansatz zentralen Begriffe der Alterität und des Geschmacks erörtert werden. Diese werden als ästhetische und als ideologiekritische Kategorien analysiert. Das Gegensatzpaar Alterität/Ideologie ermöglicht zunächst, die Perspektive auf den Gegenstand (Medien/Kunst) innerhalb gesellschaftlicher, institutioneller Kommunikations- und Vermittlungsprozesse zu richten und dabei die Entwicklung von Bergalas ideologiekritischer Bildungsstrategie nachzuvollziehen (2.1). Mit der Kategorie des Geschmacks tritt danach das Subjekt als Kunstrezipient und Akteur in einem gesellschaftlichen Umfeld in den Mittelpunkt (2.2). Abschließend diskutiere ich vor diesem Hintergrund die von Bergala in *Kino als Kunst* formulierte Strategie einer Geschmacksbildung in den Schulen (2.3). Grundlegend dafür ist die von

Pierre Bourdieu in *Die feinen Unterschiede* entwickelte Theorie des Geschmacks als soziale Kategorie, die die französischen Bildungsdiskurse im 20. Jahrhundert maßgeblich beeinflusst hat.

2.1 Die Konfrontation mit Alterität als ideologiekritische Strategie

2.1.1 Ideologiekritik: Medien und Institutionen

Die frühen filmpädagogischen Texte Bergalas entstanden im Kontext der Politisierung durch die Studentenrevolte im Mai 1968 und der von Linguistik, Marxismus und Psychoanalyse beeinflussten kulturkritischen Theorien, die zu dieser Zeit *en vogue* waren. Die strukturalistische Neuformulierung der Psychoanalyse von Jacques Lacan gab den französischen Kulturtheorien ihre spezifische Prägung, insofern sie – wie die Kritische Theorie in Deutschland – ein Instrumentarium bereitstellt, um kulturelle Phänomene und ihre ideologische Funktionsweise psychoanalytisch zu begründen.[1] Für die Filmtheorie und -pädagogik war die Semiologie von Roland Barthes und Christian Metz wegweisend, die es erlaubt, Filme und andere Medien mit linguistischen Methoden zu analysieren. Barthes' semiologische Analysen kultureller Produkte und seine Kritik am Autorenkult der Literaturwissenschaften stellten den Kanon der geisteswissenschaftlichen Schulfächer und die Autorenpolitik der klassischen Cinephilie in Frage.[2] Engagierte Lehrerverbände forderten dementsprechend eine Öffnung des Schulunterrichtes für die neuen Medien und die Kritiker der *Cahiers du cinéma* sahen es als Gebot der Stunde, die Bevölkerung über die ideologische Wirkungsweise von Film und Medien aufzuklären.

Bergala griff die zeitgenössischen Einflüsse der Psychoanalyse, Semiologie, Ideologiekritik und Filmtheorie auf, um in *Pour une pédagogie de l'audiovisuel* und *Initiation à la sémiologie du récit en images* eine eigene Methodik der Film- und Medienpädagogik vorzuschlagen. Den neomarxistischen Gesellschaftstheorien folgend postuliert er darin, dass Massenmedien – insbesondere Bildmedien

---

1 Die Kritische Theorie hat eine Verbindung zwischen der psychoanalytischen Subjekttheorie nach Sigmund Freud und der marxistischen Gesellschaftstheorie entwickelt. Lacan greift dagegen auf die strukturalistische Gesellschaftstheorie von Claude Levi-Strauss sowie die linguistische Zeichentheorie zurück, um die Psychoanalyse Freuds weiterzuentwickeln. Siehe Andreas Reckwitz: *Subjekt*. Bielefeld, 2008, S. 54.

2 Wie Desbarats beschreibt, hatte die Auseinandersetzung zwischen Raymond Picard und Roland Barthes um die Nouvelle Critique großen Einfluss auf die reformorientierte Lehrerschaft und auf Kritiker der *Cahiers du cinéma*. Desbarats 2002, S. 344f.

– Werkzeuge von Ideologien sind, d.h. dass sie als soziale Kommunikationsmittel die gesellschaftlichen Machtverhältnisse legitimieren und mitkonstituieren. Zu einer Zeit, als nur die Fotografie als mediale Praxis allen zugänglich war und die Film- und Medienproduktion noch nicht, wie heute durch die Digitalisierung, demokratisiert wurde, deutet Bergala die Massenmedien pauschal als Sprachrohre der Eliten:

> «Mit Ausnahme der Familienfotografie [...], ist die Mehrzahl der zeitgenössischen audiovisuellen Botschaften dazu bestimmt, sozial verbreitet zu werden. Die ökonomische Macht, diese Botschaften zu produzieren und zu verbreiten, ist – in der sogenannten Massenkommunikation – praktisch durch die herrschenden sozialen Schichten monopolisiert. Damit ist die unzählige Male betonte Rolle gemeint, die die audiovisuellen Medien bei der Selbstrepräsentation einer Gesellschaft spielen, bei der Produktion und Zirkulation von Ideen, Wünschen, Bedürfnissen und Verhaltensweisen, die eine dominierende Ideologie konstituieren.»[3]

Neben der *Medienkritik* übt Bergala auch eine *Institutionenkritik*, die sich gegen die Bildungsinstitutionen richtet.[4] Zum einen kritisiert er die Filmhochschulen, die den Studenten die Konventionen der ‹Filmsprache› lehren, ohne deren ideologische Funktionsweise zu hinterfragen, und damit an der Reproduktion von Ideologien partizipieren. Zum anderen kritisiert er – in Anschluss an Bourdieus Theorie der sozialen Distinktion – die Schule als Vertreterin einer «bürgerlichen Ideologie» der Ästhetik, die bestimmten Normen des «Schönen» und einem «romantischen Kunstideal» des originellen kreativen Schaffens anhänge und damit die sich in der Kunstrezeption manifestierenden sozialen Unterschiede verstärke[5] (Vgl. 2.2). Diesen normativen Mechanismus stellt er insbesondere in Bezug auf den Spracherwerb fest, der nicht allein nach grammatischer Richtigkeit, sondern auch nach impliziten stilistischen Normen einer leicht «archaischen» Sprache bewertet werde und Kinder aus Familien benachteilige, «in denen man diese

---

3   «Si l'on excepte les photos de famille (encore que Bourdieu ait très bien démontré leur fonction sociale), la plupart des messages audio-visuels d'aujourd'hui sont destinés à être diffusés socialement. Le pouvoir économique de produire et de diffuser ces messages est pratiquement monopolisé, dans la communication dite de ‹masse›, par les couches sociales dominantes de la société. C'est dire le rôle maintes fois souligné des messages audio-visuels dans la représentation qu'une société se fait d'elle-même, dans la fabrication et la circulation des idées, des désires, des besoins, des modes de comportement qui constituent une idéologie dominante.» Bergala 1975, S. 76.
4   Neomarxistische Theoretiker gehen davon aus, dass Institutionen für die Durchsetzung von Ideologien verantwortlich sind. Siehe beispielsweise Louis Althusser: Ideologie und ideologische Staatsapparate. http://www.b-books.de/texteprojekte/texte.htm (Orig. Frankreich 1970).
5   Bergala 1975, S. 198.

‹schöne Sprache› nicht praktiziert.»[6] Diesen exklusiven Normen der Ästhetik und des Sprachstils möchte Bergala in *Pour une pédagogie de l'audiovisuel* mit der Integration der populären Bildmedien in den Schulunterricht entgegentreten. So behandelt er in dem Projekt in Yerres explizit keine Kinofilme, denen der cinephile Diskurs den Status einer klassischen Kunstform verliehen hat. Vielmehr setzt er bei der Werbefotografie an und fokussiert auf Comics (*Tintin*[7]), Fotoromane oder Diapositivserien als narrative Formen.

Um die Schüler für die ideologische Funktionsweise dieser Medien zu sensibilisieren, setzt er die Methodik der Semiologie ein. Anschließend an Barthes und Metz[8] analysiert Bergala Medien als Zeichensysteme, als Systeme von kulturellen, sozialen, medienspezifischen Codes, deren konventionalisierte Bedeutung es zu entziffern gilt. Erklärtes Ziel ist, die Funktionsweise der Bedeutungsproduktion, der Signifikation, zu erschließen.[9] Das «Bilder-Lesen» – so Bergalas These – müsse wie eine Sprache erlernt werden.[10] Bergala verwahrt sich dabei jedoch gegen eine simple Analogie zwischen Bild und Sprache, gegen eine schematische Analyse von Filmen nach normativen «Grammatiken», die das komplexe, vieldeutige Ineinandergreifen verschiedener Codes ausblendet.[11]

Als anschauliches Beispiel für die Funktionsweise von verschiedenen Codes führt er unter anderem die erste Einstellung eines nicht näher spezifizierten Films an, in der ein Auto auf einer Landstraße fährt. Soziokulturelle Codes ermöglichen es, die Marke des Autos (ein schwarzer DS)[12] und eine soziale Ein-

---

6   «Malheuresement, les normes imposées par l'école débordent très largement cette norme grammaticale. Des considérations qui n'ont plus rien à voir avec la langue proprement dite, des précisions socio-culturelles, idéologiques, constituent artificiellement en norme du ‹bon français› un niveau de langue soigneusement sélectionné parmi de nombreux autres: un niveau légèrement archaïque, un peu littéraire, qui joue de toute évidence un rôle conservateur et un rôle de sélection sociale dans la mésure où ce niveau de langue (très minoritaire dans l'usage courant de la langue) n'est familier qu'à une partie reduite de la population scolaire, créant des difficultés supplémentaires aux enfants issus de milieux où l'on ne pratique pas ce ‹beau langage›». Bergala 1975, S. 78.

7   Hergé: *Coke en stock*. Brüssel 1967.

8   Die Semiologen und Strukturalisten übertrugen das Sprachmodell des Linguisten Ferdinand de Saussure auf sämtliche Phänomene des alltäglichen, kulturellen Lebens. Beispielsweise analysiert Barthes in *Mythen des Alltags* Zeitungsartikel, Fotografien, Filme, Ausstellungen, Sport, Mahlzeiten usw. als Zeichensysteme. Der Literaturwissenschaftler und Pädagoge Christian Metz war der erste, der im Zuge der strukturalistischen Theorien in den 1960er Jahren eine linguistische Analyse des Kinos vorlegte und damit die Filmsemiologie begründete. Siehe Roland Barthes: *Mythen des Alltags*. Frankfurt am Main 1964 (Orig. 1957). Christian Metz: *Sprache und Film*. Frankfurt am Main, 1973 (Orig. 1971).

9   Nach dem Sprachmodell von Ferdinand de Saussure gliedert sich ein sprachliches Zeichen in einen Signifikanten (das Zeichen, der Laut) und ein Signifikat (die Bedeutung, Aussage). Signifikation beschreibt den Prozess der Bedeutungszuschreibung in kulturellen Formen.

10   Bergala 1975, S. 118.

11   Ebd., S. 75.

12   DS war ein von Citroen 1955–1975 produziertes Luxusautomobil, das zu einem Kultobjekt geworden ist. Die klangliche Assoziation DS mit *déesse* (frz. Göttin) hat dazu vermutlich auch beigetragen.

ordnung seines Besitzers (wohlhabend) festzulegen. Der kulturelle Code des Kriminalfilms lässt zudem die Spekulation zu, dass es sich um einen Verbrecher handelt. Filmspezifische Codes der Kamerabewegungen schließlich ermöglichen bereits Vermutungen über den Fortgang der Handlung: Folgt die Kamera der Bewegung des Autos, so geht der Zuschauer davon aus, dass wir den Figuren in der Handlung auf ein unvorhergesehenes Ereignis hin folgen werden. Wenn die Kamera allerdings zunächst das Auto von rechts nach links durchs Bild fahren lässt und danach einen Schwenk nach rechts auf die leere Landstraße vollzieht, so erwartet er einen Verfolger.[13]

Mittels der semiologischen Pädagogik möchte Bergala Kindern und Jugendlichen vermitteln, dass das, was die Bilder kommunizieren, nicht real ist, keine Realität abbildet, sondern das Ergebnis von konventionellen Konstruktionen ist. Er schließt damit an die ideologiekritische Ausprägung der Semiologie durch Barthes an. Barthes verweist mit seiner in *S/Z* provokant formulierten These, dass jedes Bild nur die Kopie eines anderen Bildes (und nicht der Natur selbst) sei, darauf, dass Texte und Bilder «natürlich» bzw. «realistisch» erscheinen, wenn sie bestimmten kulturellen Konventionen des Realismus folgen, die den direkten Blick auf die Realität de facto verstellen.[14] Die angenommene ‹Natürlichkeit› eines kulturellen Produktes kaschiert, dass es sich um eine artifizielle Konstruktion handelt. Insbesondere werden dadurch – so Barthes' These in *Mythen des Alltags* – historisch entstandene soziale Strukturen als «natürlich» gegeben vorausgesetzt und legitimiert.[15] Das Entziffern der Codes geht in Bergalas Pädagogik also mit der Sensibilisierung für ihr Potential der ideologischen Manipulation einher:

«Es geht darum, die Tatsache zu betonen, dass diese Codes nicht die Wiedergabe einiger naturgegebenen Gesetze der Wahrnehmung oder der Erzählung sind und dies auch niemals waren, sondern eigenständige kulturelle Codes, die produziert wurden, die durch den Gebrauch oder die Institution durchgesetzt wurden (was in Bezug auf das Kino dasselbe ist, da der Produktionsprozess dort sehr stark institutionalisiert ist), Codes, die von der Kontrolle einer Gesellschaft (im weiteren Sinne) über ihre eigenen Repräsentationsformen zeugen.»[16]

13 Bergala 1975, S. 81.
14 Roland Barthes: *S/Z*. Paris, 1970, S. 56f.
15 Barthes Kritik richtet sich in *Mythen des Alltags* vor allem gegen die «bürgerliche Ideologie» des Naturalismus, die die französische Gesellschaft in den 1950er Jahren dominiert hat.
16 «Il s'agit de mettre l'accent sur le fait que ces codes ne sont pas, n'ont jamais été le reflet de quelques lois naturelles de la perception ou du récit, mais des codes culturels à part entière, fabriqués, imposés par l'usage ou par l'institution (ce qui revient au même en matière de cinéma où la création est très fortement institutionnalisée), des codes qui manifestent le contrôle d'une société (au sens large) sur ses propres modes de représentation.» Bergala 1978: *Initiation à la sémiologie du récit en images*, S. 86.

Der Ideologiekritik der *Cahiers du cinéma* und der Dispositivtheorie von Baudry und Metz folgend,[17] insistiert Bergala dabei auf der ideologischen Wirkungsweise von narrativen Strukturen und der Nichtneutralität der Technik selbst. Das Aufzeigen von stereotypen Inhalten hält er für wirkungslos, da sich die Ideologie gerade in den Formen und Dispositiven des Abbildens und Erzählens wirkungsvoller, weil untergründig, manifestiere. So bezieht Bergala in *Pour une pédagogie de l'audiovisuel* zwar auch noch inhaltliche, soziokulturelle oder narrative Codes ein, in *Initiation à la sémiologie du récit en images* konzentriert er sich jedoch konsequent auf filmspezifische Codes, die die Formen filmischen Erzählens regulieren. Seine Ideologiekritik richtet sich nun auf die Konventionen der Transparenz und der Kontinuität des klassischen Hollywoodkinos, den durch sie erzeugten «Realitätseindruck» und das damit verbundene Kaschieren einer erzählenden Instanz, der *Enunziation*.[18] Denn der Eindruck der unmittelbaren Teilhabe am filmischen Universum überspielt dessen ‹Gemachtsein› und die ihm immanente Haltung.

> «Aber die Logik der klassischen Erzählung besteht auch [...] darin, die Spuren der Enunziation, jener narrativen Instanz [...] zu verwischen: Die Abfolge der Ereignisse muss den Eindruck erwecken, sich wie von selbst, kontinuierlich abzuspielen. Dafür muss die Verantwortung für den Wechsel von einer Einstellung zur anderen so weit wie möglich an die Geschichte selbst und ihre Agenten (die Figuren) delegiert werden. Der Aussageakt muss seine (imaginäre) Rechtfertigung, seinen Ursprung im diegetischen Universum und seiner Logik finden. [...] Diesem doppelten Widerspruch entspricht eine doppelte Arbeit des ikonischen Textes, [...] *die Diegese zu naturalisieren* (den fragmentarischen und diskontinuierlichen Signifikanten in die Illusion eines natürlichen, homogenen und kontinuierlichen Universums zu verwandeln) und *die Enunziation zu diegetisieren* (diesem Universum die Operationen und den Diskurs der Enunziation zuzuschreiben).»[19]

17 Der Begriff des Dispositivs wurde von Jean-Louis Baudry eingeführt, um das Kino als (räumliche und technische) Anordnung zu beschreiben, die dem Zuschauer eine bestimmte Position und Rezeptionshaltung zuweist. Jean-Louis Baudry: Cinéma: effets idéologiques produits par l'appareil de base. In: *Cinéthique. Nouvelle revue du cinéma nouveau* 7–8, 1970, S. 1–8.

18 Der aus der Narratologie entstammende, insbesondere von Christian Metz für die Filmtheorie entlehnte Begriff *Enunziation* bezeichnet die Mechanismen, mit denen sich die Aussage- oder Erzählinstanz im Film manifestiert.

19 «Mais la logique du récit classique, c'est aussi [...], d'effacer les traces de l'énonciation, de cette instance narratrice, [...]: il faut que le fil des événements donne l'impression de se dérouler de lui-même, continûment. Pour cela, il faut déléguer au maximum à la fiction elle-même, à ses agents (les personnages) la responsabilité du passage d'un plan à l'autre. Il faut que l'acte d'énonciation trouve sa justification (imaginaire), son origine, dans l'univers même de la diégèse, dans la logique de cet univers. [...] A cette double contradiction correspond un double travail du texte iconique [...] *naturaliser la diégèse* (trans-

Die ‹Regeln› der klassischen Montage werden von Bergala nicht als Norm vermittelt – wie in den von ihm kritisierten Filmgrammatiken –, sondern vielmehr in ihrer normativen Funktion und Wirkung auf den Zuschauer problematisiert. Er schließt direkt an die Psychoanalyse von Freud und Lacan an, um die psychoanalytischen Zuschauertheorien zu systematisieren und für den pädagogischen Kontext zu konkretisieren. Dabei greift er das von diesen Theorien beschriebene Phänomen der Identifikation heraus, um die Einbindung des Zuschauers in die Mikrostrukturen der filmischen Narration zu beschreiben (Vgl. 4.1).

Die Semiologie inspiriert Bergala zur Entwicklung einer pädagogischen Methodik, die Analyse und Praxis miteinander verbindet. Auf Basis der Operationen Segmentation und Permutation schlägt er eine Reihe von Übungen vor, in denen einzelne Elemente eines Untersuchungsgegenstandes isoliert (Segmentation) und gegen Varianten ausgetauscht werden oder neu zusammengesetzt werden (Permutation).[20] Mit diesem Spiel der Varianten soll die Wirkungsweise von bestimmten Codes erprobt und zugleich ein Bewusstsein für die Möglichkeiten und Begrenzungen der Produktionspraxis vermittelt werden. Bergala entwirft damit bereits in *Pour une pédagogie de l'audiovisuel* eine Vorform der späteren Schaffensanalyse und erweitert die semiologische Textanalyse um eine praktische Medienarbeit: «[…] das Feld der Semiologie beschränkt nicht das der Kreativität».[21] Jedoch steht diese kreative Praxis in *Pour une pédagogie de l'audiovisuel* noch ganz im Dienst der ideologiekritischen Analyse, denn: «man lernt das Dekodieren von Bildern am besten, indem man selbst welche produziert.» [22]

Bergala erweitert die semiologische Methodik der Dekodierung von Medien als Texten um eine psychoanalytische Reflexion des Kinozuschauers und um Vorschläge zur kreativen Praxis. Die genannten kulturkritischen Theorien dienen ihm dazu, die tiefgehende emotionale, ideologische Wirkung von Medien zu begründen, auf die er auch die Argumentation seiner cinephilen Texte stützen wird. Dabei erweist sich der Rückgriff auf die semiologische Terminologie als pragmatisch, insofern er sich in seinen Analysen wesentlich von den konkreten

---

former le significant fragmentaire et discontinu en illusion d'univers naturel, homogène et continu) et *diégétiser l'énonciation* (verser au compte de cet univers les opérations et le discours de l'énonciation)». Bergala 1978: *Initiation à la sémiologie du récit en images*, S. 39.

20 Bergala schlägt gewissermaßen ein Spiel auf der ‹paradigmatischen› Achse von de Saussures Sprachmodell vor: Texte oder Bilder werden in kleinste, sinnhafte Einheiten unterteilt (Syntagmen) und, indem man sie imaginär mit allen möglichen Varianten austauscht (Paradigmen), wird ihr spezifischer Sinn ermittelt.

21 «[…] le champs de la sémiologie ne restraint pas celui de la créativité. Alain Bergala cherche à équilibrer les deux.», Desbarats 2002, S. 379.

22 «C'est une évidence que l'un ne va pas sans l'autre, et que la meilleure façon d'apprendre à décoder des images, c'est d'en fabriquer soi-même.» Bergala 1975, S. 62.

Formen des Filmischen leiten lässt. Der Einsatz des Begriffs des «Code» erfolgt eher unsystematisch und wird streckenweise ganz durch filmspezifische Fachbegriffe ersetzt.[23] Im Vordergrund steht vor allem in *Initiation à la sémiologie du récit en images* die narrative Funktion von filmischen Konventionen der Kadrierung, der Tiefenschärfe, des Off, des Anschlusses usw. Dieser sich am Material orientierende Pragmatismus, der auch seine späteren Analysen kennzeichnet, hat den Vorzug, dass die entwickelten Methoden auch heute noch von Interesse sind, selbst wenn die Semiologie in ihrem Anspruch als allumfassende Wissenschaft mittlerweile als überholt gilt (Vgl. 7).

Die Kritik an der «ideologischen Schlagkraft» der Massenmedien[24], die Bergala in den 1970er Jahren im Rückgriff auf abstrakte Gesellschaftstheorien formuliert, konkretisiert er in der cinephilen Phase auf Basis eigener professioneller Erfahrungen in der Filmbranche und in Bildungsinstitutionen. Sie richtet sich primär gegen den neoliberalen Marktradikalismus, der sich in den 1980er und 1990er Jahren gesellschaftlich etabliert und auch den Kultur- und Bildungsbereich erfasst hat. Bergala konstatiert die zunehmende, durch ökonomische Konzentrationprozesse bewirkte Dominanz weniger kultureller Produkte, die primär soziale und kommunikative Funktionen erfüllen, und damit Kunstformen, die sich dieser Funktion entziehen, marginalisieren. Seine Ideologiekritik gerät dabei stellenweise zu einer pauschalen Kritik an der Kommunikation selbst, als oberstes Prinzip der zeitgenössischen Gesellschaft.

Bergala formuliert diese Kritik in *Kino als Kunst* nur skizzenhaft. In dem Büchlein *Le cinéma, comment ça-va*, das dreizehn offene Briefe an bekannte und anonyme Vertreter verschiedener Bereiche der Filmbranche, der Kultur- und Bildungspolitik enthält, führt er sie detaillierter aus. Er beschreibt darin verschiedene Mechanismen der Standardisierung in der zeitgenössischen Gesellschaft und Medienkultur: Wie das französische Filmförderungs- und Filmproduktionssystem den Autorenfilm als Marke und Serienprodukt konstituiert und bereits Debütanten unter Druck setzt, ein fertiges, marktgerechtes und zugleich originelles Werk vorzulegen. Wie junge Schauspielerinnen durch das Rotationsprinzip und die Neuigkeitsgier der medialen Öffentlichkeit zu umfassender

---

23 Oft taucht der Begriff Code in den Einzelanalysen gar nicht auf. Die Unterscheidung zwischen dem Code und den Codes, zwischen dem Code und dem Sub-Code ist nicht eindeutig geklärt und beide werden nicht systematisch zur Klassifikation bestimmter Mechanismen eingesetzt. Auch wird nicht jede analysierte Kategorie des filmischen Erzählens einem Code zugeordnet. Stattdessen verwendet Bergala auch andere Begriffe wie «figure», «vecteurs» oder «faits de langage». Bergala 1978: *Initiation à la sémiologie du récit en images*, S. 45.

24 Bergala 2006: *Kino als Kunst*, S. 37.

Disponibilität und Konformität ‹gezwungen› werden, anstatt eine «individuelle Melodie» entwickeln zu können.[25] Wie die zunehmend monopolisierten Distributions- und Verwertungsketten zur massiven Dominanz weniger Filme führen und die Vielfalt des Angebots gerade in den ländlichen Regionen bedrohen. Wie das Cineplex als ‹Warenhaus› das Programmkino als sozialen Ort verdrängt.[26]

Darüberhinaus richtet sich Bergalas Kritik auch weiterhin gegen die Bildungsinstitutionen. Wie in *Pour une pédagogie de l'audiovisuel* betrifft dies zum einen die wirtschaftsnahen Filmhochschulen, die, statt die individuelle Kreativität zu fördern, konventionelle Formen und Techniken der Massenkommunikation lehren und den Nachwuchs nicht frei experimentieren lassen, sondern vielmehr auf die von ihm so genannten «Visitenkarten»-Filme als Vorzeigeprodukte ‹trimmen›.[27] Diesen starken Normierungsdruck stellt er auch an der Massenuniversität fest, hier allerdings bezogen auf das Einhalten der wissenschaftlichen Normen, das Studierenden nicht erlaubt, abweichende Forschungsmethoden – beispielsweise mit der Kamera – zu entwickeln.[28] Ebenso problematisch erscheint ihm die marktideologische Ausrichtung der Universitäten als Serviceeinrichtungen, die den Bedarf der ökonomischen Nachfrage an Fachkräften decken sollen.[29] Stattdessen vertritt er ein humanistisches Bildungsideal, wonach das Individuum gefördert und zu eigenständigem Denken angeregt werden soll.

Am intensivsten setzt sich Bergala weiterhin mit der Institution Schule auseinander. In *Kino als Kunst* beschreibt er die französische Schule als ein starres, hierarchisches, reformunwilliges System, das durch seine Regulierung über Lehrpläne und Unterrichtsfächer, Prüfungen und Bewertungsmechanismen einen starken, wenn auch andersgearteten Normierungsdruck ausübt. Hauptziel seiner Kritik sind vor allem die dominierenden Lehrmethoden, die auf die Sprachvermittlung und die Ausbildung der rationalen Fähigkeiten des Individuums ausgerichtet sind. Gerade die Semiologie, die sich im Kontext des Literatur- und Filmunterrichtes in Frankreich etabliert hat, geht seiner Ansicht nach eine unselige Allianz mit diesen rationalistischen Tendenzen der Schule ein und betreibt eine Art ‹Kolonisierung› der Bilder. So richtet sich Bergalas massivste Kritik nun gegen den «sprachlichen

---

25 Alain Bergala: *Le cinéma comment ça va. Lettre à Fassbinder suivie de onze autres.* Paris, 2005, S. 44f.

26 Ebd., S. 82f.

27 Siehe u.a. Bergala 2006: *Kino als Kunst*, S. 123.

28 Bergala schildert den konkreten Fall eines Studenten, der als Magisterarbeit einen vierstündigen Dokumentarfilm über die Filmstudios von Lars von Trier vorgelegt hat, und den er – trotz der herausragenden Leistung – nicht ermuntern konnte, eine Dissertation in derselben Weise zu verfassen, da das universitäre System diese Forschungsmethode nicht vorsieht. Bergala 2005: *Le cinéma, comment ça-va?*, S. 69f.

29 Ebd., S. 31.

Ansatz», den er in *Pour une pédagogie de l'audiovisuel* und *Initiation à la sémiologie du récit en images* selbst vertreten hat.[30]

2.1.2 Alterität: Kino als Kunst

Nicht nur die Kritik an ideologischen Tendenzen der Massenmedien kann als durchgehendes Anliegen in allen pädagogischen Texten von Bergala festgestellt werden. Auch das Prinzip der Alterität taucht bereits in seinen semiologischen Schriften auf. Zwar verwendet er den Begriff selbst dort noch nicht, aber wie ich im Folgenden zeigen werde, formuliert er bereits in *Pour une pédagogie de l'audiovisuel* in Ansätzen eine Pädagogik der Alterität.

Bergala geht in *Pour une pédagogie de l'audiovisuel* und *Initiation à la sémiologie du récit en images* von einer umfassenden Dominanz eines kodifizierten gesellschaftlichen Kommunikationssystems aus. Zwar gesteht er die Existenz von individuellen künstlerischen Äußerungen und innovativen ästhetischen Formen durchaus ein, jedoch können diese seiner Ansicht nach niemals außerhalb des normativen Systems der Codes stehen, geschweige denn ein radikales Änderungspotential in sich bergen. Wie Barthes in *Mythen des Alltags*[31] postuliert auch Bergala, dass es kein Jenseits des kollektiven Kommunikationssystems gäbe. Dieses entwickele sich nur als Ganzes und jeder, der am kollektiven Verständigungsprozess teilnehme, müsse es bedienen, um überhaupt verständlich zu sein: «niemand kann für sich das Abseits beanspruchen».[32]

«Beispielsweise gibt es von Zeit zu Zeit Filme, die von einer persönlicheren Handschrift zeugen, die freier sind in Bezug auf die Filmcodes, die in ihrer Zeit in Kraft sind. Aber wenn man sich diese Originalität genauer anschaut, so ist sie niemals absolut, sie entspringt nicht *ex nihilo*: diese Filme stützen sich – wie alle anderen – zu einem großen Teil auf die dominierenden Codes, und zu einem geringeren Teil artikulieren sie die Codes auf eine neue Weise, indem sie sie verschieben, manchmal sogar unterlaufen oder gegen sie agieren – aber das ist es, was sie interessant und neuartig macht. Die Verschiebung des Terrains kann – wie bei jeder anderen stark sozialisierten Ausdrucksform – niemals das absolute und radikale Ergebnis eines einzigen Textes, eines einzigen Autors sein. Erstens, weil sich niemand – sei es Kind oder Genie – vollkom-

---

30 Bergala 2006: *Kino als Kunst*, S. 37.
31 Der Begriff des Mythos in Barthes' *Mythen des Alltags* ist ebenfalls an das linguistische Sprachmodell angelehnt und entspricht der Ebene der Konnotation, d.h. sekundärer kultureller Bedeutungen, die sich an ein Zeichen heften. Barthes 1957, S. 239.
32 «[…] nul peut se déclarer hors-jeu […].» Bergala 1978: *Initiation à la sémiologie du récit en images*, S. 85.

men von einer Kultur oder einer Sprache lossagen kann (die uns als aussage-
fähiges Subjekt konstitutiert). Zweitens weil diese unerhörte Ausdrucksweise
vollkommen hermetisch, unkommunizierbar und nicht (einmal teilweise)
sozialisierbar wäre.»[33]

Alternative kulturelle Formen – so warnt Bergala in *Pour une pédagogie de
l'audiovisuel* ebenfalls in Anschluss an Barthes – haben im demokratischen,
westlichen System keine wirkliche systemgefährdende Macht, sondern wirken
vielmehr als «Impfung» der liberalen Kultur, d.h. sie stärken de facto den Status
quo einer sich als liberal definierenden bürgerlichen Gesellschaft.[34]

> «Es wäre gefährlich sich Illusionen über die reale Macht jeglicher alternati-
> ver Kultur oder Gegenkultur auf sozialer Ebene zu machen. Das ist ein Spiel-
> raum, den sich eine liberale, fortgeschrittene Gesellschaft zur Abreaktion leis-
> ten kann – als eine Art Impfung [...].»[35]

Dementsprechend skeptisch äußert sich Bergala auch gegenüber dem reformpädagogischen Ideal einer spontanen, ‹unverdorbenen› Kreativität der Kinder. Gerade im unreflektierten Produktionsprozess – so seine These – reproduziere sich
nur «der Code». Es sei meist «nicht das Kind, das sich ausdrücke, sondern der
Code in Reinform».[36] Deshalb müsse gerade der kreative Prozess in der Schule
mit einer bewussten Reflexion der gewählten Ausdrucksformen einhergehen.
    Während Bergala sich also in seinen semiologischen Schriften auf die Kritik
an der ideologischen Funktionsweise der Medien konzentriert und abweichen-

---

33 «De temps en temps, par exemple, certains films viennent témoigner d'une écriture plus personelle,
    plus libre par rapport aux codes en vigeur dans le cinéma du moment. Mais cette originalité, à y regar-
    der de plus près, n'est jamais absolue, ne jaillit pas ‹ex nihilo›: ces films, comme tous les autres, prennent
    appui pour une grande part sur les codes dominants, et pour une part plus étroite, mais c'est celle-là
    même qui les rend intéressants et novateurs, en articulant ces codes de façon neuve, en les déplaçant,
    parfois même en les subvertissant ou en innovant contre eux. Le changement de terrain, comme pour
    tout mode d'expression largement socialisé, ne peut être le fait, absolu et radical, d'un seul texte, d'un
    seul auteur; d'abord parce que l'on ne se dégage jamais totalement (enfant ou génie compris) d'une
    culture et d'un langage (qui nous constituent comme sujet capable d'expression); ensuite parce que
    cette expression, inouïe, serait totalement hermétique, incommunicable, non socialisable (même par-
    tiellement).» Ebd., S. 86f.
34 Bergala zitiert Barthes in diesem Kontext zwar nicht, aber die wortgleiche Argumentationsweise
    springt ins Auge. Barthes 1957, S. 260.
35 «Mais il serait dangereux de se faire des illusions sur les pouvoirs réels, à l'échelle sociale, de toute
    forme de culture alternative ou de contre-culture. C'est une marge de défoulement que peut se per-
    mettre, à titre de vaccination, une société libérale avancée [...].» Bergala 1975, S. 101f.
36 «Quand le stéréotype sort de la bouche des enfants, ce qui choque l'éducateur c'est de ne pas y recon-
    naître les enfants, mais les conventions morales, culturelles, esthétiques. Il découvre que dans ce dis-
    cours ce n'est pas l'enfant qui s'exprime, mais les codes (narratifs ou idéologiques) à l'état presque pur.»
    Ebd., S. 105.

de ästhetische Formen ausklammert, formuliert er in Hinblick auf die Institution Schule in Ansätzen bereits die Pädagogik der Alterität, die später in *Kino als Kunst* im Zentrum stehen wird. So dient ihm als wesentliches Argument für die Integration der Medienpädagogik an Schulen nicht nur die Notwendigkeit einer ideologiekritischen Bildung der Schüler, sondern auch die prinzipielle Eigenart von Bildern, Störfaktoren in der Institution Schule zu sein: «Oft spielt es sich in den Schulen so ab, als ob das Bild eine gewisse Gefahr darstelle, als ob es die schulische Institution massiv bedrohe.»[37] Diese Gefahr besteht in der rational nicht kontrollierbaren Wirkung von Bildern: «Das Bild sprengt immer den formalen und beruhigenden Rahmen, in dem man es eingeschlossen zu haben glaubt, in Richtung des Imaginären und des Sozialen.»[38] Von einer Behandlung des Bildes – *eines jeden Bildes*, das nicht den ästhetischen Normen der Schule entspricht[39] – verspricht sich Bergala dementsprechend ein Veränderungspotential für die Schule.

Die Medienpädagogik könne – so argumentiert er – gerade weil sie kein etabliertes Unterrichtsfach sei, die Werte, Normen und Methoden der Institution verändern, ihnen «widerstehen»:

«Die Chance einer Pädagogik der audiovisuellen Medien liegt darin, dass sie sich im Moment am Rande der Institution entwickelt. Es bleibt ihr überlassen, den normativen Gewohnheiten der Schule zu widerstehen und eine Strategie zu entwickeln, die ihrer spezifischen Materie angemessen ist.»[40]

In dieser pädagogischen Strategie einer produktiven Störung der Institution Schule spielen Medienfachleute, die als «Dritte» in den Unterricht kommen und die eingefahrenen Beziehungen zwischen Lehrern und Schülern in Frage stellen, eine Schlüsselrolle (Vgl. 6.1). Bergala geht es in seinen semiologischen Schriften nicht nur um eine Intervention gegenüber den ideologischen Massenmedien, sondern vielmehr – wie Desbarats treffend anmerkt[41] – ganz grundsätzlich um eine Veränderung des schulischen Systems – durch das ‹Eindringen› fremder Objekte, anderer Methoden und Lehrpersonen. Dabei weist er paradoxerweise

[37] «Tous se passe souvent, dans les établissements scolaires, comme si l'image représentait un certain danger, risquait de mettre en péril l'institution scolaire.» Ebd., S. 73
[38] «L'image déborde toujours le cadre formel et rassurant dans lequel on croit l'avoir isolée, du côté de l'imaginaire et du côté de la socialité.» Ebd., S. 76.
[39] In «Repérages pour une pédagogie de l'image» (1978) bestimmt Bergala diese ästhetischen Normen in Bezug auf die Fotografie. Demnach werden im Unterricht überdeterminierte Bilder, wie Werbung, oder solche, die allein die Funktion haben, die Wirklichkeit zu bezeugen, bevorzugt.
[40] «La chance d'une pédagogie de l'audio-visuel, c'est de s'élaborer, pour le moment, en marge de l'institution. Il lui reste à résister aux habitudes normatives de l'école, à élaborer une stratégie adaptée à son domaine spécifique.» Bergala 1975, S. 77.
[41] Desbarats 2002, S. 379.

gerade den Massenmedien die Funktion des Störfaktors, des Sands im Getriebe der Institution zu. Er treibt damit gewissermaßen ‹den Teufel mit dem Beelzebub› aus: Die Ideologie hat – insofern sie in Form der Bildmedien auftritt – innerhalb der Institution die Position der Alterität inne.

Diesen Widerspruch löst Bergala in *Kino als Kunst* auf, indem er dort der Kunst in zweifacher Hinsicht die Position der Alterität zuweist: gegenüber der Institution Schule *und* gegenüber der Ideologie. Er führt darin den Begriff der Alterität ein, um die zentrale These von Jack Langs Bildungsprogramm *Les arts à l'école* zu formulieren. Die Kunst (nicht das Bild an sich) wird dabei als Alterität der Institution Schule definiert, aufgrund ihres spezifischen Potentials das normative System der Institution in Frage zu stellen und zu stören. Kunst ist – so heißt es in *Kino als Kunst* – ein «Ferment der Anarchie, des Skandals, der Unordnung. Sie stiftet per definitionem Unruhe in der Institution.»[42] Es sei die revolutionäre Strategie des Bildungsministers Jack Lang gewesen, Kunst gerade in dieser Rolle der Alterität, als Störfaktor an die Schule zu bringen.

Mit den Kunstprojektklassen, die für alle Altersstufen und die verschiedenen Kunstformen, u.a. auch für das Kino, eingeführt wurden, positionierte das Bildungsprogramm von Lang und Tasca die Kunstvermittlung zugleich innerhalb und außerhalb des schulischen Unterrichts: innerhalb, insofern die Kunstprojekte für alle beteiligten Klassen im regulären Unterricht und nach dem ursprünglichen Bildungsplan idealerweise dreimal pro Schullaufbahn stattfinden sollten; außerhalb, da dafür kein eigenes Schulfach eingeführt wurde, sondern Lehrende aller Disziplinen eine Kunstprojektklasse leiten konnten. Nicht der Zwang eines Lehrplans, sondern das Engagement der beteiligten Lehrkräfte war somit ausschlaggebend. Eine Schlüsselrolle kam laut Bergala Kunstschaffenden zu, als «Fremdkörpern» in der Schule, die die Kunstprojektklassen gemeinsam mit den Lehrkräften durchführten und den Unterricht für eine schulfremde, kreative Praxis öffneten.[43]

Das erklärte Ziel dieses Bildungsprogramms war es, durch Kunstvermittlung eine umfassende Bildung zu ermöglichen, das heißt auch, die sinnliche Wahrnehmung und die intuitiven Fähigkeiten jedes Einzelnen anzusprechen. Dabei ging es nicht nur um das dem Ideal der kulturellen Demokratisierung entsprechende Ziel, Schüler zu mündigen und eigenständigen Staatsbürgern zu erziehen. Lang

---

42 Bergala 2006: *Kino als Kunst*, S. 30.
43 Ebd., S. 30. Die Bildungsreform *Les arts à l'école* war von Pragmatismus gekennzeichnet. Wichtiger als die Änderung der Strukturen war die Änderung der Inhalte. Allerdings strebte Claude Mollard, der für die Konzeption und Durchführung des Programms verantwortlich war, durchaus eine langfristige Institutionalisierung an. Siehe Lismonde, S. 104. Die mangelnde frühzeitige Institutionalisierung hat das Bildungsprogramm auch anfällig für den ‹Rückbau› nach der Ära Lang gemacht. Christine Juppé-Leblond hält Bergala dementsprechend in einem rückblickenden Streitgespräch die mangelnde Institutionalisierung der Lehrerausbildung für Film vor. Siehe *Cahiers du cinéma* 591, 2004.

und Tasca propagierten das Bildungsprogramm *Les art à l'ecóle* auch als eine «Gegenmacht» im Kampf gegen die globale «Standardisierung», als Schutz der (französischen) Kultur gegenüber der (internationalen) Kommerzialisierung. So antwortete Jack Lang beispielsweise auf die Frage, ob nicht die Gefahr einer Instrumentalisierung der Kunst für pädagogische Zwecke bestehe:

> «Ich verstehe diese Vorbehalte, aber man kann auch sagen, dass die ‹Künste an die Schule› eine fantastische Gegenmacht mobilisiert: indem es dazu beiträgt, künftige Cinephile, künftige Musikliebhaber zu formen. Für die Kunst, für die Künstler ist das sehr wichtig. Es geht nicht vorangig darum, die Künstler zu bitten, die Schule zu verändern […], sondern sie einzuladen, an unserem Kampf gegen das System der Standardisierung teilzunehmen, dessen Wirkungen wir kennen. Dank ihnen, und dank anderer, kann die Schule eine kulturelle und intellektuelle Gegenmacht, ein Ort des ‹Aufwachsens› sein und die Jugendlichen vorbereiten, indem sie ihnen eine Art künstlerische und intellektuelle Alphabetisierung anbietet.»[44]

Bergala greift die politischen Ziele der Bildung mündiger Staatsbürger und der Kulturförderung nicht auf, und auch die nationalen Untertöne, die mit Langs Forderung nach einer französischen «exception éducative» anklingenden, liegen ihm fern.[45] Aber er teilt die Auffassung, dass die Vermittlung der Kunst als Alterität ein Mittel gegen die Normierungstendenzen der Massenmedien darstellt. Diese These begründet er in Bezug auf ein Zitat von Jean-Luc Godard, der Kunst als Gegenstück zu einer amoralischen Konsumkultur definiert:

> «Es gibt die Regel, und es gibt die Ausnahme. Die Regel ist Kultur. Nein: Kultur, das sind Regeln. Sie ist ein Teil der Regeln. Die Ausnahme, das ist Kunst. Sie ist ein Teil der Kunst. Die Regel, das sind: Zigarette, Computer, T-Shirt, Fernsehen, Tourismus, Krieg. Niemand vertritt die Ausnahme. Das tut man nicht.

---

44 «J'entends ces réserves, mais on peut dire aussi que les arts à l'école, c'est le moyen de réaliser un contre-pouvoir fantastique: contribuer à former de futurs cinéphiles, de futurs mélomanes. Pour l'art, pour les artistes, c'est très important. Il ne s'agit pas de demander aux artistes de transformer l'école au premier sens du terme, mais de les inviter à contribuer à notre lutte contre le système de standardisation dont nous connaissons les effets. Grâce à eux, et grâce à d'autres, l'école peut être un contre-pouvoir culturel et intellectuel, elle peut être un lieu d'éveil et préparer les jeunes en leur offrant cette forme d'alphabétisation artistique et intellectuelle.» Lang, zitiert nach Lismonde, S. IX. Siehe eine ähnliche Äußerung von Catherine Tasca: Ebd., S. XXIII.

45 «De la même manière que nous avons fait reconnaître aux yeux du monde entier ‹l'exception culturelle française›, nous allons désormais nous employer à forger l'exception éducative.» Lang, zitiert nach Lismonde 2002, S. 70. Die Formel «exception éducative» (dt. Bildungs-Ausnahme) lehnt sich an «exception culturelle» (dt. kulturelle Ausnahme) an. Damit ist die vor allem der französischen Kulturpolitik zu verdankende Ausnahme des kulturellen Bereichs von der Marktlogik in Europa gemeint. Als Teil der nationalen Identität kann Kultur gefördert werden, ohne damit gegen die Wettbewerbsregeln zu verstoßen.

Das schreibt man: Flaubert, Dostojewskij, das komponiert man: Gershwin, Mozart, das malt man: Cézanne, Vermeer, das filmt man: Antonioni, Vigo.»[46]

Mit dieser polarisierenden Argumentationsweise greift Bergala in *Kino als Kunst* einen – hier von Godard vertretenen – cinephilen Diskurs auf, der eine Opposition zwischen Kino und Fernsehen, Kunst und Konsumkultur behauptet (Vgl. 6.3). Man könnte seine Bildungsstrategie in dieser Hinsicht als eine Fortsetzung der Autorenpolitik beschreiben. Denn der Gegensatz Kino/Fernsehen dient ihm dazu, die negativen, kommerziellen Aspekte des Films auf das Fernsehen zu projizieren und das Kino als Kunst, in Verbindung mit anderen Kunstformen wie Literatur, Malerei, Musik im schulischen Kanon zu etablieren. Bergala überträgt diese polarisierende Argumentationsweise auf den Unterricht:

> «In diesem Sinne könnte man sagen: Kunst wird nicht unterrichtet, man begegnet ihr, man experimentiert mit ihr, sie wird auf anderen Wegen vermittelt als im reinen Diskurs des Wissens, manchmal sogar ohne jeden Diskurs. Der Unterricht, das ist die Regel, die Kunst muss dort eine Ausnahmestellung erhalten.»[47]

Bergala definiert die Kunst somit in zweifacher Abgrenzung: von der Institution Schule einerseits und von der durch Massenmedien transportierten Ideologie andererseits. Diese beiden Ebenen kreuzen sich in der Vermittlungsmethodik, die Bergala im Unterschied zu der in französischen Schulen bis heute dominierenden Wissens- und Sprachvermittlung[48] wie folgt beschreibt:

> «Ein Kunstwerk geht niemals vollkommen in seiner Wirkung auf, es gehorcht keinen akademischen Regeln und behauptet die schöpferische Intuition und Erfindungsgabe gegen jeden Code. Sobald der Regisseur in seinem Werk wirklich präsent ist, werden diese Regeln immer ein wenig verändert, verdreht, ja umgekehrt, und der Film wird deshalb zwangsläufig etwas undurchsichtiger und widerständiger. Die Transparenz der Kommunikation sollte nie das letzte Wort haben, auch beim Drehen eines Films in der Schule nicht. Wenn man sich zum Ziel setzt, diese Praxis völlig zu ‹sozialisieren›, also einen Film zu drehen, der für alle lesbar und zugänglich ist, unterwirft man sich zwangsläufig den gängigsten, ‹gröbsten› Regeln, wie jeder Regisseur, der auf

---

46 Bergala 2006: *Kino als Kunst*, S. 30. Die Übersetzung folgt den Untertiteln der in Deutschland verfügbaren Videofassung des Films von Jean-Luc Godard: GODARD ÜBER GODARD, Frankreich 1995. Bergala zitiert diesen Satz im Originaltext verkürzt: Die politische Zuspitzung «Tourismus, Krieg» fehlt bei ihm. Bergala 2002, S. 20.
47 Bergala 2006: *Kino als Kunst*, S. 30.
48 Lismonde, S. 18.

völlige Transparenz abzielt, um seinen Film für jeden unmittelbar lesbar und verdaulich zu machen, ohne Widerstand und ohne Rest. Und dann droht man in Dressur und Effekthascherei zu verfallen, die eine wesentliche Dimension der künstlerischen Geste ausschalten, nämlich die Präsenz eines einmaligen, einzigartigen Subjekts im und am Werk.»[49]

Dieses Zitat zeigt die verschiedenen Ebenen, auf denen Bergala in *Kino als Kunst* mit binären Oppositionen operiert, um Kunst als Alterität zu bestimmen: Da wären die bereits erörterten Ebenen der *Ideologie*, wenn er das Kunstwerk der Kommunikation bzw. dem Code gegenüberstellt; der *Institution*, wenn er die «akademischen Regeln», der «kreativen Intuition» entgegensetzt und der *Vermittlung*, wenn er von der «Dressur» im Gegensatz zur «wahren Pädagogik» spricht. Diese Ebenen sind offenbar verbunden mit dem Gegensatz zwischen *Kollektiv* und *Individuum*, der sich in Bezug auf den *Rezeptionsprozess* und den *Schaffensprozess* zeigt: in dem «für alle lesbare[n] und zugängliche[n]» Werk gegenüber dem «widerständigen, undurchsichtigen» Werk und in der «Transparenz der Kommunikation» gegenüber der «Präsenz eines einmaligen, einzigartigen Subjekts».

Die sich aus dieser Argumentationsweise in *Kino als Kunst* ergebende – tendenziell plakative – Gegenüberstellung von Kunst/Kino/ästhetischer Erfahrung / künstlerischem Schaffen / Freiheit / Intuition / Individuum einerseits und Sprache / Massenmedien / Konsum / Kommunikation / Regeln / Rationalität / Kollektiv andererseits, lässt sich als Ausdruck einer Gegenposition zur Semiologie verstehen. Bergala greift dabei paradoxerweise selbst die ‹totalitäre› Tendenz der Semiologie auf, von der seine semiologischen Texte *Pour une pédagogie de l'audiovisuel* und *Initiation à la sémiologie du récit en images* zeugen und von der er sich in *Kino als Kunst* abgrenzen möchte. Denn es ließe sich argumentieren: Weil die Semiologie alle kulturellen Formen als Zeichensysteme, als Teil von gesamtgesellschaftlichen Kommunikationsprozessen und damit potentielle Ideologieträger analysiert, stellt Bergala der Kommunikation, der Ideologie und dem Kollektiv die individuelle künstlerische Erfahrung entgegen. Und weil die linguistische Methode alle ästhetischen Formen als Sprache bzw. Texte behandelt und nach einer scheinbar objektiven Wissenschaftlichkeit vorgeht, definiert Bergala Kunst als Gegensatz zu Sprache und Rationalität. Er blendet dabei aus, dass ein Mensch auch schreibend und sprechend seiner Individualität Ausdruck verleihen kann, dass auch mit sprachlichen Mitteln der ideologischen Einflussnahme begegnet werden kann, und dass die Sprache nicht nur ein Medium der kollektiven Kommunikation, sondern auch der individuellen, poetischen Äußerung ist.

---

49 Bergala 2006: *Kino als Kunst*, S. 119f.

Wie Bergala es in *Kino als Kunst* selbst thematisiert, dient seine Argumentation in binären Oppositionen jedoch nicht einer Festschreibung der formulierten Gegensätze, sondern einer strategischen Positionierung, mit der er der in der schulischen Filmvermittlung dominierenden linguistischen Methodik begegnen möchte. So plädiert er explizit für die Vermittlung des Films als «gutes» Objekt, weil er den semiologischen Ansatz, Filme als «schlechte Objekte», nämlich Ideologieprodukte, zu behandeln, für pädagogisch fragwürdig und wirkungslos hält.[50] Er richtet sich also nicht nur gegen die von der Semiologie vertretene Methodik, sondern vor allem gegen den Gegenstand, den diese Methodik konstruiert, und das Subjekt, das sie voraussetzt: gegen die Auffassung des Films als Kommunikationsform und ideologisches Produkt sowie gegen die Ansprache von Subjekten als vernunftbegabte Wesen und Akteure in einem kollektiven Kommunikationsprozesses. Stattdessen akzentuiert er die spezifischen ästhetischen Qualitäten des Kinos und die sinnlichen, nichtkommunizierbaren Aspekte der Kunstvermittlung. Dass diese Position – wie alle seine Interventionen zur Pädagogik – eine vorläufige ist, zeigt sich auch darin, dass Bergala in *Kino als Kunst* die linguistische Analysemethode nicht grundsätzlich ausschließen möchte: «[…] das wäre ein absurder mechanistischer Umkehrschluss.»[51] In seien Filmanalysen und Vermittlungsmedien verbindet er dementsprechend Methoden der Semiologie und Narratologie mit der Schaffensanalyse (Vgl. 7).

2.1.3 Alterität als philosophische und kulturtheoretische Kategorie

Alterität ist ein philosophischer Begriff, der im 20. Jahrhundert vor allem im Kontext der Kulturtheorie und Phänomenologie Bedeutung erlangte. Als Gegensatz zur Identität definiert, dient der Begriff der Alterität dazu, das Selbst in Bezug auf das Andere, das es nicht ist, zu denken. Der Begriff bewegt sich dabei zwischen zwei Polen: Einerseits fungiert er im Kontext der klassischen Subjektphilosophie als Gegenbild oder Gegenentwurf der Identität, insofern die kulturell bedingte Konstruktion von Subjektivität und gesellschaftlicher Ordnung in Abgrenzung zum Anderen, zur Alterität erfolgt. Andererseits bezeichnet er in den phänomenologischen Theorien der Intersubjektivität den konkreten ande-

---

50 Der Begriff des guten und des bösen Objektes stammt aus der Psychoanalyse des Kindes von Melanie Klein, derzufolge Kinder die Welt in gute und böse Objekte unterteilen, wobei die bösen Objekte als Projektionsfläche der destruktiven Affekte dienen. Bergala thematisiert diesen Zusammenhang in *Esthétique du film* selbst als psychischen Mechanismus, der der Cinephilie zugrunde liege: Der Film als gutes Objekt wird in der Imagination idealisiert. Bergala 2004: *Esthétique du film*, S. 180ff. Siehe auch Laplanche, J.; Potentialis, J.-B.: *Das Vokabular der Psychoanalyse*. Frankfurt am Main, 1973, S. 344.
51 Bergala 2006: *Kino als Kunst*, S. 33.

ren Menschen, als fremdes Ich, mit dem das Subjekt in Beziehung tritt und das es in seiner Allmacht und Zentralität in Frage stellt.[52]

Psychoanalytisch und soziologisch geprägte Kulturtheorien haben sich mit der psychischen und sozialen Funktion der Konstruktion von Alterität auseinandergesetzt. Das Andere, die andere Kultur, der andere Mensch dienen demnach dem Ich, einer Gemeinschaft bzw. Gesellschaft als Projektionsflächen für Bilder des Nichterwünschten, für Fremdbilder, um diese abzuspalten und die eigene (kollektive) Identität als ein stabiles System zu konstituieren.[53] Insbesondere haben feministische und kulturkritische Theoretiker seit Simone de Beauvoir und Theodor W. Adorno/Max Horkheimer die grundlegende und destruktive Funktion dieses Mechanismus in der westeuropäischen Geistes- und Kulturgeschichte nachgewiesen.[54] Die Natur, die Weiblichkeit und das Fremde dienten hier als Gegenbilder zum autonomen, selbstbewußten, männlich gedachten Subjekt:

«In der abendländischen, von der griechischen Antike her logozentrisch und patriarchalisch geprägten Denktraditionen gelten u.a. Bewußtsein und Sprache, das metaphorisch mit ihnen assoziierte Licht und die an dieses geknüpfte Sinneswahrnehmung der Visualität, außerdem die durch ein binär operierendes Schema formal erzielte Eindeutigkeit der Aussage und ein mit ‹Männlichkeit› assoziierter Merkmalskatalog als positiv konnotierte Werte und damit als Charakteristika der Identität. Sie werden abgesetzt von den der ‹kulturellen Alterität› zugeschriebenen Gegenpolen des Unbewußten, der Sprachlosigkeit, der Dunkelheit, der leibzentrierten Sinneswahrnehmung des Taktilen oder Olfaktorischen oder des Diffusen und Amorphen.»[55]

Bergala knüpft offensichtlich an diese kulturtheoretische Definition der Alterität als das Andere der Identität und der Ordnung, als das von gesellschaftlichen Systemen Ausgeschlossene an. Aber er überträgt die ursprünglich auf Menschen, Kulturen oder Gemeinschaften bezogene Kategorie auf die Kunst. Diese Übertragung ergibt jedoch nur Sinn, weil Bergala die Kunst in Bezug auf die menschlichen Individuen denkt, die sie hervorbringen oder rezipieren. Er nutzt – wie oben erwähnt – die polarisierende Argumentationsweise dazu, Kunst als eine Erfahrung darzustellen, die die stabile Identität des rationalen Subjekts und seine

52 Vgl. Christian Godin: *Dictionnaire de philosophie*. Paris 2004, S. 55, 132. In der modernen Phänomenologie, bei Bernhard Waldenfels beispielsweise, werden diese beiden Pole zusammengedacht: Alterität ist dort auch das radikal Fremde, prinzipiell Nichtsymbolisierbare. Vgl. Walberg, S. 76ff.

53 Vgl. Peter Lohauß: *Moderne Identität und Gesellschaft. Theorien und Konzepte*. Opladen, 1995, S. 44.

54 Max Horkheimer, Theodor W. Adorno: *Dialektik der Aufklärung*. Frankfurt am Main, 2000 (Orig. 1944). Simone de Beauvoir: *Das andere Geschlecht. Sitte und Sexus der Frau*. Hamburg, 1998 (Orig. 1949).

55 Ansgar Nünning (Hg.): *Metzler Lexikon Literatur- und Kulturtheorie. Ansätze – Personen – Grundbegriffe*. Stuttgart, 1998, S. 10.

eindeutige soziale Zugehörigkeit in Frage stellt. Kunst appelliert, so betont Bergala immer wieder, an die andere Seite des Individuums, an die Sinne, den Körper, das Unbewusste – Attribute, die in der westeuropäischen logozentrischen Kultur der Alterität zugeordnet werden. Anstelle der Kategorien Idee, Begriff, Vernunft, Sprache stellt er die Kategorien Material, Realität, Intuition, Bild in den Mittelpunkt seiner Reflexionen des Rezeptions- und Schaffensprozess.

Er schließt damit implizit an die zunächst von Julia Kristeva mit dem Begriff der *Signifikanz* formulierte, später von Roland Barthes in seiner Rezeptionsästhetik aufgegriffene These von der Existenz einer *Alterität der Sprache* an. Kristeva hat mit dem Begriff der Signifikanz versucht, die textuellen Prozesse zu beschreiben, die nicht in dem von der Semiologie analysierten Prozess der Signifikation, der Bedeutungsproduktion, aufgehen, sondern die von einer Präsenz des Körpers, des Unbewussten, des Alogischen in poetischen Texten zeugen. Barthes hat dieses sogenannte Semiotische zum Ausgangspunkt seiner späten, rezeptionsästhetischen Schriften gemacht. Über die Rezeptionsästhetik von Barthes lässt sich also – wie ich im Verlauf der Arbeit genauer ausführen werde – Bergalas Verknüpfung zwischen einem kulturtheoretischen und einem ästhetischen Diskurs im Begriff der Alterität begründen (Vgl. 5.1).

Der ästhetische Diskurs wird in *Kino als Kunst* auch mit dem Begriff des Widerstandes ins Spiel gebracht, den Bergala wie folgt definiert: «L'art est ce qui résiste» – «Die Kunst ist das, was sich widersetzt»[56]. Während er mit Alterität die Kunst von der Identität, vom herrschenden System ausgehend definiert, als das Ausgeschlossene, Fremde, Störende; versucht er mit dem Widerstand eine spezifische Qualität der Kunst zu bestimmen. Sie ist das, was sich der Identität, dem System, der Sprache widersetzt, und damit potentiell politisch.

Mit dem Begriff des Widerstands fokussiert Bergala vor allem die Beziehung zwischen Individuum und Kunstgegenstand. Mit Bezug auf Nietzsche betont er die notwendige «Fremdheit» des Kunstwerkes, das nicht unmittelbar zugänglich ist und sich einem direkten Verstehen entgegensetzt.[57] Kunst ist demnach auch Störfaktor, Unruhestifter in Bezug auf die Identität des Zuschauers, der in ihr nicht die beruhigende Bestätigung seiner Erwartungen und seines Selbstbildes findet, sondern vielmehr ‹aus der Bahn geworfen›, irritiert wird. Bergala knüpft damit an einen ästhetischen Diskurs an, der bereits bei Immanuel Kant seinen Ausgangspunkt hat, und der die Kunsterfahrung im Widerspruch zu einem un-

---

56 Die deutsche Übersetzung «Die Kunst ist etwas, das sich widersetzt» schwächt diese Formel ab. Bergala 2006: *Kino als Kunst*, S. 55. Bergala 2002, S. 46.
57 Ebd., S. 58.

mittelbaren praktischen Nutzen (sei es der Kommunikation oder der Bedürfnis-befriedigung) definiert (Vgl. 2.2):

> «Die durch das ästhetische Urteil aufgegriffene Form ist weder diejenige eines Erkenntnisobjekts noch diejenige eines Objekts des Begehrens. Es ist dieses ‹weder noch›, das die Erfahrung des Schönen als Erfahrung eines Wi-derstands bestimmt. Das Schöne ist dasjenige, das zugleich der begrifflichen Bestimmung wie der Verlockung der konsumierbaren Güter widersteht.»[58]

In ästhetischen Theorien des 20. Jahrhunderts, beispielsweise in der *Negativen Dialektik* von Adorno, wird diese Widerständigkeit der Kunst auch in ihrer politi-schen Dimension reflektiert, als Widerständigkeit gegenüber ideologisch gepräg-ten gesellschaftlichen Diskursen. Sie fußt auf der Überlegung, dass «im Phänomen mehr gegeben ist, als sich denkend nachvollziehen läßt», und dass die Kunst diese Singularität aufnehmen und bearbeiten, der Vereinnahmung durch identifizie-rende Begriffe entziehen kann, die kulturell und damit ideologisch geprägt sind.[59]

Der von Bergala verwandte Begriff des Widerstands (frz. *résistance*) verdeut-licht in seiner Doppeldeutigkeit dieses Ineinandergreifen von Ästhetik und Poli-tik. Er bedeutet einerseits die Trägheitskraft und verweist damit auf die Materia-lität und ‹Sperrigkeit› des Objekts, die in der Kunst bearbeitet und bewahrt wird. Andererseits bezeichnet er aber auch den politischen Widerstand und schließt damit implizit an einen gesellschaftspolitischen Diskurs in Frankreich an. Denn die *Résistance* ist nicht nur der Gründungsmythos der französischen Nachkriegs-republik, sie prägt auch das Selbstverständnis der französischen Cinephilie, die sich in dieser Tradition als Gegenkultur definiert hat (Vgl. 1.1). Mit dem Begriff des Widerstand betont Bergala somit semantisch das Politische seines Film- und Kunstbegriffs, das er gerade in dem Potential der Störung gesicherter kultureller, sozialer, begrifflicher Identitäten verortet.

Bergalas Begriff der Alterität ist jedoch nicht nur in Verbindung mit einem allgemeinen ästhetischen Diskurs zu verstehen. Er zielt auch auf die spezifische Ästhetik des Films, der einem cinephilen Topos zufolge wie keine zweite Kunst Alterität vermitteln, sie erfahrbar machen kann. In einem offenen Brief an den Bildungsminister schreibt Bergala:

> «Das Kino ist für alle gut, für gute und schlechte Schüler, eine Kunst der Öffnung hin zu allen Alteritäten. Mit einem Film kann man die Erfahrung machen, ein anderer zu sein, woanders zu leben, einer anderen Kultur anzugehören, Mann zu sein, wenn man Frau ist, Frau zu sein, wenn man Mann ist, alt, wenn man

---

58 Jacques Rancière: *Ist Kunst widerständig?* Hg.: Frank Ruda, Jan Völker. Berlin, 2008, S. 15.
59 Adorno zitiert nach Zahn 2012, S. 67.

jung ist, jung, wenn man alt ist, schwarz wenn man weiß ist, weiß wenn man schwarz ist, Taiwanese, wenn man Pariser ist, New-Yorker wenn man aus der Ardèche kommt. Wenn eines der großen Probleme der Schule und der französischen Gesellschaft heute der kommunitaristische Rückzug auf sich, seinen Clan, seine abgeschotteten Wertvorstellungen ist, dann ist das Kino unstrittig ein einzigartiger Weg, um sich dem anderen durch intime Erfahrung und Identifikation zu öffnen, das heißt, es ist in grundlegender Weise bildend.»[60]

Zwar argumentiert Bergala hier ebenfalls in binären Oppositionen, jedoch zielt er dabei nicht auf das abstrakte kulturtheoretische Konzept der Alterität, auf die *Konstruktion* von kulturellen Bilder des Anderen. Vielmehr steht die Vorstellung von einer Vielfalt von Ichpositionen im Zentrum. Es geht eher im Sinne der Phänomenologie um die Alterität des konkreten andere Ichs, um die *Erfahrung* von Fremdheit. Die Alteritätstheorien des Existenzialismus und der Phänomenologie haben nach dem zweiten Weltkrieg in Frankreich den gesellschaftlichen Diskurs und die französische Cinephilie geprägt, bevor sie von Strukturalismus und Psychoanalyse als gesellschaftliche ‹Leittheorien› abgelöst wurden.[61] In dieser Tradition steht die Realismustheorie von André Bazin, in deren Anschluss Serge Daney das spezifische Potential des Mediums Film reflektiert, Alterität erfahrbar zu machen. Er begründet Alterität damit als eine filmästhetische Kategorie. Die Verbindung des ästhetischen Diskurses und des subjekttheoretischen Diskurses ist in dieser filmspezifischen Ästhetik der Alterität besonders einleuchtend.

Film ist folglich in zweifacher Hinsicht persönlichkeitsbildend, da er sich als Kunstform der ideologischen Vereinnahmung widersetzt und da er – aufgrund seiner Eigenart «die Wirklichkeit mit der Wirklichkeit selbst» darzustellen[62] – Alterität vergegenwärtigen kann. Filme können im doppelten Sinne mit Alterität konfrontieren, der Alterität, die sie als ästhetische Formen selbst *sind,* und der Alterität, die sie *zeigen und erfahrbar machen.* Im Unterschied zu der heute über-

---

60 «Le cinéma est bon pour tous, bons et mauvais élèves, un art d'ouverture à toutes les altérités. Avec un film, on peut faire l'expérience d'être un autre, de vivre ailleurs, d'appartenir à un autre culture, d'être homme si on est femme, femme si on est homme, vieux si on est jeune, jeune si on est vieux, noir si on est blanc, blanc si on est noir, taïwanais si l'on est parisien, new-yorkais si l'on est ardéchois. Si l'un des problèmes majeurs de l'école et de la société française aujourd'hui est le repliement communautariste sur soi, son clan, ses valeurs étanches, le cinéma est incontestablement une voie sans égale pour s'ouvrir à l'autre par expérience intime et identification, c'est-à-dire de façon profonde et formatrice.» Bergala 2005: *Le cinéma, comment ça-va,* S. 51.
61 Zum Einfluss von Jean-Paul Sartre und Maurice Merleau-Ponty auf Bazin siehe: Margrit Tröhler: Film – Bewegung und die ansteckende Kraft von Analogien. Zu André Bazins Konzeption des Zuschauers. In: *montage a/v. [Warum Bazin]* 18/1, 2009, S. 49–74.
62 Bergala stellt in *Kino als Kunst* Pier Paolo Pasolinis Satz «Das Kino drückt die Wirklichkeit mit der Wirklichkeit selbst aus» dem «sprachlichen Ansatz» der Semiologie entgegen. Bergala 2006: *Kino als Kunst,* S. 36.

holten idealistischen Subjekttheorie, derzufolge sich Identität in Abgrenzung von Alterität bildet, geht Bergala davon aus, dass die Begegnung mit Alterität, als Erschütterung von festgelegten Identitäten, Voraussetzung für Veränderung und Entwicklung ist, und damit Bildung erst ermöglicht (Vgl. 4.2).

Die Auffächerung der verschiedenen Aspekte von Bergalas Alteritätsbegriff hat gezeigt, dass darin verschiedene theoretische Diskurse miteinander amalgamiert werden: bildungspolitische, kulturtheoretische, ästhetische und cinephile. Diese Diskurse werden meist nur gestreift und dienen nicht der Konstruktion einer schlüssigen Theorie. Jedoch hat diese für Bergalas cinephile Texte charakteristische Verfahrensweise den großen Vorteil, mit einem relativ einfachen und eingängigen Konzept verschiedene Ebenen der Filmvermittlung anzusprechen und miteinander in Verbindung zu setzten: Ideologie, Institution, Persönlichkeitsbildung, Methodik, Ästhetik, Rezeption und Schaffensprozesses. Alterität ist dabei auch ganz grundsätzlich als ein strategisches Prinzip zu verstehen, da Bergala sich immer wieder versetzt zum herrschenden Diskurs und zu etablierten Strukturen positioniert.

Die hier skizzierten philosophischen Theorien der Alterität werden in Bergalas cinephilen Schriften nicht direkt rezipiert. Vielmehr erscheinen sie – so meine These – im Wesentlichen über zwei Autoren vermittelt, die einen großen Einfluss auf ihn ausgeübt haben: Roland Barthes und Serge Daney. Mit ihnen werde ich im weiteren Verlauf dieser Arbeit Bergalas Alteritätskonzept präzisieren und erörtern. Zum einen läßt sich anhand der poststrukturalistischen Texte von Barthes der kulturtheoretische und ästhetische ‹Strang›, zum anderen anhand von Daneys Filmkritik der phänomenologische und filmästhetische ‹Strang› verfolgen (Vgl. 5).

2.2 Kunstrezeption im gesellschaftlichen Kontext

Pierre Bourdieus Forschung und Gesellschaftstheorie hat die französische Soziologie des 20. Jahrhunderts maßgeblich geprägt. Er setzte sich mit den Feldern der Wissenschaft, Bildung und Kultur auseinander und untersuchte deren Rolle bei der Etablierung und Reproduktion von Eliten. Seine Kritik am französischen Bildungssystem hatte entscheidenden Einfluss auf die französischen Bildungsdiskurse der vergangenen Jahrzehnte. In Studien zur Rolle der Schule bei der sozialen Selektion zeigte er, dass diese gerade im Bereich der kulturellen Bildung soziale Ungleichheiten verstärkt, anstatt sie auszugleichen. Diese desillusionierende Erkenntnis hat laut Nathalie Montoya das Ideal der kulturellen Demokratisierung, das von Kulturministern und von zivilen Reformbewegungen in Frankreich auf unterschiedliche Weise verfolgt wurde, nachhaltig diskreditiert. Sie wurde von den seither publizierten offiziellen Untersuchungen zu den kulturellen Praktiken der Franzosen immer wieder neu bestätigt und diente Historikern und Bildungssoziologen dazu, die Legitimität und das Potential der kulturellen Bildung ganz grundsätzlich in Frage zu stellen.[63] Das Programm von Lang und Tasca sowie, daran anknüpfend, Bergalas Überlegungen zur Filmvermittlung, die das explizite Ziel der Chancengleichheit durch kulturelle Bildung an den Schulen verfolgen, müssen somit vor dem Hintergrund von Bourdieus Thesen zu Kultur und Bildung diskutiert werden.

Bergala bezieht sich in seinen semiologischen und cinephilen Texten nur beiläufig oder indirekt auf Bourdieu. Während er in *Pour une pédagogie de l'audiovisuel* noch Bourdieus frühe kultursoziologische Studie *Eine illegitime Kunst* (1965) anführt, erwähnt er diesen in *Kino als Kunst* nur am Rande, wenn er von den Erben «im Sinne Bourdieus» spricht.[64] Jedoch zeige ich im Folgenden, dass Bourdieus Soziologie der Kunstrezeption eine theoretische Grundlage für Bergalas Thesen zur Geschmacksbildung bietet. Wegweisend ist dabei Bourdieus bekanntestes Werk *Die feinen Unterschiede* (1979), in dem er die ästhetische Kategorie des Geschmacks als eine soziale Kategorie neu bewertet: Geschmack ist demnach das Ergebnis kultureller Bildung und ein Mechanismus der sozialen Distinktion. Bereits in *Pour une pédagogie de l'audiovisuel* führt Bergala diese These als Grund dafür an, die ästhetische Kategorie aus dem Unterricht zu verbannen und einen ‹neutralen› wissenschaftlichen Ansatz zu privilegieren. In *Kino als Kunst* rückt er dagegen, auf Basis desselben Arguments, gerade die Geschmacksbildung ins Zentrum seines Vermittlungsansatzes, um die Utopie der Chancengleichheit durch schulische Bildung zu verwirklichen (Vgl. 2.3).[65]

Bergala greift in *Kino als Kunst* nicht nur Bourdieus Thesen zum Geschmack als soziale Kategorie auf, sondern auch den philosophischen Begriff des Geschmacks als ästhetische Kategorie, die die subjektive Erfahrung von Kunstwerken bedingt. Damit schließt er unter anderem an die französische Filmkritik an, die den im 18. Jhd. entstandenen idealistischen Ästhetikdiskurs in der zweiten Hälfte des 20. Jhd.

---

63 1973, 1981, 1989 und 1997 führte das französische Kulturministerium die soziologischen Studien *Les Pratiques culturelles Français* durch, die ein Sinken der Besucherzahlen in allen kulturellen Bereichen konstatieren. Siehe de Baecque 2008, S. 171f. Montoya verweist darauf, dass diese Studien zu pauschal sind, um die genaue Wirkung von Maßnahmen der kulturellen Bildung zu erfassen. Sie zitiert demgegenüber Studien von Laurent Fleury zu einzelnen Institutionen, die Effekte von kultureller Vermittlungsarbeit auf die Beziehung zur Kultur nachgewiesen haben. Montoya 2008, S. 26f.

64 Bergala 2006: *Kino als Kunst*, S. 31.

65 In einem persönlichen Gespräch gab Bergala an, dass er von Bourdieu nur *Eine illegitime Kunst* gelesen habe (Oktober 2010). Der Einfluss erfolgte also über den geistesgeschichtlichen Kontext, vermutlich die bildungspolitischen Diskurse.

fortgesetzt hat. Michel Frodon, ehemaliger Chefredakteur der *Cahiers du cinéma*, stellt in seiner Einführung in die Filmkritik wie folgt den Bezug zur Kunstkritik von Denis Diderot und Immanuel Kants *Kritik der Urteilskraft* her:[66]

> «Diderot schreibt, geistesgeschichtlich gesehen, zur gleichen Zeit, in der Kant eine Eigenart des menschlichen Geistes herausstellt, die er in seiner *Kritik der Urteilskraft* (1790) das ‹Geschmacksurteil› nennt. Er schafft die Grundlage für die ganze moderne Reflexion über die Rolle und die Wirkungen von persönlichen Vorlieben, die nicht allein dem materiellen Überleben oder der Anerkennung moralischer Prinzipien geschuldet sind. Das Geschmacksurteil ist jedem zu eigen, es ist Teil dessen, was den Menschen definiert. Wir drücken unsere Geschmacksurteile auf verschiedene Weise aus, durch Worte, durch Gesten, Schweigen, Rückzug, gegenüber allem, was sich unserer Imagination über unsere Wahrnehmung vermittelt zeigt. Dieses Urteil impliziert immer eine Beziehung, der Lust oder der Unlust, gegenüber den Formen – und die Ästhetik ist die Disziplin, die sich für die Formen interessiert.»[67]

Kant beschrieb den Geschmack als ein Wesensmerkmal des Menschen, das seine Beziehung zur Welt und zu anderen Subjekten sowie seine Urteilsfähigkeit bedingt. Da Kant sich neben der Naturerfahrung insbesondere mit der Kunsterfahrung befasste, gilt er als Begründer der Ästhetik als eigenständiger philosophischer Disziplin. Er griff die ästhetischen Theorien seiner Zeit auf und systematisierte den Begriff des Geschmacks als eine zugleich subjektive und universelle Kategorie.[68]

Im Zuge der Dekonstruktion von philosophischen Kategorien, insbesondere des idealistischen Subjektmodells im 20. Jh., kritisierte Bourdieu Kants Geschmacksbegriff. Nicht umsonst verweist *Die feinen Unterschiede* mit seinem Untertitel *Kritik der gesellschaftlichen Urteilskraft* demonstrativ auf Kants *Kritik der Urteilskraft*.[69] Bourdieus Kritik beruht auf einem anderen Subjektbegriff und auf einer Verschiebung des Fokus: Wenn sich Kant vor allem für die *Beziehung des Subjekts zum Kunstwerk bzw. zur Natur* im Kontext von intersubjektiven Be-

---

66 Denis Diderot gilt als Begründer der französischen Kunstkritik im 18. Jahrhundert.
67 «Le moment où écrit Diderot est aussi, dans l'histoire des idées, celui où Kant met en évidence une démarche spécifique de l'esprit humain, qu'il appelle ‹le jugement de goût›, dans sa *Critique de la faculté de juger* (1790). Il pose les bases de toute la réflexion moderne sur le rôle et les effets de choix personnels qui ont d'autres enjeux que la seule survie matérielle et la reconnaissance de principes moraux. Le jugement de goût appartient à chacun, il fait partie de ce qui définit l'être humain. Nous exprimons nos jugements de goût de multiples manières, par des mots, des gestes, le silence, le retrait, face à tout ce que se présente à notre imagination par l'intermédiaire de nos perceptions. Toujours ce jugement comporte un rapport, de jouissance ou de répulsion, vis-à-vis des formes – et l'esthétique est la discipline qui s'intéresse aux formes.» Jean-Michel Frodon: *La critique de cinéma*. Paris, 2008, S. 6.
68 Siehe Jacques Aumont: *De l'esthétique au présent*. Brüssel, Paris, 1998, S. 49ff.
69 Immanuel Kant: *Kritik der Urteilskraft*. Hamburg, 2001 (Orig. 1790).

ziehungen zwischen freien Individuen interessiert, so geht es Bourdieu um die gesellschaftliche Konstitution und Determination des Subjektes, also um die *Beziehung zwischen Subjekt und Gesellschaft*. Wie ich im Folgenden zeigen werde, verbindet der von Bergala vorgeschlagene Vermittlungsansatz beide Perspektiven miteinander.

2.2.1 Geschmack als ästhetische und soziale Kategorie

Geschmack als ästhetische Kategorie nach Immanuel Kant

«Geschmack ist das Beurteilungsvermögen eines Gegenstands oder einer Vorstellungsart durch ein Wohlgefallen, oder Missfallen, ohne alles Interesse. Der Gegenstand eines solchen Wohlgefallens heißt schön.»[70] *Immanuel Kant*

Immanuel Kants Auseinandersetzung mit dem Geschmack als ästhetischer Kategorie steht im Kontext seiner allgemeinen, in drei Bänden formulierten Philosophie des Subjekts, die als eine Basis der modernen Philosophie gelten kann.[71] In *Kritik der Urteilskraft* definiert er den Geschmack – neben Verstand und Vernunft – als eine der drei Instanzen des Subjekts. Während der Verstand die wissenschaftliche, auf Begriffen beruhende Erkenntnisfähigkeit und die Vernunft die auf Ideen fußende Moralität bezeichnet, ist der Geschmack eine ästhetische Urteilskraft, die nicht durch Begriffe oder Regeln objektiv fassbar ist, sondern sich vielmehr durch ein subjektives Gefühl der Lust oder Unlust artikuliert. Das ästhetische Urteil entsteht aus einem freien Spiel der die sinnliche Wahrnehmung auffassenden Einbildungskraft einerseits und dem auf eine begriffliche Bestimmung der Welt gerichteten Verstand andererseits.[72] Es vermittelt intuitiv, dass ein Gegenstand sich für Erkenntnis eignet, dass man sich über ihn mit anderen verständigen kann. Der Geschmack ist somit konstitutiv für das menschliche Subjekt, indem er die Weltwahrnehmung und die intersubjektive Verständigung mit anderen Menschen prägt.

Anders als es die bis ins 18. Jahrhundert maßgeblichen Regelwerke der klassischen Ästhetik nahelegen, geht Kant nicht von einer objektiv feststellbaren, also bestimmten Regeln entsprechenden Norm des Ästhetischen aus, sondern postuliert das ästhetische Urteil vielmehr als ein subjektives. Da es sich über Gefühle

---

70 Hervorhebung im Original. Kant, S. 58.
71 Immanuel Kant: *Kritik der reinen Vernunft* 1781, *Kritik der praktischen Vernunft* 1788, *Kritik der Urteilskraft* 1790.
72 Siehe Stefan Majetschak: *Ästhetik zur Einführung*. Hamburg, 2007, S. 47ff.

äußert, kann es nicht durch Begriffe begründet werden. Insofern ist ein Gegenstand nicht objektiv als schön zu bezeichnen, sondern Schönheit ist vielmehr als Ausdruck eines subjektiven Wohlgefallens, eines Gefühls zu verstehen.[73] Kant formuliert damit eine Theorie der ästhetischen Erfahrung, die nicht den Gegenstand an sich beschreibt, sondern von der Beziehung des Subjekts zum Objekt (bzw. Kunstwerk) ausgeht.[74]

Um der Paradoxie zu begegnen, dass das ästhetische Urteil ein subjektives Geschmacksurteil ist, das doch Anspruch auf Allgemeingültigkeit erhebt, differenziert Kant zwischen einem Urteil, dass sich auf die *Existenz* des Gegenstandes richtet und mit einem *persönlichen Interesse* verbunden ist, und einem Urteil, das von der *Auffassung der Form* des Gegenstandes ausgeht, und *ohne Interesse* ist.[75] Er definiert dementsprechend ein «reines Geschmacksurteil» auf Basis eines interesselosen Wohlgefallens, sofern der Gegenstand weder einen allgemeinen moralischen Zweck erfüllt, noch den individuellen, körperlichen Bedürfnissen des Einzelnen entspricht (wie z.B. eine Speise).[76] Mit der Gegenüberstellung von «Sinnengeschmack» und «Reflexionsgeschmack» versucht er insbesondere das an individuellen, körperlichen Bedürfnissen ausgerichtete Wohlgefallen, von einem distanzierten, ästhetischen Genuss zu unterscheiden, der das Denken und die Kommunikation anregen kann.

> «Ich kann den ersten den Sinnengeschmack, den zweiten den Reflexionsgeschmack nennen, sofern der erstere bloß Privaturteile, der zweite aber vorgebliche gemeingültige (publike), beiderseits aber ästhetische (nicht praktische) Urteile über einen Gegenstand, bloß in Ansehung des Verhältnisses seiner Vorstellung zum Gefühle der Lust und Unlust, fällt.»[77]

Ist der Sinnengeschmack für Kant ein bloßes Privatvergnügen: «jeder hat seinen eigenen Geschmack der Sinne», so kann der Reflexionsgeschmack den Anspruch auf subjektive Allgemeingültigkeit erheben, da er (vorgeblich) nicht vom individuellen Interesse geleitet ist, und somit «jenes Wohlgefallen jedermann als

---

73 «Diese Deduktion ist darum so leicht, weil sie keine objektive Realität eines Begriffs zu rechtfertigen nötig hat; denn Schönheit ist kein Begriff vom Objekt, und das Geschmacksurteil ist kein Erkenntnisurteil. Es behauptet nur, dass wir berechtigt sind, dieselben subjektiven Bedingungen der Urteilskraft allgemein bei jedem Menschen vorauszusetzen.» Kant 2001, S. 170 (B152). Vgl. Majetschak 2007, S. 46.
74 Vgl. Ulrich Richtmeyer: *Kants Ästhetik im Zeitalter der Photographie. Analysen zwischen Sprache und Bild*, Bielefeld, 2009, S. 121f.
75 Kant spricht von «Auffassung (apprehensio) der Form eines Gegenstandes der Anschauung», vgl. Kant, S. 32–33.
76 Ebd., S. 75.
77 Ebd., S. 62.

notwendig ansinnen darf».[78] Der Reflexionsgeschmack kann somit die Verständigung mit anderen anhand eines Gegenstandes in Gang setzten.

Wie bereits angemerkt, beruht Kant zufolge die Wahrnehmung der Schönheit nicht auf einer spezifischen Qualität des Gegenstandes, sondern vielmehr auf einer empfundenen Übereinstimmung zwischen der Einbildungskraft, die in der Anschauung die Form des Gegenstandes auffasst, und der Verstandestätigkeit des Subjektes. Wenn beide miteinander in ein «freies Spiel» treten, empfinden wir einen Gegenstand als schön.[79] Wir artikulieren damit unseren Eindruck, dass der Gegenstand für Erkenntnistätigkeit, für die Bildung von Begriffen und Sinnzusammenhängen geeignet ist. Wir sagen damit, dass er uns zu einem Denkprozess anregt, der jedoch – anders als ein vom Verstand geleiteter Erkenntnisprozess, der auf eindeutige Bestimmung zielt – prinzipiell unabgeschlossen, ohne Ergebnis bleiben muss. Die «subjektive Allgemeingültigkeit» des Geschmacksurteils begründet Kant insofern mit einer, wie Majetschak schreibt, «strukturell bei jedermann als gleichartig vorausgesetzten Übereinstimmung (oder Nicht-Übereinstimmung) von Einbildungskraft und Verstand angesichts einer gegebenen Vorstellung».[80] Egal wie die Einbildungs- und Verstandeskraft eines Menschen ausgeprägt sind, ist er prinzipiell befähigt, einen Gegenstand als zweckmäßig für Erkenntnis, und damit als schön zu empfinden.[81]

Kant wertet somit den sinnlich-intuitiven Zugang zur Welt auf, indem er ästhetische Erfahrungen beschreibt, die auf der vorbegrifflichen Auffassung von Formen beruhen und Erkenntnistätigkeit in Gang setzen, die jedoch prinzipiell nicht selbst durch den Verstand erfasst werden können. Er beschreibt die ästhetische Erfahrung – wie Rancière darstellt – als eine Erfahrung des Widerstands, insofern sie weder der individuellen Bedürfnisbefriedigung, noch der Moral oder Erkenntnis dient.[82] Daraus leitet er zugleich die Universalität des Geschmacksurteils ab, als aufklärerische Utopie einer Verbindung aller Menschen – jenseits ihres Wissens, ihrer Verstandeskraft oder privaten Vorlieben. Schiller wird die Vorstellung der ästhetischen Erfahrung als freies Spiel zwischen Sinnlichkeit und Verstand aufgreifen und daraus sein Ideal der ästhetischen Bildung zur Gründung einer neuen Gesellschaft freier Menschen entwickeln.[83]

---

78 Ebd., S. 60, S. 168.
79 Ebd., S. 224, auch S. 32ff.
80 Majetschak, S. 50.
81 Kant S. 169.
82 Rancière, S. 15.
83 Friedrich Schiller: *Über die ästhetische Erziehung des Menschen.* Stuttgart 2000.

Geschmack als soziale Kategorie

«Der Geschmack ist die Grundlage alles dessen, was man hat – Personen und Sachen –, wie dessen, was man für die anderen ist, dessen, womit man sich selbst einordnet und von den anderen eingeordnet wird. Die Geschmacksäußerungen und Neigungen [...] sind die praktische Bestätigung einer unabwendbaren Differenz. Nicht zufällig behaupten sie sich dann, wenn sie sich rechtfertigen sollen, rein negativ, durch die Ablehnung und die Abhebung von anderen Geschmacksäußerungen.»[84] *Pierre Bourdieu*

Der ästhetischen Theorie des Geschmacks stellte Pierre Bourdieu eine soziologische Theorie des Geschmacks entgegen. Er formuliert diese in *Die feinen Unterschiede* (1979) als Ergebnis seiner Forschungen zu der soziale Bedingtheit von kulturellen Praktiken in der französischen Nachkriegsgesellschaft. Er greift dabei frühere Texte zur Fotografie *Eine illegitime Kunst* (1965), zum Bildungssystem *Die Illusion der Chancengleichheit* (1971) und zur Geschichte des kulturellen Feldes *Soziologie der symbolischen Formen* (1970) auf und integriert sie in eine umfassende Studie zur Sozialstruktur der französischen Gesellschaft.[85] Von der ungebrochenen Aktualität von Bourdieus soziologischer Theorie und Forschungsmethodik zeugt die wissenschaftliche Rezeption in den letzten Jahren, auch im deutschsprachigen Raum. So greifen beispielsweise zeitgenössische Forschungen zur Elitenbildung, zur Funktionsweise von Netzwerken und zu kulturellen Praktiken Bourdieus Theorien auf. Jedoch wurde vor dem Hintergrund der Cultural Studies sein Gesellschaftsmodell auch kritisiert und in Hinblick auf die zeitgenössische Mediengesellschaft aktualisiert.[86]

Mit seiner Gesellschaftstheorie knüpft Pierre Bourdieu an den anthropologischen Strukturalismus von Claude Lévi-Strauss an und erweitert ihn in zwei Richtungen. Zum einen bezieht er neben den objektiven gesellschaftlichen Strukturen, die das Denken und Handeln des Einzelnen bestimmen, auch die individuelle, biografische Disposition des einzelnen Akteurs,[87] seine subjektive Perspektive als Einflussfaktoren auf die gesellschaftlichen Verhältnisse ein. Zum anderen geht er

---

84 Pierre Bourdieu: *Die feinen Unterschiede. Kritik der gesellschaftlichen Urteilskraft,* Frankfurt am Main, 1987 (Orig. 1979), S. 104.

85 Weitere Studien zum Bildungssystem folgten 1984 *Homo academicus* und 1989 *Der Staatsadel,* seine Kultursoziologie wurde insbesondere mit der Studie zur Literatur *Die Regeln der Kunst* (1992) fortgesetzt.

86 Siehe beispielsweise Elisabeth Nöstlinger, Ulrike Schmitzer: *Bourdieus Erben: gesellschaftliche Elitenbildung in Deutschland und Österreich.* Wien, 2007 oder Eric Maigret, Eric Macé: *Penser les médiacultures. Nouvelles pratiques et nouvelles approches de la représentation.* Paris, 2005. Maigret zufolge blockierte Bourdieus Soziologie in Frankreich lange Zeit die Auseinandersetzung mit den angloamerikanischen Cultural Studies.

87 Bourdieu verwendet statt des philosophischen Begriffs Subjekt, den soziologischen Begriff Akteur.

nicht von einem statischen Gesellschaftsmodell aus, sondern beschreibt Gesellschaft als ein Prozess, als Spielfeld von Interessenskonflikten, das sich kontinuierlich verändert. Er greift dabei sowohl Aspekte der marxistischen Klassentheorie als auch der Subjekttheorien der Phänomenologie und des Existenzialismus auf, um sie in einer spezifischen Verbindung zwischen Objektivismus und Subjektivismus, sozialer Struktur und individueller Welterfahrung weiterzuentwickeln.[88]

Zentral für Bourdieus Theorie ist das Konzept des Habitus, mit dem er die menschliche Subjektivität als eine sozialisierte beschreibt. Er definiert den Habitus als Gegenstück zum Feld als objektiver Manifestation gesellschaftlicher Strukturen und Ort des Konfliktes zwischen Akteuren.[89] Der Habitus umfasst Schemata der Wahrnehmung, des Denkens und des Handelns von Akteuren. Dazu zählen die ästhetischen Klassifikations-, Bewertungs- und Handlungsschemata – kurz der *Geschmack*. Der Geschmack bestimmt laut Bourdieu maßgeblich den Lebensstil und Wertehorizont eines Akteurs. Er regelt die Aneignung und Bewertung kultureller Güter, zu denen Bourdieu die Essenskultur ebenso zählt wie die Avantgardekunst.

In seinen soziologischen Studien der französischen Nachkriegsgesellschaft weist Bourdieu nach, dass der Habitus, insbesondere der Geschmack, Merkmal und Ergebnis der Sozialisierung sind. Er ist gewissermaßen die individuelle Verkörperung der sozialen Herkunft und Biografie. Das heißt, die kulturellen Güter, die von klein auf im familiären Umfeld konsumiert werden, prägen den Geschmack. Diese Prägung ist besonders stark und nachhaltig, da sie sich unbewusst und beiläufig vollzieht, und da sie sich gewissermaßen in den Körper einschreibt. So werden geschmackliche Werturteile nicht rational kontrolliert, sondern vielmehr physisch als Vorlieben und Widerwillen empfunden. Sie werden deshalb von den Menschen als konstituierendes Moment ihrer Identität erfahren.

Laut Bourdieu tragen Habitus und Geschmack dazu bei, soziale Hierarchien aufrecht zu erhalten. Sie sind wichtige Faktoren im Kampf um soziale Legitimation und Macht. Der sozialisierte Geschmack garantiert, dass ‹man mag, was man hat›, d.h. dass sich der Geschmack auf die kulturellen Güter richtet, die man aus dem familiären Umfeld gewohnt ist und sich leisten kann: der ‹Schuster bleibt bei seinen Leisten›. Zudem befähigt der Geschmack nicht nur zur Auswahl

---

88   Markus Schwingel: *Pierre Bourdieu zur Einführung*. Hamburg, 2000, S. 39ff.
89   Die Habitustheorie ist verbunden mit der Feldtheorie. Gesellschaft ist in diesem Sinne nicht als eine stabile Struktur gedacht, sondern vielmehr als ein Konglomerat an verschiedenen Feldern, in denen sich die Konflikte um Legitimität und Macht ereignen und verschiedene Kapitalformen dominieren. Der Habitusbegriff wurde bereits von anderen Theoretikern wie Aristototeles, Hegel, Weber verwendet, jedoch hat Bourdieu ihm seine spezifische Bedeutung als «sozialisierte Subjektivität» gegeben. Siehe Michael Grenfell, Hardy Cheryl: *Art rules. Pierre Bourdieu and the Visual Arts*. Oxford, 2007, S. 28.

und Klassifikation von kulturellen Gütern, sondern er «klassifiziert» einen selbst, d.h. der Geschmack weist dem Subjekt seinen Platz in der Gesellschaft zu: ‹man ist (in den Augen der anderen), was man mag›.[90] Die Hierarchie der kulturellen Güter entspricht somit der Hierarchie ihrer Konsumenten.[91] Vor allem die gebildeten und vermögenden Schichten nutzen die soziale Funktion des Geschmacks zur sozialen Distinktion. Mit ihrem verfeinerten Geschmack behaupten sie sich als scheinbar legitime Inhaber ihrer sozialen und ökonomischen Machtposition.

Vor dem Hintergrund dieser soziologischen Erkenntnisse kritisiert Bourdieu den idealistischen Geschmacksbegriff, den Kant in seiner *Kritik der Urteilskraft* definiert hat. Dabei befragt er die von Kant als universell formulierte ästhetische Theorie des Geschmacks und der ästhetischen Wahrnehmung auf ihre historischen und sozialen Bedingungen hin und weist sie als Ergebnis einer Distinktionsstrategie aus. Seine Kritik kulminiert in der These, dass sich die «gesamte legitime Ästhetik» «in einem ungeheuren Akt der Verdrängung» gegen die «Wahrheit des Geschmacks» konstituiert habe.[92] Die «Wahrheit des Geschmacks» ist für Bourdieu die von ihm nachgewiesene Tatsache, dass Geschmack Ergebnis von sozialer Prägung und Bildung ist. Den «Akt der Verdrängung» erklärt Bourdieu soziohistorisch aus der Entwicklung eines autonomen künstlerischen Feldes, das sich ab dem 18. Jahrhundert gegen die bisherigen Machthaber Kirche und Adel herausgebildet hat.[93]

Im Zentrum der Kritik steht Kants These von der Interesselosigkeit des ästhetischen Wohlgefallens, das Bourdieu als ein Zeichen der Distanzierung von den körperlichen Bedürfnissen und damit auch von den Lebensbedingungen der unteren Schichten interpretiert. Obwohl Kant versucht hat, mit dem Geschmack die affektiv-intuitiven Aspekte der menschlichen Welterfahrung und -aneignung einzubeziehen, kehrt in der Abgrenzung des Reflexionsgeschmacks vom Sinnengeschmack die christlich-abendländische Hierarchie von Geist und Körper verschoben wieder. Den Ekel, den Kant gegenüber den Objekten äußert, die sich «zum Genusse aufdränge[n]»[94] und somit nicht mehr von der Vorstellung, die man sich von ihnen macht, geschieden werden können, führt Bourdieu auf die

---

90 Bourdieu 1987, S. 25

91 Ebd., S. 18.

92 Ebd., S. 756f.

93 Der Aufstieg des Bürgertums ging demnach einher mit der Entwicklung der Vorstellung von der Autonomie der Kunst, die nicht mehr wie zuvor der symbolischen Repräsentation der etablierten Machthaber (Krone, Adel, Kirche) diente. Gleichzeitig entstand der Mythos von der Originalität des künstlerischen Schaffens und von der Befähigung zu einem «reinen Geschmacksurteil». Die neue bürgerliche Schicht produzierte die für ihr Distinktionsbestreben nützlichen Objekte und die diesen Objekten entsprechende Wahrnehmung. Siehe Grenfell, Hardy 2007, S, 39ff.

94 Kant, S. 200.

Angst vor dem Verlust an Selbstkontrolle und dem «Sich-Verlieren des Subjekts im Objekt» zurück.

«Ekel ist die paradoxe Erfahrung des gewaltsam aufgezwungenen und Schrecken einflößenden Genusses. Dieser Schrecken, ignoriert von jenen, die sich Ihrer Empfindung überlassen, wurzelt in der Aufhebung der – Freiheit bekräftigenden – Distanz zwischen Vorstellung und Vorgestelltem, entspringt also der *Entfremdung*, dem Sich-Verlieren des Subjekts im Objekt, der durch die unterjochende Gewalt des ‹Angenehmen› heraufbeschworenen Unterwerfung unters hier und jetzt Gegebene.»[95]

Der Reflexionsgeschmack garantiert dagegen eine Distanz zwischen körperlicher und ästhetischer Erfahrung, zwischen Realität und Bild, zwischen genießendem Subjekt und konsumiertem Objekt. Dem Ideal des rationalen, autonomen Subjektes der Aufklärung zufolge ist die Verdrängung der Natur Voraussetzung für die Entstehung der Kultur und die ‹Menschwerdung›. Aus dieser Perspektive ist der Reflexionsgeschmack Merkmal einer überlegenen, kultivierten Menschlichkeit, wenn nicht gar der Menschlichkeit schlechthin:

«Asketische, vergebliche Lust, die in sich den Verzicht auf Lust birgt, von Lust gereinigtes Vergnügen: das reine Vergnügen ist prädestiniert dazu, als Symbol moralischer Vollkommenheit zu fungieren, wie das Kunstwerk als Testfall für ethische Überlegenheit, als unhinterfragbares Maß für das den Menschen als *Menschen* auszeichnende Sublimierungsvermögen: Worum es dem ästhetischen Diskurs bei seinem Versuch der Durchsetzung einer *Bestimmung des eigentlich Menschlichen* wirklich geht, das ist letzten Endes nichts weiter, als das *Monopol auf Menschlichkeit*.»[96]

Nun postuliert Kant den Reflexionsgeschmack – wie oben angeführt – als eine universelle, in allen Menschen angelegte Fähigkeit. Aber gerade weil er dabei die soziale Konstitution des Geschmacks ignoriert und die privilegierten Bedingungen, unter denen der Reflexionsgeschmack erworben wird, nicht berücksichtigt, erweist sich dieses Postulat, laut Bourdieu, unter der Hand als eine Distinktionsstrategie. Diese richte sich gleichermaßen gegen das Volk und den Adel – als Vertreter eines vulgären bzw. verfeinerten Sinnengeschmacks:

«Das reine Wohlgefallen, von der Konkupiszenz so fern wie von der *conspicuous consumption*, also absolut rein gleichermaßen von sinnlichem wie gesellschaftlich-mondänem Interesse, steht zur verfeinerten, auf andere ge-

95 Bourdieu 1987, S. 761f.
96 Ebd., S. 766.

richteten Lust der Hofleute nicht weniger in Gegensatz als zur rohen und grobschlächtigen Lust des Volkes.»[97]

Laut Bourdieu stellt Kant mit seiner Ästhetik den spezifischen Geschmack der eigenen, bürgerlichen Schicht als universelles Modell dar und begründet damit deren moralische Überlegenheit. Gegenüber den triebhaften Vergnügungen des Kollektivs bezeuge der vom eigenen Interesse freie Genuss die wahre Menschlichkeit (weil Urteilsfähigkeit) des gebildeten Individuums. Unberücksichtigt lässt Bourdieu dabei jedoch die Frage, ob die spezifische Form der ästhetischen Erfahrung, die Kant zu beschreiben versucht – unabhängig davon, dass sie durch privilegierte Bedingungen erst ermöglicht wird – nicht dennoch eine eigene Qualität hat, die über die rein soziale Funktion der Kunst hinausgeht.

2.2.2 Geschmack als gesellschaftlicher Distinktionsmechanismus

Bourdieu kritisiert Kants Geschmacksbegriff vor dem Hintergrund seiner soziologischen Studien. In ihnen weist er eine Differenzierung zwischen einem «populären» und einem «reinen» Geschmack als den zentralen Distinktionsmechanismus der französischen Gesellschaft der 1950er–1970er Jahre nach. Demzufolge gibt es einen «populären Geschmack» der unteren Schichten, der aus der Not geboren ist und sich an einer auf grundlegende körperliche Bedürfnisse ausgerichteten Alltagsrealität orientiert, und einen «reinen Geschmack» der privilegierten Schichten, der auf der Distanz zu den Notwendigkeiten des Lebens beruht und diejenigen auszeichnet, die über Mittel und Bildung verfügen, sich diese Distanz zu verschaffen.[98] Die Beziehung zur Welt, die über den Geschmack vermittelt wird, bestimmt Bourdieu – im Unterschied zu Kant – vor allem als eine Beziehung zur Kultur als Ware, zu kulturellen Produkten als privilegierten Objekten der zeitgenössischen Gesellschaft.

Bourdieu verweist auf die Analogie des populären Geschmack und des reinen Geschmacks zu Kants Geschmacksbegriffen. Der populäre Geschmack der unteren Schichten verlangt demnach – wie der Sinnengeschmack – nach Bedürfniserfüllung und Funktionalität des kulturellen Produkts. Dagegen geben die oberen Schichten mit ihrem reinen Geschmack – analog dem Reflexionsgeschmack – eine Interesselosigkeit der ästhetischen Erfahrung und die Funktionslosigkeit der Kunst vor. Nach Bourdieu stellen die unteren Schichten einen Zusammenhang zwischen Kunst und Leben her, sie erwarten einen Bezug zur Realität und zum Zuschauer. Populäre Kunst ermöglicht Identifikation und Unterhaltung, setzt auf

97 Ebd., S. 770f.
98 Ebd., S. 24 u. 60ff.

Kommunikation und Verständlichkeit.[99] Gebildete Schichten kultivieren demgegenüber eine ästhetische Einstellung, die sie auf alle Lebensbereiche übertragen und die laut Bourdieu ihre perfekteste Entsprechung in der Avantgardekunst findet. Mit dem Anspruch auf Autonomie, der Verweigerung des unmittelbaren Zugangs und der Verständlichkeit, der Präferenz der Form über den Inhalt sowie der Infragestellung von traditionellen Werten wie Schönheit, Moral und Realismus schließt die Avantgarde gerade diejenigen vom Kunstgenuss aus, die nicht über die auf Bildung beruhende ästhetische Einstellung verfügen.[100]

Das Distinktionbestreben auf Basis von Geschmacksäußerungen weist Bourdieu vor allem den «herrschenden» und «mittleren» Klassen» zu. Er differenziert diese weiter aus und weist komplexe Distinktionsprozesse auch innerhalb dieser Schichten nach, die ich an dieser Stelle nicht weiter ausführen kann.[101] Die Abgrenzung des «populären» und des «reinen» Geschmacks entspricht demzufolge vor allem der Definitionshoheit der oberen Schichten, die sich in ihrem Anspruch auf legitime Geschmacksäußerungen gegen die «Masse» definieren. Zwar verweist Bourdieu darauf, dass der Distinktionsmechanismus in beide Richtungen wirksam ist. Auch die unteren Schichten reagieren teilweise mit heftiger Ablehnung auf avantgardistische Formelemente. Doch geschehe dies lediglich als Reaktion auf die erfahrene Zurückweisung. Bourdieu neigt dabei dazu, die populäre Ästhetik und das Kollektiv gegenüber der vorgegebenen Individualität der ästhetischen Einstellung implizit aufzuwerten, wenn er beispielsweise die Funktion von Zirkus und Boulevardtheater, einen sozialen Zusammenhalt zu stiften und eine anarchistische Befreiung der Sinne zu ermöglichen, der «Kälte jede[n] Formexperiments» gegenüberstellt.[102]

99 Ebd., S. 64–67, 81ff.
100 Ebd., S. 68ff.
101 Neben der skizzierten Opposition zwischen dem populären und dem legitimen Geschmack konstatiert Bourdieu auch einen mittleren (= kleinbürgerlichen) Geschmack und stellt differenziert die Distinktionsmechanismen innerhalb der herrschenden Schichten dar, u.a. zwischen denjenigen, die über größeres Bildungskapital verfügen und denjenigen, die vor allem über finanzielles Kapital verfügen. Er unterscheidet zwischen den «Aufsteigern», die sich häufig an bereits legitime Kulturgütern orientieren, und dem alteingesessenen Bürgertum, das sich von den Aufsteigern wiederum dadurch distinguiert, dass es die «ästhetische Einstellung» auch auf nichtlegitime Güter überträgt. Laut Bourdieu behaupten die herrschenden Schichten auch dadurch ihren Herrschaftsanspruch, dass sie grundsätzlich über alle Arten von kulturellen Gütern verfügen können. Ebd., S. 38,112, 150–161. Vgl. Schwingel 2000, S. 113f.
102 «Es scheint, als erfaßte dieses Publikum verschwommen das darin Verborgene, der Kunst wie dem Leben Form zu geben, Formen aufzuprägen: nämlich eine Art *Zensur* des expressiven Gehalts, der in der Expressivität des Sprechers ‹von der Straße› gleichsam explodiert – und in eins damit eine Distanzierung, die der berechneten Kälte jedes Formexperiments eingebunden ist, eine inmitten der Kommunikation selbst verborgene Weigerung zur Kommunikation: innerhalb einer Kunst, die das, was sie zu geben scheint, zugleich entzieht, so gut wie im Rahmen bürgerlicher Höflichkeitsrituale, deren makelloser Formalismus auch nichts anderes ist als eine permanente Warnung vor jedem Versuch von Vertraulichkeit. Im Gegensatz dazu verschafft das populäre Spektakel beides zugleich: die individuelle

Bourdieus Kritik an der klassischen, auf Kant fußenden ‹Kunstideologie›, bringt eine gewisse Nachsicht gegenüber den ideologischen Tendenzen populärer kultureller Praktiken mit sich. Die normativen Tendenzen von Kollektiven, die sich oft über die Ausgrenzung des Andersartigen definieren, oder die Prägung des (populären) Geschmacks durch die Massenmedien, deren ideologische Wirkungsweise die semiologische Kulturkritik zeitgleich untersucht, werden in *Die feinen Unterschiede* nur am Rande erwähnt.[103] Dementsprechend verweisen Eric Macé und Eric Maigret und weitere Autoren des Sammelbandes *Penser les médiacultures* darauf, dass Bourdieu die Medien aus seinen Studien zur Soziologie der Kultur weitgehend ausklammert und sie lediglich als ideologische Machtapparate begreift. Insbesondere erscheint die der marxistischen Klassentheorie entlehnte Teilung in die herrschenden und beherrschten Schichten mit Blick auf die von den neuen Medien geprägte Gesellschaft überholt.[104] In der zeitgenössischen Mediengesellschaft erfolgen die Prozesse der Legitimation nicht mehr ausschließlich nach einer hierarchischen Gliederung der kulturellen Güter. Vielmehr ist von einer Zersplitterung der Gesellschaft in verschiedene Gruppen auszugehen, die sich über einen je eigenen Medienkonsum konstituieren.[105]

«Anstatt ausschließlich eine den überlegenen, sozialen Milieus entstammende legitime kulturelle Norm zu sehen, die dem Geschmack der populären Schichten ihre Prägung gibt, sollte die – zumindest begrenzte – Autonomisierung der populären und minoritären Praktiken betont werden, eine Autono-

Teilnahme des Zuschauers am Stück wie die kollektive Teilnahme am Fest, zu dem das Stück Anlaß ist. Bourdieu 1987, S. 66f.

103 Bourdieu geht in *Die feinen Unterschiede* zwar auf das «Konformitätsprinzip» der unteren Klassen ein, das sich jedoch nur gegen Mitglieder der eigenen Schicht richte und bereits ein Ergebnis der Unterdrückung sei (man gesteht sich keine andere Rolle als diejenige zu, die der eigenen Funktion im Arbeitsprozess entspricht). Er differenziert zwischen dem populären Geschmack, den die unteren Schichten aus ihrer Situation heraus selbst generieren (einer originären Volkskunst), und dem entfremdenden Einfluss der Medienindustrie, die die Arbeiterschichten in gleicher Weise entmündige wie die maschinelle Produktionsweise. Sein Hauptaugenmerk richtet sich aber auf die Legitimationsstrategien der herrschenden Schichten und deren Einfluss auf die unteren Schichten, die kulturelle Legitimität akzeptieren, ohne dass diese ihren eigenen Vorlieben entspricht. Ebd., S. 587f u. S. 602.

104 Maigret verweist in diesem Zusammenhang auf die Cultural Studies, die Medien, Kultur und Politik in Beziehung zueinander analysieren. Statt wie Bourdieu die vertikalen gesellschaftlichen Dominanzstrukturen zu untersuchen, nehmen sie die horizontalen Beziehungen mikropolitischer Aushandlungsprozesse zwischen einzelnen Gruppen in den Blick und können so auch das Widerstandspotential von Medienkulturen berücksichtigen. Bourdieu selbst äußerte sich sehr kritisch gegenüber den Cultural Studies, denen er – gerade wegen dieses Ausblendens der dominierenden Machtstrukturen – einen versteckten Imperialismus vorwarf. Eric Maigret: Après le choc Cultural Studies. In: Macé, Maigret, S. 17–40.

105 Siehe Hervé Glevarec: La fin du modèle classique de la légitimité culturelle. In: Maigret, Macé, S. 69–102, hier: S. 69.

misierung, die durch die Entwicklung der Massenmedien in einem konflikt-besetzten öffentlichen Raum befördert wurde [...].»[106]

Weiterhin ist gegen Bourdieus Geschmackstheorie in *Die feinen Unterschiede* einzuwenden, dass er Individualität und Ästhetik allein unter soziologischer Perspektive betrachtet. Er schließt dabei grundsätzlich aus, dass die von ihm als privilegiert aufgezeigte Form der Kunstrezeption dennoch eine spezifische Qualität haben kann und dass es einen prinzipiellen Unterschied zwischen Kunstwerken und primär nutzorientierten Produkten gibt.[107] Ausgeblendet bleibt damit die Möglichkeit von ästhetischen Erfahrungen jenseits des Bemühens um soziale Distinktion. Ausgeblendet bleibt auch eine mögliche sozialpolitische Funktion der Kunst, die gerade in der Verweigerung von etablierten Kommunkationsformen und Narrativen liegt, wie sie von vielen Kunsttheoretikern von Berthold Brecht bis zu den Kritikern der *Cahiers du cinéma* gedacht wurde.[108]

Dieser soziale Determinismus, der Individualität von Geschmacksäußerungen grundsätzlich in Frage stellt und als eine interessengeleitete Negation der jedem ästhetischen Urteil immanenten sozialen Distinktionsmechanismen ausweist, wird von Bourdieu selbst jedoch in späteren Schriften relativiert. Darin schreibt er kritischen Intellektuellen und Avantgarde-Künstlern – wie beispielsweise Jean-Luc Godard – durchaus die Fähigkeit zu, sich außerhalb der sozialen Determinismen zu positionieren. Indem sie die gesellschaftlichen und geschichtlichen Bedingungen der eigenen Position hinterfragen, können sie eine gesellschaftskritische Haltung einnehmen.[109] Seine Geschmackstheorie bleibt von diesen Überlegungen jedoch weitgehend unberührt.

Trotz dieser Einwände kann vorerst festgehalten werden, dass Bourdieus Gesellschaftstheorie und das von ihm entwickelte soziologische Instrumentarium sehr aufschlussreiche, auch heute noch relevante Einsichten in die Bedingungen

---

106 «Plutôt que de voir de façon exclusive une norme culturelle légitime émaner des milieux sociaux supérieurs pour imprimer sa marque aux goûts des milieux populaires, il faut souligner l'autonomisation, au moins limitée, des pratiques populaires et minoritaires, autonomisation servie par le développement des médias de masse dans un espace public conflictuel [...].» Maigret, S. 35.

107 Vgl. Richtmeyer, S. 19–35, 62–70, hier: 62.

108 Siehe Bourdieu 1987, S. 23.

109 Bourdieu 1998, S. 12. In einem Vortrag an der Hochschule für Bildende Künste in Nîmes positioniert sich Bourdieu gegen die kulturkonservative Kritik, die seine Theorien der Kunstrezeption und der Kunstproduktion dazu nutzt, die Avantgardekunst zu diskreditieren. Demgegenüber äußert er die These, dass die Kunst, sofern sie selbstreflexiv ist, eine ähnliche Funktion wie die Soziologie einnehmen könne. Die historisch bedingte Autonomie des künstlerischen und intellektuellen Feldes birgt hier ein gesellschaftsveränderndes Potential. Pierre Bourdieu: Questions sur l'art pour et avec les élèves d'une école d'art mise en question. In: *Penser l'art à l'école*, Arles Cédex 2001, S. 13–54, hier 46. Zur Figur des Intellektuellen bei Bourdieu siehe Schwingel, S. 123–1144.

der Geschmackskonstitution und die soziale Funktionsweise der Kunstrezeption ermöglicht. Diese können Bergalas Thesen zur Geschmacksbildung fundieren.

2.2.3 Alain Bergalas Geschmacksbegriff zwischen Ästhetik und Soziologie

Bergala greift in seinen filmpädagogischen Texten Bourdieus Feststellung auf, dass Geschmack ein Ergebnis von Bildung ist. So formuliert er bereits in der semiologischen Phase:

> «Dennoch weiß jeder Erzieher, der mit Kindergruppen aus heterogenen sozialen Milieus gearbeitet hat, genau, dass die Geschmacksunterschiede sicherer und untergründiger sozial spalten als das Wissen, dass der Geschmack jeder sozialen Schicht ein Zeichen einprägt, das tiefer geht und unauslöschlicher ist als die Kenntnisse. Die Geschmacksbildung ist bei einem Kind so eng an sein unmittelbares soziales Umfeld und an implizite, diffuse kulturelle Werte seines Herkunftsmilieus gebunden, dass es da eine Art Prägung durch das Milieu gibt, der es später nur sehr schwer entkommen kann. An dieser Stelle sind Kinder auch am empfindlichsten gegenüber Verletzungen der Eigenliebe, die jede Taktlosigkeit des Lehrers oder der Schulkameraden auslösen kann, wenn der eingestandene Geschmack lächerlich gemacht wird oder als Ausschlusskriterium dient.»[110]

In *Kino als Kunst* kommt Bergala auf diese These zurück, wenn er betont, dass Geschmacksunterschiede «gesellschaftlich ausgrenzen» und «einen sicherer deklassieren als Bildungslücken».[111] Denn «Geschmack gehört viel zu sehr zum Kern, zum Eigensten jedes Menschen, um verhandelbar zu sein, und jeder grundsätzlichere Streit über Geschmacksfragen verletzt die Eigenliebe desjenigen, dessen Geschmack angezweifelt wird.»[112] Im Geschmack manifestiert sich eine besonders nachhaltige und intime Prägung des Einzelnen durch sein soziales Umfeld.

Dennoch teilt Bergala die in *Die feinen Unterschiede* angelegte Tendenz zu einem sozialen Determinismus nicht. Er geht vielmehr – aus eigener Erfahrung

---

110 «Pourtant tout éducateur qui a pratiqué des groupes d'enfants un peu hétérogènes de par leur origine sociale sait bien que les goûts clivent plus sûrement et plus secrètement que le savoir, que les goûts impriment sur chaque couche sociale une marque plus profonde et plus indélébile que les connaissances. La formation du goût chez un enfant est si étroitement liée à son environnement social immediat et à des valeurs culturelles diffuses, implicites, dans son milieu d'origine, qu'il y a là une sorte d'empreinte du milieu culturel à laquelle il lui sera très difficile, par la suite, d'échapper. C'est là aussi que les enfants sont les plus vulnérables à ces blessures d'amour-propre que peut susciter toute maladresse de la part du maître ou des camarades à propos d'un gout avoué qui serait tourné en ridicule ou en critère d'exclusion.» Bergala 1978: Ouverture pour une pédagogie de la photo, S. 29f.

111 Bergala 2006: *Kino als Kunst,* S. 38.

112 Ebd.

und im Einklang mit Erkenntnissen der modernen Soziologie und der Cultural Studies – davon aus, dass Individuen ihren Geschmack auch aktiv (mit)konstituieren können, sofern sich ihnen die Möglichkeit dazu bietet.[113] Ist nach Bourdieu die Geschmacksbildung basierend auf ästhetischen Erfahrungen lediglich eine Distinktionsstrategie der privilegierten Schichten, so schreibt Bergala ihr eine spezifische, persönlichkeitskonstituierende Rolle zu. Sein Ziel ist es daher, dieses Privileg allen Schichten zugänglich zu machen. Gerade weil Geschmack ein Mittel der sozialen Dinstinktion ist, sollen Kinder aller Schichten in den Genuss der kulturellen Bildung kommen, die ihnen den Zugang zu Kunstwerken aller Art ermöglicht. Dabei geht es jedoch nicht ausschließlich um den Ausgleich sozialer Differenzen, sondern um die Möglichkeit der Ausbildung der Persönlichkeit durch die Begegnung mit einer möglichst großen Vielfalt an Werken: Statt einen normativen *guten bzw. legitimen Geschmack* zu vermitteln, möchte er eine *Pluralität von individuellem Geschmack* ermöglichen.[114]

Indem Bergala der ästhetischen Erfahrung einen eigenen, bildenden Wert zuerkennt, knüpft er auch an den ästhetischen Diskurs an. Wie bereits deutlich wurde, neigt er hierbei dazu, in binären Oppositionen zu argumentieren, die Kants Ästhetik entsprechen. Wenn er die ästhetische Form gegen den Inhalt, die Anschauung gegen die sprachliche Äußerung, die Kunst gegen die Kommunikation und die Kunsterfahrung gegen den Konsum stellt, scheint er das Postulat von der Funktionslosigkeit der ästhetischen Erfahrung zu reproduzieren:

> «Wenn das einzige Kriterium die emotionale Betroffenheit und das Vergnügen am einzelnen Werk (dieser oder jener Film hat mich berührt und das genügt mir) ist, reduziert sich die Beziehung zur Kunst auf restlosen Konsum. Sich durch ein Kunstwerk der Menschheit zugehörig zu fühlen heißt, sich selbst mit jener Kette zu verbinden, in die das Werk gehört. Das hindert nicht daran, am einzelnen Film Vergnügen zu finden, doch das Vergnügen an den Verbindungen [zwischen Filmen] verschafft uns Zugang zu etwas, das universeller ist als die flüchtige Befriedigung unseres kleinen Ich hier und heute.» [115]

Ganz im Sinne von Kants Differenzierung zwischen dem Sinnengeschmack und dem Reflexionsgeschmack stellt Bergala hier den Konsum von kulturellen Produk-

---

113 Mit Verweis auf die Cultural Studies konstatiert Dominique Pasquier, dass Geschmack nicht nur durch die soziale Herkunft bestimmt ist. Er wird nicht nur dem passiven Subjekt eingeprägt, sondern ist Ergebnis vielfältiger alltäglicher Interaktionen im Laufe des ganzen Lebens. Auch hier dominiert also die Idee einer aktiven Aneignung von Kultur (und Geschmack), die auf den biografisch bedingten Möglichkeiten beruht. Dominique Pasquier: La culture comme activité sociale. In: Macé, Maigret, S. 107–123.
114 Vgl. Schädler 2008, S. 89.
115 Bergala 2006, S. 54.

ten als individuelle Bedürfnisbefriedigung einer auf Bildung beruhenden Kunstrezeption gegenüber. Dabei ruft er mit der Formel der Zugehörigkeit zur «Menschheit» ganz offensichtlich einen humanistischen Diskurs der universellen Menschlichkeit auf – wie er auch bei Kant zu finden ist. Im Gegensatz zu Bourdieu, der den ästhetischen Individualismus noch als Distinktionsstrategie der privilegierten Schichten ausweist, schreibt Bergala im neuen Jahrtausend gerade dem kollektiven Konsum von Kulturprodukten eine Tendenz zur egoistischen Vereinzelung zu.

Mit Bourdieu ließe sich diese Haltung nun als Distinktionsstrategie des Bildungsaufsteigers definieren, ginge es Bergala nicht gerade um eine Bildung der sozial Benachteiligten. Dabei ist seine Position auch insofern zwiespältig, als er mit dem Film eine illegitime, populäre Kunst wählt, der er im Sinne der französischen Cinephilie einen Platz unter den legitimen Künsten zuweist. Seine Abwertung des Konsums richtet sich nicht grundsätzlich gegen populäre Medien und die Inhaber des «populären Geschmacks», sondern vielmehr gegen die Konditionierung dieses Geschmacks durch zeitgenössische Massenmedien. Anders als Bourdieu, der vor allem die ideologischen Mechanismen des elitären Kunstbetriebs attackiert, richtet sich Bergala gegen die potentiell ideologische Wirkung der populären Massenmedien. Er berücksichtigt dabei insbesondere deren Einfluss auf die Geschmacksbildung, der in Konkurrenz zur familiären Geschmacksbildung tritt und eine besondere Herausforderung für die Schule darstellt. Er verweist auf den «Bruch» zwischen den Generationen, die nicht mehr durch eine gemeinsame Kultur miteinander verbunden seien, und auf die durch Medien konstituierten *peer groups,* die die familiäre Geschmacksbildung teilweise ersetzen.[116]

Diese Geschmacks- und Persönlichkeitsbildung durch Medienrezeption hat bei Bergala zwei Gesichter. Zum einen ist sie positiv besetzt. In Bezugnahme auf seine eigene Biografie und die Biografien anderer Cinephiler seiner Generation beschreibt er das Kino als eine alternative Bildungsinstanz gegenüber Familie und Schule, und begründet damit den möglichen sozialen Aufstieg über eine eigenständige Medienrezeption.[117] Zum anderen betont Bergala, in Bezug auf die Geamtheit der zeitgenössischen Massenmedien, die Gefahr einer massiven Konditionierung des Geschmacks von Kindern und Jugendlichen. Neben einer

---

116 Anja Hartung und Bernd Schorb beschreiben Familie und *peer groups* als zwei einander ergänzende Instanzen bei der Identitätsbildung. Mit der Ablösung vom Elternhaus kommt der medial konstituierten Gruppenzugehörigkeit eine wichtigere Rolle zu. Sie verweisen auch darauf, dass der allgemeine Medienkonsum trotz seiner Pluralität keine demokratisierende Wirkung hat, sondern teilweise soziale Distinktionsmechanismen eher verschärft. Die Frage ist zwar nicht mehr, ob man die legitimen Kunstwerke kennt und schätzt, dafür aber vielmehr ob man über die teuren, angesagten Medien verfügt oder nicht. Anja Hartung, Bernd Schorb: Projekt Identität. Medien in Prozessen der Selbstfindung Jugendlicher. In: *Computer und Unterricht* 68, 2007, S. 6-11.
117 Bergala 2006, S. 9.

biografisch bedingten subjektiven Wertung zeugt diese Einschätzung auch von den Veränderungen der Medienkultur in den letzten 40 Jahren, die eine zunehmende Pluralisierung und Demokratisierung der Medien mit sich brachte, aber auch ihre umfassendere Präsenz und eine Ökonomisierung aller Lebensbereiche.

Zeitgenössische soziologische Studien weisen nach, dass der von Bourdieu festgestellte Mechanismus der Legitimität heutzutage nicht mehr als hierarchisches Modell funktioniert, sondern dass vielmehr von einer Heterogenisierung der kulturellen Legitimität gesprochen werden muss.[118] So zeigt Hervé Glevarec am Beispiel des Musikkonsums, dass es keine eindeutige Entsprechung zwischen der Legitimität von Kulturgütern und der sozialen Stellung ihrer Konsumenten mehr gibt, und dass auch die etablierte Hierarchie zwischen Kunstformen in Frage steht. Die «legitime Kultur» wird von den unteren Schichten nicht mehr als solche anerkannt, sondern vielmehr weitgehend ignoriert.[119] Demgegenüber zeichnen sich herrschende Schichten stärker durch einen ekklektizistischen Kulturkonsum statt durch die Rezeption von legitimen Kulturgütern aus. Die soziale Kluft verläuft heute eher zwischen den «vielseitigen» und den «einseitigen» Konsumenten.[120] In einer Gesellschaft, in der Macht vor allem über Netzwerke operiert, verspricht nicht mehr die Kenntnis der legitimen Kunst, sondern vielmehr die Fähigkeit, sich frei zwischen verschiedenen, in unterschiedlichen Kontexten legitimen Kulturgüter bewegen zu können, einen sozialen und ökonomischen Vorteil.[121]

Wie Sebastian Honig analog zu Bergalas Thesen darstellt, bietet diese Pluralisierung der Lebenswelten durch Medienkulturen Kindern einerseits die Möglichkeit einer «Sozialisation in eigener Regie», andererseits birgt sie jedoch auch die Gefahr einer «kulturindustriellen Steuerung».[122] Gerade in Jugendkulturen führt dies zudem zu spezifischen, neuartigen Distinktionsmechanismen, die einen Konflikt zwischen der institutionell legitimierten Kultur und einer Pluralität an sozial legitimierten Kulturen mit sich bringen.[123] Letztere basieren auf den leichter zugänglichen Medienkulturen und bestimmen über Gruppenzugehörigkeiten: Die von der Schule legitimierte Kultur wird durch die «Werbe- und Medienökonomie» in Frage gestellt.[124] Es kommt zu einer Umkehrung der Legitimität, insofern der «populäre Geschmack» sich gegenüber dem «kultivierten

---

118 Glevarec, 82ff.

119 Glevarec spricht in diesem Zusammenhang mit Blick auf die Cultural Studies von einer «tournage culturel», einer Entflechtung der kulturellen und der sozialen Sphäre. Ebd., S. 97.

120 Ebd., S. 89.

121 Pasquier, S. 107.

122 Michael-Sebastian Honig: Entwurf einer Theorie der Kindheit. Frankfurt am Main, 1999, S. 159.

123 Glevarec zeigt dies anhand der Studie *Enquête sur les sorties culturelles des jeunes de 12 à 25 ans* des französischen Kulturministeriums (Juni 1994). Ebd., S. 77ff und S. 91.

124 Glevarec, S. 83.

Geschmack» durchsetzt und zur dominierenden Kultur wird.[125] Die Konfliktlinie verläuft demnach bei Jugendlichen zwischen Subkulturen verschiedener Couleur (darunter auch die institutionell legitimierte Kultur) und einem dominierenden Mainstream, zwischen «Authentizität» und «Kommerz».[126.] Dabei weist der von Glevarec verwendete Begriff der «Subkultur» Ähnlichkeiten mit Bergalas Prinzip des Widerständigen auf, insofern beide als Ausdruck der Individualität gegen eine dominierende Kultur definiert werden.[127] Zugleich treten über Gruppenzugehörigkeit definierte Jugendkulturen auch in Konflikt mit der familialen Bildung. Dies führt in der Praxis zu erheblichen Normierungs- und Ausschlussprozessen unter Kindern und Jugendlichen, die auch die Bildungserben betreffen.[128] Dominique Pasquier spricht in diesem Zusammenhang von einer «Tyrannei der Freundeskreise» unter Jugendlichen, die sich oftmals eher dem Gruppenzwang unterordnen, als ihren individuellen Vorlieben zu folgen.[129]

Bergalas Forderung nach einer Erweiterung des Horizonts durch die Begegnung mit einem möglichst breiten Spektrum an Kunstformen wird somit auch von aktuellen soziologischen Forschungen gestützt. Sie erweist sich als eine Strategie, gesellschaftlichen Normierungsprozessen entgegenzuwirken, die durch ökonomische Interessen und gruppendynamische Prozesse bedingt sind, und dadurch eine größere Chancengleichheit anzustreben. Da die Mediengesellschaft eine Pluralität an Kulturgütern und Wertigkeiten hervorgebracht hat, verlaufen die gesellschaftlichen Ausschlussmechanismen heute nicht mehr ausschließlich über die materielle Zugänglichkeit und die Abwertung des illegitimen kollektiven Geschmacks durch gebildete Schichten, die Bourdieu nachweist. Ausschluss wird vielmehr – folgt man Bergalas Argumentation – vor allem durch eine zunehmende Ökonomisierung der Medienkultur[130] produziert, die nichtkommerzielle und marginale kulturelle Formen zunehmend an den Rand drängt.[131] Damit droht in Bergalas Augen die Pluralität der Medienkultur in ihr Gegenteil umzuschlagen. Was eine Demokratisierung des Zugangs zu allen kulturellen Formen verspricht, verstellt gerade Kindern und Jugendlichen aus bildungsfernen Schichten den Zu-

---

125 Dominique Pasquier, zitiert nach Glevarec, S. 84f.
126 Ebd., S. 85.
127 Laut Glevarec wird der Begriff des Widerstands gerade in den Cultural Studies verwendet, um das Phänomen der Subkulturen gegenüber den dominierenden Kulturformen zu beschreiben. Ebd., S. 72f.
128 Ebd., S. 86 und 92. Glevarec zufolge erleiden auch die Bildungserben diese Normierungsprozesse, da sie die verschiedenen Anforderungen der familialen kulturellen Bildung und der generationellen Interessen in Einklang bringen müssen.
129 Pasquier, S. 113–117.
130 Diese Ökonomisierung wurde beispielsweise durch das Aufkommen der Privatsender in den 1980er Jahren massiv beschleunigt.
131 Bergala 2006: *Kino als Kunst*, S. 22.

gang zu ästhetischen Formen, die nicht dem medialen Mainstream entsprechen. Nicht die Norm des legitimen Geschmacks, sondern die Norm des von Massenmedien diktierten populären Geschmacks stellt eine gesellschaftliche Teilhabe in Frage. Armut ist damit heute – vielleicht in noch stärkerem Maße als zuvor – nicht nur ein ökonomischer sondern auch ein kultureller Faktor.

Die Ausführungen in diesem Kapitel haben gezeigt, dass sich hinter dem für Bergalas cinephilen Vermittlungsansatz wesentlichen Gegensatz von Ideologie und Alterität, eine soziale und ästhetische Bestimmung von Kultur verbirgt. Die Massenmedien als Ganzes begreift er im Sinne Bourdieus als kulturelle Produkte, die über ihre Funktion bestimmt sind: zur Kommunikation und Lustbefriedigung einerseits, zur Stiftung sozialer Zugehörigkeiten andererseits. Mit dem Kino als Kunstform rückt Bergala demgegenüber eine spezifische ästhetische Qualität von Filmen/Kunstwerken in den Vordergrund, die der ästhetischen Theorie entsprechend gerade in der Nichtfunktionalität der ästhetischen Erfahrung begründet liegt. Diese Qualität bestimmt Bergala mit den Begriffen des Widerstandes und der Alterität, mit denen er die bildende Funktion ästhetischer Erfahrung jenseits sozialer Distinktionsmechanismen herausstellt. Kunst ermöglicht Bildung demnach, gerade weil sie nicht den an sie gestellten Erwartungen entspricht, weil sie den Horizont des Einzelnen über seine soziale Konditionierung hinaus eröffnet, weil sie ihm über die spezifische Gruppenzugehörigkeit hinaus auch ein Bewusstsein für Differenz und Andersheit vermittelt. Insofern richtet sich Bergalas Bildungsstrategie nicht nur auf die soziologisch begründete Geschmacksbildung für alle, sondern auch auf die vorausgesetzte, spezifisch bildende Wirkung von Kunst als Alteritätserfahrung (Vgl. 4.2).

War die ästhetische Bildung des Selbst seit dem 18. Jahrhundert ein Privileg der bürgerlichen Schichten, so wird sie in Zeiten der Ästhetisierung aller Lebensbereiche durch die demokratische Medienkultur zu einer (möglichen bzw. notwendigen) Praxis für alle:

«Es war offensichtlich paradox, den Tod der Ästhetik zu beschwören, als diese sich mit der ‹ästhetischen› Selbstbehauptung als Technologie des Selbst im Zuge eines Anstiegs der Ausdrucksfähigkeit und des reflexivem Individualismus massiv ausbreitete. Aber diese Ästhetik ist neu, sie basiert auf einer Demokratisierung des Anspruchs auf Differenz und Künstlergefühl, auf der Idee der Ausnahme genauso wie auf dem Respekt vor der Differenz und ist weit entfernt von einer Durchsetzung von Normen.»[132]

132 «Il y avait ainsi quelque paradoxe apparent à évoquer la mort de l'esthétique alors qu'elle se répand massivement avec l'affirmation ‹esthétique› comme technologie du soi, dans le contexte d'une montée

Mit diesen Worten fordert Maigret ästhetische Erfahrung als Basis einer «ethischen Reflexivität» auch in der Soziologie zu berücksichtigen. Die in Bergalas Vermittlungsansatz angelegte Verbindung von Soziologie und Ästhetik ist somit beispielhaft für eine zeitgemäße Überwindung disziplinärer Gräben, um sich der Frage nach Notwendigkeiten und Möglichkeiten der ästhetischen Bildung in und außerhalb der Schule zu stellen.

2.3 Geschmacksbildung als kulturelle und politische Bildung

2.3.1 Pierre Bourdieus Thesen zum Erwerb kultureller Bildung

Bourdieu setzt sich in seinen soziologischen Studien intensiv mit den Bildungsinstitutionen und ihrer Rolle innerhalb des sozialen und kulturellen Kräftefeldes auseinander. Er stellt darin fest, dass diesen Institutionen in den modernen demokratischen Gesellschaften eine Schlüsselrolle bei der Legitimation kultureller Güter und bei der sozialen Positionierung der Akteure zukommt. Indem sie Bildungstitel verleihen, entscheiden sie maßgeblich über berufliche Möglichkeiten und weisen damit Akteuren einen Platz in der sozialen Hierarchie zu. Gerade in Gesellschaften, in denen die Eliten nicht über eine Standeszugehörigkeit gebildet werden, spielt das Bildungssystem somit eine zentrale Rolle bei der Reproduktion der «herrschenden» Schichten. Bourdieu richtete sich mit dieser These gleichermaßen gegen konservative Kreise, die den schulischen Erfolg und die damit verbundene gesellschaftliche Position allein als Ergebnis individueller Leistung behaupteten, wie gegen progressive Bewegungen, die im Zuge der 1960er Jahre gleiche Bildungsbedingungen für alle forderten und dabei die jedem Gleichheitsgrundsatz unterliegenden impliziten Normen ignorierten.[133]

Die «Reproduktion» der Eliten erfolgt, laut Bourdieu, unter anderem über die kulturelle Bildung, da diese von der Schule vernachlässigt wird und zugleich für gesellschaftliche Distinktions- und Ausschlussmechanismen relevant ist.[134] Dabei ist nicht nur das objektiv feststellbare «Bildungskapital» eines Akteurs

---

de l'expressivisme et de l'individualisme réflexif (Beck, 1994, 2001; Taylor, 1999). Mais cette esthétique est nouvelle, fondée sur la démocratisation de la révendication de la différence et du sentiment artiste, sur l'idée de l'exception autant que du respect de la différence, loin de l'imposition des normes. » Eric Maigret: Esthétiques des médiacultures. In: Macé, Maigret, S. 142.

133 Siehe Boike Rehbein: *Die Soziologie Pierre Bourdieus*. Konstanz, 2006, S. 127f. Eine ähnliche Problematik gibt es auch in der Debatte um die Chancengleichheit der Geschlechter.

134 Nicht das faktische Wissen, sondern der kulturell geprägte Habitus sind ein wesentliches Moment der Auslese an den Bildungsinstitutionen, insofern es eine Affinität zwischen der Kultur der Oberschichten und den Anforderungen des Bildungswesens gibt. Vgl. Rehbein, S. 129f.

von Bedeutung,[135] sondern vor allem auch die Art und Weise, wie dieses Kapital erworben wurde. Bourdieu unterscheidet zwei Erwerbsweisen von kultureller Bildung: zum einen die «Vererbung» in der Familie, zum anderen die Vermittlung in den Bildungsinstitutionen Schule und Universität. Die im bildungs- und großbürgerlichen Milieu an die Nachkommen weitergegebene familiäre kulturelle Bildung beruht, laut Bourdieu, auf dem von früher Kindheit an gewohnten Umgang mit legitimen Kunstwerken und mit Künstlern. Sie verläuft langsam und unmerklich, und impliziert oft eine Vertrautheit mit den Bedingungen der Kunstausübung – zum Beispiel durch das Spielen von Musikinstrumenten.[136] Diese Weitergabe erfolgt insbesondere auch durch den regelmäßigen Kontakt mit kulturell und künstlerisch gebildeten Menschen. Bourdieu vergleicht diese Vermittlungsbeziehung mit dem alten Ideal des «Meisters», der sein intuitives Wissen an den «Jünger/Lehrling» weitergibt.[137] Die kulturelle Bildung an der Schule, die allen Kindern zugänglich ist, setzt hingegen später ein und ist weniger umfassend. Die Schule versucht diesen Nachteil durch ein methodisches Lernen im «Schnellverfahren», durch die Vermittlung eines systematischen Wissens, das auf Begriffen und Regeln beruht, auszugleichen.[138]

Diese verschiedenen Erwerbsweisen prägen laut Bourdieu den Habitus des Erwachsenen, sodass selbst bei einem gleichen objektiv feststellbaren Bildungsstand[139] die unterschiedlichen Erwerbsbiografien an der Art und Weise des kulturellen Konsums und an der Haltung gegenüber Kunst erkennbar bleiben. Die in der Familie erworbene kulturelle Bildung bringt eine Selbstverständlichkeit im Umgang mit legitimer Kunst und Kultur mit sich und befähigt zu einem intuitiven ästhetischen Urteil. Kinder aus den privilegierten Schichten verfügen damit in scheinbar natürlicher Weise über den legitimen Geschmack. Die schulische Bildung offenbart sich dagegen in einem, oftmals umfangreicheren, akademischen

---

135 Bourdieu verbindet das an der materiellen Situation der Akteure orientierte marxistische Modell einer Klassengesellschaft mit Max Webers Modell einer Ständegesellschaft, in der der Lebensstil der Akteure ein zusätzlicher Faktor der sozialen Zugehörigkeit und Macht ist. Zu diesem Zweck operiert er mit einem erweiterten Kapitalbegriff, der auch das Netzwerk sozialer Beziehungen sowie Kultur und Bildung als Machtfaktoren umfasst. Er differenziert dementsprechend ökonomisches, soziales und kulturelles Kapital. Das kulturelle Kapital bzw. Bildungskapital befähigt einen sozialen Akteur dazu, sich legitime, d.h. gesellschaftlich anerkannte kulturelle Produkte (u.a. Kunstwerke), anzueignen. Jede Kapitalsorte funktioniert nach ihrer eigenen Logik der Anerkennung und trägt auf spezifische Weise zur Hierarchisierung der sozialen Akteure bei. So kann beispielsweise das Bildungskapital in ökonomisches Kapital verwandelt werden bzw. helfen, dieses zu erhalten; andererseits steht das Bildungskapital aber auch mit dem ökonomischen Kapital in Konkurrenz um die gesellschaftliche Einflussnahme. Bourdieu 1987, S. 47. Schwingel, S. 89 u. 102ff.
136 Bourdieu 1987, 120ff.
137 Ebd., S. 121.
138 Ebd., S. 120f.
139 Bourdieu bezieht sich dabei meist auf Bildungstitel und Berufe.

Wissen, sie orientiert sich stärker an Regeln und Normen und wirkt damit nicht naturgegeben, sondern angelernt. Während die Bildungserben auf Basis ihres legitimen Geschmacks freier in der Wahl ihrer bevorzugten Kulturgüter sind, d.h. sich insbesondere auch nicht legitimen Künsten wie Jazz zuwenden, tendiert derjenige, der seine kulturelle Bildung in der Schule erworben hat, zu einer Bevorzugung der durch die Institutionen bereits legitimierten, traditionellen Kunstformen.

> «Was die Ideologie des natürlichen Geschmacks als zwei gegensätzliche Modalitäten der kulturellen Kompetenz und ihrer Anwendung ausgibt, sind in Wirklichkeit unterschiedliche Arten des Erwerbs von Kultur und Bildung: Das umfassende und unmerklich vor sich gehende, bereits in frühester Kindheit im Schoß der Familie einsetzende Lernen, das als eine der Voraussetzungen schulischen Lernens in diesem sich zugleich vollendet, unterscheidet sich vom später einsetzenden methodischen Lernen im *Schnellverfahren* weniger, wie es die konservativen Bildungsideologen so gern hätten, durch die Tiefe und Dauerhaftigkeit ihrer Wirkungen, als durch die Modalität des Bezugs zu Sprache und Kultur, die es zusätzlich vermittelt. Es verleiht mit der Gewißheit, im Besitz der kulturellen Legitimität zu sein, Selbstsicherheit und jene Ungezwungenheit, an der man die herausragende Persönlichkeit zu erkennen meint; es schafft jenes paradoxe Verhältnis der Sicherheit aus (relativer) Ignoranz und der Ungezwungenheit aus Vertrautheit, das den alteingesessenen Bourgeois im Umgang mit der Kultur und Bildung, einer Art Familiengut, als dessen legitimen Erbe er sich betrachtet, kennzeichnet.»[140]

Bourdieu stellt fest, dass diese Differenz im Bildungserwerb etablierten bürgerlichen Kreisen als Ansatzpunkt für ihr Distinktionsbestreben dient. Die dort anzutreffende, abwertende Haltung gegenüber dem schulisch angeeigneten Umgang mit Kultur und die Behauptung eines legitimen Geschmacks als «Naturgabe»[141] dient dazu, die privilegierte Form des Bildungserwerbs in der Familie zu verleugnen und diejenigen auszugrenzen, die ihre kulturelle Bildung vor allem der Schule zu verdanken haben. Diese Weitergabe der legitimen Bildung, die qua Geburt zu der ‹angemessenen› ästhetischen Einstellung verhilft, und die ‹alteingessenen› bürgerlichen Familien von ‹den ‹Aufsteigern› unterscheidet, ähnelt den Mechanismen der Ständegesellschaft, in der die gesellschaftliche Position weitervererbt wird. Dementsprechend spricht Bourdieu auch von «Bildungsadel»[142] und von der Vererbung des «kulturellen Kapitals».[143]

---

140 Ebd., S. 120f.
141 Ebd., S. 17.
142 Ebd., S. 31ff.
143 Ebd., S. 143.

Dieser Distinktionsmechanismus innerhalb der «herrschenden» Schichten (bzw. innerhalb des kulturellen Feldes) lässt sich laut Bourdieu in Frankreich bis ins 17. Jahrhundert zurückverfolgen. In den literarischen Diskursen dieser Zeit ist der Antagonismus zwischen dem «Schulmeister» und dem «Mann von Welt» anzutreffen, zwischen denen, die sich um eine Codifizierung der Ästhetik bemühen, und denen, die die Intuition und das Vergnügen zum Maßstab des ästhetischen Urteils machen. Markiert dieser Antagonismus dort den Interessenkonflikt zwischen Adel und aufstrebendem Bürgertum, so hat im 20. Jahrhundert das etablierte Großbürgertum in Frankreich die Stellung der «Noblesse d'Etat» inne.[144] Die Abwertung der schulischen Bildung richtet sich laut Bourdieu insbesondere gegen die Macht der Institution, durch die Vergabe von Bildungstiteln den gesellschaftlichen Aufstieg zu ermöglichen und Kulturgütern Legitimität zu verleihen. In dem Antagonismus Schule und Kunst überschneidet sich zudem das Distinktionsbestreben des etablierten Bürgertums mit dem Konflikt zwischen Künstlern und Vertretern der Bildungsinstitutionen, zwischen denen, die sich als Neuerer verstehen, und denen, die ihre Aufgabe in der Wahrung der Tradition sehen.

Der Antagonismus des «Schulmeisters» und des «Manns von Welt» setzt sich – laut Bourdieu – auch in dem Gegensatz zwischen Schule und Kunst, zwischen Pädagogen und Ästheten fort, der die französischen Debatten um Kultur und Bildung prägte und nicht zuletzt durch die Kulturpolitik von André Malraux lange Zeit politisch zementiert wurde. Malraux, selbst Autodidakt, war ein entschiedener Gegner der schulischen Kunstvermittlung, eben weil er die Kunsterfahrung als unvereinbar mit der schulischen Wissensvermittlung verstand (Vgl. 1.2). Anstelle der Vermittlung durch den Pädagogen, setzte Malraux auf die Begegnung mit dem Künstler als wesentliches Moment seiner *action culturelle*. Bourdieu äußert sich dazu – ohne sich dabei explizit auf Malraux zu beziehen: «Die, die Erfahrung gegen Wissen ausspielen, haben das Moment an Wahrheit auf ihrer Seite, das im Gegensatz von familialer und schulischer Bildungsvermittlung enthalten ist: [...].»[145] Seine Studien zum Bildungssystem und auf ihnen basierende Untersuchungen des Kulturministeriums zu den kulturellen Praktiken der Franzosen

---

144 Ebd., S. 126. Ein sehr schönes Zitat von Madame de Sévigné dient als Beispiel für die Abwertung des gelehrten Wissens mit dem Begriff des Pendanten: «Der Autor (Furetière, bürgerlicher Herkunft, der in seinem Werk *Der bürgerliche Roman* La Fontaine und Benserade kritisiert) macht deutlich sichtbar, daß er ein Mann weder von Welt noch des Hofes ist, und daß sein Geschmack von derartiger Pedanterie ist, daß wohl kaum Hoffnung besteht, ihn je verbessern zu können. Es gibt ja gewisse Dinge, die man niemals versteht, wenn man sie nicht schon verstanden hat: man wird einen schwerfälligen und ungeselligen Geist kaum in den Charme und die Leichtigkeit der Ballette von Benserade und der Fabeln von La Fontaine einführen.» Zitiert nach Bourdieu 1987, S. 127.

145 Ebd., S. 134.

(1973–1997) erwiesen die Wirkungslosigkeit einer solchen Politik der kulturellen Demokratisierung, die auf die schulische Vermittlung von Kultur verzichtet.[146]

Bourdieu beschreibt in *Die feinen Unterschiede* die Distinktionsmechanismen in der französischen Gesellschaft der 1950er bis 1970er Jahre mit ihrer spezifischen Ausprägung der Großbourgeoisie, die einen elitären, der früheren Adelsschicht ähnlichen Habitus pflegte und sich über ein System an Elitehochschulen reproduzierte.[147] Seine Analysen lassen sich daher sicher nicht eins zu eins auf andere Länder und Zeiten übertragen. In Bezug auf Norbert Elias gibt er selbst an, dass in Frankreich die Abwertung des akademischen Wissens in großbürgerlichen Kreisen ausgeprägter ist als in Deutschland. Er führt dies darauf zurück, dass das Bürgertum in Frankreich früher in das höfische Leben integriert wurde und sich daher gemeinsam mit dem Adel in Abgrenzung zu bildungsbürgerlichen ‹Aufsteigern› behauptete.[148] Wie bereits im letzten Abschnitt in Bezug auf zeitgenössische soziologische Forschungen dargelegt, erfolgt die Distinktion zudem heute nicht mehr primär über legitime Kulturgüter, da in der pluralisierten Mediengesellschaft die Selbstverständlichkeit eines ekklektizistischen Kulturkonsums an Bedeutung gewonnen hat.

Jedoch hat Bourdieu ein Gesellschaftsmodell und eine Untersuchungsmethodik entwickelt, die sich eignen, gesellschaftliche Veränderungen zu berücksichtigen. So kommt er in seinen Studien aus dem Ende der 1980er erneut zu dem Ergebnis, dass sich trotz gesellschaftlicher Verschiebungen an den grundsätzlichen Mechanismen der Reproduktion von Eliten über die Bildungsinstitutionen nichts geändert hat.[149] Und auch die aktuelle Elitenforschung in Deutschland zeigt, dass der Habitus auch heute noch eine zentrale Rolle für die soziale Repro-

---

146 Laut de Baecque wiesen Bourdieu und Alain Darbel bereits 1966 in *L'amour de l'art* das Scheitern von Malraux' Politik der kulturellen Demokratisierung nach. Auch die vom Kulturministerium unter Jack Lang veröffentlichten Studien zu den kulturellen Praktiken der Franzosen wiesen wiederholt nach, dass die Kulturpolitik das Sinken der kulturellen Aktivitäten in der französischen Bevölkerung seit den 1970er Jahren nicht aufhalten konnte. De Baecque bescheinigt den beiden prominentesten französischen Kulturministern daher eine eklatante Diskrepanz zwischen der Brillanz ihrer Rede und der tatsächlichen Auswirkung ihrer Politik. Er schließt an Bourdieu/Darbel an, indem er als einzige wirksame Strategie der kulturellen Demokratisierung die schulische Kunstvermittlung herausstellt. De Baecque 2008, S.99–178, insb. 119 u. 171. Vgl. Fußnote 63.

147 Vgl. Rehbein, S. 165.

148 In Deutschland ist dagegen der Antagonismus zwischen Bürgertum und Adel historisch relevanter, weshalb das akademische Wissen als ‹Kapital› des seit dem 18. Jh. aufstrebenden Bürgertums einen höheren Stellenwert genießt. Bourdieu 1987, S. 132f.

149 1989 erschien seine Studie zur französischen Elitenbildung *Der Staatsadel* (frz. *La Noblesse d'état*), in der Bourdieu zeigt, dass trotz der raschen Veränderung des Schulsystems seit den 1960er Jahren, die Gesamtstruktur und der Mechanismus der Reproduktion der herrschenden Klassen sich nicht geändert haben. Rehbein, S. 147f.

duktion spielt.[150] Bourdieus Gesellschaftstheorie ist folglich nicht nur für ein Verständnis der französischen Bildungsdiskurse relevant. Ich gehe vielmehr davon aus, dass folgende Aspekte verallgemeinerbar sind, unabhängig von den in jeder Gesellschaft anders wirksamen Legitimations- und Distinktionsmechanismen: Zum einen prägt die spezifische Erwerbsweise von kultureller Bildung nachhaltig den Umgang mit Kunst und Kultur. Zum anderen regulieren sich soziale und kulturelle Gemeinschaften über ein implizites (kulturelles) Wissen und Verhaltensformen, das diejenigen, die nicht in sie ‹hineingewachsen› sind, ausschließt.

2.3.2 Kulturelle Bildung an der Schule: Illusion oder Utopie der Chancengleichheit?

Wie wird die Schule ihrer Rolle in einer demokratischen Gesellschaft gerecht, die durch unterschiedliche soziale Herkunft bedingten Bildungsdifferenzen auszugleichen? Bourdieus desillusionierende Erkenntnis lautet: Das französische Schulsystem wird dem in Frankreich hochgehaltenen Ideal der Chancengleichheit nicht nur nicht gerecht, sondern es trägt sogar zur Verstärkung der sozialen Differenzen bei. In seinen Feldstudien weist er nach, dass gerade in dem für soziale Distinktionsmechanismen relevanten Bereich der kulturellen Bildung die familiäre Herkunft für den Bildungsgrad ausschlaggebender ist als die schulische Bildung.

Die Schule versagt, laut Bourdieu, im Kulturbereich darin, systematisches Wissen zu vermitteln und die dem ästhetischen Urteil zugrundeliegenden impliziten Normen und Regeln zu offenbaren, um die Wissensdefizite der Kinder aus den sozial benachteiligten Schichten auszugleichen: «Denn dieser Unterricht dispensiert sich von der Aufgabe, allen das explizit zu vermitteln, was er implizit von ihnen verlangt.»[151] Zudem reproduziere die Schule die sozialen Unterschiede, indem sie die «Ideologie» des naturgegebenen Geschmacks von den bürgerlichen Schichten übernehme.[152] Die schulische Kunstvermittlung basiert, Bourdieu zufolge, wesentlich auf der Annahme eines unmittelbaren, nicht durch Wissen beeinflussten Zugangs des Kindes zur Kunst. Indem sie damit die Voraussetzung der Geschmacksbildung und des scheinbar intuitiven Umgangs mit Kunst leugnet, bevorzugt sie die Kinder, die kulturelle Bildung in der Herkunftsfamilie genießen, und sanktioniert die bereits durch ihre soziale Herkunft be-

---

150 Neuere soziologische Forschungen haben gezeigt, dass sich die soziale Zusammensetzung in den Führungsebenen der 100 größten Unternehmen in Deutschland seit den 1970er Jahren nicht geändert hat und die Chancen für Kinder aus gutsituierten Familien in den letzten Jahren sogar um ein Vielfaches gestiegen sind. Nöstlinger, Schmitzer, S. 16f, S. 52.
151 Pierre Bourdieu: *Zur Soziologie der symbolischen Formen.* Frankfurt am Main, 1974 (Orig. 1970), S. 190.
152 Bourdieu 1987, S. 17.

nachteiligten Kinder. Nach schulischen Maßstäben sind diejenigen ‹begabt›, die über ein kulturelles Erbe verfügen. Indem die Schule die sozial begründete Differenz im Kunstverständnis über ihre Bewertungsmechanismen in individuellen Erfolg umdefiniert, stützt sie die Selbstlegitimation der Eliten.

Welche Konsequenzen ergeben sich aus Bourdieus Kritik für die Kunstvermittlung an den Schulen? Bourdieu selbst schlägt in *Die feinen Unterschiede* keine alternative Bildungsstrategie vor. Seine Argumentationsweise legt jedoch eine Aufwertung einer systematischen schulischen Kunstvermittlung nahe. In dem früheren Text *Die Illusion der Chancengleicheit,* der sich vor allem dem Hochschulsystem widmet, fordert er dementsprechend eine «auf der Soziologie kultureller Ungleichheit basierende rationale Pädagogik», «die vom Kindergarten bis zur Hochschule methodisch und kontinuierlich die Wirkung der sozialen Faktoren kultureller Ungleichheit zu neutralisieren sucht».[153] In *Zur Soziologie der symbolischen Formen* äußert sich Bourdieu ausführlicher zu einer solchen rationalen Pädagogik im Bereich der Kunstvermittlung. Ausgehend von Panowskys Modell der verschiedenen Bedeutungsschichten des Kunstwerks[154] fordert er darin – ganz im Sinne der ideologiekritischen Schule der 1970er Jahre – eine semiotische Werkanalyse sowie den Erwerb von kunsthistorischem Wissen über Autoren, Gattungen, Schulen und Epochen.[155] Denn nur wer über die historischen und kulturellen Codes eines Werkes verfüge, könne dieses auch ‹lesen›. Bourdieu beschreibt damit eine Verfahrensweise, die beispielsweise Roland Barthes in seinen frühen Texten zur Fotografie exemplarisch vorgeführt hat.[156]

Mit dieser rationalistischen Konzeption der Kunstvermittlung gerät Bourdieu allerdings in Widerspruch zu seiner Analyse der kulturellen Bildung in *Die fei-*

---

153 Pierre Bourdieu, Jean-Claude Passeron: *Die Illusion der Chancengleichheit. Untersuchungen zur Soziologie des Bildungswesens am Beispiel Frankreichs.* Stuttgart, 1971, S. 91.

154 Bourdieu 1974, S. 165 und 171f. Das Kunstwerk beschreibt Panowsky als ein System von Bedeutungsschichten, die ineinandergreifen und in der Funktionsweise einer Sprache ähnln. Er definiert dabei im Wesentlichen zwei «Sinnschichten»: zum einen der «Phänomensinn», der die sinnlichen Eigenschaften des Kunstwerks bezeichnet und sich der Wahrnehmung und den Emotionen des (ungebildeten) Betrachters unmittelbar erschließt, und zum anderen den «Bedeutungssinn», der sich nur mit Hilfe von Fachbegriffen und kunsthistorischem Wissen erfassen lässt und somit einen kulturell gebildeten Betrachter voraussetzt. Bourdieu bringt diese Sinnschichten mit der in Bezug auf Kant postulierten Differenz zwischen dem populären und dem reinen Geschmack in Verbindung. Im Sinne der Semiologie geht er dabei davon aus, dass die den beiden Sinnschichten entsprechenden Wahrnehmungsweisen jeweils durch ein Klassifikationssystem hervorgebracht werden, wobei sich der Phänomensinn auf die Codes der Alltags- und Realitätswahrnehmung und der Bedeutungssinn auf die Codes der Kunstwissenschaft beziehen. Wie ein Betrachter ein Kunstwerk versteht, hängt demnach wesentlich davon ab, ob der Code über den er verfügt, dem Code entspricht, auf den sich das Kunstwerk bezieht.

155 Vgl. Grenfell, Hardy 2007, S. 42f.

156 Vgl. Barthes: «Die Fotografie als Botschaft» (1961) und «Die Rhetorik des Bildes» (1964). In: Ders. Roland Barthes: *Der entgegenkommende und der stumpfe Sinn. Kritische Essays III.* Frankfurt am Main, 1992, S. 11–46.

nen Unterschiede. Denn er favorisiert damit den Vermittlungsansatz, der die Distinktion zwischen den Erben kulturellen Kapitals und denen, die auf schulische Bildung angewiesen sind, befördert. Dieser Widerspruch offenbart sich auch in Ambivalenzen zwischen einem rein soziologischen Blickwinkel und dem Zugeständnis einer spezifischen Qualität der ästhetischen Erfahrung. Beispielsweise bei der Darstellung der musikalischen Bildung, die er als ein besonderes Privileg der gebildeten Schichten bezeichnet. In dem früher publizierten *Zur Soziologie der symbolischen Formen* gesteht Bourdieu dem intuitiven Musikverständnis noch eine objektive Überlegenheit gegenüber dem von ihm geforderten systematisch erworbenen Wissen zu und spricht von der «Individualität» des Werkes, die sich nicht durch Regeln erschließe, sondern nur demjenigen vollständig enthülle, der über ein besonders intimes Verständnis des Produktionsprozesses verfüge.[157] In *Die feinen Unterschiede* wird die Nichtklassifizierbarkeit und sinnliche Qualität des Kunstwerkes dagegen nur noch als ein Mangel abgetan.[158] Insbesondere wertet er dort Barthes' Versuch, die sinnliche Erfahrung des ‹einzigartigen› Konzerterlebnisses von der Abstraktion der ‹konfektionierten› Schallplattenmusik zu differenzieren, als Distinktionsstrategie des Bildungserben, der das Hauskonzert und das Spielen von klassischer Musik von Kind auf gewohnt ist.[159]

Diese Widersprüche verweisen auf die Grenzen von Bourdieus Habituskonzept. Wie oben ausgeführt, ermöglicht dieses in die faktische Struktur sozialer Beziehungen eine biografische Dimension einzuführen und die Nachhaltigkeit frühkindlicher, unbewusster Prägungen im sozialen Umfeld zu berücksichtigen. Es reflektiert, wie die frühen, sozialen Erfahrungen unseren Körper konditionieren und wie diese körperliche Prägung unsere Wahrnehmung und Werte, insbesondere den ästhetischen Geschmack und die Haltung zu Kultur und Kunst beeinflussen. Der Körper wird von Bourdieu gewissermaßen als Speicher des Sozialen beschrieben und als solcher wird er auch zum Angriffspunkt seiner Kritik. Der tief sitzenden unbewussten Prägung durch unser soziales Umfeld können wir seiner Ansicht nach nur mit dem Intellekt begegnen. Die in unseren Körper eingeschriebenen sozialen Differenzen können wir nur mit einer rationalen Bildung und einer kritischen Reflexion der eigenen unbewussten Bewertungsgrundlagen überwinden.

---

157 Bourdieu 1974, S. 183f.

158 «Als Produkt einer *Kunst* im Sinne Durkheims, d.h. einer ‹reinen Praxis ohne Theorie›, wenn nicht sogar bloßer Mimesis, einer Art symbolischer Gymnastik, enthält das Kunstwerk immer auch etwas Unsagbares, nicht aus Überfülle, wie seine Beweihräucherer meinen, sondern aus Mangel; etwas, das sich, wenn man so sagen darf, von Leib zu Leib, jenseits der Worte und Begriffe mitteilt, wie musikalischer Rhythmus oder der Ton von Farben.» Allerdings zeugen auch die teilweise sehr eloquenten Beschreibungen der ästhetischen Erfahrung in *Die feinen Unterschiede* von einer Faszination, die im Widerspruch zu ihrer soziologischen Abwertung steht. Bourdieu 1987, S. 142.

159 Ebd., S. 135f.

In dieser implizit abwertenden Haltung gegenüber dem Körper und der strategischen Aufwertung einer auf Wissenserwerb und Rationalität setzenden Bildung kehrt die Geist/Körper-Hierarchie wieder, die Bourdieu an Kants Subjektbegriff kritisiert. Nicht als *Produkt der Natur* sondern als *Produkt der Kultur* ist der Körper für ihn Hindernis bei der Befreiung von den Zwängen der sozialen Determination. Diesen Rückgriff auf das Ethos der Aufklärung weist Schwingel insbesondere auch für Bourdieus Begriff des Intellektuellen als eines Aufklärers und Vertreters einer universellen Vernunft nach. Es ist Bourdieus Überzeugung, dass Intellektuelle, die die soziale Bedingtheit ihrer Position und das Machtgefüge der Gesellschaft reflektieren, die eigene soziale Determination überwinden und im Sinne der Allgemeinheit politisch aktiv werden können.[160]

Diese Widersprüche entstehen unter anderem daraus, dass Bourdieu einen postmodernen Gesellschaftsentwurf mit einem modernen Aufklärungs- und Wissensbegriff zu verbinden versucht und dass er zwei verschiedene Ebenen der Kunstrezeption, nämlich bezogen auf die ästhetische Form und die soziale Funktion, gleichsetzt.[161] Mit seiner recht pauschalen, soziologischen Kritik an Barthes übergeht er das subversive Potential von Barthes' Rezeptionsästhetik, der versucht, die Antagonismen des klassischen Subjektbegriffs zu überwinden. Indem Barthes die individuelle sinnliche Erfahrung des Kunstwerks zum Ausgangspunkt seiner Ästhetik macht, stellt er die klassische Hierarchie zwischen Subjekt und Objekt, Ich und Gegenstand in Frage. Anstelle Angst vor dem Sich-Verlieren des Subjekts im Objekt zu zeigen – die Bourdieu bei Kant feststellt und von der er selbst nicht frei ist[162] – versucht Barthes Kunstwerk und Betrachter in einer Wechselbeziehung zu denken, in der das Ich den Gegenstand nicht kontrolliert, sondern sich auf ihn einlässt. Bergala knüpft mit seiner Filmvermittlung

160 Schwingel zufolge hat Bourdieu die Positionierung des Intellektuellen innerhalb eines Autonomie beanspruchenden literarischen, künstlerischen und wissenschaftlichen Feldes in seiner historischen und sozialen Bedingtheit reflektiert. Dennoch tritt Bourdieu aus dieser Analyse aus, indem er die Figur des Intellektuellen normativ bestimmt, als denjenigen, der die innerhalb des literarischen, künstlerischen und wissenschaftlichen Feldes geformte «Autonomie des Denkes» nicht zum Selbstzweck erhebt, sondern vielmehr dafür einsetzt, die unteren Schichten aufzuklären und politisch zu mobilisieren. Schwingel, S. 123–144, insbesondere S. 140.

161 Richtmeyer kritisiert, dass Bourdieu eine bildtheoretisch begründete Differenz – nämlich diejenige zwischen der Form und dem Inhalt des Gegenstandes – auf eine soziale Differenz überträgt und es dabei zu einer problematischen Doppelung des Begriffs der Ästhetik kommt. Bourdieu verwendet den Begriff der Ästhetik gleichermaßen für die soziale Funktion von Kulturprodukten wie für ihre spezifische Form. Er reklamiere damit eine «systematische Gleichrangigkeit zwischen den ästhetischen Form- und den sozialen Funktionsbezügen» und beurteile die ästhetische Praxis einer Minderheit lediglich aus der Perspektive der Mehrheitspraxis. Siehe Richtmeyer, S. 19–35, 62–70.

162 So schreibt Bourdieu in Bezug auf die »kulturelle Kompetenz«: «Wem der entsprechende Code fehlt, der fühlt sich angesichts dieses scheinbaren Chaos an Tönen und Rhythmen, Farben und Zeilen ohne Vers und Verstand nur mehr überwältigt und ‹verschlungen›.» Bourdieu 1987, S. 19.

auf Basis von ästhetischen Erfahrungen an diese ‹poststrukturalistische› Rezeptionsästhetik an (Vgl. 3).

Wie bereits erwähnt, richtet sich Bourdieus Kritik unter anderem gegen die Politik der kulturellen Demokratisierung des ersten französischen Kulturministers André Malraux. Jack Langs Bildungspolitik, die in der Zeit nach Erscheinen von *Die feinen Unterschiede* erfolgte, kann hingegen bereits als eine Antwort auf Bourdieus Thesen begriffen werden. Unter dem Schlagwort *démocratie culturelle* (dt. kulturelle Demokratie) – das sich offensichtlich an Malraux' *démocratisation culturelle* (dt. kulturelle Demokratisierung) anlehnt und davon abgrenzt – setzte Lang sich für eine Öffnung der Kultur- und Bildungspolitik gegenüber populären kulturellen Formen – wie beispielsweise dem Film – sowie für die Förderung der künstlerischen Fähigkeiten aller Franzosen ein.[163] Zudem trieb er die Entwicklung der Kunsterziehung an den Schulen voran und verband dabei Malraux' Strategie der Begegnung mit Künstlern mit der von diesem abgelehnten Tradition der *éducation populaire*, der Kunstvermittlung durch Pädagogen. Die Radikalität des gemeinsam mit Tasca lancierten Programms *Les arts à l'école* liegt in dem Versuch, die Kunstvermittlung für alle Schulformen und Altersgruppen zu generalisieren. Die von Bourdieu als privilegiert dargestellte Form des Erwerbs kultureller Bildung sollte allen Kindern ermöglicht werden, insbesondere eine Persönlichkeitsbildung durch Kultur. Dabei stand das Potential von ästhetischen Erfahrungen, die sinnlichen und intellektuellen Seiten des Individuums zu aktivieren, im Vordergrund:[164]

«Die Kunst ist eine Methode der Aneignung von Wissen, die die Gefühle, die sensible Intelligenz, die Emotionen anspricht: Sie ändert das Zuhören, den Blick, das Verhältnis zu sich und den anderen, und sie gibt Selbstbewusstsein. Die Kunstpraxis ist damit ein mächtiges Gegengift zur mangelnden Motivation, zur Langeweile und zur geistigen Ödnis.»[165]

163 Nachdem die kulturelle Demokratisierung von Malraux – ‹Kultur für alle› – als gescheitert galt, setzte Lang auf die kulturelle Demokratie – ‹jeder ist ein Künstler›. De Baecque verweist darauf, dass diese Politik zu einem problematischen kulturellen Relativismus im Diskurs geführt habe, in der Praxis allerdings kaum nachhaltig umgesetzt wurde und letztlich ebenfalls gescheitert ist. Allerdings geht er nicht ausführlicher auf die Bildungspolitik Langs ein, die vorzeitig durch die Folgeregierung beendet wurde. De Baecque 2008, S. 139–179 u. 141ff.

164 Diese Strategie offenbart sich auch in dem breiten Spektrum der Kunstprojektklassen. Lismonde zufolge wurden den verschiedenen Kunstpraktiken dabei folgende Bildungspotentiale zugeordnet: Für die Arbeit mit der Stimme, dem Ohr, der Sprache, dem Körper, der Gestik wird Musik, Theater, Literatur und Tanz angeboten; die Sensibilisierung des Blicks und die Arbeit mit der «kreativen Hand» wird der bildenden Kunst, dem Kino und der Fotografie zugeschrieben und die Herstellung einer Beziehung zur Alltagsrealität und zur Außenwelt wird mit Projekten zu Architektur, Museum, Archiv, wissenschaftlicher und technischer «Kunst», Essenskultur und Design gefördert. Lismonde, S. 78.

165 «L'art est une méthode d'appropriation du savoirs, faisant appel à l'affectif, à l'intelligence sensible, à l'émotion: il modifie l'écoute, le regard, le rapport à soi et le rapport aux autres, et il donne confiance en

Mit seinem im Rahmen des Bildungsprogramms entwickelten Filmvermittlungskonzept knüpft Bergala ebenfalls an Bourdieus These an, dass über den Geschmack die soziale Herkunft in den Körper eingeprägt wird. Anders als Bourdieu, dient ihm dies jedoch als Argument dafür, in den Schulen Geschmacksbildung zu ermöglichen, da eine rein auf die intellektuelle Aufklärung setzende (ideologiekritische) Methodik, seiner Ansicht nach, nicht gegen die tief sitzende Wirkung geschmacklicher Vorlieben ankommt.[166] Ohne sich explizit auf Bourdieu zu beziehen, rückt Bergala exakt die in *Die feinen Unterschiede* beschriebenen Aspekte einer privilegierten familialen Geschmacksbildung in den Mittelpunkt seines Vermittlungsansatzes:[167]

- eine frühkindliche Filmvermittlung, bei der die Begegnung mit Kunstwerken im Vordergrund steht;
- der regelmäßige und wiederholte Umgang mit Kunstwerken, der die allmähliche Herausbildung eines individuellen Geschmacks ermöglicht;
- der direkte Kontakt mit Kunstschaffenden;
- die Erfahrung (und Analyse) des Schaffensprozesses, die ein umfassenderes Verständnis von Filmwerken fördert;[168]
- die Vermittlung durch einen *passeur,* der Raum für eine individuelle ästhetische Bildung auch jenseits der sprachlichen Kommunikation schafft.

Ich werde später ausführlich auf diesen Vermittlungsansatz eingehen, insbesondere auf die Rolle des *passeurs* und auf die Möglichkeit, mit der Methode Fragmente-in-Beziehung-setzen relationale Zusammenhänge zwischen Filmen zu vermitteln, ohne auf die von Bourdieu vorgeschlagene systematische Vermittlung von film- und kunsthistorischem Wissen zurückgreifen zu müssen (Vgl. 6.3).

Anders als Bourdieu, der allein in der rationalen Pädagogik einen Ausweg aus sozialer Ungleichheit sieht, ist für Bergala diese Dominanz der wissensbasierten und sprachorientierten Pädagogik an der Schule eine wesentliche Ursache für Ausschlussmechanismen, insbesondere gegenüber Kindern mit Migrationshintergrund. So hebt er in dem Artikel «Allein das Begehren bildet» hervor, dass die Kunst- bzw. Filmvermittlung an Schulen, die mit *Les arts à l'école* ermöglicht wurde, gerade diejenigen Schüler ansprechen und motivieren konnte, die nicht

---

soi. La pratique d'un art est ainsi un puissant antidote à l'absence de motivation, à l'ennui, à la vacuité de l'esprit.» Lang, zitiert nach Lismonde, S. 73.
166 Bergala 2006: *Kino als Kunst,* S. 41.
167 Ebd., S. 49–55, 115ff.
168 Bourdieu 1987, S. 134.

über die von der Schule geforderten Primärqualifikationen Schreiben und Rechnen verfügte:

> «Die Künste und ganz besonders das Kino haben es jenen Schülern, die vor
> dem schulischen Misserfolg standen, ermöglicht, ihre schmerzhaften Erfahrungen aus dem Gedächtnis zu streichen und ihre Würde wiederzugewinnen:
> in der Begegnung mit einer anderen Ausdrucksform finden sie oftmals ihr
> Glück und ihren Ort – und auch den Wunsch an einem Projekt zu arbeiten,
> darüber zu sprechen, es zu beschreiben und zu verwirklichen. Es ist, als ob
> sie das erste Mal einer Sprache und einer Ausdrucksform begegnet wären,
> von der sie sich nicht gleich ausgeschlossen fühlten, – und dank derer sie den
> Mitschülern und ihren Lehrern ihre Sensibilität, ihren Scharfsinn, ihre Fähigkeiten und Kompetenzen zeigen konnten.»[169]

Wie bereits ausgeführt, setzt Bergala nicht nur voraus, dass Geschmack ein Ergebnis kultureller Bildung und sozialer Prägung ist, sondern auch, dass er eine je individuelle Ausprägung erfahren kann. Er nimmt eine Doppelperspektive ein und ordnet der Persönlichkeitsbildung durch ästhetische Erfahrungen eine nicht allein durch das Soziale determinierte, positive Funktion zu. Die Möglichkeiten für Geschmacksbildung an den Schulen zu schaffen, ist für Bergala somit nicht primär ein strategisches Mittel, um benachteiligten Kindern den sozialen Aufstieg zu ermöglichen. Dies würde langfristig auch nicht funktionieren. Denn wie Bourdieu nachgewiesen hat, bilden sich bei einer Demokratisierung des Zugangs zu privilegierten Gütern immer nur neue Distinktionsstrategien zur Reproduktion der dominierenden Schichten heraus.[170] Die kulturelle Bildung ist für Bergala vielmehr ein Weg, allen Kindern die Entfaltung ihrer Persönlichkeit in individueller und sozialer, emotionaler und intellektueller Hinsicht zu ermöglichen.

2.3.3 Exkurs: Kino versus Schule: Cinephilie als Distinktionsstrategie?

Bei der Darstellung von Langs Konzept der Alterität argumentiert Bergala systematisch mit dem Gegensatz von Kunst und Schule, Kunsterfahrung/Kunstschaffen und Können/Wissen. Er greift also auf eine im französischen Kultur- und Bildungsdiskursen etablierte Opposition zurück, die Bourdieu als Distinktionsmechanismus ausgewiesen hat. Wie Desbarats zeigt, handelt es sich um einen Gegensatz, der gerade auch in den Diskursen der französischen Cinephilie anzutreffen ist. Dort

---

169 Bergala 2004: Allein das Begehren bildet, S. 23.
170 Bourdieu hat nachgewiesen, dass Bildungsstandards meist gesamtgesellschaftlich steigen und somit die Sozialstruktur insgesamt erhalten bleibt. So führt die Inflation von Bildungstiteln in der modernen französischen Universitätslandschaft zu ihrer gleichzeitigen Entwertung. Rehbein, S. 135f.

wird in autobiografischen Rückblicken das Kino häufig als Ort des individuellen Vergnügens der Schule als Ort der Pflicht entgegengestellt, oder das Kino sogar als alternative Schule bezeichnet.[171] Es stellt sich also erneut die Frage, ob Bergala mit seiner polarisierenden Argumentation implizit eine Distinktionsstrategie verfolgt bzw. reproduziert. Desbarats setzt sich ausführlich mit dieser Frage auseinander:

> «Die Cinephilen deklinieren die Paare Freiheit und Pflicht, Begeisterung und Nivellierung, Aristokratie und Demokratie, ‹einige› und ‹alle›, Schule schwänzen und Schule als Gefängnis in einer Weise, die ohne Unterlass die Bereiche des Gesetzes und des Begehrens voneinander trennt. Die Schule wäre für sie also auf Seiten der ‹Schulmeister› und des Gesetzes und das Kino auf Seiten der ‹Weltmänner›. Aber das hieße urteilen, ohne das Unglück zu berücksichtigen, das den Cinephilen an der Schule bedroht, wenn diese sich seine Gefühle und seine Individualität vornimmt [...]» [172]

Desbarats kommt zu dem Schluss, dass es sich nicht um eine Distinktionsstrategie handelt und führt dafür folgende Gründe an. Zum einen zeugen die cinephilen Texte der Nachkriegsgenerationen (zu der auch Bergala zählt) von einer «realen Erfahrung moralischer Gewalt» in den Schulen, die auf die zu dieser Zeit noch übliche autoritäre Erziehung zurückzuführen ist.[173] Das Kino war für diese Generationen also ein Fluchtort und ein Mittel zur emotionalen Kompensation. Außerdem ist die Cinephilie nicht antiintellektuell, sondern vielmehr zeichnet sie eine besondere Form des autodidaktischen Wissenserwerbs und des analytischen Umgangs mit Filmen aus. Auch wenn sich die cinephile Kultivierung des *amateurs* (dt. Liebhabers) durchaus als Geste der Abgrenzung von der universitären Filmwissenschaft verstehen lässt (Vgl. 3.2),[174] bleibt doch festzuhalten, dass die Filmwissenschaft in Frankreich von der Filmkritik geprägt ist – nicht zuletzt lehren viele prominente Kritiker selbst an Universitäten.[175] Außerdem führen die Cinephilen das Kino als Bildungsinstitution nicht nur gegen die Schule, sondern auch gegen die Familie ins Feld, und negieren dabei eben nicht die Bedingungen

---

171 Siehe Desbarats 2002, S. 187–266.
172 «Les cinéphiles déclinent les couples liberté et obéissance, exaltation et nivellement, aristocratie et démocratie, ‹quelques uns› et ‹tous›, école buissonière et école grillage, d'une façon qui sépare sans cesse les domains de la loi et celui du désir. L'école serait donc pour eux du côtés des doctes et de la loi, et le cinéma du côté des mondains. Mais ce serait raisonner sans tenir compte du malheur qui menace le cinéphile à l'école, quand celle-ci s'attaque à ses sentiments et à son individualité, et qu'il comprend les pièges que tend le double language scolaire à travers ses injonctions intimidantes.» Ebd., S. 259.
173 Ebd., S. 259.
174 Diese Abgrenzung zwischen Kritik und Wissenschaft ist laut Desbarats im Filmbereich im Vergleich zu anderen kulturellen Feldern, wie beispielsweise der Literatur, einmalig.
175 Ebd., S. 262.

ihres Bildungserwerbs. Im Gegenteil, es gibt außergewöhnlich viele autobiografische Zeugnisse der Bildung durch und mit Filme(n), auf die ich später ausführlicher eingehen werde (Vgl. 4.2). Schließlich führt Desbarats vor allem die bereits angesprochene Tatsache an, dass das Kino als Massenmedium eine «illegitime Kunst» war und immer noch ist, und sich daher für ein «mondänes» Distinktionsbestreben nicht eignet.[176]

> «Der Cinephile versucht nicht die Zeichen seiner eigenen Konstitution zu negieren, weil er niemals völlig über die sozialen Mittel oder Strukturen verfügt hat, dies zu tun: das unsichere Prestige des Kinos birgt immer eine unkomfortable Situation, die zur Beunruhigung Anlass gibt und zur Rechtfertigung zwingt, das heißt zum Diskurs, verbindend unter seinesgleichen, verführerisch-provokant gegenüber den anderen».[177]

Die den cinephilen Diskursen und auch Bergalas Texten eigene Gegenüberstellung von Schule und Kino lässt sich also nicht ohne Weiteres auf die von Bourdieu konstatierten gesellschaftlichen Distinktionsmechanismen zurückführen. Zudem ist festzustellen, dass Bergala selbst den cinephilen Diskurs zwar aufgreift, aber sich auch verschoben dazu positioniert. Er geht in *Kino als Kunst* von dem tradierten Antagonismus zwischen Kino und Schule bzw. Kunst und Schule aus, um ihn in einem utopischen Entwurf der schulischen Filmvermittlung aufzuheben. Einerseits beharrt er auf diesem Gegensatz – wie auch auf dem Gegensatz zwischen Kino und Massenmedien – um die eigene Logik der ästhetischen Erfahrung herauszustellen. Andererseits möchte er gerade die Schule zum Ort der Filmvermittlung machen, Kunst und Künstler sollen an die Schule kommen, um allen Kindern und Jugendlichen eine privilegierte Form der kulturellen Bildung zu ermöglichen. Die Schule soll sich den Widersprüchen stellen und für die Bildung produktiv machen.

Die Kritik, die dieser Ansatz hervorgerufen hat und die in *Kino als Kunst* nur am Rande erwähnt wird, zeigt, dass Bergala sich damit gewissermaßen zwischen die Stühle der Cinephilie und des Bildungssystems gesetzt hat. So wurde von Filmstudenten der Universität Paris III seine Absetzung gefordert, da er ihnen nicht die erhoffte Legitimation des Kinos als Schulstoff und die damit verbunde-

---

176 Bourdieu setzt sich in *Die feinen Unterschiede* nicht ausführlicher mit den illegitimen Künsten, wie Jazz, Comic, Kino usw. auseinander. Er verweist darauf, dass die illegitimen Künste entweder von Autodidakten bevorzugt werden, die in ihrem Bildungsbestreben außerhalb der Bildungsinstitutionen, einen Weg der Legitimation suchen, indem sie für die Etablierung ihrer Kunstform streiten, oder von Vertretern großbürgerlicher Kreise, um sich vom eigenen Milieu abzusetzen.

177 «Le cinéphile ne cherche pas à nier les marques de sa propre construction parce qu'il n'a jamais complètement les moyens sociaux ni la structure pour le faire: le prestige incertain du cinéma recèle toujours un incomfort qui pousse à l'inquiétude, et contraint à la justification, c'est-à-dire au discours, fusionnel entre pairs, séducteurs-provocateur envers les autres.» Desbarats 2002, S. 263.

nen Berufsmöglichkeiten bot. Cinephile Kreise wiederum haben an der Integration des Films in die schulische Bildung Kritik geübt:

«Die Gegner des Programms für die Kunst an der Schule verkünden oft feinsinnig, alles, was von der Schule komme, trage den Makel der Pflicht, könne also keinen Zugang zur Kunst schaffen, die sich nur in süßer individueller Freiheit erschließe. Aber sie reden nie von dem Zwang, jene Filme anzuschauen, die uns die großen Vertriebsketten und das Trommelfeuer der Medien allwöchentlich bescheren. Wenn also die Begegnung mit dem Kino als Kunst nicht in der Schule stattfindet, so droht sie für viele Kinder nirgendwo stattzufinden.»[178]

Charakteristisch für Bergalas Vorschläge zur Filmvermittlung ist ein Denken zwischen den Diskursen, das gerade durch seine biografische Erfahrung als Vertreter verschiedener Institutionen und Bereiche – Schule, Kritik, Hochschule, Filmbranche – bedingt ist. Mit Bourdieu teilt er das Anliegen, einer selbst als Kind erfahrenen sozialen Benachteiligung aktiv entgegenzutreten, und stellt infolgedessen durch gesellschaftliche Interessenkonflikte geprägte Diskurse in Frage. Der Soziologe Bourdieu, dem über Internat und Eliteschule der Aufstieg zu einem der wortführenden französischen Intellektuellen gelang, fordert aus eigener Erfahrung eine rationale Pädagogik.[179] Der Filmwissenschaftler und Pädagoge Bergala, der über Internat, Universität und autodidaktischer Bildung als Cinephiler eine ebenso bemerkenswerte Karriere im Filmbereich gelang, setzt sich stattdessen für die Förderung der sensiblen und kreativen Fähigkeiten durch kulturelle Bildung ein. Beide gehen davon aus, dass der selbst erfahrene Bildungsweg von der sozialen Determination befreien kann.

2.3.4 Geschmacksbildung als politische Bildung

Wenn Kant den Geschmack als eine Instanz der menschlichen Urteilskraft definiert, die die Wahrnehmung der Außenwelt intuitiv reguliert, die Erkenntnis und Kommunikation in Gang setzten kann, und wenn Bourdieu postuliert, dass über den Geschmack ein sozialer Wertehorizont internalisiert wird, dann liegt die in der ästhetischen Theorie wiederholt formulierte These von der politisch-ethischen Dimension von Geschmacksäußerungen nicht fern. Es stellt sich deshalb

---

178 Bergala 2006: *Kino als Kunst*, S. 31.
179 Bergala schreibt in der Einleitung zu *Kino als Kunst* (S. 16), dass sein Engagement für die Filmvermittlung dem Wunsch entspricht, Kindern zu helfen, die in einer ähnlichen Situation sind wie er selbst als Kind war. Bourdieu hat in einem seiner letzten Texte notiert, dass seine gesamte Forschung dadurch motiviert wurde, zu verstehen, welche sozialen Kräfte ihn selbst geprägt haben. Siehe Grenfell, Hardy 2007, S. 10.

abschließend die Frage nach der Relevanz der Geschmacksbildung für eine allgemeine ethische und politische Bildung, danach, ob ästhetischen Bildung – wie Maigret es formuliert – Basis einer «ethischen Reflexivität» sein kann (Vgl. 2.2).

In dem Kapitel «Kamerafahrten sind eine Frage der Moral» aus *Kino als Kunst* begründet Bergala die Notwendigkeit der Geschmacksbildung an Schulen auch mit der ethischen Dimension der ästhetischen Form.[180] Er bezieht sich in diesem Zusammenhang explizit auf die Auseinandersetzung um die Moral der Ästhetik in den *Cahiers du cinéma*, für die er die Filmkritiker Jacques Rivette und Serge Daney als Kronzeugen anführt. Rivette hat 1960 in dem Artikel «Über die Niedertracht» anhand einer Kamerafahrt gezeigt, wie der engagierte Film KAPO (Gilles Pontecorvo, I/F 1960) das Grauen des Holocausts ästhetisiert.[181] Dreißig Jahre später beschreibt Daney in «Die Kamerfahrt von KAPO» die einschneidende Wirkung, die dieser Artikel auf ihn als Jugendlichen hatte (Vgl. 4.2). Bergala zitiert ihn mit den Worten: «Mit jedem, der die Verwerflichkeit der ‹Kamerafahrt› nicht unmittelbar *spürt*, habe ich definitiv nichts gemein, nichts zu schaffen.»[182] Dieses Zitat dient Bergala als Beleg dafür, dass Daneys bzw. Rivettes ethisches Urteil vor allem eine Geschmacksäußerung ist: etwas, das man stärker empfindet als rational begreift, etwas, das primär auf einer körperliche Reaktion des Ekels, statt einer analytischen Erkenntnis beruht. Aus der These von der Moral der Ästhetik folgt für ihn, dass die ethische Urteilsfähigkeit mit der ästhetischen Urteilsfähigkeit einhergeht und dass Geschmacksbildung somit auch eine Frage der politischen Bildung ist.

Bergala führt Daney zudem als Beispiel dafür an, dass der Geschmack, im Sinne Bourdieus, soziale Zugehörigkeit stiften und Ursache für unüberbrückbare soziale Differenzen sein kann. In diesem Fall ist es die Zugehörigkeit zu der geistigen «Familie» der *Cahiers du cinéma*, die Daney in dem von Bergala zitierten Artikel explizit anspricht.[183] Bergala kritisiert jedoch nicht Daneys elitäre und ausschließende Haltung, die auf der kategorischen Ablehnung von allen, die seine Empfindung bzw. sein Urteil nicht teilen, beruht, und damit ein Paradebeispiel für soziale Distinktion sein könnte.[184] Vielmehr geht es ihm darum, die tiefgehende intime

---

180 Im deutschsprachigen Raum wurde diese Frage nach der Moral der Ästhetik im Zusammenhang mit dem Holocaust vor allem in Bezug auf die Literatur aufgeworfen. Berühmt geworden ist in diesem Zusammenhang Theodor W. Adornos Diktum «nach Auschwitz ein Gedicht zu schreiben, ist barbarisch». Theodor W. Adorno: Kulturkritik und Gesellschaft. Prismen. Ohne Leitbild. In: R. Tiedemann, G. Adorno (Hg.): *Gesammelte Schriften 10/1*. Frankfurt am Main, 1977, S. 30.

181 Jacques Rivette: Über die Niedertracht. In: *Cicim* 24/25, S. 147–150, 1989 (Orig. 1961).

182 Bergala 2006: *Kino als Kunst*, S.38.

183 Serge Daney: Die Kamerafahrt von KAPO. In: *Im Verborgenen. Kino Reisen Kritik*, Wien, 2000 (Orig. 1992), S. 17–37, hier 18.

184 Daney reflektiert diese Haltung im Rückblick selbstkritisch als eine für die politisierte Zeit der 1960er Jahre typische Reaktion. Daney 2000, S. 17–37. Die elitäre Haltung von Daney findet man auch in dem Artikel von Rivette, der die Analyse von KAPO mit einer Aufzählung von Regisseuren abschließt, die

Prägung durch den Geschmack hervorzuheben, die auch das Selbstbild und die Eigenliebe betrifft, um daraus die Priorität einer Geschmacksbildung in der Schule abzuleiten. Eine ethische Urteilsfähigkeit in Hinblick auf ästhetische Formen bildet sich – darin folgt er Bourdieus Modell der Geschmacksbildung – nicht durch einige exemplarische kritische Analysen, sondern allein durch einen lang anhaltenden, kontinuierlichen Umgang mit Filmen und Kunstwerken aller Art.

Die Priorität, die Bergala der ästhetischen Bildung einräumt, wird jedoch erst vor dem Hintergrund der im ersten Teil dieses Kapitels besprochenen strukturalistischen und neomarxistischen Ideologiekritik plausibel. Denn selbst wenn man davon ausgeht, dass der ethisch-politische Gehalt eines Kunstwerkes sich durch eine Bewertung der Form erschließt, bleibt die Frage nach der Relevanz dieser spezifischen Urteilsfähigkeit für die allgemeine politische Bildung offen. Der Ideologiekritik zufolge werden Kultur und Medien nicht nur von den existierenden gesellschaftlichen Strukturen hervorgebracht, sondern sie konstituieren umgekehrt auch diese Strukturen, indem sie sie legitimieren und unser Denken prägen. Politisch-gesellschaftliche Reformen setzen in dieser Hinsicht eine Veränderung der Mentalitäten voraus und diese kann nur über die Sensibilisierung für herrschende Denkmuster und Ideologien erfolgen. Diese fundamentale Einsicht verbindet Bergala mit den ästhetischen Theorien, um die wesentliche politisch-ethische Bedeutung der ästhetischen Urteilskraft zu begründen.

Wie bereits oben erwähnt, wird diese These auch von der aktuellen Soziologie gestützt. Maigret postuliert, dass das ‹romantische› Ideal von der Bildung des Individuums durch ästhetische Erfahrungen und von der ethischen Dimension der Ästhetik heute – angesichts der zunehmenden Individualisierung und Ästhetisierung aller Lebensbereiche durch die Medienkulturen – für alle gilt. Jeder ist gewissermaßen aufgerufen, seine Identität, seinen Lebensstil und soziale Zugehörigkeit über die Wahl kultureller Güter zu konstituieren. Ästhetische Erfahrungen sind Maigret zufolge geeignet, die ethische Dimension dieser Wahl zu reflektieren, indem sie Perspektiven verschieben und punktuelle Freiräume des Denkens schaffen. Geschmack wird in diesem Kontext als eine «reflexive Aktivität» wiederentdeckt.[185] Vor diesem Hintergrund erscheint Geschmacksbildung in dreifacher Hinsicht als wichtige Aufgabe der Schule: um soziale Chancengleichheit, eine ethisch-politische Reflexivität und die individuelle Ausprägung der Persönlichkeit durch ästhetische Erfahrungen zu fördern.

seiner Meinung nach dieser ‹falschen› Richtung des engagierten, aber ästhetisch korrumpierten Kinos angehören, darunter auch berühmte Namen: «[…] wenn wir aber beispielsweise Poudovkine, de Sica, Wyler, Lizzani, und die alten Kämpfer der IDHEC immer schon verabscheuten, dann weil die logische Konsequenz dieses Formalismus Pontecorvo heißt.» Rivette, S. 150.

185 Maigret 2005: Ésthétique des médiacultures, S. 140 u. 141.

2.4 Ausblick: Bildung nach PISA und Bologna

Wie ich gezeigt habe, ist Bergalas Ansatz einer ästhetischen Filmvermittlung an Schulen gesellschaftspolitisch motiviert. Dies lässt sich vor allem in Bezug auf zwei theoretische Kontexte begründen: die in seinen frühen Texten ausgeführte Semiologie ideologiekritischer Prägung und die soziologische Theorie des Geschmacks, die seinem cinephilen Vermittlungskonzept zugrundeliegt. Mit der in *Kino als Kunst* artikulierten Forderung nach Geschmacksbildung als Beitrag zur Persönlichkeitsbildung knüpft er zudem an ästhetische Theorien an und richtet sich gegen die von Semiologie und Soziologie beeinflussten Tendenzen zu einer ‹rationalen›, auf den Erwerb von analytischen Fähigkeiten und Wissen ausgerichteten Pädagogik.

Vor dem Hintergrund von Bourdieus Gesellschaftstheorie gewinnt das Konzept der Alterität an Profil. Ihr zufolge prägen die von Bergala angeführten binären Oppositionen Können und Erfahrung, Schule und Kunst französische Diskurse um Kultur und Bildung, die von der höfischen Kultur des 17. Jahrhundert bis zur französischen Bildungspolitik Ende des 20. Jahrhunderts verfolgt werden können. Bergala reproduziert jedoch nicht die diesen Antagonismen zugrundeliegenden gesellschaftlichen Distinktionsstrategien. Vielmehr versucht er sie zu überwinden, indem er das illegitime Massenmedium Film als Kunstform an die Schulen bringen möchte und die traditionell privilegierten Kreisen vorbehaltene kulturelle Bildung für alle einfordert. Mit einer strategisch polarisierenden Argumentationsweise insistiert er auf der qualitativen Differenz zwischen ästhetischer Erfahrung und primär nutzorientierter Aneignung von kulturellen Produkten – sei es zur individuellen Bedürfnisbefriedigung sei es als soziales Kommunikations- oder Distinktionsmittel. Diese Differenzierung ist für seinen Vermittlungsansatz insofern grundlegend, da gerade ästhetische Erfahrungen Persönlichkeitsbildung – als ästhetische und politisch-ethische Bildung – ermöglichen.

Mit der Behauptung einer qualitativen Differenz zwischen Ästhetik und Konsum schließt Bergala an den von Bourdieu kritisierten ästhetischen Diskurs in der Tradition von Kant an. Allerdings vollzieht er eine wesentliche Akzentverschiebung gegenüber Kant, die die moderne Ästhetik geprägt hat. Er koppelt die von Kant auch in Bezug auf die Naturerfahrung gedachte ästhetische Erfahrung kausal an das Kunstwerk als privilegiertem Gegenstand. Demnach ist es die Widerständigkeit des Kunstwerks, es ist – mit den Worten Rancières – sein «Versteckspiel», zwischen der «sinnlichen Äußerung» und der «Bedeutungskraft»,[186] die ästhetische Erfahrungen erst ermöglicht. Wie ich in den folgenden Kapiteln zeigen werde, ist für Bergala vor allem Barthes' subjektive Neuformulierung

---

186 Siehe Rancière 2008, S. 15ff.

der Ästhetik wegweisend (Vgl. 3). Dieser versucht das rationale Subjektmodell der Aufklärung zu überwinden, indem er Individuum und Kunstwerk in einer Wechselbeziehung zueinander denkt. Der von Bourdieu mit seiner Kritik an Kant schematisch postulierte Gegensatz zwischen einer Kunst, die Autonomie zum Selbstzweck macht *(L'art pour l'art)*, und einer realitätsnahen populären Kunst, wird zudem durch die cinephile Filmauffassung in der Frage gestellt, die Bergalas Ansatz zugrundeliegt. Denn diese verbindet eine Ästhetik des Realen mit einer Ethik der Ästhetik (Vgl. 5). Bourdieu selbst hat in späteren Texten die Möglichkeit einer politischen Ästhetik eingeräumt, unter anderem in Bezug auf Godards Filme, die auch für Bergalas Filmästhetik ein wichtiger Bezugspunkt sind.[187] Der soziologische und ästhetische Geschmacksbegriff wird im Kontext der Cinephilie um eine wesentliche politische Dimension erweitert.

Vor dem Hintergrund von Bourdieus Geschmacks- und Gesellschaftstheorie läßt sich Bergalas Vermittlungsansatz als eine Aktualisierung von Bourdieus Kritik am Bildungssystem mit Blick auf die zeitgenössische Mediengesellschaft begreifen. Die Kritik an der ‹Illusion der Chancengleichheit› weicht dabei einer ‹Utopie der Chancengleichheit›. Da sich beide auf die französische Gesellschaft beziehen, stellt sich jedoch die Frage inwieweit diese Überlegungen auch für das deutsche Bildungssystem relevant sind.

Der offenkundigste Unterschied besteht zwischen dem Zentralismus des französischen Bildungssystems und dem Föderalismus in Deutschland. Damit einher geht eine stärkere Normierung des französischen Bildungssystems, die sich unter anderem in den zentralen Prüfungen für das Abitur zeigt. Bildungspolitische Maßnahmen – wie das Programm von Lang und Tasca – haben somit einen größeren Einfluss auf das Schulsystem und die gesamte Gesellschaft. Denn Frankreichs Schulsystem ist nicht nur einheitlicher, es bringt auch eine umfassendere ‹Verschulung› der Kinder mit sich. Ganztagsschulen sind Standard. Die Schullaufbahn beginnt mit der Vorschule (statt dem Kindergarten) ab zwei Jahren. Nach der Grundschule gehen alle Kinder bis zur 9. Klasse gemeinsam auf das Collège. Erst danach findet eine Trennung statt, zwischen denen, die auf dem Gymnasium (frz. *lycée*) Abitur machen, und denen, die sich für eine Berufsschule (frz. *lycee professionel*) entscheiden. Die durch die Einheitlichkeit des Schulsystems vorausgesetzte ‹Gleichheit› der Chancen wird konterkariert durch einen recht hohen Anteil an (meist katholischen) Privatschulen, in denen, aufgrund des Schulgeldes, Kinder aus besser situierten Schichten unter sich bleiben. Dementsprechend differenziert sich das Hochschulsystem in die Universitäten

---

187 Bourdieu zitiert nach Richtmeyer, S. 40.

als Massenbildungsstätten und die *Grandes Ecoles*, staatliche Eliteschmieden, deren Zugang durch Aufnahmeprüfungen reguliert wird.[188] Wie Bourdieu in seiner Studie *Der Staatsadel* nachwies, spielen gerade diese Elitehochschulen eine wichtige Rolle bei der Reproduktion der ‹herrschenden Schichten›.

Darüberhinaus gibt es in Frankreich und Deutschland unterschiedliche Bildungstraditionen. Ernst-Ulrich Grosser führt diese auf die Tradition der Jesuitenkollegs in Frankreich sowie auf eine Verbindung zwischen dem neuhumanistischen Bildungsideal Humboldts und dem protestantischen Arbeitsethos in Deutschland zurück.[189] Er beschreibt die daraus resultierende Differenz des jeweiligen Bildungsverständnisses anhand der unterschiedlichen Bedeutung der Begriffe *éducation* und Bildung.[190] In dem transitiven französischen Begriff dominiert der gemeinschaftliche Aspekt: *jemand wird kultiviert, aufgezogen.* In dem intransitiven deutschen Begriff steht dagegen ein individueller Aspekt im Vordergrund: *ich forme mich selbst.* Humboldts Bildungsideal entsprechend sollte der Mensch sich aus eigenem Antrieb im Umgang mit der Welt bilden und durch seine Persönlichkeit auf andere wirken. In den Jesuitenschulen stand dagegen die Erziehung zum gesellschaftlichen Leben durch das Beherrschen der Rhetorik und des schriftlichen Argumentierens im Vordergrund. Diese Traditionen wirkt unter anderem in der Bedeutung der kultivierten Sprache in der französischen Schule bis heute nach. Bis in die Universitäten dominiert dort der Frontalunterricht und der Lehrerdiskurs, während an deutschen Schulen die Gruppenarbeit und interaktive Lernmethoden weiter entwickelt sind.

Die Schärfe von Bergalas Kritik an der Institution Schule und an der Dominanz von Sprache und Logik im Unterricht wird vor diesem Hintergrund nachvollziehbar. Darüberhinaus bietet die weitreichende Verschulung einen größeren Spielraum für Projektarbeiten und Aktivitäten außerhalb des Kerncurriculums, wie sie Bergalas Vermittlungsansatz vorsieht. Aber auch wenn das deutsche Schulsystems anders strukturiert und bestimmte Antagonismen in deutschen Bildungsdiskursen weniger ausgeprägt sind als in Frankreich, scheinen mir Bourdieus und Bergalas Überlegungen zur Schule gerade vor dem Hintergrund der aktuellen Krise und der Reformbestrebungen im deutschen Bildungssystem relevant. Zum einen lassen bildungspolitische Initiativen für den Ausbau der

---

188 Zu den Unterschieden des deutschen und französischen Bildungssystems siehe Ernst Ulrich Grosse, Heinz-Helmut Lüger: *Frankreich verstehen. Eine Einführung mit Vergleichen zu Deutschland.* Darmstadt 2008.

189 Ernst-Ulrich Grosse: Das Bildungswesen. In: Grosse, Lüger, S. 198–243.

190 Der Begriff *éducation* liegt insofern dem deutschen Begriff der Erziehung näher. Als einziger intransitiver Bildungsbegriff im Französischen wäre *se cultiver* zu nennen, dessen Substantiv *Culture* (dt. Kultur) allerdings nicht als schulische Bildung verstanden wird. Ernst Ulrich Grosse: Das Bildungswesen: Tradition und Innovation. In: Grosse, Lüger 2008, S. 189–243, hier: 241ff.

Ganztagsschulen, die Aufhebung des dreigliedrigen Schulstystems, die Zentralisierung des Bildungssystems (Stichwort Zentralabitur) und die Exzellenzinitiative an den Hochschulen eher eine künftige Angleichung der Bildungssysteme erwarten. Zum anderen gewinnt angesichts der Verschärfung sozialer Differenzen im Zuge der Globalisierung und der durch die PISA-Studien ausgelösten Debatte um die Chancengleichheit an deutschen Schulen Bourdieus These von der Reproduktion der Eliten über das Bildungssystem an Aktualität.

Insbesondere besteht die Gefahr, dass durch die Globalisierung von Wissensstandards soziale Selektionsprozesse in Deutschland verschärft werden. Der Soziologe Richard Münch zeigt in seinem Buch *Globale Eliten, lokale Autoritäten*, wie sich über internationale Standardisierungsprozesse in Bildung und Wissenschaft, u.a. durch die PISA-Studien und den Bologna-Prozess, eine neue, internationale Wissenselite ausbildet und legitimiert. Standardisierte Tests und Konzepte für das Bildungssystem führen demnach zu einer Entwertung kultureller Traditionen und einer Deligitimierung lokaler, demokratisch gewählter Eliten zugunsten von international operierenden Institutionen, die einen an Ökonomie und Naturwissenschaft orientierten technokratischen Wissensbegriff weltweit durchsetzen. Ausgehend vom angloamerikanischen Bildungssystem wird die Vermittlung von Grundkompetenzen und Allgemeinbildung als Standard gesetzt, ohne dass die Überlegenheit dieses Ansatzes tatsächlich nachgewiesen wäre. Denn beim ‹Leistungsvergleich› der Länder finden weder kulturelle und strukturelle Unterschiede, noch die langfristigen gesamtgesellschaftlichen Auswirkungen der unterschiedlichen Bildungtraditionen Berücksichtigung.

Die Standardisierung des Bildungssystems, die Ausrichtung auf den Kompetenzerwerb, auf Vergleichbarkeit und Transparenz in der Lehre, hat laut Münch für Deutschland unter anderem folgende Auswirkungen: Sie führt zu einer Entwertung von Lehrern und Professoren als Fachleuten zugunsten von politischen Technokraten und Unternehmensberatern. Sie verschiebt das Bildungsziel von der Vermittlung spezialisierten Fachwissens hin zum Erwerb von ‹Basiskompetenzen›. Und sie entmachtet das Humbold'sche Ideal einer allgemeinen Persönlichkeitsbildung zugunsten des Erwerbs von schnell abrufbaren und verwertbaren, modularisiertem Wissen. Für den Literaturunterricht bedeutet dies beispielsweise, dass die bisher übliche Vermittlung der kulturellen Tradition, der Literatur, zugunsten einer kurzlebigen Aktualität, des Verstehens von Alltagstexten verschoben wird:

«Der klassische deutsche Unterricht gerät also von zwei Seiten unter Druck: Von Schülern, denen die Literatur fremd geworden ist, und von einer transnationalen Wissenselite, die sich die Instrumentalisierung des Unterrichts auf die Fahnen geschrieben hat.»

Man verabschiedet sich damit unter der Hand von einem Ideal der Bildung für alle, die eine Verbindung zwischen Vergangenheit und Gegenwart herstellt. Wenn der Mehrheit der Schüler und Studierenden eine umfassendere Persönlichkeitsbildung vorenthalten bleibt, dann wird sie zu einem Privileg der Eliten. Die mit der Entwertung der Hauptschule und des zweiten Bildungswegs in Deutschland einhergehende Krise des dreigliedrigen Schulsystems wird, laut Münch, zu einer zunehmenden Bedeutung des «vom Elternhaus vermittelten kulturellen Kapitals» führen.[191] Wenn nur noch das Gymnasium über die Berufschancen und den sozialen Aufstieg entscheidet, dann werden durch eine frühzeitige Selektion offensichtlich die Erben von Bildungskapital bevorteilt. Nicht umsonst stehen in der aktuellen Bildungsdebatte die Forderungen nach alternativen Unterrichtsformen und nach einer Aufhebung der sozialen Selektion durch das dreigliedrige Schulsystem im Zentrum. So ging es in dem Kampf gebildeter Schichten gegen Reformbemühungen um ein längeres gemeinsames Lernen an Primarschulen in Hamburg vermutlich auch um den Erhalt eines Selektionsmechanismus, der der eigenen Reproduktion dient.[192] Der aktuelle Ausbau der Elitenförderung an den Universitäten führt zudem, so steht zu befürchten, zu einer zunehmenden sozialen Selektion im deutschen Hochschulwesen, welche die von Bourdieu beschriebenen Mechanismen der Reproduktion von Eliten geradezu heraufbeschwört.

Bourdieus Gesellschafts- und Institutionenkritik ist heute, angesichts der Verteilungskämpfe in einem unterfinanzierten Bildungssystem auch für Deutschland hochaktuell. Und Bergalas Vermittlungsansatz gewinnt vor diesem Hintergrund an politischer Brisanz, insofern er die Persönlichkeitsbildung durch ästhetische Erfahrungen gegen den reinen Wissens- und Kompetenzerwerb, die Vermittlung kulturgeschichtlicher Zusammenhänge gegen eine einseitige Ausrichtung auf aktuelle Massenmedien, und den *passeur* gegen den ‹Bildungstechnokraten› ins Feld führt. Dies gilt umso mehr, da Film – obwohl seit über 100 Jahren gesellschaftliches Leitmedium – an den deutschen Schulen immer noch selten, und schon gar nicht als Kunstform, vermittelt wird.

---

191 Richard Münch: *Globale Eliten, lokale Autoritäten. Bildung und Wissenschaft unter dem Regime von PISA, McKinsey & Co.* Frankfurt am Main, 2009, S. 68.

192 2010 gab es in Hamburg einen Bürgerentscheid gegen die von der grünschwarzen Regierung geplante Bildungsreform, die u.a. die Verlängerung der Grundschule auf eine sechsjährige Primarschule vorsah. Dieses Vorhaben wurde vor allem im bildungsbürgerlichen Milieu als Angriff auf die Gymnasien begriffen, die jedoch gar nicht abgeschafft werden sollten. Dieser reformfeindliche Volksentscheid kam durch die überproportionale Beteiligung der gutsituierten Schichten zustande.

3. Ästhetische Erfahrung und Subjektivität[1]

Bereits im vergangenen Kapitel kristallisierte sich heraus, dass Roland Barthes' Rezeptionsästhetik eine Gegenposition zu Pierre Bourdieus Soziologie des Geschmacks darstellt. Während der Soziologe Bourdieu das ‹soziale Subjekt›, die Beziehung zwischen Rezipient und Kunstwerk als soziale Praktik in den Mittelpunkt rückt, artikuliert der Medien- und Kulturtheoretiker Barthes in seinen Schriften seit den 1970er Jahren ein ‹ästhetisches Subjekt›, dessen Kunsterfahrung auf einer individuellen, sinnlichen Beziehung zum Werk beruht.

Barthes war damit Vordenker für einen Paradigmenwechsel in den Kulturtheorien, der mit einiger Verzögerung in den 1990er Jahren auch die internationale Filmwissenschaft erfasst hat: die Verschiebung des Fokus vom «Text» zum «Körper».[2] Statt Filme mit semiologischen Methoden zu entziffern, wandte man sich nun dem Zuschauer und dem Kinoerlebnis als sinnlicher Erfahrung zu. Für die französische Filmkritik und Cinephilie war Barthes' Entwurf einer Rezeptionsästhetik des verkörperten Individuums dagegen bereits seit den 1970er Jahren wegweisend. Sie beeinflusste die erwähnte Rückbesinnung der *Cahiers du cinéma* nach ihrer ideologiekritischen Phase auf die Filmkritik als ästhetische Praktik (Vgl. 1.1). Insbesondere ist Bergalas Perspektivenwechsel von der Semiologie zur Cinephilie vor dem Hintergrund von Barthes' Schriften zu verstehen. Bergala äußerte sich dazu in einem Interview wie folgt:

> «Wir haben eine Zeitlang geglaubt, dass eine Wissenschaft, auch wenn die Semiologie nie eine Wissenschaft war, es erlauben würde, sich aller Bilder zu

---

1 Auszüge aus diesem Kapitel wurden erstmals veröffentlicht in Henzler 2010.
2 Die Körpertheorien entwickelten sich in der amerikanischen Filmwissenschaft erst in den 1990er Jahren und auch die Wende zur Bildwissenschaft (*pictorial turn*) vollzog sich erst in den 1990er Jahren. Vgl. Schädler 2008, S. III-87ff. Sabine Nessel, Winfried Pauleit u.a. (Hg.): *Wort und Fleisch. Kino zwischen Text und Körper*. Berlin, 2008 (insbesondere die Beiträge von Sabine Nessel und Thomas Morsch).

bemächtigen und sie zu analysieren. Aber das funktionierte nicht. Oder besser gesagt, das funktioniert, aber man findet oft ziemlich offensichtliche Dinge heraus, nachdem man eine enorme Kriegsmaschinerie in Gang gesetzt hat. Das ist lediglich ein historisches Phänomen, das mit der Generation Leute verbunden ist, die sich des Kinos angenommen haben, die militante Befürworter seiner Vermittlung waren. Ich bedaure es nicht, das ist Teil des Wegs. Aber Barthes selbst hat uns geholfen, davon loszukommen. Er war eine Zeitlang eine Art Gegengift. Er war der erste, der von dem schauenden Subjekt sprach, von dem Vergnügen des Zuschauers. Er ist diesem Zwang entkommen.»[3]

Barthes weitreichender Einfluss auf Bergala ist nicht eindeutig über Verweise, Schlüsselbegriffe oder Argumentationsstratgien belegbar. So bezieht Bergala sich nur in den Texten der semiologischen Phase explizit auf Barthes' ideologiekritische und semiologische Kulturanalysen (insbesondere auf *Mythen des Alltags* und *S/Z*). Einige in den 1970er Jahren veröffentlichten Texte zur Fotografie zeugen von einer Auseinandersetzung mit Barthes' foto- und filmtheoretischen Texten (Vgl. 5.1).[4] In den cinephilen Texten finden sich jedoch nur selten explizite Bezüge zu Barthes. Dennoch werde ich in den folgenden Kapiteln zeigen, dass Barthes Konzept einer – von mir sogenannten – *intersubjektiven Ästhetik* für Bergalas Filmästhetik und Vermittlungskonzept wegweisend ist und als dessen theoretische Grundlage dienen kann.

Zu diesem Zweck fasse ich zunächst den größeren Kontext der französischen Cinephilie ins Auge, innerhalb dessen Bergalas Vermittlungsansatz zu verstehen ist. Ich werde in diesem Kapitel auffallende Parallelen zwischen der von Barthes in seiner fototheoretischen Schrift *Die helle Kammer* formulierten Rezeptionsästhetik und dem Filmverständnis von cinephilen, den *Cahiers du cinéma* nahestehen Autoren aufzeigen. *Die helle Kammer*[5] ist Barthes' letzter Text und seine umfangreichste Reflexion zum Bild. Er kann als eine Weiterentwicklung von seinen früheren bildtheoretischen Überlegungen verstanden werden. Der exemplarische Vergleich mit den cinephilen Filmbetrachtungen macht die oben

---

3   «On a cru à un moment donné qu'une science, bien que la sémiologie n'en ait jamais été une, permettrait de s'emparer de toutes les images, et de les analyser. Or ça ne marchait pas. Enfin, ça marche, mais on découvre souvent des choses assez évidentes après avoir mise en branle une énorme machine de guerre. C'est un phénomène purement historique qui reste lié à la génération des gens qui ont pris le cinéma en charge, qui ont été des militants de son enseignement. Je ne le regrette pas, cela fait partie du chemin. Mais Barthes, lui-même nous a aidés à nous détacher de cela. Il a fait figure d'antidote à un moment donné. C'est lui qui a été le premier à parler du sujet qui regardait, du plaisir du spectateur. Il s'est sorti de ce carcan.» Alain Bergala, Jacques Kermabon: Apprendre à aimer le cinéma. Entretien avec Alain Bergala. In: *24 images. La revue québécoise du cinéma* 115, 2003, S. 12–17, hier: S. 15.

4   Unter anderem Bergala 1976: Le pendule, Bergala 1976: Le miroir à bascule, S. 21.

5   Roland Barthes: *Die helle Kammer. Bemerkungen zur Photographie.* Frankfurt am Main 1987 (Orig. 1980).

erwähnte Einflussbeziehung greifbar. Insbesondere verdeutlicht er, inwiefern die von Barthes an Fotografie und Filmstandbild entwickelte Rezeptionsästhetik geeignet ist, das cinephile Filmverständnis theoretisch zu fundieren.

3.1 Der Rezeptionsprozess als intersubjektive Beziehung: Roland Barthes' Lektüre der Fotografie

Als eine «der zentralen Figuren der Texttheorie und der Semiologie, die kulturwissenschaftlich übergreifend das Textverständnis in allen [...] Bereichen geprägt hat»,[6] trägt Barthes in den 1960er Jahren wesentlich zur ‹Demontage› des von der abendländischen Philosophie tradierten Subjektbegriffs bei. An die Stelle des Subjektes als rationalem und autonomem Ursprung des Denkens und Schreibens tritt das Primat des Textes und der Sprache. Die Sprache, die das Subjekt «von dem Moment an bearbeitet und auseinandernimmt, in dem es in sie eintritt», gilt – im Anschluss an die Psychoanalyse Jacques Lacans – als Voraussetzung für die Subjektwerdung.[7] Die Vorstellung, dass der Text im Lektüreprozess erst entstehe, bringt eine Aufwertung der Rolle des Lesers mit sich. Der Autor wird von Barthes hingegen in seinem berühmten Text «Der Tod des Autors» entthront.[8]

Seit Anfang der 1970er Jahre, mit dem Erscheinen von «Der dritte Sinn» und *Die Lust am Text* zeichnet sich in Barthes' Texten eine Wiederkehr des Subjekts als verkörpertes Individuum ab:[9]

«Sprach Barthes in S/Z noch im Plural wie ‹unsere Bewertungsweise›, ‹unsere Literatur›, kehrt in *Die Lust am Text* das Subjekt als Fiktion, als anachronistisches Subjekt zurück: ‹Und dieser Körper der Wollust ist auch mein *historisches Subjekt* [...]›. Die neue Bewertungsgrundlage ist also die Wiederkehr des Subjekts als Individuum, d.h. ich finde nicht meine ‹Subjektivität› wieder, sondern mein Individuum.»[10]

Die Individualität des Lesers bzw. Betrachters verortet Barthes nun nicht mehr im Geist, wie es in der idealistischen Philosophie der Fall war, sondern, einem phä-

6 Winfried Pauleit: Barthes' Dritter Sinn. In: Nessel, Pauleit 2008, S. 66–74, hier 71.
7 Barthes zitiert nach Eva Erdmann, Stefan Hesper: Roland Barthes' Text(-Theorie) in der Encyclopaedia Universalis. In: Thomas Regehly, Thomas Bauer, Stefan Hesper. Alfred Hirsch (Hg.): *Text-Welt. Karriere und Bedeutung einer grundlegenden Differenz*. Gießen, 1994, S. 9–25, hier 17.
8 Roland Barthes: Der Tod des Autors. In: Fotis Jannidis (Hg.): *Texte zur Theorie der Autorschaft*. Stuttgart, 2000 (Orig. 1968).
9 Roland Barthes: Der dritte Sinn. Forschungsnotizen über einige Fotogramme S. M. Eisensteins. In: Ders. 1990, S. 47–66. Roland Barthes: Die *Lust am Text*. Frankfurt am Main 1974 (Orig. 1973).
10 Gabriele Röttger-Denker: *Roland Barthes zur Einführung*. Hamburg, 1989, S. 43.

nomenologischen Ansatz entsprechend, im Körper. Demnach gibt es Wahrnehmungen und Erfahrungen, die an den einzelnen, empfindenden Körper gebunden und damit unteilbar sind. Diese rückt Barthes in *Die Lust am Text* ins Zentrum seiner Textlektüre und -theorie. Nicht die Bedeutung, sondern die Materialität des Textes stehen hier im Vordergrund. Barthes interessiert sich weniger für das Entziffern und Verstehen als für die sinnliche Lektüreerfahrung, die er dezidiert von der kommunikativen und gesellschaftlichen Funktion von Texten abgrenzt.

Er nimmt damit die von Bourdieu in seiner Theorie des Geschmacks ausgeklammerten sinnlichen Aspekte der Kunstrezeption in den Blick. In dialektischer Abgrenzung artikuliert er zwei verschiedene Rezeptionsweisen: eine primär funktionale Ebene, die der Gegenstand der semiologischen Analyse und soziologischen Untersuchung ist, und eine individuelle, ästhetische Ebene, die sich dem wissenschaftlichen Zugriff ebenso entzieht wie dem unmittelbaren Verständnis und Genuss.[11] Richtmeyer verweist auf die Parallelen zwischen dieser Rezeptionsästhetik und Kants Reflexionsgeschmack, insbesondere in Hinblick auf ihr Potential, die Reflexion und die Verständigung zwischen Individuen anzuregen.[12] Jedoch möchte ich betonen, dass Barthes eine signifikante Verschiebung der Perspektive vollzieht, indem er die vom Gegenstand affizierte, individuelle Sinnlichkeit des Lesers/Hörers/Betrachters ins Zentrum stellt und dadurch die dem idealistischen Subjektbegriff unterliegende Hierarchie von Geist und Körper unterläuft.

Unter dem Einfluss der Psychoanalyse geht er von einem ‹pluralen› Subjekt aus, das sich in imaginären Selbstbildern verfängt, das niemals nur mit einer Stimme spricht und nicht mit dem Subjekt der Aussage identisch ist. Diese Pluralität begreift er als produktive Kraft ästhetischer Prozesse, sei es beim Schreiben, sei es bei der Rezeption von Kunstwerken. Barthes unterwandert die – Kants Ästhetik zugrundeliegende – Differenz zwischen dem körperlichen Genuss und dem ästhetischen Sinn, indem er den Körper zum Ausgangspunkt der ästhetischen Erfahrung und der wissenschaftlichen Reflexion macht. *Jouissance* – die Lust als Ich-Verlust und Transgressionserfahrung – ist für ihn der Schlüsselbegriff zur Beschreibung produktiver Rezeptionsprozesse. Im Gegenzug wird der Gegenstand, das ästhetische Werk nicht als abgeschlossenes Produkt begriffen, sondern als ein Prozess, an dessen Produktion das rezipierende Individuum mitwirkt.

---

11 Richtmeyer vermutet, dass Bourdieu und Barthes ihre Arbeiten wechselseitig gekannt und einbezogen haben, auch wenn dies nicht im Einzelnen nachweisbar ist. So lassen sich Bourdieus Texte zur Fotografie vor dem Hintergrund von Barthes zuvor erschienenen ersten fototheoretischen Schriften «Die Photographie als Botschaft» und «Rhethorik des Bildes» erschließen – insofern dort bereits die beiden Ebenen der Rezeption reflektiert werden. Und umgekehrt könnte sich Barthes' Begriff des *studiums* implizit auf Bourdieus Konzept einer funktionalen Kunstrezeption beziehen. Richtmeyer, S. 70–79 u. 181.

12 Ebd., S. 177ff.

Mit dieser Hinwendung zum Körper als Ort der Empfindungsfähigkeit geht eine Abkehr von der Sprache einher, oder besser gesagt, eine Suche nach dem ‹Jenseits› der Sprache. In «Der dritte Sinn», *Die Lust am Text* und *Die helle Kammer* kreist Barthes um das Problem, dass sich ästhetische Erfahrungen, die ihn besonders intensiv berühren und die er (be)schreiben möchte, einer sprachlichen Erfassung entziehen. So wendet er sich in den 1970er Jahren folgerichtig verstärkt dem fotografischen und filmischen Bild zu, zuletzt in seinem Werk zur Fotografie *Die helle Kammer*.

Indem Barthes den Körper, das Material und den Schreibprozess zum Ausgangspunkt seiner Rezeptionsästhetik macht, stellt er konsequenter als die Soziologie und die Semiologie das rationale Subjektmodell der Aufklärung in Frage. Zwar berücksichtigt auch Bourdieu mit dem Habituskonzept die individuell verköperte Erfahrung des Akteurs und Metz' psychoanalytische Wendung der Filmsemiologie reflektiert die emotionalen und unbewussten Anteile der Rezeption. In beiden Fällen dominiert jedoch eine kritische Haltung gegenüber diesen unbewussten Prozessen, da sie als ‹Markierung› der sozialen Klassen bzw. als Angriffspunkt der Ideologie begriffen werden. Mit der Methodik der Analyse und Dekodierung (der unbewussten Sinnebenen) wird letztlich indirekt ein rationaler Subjekt- und Werkbegriff rekonstituiert. Barthes unterwandert diesen methodischen Rationalismus durch einen radikal anderen Wissenschaftsbegriff, der auf einer Verbindung tradierter Oppositionen wie Subjekt und Objekt, Rezeptionsprozess und Schaffensprozess, Wissenschaft und Kunst beruht.

Desbarats beschreibt Barthes' Haltung gegenüber der Filmsemiologie, die, um sich als Wissenschaft zu etablieren, die subjektiven Momente jeder Analyse ausblendet, folgendermaßen:

«Die Meinungsverschiedenheit kommt daher, dass Barthes zwischen den beiden Hauptpolen der Triebsublimation, der Kunst und der Wissenschaft, nicht die Wertverschiebung vollzieht, die für die Vorgehensweise von Christian Metz oder Marc Vernet entscheidend ist. Wenn Barthes sein Engagement nicht von einem Pol auf den anderen verlagert, wenn er niemals den Eindruck erweckt, das Feld der Kunst für das der Wissenschaft zu verlassen, so deshalb, weil er davon ausgeht, dass beim Liebhaber und beim Theoretiker die gleiche psychische Aktivität am Werk ist. Ebenso versichert er, ‹immer schon Lust an der intellektuelle Aktivität gehabt zu haben … Was ist eine Idee für ihn, wenn nicht ein *Erröten aus Vergnügen?*›. Genauso betont er, dass das Vergnügen an einem Text immer oder fast immer direkt zu einer kognitiven Aktivität führt.»[13]

---

13 «La divergence provient du fait que, entre les deux pôles majeurs où se subliment les pulsions, l'art et la science, Barthes n'effectue pas ce transfert de valeur qui est déterminant pour expliquer la démarche

In *Die helle Kammer* demonstriert Barthes ein Verfahren der Reflexion über Fotografie, das man als ‹subjektive Wissenschaft› bezeichnen könnte. Er selbst spricht von einer «Wissenschaft vom Subjekt»[14] und einer Wissenschaft, die beim einzelnen Objekt ansetzt:

> «War es doch sinnvoller, mein Beharren auf der Einzigartigkeit ein für allemal ins Vernünftige zu wenden und den Versuch zu wagen, aus dem ‹Ich-Begriff›, unserem ältesten Glaubensartikel› (Nietzsche) ein heuristisches Prinzip zu gewinnen. Ich beschloß also, bei meiner Untersuchung von einigen ganz wenigen Photographien auszugehen, jenen, von denen ich sicher war, dass sie *für mich* existierten. Nichts von einem Korpus: nur einige Körper. In diesem letztlich konventionellen Widerstreit zwischen Subjektivität und Wissenschaftlichkeit kam mir die eigenartige Idee: warum sollte nicht etwas wie eine neue Wissenschaft möglich sein, die jeweils vom einzelnen Gegenstand ausginge? Eine *mathesis singularis* (und nicht mehr *universalis*)? Ich übernahm die Rolle eines Vermittlers der Photographie in ihrer Gesamtheit: ich würde den Versuch wagen, auf der Basis von ein paar persönlichen Gefühlen die Grundzüge, das Universale, ohne dass es keine *Photographie* gäbe, zu formulieren.»[15]

Um eine Ästhetik bzw. Theorie der Fotografie zu formulieren, die das Wesen der Fotografie bestimmt, geht Barthes von den Gefühlen aus, die einzelne Fotos in ihm auslösen. Anstatt mit einem scheinbar umfassenden, repräsentativen Korpus an Bildern zu arbeiten, wählt er einzelne Fotos aus, die ihn persönlich besonders berühren. Er beschreibt (und analysiert) die durch sie hervorgerufenen Gefühle, versucht ihren Ursprung im Bild zu lokalisieren und reflektiert so seine (biografisch bedingte) Beziehung zu den Bildern. Von seiner individuellen Erfahrung als Betrachter einzelner Objekte ausgehend, versucht Barthes zu allgemeinen Aussagen über die Fotografie zu gelangen: über die spezifische Ästhetik, den Realitätsbezug und die Zeitlichkeit der Fotografie, über den fotografischen Schaffensakt und die Beziehung zwischen Fotografen und Fotografierten.

Diese Verfahrensweise kann laut Barthes nur gelingen, wenn der Betrachter nicht bei der Affirmation der eigenen Subjektivität – des individuellen Ge-

---

de Christian Metz ou celle de Marc Vernet. Si Barthes ne déplace pas son investissement d'un pôle à l'autre, s'il ne donne jamais l'impression de quitter le champ de l'art pour celui de la science, c'est qu'il considère que, chez l'amateur ou le théoricien, la même activité psychique est en jeu. De même qu'il assure avoir ‹toujours associé l'activité intellectuelle à une jouissance … Qu'est-ce qu'une idée pour lui, sinon un *empourprement de plaisir*?›, de même il soutient que le plaisir du texte ouvre directement à une activité cognitive, toujours, ou presque toujours. Desbarats 2002, S. 17. Desbarats zitiert aus Roland Barthes: *Barthes par lui-même*. Paris, 1975, S. 107.

14 Barthes 1989, S. 26f.
15 Ebd., S. 16.

schmacks – stehen bleibt, sondern sich für eine differenzierte Wahrnehmung des Gegenstandes öffnet und diese reflektiert; wenn er sich – trotz der Unaussprechlichkeit der ästhetischen Erfahrung – unablässig bemüht, diese (als Schreibender) zu kommunizieren:

> «Ich erkannte deutlich, dass es sich hierbei um Gefühlsregungen einer willfährigen Subjektivität handelte, die, kaum ausgesprochen, bereits auf der Stelle tritt: *ich mag/ich mag nicht*: wer von uns hätte nicht seine ureigene Skala von Vorlieben, Abneigungen, Unempfindlichkeiten? Ich habe freilich schon immer Lust verspürt, meine Stimmungen zu *begründen*; nicht um sie zu rechtfertigen; weniger noch, um den Ort des Textes mit meiner Individualität zu füllen: sondern im Gegenteil, um diese Individualität einer Wissenschaft vom Subjekt zur Verfügung zu stellen, deren Name mir gleichgültig ist, sofern sie nur (was noch offen ist) zu einer Allgemeingültigkeit gelangt, die mich weder reduziert noch erdrückt. Es galt demnach, die Sache aus der Nähe zu betrachten.»[16]

So wie Barthes seine Texttheorie in *Die Lust am Text* als eine Theorie des Lesens entwirft, so fokussiert er in *Die helle Kammer* die Beziehung zwischen Fotografie und Betrachter. Die Analyse des Gegenstands erfolgt als Selbstanalyse. Analysierendes Subjekt und analysiertes Objekt, Betrachter und Fotografie sind nicht voneinander trennbar. Barthes beschreibt diese Erfahrung als gegenseitige «Belebung», ein Aspekt, der in der deutschen Übersetzung des Begriffs «animation»/«animer» mit «Beseelung» verloren geht:

> «In dieser trübsinnigen Ödnis begegnet mir auf einmal ein bestimmtes Photo; es beseelt [belebt] mich, und ich beseele [belebe] es. Ich muß die Anziehung, der es seine Existenz verdankt, mithin so benennen: eine *Beseelung [Belebung]*. Das Photo selbst ist völlig unbeseelt [unbelebt] (ich glaube nicht an die ‹lebendigen› Photographien), doch mich beseelt [belebt] es: darin gerade besteht jegliches Abenteuer.»[17]

Wie diese gegenseitige Belebung von Subjekt und Objekt, von Betrachter und Foto funktioniert, wird von Barthes mit dem Konzept des *punctums* noch genau-

---

16 Ebd., S. 26.
17 Ebd., S. 29. Originalfassung: «Dans ce désert morose, telle photo, tout d'un coup, m'arrive; elle m'anime et je l'anime. C'est donc ainsi que je dois nommer l'attrait qui la fait exister: une *animation*. La photo elle-même n'est rien animée (je ne crois pas aux photos ‹vivantes›) mais elle m'anime: C'est ce que fait toute aventure.» Roland Barthes: *La chambre claire. Notes sur la photographie*. Paris, 1980, S. 39. Der Begriff der «animation» bezeichnet im Französischen zunächst «Belebung» und in einem theologischen Sinne auch die Einheit von Körper und Seele. Vor dem Hintergrund, dass Roland Barthes in *Die helle Kammer* gerade die körperliche Dimension der ästhetischen Erfahrung herausstellt, erscheint mir die Übersetzung «Beseelung» verfälschend.

er ausgeführt. So strukturiert er seine Betrachtererfahrung mit dem Begriffspaar *studium* und *punctum*. Während das *studium* eine Lesehaltung des Betrachters benennt, der im Foto die angelegte Bedeutung, die kulturellen Bezüge und die Intentionen des Autors entziffert, bezeichnet das *punctum* die Details im Foto, die sich dieser Lektüre gerade entziehen und die begrifflich nicht fassbar sind.

Richtmeyer zufolge entspricht das *studium* dem funktionalen Kunstbegriff Bourdieus, insofern es alle kommunikativen und bedürfnisorientierten Aspekte der Rezeption einbezieht, das wahllose Vergnügen, ebenso wie den kultivierten Geschmack, den ‹passiven Konsum› wie den ‹gebildeten Genuß›.[18] Das *punctum* ist dagegen eine Weiterentwicklung und Verschiebung des *dritten Sinns*, mit dem Barthes eine Art ästhetischen Rest oder Überschuss in Filmstandbildern lokalisiert hat, der sich sinnlich vermittelt und eine individuelle ästhetische Erfahrung ermöglicht. Mit dem *punctum* betont Barthes die körperliche Dimension dieser ästhetischen Erfahrung. Das *punctum* ist etwas, das vom Foto selbst ausgeht und sich der Kontrolle des Betrachters ebenso wie der Kontrolle des Fotografen entzieht: Das *punctum* «punktiert» den Betrachter, es ‹geht ihm unter die Haut›, es löst Schmerz oder Lust aus. Mit dem *punctum* beschreibt Barthes eine Art subversive Eigenwilligkeit des Bildes, das nur für den individuellen Betrachter (körperlich) erfahrbar ist. Weder drängt der Leser seine Deutung dem Bild auf, noch trifft das Detail im Bild ohne das emotional, berührbare Individuum auf Resonanz.[19]

Barthes beschreibt das Verhältnis zwischen Betrachter und Fotografie als eine Wechselbeziehung, in der – wie oben zitiert – beide sich gegenseitig animieren und teils auch hervorbringen. Es handelt sich dabei nicht um eine klassische Subjekt-Objekt-Beziehung, in der der analysierende Betrachter seine subjektive Perspektive auf den Gegenstand projiziert; sondern umgekehrt projiziert (sich) auch das Objekt auf den Betrachter. Es wäre also zutreffender in diesem Kontext von einer «intersubjektiven» Beziehung zu sprechen, bei der der Gegenstand der Betrachtung zum eigenständigen Gegenüber wird, das sich der Kontrolle durch das Subjekt entzieht. Den Begriff *intersubjektiv* wähle ich in freier Anlehnung an die französische Terminologie, in der «sujet» nicht nur das grammatische, zivile und philosophische Subjekt, sondern auch den Gegenstand der Analyse oder das Thema eines Buches bezeichnet. Ich erweitere damit einen phänomenologischen Begriff von Intersubjektivität, der die verkörperte Beziehung zwischen menschlichen Subjekten anvisiert, in Hinblick auf die ästhetische Beziehung zwischen Betrachter und Gegenstand.[20] Dies scheint mir auch insofern legitim, als Barthes

---

18 Richtmeyer, S. 167, Barthes 1989, S. 36f.
19 Vgl. Barthes 1989, S. 35f.
20 Intersubjektivität ist nicht im Sinne der Kommunikationstheorie zu verstehen, in der Intersubjektivität eine Art sprachlich und kognitiv zwischen Subjekten vermittelten «common sense» meint; oder in

– wie J.-B. Fuges feststellt – in seinen Texten gerade mit der lexikalischen Vieldeutigkeit des Begriffs *sujet* spielt, um der Pluralität des Ichs Ausdruck zu verleihen.[21]

Mit dem Konzept des *punctum* versucht Barthes das zu bestimmen, was für ihn das Wesen der Fotografie ausmacht und was durch kein anderes Medium erfahrbar sei. Der Begriff wird im Laufe seines Schreibens weiter entfaltet und dient Barthes insbesondere zur Bestimmung eines *hors champs* (Off) des fotografischen Bildes und dessen Beziehung zur Realität (Vgl. 5.1.) Ich bin jedoch der Meinung, dass die ästhetische Erfahrung die Barthes in *Die helle Kammer* beschreibt und seine subjektive Verfahrensweise bei der Analyse der Fotografie, in der von mir herausgestellten allgemeinen Form durchaus auch auf andere Kunstformen übertragbar ist. Dies gilt insbesondere für den Film bzw. das filmische Bild, auf das Barthes in *Die helle Kammer* wiederholt zurückkommt. Nicht umsonst hat er mit dem *dritten Sinn*, zehn Jahre zuvor, ein dem *punctum* verwandtes ästhetisches Phänomen im Filmstandbild festgestellt und das fotografische Einzelbild des Films sogar als das eigens Filmische bestimmt (Vgl. 5).

Nichtsdestotrotz möchte ich Barthes' Vorbehalt gegenüber ‹bewegten Bildern› festhalten, den er am Anfang von *Die helle Kammer* betont: «Ich entschied mich dafür, daß ich das PHOTO gegen das Kino liebte, auch wenn es mir nicht gelang, beides voneinander zu trennen.»[22] Dieses ambivalente Verhältnis gegenüber dem Film liegt, wie er selbst es artikuliert, in der unkontrollierbaren Sogwirkung der Bewegungsbilder begründet. Denn die von ihm bevorzugte aktive Aneignung und kreative Fortsetzung eines Werks war – in einer Zeit vor Video oder DVD – mit Filmen weniger gut möglich als mit Texten oder fixen Bildern. Dem Film könne der Zuschauer, so Barthes' These, nichts Eigenes hinzufügen, daher rühre sein Interesse für das Fotogramm.[23] Indem er in «Der dritte Sinn» eine Filmästhetik anhand von Standbildern entwirft, ignoriert er schlicht das Bewegtbild als Wesen des Films. Trotz dieser Vorbehalte legen die Beispiele von Filmerfahrungen, die Barthes in vielen seiner Texte heranzieht, nahe, dass es

---

der Wissenschaftstheorie, wo er den Begriff der Objektivität ersetzt. Vielmehr lehne ich mich an die Phänomenologie an, die von einer leiblichen Verfasstheit der Intersubjektivität (Maurice Merleau-Ponty) ausgeht und auch die prinzipiellen Alterität des anderen Subjekts (Emmanuel Lévinas) reflexiv einbezieht. Merleau-Ponty hat für die leibliche Beziehung zwischen Subjekten insbesondere auch den Begriff der *intercorporéité*, der »Zwischenleiblichkeit«, geprägt. Merleau-Ponty 2007, S. 252.

21 J.-B. Fuges: *Comprendre Barthes*. Toulouse, 1979, S. 203f.
22 Barthes 1989, S. 11.
23 «Füge ich auch dem Bild des Films etwas hinzu? Ich glaube nicht; dafür bleibt mir keine Zeit: vor der Leinwand kann ich mir nicht die Freiheit nehmen, die Augen zu schließen, weil ich sonst, wenn ich sie wieder öffne, nicht mehr dasselbe Bild vorfände; ich bin zu ständiger Gefräßigkeit gezwungen; eine Menge anderer Eigenschaften sind im Spiel, doch nicht *Nachdenklichkeit*; daher mein Interesse für das Photogramm.» Barthes 1989, S. 65f.

sich dabei, wie Jonathan Rosenbaum es formuliert, recht eigentlich um «a lover's quarrel, a lover's discourse» handelt.[24]

3.2 Filmrezeption als ästhetische Erfahrung: Cinephilie

Für die Kritiker der *Cahiers du cinéma* und andere Cinephile und Filmwissenschaftler waren Barthes' kultur- und medientheoretische Schriften seit den 1960er Jahren ein wesentlicher Bezugspunkt.[25] Dies gilt nicht nur für die wenigen verstreuten Texte, die er eigens dem Film gewidmet hat, sondern vor allem auch für seine text- und kulturtheoretischen Schriften.[26] Im Zuge einer Öffnung der Filmkritik für die aktuellen theoretischen und philosophischen Diskurse wurde 1963 ein erstes Interview mit Barthes geführt,[27] in dem er Vorschläge für eine Filmsemiologie machte (bevor Christian Metz seine ersten Texte veröffentlichte). Seine semiologischen Analysen der Populärkultur (v.a. *Mythen des Alltags*) beeinflussten die sich in den 1960er Jahren in den *Cahiers du cinéma* formierende ideologiekritische Filmkritik. Die radikale Neukonzeption der Literaturkritik in *Sur Racine* mit ihrer Absage an den Autorenkult und der Forderung nach einer wissenschaftlich geschulten Lektüre halfen den Kritikern der *Cahiers du cinéma* sich von ihrer Tradition der Autorenpolitik loszusagen und den Kritiker als wissenschaftlichen Analytiker, der den Film in seiner Lektüre neu entstehen lässt, an die Stelle des Regisseurs als Autor zu setzen.[28] Die textuelle Analyse von Balsacs Novelle *Sarrasine* in *S/Z,* in der Barthes eine detaillierte Aufstellung und Deutung der im Text wirksamen Codes macht, wurde zum Vorbild einer Reihe textueller Filmanalysen, u.a. von Raymond Bellour.[29] So waren Barthes' semiologischen Schriften – ebenso wie die Filmsemiologie von Christian Metz – auch eine Basis für die in den 1960er Jahren entstehende Filmwissenschaft.

---

24 Jonathan Rosenbaum: Barthes & Film. 12 Suggestions. In: *Sight and Sound,* Winter 1982/3, S. 45–53, hier: S. 53.

25 Vgl. de Baecque 2003, S. 326.

26 Zu den Texten über Filme zählen: Roland Barthes: Beim Verlassen des Kinos. In: *Filmkritik* 235, 1976, S. 290–293 (Orig. 1975); «Der dritte Sinn» und «Diderot, Brecht, Eisenstein» In: Barthes 1990, S. 47–68 und S. 94–104.

27 Das Interview erschien in den *Cahiers du cinéma,* Heft 147, September 1963. Nachdruck auch in de Baecque 2004, S. 41–56.

28 Roland Barthes: *Sur Racine.* Paris, 1963. Siehe de Baecque 2003, S. 316ff.

29 Siehe Aumont, Marie 2007, S. 19. Raymond Bellours Analyse einer Sequenz aus Alfred Hitchcocks DIE VÖGEL (THE BIRDS, USA 1963) wurde in den *Cahiers du cinéma,* Nr. 216, 1970 publiziert. Vgl. Bickerton, S. 89. Barthes' Einfluss auf die Filmkritik und Filmwissenschaft ging natürlich weit über die *Cahiers du cinéma* hinaus. Siehe de Baecque 2003, S. 243ff.

Wie bereits einleitend angesprochen, waren für die *Cahiers du cinéma* nicht nur Barthes' textwissenschaftliche Schriften wegweisend, sondern auch der von ihm Anfang der 1970er Jahre eingeleitete Paradigmenwechsel hin zu einer subjektiven Wissenschaft und Ästhetik. Serge Daney, unter dessen Chefredaktion die Zeitschrift sich damals neu positionierte, verweist auf die Bedeutung des in *Lust am Text* eingeforderten Vergnügens gegenüber dem «Terror des Diskurses»[30] und auf den durchschlagenden Erfolg von Barthes' Diskurs zum Körper:

> «Ein Wort (‹Körper›) hatte allen erlaubt, sich rechtzeitig von der Apparatschiksprache der Politik frei zu machen. Wieder war Barthes der Erste. Ein großer Ge- und Missbrauch sollte – bei den *Cahiers* […] – von dem Wort ‹Körper› gemacht werden, jedoch nicht ohne Grund.»[31]

In dieser Phase kann man auch von einer gegenseitigen Einflussbeziehung sprechen.[32] Denn Barthes schreibt seine wesentlichen Texte zum Bild «Der dritte Sinn» und *Die helle Kammer* auf Anregung von Redakteuren der *Cahiers du cinéma*.[33] Und das posthum erschienene Buch *Die helle Kammer* wurde – wie Bergala mit kritischem Unterton anmerkt – von Foto- und Filmkritikern exzessiv rezipiert:

> «1980 wird *Die helle Kammer* wie ein Erdbeben in die verschlafene Reflexion über die Fotografie einbrechen. Alle die, die über das Kino schreiben, auch die *Cahiers*, werden während einiger Jahre, wenn nicht Jahrzehnte einen unmäßigen Gebrauch davon machen.»[34]

Ohne diesen Einfluss von *Die helle Kammer* auf Cinephilie und Filmkritik im Einzelnen nachzuweisen, werde ich im Folgenden den gemeinsamen ‹Resonanzraum› andeuten, innerhalb dessen sich der Vermittlungsansatz von Bergala situiert. Zu diesem Zweck werde ich exemplarisch einige frappierende Parallelen

---

30 Serge Daney, Philippe Roger: Le passeur. In: Serge Daney: *Devant la recrudescence des vols de sacs à mains, cinéma, télévision, information*. Hg.: Philippe Roger. Lyon, 1991, S. 107–136, hier 129.

31 «Un mot (‹corps›) avait permis à tout le monde de se désengager à temps de la langue de bois politique. Barthes, encore lui, avait été le premier. Un grand us et un grand abus va être fait – aux *Cahiers* et dans ces textes surtout – du mot ‹corps›. Pas tout à fait sans raison, pourtant.» Daney bezieht sich darin auf eigene, in den *Cahiers du cinéma* publizierte Texte. Serge Daney: *La rampe*. Paris, 1996, S. 111.

32 Alain Bergala: Petite histoire de la photographie aux *Cahiers* en dix dates. In: *Cahiers du cinéma* 623, 2007, S. 90f.

33 Nach dem bereits erwähnten Interview zur Filmsemiologie erschien 1970 Barthes bedeutenster Text zum Film «Der dritte Sinn» in der Zeitschrift. *Die helle Kammer* initiierte 1980 eine Buchreihe, die die *Cahiers du cinéma* in Kooperation mit dem Verlag Gallimard unter der Leitung von Jean Narboni herausbrachten.

34 «En 1980, *La Chambre claire* va faire l'effet de séisme dans le champs alors bien assoupi de la réflexion sur la photographie. Tous ceux qui écrivent sur le cinéma, *Cahiers* compris, vont en faire pendant quelques années, sinon quelque décennies, un usage immodéré.» Bergala 2007, S. 91.

von Barthes' intersubjektiver Rezeptionsästhetik zu der Filmauffassung und dem Selbstverständnis der Cinephilen Serge Daney, Jean-Louis Schefer, Jean Douchet aufzeigen. Es sind allesamt den *Cahiers du cinéma* nahestehende Autoren, die sich in ihrer Arbeit mit Fragen der Vermittlung und Bildung befasst haben und auf die sich Bergala in *Kino als Kunst* explizit bezieht. Sie setzen wie Barthes eine phänomenologische Methodik ein, indem sie die Beziehung zwischen Film und Zuschauer als eine individuelle, sinnliche Erfahrung zu fassen versuchen.[35]

Serge Daney (*1944) und Alain Bergala (*1943), beide in derselben Generation Kritiker der *Cahiers du cinéma*, sind nachweisbar von Barthes beeinflusst. Sie haben den Paradigmenwechsel von der Ideologiekritik zur Ästhetik mit Barthes vollzogen. Der Kunsthistoriker und Philologe Jean-Louis Schefer (*1938) war Barthes' Schüler, wurde aber auch von Barthes selbst rezipiert. Er hat mit seinem Buch zum Zuschauer *L'homme ordinaire du cinéma* in Frankreich die Abkehr vom psychoanalytischen Zuschauermodell der Semiologie eingeleitet.[36] Der ältere Douchet (*1929) war dagegen noch Zeitgenosse der ersten Generation der *Cahiers du cinéma* und vertritt damit die von de Baecque beschriebene klassische Cinephilie, vor der ideologiekritischen Wende in den 1960er Jahren.

«Kritik ist die Kunst zu lieben» – diese von Jean Douchet 1961 formulierte cinephile Programmatik könnte als gemeinsamer Nenner für die genannten Autoren gelten. Denn sie denken das Kino in Hinblick auf sich selbst als (liebenden) Betrachter. Statt eines objektiv-analytischen Zugriffs ist die individuelle und affektive Beziehung zum Gegenstand Ausgangspunkt ihrer Reflexionen, auch wenn diese unterschiedlich ausfallen können.

Ausgehend von seiner eigenen Erfahrung als «normaler» Kinobesucher skizziert Jean-Louis Schefer in *L'homme ordinaire du cinéma* eine Theorie des Zuschauers, die das Kinoerlebnis im Gegensatz zu psychoanalytischen Konzepten der Regression als eine Erweiterung der Sinnes- und Welterfahrung beschreibt.[37] Jean Douchet versteht seine Kritikertätigkeit hingegen vor allem in Bezug auf den Regisseur als Autor, mit dem er kommuniziert und dessen kreative Tätigkeit er

---

35 Keathley verweist auf die zentrale Bedeutung der Phänomenologie für die französische Cinephilie, die bisher allerdings noch nicht wissenschaftlich untersucht wurde. Sie ist vermutlich die gemeinsame Basis für Barthes Rezeptionstheorie und das cinephile Filmverständnis. Christian Keathley: *Cinephilia and History, or The Wind in the Trees*. Bloomington, 2006, S. 40.

36 In seinem Nachruf auf Barthes in den *Cahiers du cinéma* schildert Schefer, dass Barthes ihn zum Schreiben inspiriert habe, dass er jedoch eher von der Form als vom Inhalt seiner Texte beeinflusst sei. Jean-Louis Schefer: Barthes. In: *Cahiers du cinéma* 311, 1980, S. 7–8. Sein Buch zum Kinozuschauer *L'homme ordinaire du cinéma* erschien 1980, im selben Jahr wie *Die helle Kammer*.

37 Jean-Louis Schefer: *L'homme ordinaire du cinéma*. Paris, 1997 (Orig. 1980). Das Buch ist kürzlich auch in deutscher Sprache erschienen. Jean-Louis Schefer: *Der gewöhnliche Mensch des Kinos*. Hg.: Matthias Wittmann. Paderborn, 2012.

zugleich im Akt des Schreibens wiederholt.[38] Serge Daney, der sich der Beziehung von Kino und Welt widmet, entwirft in seinen Essays und Interviews eine imaginäre Autobiografie, in der er seine Erfahrungen als Reisender mit denen des Kinobesuchers (als Reisender in imaginäre Welten) zusammenführt (Vgl. 4.2).[39] Und Alain Bergala entwickelt – ausgehend von den eigenen Filmerlebnissen in der Kindheit – einen Ansatz der cinephilen Filmvermittlung, in dem die ‹liebende› Haltung gegenüber dem Gegenstand und der künstlerische Schaffensakt als individuelle Erfahrung im Mittelpunkt stehen (Vgl. 6).

Mit ihrer subjektiven Verfahrensweise grenzen sich die genannten Autoren – wie Barthes mit seiner *mathesis singularis* – von einem auf Objektivität zielenden Wissenschaftsdiskurs ab. Douchet bezeichnet sich auch als *amateur* und insistiert damit nicht nur auf seiner Liebe zum Kino, sondern auch – wie beispielsweise Schefer – auf der Nichtprofessionalität seiner Herangehensweise. Er setzt der Semiologie seine Cinephilie entgegen.[40] Dementsprechend wendet sich Bergala in Hinblick auf den Bildungsdiskurs der 1970er bis 1990er Jahre in *Kino als Kunst* explizit gegen die Dominanz der Textwissenschaften und der «sprachlichen» Filmanalyse.[41] Nicht der objektiv dekodierbare Zeichencharakter von Filmen, sondern die eigene Wahrnehmung, die Empfindungen und Erfahrungen als Zuschauer sollen bei der Auseinandersetzung mit Filmen im Zentrum stehen. Bergala vertritt dabei – wie Barthes – die Überzeugung, dass auch die Wissenschaft unausgesprochenen subjektiven Vorlieben folgt.[42]

Eine mögliche subjektive Form der Filmanalyse beschreibt Douchet folgendermaßen:

«Meine Methode basiert auf der Sensibilität. Ich glaube nämlich, dass die Kunst eine der zwei Erkenntnisformen ist und dass sie sich an die Sinne und die Affektivität richtet. Also analysiere ich meine eigenen Empfindungen. Denn ich glaube, ein Künstler erzeugt einen Effekt – was seine Aufgabe ist –, um ein Resultat zu erzielen; wenn ein Film Gefühle, Empfindungen auslöst, dann muss ich über sie ins Herz des Gegenstands vordringen, indem ich sie einsetzte, bestimme, (ab)schätze, vergleiche. Ich arbeite über einen Film, der

---

38 Douchet 2003.
39 Folgende Textsammlungen von Serge Daney sind in deutscher Sprache erschienen: Daney 2000: *Im Verborgenen* und Serge Daney: *Von der Welt ins Bild. Augenzeugenberichte eines Cinephilen.* Hg.: Christa Blümlinger. Berlin, 2000.
40 Douchet 2003, S. 23; Schefer 1997, S. 5f.
41 Douchet 2003, S. 15f; Bergala 2006: *Kino als Kunst*, S. 35 f.
42 Alain Bergala: Critique/théorie: l'évaluation et la preuve. In: *La critique cinématographique. Cinémas. Revue d'études cinématographiques* 6, 1996, S. 29–44. Bergala vergleicht in diesem Artikel die Filmkritik und die Filmwissenschaft und argumentiert, dass jegliche Theorie auf subjektiven Geschmacksurteilen beruht, nur dass die Wissenschaft diese nicht offenlegt.

sich mir als Objekt darstellt. Dem, was ihn konstituiert (Bild, Töne, Kadrierung, Licht, Montage usw.), so nahe wie möglich zu kommen, das ist mein erstes Bestreben. Ich sorge dafür, dass jeder alles, was ich behaupte, auf der Leinwand sehen oder hören kann. Ich hasse voreilige Schlussfolgerungen. Man muss dem Gegenstand absolut gerecht werden. Aber es genügt mir nicht, den Motor zum Zweck der Aufzeichnung auseinander- und wieder zusammenzubauen. Dieses Objekt, dieser Film ist auch ein lebendiger Organismus. So erlebe ich ihn und so wurde er von seinem Schöpfer erlebt. Und von ihm muss ich letztendlich berichten.»[43]

Douchet stellt hier einen Analysevorgang dar, der sein Objekt nicht nur zergliedert, eine «Autopsie» vornimmt – wie er es in Bezug auf die semiologische Verfahrensweise nennt –, sondern vielmehr als unteilbaren Organismus erfasst. In der subjektiven Perspektive wird der Gegenstand zum lebendigen Gegenüber, dessen Eigengesetzlichkeit respektiert wird und der sein letztlich nicht vollkommen durchschaubares Geheimnis – von dem auch Schefer und Bergala sprechen[44] – bewahrt.

Diese Imagination des Films als Lebewesen ist charakteristisch für die cinephile Filmauffassung. In den Texten der französischen Filmkritik (auch von Bergala) wird das Kino oft personifiziert, es häufen sich Metaphern des Lebens und des Lebendigen[45] im Zusammenhang mit Filmen. Serge Daney bezeichnet Filme als «Freunde», denen er im Laufe seines Lebens immer wieder «begegne» und denen er beim «Altern» zuschaue. Darüber hinausgehend imaginiert er für sich sogar eine Verwandtschaftsbeziehung zum Kino, wenn er sich einen «ciné-fils» (dt. Kino-Sohn) nennt, der im Kino seinen (verlorenen) imaginären Vater finde und der seinerseits wiederum Filme für sich «adoptiere».[46] Was für Daney als vaterlosem Nachkriegskind vor allem von autobiografischer Bedeutung ist, überträgt Bergala auf seine allgemeinen Überlegungen zur Kindheit und zum

43 «Ma méthode est fondée sur la sensibilité. Je crois, en effet, que l'art reste l'un des deux modes de connaissance et qu'il s'adresse aux sens et à l'affectivité. J'analyse donc mes propres sensations. Car je pense que si un artiste – ce qui est sa fonction – produit un effet, c'est pour en obtenir un résultat; que si un film produit des émotions, des sensations, je dois par elles, les investir, jauger, estimer, comparer pour accéder au cœur du sujet. [...] Je travaille, certes, sur un film qui se présente à moi comme un objet. Être au plus près de ce qui le constitue (image, sons, cadrage, lumière, montage etc.) sera mon souci premier. Je fais en sorte que ce que j'affirme, chacun le regarde ou l'entende sur l'écran. Je haïs l'extrapolation. Il faut être absolument fidèle à l'objet. Mais je ne peux me contenter d'opérer à la dépose et à la répose du moteur à fin de relevé. Cet objet, ce film est aussi un organisme vivant. C'est ainsi que je le vis et qu'il a été vécu par son créateur. Et de lui, finalement je dois rendre compte.» Douchet 2003, S. 15f.
44 Vgl. Schefer 1997, S. 6; Bergala 2006: *Kino als Kunst*, S. 49f.
45 Vgl. Michael Baute, Volker Pantenburg: Look at the way he rides with his legs stretched up! Zum filmvermittelnden Film. In: *kolik film. Sonderheft* 8, 2007, S. 7–15, S. 12.
46 Daney 2000: *Im Verborgenen*, S. 37, 47ff u. 117.

Kino. Mit dem Begriff «enfant de cinéma» (dt. Kinokind) beschreibt er die von ihm selbst und anderen Cinephilen erfahrene Ich-Werdung durch Filme.[47] Die von Daney in Hinblick auf seine ‹Filmfreunde› evozierte «Begegnung» ist ein Schlüsselbegriff seines Vermittlungskonzepts, mit dem er den prägenden Einfluss von Filmerfahrungen in der Kindheit fasst. In Bezug auf Schefers vielzitiertes Bonmot von den «Filmen, die meine Kindheit betrachtet haben», das mit der Doppelbedeutung des Verbs «regarder» (dt. anschauen/betreffen) spielt, schreibt er Filmen eine aktive Rolle im Prozess der Persönlichkeitsentwicklung zu und leitet daraus die zentrale Bedeutung der «Begegnung» mit Filmen für den Vermittlungsprozess ab (Vgl. 4.2).[48]

Das Kino wird im cinephilen Diskurs als lebendiges Gegenüber imaginiert, um die unkontrollierbare emotionale Wirkung und Faszinationskraft von Filmen zu beschreiben. Zugleich geht die Belebungsmetaphorik auch mit der von Barthes für die Fotografie formulierten Vorstellung einher, dass Ich und Gegenstand, Zuschauersubjekt und Filmobjekt, nicht voneinander trennbar sind, dass Film nicht als isoliertes Objekt gedacht werden kann, sondern vielmehr nur während der Rezeption oder in der Erinnerung des Betrachters existiert. So postuliert Jean Douchet, dass die rein materielle Existenz eines Kunstwerkes irrelevant sei, da dieses nur im Bewusstsein der Menschen (und sei es nur ein einziger) Wirkung entfalten und «leben» könne.[49]

Dementsprechend wendet sich Jean-Louis Schefer in *L'homme ordinaire du cinéma* gegen die Vorstellung des Films als Objekt oder Konstruktion, die man dechiffrieren kann, sondern beschreibt ihn vielmehr als eine besondere Form der Sinneswahrnehmung und Erfahrung. Der Film ist demnach eine Abfolge inkohärenter, fragmentierter Bewegungsbilder, die erst im Bewusstsein des Zuschauers Sinn erlangen. Der Zuschauer selbst wird zum Ort der parallelen Welt, die der Film ihm eröffnet: «[...] wir sind der Ursprung und das momentane Leben dieser an einer Summe von Kunstgriffen hängenden Welt.»[50] Gegenüber der Flüchtigkeit der Bilder sind es die Gefühle, die im Zuschauer bleibende Erinnerungen hinterlassen und die demnach für Schefer im Zentrum der Filmrezeption stehen. Der Film entsteht aus der Erinnerung dieser Gefühle neu:

---

47 Siehe den Titel «Cet enfant de cinéma» (Bergala, Bourgeois 1993).

48 Dieses Zitat ist meiner Ansicht nach falsch, da Schefer von «fotografieren» statt von «betrachten» spricht (Vgl. 4.2). Siehe Schefer 1997, S. 119. Jedoch hat sich der Satz – wie Daneys und Bergalas Texte zeigen – verselbständigt und spricht damit vielleicht umso überzeugender von einer geteilten Erfahrung.

49 Douchet 2003, S. 23.

50 «[...] que pour une part nous sommes la genèse et la vie momentanée de ce monde suspendu à une somme d'artifices.» Schefer 1997, S.6.

«Diese Kunst weckt ein Gedächtnis, das geheimnisvoll an die Erfahrung tiefer Gefühle (aber auch an ein sehr spezielles Leben isolierter Affekte) gebunden ist. [...] Es ist so, als würden wir ins Kino gehen, um den Film sukzessive über die Gefühle, die wir dort empfinden, zu vernichten, und als ob diese Menge an Affekten nach und nach in ihrem Licht und in dieser Gefühlsfarbe Ketten von Bildern zurückbrächten.»[51]

Mit seiner Darstellung des Films als Rezeptionserfahrung folgt Schefer einerseits Barthes' Verfahrensweise beim Entwurf einer intersubjektiven Ästhetik der Fotografie. Andererseits geht er aber über Barthes' und auch über Douchets oben zitierten Ansatz hinaus, indem er die besondere emotionale Wirkung, die eigenständige Existenz von Filmen im Inneren des Zuschauers gerade mit der spezifischen Qualität des Kinos als Bewegungsbild begründet. Es ist die Auslöschung der Bilder durch die Bewegung, die bewirkt, dass der Film als Objekt einem fixierenden, analytischen Zugriff entgleitet und im Inneren der Zuschauer immer wieder neu entsteht: «Das Schicksal dieser Bilder ist es, ein Gedächtnis zu konstituieren (folglich etwas in mir selbst zu besetzen und nicht meine Objekte zu werden).»[52]

Die hier skizzierte Reflexion des Films als individuelle Erfahrung geht in den cinephilen Texten, wie bei Roland Barthes, mit einem Nachdenken über die eigene Position einher. In dem oben angeführten Zitat bestimmt Barthes sich als Vermittler der Fotografie, der sich zum Experimentierfeld macht und ausgehend von seiner persönlichen Betroffenheit allgemeine Aussagen zur Fotografie trifft.[53] Auch die zitierten Cinephilen machen sich diese Verfahrensweise zu eigen, indem sie ihre Rolle als Kritiker mitdenken, der dem Publikum/Leser die persönliche Kinoleidenschaft vermittelt. Vor allem Douchet und Schefer bestehen dabei auf ihrer Autorschaft und betonen eine subjektive, nichtwissenschaftliche Herangehensweise. Douchet setzt Kritiker und Regisseur als Autoren gleich. Von der Autorenpolitik der frühen *Cahiers du cinéma* geprägt, führt er die intersubjektive Beziehung zwischen Zuschauer und Film auf eine Kommunikationsbeziehung zwischen diesen beiden Instanzen zurück. Hinter der intersubjektiven Bezie-

---

51 «Cet art éveille, mystérieusement lié à l'expérience d'une profondeur de sentiments (mais aussi à une vie très particulière des affects isolés), une mémoire. [...] Comme si nous allions au cinéma, afin [...] d'anéantir progressivement le film sur les sentiments que nous y éprouvons et comme si cette masse d'affects ramenait progressivement dans leur éclairage et dans cette couleur de sentiments des chaînes d'images.» Schefer 1997, S. 12.

52 «Le destin de ces images est de constituer une mémoire (par conséquent d'annexer quelque chose de moi-même et non de devenir mes objets).» Schefer 1997, S. 99.

53 Dieser Vermittlungsaspekt von Barthes' Ästhetik wird von Richtmeyer auch in Bezug auf Kants Modell des Reflexionsgeschmacks als Initiator der Kommunikation gesetzt. Richtmeyer, S. 185ff.

hung zum Kunstwerk taucht im cinephilen Diskurs als Dritter das Subjekt des (totgesagten) Autoren auf. [54]

> «In dieser absoluten Liebe zum Autor zeigt sich eine anthropomorphe Vorstellung vom Kino, die eine der konzeptionellen Fundamente der Cinephilie sein wird: Wer einen Film von Hitchcock sieht, wird ihn als Meister der Formen und einer bestimmten Art des Blicks erkennen lernen (auch als Körper, denn Hitchcock tritt schalkhaft in allen seinen Filmen auf, was *keiner* der Regisseure der Nouvelle Vague versäumen wird nachzuahmen […]), und er lernt das Kino selbst zu verstehen.» [55]

Was schließlich die Vermittlerrolle des Kritikers in Bezug auf das Publikum betrifft, so hat Serge Daney mit dem Begriff *passeur* ein Konzept formuliert, das von seinen Kritikerkollegen vielfach aufgegriffen wurde. [56] Die Figur des «Fährmanns», die u.a. den heimlichen, illegalen Grenzübertritt assoziiert, wird von Daney genutzt, um eine nichtlineare, nichtinstitutionelle Form der Übertragung von Wissen und Vorlieben zu beschreiben. Bergala hat ihn aufgegriffen und für den pädagogischen Kontext auf die Rolle des Lehrers übertragen, der als *passeur* seine individuelle Persönlichkeit in den Vermittlungsprozess einbringt (Vgl. 6.2). [57]

Diese Ausführungen sollten zeigen, dass Barthes Wahrnehmungsästhetik der Fotografie geeignet ist, den cinephilen ‹Umgang› mit Filmen theoretisch zu fundieren. Dies gilt für die Imagination einer intersubjektiven Beziehung zwischen Betrachter und Gegenstand, die subjektive Verfahrensweise der Analyse und die Transformation einer Rezeptionserfahrung in einen Schreibprozess. Die intersubjektive Beziehung zum Film wird von den Cinephilen häufig in Bezug auf den Film als ganzer, begehrter Körper bzw. als lebendiger Organismus imaginiert. Diese Vorstellung findet sich bei Barthes auch in der Darstellung seiner Lektürerfahrungen in *Lust am Text*. In den film- und fototheoretischen Schriften

---

54 Die Kommunikation mit dem Autor weist Barthes in *Die helle Kammer* dem *studium* zu. Allerdings werde ich anhand von Bergalas Schaffenstheorie zeigen, dass der Bezug zum Regisseur auch im Zusammenhang mit dem *punctum* gedacht werden kann (Vg. 5). In diesem Sinne geht Barthes in «Der dritte Sinn» auch auf den Regisseur (Eisenstein) als Autor ein, im Vordergrund seiner Texte steht jedoch der Rezipient als Autor. Vgl. Winfried Pauleit: *Filmstandbilder*. Frankfurt am Main, 2000, S. 123ff.

55 «Il existe dans cet amour absolu de *l'auteur* une conception anthropomorphique du cinéma qui sera l'un des soubassements conceptuels de la cinéphilie: qui voit un film d'Hitchcock apprend à le reconnaître comme un maître des formes et mode particulier d'un regard (comme corps également, puisque Hitchcock a la malice d'apparaître dans chacun de ses films, ce que ne manqueront pas de faire *tous* les cinéastes de la Nouvelle Vague héritage direct de cette ‹signature corporelle› de l'auteur), apprend à reconnaître le cinéma lui-même.» De Baecque 2003, S. 26.

56 Vgl. Daney 2000: *Im Verborgenen*, S. 58 und Roger, Daney 1991.

57 Bergala 2006: *Kino als Kunst*, S. 52.

konzentriert er sich dagegen auf die Details, die ihn als Betrachter individuell affizieren. Diese Liebe zum Detail findet sich auch in der cinephilen Filmauffassung wieder – und zwar in der Begeisterung für den besonderen Moment, der gewissermaßen als Gegenstück zur imaginären Ganzheit des Films fungiert (Vgl. 5). Laut Christian Keathly sind solche «cinephilen Momente» wesentliche Ansatzpunkte der cinephilen Filmbetrachtung. Er weist sie in Filmkritiken der *Cahiers du cinéma* nach und bestimmt daran – bezugnehmend auf Barthes' Rezeptionstheorie – die Methode einer phänomenologischen Filmreflexion, die die in der Filmwissechaft verbreitete semiologische Dekodierung ergänzen kann.[58]

Die von Barthes beschriebene intersubjektive ästhetische Erfahrung wird im cinephilen Diskurs um vier Dimensionen erweitert:

- *Die filmspezifische Dimension*: Nach Jean-Louis Schefer stellt das Bewegungsbild, das nur in der Imagination des Zuschauers als Zusammenhang existieren kann, eine stabile Subjekt-Objekt Beziehung in Frage.
- *Die (auto-)biografische Dimension*: Insbesondere Serge Daney und Alain Bergala reflektieren die Funktion der Film-Erfahrung für die (eigene) Kindheit und Entwicklung.[59]
- *Die Dimension des Autors*: Laut Douchet vermittelt der Regisseur mit dem Film seine spezifische Haltung zur Welt.
- *Die Dimension des passeurs*: Daney und Bergala thematisieren die Rolle des Vermittlers in Filmkritik und Pädagogik.

Dem cinephilen Filmverständnis zufolge spielen neben Zuschauer und Film, Regisseur und *passeur* als weitere Subjekte im komplexen Beziehungsgeflecht des Kinos mit. Diese Konstellation ist für Bergalas Vermittlungsansatz grundlegend. Ich werde sie in den kommenden Kapiteln in Hinblick auf die Persönlichkeitsbildung im Kino (Vgl. 4), die spezifische Medialität des Films und den filmischen Schaffensprozess (Vgl. 5) sowie die Vermittlungssituation (Vgl. 6) weiterverfolgen und erweitern.

---

58 Keathly 2006, S. 29–41, 133–152.
59 Auch *Die helle Kammer* ist autobiografisch, insofern Barthes dort anhand einer Fotografie der eigenen Mutter seine subjektive Beziehung zum Bild beschreibt. Jedoch reflektiert Barthes nicht die Rolle der Fotografien für die eigene Ich-Konstitution und um die geht es mir hier.

4. Kino und Kindheit

«Wenn wir heute ins Kinos gehen,
werden wir immer mehr oder weniger heimlich
von dem Kinokind begleitet, das wir einmal gewesen sind –
selbst wenn das Kino sich verändert hat, und wir mit ihm.»[1]
Alain Bergala

Kino und Kindheit ist ein häufig wiederkehrendes Thema in den Diskursen der französischen Cinephilie. Es steht dort nicht allein im Fokus pädagogischer Überlegungen, sondern ist Ausgangspunkt für allgemeine Reflexionen zum Medium Film, seiner Ästhetik und Rezeption. Beispielhaft dafür ist eine eher zufällig herausgegriffene Ausgabe der *Cahiers du cinéma* vom April 2010, die ihren Schwerpunkt der Entwicklung des Films angesichts der aktuellen technischen Neuerungen widmet. Diese wird in Hinblick auf zwei wesentliche Tendenzen diskutiert – vertreten durch Tim Burtons 3-D Blockbuster ALICE IM WUNDERLAND (USA 2010) und die Internet basierte Filmpraxis der amerikanischen Independentfilmer Josh und Benny Safdie. Beiden liegt das Thema Kindheit implizit zugrunde. Dies gilt zum einen in Bezug auf den Inhalt, da ALICE IM WUNDERLAND die Verfilmung eines der berühmtesten Jugendbücher der Literaturgeschichte ist und GO GET SOME ROSEMARY (USA 2010) der Brüder Safdie eine Vater-Kind-Beziehung darstellt. Zum anderen wird das Filmschaffen der Safdies aber auch grundsätzlich mit Kindheit in Verbindung gebracht: um die Ästhetik des Spiels und die Haltung des Zuschauers zu den Filmen zu charakterisieren.[2]

---

1   «Quand nous allons au cinéma aujourd'hui, même s'il a bien changé, et nous avec, c'est toujours accompagné plus ou moins secrètement par cet enfant de cinéma que nous avons été.» Alain Bergala: L'ineffaçable pli. In: Bergala, Bourgeois 1993, S. 9–10, hier: 9.
2   Joachim Lepastier: Les Safdies, tout est permis. Dans l'élan de leur deuxième long métrage, LENNY AND THE KIDS, exploration pratique du cinéma des frères Safdies et de leur collectif Red Bucket Films. In: *Cahiers du cinéma* 655, 2010, S. 19–22, hier: 19.

Kindheit als narratives Motiv, als ästhetisches Prinzip und als Kondition des Zuschauers – die Aspekte, die in diesem Dossier anklingen, sind charakteristisch für die Diskurse zu Kindheit und Film in der französischen Cinephilie und Filmtheorie. Gerade die Zuschauererfahrung wird häufig in Bezug auf das Kind oder die Kindheit gedacht. Von der Filmologie bis zur psychoanalytischen Filmtheorie wird die Rezeptionssituation im Kino mit frühkindlichen Entwicklungsstadien assoziiert oder die filmische Ästhetik mit einer kindlichen Wahrnehmungsweise in Verbindung gebracht.[3] Diese Theorien sind flankiert von einer Vielzahl autobiografischer Texte und Äußerungen von Cinephilen, wie *Im Verborgenen* von Serge Daney oder *L'homme ordinaire du cinéma* von Jean-Louis Schefer, die aus subjektiver Perspektive Film- und Kinoerfahrungen in Bezug zur ‹Kinokindheit› reflektieren.

Diese Durchlässigkeit der Diskurse der französischen Filmtheorie und -kritik für das Thema Kindheit findet ihre Entsprechung in dem hohen Niveau französischer Schulkinoprojekte, die keine scharfe Trennlinie zwischen dem ‹Kino für Kinder› und dem ‹Kino für Erwachsene› ziehen. Der Leiter des Grundschulprogramms *École et cinéma*, Eugène Andréanszky, betont beispielsweise, dass sie keine «Kinderfilme», sondern «gute Filme für Kinder» auswählen. Es sei eine Frage des Respekts vor dem Kind, dass man ihm nicht auf vermeintlich kindliche Bedürfnisse zugeschnittene, «leicht verständliche» Filme zeige, sondern es vielmehr mit ästhetisch herausragenden Filmen fordere: «Denn das Kind ist kein halber Zuschauer, sondern ein im Werden begriffener Zuschauer und als solcher schon eine ganze, vollständige Person.»[4] Die Vermutung liegt nahe, dass die Qualität und Vielfalt der Filmvermittlung in Frankreich, nicht nur durch den traditionell anderen Status des Kinos als Kunstform bedingt ist, sondern auch durch diese Reflexion des Kinos in Hinblick auf die Kategorien Kindheit und Vermittlung – auch in nichtpädagogischen Kreisen.[5]

Ein Beispiel für das Ineinandergreifen von Filmwissenschaft und Pädagogik ist der Vermittlungsansatz von Alain Bergala, der verschiedene Ebenen dieses Themas zusammenführt. In der semiologischen Phase befasst er sich mit dem *Kinozuschauer als Kind*, das heißt mit der von der psychoanalytischen Filmtheorie beschriebenen Einbindung des Zuschauers in Filme (4.1). In der cinephilen Phase verschiebt er den Fokus auf das *Kino in der Kindheit*, die Bildung durch Filme also (4.2), und auf die Vermittlung im Film, die *Kindheit als Filmmotiv* (Vgl. 7.6). Er greift dort nur noch punktuell und implizit auf die Psychoanalyse

---

3   Siehe beispielsweise Henri Wallon: Das Kind und der Film. In: *Montage av. Zeitschrift für Theorie und Geschichte audiovisueller Kommunikation. Digitales Kino/Filmologie und Psychologie* 12 /1, 2003, S. 99–109 (Orig. 1971) oder Metz 2000.

4   Pantenburg, Pethke, Stein 2008: *Kino – Bildung – Politik*.

5   Eine Erforschung dieses Zusammenhangs steht noch aus.

zurück, vor allem auf den Begriff des Begehrens als Motor von Bildungs- und Vermittlungsprozessen. Als Beispiele der Persönlichkeitsbildung im Kino dienen ihm stattdessen Kindheitserinnerungen von Cinephilen und eine Umfrage unter Kinogängern, die er 1993 gemeinsam mit Nathalie Bourgeois unter dem Titel *Cet enfant de cinéma que nous avons été* (dt. «Dieses Kinokind, das wir gewesen sind») herausgegeben hat.

Das Thema Kino und Kindheit wird im Folgenden mit Blick auf diese beiden Kontexte, die Psychoanalyse und die Cinephilie, untersucht. Im Vordergrund steht die Situation des Zuschauers und die biografische Prägung durch Filmerfahrungen. Ergänzend zu dem soziologischen Modell der Geschmacksbildung, das sich auf ästhetiche Werke aller Art bezieht, wird damit die spezifisch bildende Funktion des Mediums Film thematisiert. Dabei wird es auch um die prägende Wirkung der im vergangenen Kapitel beschriebenen intersubjektiven ästhetischen Erfahrung gehen. Denn Bergalas Rückgriff auf cinephile Kindheitserinnerungen entspricht Barthes' Ansatz einer subjektiven Wissenschaft. Statt wie in den semiologischen Schriften von einem (psychoanalytischen) Modell der Persönlichkeitsbildung auszugehen, setzt er in den cinephilen Schriften bei der individuellen Filmerfahrung an, bei den Filmen, die ein Individuum berührt und in ihm Spuren hinterlassen haben.

4.1 Das psychoanalytische Entwicklungs- und Zuschauermodell

«**C. Rouaud:** Sie haben Ihr Buch *Initiation à la sémiologie du récit en images* vor 10 Jahren veröffentlicht, wie sehen Sie dieses Werk heute?
A. Bergala: [...] Ich habe das Buch selbst nicht wieder gelesen, aber es war der Versuch, die Position des Zuschauers zum Bild zu verstehen, was in der Pädagogik zu der Zeit nicht sehr in Mode war und die manchmal ein wenig mechanistische Tendenz der Semiologie attackierte.»[6]

In dem Ende der 1970er Jahre erschienen Buch *Initiation à la sémiologie du récit en images* versuchte Bergala als einer der ersten, die wichtigsten psychoanalytischen Zuschauertheorien zusammenzufassen, zu systematisieren und für die Filmvermittlung fruchtbar zu machen. Er ergänzte diese Ausführungen in dem

---

[6]   «C. Rouaud: Vous avez publié votre *Initiation à la sémiologie du récit en images* il y a une dizaine d'années, quel regard portez-vous aujourd'hui sur cet ouvrage? – A. Bergala: [...] Je n'ai pas relu le livre lui-même, mais il y avait un travail pour essayer de comprendre la position du spectateur par rapport à l'image, ce qui, à l'époque, n'était pas très à la mode en pédagogie et battait en brèche le côté un peu méchaniste que la sémiologie a eu trop facilement.» Rouaud, 1988, S. 5.

gemeinsam mit Jacques Aumont, Michel Marie und Marc Vernet verfassten Lehrbuch *Esthétique du film* und stellte sie dort in den größeren Kontext der filmgeschichtlich relevanten Zuschauertheorien. *Esthétique du film* wurde ins Englische übersetzt und als eine kanonische Einführung in die Filmanalyse rezipiert.[7] Auch neuere deutsche und englischsprachige Publikationen zitieren noch den von Bergala verfassten Abschnitt zum «Film und seinem Zuschauer».[8]

In beiden Texten greift er direkt auf die psychoanalytische Entwicklungstheorie von Sigmund Freud und Jacques Lacan zurück, um die starke affektive Wirkung von Filmen und ihre identitätsbildende Funktion zu begründen. Die psychoanalytischen Filmtheorien von Christian Metz, Jean-Louis Baudry und Jean-Pierre Oudart dienen ihm dazu, die Situation des Kinozuschauers, als Ausgangspunkt seines Vermittlungsansatzes, zu beschreiben. Der Schlüsselbegriff, der beide Ebenen zusammenführt, ist die *Identifikation*, insofern damit nicht nur ein grundlegender Mechanismus der Identitätsbildung bezeichnet, sondern auch die «Einbindung» des Zuschauers in Filme und das Kinodispositiv beschrieben wird.[9] In der cinephilen Phase tritt dagegen der Begriff des *Begehrens* in den Vordergrund. Ebenfalls dem psychoanalytischen Entwicklungsmodell entlehnt, akzentuiert dieser das individuelle, aktivierende Moment in Lern- und Vermittlungsprozessen.

Bei der folgenden Darstellung des psychoanalytischen Entwicklungs- und Zuschauermodells und seines Einflusses auf Bergalas Vermittlunsangsatz, werde ich mich auf seine eigenen, systematischen Ausführungen in den semiologischen Schriften stützen und diese, falls erforderlich, ergänzen.

---

7   Aus der ersten Auflage des Buches *Esthétique du film* geht hervor (Paris 1981), dass der Abschnitt zum Zuschauer «Le film et son spectateur» von Bergala verfasst wurde. Er führt darin die bereits in *Initiation à la sémiologie du récit en images* skizzierte Systematik des Kinozuschauers genauer aus, bezieht allerdings auch Vorläufer der psychoanalytischen Theorie wie die Filmologie ein. Bergala 2004: *Esthétique du film*, S. 159–202.

8   Vgl. Heidmarie Schumacher: *Fernsehen, fernsehen. Modelle der Medien- und Fernsehtheorie*. Köln, 2000, S. 206. Robert Stam, Robert Burgoyne, Sandy Flitterman-Lewis: *New Vocabularies in Film Semiotics. Structuralism, Post-structuralism and beyond*. London, New York, 1992, S. 149. Die englischsprachige Ausgabe *Aesthetics of film* erschien 1992 bei der University of Texas Press.

9   Bergala 2004: *Esthétique du film*, S. 174.

4.1.1 Identifikation und Kino

Der filmwissenschaftliche Begriff der Identifikation bezieht sich auf den von Sigmund Freud eingeführten psychoanalytischen Begriff der Identifizierung[10] (frz. *identification*). Diesen werde ich kurz einführen, bevor ich die Übertragung auf die Filmtheorie und auf Bergalas semiologische Medienpädagogik darstelle.

Die Identifizierung gilt in der Psychoanalyse und Soziologie als ein wesentlicher Mechanismus der Persönlichkeitsbildung. Demnach konstituiert sich ein Subjekt, indem es sich mit verschiedenen Personen oder Idealbildern identifiziert und sich dabei Eigenschaften von ihnen zu eigen macht, d.h. sie assimiliert bzw. sich nach ihrem Vorbild wandelt.[11] Freud hat diesen Prozess insbesondere in Hinblick auf die sogenannte ödipale Phase der kindlichen Entwicklung beschrieben, in der Identifizierungen die Lösung des Kindes aus der Bindung an die Mutter und die Familie ermöglichen. Freuds Modell wurde später von Jacques Lacan durch die sogenannte Spiegelphase erweitert, einer früheren Phase, in der das Ich beginnt, sich von der Umwelt zu differenzieren.

Nach Freud und Lacan erfährt sich das Kind unmittelbar nach der Geburt zunächst als eins mit der Umgebung. Es unterscheidet noch nicht zwischen sich und den anderen: Subjekt und Objekt sind eine Einheit. In der von Lacan beschriebenen Spiegelphase setzt die Ich-Werdung ein, indem das Kind beginnt, sich als getrennt von der Welt wahrzunehmen. Die Spiegelphase ist geprägt von der sogenannten «dualen Beziehung» zwischen Subjekt und Objekt, zwischen ich und den anderen (meist die Mutter) als einer Spiegelbeziehung. In dieser Phase imaginiert sich das Kind als autonome, körperliche Einheit, indem es sich mit seinem Spiegelbild oder mit dem anderen Menschen als Ähnlichem identifiziert. Diese Identifizierung ist «imaginär», da das Kind de facto noch keine Kontrolle über seinen Körper hat, noch nicht selbstbestimmt agieren kann und daher ein ideales Ich von sich entwirft, auf das es sein Begehren (zu sein) richtet. Alle weiteren Selbstentwürfe des Ichs folgen nach Lacan dieser «primären Identifizierung» mit einem Bild, die auf einer narzisstischen Selbstverkennung beruht.[12] Alle Selbstbilder (Ideal-Ichs), nach denen das Ich versucht, sich zu formen, sind imaginär und basieren auf einer Spaltung des Subjekts, das sich selbst immer im Bild

---

10 Im filmwissenschaftlichen Kontext wird auch synonym der Begriff der «Identifikation» verwendet, vermutlich eine Re-Übersetzung aus dem Französischen. Vgl. beispielsweise Thomas Elsaesser, Malte Hagener: *Filmtheorie zur Einführung*. Hamburg, 2007, S. 85. Ich werde im Weiteren «Identifizierung» für den psychanalytischen Begriff, und «Identifikation» für den filmwissenschaftlichen Begriff verwenden.

11 Vgl. Laplanche, Potentialis, S. 219ff.

12 Bergala 2004: *Esthétique du film*, S. 180.

des anderen (Subjekts) sucht: «[…] das Ich definiert sich durch Identifikation mit dem Bild des anderen, ‹für einen anderen und durch einen anderen.›»[13]

Die imaginäre, duale Beziehung zwischen Kind und Mutter, zwischen Ich und Bild, wird durch den Eintritt in die symbolische Ordnung überwunden, den die ödipale Phase in Gang setzt. Sigmund Freud hat mit der ödipalen Phase die Konstitution der menschlichen Sexualität im Kontext der (westeuropäischen) Kleinfamilie Vater, Mutter, Kind beschrieben. Demnach ist diese trianguläre Beziehung gekennzeichnet durch das «Begehren» des Kindes nach dem andersgeschlechtlichen Elternteil und den aus Konkurrenz resultierenden Hassgefühlen gegenüber dem gleichgeschlechtlichen Elternteil. Da das Begehren, das sich auf den «Besitz» des geliebten Objekts richtet, aufgrund des Inszestverbots (des «Gesetzes») nicht erfüllbar ist, verlegt sich das Kind darauf, sich mit demjenigen zu identifizieren, der das begehrte Objekt besitzt, d.h. mit dem Vater, der die Mutter «besitzt» oder umgekehrt. Begehren und Identifizierung bedingen sich in diesem Modell also gegenseitig, wobei das Begehren die Identifizierung hervorbringt.[14] Bergala betont die Ambivalenz und Reversibilität dieser Gefühle, die sich abwechselnd auf beide Elternteile richten können, was in den französischen Formulierungen «désirer d'être», «désirer d'avoir» (dt. «zu sein wünschen», «zu haben wünschen») besonders deutlich wird. Identifizierung ist der Wunsch der andere *zu sein*, das Begehren ist der Wunsch, den anderen *zu besitzen*.[15] Aus dieser «ödipalen Krise» befreit sich das Kind schließlich, indem es eine Reihe sekundärer Identifizierungen zu anderen Personen oder kulturellen Bildern eingeht und damit seine Persönlichkeit konstituiert.

Bergala dient dieses psychoanalytische Modell der Identifizierung dazu, die identitätsbildende Funktion des Kinos auf zwei Ebenen zu begründen. In der ödipalen Phase richten sich die sekundären Identifizierungen wesentlich auf kulturelle Produkte – darunter auch Filme – und ermöglichen damit die Konstitution des Ich und seine Emanzipation von der Familie:

«Die kulturellen Erfahrungen tragen natürlich zu diesen späteren sekundären Identifizierungen im Laufe des ganzen Lebens eines Subjektes bei. Der Roman,

---

13 «On doit à Jacques Lacan d'avoir insister sur cette *fonction imaginaire du moi*: le moi se définit par identification à l'image d'autrui, ‹pour un autre et par un autre›.» Bergala 2004: *Esthétique du film*, S. 180. Lacan unterscheidet zwischen dem kleingeschriebenen *anderen*, dem anderen Subjekt, und dem großgeschriebenen *Anderen*, der Symbolischen Ordnung (eines durch Zeichensysteme konstituierten gesellschaftlichen Zusammenhangs), daher verwende ich an dieser Stelle die Kleinschreibung.

14 Bergala verweist mit Gilles Deleuze darauf, dass nicht immer der Verzicht auf das Objekt der Identifikation vorausgeht, sondern dass umgekehrt auch die Identifikation einen Verzicht auf das Objekt bedingen kann. Bergala 2004: *Esthétique du film*, S. 181.

15 Ebd., S. 179.

das Theater, das Kino als kulturelle Erfahrungen mit starker Identifizierung (durch die Inszenierung des Anderen als Figur des Gleichartigen) spielen eine privilegierte Rolle bei diesen sekundären kulturellen Identifizierungen.»[16]

Zudem fungieren die imaginären Identifizierungen der Spiegelphase nach Lacan als Matrix für alle weiteren Identifizierungen und wirken damit im Laufe des ganzen Lebens fort.[17] Damit lässt sich die zentrale Funktion von Bildern für die Selbstentwürfe und Selbstkonstitution des Individuums begründen, die laut Lacan immer Trugbilder sind und das Ich als ein grundsätzlich gespaltenes und entfremdetes determinieren. Das psychoanalytische Modell postuliert ein Primat des Bildes bei der Subjektkonstitution. Dieses Primat wird von Lacan – und darin folgt Bergala ihm in seinen semiologischen Schriften – negativ bewertet. Denn erst der Zutritt zur Sprache und zur symbolischen Ordnung, als Ausweg aus der Verstrickung in die Trugbilder des eigenen Begehrens, ermöglicht die Individuation.

Das Modell der Identifizierungen dient Bergala nicht nur dazu, die Rolle von Bildern bei der Identitätskonstitution zu bestimmen, sondern auch die Beziehung vom Subjekt zum Bild bzw. Kino als eine imaginäre Beziehung zu beschreiben. Im Anschluss an die psychoanalytischen Theorien, postuliert er eine Analogie zwischen der Situation des Kinozuschauers und den verschiedenen Phasen der Subjektentwicklung.[18] Demzufolge begibt sich der Zuschauer im Kino freiwillig in einen Zustand der «Regression», indem er die eigene Aktivität in der Welt kurzzeitig aufgibt und an das imaginäre Universum des Films delegiert.[19] Wie das Kind auf das Objekt seines Begehrens verzichtet und sich stattdessen mit ihm (bzw. demjenigen, der es besitzt) identifiziert, so verzichtet auch der Kinozuschauer von vornherein auf einen direkten Zugriff auf das Objekt auf der Leinwand. Dieses ist schon immer abwesend – mit den Worten von Christian Metz ein «imaginärer Signifikant» – und damit Ziel eines ewig aufgeschobenen Begehrens.[20] Das bewegungslose Verharren vor der Leinwand entspricht einem Rückzug von der Welt und einem narzistischen Einschluss ins Ich. Das begehrte Objekt wird durch die Identifikation in der Imagination des Ich wiederhergestellt und ersetzt: Das Be-

---

16 «Les expériences culturelles vont évidemment participer de ces identifications secondaires ultérieures tout au long de la vie du sujet. Le roman, le théâtre, le cinéma, comme expériences culturelles à forte identification (par la mise en scène de l'autre comme figure du semblable) vont jouer un rôle privilégié dans ces identifications secondaires culturelles.» Bergala 2004: *Estétique du film*, S. 180.

17 Bergala 2004: *Esthétique du film*, S. 175.

18 Bergala bezieht sich nicht nur auf Metz und Baudry, sondern auch direkt auf psychanalytische Texte von Freud, Lacan und Melanie Klein. Ebd., S. 182ff.

19 Elsaesser, Hagener 2007, S. 83.

20 Metz 1997.

gehren des Zuschauers wird im Kino imaginär erfüllt, die Leinwand fungiert als Spiegel des Unbewussten.[21]

In seinen Ausführungen folgt Bergala der von Metz vorgeschlagenen Unterscheidung zwischen einer primären kinematografischen Identifikation des Zuschauers mit dem ‹Subjekt des Schauens› im Kino und einer sekundären kinematografischen Identifikation mit dem Film (bzw. seinen Figuren).[22] Die primäre kinematographische Identifikation wurde zuerst von Baudry in seiner Apparatustheorie bzw. Dispositivtheorie reflektiert, in der er das Kino als eine Schauanordnung beschreibt. Er verbindet darin Lacans Theorie des Spiegelstadiums mit einer ideologiekritischen Lesart der Zentralperspektive, und bestimmt das Kino als eine ideologische Apparatur, der der Zuschauer unterworfen ist. Diese Apparatur determiniere den regressiven Zustand des Zuschauers im Kino und konstituiere zugleich die Fiktion eines allmächtigen und transzendentalen Subjekts des Blicks, das im Zentrum der filmischen Fiktion steht und diese als Realität erlebt.[23]

Der Schwerpunkt von Bergalas Überlegungen zum Zuschauer im Kino liegt allerdings nicht auf Metz' und Baudrys Ausführungen zur primären kinematographischen Identifikation.[24] Stattdessen widmet er sich ausführlicher der sekundären kinematografischen Identifikation, der Identifikation mit der Filmerzählung also, und greift dafür auf die Narratologie und auf die Suture-Theorie zurück.[25] Die sekundäre Identifikation teilt Bergala in eine Identifikation mit dem Film als Erzählung und in die allgemein bekannte Identifikation mit Figuren im Film ein. Die Identifikation mit der Narration als universelles Prinzip – die sich in der Lust von Kindern an Geschichten zeige – führt er insbesondere auf die ödipale Struktur vieler konventioneller Erzählungen zurück. Geschichten faszinieren uns demzufolge, da sie an Grundbedingungen unserer Subjektwerdung – wie den Konflikt zwischen Gesetz und Begehren[26] – erinnern und ermöglichen, diese imaginär auszuagieren: «[...] jede Geschichte ist ein wenig unsere eigene Geschichte».[27]

---

21   Bergala 2004: *Esthétique du film*, S. 180ff; Bergala 1978: *Initiation à la sémiologie du récit en images*, S. 59f.

22   Die primäre und sekundäre kinematografische Identifizierung entsprechen im psychoanalytischen Entwicklungsmodell den sekundären Identifizierungen. Metz 1977, S. 78f.

23   Siehe Baudry 1970, auch: Jean-Louis Baudry: Das Dispositiv: Metapsychologische Betrachtungen des Realitätseindrucks. In: Claus Pias, Joseph Vogel, Lorenz Engell, Oliver Fahle, Britta Neitzel (Hg.): *Kursbuch Medienkultur. Die maßgeblichen Theorien von Brecht bis Baudrillard*. Stuttgart, 2004 (Orig. 1975), S. 381-404.

24   Elsaesser, Hagener, S. 89.

25   Bergala 2004: *Esthétique du film*, S. 187.

26   Lacan verallgemeinert Freuds Modell der ödipalen Krise, das sich auf eine konkrete Personenkonstellation in der Kindheit bezieht und damit von feministischer Seite zurecht kritisiert wurde, in Hinblick auf einen grundlegenden Konflikt zwischen dem Begehren des Subjekts und dem kulturell vorgegebenen Gesetz bzw. einer verbietenden Instanz (die in der patriarchalen Gesellschaft durch die Figur des Vater repräsentiert wird).

27   Bergala 2004: *Esthétique du film* S. 187.

Wenn er in vielen seiner Vermittlungsmedien Filme als Initiationsgeschichten analysiert, arbeitet Bergala meist diese ödipalen Tiefenstrukturen der Filmhandlung heraus (Vgl. 7.6).

Die Identifikation mit Figuren führt Bergala, entgegen der landläufigen Meinung, nicht auf eine Sympathielenkung aufgrund von Charaktereigenschaften zurück, sondern betont vielmehr, dass es die Struktur der Narration selbst sei, die die Identfikation lenke: «Die Identifikation ist keine Beziehung von Psyche zu Psyche [...]. Sie ist eine Beziehung von Struktur zu Struktur.»[28] So kann auch ein nicht eindeutig positiver Charakter zum Sympathieträger für den Zuschauer werden. Die Anlage von Situationen und Personenkonstellationen lenkt im Zusammenspiel mit den «Mikrostrukturen» des Films, d.h. der Gestaltung und Anordnung der einzelnen Einstellungen, der Blickpunkte und der Montage, die Identifikation des Zuschauers.[29]

Diese Mikrostrukturen sind Gegenstand der Analysen und Vermittlungsmethoden in *Initiation de la sémiologie du récit en images*, die Bergala explizit Metz' Analyse von Sequenzen als «syntagmatische Einheiten» gegenüberstellt.[30] Er greift die zu dieser Zeit in der französischen Filmkritik und -theorie verbreitete ideologiekritische Analyse der Zentralperspektive und der Tiefenschärfe auf, um die Position des Zuschauers und die Konstruktion eines «Realitätseindrucks» im Einzelbild bzw. in einzelnen Einstellungen aufzuzeigen.[31] Für die Analyse der Montage bezieht er sich unter anderem auf die Suture-Theorie von Oudart, der mit psychoanalytischen Kategorien die Funktionsweise des ‹unsichtbaren Schnitts› begründet. Demzufolge ist das Zuschauersubjekt in die Filmhandlung «eingenäht».[32] Das heißt, in seinem kindlichen Wunsch nach einer imaginären Vervollständigung des eigentlich nur fragmentarisch vorliegenden Films garantiert das Subjekt die Kontinuität der Filmhandlung. Es imaginiert den Film als

---

28 «La relation d'identification n'est pas une relation de psychologie à psychologie: de la psychologie du spectateur à celle du personnage, au sens banal de l'expression. C'est une relation de structure à structure.» Bergala 1978: *Initiation à la sémiologie du récit en images*, S. 65.

29 Zur Illustration dieser These zitiert Bergala ein Beispiel, das Hitchcock selbst ausgeführt hat: Man sieht eine Szene, in der eine Person in ein Zimmer tritt und in den Schränken etwas sucht. Dagegen geschnitten ist eine Person (der Besitzer des Zimmers), die eine Treppe hochsteigt und sich dem Zimmer scheinbar nähert. In einer solchen Situation wird man sich mit dem Suchenden identifizieren, Angst verspüren, dass er überrascht werden könnte – egal *wer* die Person ist. Bergala 2004: *Esthétique du film* S. 191.

30 Bergala 1978: *Initiation à la sémiologie du récit en images*, S. 35.

31 Besonders einflussreich war in Frankreich der Kunsthistoriker und Kunstsoziologe Pierre Francastel (u.a. *Études de sociologie de l'art*. Paris 1970). Siehe u.a.: Jean-Pierre Oudart: L'effet de réel. In: *Cahiers du cinéma* 228, 1971, S. 19–26; Notes pour une théorie de la représentation, In: *Cahiers du cinéma* 229, 1971, S. 43–45. Jean-Louis Comolli: Technique et idéologie: Caméra, perspective, profondeur du champs, *Cahiers du cinéma* 229, 1971.

32 Oudart 2001. Siehe auch Elsaesser, Hagener, S. 116.

ein räumliches und zeitliches Kontinuum, es bringt ihn hervor und bleibt doch grundsätzlich aus der Filmwelt ausgeschlossen.

Bergala zeigt, wie anhand der minimalen Strukturen von Filmerzählungen – der Inszenierung der Blicke von Figuren, der Wiederkehr bestimmter privilegierter Kamerapositionen, der Wahl der Einstellungsgrößen – die Aufmerksamkeit des Zuschauers gelenkt und die Identifikation mit Figuren gesteuert werden kann. Er überträgt dabei Freuds These von der fundamentalen Ambivalenz der Identifizierung auf den Kinozuschauer, dessen Position durch den permanenten Wechsel der Kameraperspektive ebenfalls instabil und uneindeutig ist. Er analysiert ausführlich wie diese instabile Haltung durch die Filmnarration gesteuert und auf privilegierte Wege gelenkt wird.

Zugleich räumt Bergala ein, dass die Identifikation nicht allein von der Filmnarration vorgegeben ist, sondern auch von der individuellen Disposition jedes einzelnen Zuschauers anhängt:

«Die Identifikation hängt genauso von der persönlichen Struktur des Subjektes, von der Konstitution seines imaginären Ichs ab, wie vom Film selbst. Man kann über die Arbeit der Codes lediglich sagen, dass sie im filmischen Text privilegierte Wege vorgeben, dass sie dort bestimmte Strukturen kennzeichnen, die der Beziehung des Zuschauers zu der Bilderkette sehr wahrscheinlich eine andere Richtung geben. Aber sie kann in keinem Fall für jeden Zuschauer dieselbe Haltung oder Pfade der Identifikation verpflichtend vorgeben.»[33]

Dennoch bestimmt er in seinen Analysen die Position des Zuschauers vor allem als einen ‹Effekt› der Anordnung und der Narration. Mit der Identifikation analysiert er die Position, die die konventionelle Filmerzählung dem Zuschauer zuweist. Die emotionale Bindung an den Film wird auf ein kollektiv geteiltes Imaginäres zurückgeführt und nicht auf die Vorlieben einer individuellen Persönlichkeit – wie später in *Kino als Kunst*.

Mit seiner Systematisierung der Mechanismen der Identifikation positioniert sich Bergala zwischen den in den 1970er Jahren dominierenden Formen der französischen Filmwissenschaft: zwischen einer allgemeinen Theorie des Zuschauers, um die sich Baudry und Metz bemüht haben, und den von Barthes' Buch *S/Z* inspirierten *analyses textuelles*, die die Position des Zuschauers in konkreten Filmen

---

33 «L'identification est tout autant dépendante de la structure personelle du sujet, de la constitution de son moi imaginaire, que du film lui-même. Tout ce que l'on peut dire du travail des codes, c'est qu'il trace dans le texte filmique des lignes de parcours privilégiées, qu'il y marque certaines structures, qu'il infléchit très vraisemblablement la relation du spectateur à la chaîne des images mais qu'il ne saurait en aucun cas assigner à l'identification une posture et un parcours obligés, les mêmes pour chaque spectateur.» Bergala 1978: *Initiation à la sémiologie du récit en images*, S. 67.

analysieren.[34] Ohne sich einzelne Filme vorzunehmen, leistet Bergala eine exemplarische, ideologiekritische Analyse der Erzählkonventionen des klassischen Hollywoodkinos.[35] Zudem systematisiert und ergänzt er für den pädagogischen Gebrauch die psychoanalytischen Zuschauertheorien. Das psychoanalytische Modell dient ihm dazu, die Wirkungsweise von solchen konventionellen Bilderzählungen auf den Zuschauer zu reflektieren und insbesondere die emotionalen und unbewußten Anteile der Filmrezeption einzubeziehen. In seinen Analysen folgt Bergala der Semiologie, die sich für die Sinn generierenden Strukturen der Kultur interessiert, und der ideologiekritischen Reflexion des Films in den *Cahiers du cinéma*. Dabei liegt die später in *Kino als Kunst* formulierte These von der ethischen Dimension der Ästhetik implizit bereits der Frage nach der Lenkung des Zuschauers durch die Mechanismen der Identifikation zugrunde.

4.1.2 Die zwei Körper des Kinozuschauers: Jean Louis Schefers und Roland Barthes' Gegenentwürfe

Die psychoanalytische Filmtheorie, insbesondere die Schriften von Metz und Baudry, waren bis Mitte der 1980er Jahre das «zentrale Paradigma der Filmtheorie».[36] Seit den 1990er Jahren jedoch mehrte sich die Kritik an dem als universell postulierten Zuschauermodell.[37] Es wurde nachgewiesen, dass dieses durch historisch entstandene Konventionen des Zuschauerverhaltens und der Filmästhetik bedingt ist. Forschungen zum frühen Kino – von Tom Gunning «Kino der Attraktionen» genannt[38] – ergaben, dass das frühe Kinopublikum durchaus nicht unbeweglich an den Kinosessel ‹gefesselt› war, sondern vielmehr mit der Leinwand interagierte. Diese Aktivität wurde auch von den Filmen des frühen Kinos selbst herausgefordert, die – anders als das klassische Hollywoodkino – den Zuschauer oft direkt adressierten und die Aufführungssituation bewusst machten. Letzteres gilt auch für das moderne Kino der 1960er und 1970er Jahre, das mit selbstreflexiven Elementen eine Aktivierung des Kinozuschauers (im Sinne von Brechts Verfremdungstheorie) anstrebte.

Mit dieser Kritik an der Historizität des psychoanalytischen Zuschauermodells geht die Reflexion des Zuschauers als körperliches Wesen einher. Obwohl

34 Ebd., S. 58f.
35 Bergala führt nur zwei Filmbeispiele an: Alfred Hitchcocks Die Vögel und Serguej Eisensteins Streik (Statschka, UdSSR 1925).
36 Elsaesser, Hagener 2007, S. 82.
37 Zur Kritik an Metz' Zuschauertheorie siehe Lars Nowak: Figur, Traum. Der imaginäre Signifikant von Christian Metz auf deutsch. www.nachdemfilm.de. 1.2.2002 (5.9.2012). Zur Kritik an Baudry siehe Elsaesser, Hagener, S. 111 ff.
38 Vgl. Ebd., S. 90.

die psychonalytische Theorie bemüht ist, die affektiven Anteile der Filmrezeption einzubeziehen, ignoriert sie paradoxerweise die sinnliche Filmerfahrung. Der Zuschauer wird ausschließlich als ein Subjekt des Schauens begriffen, das jegliche physische Regung an den Film und das Dispositiv überantwortet: Blick und Körper werden voneinander getrennt. Damit reproduziert die psychoanalytische Filmtheorie, die ideologischen Tendenzen, die sie eigentlich enthüllen möchte: «Zugleich verstärkt die Apparatus-Theorie ungewollt die (bürgerliche) Ideologie der entkörperlichten, dekontextualisierten und dematerialisierten Filmbetrachtung, während sie […] dem Mainstreamkino vorwirft, entfremdete Formen der menschlichen Erfahrung zu produzieren».[39] Daher rückte – auch mit Blick auf das moderne Blockbusterkino – in den 1990er Jahren der Aspekt der unmittelbaren körperlichen Kinoerfahrung stärker in den Fokus der Filmwissenschaften.

Bergala vollzieht die Abkehr von der psychoanalytischen Zuschauertheorie frühzeitiger, und auf einem anderen Weg, nämlich unter dem Einfluss der französischen Theoretiker Roland Barthes und Jean-Louis Schefer. Ich habe bereits anhand *Die helle Kammer* Barthes' Entwurf einer im individuellen Körper verorteten ästhetischen Erfahrung dargestellt und die Korrespondenzen zu cinephilen Diskursen, insbesondere zu Bergalas cinephilem Vermittlungsansatz aufgezeigt. In dem 1976 erschienenen kurzen Artikel «Beim Verlassen des Kinos» hat Barthes auch versucht, eine zweistufige Rezeptionsästhetik für die Kinosituation zu skizzieren. Ausgehend von der eigenen Filmerfahrung postulierte er zwei Körper des Kinozuschauers: Der erste Körper – «ein narzistische[r] Körper, der schaut, im nahen Spiegel verloren» – entspricht dem psychoanalytischen Zuschauermodell von Metz und Baudry. Er steht für eine imaginäre Versenkung in den Film, die den Zuschauer der Ideologie ausliefert: «[…] das Ideologische wäre im Grunde das Imaginäre […]».[40] Der zweite Körper – ein «perverser Körper», der auf die Materialität des Films und die sinnliche Erfahrung der Projektion reagiert, auf den Lichtstrahl, den Ton, die anderen Kinozuschauer, kurz, die Situation im Kinosaal – setze dagegen die Affekte des Individuums frei und ermögliche dadurch eine «amouröse Distanz» zur ideologischen Filmhandlung.[41]

Wie Barthes relativiert auch Schefer die These von der Spiegelung im Kino und richtet den Fokus auf die Filmrezeption als körperliche Erfahrung. Der «zweite Körper» ist bei ihm jedoch nicht der von der Filmhandlung losgelöste Körper des Individuums im Kinosaal, sondern es ist der andere Körper, der durch den Film und die spezifisch filmische Erzählweise generiert wird. Dieser Körper hat seinen

39 Elsaesser, Hagener, S. 126f.
40 Barthes 1976, S. 293.
41 Ebd., S. 293.

«Gravitationspunkt» im Film selbst, der andere Wahrnehmungsweisen und Bewegungsformen hervorbringt, die nicht nur über die Augen aufgenommen werden, sondern physische Reaktionen induzieren.[42] Wie in den amerikanischen Körpertheorien der 1990er Jahre dient auch Schefer das frühe Kino, insbesondere die Slapstickfilme, als Beispiel für diese körperliche Affizierung durch Filme.

Bergala verweist bereits am Ende seiner Skizze der psychoanalytischen Zuschauertheorie in *Esthétique du film* auf Jean-Louis Schefers Gegenentwurf *L'homme ordinaire du cinéma*:

> «Diese Konzeption des Zuschauers wird heute allmählich in Frage gestellt: Laut Jean-Louis Schefer, beispielsweise, gäbe es ein kinematografisches *Rätsel* *[frz. énigme]*, das nicht in der Fiktion des auf das Ich zentrierten, psychoanalytischen Subjekts aufgehe. Das Kino verlange demnach eher danach, in seinen Effekten des *Schocks [frz. sidération]* und des Schreckens, als Produktion eines verschobenen Subjekts, ‹einer Art mutiertes Subjekt oder eines eher unbekannter Menschen› beschrieben zu werden. [...] Für Jean-Louis Schefer ist das Kino nicht nur dafür gemacht, dass der Zuschauer sich wiederfindet (Theorie der narzistischen Regression), sondern auch, um zu staunen, *verblüfft [frz. sidérer]* zu werden.»[43] [Hervorhebung v. mir]

Schwingen hier noch skeptische Untertöne mit, so knüpft Bergala in *Kino als Kunst* indirekt an Schefers Reflexion der Kinoerfahrung an. Denn er betitelt dort seine Ausführungen zu den biografisch prägenden Filmen mit denselben Worten, mit denen er in *Esthétique du film* Schefers Zuschauertheorie beschreibt: «La sidération et l'énigme» (dt. Staunen und Rätsel). Gerade das Potential von Filmen, den Zuschauer mit Ungewohntem zu konfrontieren, wird nun als Grund für ihre persönlichkeitsbildende Funktion angeführt. Die von Schefer als ‹erschütternde Begegnung› beschriebene erste Filmerfahrung stellt Bergala ins Zentrum seiner Überlegungen zur Kinokindheit. Ich werde daher im zweiten Teil dieses Kapitels auf Schefers Zuschauertheorie zurückkommen (Vgl. 4.2). Die von Barthes anhand des ‹zweiten Körpers›, des dritten Sinns und des *punctums* formulierte Rezeptionsästhetik, wird als theoretische Grundlage für das cinephile Vermittlungskonzept dienen (Vgl. 6). Denn die sinnliche Wahrnehmung wird auch in *Kino als*

---

42 Schefer 1997, S. 91.
43 «Cette conception du spectateur commence aujourd'hui à être mise en question: pour Jean-Louis Schefer, par exemple, il y aurait une énigme cinématographique irréductible à la fiction du sujet psychoanalytique en tant que centré sur le moi. Le cinéma demanderait plutôt à être décrit dans *ses effets de sidération et de terreur*, comme production d'un sujet déplacé, ‹une sorte de sujet mutant ou un homme plus inconnu›. [...] Pour Jean-Louis Schefer le cinéma n'est pas fait pour permettre au spectateur de se retrouver (théorie de la régression narcisstique) mais aussi et surtout pour étonner, pour sidérer.» Bergala 2004: *Esthétique du film*, S. 202f.

Kunst als eine Erfahrung beschrieben, die jenseits der vom psychoanalytischen Zuschauermodell erfassten Bindung an Filme liegt, und ist dort Ausgangspunkt einer Vermittlungsmethodik, die am konkreten Film ansetzt (Vgl. 6.3).

4.1.3 «Allein das Begehren bildet»

Trotz dieser Abkehr von der psychoanalytischen Filmtheorie ist auch Bergalas cinephiler Vermittlungsansatz von der intensiven Auseinandersetzung mit der Psychoanalyse geprägt. Zwar überwindet er deren begrenztes Zuschauermodell, er übernimmt jedoch in allgemeiner Form die zentrale These einer Analogie zwischen Kinozuschauer und Kindheit, die auch in der Cinephilie verbreitet ist.[44] In *Kino als Kunst* postuliert er, dass der Zuschauer im Kino wieder zum Kind werde und insbesondere seinen kindlichen Glauben an die Welt des Films reaktiviere. Anstatt dies jedoch negativ zu bewerten, als eine narzistische Regression in die Kindheit, verbindet Bergala damit nun einen utopischen Gedanken:

> «Jeder, auch der Filmlehrer, ist ein Kind gewesen, und im besten Fall bleibt im Erwachsenen etwas von diesem Kind, das er hat bewahren können, dem die Gesellschaft nicht den Garaus gemacht hat. Wenn er einen Film anschaut und sich die Frage nach der Vermittlung stellt, sollte er auf diesen Teil Kindheit in sich – der eine wesentliche Bedingung für den Spaß am Kino ist – zurückgreifen. Im übrigen [sic] macht jeder gute Kinozuschauer [...] dem Kind in sich ein wenig Platz, das gern glauben möchte, und verabschiedet für eine Weile den Erwachsenen, zu dem er geworden ist.»[45]

Darüber hinaus greift Bergala auch in seinen Filmanalysen weiterhin auf die psychoanalytische Theorie zurück. In den Filmheften und filmvermittelnden Filmen analysiert er häufig zugrundeliegende narrative Strukturen von Initiationsgeschichten in Bezug auf das psychoanalytische Entwicklungsmodell. Mit der DVD LE POINT DE VUE greift er das Prinzip der Identifikation auf und erweitert es in Hinblick auf die komplexe Wechselbeziehung zwischen den Positionen des Zuschauers, des Regisseurs und des Darstellers (Vgl. 7). Und auch die Wirkung der filmspezifischen Erzählweisen auf den Zuschauer begründet er weiterhin mit in der frühen Kindheit verorteten menschlichen Bedürfnissen.[46]

---

44 Diese These wird beispielsweise auch von Schefer vertreten, der von dem «Alter des Kinozuschauers» als «einer ewigen Jugend» spricht. Schefer 1997, S. 141f.

45 Bergala 2006: *Kino als Kunst*, S. 58.

46 Beispielsweise brachte Bergala in einer Fortbildung zu Kamerabewegungen in der Cinémathèque française 2009 (im Rahmen des Projektes *Le cinéma, cent ans de jeunesse*) die verschiedenen Formen von Kamerabewegungen mit den Konditionen des Schauens von kleinen Kindern in Verbindung,

Wichtiger als die psychoanalytische Filmtheorie ist für Bergalas Vermittlungskonzept in *Kino als Kunst* jedoch das psychoanalytische Persönlichkeitsmodell. Statt des regressiven Moments der Identifikation als Ergebnis eines Verzichts auf das begehrte Objekt, tritt das aktivierende Moment des Begehrens als Motor von kreativen Prozessen ins Zentrum. Dieser Bezug zu Psychoanalyse bleibt – anders als in den semiologischen Schriften – weitgehend implizit und wird nicht systematisch ausgeführt. Denn, wie bereits an anderer Stelle erwähnt, bezieht Bergala in den cinephilen Schriften unterschiedliche theoretische Kontexte ein, die er dem eigenen Denken assimiliert. Statt eines Instrumentariums an theoretischen Fachworten, bevorzugt er nun Begriffe, die eine große Bedeutungsvarianz aufweisen und auch im allgemeinen Sprachgebrauch üblich sind.

Dies gilt auch für den Begriff *désir* (dt. Wunsch und Begehren), der in Frankreich, anders als in Deutschland, durchaus üblich und verbreitet ist. Während das «Begehren» vor allem sexuell konnotiert ist, bezieht sich *désir* auch in einem allgemeineren Sinne auf Wünsche, Hoffnungen und Sehnsüchte.[47] Auch wenn Bergala den Begriff des *désir* dementsprechend in den verschiedensten Kontexten verwendet (u.a. als Wunsch nach einer Einstellung, Lust an einer Geschichte oder auch Lust am Lernen), ist Lacans Begriff des Begehrens in Hinblick auf den cinephilen Vermittlungsansatz aufschlussreich.

Für Lacan ist das Begehren das zentrale, das Subjekt «strukturierende Moment» und damit der Ursprung jeglicher (kultureller) Aktivität.[48] Das Begehren ist gewissermaßen Ausdruck des unbewußten Ich (*Je*), das Lacan – anders als Freud – als Wesen des Subjekts begreift.[49] Es entsteht im Prozess der Subjektwerdung, die mit einer Spaltung des Ichs einher geht: Spaltung vom Körper der Mutter bei der Geburt, Spaltung von der Einheit mit der Welt durch die imaginären Projektionen der Spiegelphase und den Eintritt in die symbolische Ordnung. Diese Spaltungen konstituieren das Ich als ein ‹Mangelwesen›, dessen Begehren sich auf die Überwindung des Mangels richtet. Dies ist jedoch prinzipiell zum Scheitern verurteilt: Die ursprüngliche Einheit mit dem Objekt kann weder im Ima-

die sich noch nicht selbst bewegen können. Der Kameraschwenk entspricht demnach dem Wunsch, die Bewegungen der anderen zu verfolgen; der Zoom entspricht dem voyeuristischen Wunsch, etwas (Geheimes) aus der Nähe zu sehen (frz. «*pulsion scopique*»), die Kamerafahrt entspricht dem Vergnügen von einem Erwachsenen getragen zu werden. Zum Projekt siehe http://100ans.cinematheque. fr/100ans20092010/ (30.9.2012).

47 Im Lexikon *Le nouveau petit Robert* wird *désir* ganz allgemein als «Ausrichtung auf ein bekanntes oder imaginiertes Objekt, Bewußtwerdung dieses Strebens» definiert: «tendance vers un objet connu ou imaginé, prise de conscience de cette tendance». Nur als Spezialfall wird dort das sexuelle Begehren angeführt (Paris, 1993).

48 Reckwitz, S. 56ff.

49 Jacques Lacan: Die vier Grundbegriffe der Psychoanalyse. In: *Das Seminar, Buch 11*. Berlin, 1987 (Orig. 1973), S. 30f.

ginären noch im Symbolischen (wieder)hergestellt werden. Denn zwischen den imaginären Objekten, auf die sich das Begehren richtet, und der Realität besteht eine Kluft[50] und der Zutritt zum Symbolischen setzt das Scheitern des Begehrens voraus: «Nur durch die Trennung von der Präsenz, durch den ‹Mord am Ding›, kann das Symbolische enstehen.»[51] Mit der Formel «das Begehren [...] ist das Begehren des Anderen»[52] bringt Lacan auf den Punkt, dass das Begehren durch die symbolische Ordnung überhaupt erst geformt wird. Zugleich ist das notwendige Scheitern des Begehrens die Bedingung jeglicher kultureller Aktivität:[53] «Dieses Scheitern und der – letztlich vergebliche – Versuch, es zu überwinden, erweisen sich jedoch als eine basale Quelle der Dynamik der Kultur.»[54]

Während Bergala die von Bourdieu nachgewiesene soziale Prägung des Geschmacks mitdenkt, bleibt Lacans These von der kulturellen Konstitution des Begehrens für seine Argumentation untergeordnet. Dem Begehren schreibt er die Funktion einer individuellen Triebkraft zu, deren Herkunft er nicht weiter erörtert. Allerdings greift er ganz offensichtlich Lacans These vom Begehren als Motor der Kulturbildung auf, wenn er dieses als Voraussetzung von kreativen Prozessen, insbesondere aber von Lernprozessen betrachtet. So vertritt er die Überzeugung, dass nicht die Disziplin und die Pflicht, sondern «allein das Begehren bildet», der Wunsch zu lernen also, der «in jedem Kind schlummert.»[55] Dieses Begehren könne durch Kunsterfahrung hervorgerufen werden, insbesondere durch eine kreative Praxis, die es ermögliche, «ein persönliches Projekt zu erarbeiten» und «die Augen auf die reale Welt zu richten».[56]

---

50 Das Imaginäre, das in der bereits beschriebenen Spiegelphase entsteht, bezeichnet die auf Bildern beruhenden Vorstellungen und Phantasien, auf deren Basis des Subjekt sich und die umgebende Welt zu differenzieren lernt. Es produziert scheinbare, ideale Einheiten, mit denen das Ich sich die Realität vorstellt (und auf die es sein Begehren richtet), ohne sie jemals wirklich erfassen zu können. Es spiegelt Bedeutungen und Einheiten vor, die es nicht gibt. Das Symbolische steht für die Gesamtheit der kulturellen und gesellschaftlichen Ordnungen, die Lacan in Anschluss an den Strukturalismus als Sprache versteht.

51 Gerda Pagel: *Jacques Lacan zur Einführung*. Hamburg, 2002, S. 66.

52 Lacan zitiert nach Reckwitz, S. 59. «Für Lacan lautet die eigentlich interessante Aussage jedoch, dass das subjektive Begehren seine Form und Orientierung erst durch Zeichensysteme erlangt. Gerade das, was am Subjekt am individuellsten und privatesten erscheint, das, was es unbewußt wünscht und wonach es ihm verlangt, hängt letztlich ab von kollektiven, übersubjektiven ‹Sprachen›, die definieren, was begehrenswert sein kann.» Reckwitz, S. 58.

53 Bei Freud wird das Kulturschaffen mit dem Prinzip der Sublimierung, d.h. der Verdrängung der Triebe begründet. Lacan weicht davon insofern ab, als dass das Begehren schon ein kulturell geformtes Bedürfnis (bei Freud: der Wunsch) darstellt und nicht als eine ursprüngliche Triebkraft begriffen wird. Das Begehren entsteht erst durch die Ich-Spaltung. Zur Sublimierung bei Freud siehe Laplanche, Pontalis, S. 478f.

54 Reckwitz, S. 53.

55 Bergala 2004: Allein das Begehren bildet, S. 21.

56 Ebd., S. 23.

Mit dem Schlüsselbegriff des Begehren rückt Bergala die unbewußten und affektiven Anteile des Ichs ins Zentrum seines Vermittlungskonzeptes. In den semiologischen Schriften hat er anhand des Imaginären vor allem die gesellschaftliche Prägung des Unbewussten thematisiert, in den cinephilen Schriften treten mit dem Begehren individuelle Triebkräfte in den Vordergrund. In allen seinen pädagogischen Texten betont Bergala zudem, wie Lacan, die Notwendigkeit und die produktive Kraft des Scheiterns, nicht nur für die Kulturbildung, sondern für jeglichen Bildungsprozess. Er vertritt die Überzeugung, dass das Lernen nicht als linearer Erkenntnisprozess verläuft, sondern sich eher als Suchbewegung, als Vor und Zurück vollzieht.

Wie äußert sich nun das Begehren und damit nach Lacan das «wahre Ich» des Menschen? Lacan geht von einer pardoxen Grundsituation aus. Zwar ist mit dem Eintritt in die symbolische Ordnung das Begehren ewig aufgeschoben und der Zugang zum ursprünglichen Realen[57] verstellt, aber dennoch kann das Ich sein Begehren allein in der Sprache äußern.[58] Es zeigt sich jedoch nicht in der bewußten Aussage, die am Gleiten der Signifikanten und den Trugbildern des Imaginären notwendig scheitern muss, sondern vielmehr im *Ver*sagen, in der Disfunktion der Äußerung, auf die der Analytiker seine Aufmerksamkeit richten muss:

«Das Hören [des Analytikers] kann sich weder auf ein ‹psychologisches Jenseits› noch auf ein ‹Jenseits der Sprache› richten. Wohl aber auf ein Sprechen jenseits des bewußt Gesprochenen, das sich im abrupten Stocken des Redeflusses, im Versagen des Wortes, im Witz der Fehlleistungen, in der chiffrierten Sprache der Symptome und in den Bildern der Träume offenbart. Gerade in dem, was der Sprache widersteht, in der Brüchigkeit der Rede und in ihren gröbsten Verzerrungen, artikulieren sich die Fragmente eines Dialogs, auf den es zu hören gilt.»[59]

57 Das Reale, das nicht der Realität und auch nicht dem Freud'schen Realitätsprinzip entspricht, stellt für Lacan die (Fiktion von der) ursprüngliche(n) Einheit von Ich und Welt dar, die nur in diesem ursprünglichen Zustand erfahren werden konnte.

58 Lacan verbindet in seinem Modell die Psychoanalyse mit dem Strukturalismus des Ethnologen Levi-Strauss, von dem er unter anderem die These übernimmt, dass die Symbolischen Ordnungen dem einzelnen Subjekt vorausgehen und die Bedingung für dessen Konstitution sind: Der Mensch wird erst durch den Zutritt zur Sprache zum Subjekt und ist damit durch die Sprache determiniert. Er postuliert, dass nicht nur das Symbolische, sondern auch das Imaginäre (und damit das Unbewußte) wie eine Sprache strukturiert seien. Lacan greift für die Bestimmung des Symbolischen und des Imaginären auf das linguistische Modell Signifikanten/Signifikat nach de Saussure zurück (Zeichen/Bezeichnetes). Demnach ist das Symbolische als eine Signifikatenkette zu verstehen – also als aufeinander verweisende Strukturen und Zeichen, Formen, die keinen fixierbaren Sinn haben. Das Imaginäre ist demgegenüber dem Signifikat zugeordnet, als eine Fiktion von fixierbaren Bedeutungen. Siehe Lacan, S. 73; Pagel, S. 98f; Reckwitz, S. 63.

59 Pagel, S. 111.

Analog ist auch das Reale, als unerreichbarer und imaginärer Ursprung des Ichs, im Symbolischen nicht fassbar. Und doch zeigt es sich als widerständiger, nicht-assimilierbarer Rest, der sich den Registern des Imaginären und des Symbolischen entzieht. In Lacans Worten ist das Reale, das, «was das Subjekt notwendig verfehlen muss, was sich aber gerade in diesem Verfehlen enthüllt.»[60]

> «Lacan hat im Laufe der Zeit seine drei zentralen Kategorien, das ‹Imaginäre›, ‹Symbolische› und ‹Reale› nacheinander ins Zentrum seines Denkes gerückt. In seiner letzten Werkphase, zu der *Encore* gehört, liegt der Akzent auf dem ‹Realen› als dem, was in der Sprache nicht aufgeht, was sich nicht sagen oder schreiben läßt und sich dennoch immer wieder geltend macht.»[61]

Dieses Prinzip des Disfunktionierens der Sprache charakterisiert auch Bergalas Ästhetik der Alterität, die er – wie ich bereits ausgeführt habe – im Gegensatz zu einer funktionierenden Kommunikation definiert (Vgl. 2.1). Demnach ist es die Eigenart des Kunstwerkes, dass es dem Verständnis des Rezipienten Widerstand entgegensetzt. Diese Widerständigkeit äußert sich in seinen Unregelmäßigkeiten, Lücken und Rätseln, die einerseits von den intuitiven Impulsen des Künstlers/Regisseurs als Negativität zeugen. Andererseits verweist sie auf die Spuren einer Begegnung mit der Realität, die als ‹Rest›, der «nicht in der Sprache aufgeht», in Filmen gespeichert sind (Vgl. 5.1).

Trotz dieser Bezugspunkte, zeigt sich in Bergalas cinephilen Schriften eine Verschiebung gegenüber Lacans Sprachparadigma. Denn Lacan geht von einer geradezu schicksalhaften Determination des Ichs durch die Sprache aus[62] – selbst wenn er sie im poststrukturalistischen Sinne nicht als Ort stabiler Bedeutungen, sondern als strukturalen Prozess bestimmt. Bergalas Interesse richtet sich dagegen auf die Aspekte der ästhetischen Erfahrung, die jenseits der sprachlichen Artikulation liegen. Dabei spricht er zum einen dem Bild eine eigene Ästhetik zu. Es ist nicht ‹nur› Sprache, also Produkt der symbolischen Ordnung und Ort der imaginären Verkennung. Zum anderen geht er davon aus, dass jenseits der sprachlichen Äußerung und der imaginären Bilder eine Begegnung mit Realität möglich ist – wenn er die Erfahrung der «realen Welt» als Vorraussetzung der Rezeption und Produktion von Filmen begreift.[63] Diese Verschiebung gegenüber Lacans Subjekt- und Sprachverständnis lässt sich – wie ich noch zeigen werde – mit Julia Kristeva und Roland Barthes verstehen, die die nichtsprachlichen As-

---

60 Lacan bezeichnet das Reale auch als «Kern» des Ichs, der Teil des Subjekts, der «Widerstand» leistet und assoziiert es damit mit dem Unbewussten. Siehe Lacan, S. 32, 61 u. 74.
61 Lena Lindhoff: *Einführung in die feministische Literaturtheorie*. Stuttgart, 1995, S. 84.
62 Lacan, S. 73.
63 Bergala 2004: Allein das Begehren bildet, S. 23.

pekte von Ästhetik, Kreativität und Kunsterfahrung mit dem Konzept der Signi-
kanz, einer Art Alterität der Sprache, zu fassen versuchen (Vgl. 5.1).

Anders als in seinen semiologischen Schriften formalisiert Bergala in seinem
cinephilen Ansatz die Beziehung zwischen Zuschauer und Film nicht mehr ausschließlich über das psychoanalytische Zuschauer- und Entwicklungsmodell.
Vielmehr nähert er sich diesem Komplex von verschiedenen Seiten, die miteinander verbunden sind: Der soziologische Begriff des Geschmacks fokussiert die
gesellschaftliche Dimension, der psychoanalytische Begriff des Begehrens das
Individuum und der ästhetische Begriff der Alterität den Film als ästhetische
Form. Zudem ermöglicht die Berücksichtigung von cinephilen Selbstzeugnissen,
die individuelle Dimension der Filmerfahrung als Voraussetzung von Bildungsprozessen differenzierter zu betrachten.

4.2 Cinephile Kindheitserinnerungen

> «Alle, in deren Leben das Kino eine wichtige Rolle gespielt hat, und zwar
> nicht nur als Zeitvertreib, sondern als konstituierendes Element ihrer Per-
> sönlichkeitsentwicklung, wussten früh, dass sie dieser Kunst auf die eine oder
> andere Art ihr ganzes Leben widmen würden. Sie haben alle eine imaginäre
> Autobiografie im Kopf: die Biografie ihres Kinolebens.»[64] *Alain Bergala*

«Ich betrachte es als einen jener Glücksfälle…» mit diesen Worten beginnt Alain
Bergala *Kino als Kunst*. Er setzt damit das *Ich,* die persönliche und professionel-
le Erfahrung als Ausgangspunkt seiner Überlegungen zur Filmvermittlung. Mit
dem einleitenden Erfahrungsbericht benennt er die gesellschaftspolitischen, biografischen und theoretischen Koordinaten seines Vermittlungsansatzes. Schon
der Titel – «L'expérience a été profitable» (dt. «Die Erfahrung ist von Nutzen gewesen») – verweist auf zwei wesentliche Kontexte: das Kino und die Cinephilie.
Denn er bezieht sich gleichermaßen auf den Satz des Jungen John Mohune aus
Fritz Langs MOONFLEET «The exercise was benefical, Sir»[65] (dt. «Die Übung ist
von Nutzen gewesen») wie auf Serge Daneys autobiografische Notizen, die den

---

64 Bergala 2006: *Kino als Kunst*, S. 16.
65 Der Satz taucht in dem Film wenigstens zweimal auf. John Mohune sagt ihn am Anfang zu dem Pira-
    ten Jeremy Fox, als er seine Lebensgeschichte resümiert. Jeremy wiederholt ihn kurz darauf, nachdem
    er gegen seine Bandenmitglieder erfolgreich um Johns Leben gekämpft hat. Der Satz hat somit – schon
    bevor Jeremy die ihm angetragene Vaterschaft annimmt – die Funktion eines Paktes zwischen den
    beiden Figuren, zwischen den Generationen.

Filmsatz *L'exercise a été profitable, Monsieur* im Titel tragen.[66] Er deutet damit im doppelten Sinn auf das Thema von *Kino als Kunst*: das Lernen aus Erfahrung in Filmen und mit Filmen. Wie Bergala an anderer Stelle ausführt, wurde John Mohunes Suche nach einem Vater, den er in dem Piraten Jeremy Fox zu finden glaubt, für seine Generation der vaterlosen Nachkriegsjungen zum Sinnbild für die Vatersuche schlechthin.[67] Sie steht für die Möglichkeit einer Vermittlung zwischen den Generationen, die unabhängig von biologischen Abstammungsverhältnissen und gegen das ‹Gesetz› – gegen Familie und Schule – stattfindet.

Bergala gibt in der Einleitung zu *Kino als Kunst* Auskunft über den eigenen Bildungsweg und über seine soziale und intellektuelle Zugehörigkeit. Darüberhinaus nennt er auch den Adressaten seines Engagements: die Kinder, «die heute ungefähr in derselben Lage sein dürften, in der ich selbst in meiner Kindheit war».[68] Das Ich ist Ausdruck einer dezidierten Positionierung gegenüber konkreten gesellschaftspolitischen und pädagogischen Situationen. Es ist Ausgangspunkt eines biografisch bedingten Dialogs mit anderen Cinephilen und mit der nachkommenden Generation. Im Gegensatz zu seinen semiologischen Schriften, in denen das scheinbar universelle Entwicklungsmodell der Psychoanalyse als Referenz dient, steht *Kino als Kunst* in einem Netzwerk verschiedener Stimmen und biografischer Erfahrungen.

Wenngleich Bergala in *Kino als Kunst* die Lebenserfahrungen, auf die er sich bezieht, nicht systematisch analysiert, sondern eher beispielhaft zitiert, entspricht sein Ansatz im Grundprinzip durchaus moderner Biografieforschung. Beispielsweise fordert Bettina Dausien in ihrer Bestandsaufnahme der Sozialisationsforschung, statt nach soziologischen Meta-Modellen zu suchen, die alle Ebenen menschlicher Sozialisation theoretisch verbinden, bei der Analyse von individuellen Biografien anzusetzen. Sie bezieht sich unter anderem auf Bourdieu, der mit seiner Habitustheorie die biografische Dimension einzelner Akteure in die soziologische Forschung eingeführt hat.[69]

Die Biografieforschung, die gesellschaftlich institutionalisierten Formen des ‹vorbildlichen Lebenslaufs› ebenso wie schriftliche und mündliche Selbstzeugnisse untersucht, geht davon aus, dass sich Menschen über ihre Biografie als Subjekte konstituieren. Biografien zeugen demnach gleichermaßen von einer An-

---

66 Es handelt sich um eine posthum veröffentlichte Sammlung von Notizen, die Daney auf seinem Computer hinterlassen hat. Serge Daney: *L'Exercise a été profitable, Monsieur*. Hg.: Jean-Claude Biette, Emmanuel Crimail. Paris, 1993.

67 Bergala 2006: *Kino als Kunst*, S. 66.

68 Ebd., S. 16.

69 Bettina Dausien: Geschlechterverhältnisse und ihre Subjekte. Zum Diskurs um Sozialisation und Geschlecht. In: Helga Bilden, Bettina Dausien (Hg.): *Sozialisation und Geschlecht. Theoretische und methodologische Aspekte*. Opladen, 2006, S. 17–44, S. 31f.

1 Auf der Flucht vor dem Gesetz: John und der Pirat Jeremy Fox in MOONFLEET

eignung und Reflexion von Erfahrungen wie von einer sinnhaften Konstruktion des eigenen Lebens und einer Selbstdarstellung im sozialen Kontext. Biografien sind als Prozess zu verstehen, da sie, im Laufe der Zeit und in Interaktion mit anderen, immer wieder aktualisiert und neu formuliert werden. Sie entstehen in einer Wechselwirkung von Ich und Gesellschaft. Soziale Muster werden in biografischen Erzählungen aufgegriffen und Biografien in der Kommunikation mit anderen entwickelt.

> «Lebensgeschichten sind immer wieder neu hervorgebrachte Konstruktions-
> leistungen sozialer Subjekte, die ihre Erfahrungen reflexiv verarbeiten und
> in Interaktion mit anderen kommunizieren. Subjekte handeln und machen
> Erfahrungen in je konkreten sozialen Welten. Sie greifen dabei je spezifische
> Aspekte ihrer Handlungsumwelten und konkreter Situationen auf und ‹bau-
> en› sie aktiv in ihre Erfahrungsstruktur ‹ein›. Der Vorgang der biografischen
> ‹Erfahrungsschichtung› ist also keine passive Ablagerung erlebter Situationen
> ‹im Individuum›, sondern ein aktiver Prozess *biografischer Arbeit*, in dem
> Vergangenes und Zukünftiges, Erfahrung und Erwartung ineinander greifen.
> Diese ‹Arbeit› ist keineswegs nur eine bewusste oder gar bewusst gesteuerte
> Aktivität individueller Subjekte, sondern eine soziale Praxis, die im Alltag we-
> sentlich in Interaktion mit anderen vollzogen wird und zu großen Teilen als
> implizites Wissen oder ‹praktisches Bewusstsein› organisiert ist, das reflexiv
> werden kann, aber nicht notwendig muss.»[70]

---

70 Dausien, S. 35.

In diesem Sinne sind die autobiografischen Zeugnisse, auf die Bergala sich bezieht, als Teil einer sozialen Praxis der französischen Cinephilie zu verstehen. De Baecque verweist darauf, dass die Cinephilie in Frankreich der 1950–1960er Jahre als eine Praxis des Lernens und der Initiation im Kino verstanden wurde, durch die Filmliebhaber zu Kritikern und Wissenschaftlern avancieren konnten und Kritiker sich auf die Filmregie vorbereiteten:

> «Tatsächlich basiert dieser Wunsch [Kritiker zu werden] gänzlich auf dem Glauben an die initiatorische Kraft der Cinephilie, die sich als eine Form der Filmbildung nach dem Vorbild der ‹jungen Türken› der Nouvelle Vague definiert. Denn sehen zu lernen, das heißt schon Filme machen, sehen zu lernen, das heißt sich eine Vorstellung der Welt zu konstruieren, wo der Wille und die Praxis des Regisseurs im Keim angelegt sind.»[71]

Desbarats zeigt außerdem, dass auch viele Cinephile späterer Generationen sich auf ihre Kindheit im Kino beziehen, als einen zur Schule alternativen Bildungsweg.[72]

Es gibt auffallend viele cinephile Selbstzeugnisse, die die Selbstkonstitution mit Filmen darstellen. Man denke nur an die französischen Filme, die einprägsame Momente der ‹Kinokindheit› zeigen: François Truffaut inszeniert beispielsweise die Faszination von Plakaten und Standbildern, indem er sie von seinen Protagonisten in SIE KÜSSTEN UND SIE SCHLUGEN IHN (LES QUATRE CENTS COUPS, F 1959) aus dem Aushang stehlen lässt. Oder Jean Eustache zeigt in MEINE KLEINEN GELIEBTEN (MES PETITES AMOUREUSES, F 1974) den dunklen Kinosaal als Ort des ersten Kusses.[73] Als Textzeugnisse seien neben den von Bergala zitierten Publikationen *L'homme ordinaire du cinéma*, *Cet enfant de cinéma* und *Im Verborgenen* beispielsweise die Sonderausgabe von Trafic 2004 *Qu'est-ce que le cinéma* oder die Rubrik «Une cinémathèque imaginaire» auf der Website der Cinémathèque française genannt, in der bekannte Kritiker, Wissenschaftler, Philosophen und Filmschaffende über die Filme sprechen, die ihr Leben geprägt haben.[74]

---

71   «En effet, ce désir tient entier dans la croyance en la vertu initiatique de la cinéphilie se définissant comme un moment d'apprentissage du cinéma, sur le modèle fondé par les ‹jeunes-turcs› de la Nouvelle Vague. Car apprendre à voir, c'est déjà faire des films, apprendre à voir, c'est construire une représentation du monde où la volonté et la pratique du cinéaste sont en germe.» De Baecque 2003, S. 24.

72   Desbarats 2002, S. 187–266.

73   Der Vorspann der DVDs von L'EDEN CINÉMA zeigt eine Reihe solcher Filmausschnitte, darunter auch die hier genannten.

74   Die André Bazin gewidmete Ausgabe *Trafic 50. Qu'est-ce que le cinéma?* 2004 enthält eine Reihe von Artikeln zur Kinokindheit. Die Serie «Une cinémathèque imaginaire» erscheint in der Rubrik «L'actualité patrimoiniale» auf www.bifi.fr/public/ap/liste_articles.php (14.4.2010).

Die Kindheitserinnerungen von Serge Daney, Philippe Arnaud und anderen, auf die Bergala sich in seinem Kapitel «Das Kino in der Kindheit» punktuell bezieht, sind somit als mediale Verständigung über die soziale Zugehörigkeit zur der Gruppe der Cinephilen zu verstehen, die sich weniger über einen gesellschaftlichen oder institutionellen Status als vielmehr über die prägende Funktion des Kinos in ihrem Leben definieren.[75] Bergala ist sich des konstruktiven Charakters dieser Selbstzeugnisse bewusst, wenn er von den «imaginäre[n] Autobiografie[n]» der Cinephilen und seinem eigenen «Lebensroman» spricht.[76] Gemeinsam mit Nathalie Bourgeois hat er versucht, diese fiktiven Konstruktionen durch eine Umfrage zur Kinokindheit in *Cet enfant de cinéma* auf eine breitere empirische Basis zu stellen.

Die von Bergala zitierten cinephilen Selbstzeugnisse werden im Folgenden unter drei Gesichtspunkten vorgestellt und untersucht. Erstens analysiere ich die Kindheitserinnerungen von Alain Bergala und Serge Daney als biografische Erzählungen, um beispielhaft die Konstruktion einer modellhaften, cinephilen Biografie und die Verarbeitung von Filmerfahrungen aufzeigen. Zweitens ermöglicht die qualitative Analyse der in *Cet enfant de cinéma* veröffentlichten Umfrage, diese individuellen Erfahrungen in einen größeren sozialen Kontext einzuordnen und den Horizont auf andere Generationen zu erweitern. Drittens befrage ich die in vielen cinephilen Texten auftauchende Formel von der einschneidenden «Begegnung» mit Filmen in Bezug auf ihre theoretische Verankerung. Mit diesen verschiedenen methodischen Zugängen prüfe ich die cinephilen Kindheitserinnerungen in Hinblick auf ihre Relevanz für Bergalas Vermittlungsansatz und erörterte die These von der Persönlichkeitsbildung durch Filmerfahrungen in der Kindheit.

4.2.1 Autobiografische Konstruktion der Kinokindheit

Laut Francis Desbarats gibt es in der französischen Cinephilie zwei Tendenzen, das Kino als Bildungsinstanz zu denken. Es wird als intimer Ort eines ›klandestinen‹ Vergnügens erinnert, der durch eine starke emotionale Bindung Persönlichkeitsbildung ermöglicht, und als Ort einer intellektuellen Bildung:

> «Das Kino bot Jugendlichen die Möglichkeit, eine Beziehung zur Welt zu leben und ein Denken zu konstituieren, was dem Gymnasium in vielen Fällen nicht gelang.»[77]

---

75 Bergala 2006: *Kino als Kunst*, S. 49–68.
76 Ebd., S. 16.
77 «Le cinéma a pu représenter pour des jeunes un moyen de vivre un rapport au monde et de construire une pensée, ce que, dans bien des cas, le lycée ne parvenait pas à faire.» Desbarats 2002, S. 194. Zum

Diese beiden ineinandergreifenden Aspekte der cinephilen Bildung im Kino sollen im Folgenden an den autobiografischen Äußerungen von Alain Bergala und Serge Daney konkretisiert werden. Denn beide verbinden ihre Erinnerungen an die Kinokindheit mit allgemeinen Überlegungen zu Bildungs- und Vermittlungsprozessen.

In seinem persönlichen «Lebensroman», mit dem Bergala *Kino als Kunst* beginnt, schreibt er dem Kino eine Schlüsselrolle zu: «Ich selbst bin in meinem eigenen Lebensroman zweimal gerettet worden: von der Schule und vom Kino.»[78] Er schildert das Kino als eine Bildungsinstanz, die ihm neben Schule und Universität seine berufliche Laufbahn und damit den sozialen Aufstieg ermöglicht hat. Diese Kinobildung erzählt er anhand von Etappen, die er teilweise später in seinen Thesen zur Persönlichkeitsbildung durch Filme wieder aufgreifen wird: Die «*Begegnung*» mit einem Film – Cecil de Milles DIE ZEHN GEBOTE (THE TEN COMMANDMENTS, USA 1956) – habe ihm gleichermaßen das magische Potential von Filmen und die eigene «Berufung fürs Kino» vor Augen geführt.[79] Der *exzessive Filmkonsum* von Kindheit an, die Diskussionen mit einer Gruppe gleichgesinnter «Puristen», die Lektüre der *Cahiers du cinéma* als ‹Bibel› der Cinephilen und schließlich die Begegnung mit *passeurs* – darunter die in Frankreich bekannten Filmvermittler Henri Agel und Jean Douchet – benennt er als Grundlagen seiner Filmbildung.[80]

Diese intellektuelle Bildung im Kino erfolgt für Bergala allerdings erst spät, in seiner Studienzeit. Das Kino in seiner Kindheit beschreibt er vor allem als eine affektive Heimat. Der Film war für ihn – so formuliert er es in *Kino als Kunst* – das «selbstgewählte Objekt», das ihn aus einer «trostlosen, angsterfüllten Kindheit» gerettet habe.[81] In dem Artikel «L'irrémédiable», der in dem Sammelband *Cet enfant de cinéma* erschienen ist, geht Bergala genauer darauf ein, worin diese Rettung bestanden hat.[82] Er schildert das Kino darin als einen Fluchtort vor seiner bedrückenden sozialen Lage, da er als Scheidungskind in armen Verhältnissen aufwuchs und mit seiner Mutter mehrfach den Wohnort wechseln musste.

---

cinephilen Motiv der Klandestinität siehe de Baecque 2003, S. 20.

78 Bergala 2006: *Kino als Kunst*, S. 16f.

79 Ebd., S. 17 u. 20. In der Rubrik «Une cinémathèque imaginaire» geht Bergala ausführlicher auf die begegnung mit DIE ZEHN GEBOTE ein, die ihm die Kraft des Kinos enthüllt habe, Wunder geschehen zu lassen. Cécile Blanc: Alain Bergala, enseignant à l'Université Paris III et à la Fémis. Une cinémathèque imaginaire. www.bifi.fr/public/ap/liste_articles.php. Paris (8.12.2012).

80 Bergala 2006: *Kino als Kunst*, S. 7. Eine Bildungsetappe wäre hierbei noch zu ergänzen, die Bergala in *Nul mieux que Godard* anführt: sein erster Besuch am Set von Jean-Luc Godard, dessen Dreharbeiten zu PIERROT LE FOU (ELF UHR NACHTS, F/I 1965) er, zu der Zeit noch Student, eher zufällig mit einer 16mm-Kamera filmte. Bergala 1999, S. 5f.

81 Bergala 2006: *Kino als Kunst*, S. 16f.

82 Bergala, Bourgeois, S. 83–87.

Der Text zeugt von einem ausgeprägten Bewusstsein für die soziale Benachteiligung. So schreibt Bergala, er habe das Kino – und insbesondere auch Standbilder aus 35mm Filmstreifen, die als Sammelobjekte Kaugummipackungen beigelegt waren – als einzige «wirklich begehrenswerte Objekte» erfahren, die nicht nur den «Kindern der Reichen» vorbehalten waren.[83]

Darüber hinaus begründet er die Stärke der affektiven Bindung an das Kino vor allem mit der Angst vor dem Verlust der Mutter. Er schildert ausführlich die sonntäglichen Kinobesuche am Wohnort seines Vaters (den er alle zwei Wochen besuchen musste) als einzige Möglichkeit, die Angst, dass seine Mutter tödlich mit dem Auto verunglücken könnte, zu verdrängen:[84]

> «Während der Filmstreifen durch den Projektionsapparat lief, war meine Mutter – zumindest in meiner kindlichen Einbildung – in Todesgefahr, dem Unwideruflichen ausgesetzt. Aber das versuchte ich während der Vorführung mit aller Kraft zu vergessen, und seltsamerweise gelang es mir jedes Mal. Ich hatte entdeckt, dass das Kino – und nur das Kino – mich vor dieser größten Angst schützen konnte.»[85]

Diese Angst war ebenso untrennbar mit dem Kinogenuss verbunden wie die Einsamkeit, die Bergala in *Kino als Kunst* als geradezu notwendige Bedingung für die «rettende» Funktion des Kinos schildert:

> «Nichts und niemand hat mich darauf hingewiesen, ich habe es mit niemandem geteilt (weder mit Erwachsenen noch mit Gleichaltrigen), aber ich habe mich daran geklammert wie an einen Rettungsring, obwohl ich das Gefühl hatte, keinerlei Schlüssel zu besitzen, um mir je Zutritt zu diesem Universum zu verschaffen – das ich mir wohl gerade deshalb ausgesucht hatte, weil es am weitesten von meinen Lebensbedingungen entfernt und am wenigsten erreichbar war.»[86]

Indem Bergala das Kino als ein Objekt beschreibt, das er gegen die anderen, gegen seinen Vater und gegen das soziale Milieu gewählt hat, betont er dessen

---

83 Alain Bergala: L'irrémédiable. In: Bergala, Bourgeois, S. 83–87, hier 87.
84 Die Angst richtete sich konkret auf die Autofahrt auf einer bestimmten gefährlichen Straße, die seine Mutter an den Nachmittagen zu ihrer neuen Schwiegermutter unternahm. Bergalas Erinnerung ist vermutlich stark durch das heutige Wissen geprägt, dass seine Mutter 20 Jahre später auf eben dieser Straße tatsächlich verunglückte. Bergala verweist darauf in demselben Artikel. Ebd., S. 86.
85 «Pendant que se déroulait le ruban de pellicule dans l'appareil de projection, ma mère, tout au moins dans mon imaginaire d'enfant, était en danger de mort, exposée à l'irrémédiable. Mais de cela, pendant la projection, je m'efforçais farouchement de ne rien savoir et, curieusement, y réussissais chaque fois. J'avais découvert que le cinéma, et lui seul, me protégait de cette angoisse suprême.» Ebd., S. 86.
86 Bergala 2006: *Kino als Kunst*, S. 17.

zentrale Funktion für eine individuelle Bildung, die Bourdieus These von der sozialen Determination des Geschmacks weitgehend widerspricht (Vgl. 2.2). Nicht die familiäre Herkunft bestimmte seine kulturelle Bildung, sondern umgekehrt ermöglichte ihm gerade die Wahl des Films als bevorzugtes Objekt den sozialen Aufstieg. Die Verwendung des Begriffs «Objekt» in diesem Kontext legt zudem eine psychoanalytische Deutung nahe, insofern Bergalas Darstellung des Kinos als Ersatz für die Mutter (bzw. Kompensation für ihren möglichen Verlust) und als Konkurrenz zum Vater Freuds Thesen zum Ödipuskomplex aufruft.[87] Das Kino tritt in seiner Lebenserzählung offenbar als Drittes in die blockierte familiäre Beziehung. Es bedingt seine Identitätsbildung, indem es die Trennung von der Familie und den sozialen Aufstieg ermöglicht.

Bergalas Darstellung des Kinos als affektive Heimat und als Bildungsinstanz, ebenso wie die betonte Intimität der Kinoerfahrung entspricht – wie sich im folgenden zeigen wird – autobiografischen Konstruktionen und Erfahrungen anderer Cinephiler. Insbesondere artikuliert er Etappen einer cinephilen Bildungsbiografie, die Daney in seinen autobiografischen Notizen detaillierter beschrieben hat. In einem offenen Brief, den Bergala 20 Jahre nach dem Tod Daneys in den *Cahiers du cinéma* veröffentlicht hat, verweist er auf diese Ähnlichkeit in beiden Biografien:

> «Deine Geschichte als Kritiker war, wie die meine, mit zwei Dingen verbunden, die enger miteinander zusammenhängen, als es den Anschein hat: der Entstehung des modernen Kinos, mit seinen Schwierigkeiten, und der Tatsache, dass wir beide ganz alleine herausfinden mussten, dass unsere Rettung darin bestünde, uns dem Kino zu widmen. Es ist nicht so leicht, dies denjenigen zu vermitteln, die es nicht selbst erlebt haben.»[88]

Der identifikatorische Gestus offenbart zweierlei: Erstens gehören beide derselben Generation an und teilen eine historisch und sozial bedingte Erfahrung der Filmbildung. Zweitens können Daneys Äußerungen zu Kino, Kindheit und Vermittlung als ein wesentlicher Bezugspunkt für Bergalas Vermittlungsansatz verstanden werden, vieles von dem, was Bergala implizit voraussetzt, wurde von Daney explizit formuliert und begründet. Insbesondere fungiert Daneys Bildungsbiografie in *Kino als Kunst* – wie bereits erwähnt – als Beispiel für die Geschmacksbildung und ethische Bildung durch Filmerfahrungen in der Kindheit (Vgl. 2.3).

---

87 Ebd., S. 4.
88 «Ton histoire de critique, comme la mienne, a été lié à deux choses pas si étanches qu'elles en ont l'air: la sortie du cinéma moderne, et ses difficultés; le fait d'avoir eu à trouver tout seul que notre salut consisterait à nous vouer au cinéma. La transmission n'en est pas si facile à qui ne les a pas vécues. Bergala 2005: *Le cinéma, comment ça va*, S. 87.

Ähnlich wie Barthes in seinen späteren Schriften das autobiografische Ich zum Ausgangspunkt seiner Lektüren und wissenschaftlichen Betrachtungen gemacht hat, sind auch Daneys Kritiken von einer radikalen Subjektivität geprägt. Sie waren ein «intimes Tagebuch, das mit der Gemeinschaft der Sehenden geteilt wurde».[89] Diese Subjektivität bestand nicht nur in journalistischen Geschmacksurteilen, sondern war vielmehr Ausdruck einer kritischen Selbstanalyse. Daney hat sich in verstreuten Artikeln und Interviews immer wieder über seine Bildung durch Filme geäußert. Den kurz vor seinem Tod erschienen Essay «Das Travelling in KAPO» widmete er ganz der Reflexion seines cinephilen Bildungswegs als Jugendlicher. An ihm lässt sich besonders gut die textuelle Konstruktion einer ‹Kinoautobiografie› nachvollziehen.

Mit dem Titel «Das Travelling in KAPO» verweist Daney auf Jacques Rivettes 1961 in den *Cahiers du cinéma* publizierten Artikel «Über die Niedertracht» als wesentlichen Bezugspunkt seiner Erinnerungen (Vgl. 2.2).[90] Rivettes These von der moralischen ‹Niederträchtigkeit› einer Kamerafahrt in KAPO, die den gewaltsamen Tod im Konzentrationslager ästhetisiert, schildert er als Kristallisationpunkt seiner Bewußtwerdung: «So war mein Beginn, da setzt meine Geschichte ein. Der Raum, den Rivette mit seinem Satz öffnete, war auch mein Raum, so wie die intellektuelle Familie der *Cahiers du cinéma* schon die meine geworden war.»[91] Dieser Artikel habe ihm, so stellt er es rückblickend dar, als 17-jährigem Jugendlichen die moralische Dimension der Ästhetik bewusst gemacht, die sein Leben lang seine Haltung zum Kino und zur Welt prägen werde. Daney imaginiert den Schlüsselmoment einer intellektuellen Bewusstwerdung, die das Potential einer moralischen und politischen Bildung in sich birgt, die eine soziale Zugehörigkeit stiftet und sogar eine berufliche Zukunftsperspektive eröffnet. Die *Cahiers du cinéma* betont er, seien schon damals seine Wahlfamilie und der Beruf des Kritikers sein Ziel gewesen.[92] Er wird der ‹Berufung› durch Rivettes Artikel folgen und später selbst als Kritiker und Chefredakteur der Zeitschrift das ästhetische und politische Erbe der *Cahiers du cinéma* antreten.

---

89 «L'écriture cinéphile, et celle de Daney en particulier, s'explique par cette mission, comme un journal intime partagé avec la communauté des voyants.» De Baecque 2003, S. 369. Laut Axelle Ropert hat Daney eine bis dahin verpönte und befreiende Subjektivität in die französische Filmkritik eingeführt, auf die sie Daneys Erfolg zurückführt. Axelle Ropert: Serge Daney, anatomie d'un success. 2005. www. bifi.fr/public/ap/article.php?id=191 (23.8.2010).

90 Laut Ropert ist es Daneys Artikel, der Rivettes Text zu seiner Bekanntheit verholfen hat. Daney habe damit in Frankreich die gesellschaftliche Debatte um die Darstellbarkeit des Holocausts angestoßen. Ropert 2005 (ohne Seitenangabe).

91 Daney 2000: *Im Verborgenen*, S. 25.

92 Ebd., S. 18.

Daney postuliert in «Die Kamerafahrt von KAPO» noch einen anderen ‹Ursprung› seines Ichs: die Filmerfahrungen, die erst den Boden für Rivettes Artikel bereitet haben. Er hebt vor allem drei Schockerlebnisse mit Filmen hervor, deren Sichtung er auf dasselbe Jahr 1959 datiert und in denen von Menschen verursachtes Leiden und Tod im Zentrum stehen. Alain Resnais' NACHT UND NEBEL (NUIT ET BROUILLARD, F 1955) konfrontierte ihn mit der historischen Realität der Konzentrationslager und dem spezifischen Potential von Filmen, diese Realität aufzuzeichnen:[93] «Man verstand, daß der Film – er allein? – fähig war, sich am Limit einer entmenschten Menschheit aufzuhalten.»[94] Daney beschreibt diesen Schock der über den Film vermittelten Realität als das Ende seiner Kindheit, als seinen «Nullpunkt».[95] – Darauf folgte seine «zweite Geburt»[96], diesmal als bewusster Mensch, der die schockierende Erfahrung der Wirklichkeit in einer ästhetischen und moralischen Haltung verarbeitete. Alain Resnais' subjektive Reflexion des Atomkriegs in HIROSHIMA, MON AMOUR (F 1959), öffnete ihm die Augen für die ästhetischen Möglichkeiten des modernen Kinos und weckte den Wunsch, sich später mit Filmen bzw. dem Kino zu beschäftigen. – Der Film ERZÄHLUNGEN UNTER DEM REGENMOND von Kenji Mizoguchi (UGETSU MONAGATARI, Japan 1953) offenbarte ihm schließlich, wie ein Regisseur die moralisch ‹richtige Haltung› gegenüber dem Tod einnehmen könne, indem das Zittern der Kamera die Angst des Filmenden mitregistriere. Diese drei Filmerlebnisse konfrontierten Daney also – nach eigener Darstellung – mit den Aspekten des Realismus, der Subjektivität und der Moralität der filmischen Ästhetik, die er in dem Artikel von Rivette später artikuliert findet. In seiner Lebenserzählung erfolgt die intellektuelle Bildung ausgehend von einer Folge emotionaler Erschütterungen durch Filme. Am Anfang steht darin das – leitmotivisch mit «Furcht und Zittern»[97] beschriebene – Schreckenserlebnis, das seine Kindheit beendet.

Daney erzählt seine ‹Kinoautobiografie› nicht nur anhand von Filmerfahrungen als Schlüsselerlebnisse, sondern weist Jacques Rivette, Henri Agel und Alain Resnais auch die Rolle seiner persönlichen Filmvermittler zu. Er imaginiert seine Bildung im Kino als Ergebnis von intersubjektiven Beziehungen. Die verschiede-

---

93 «Ich spürte, dass die Distanzen, die Resnais zwischen das Sujet, das verfilmt wird, das Subjekt, das filmt, und das Subjekt, das zuschaut legte, 1959 wie 1955 die einzig möglichen waren. Ist NUIT ET BROUILLARD ein schöner Film? Keineswegs – sondern ein richtiger. KAPO wollte ein schöner Film sein und war es mitnichten. Und ich, ich würde zwischen dem Schönen und dem Richtigen nie ganz zu unterscheiden wissen.» Daney 2000: Im Verborgenen, S. 20.

94 Daney 2000: Im Verborgenen, S. 20.

95 Ebd., S. 22.

96 Ebd., S. 22.

97 «Furcht und Zittern» (frz. «Crainte et tremblement») ist eine Wendung aus der Bibel (Philipper 2,12) und der Titel eines Buches von Sören Kierkegaard (1843).

nen Ebenen der Filmvermittlung, die von diesen drei Personen verkörpert werden, führt er im Begriff des *Zeigens* als wesentliche Vermittlungsgeste zusammen
(Vgl. 6.3). Sein Lehrer Henri Agel – der einzige der drei Vermittler, mit dem
Daney direkt in Kontakt stand – hat den Schülern als Alternative zum Lateinunterricht Filme wie NACHT UND NEBEL gezeigt, die ihnen die Augen für die historische Wirklichkeit geöffnet und damit «die Unschuld genommen» haben (frz.
«deniaiser»).[98] Rivette hat ihm die Möglichkeit der Filmkritik, schreibend Filme
zu vermitteln, offenbart: «Denn ich habe KAPO nicht gesehen und habe ihn doch
gesehen. Und zwar habe ich ihn deswegen gesehen, weil jemand ihn mir *gezeigt*
hat – mit Worten.»[99] Alain Resnais wiederum hat Daney *in seinen Filmen gezeigt*,
wie man als Filmautor eine politische und moralische Haltung vertreten kann.
Die Cinephilie wird von Daney als eine Alternative zur Schule beschrieben: mit
konspirativen Vermittlern wie Henri Agel, der abseits des Lehrplans heimlich
Filme zeigt, und den *Cahiers du cinéma* als ‹Schulheft›. Sie konfrontiert mit der
Vergangenheit und öffnet den Blick auf die Zukunft, sie vermittelt eine ästhetische Bildung und eine ethische Haltung zur Welt.

Daney erschafft sich mit den hier skizzierten Schlüsselerlebnissen offenbar
eine sinnhafte Lebenserzählung in Bezug auf Filme.[100] So greift er aus der Liste
von prägenden Filmen, die er in dem Text aufzählt und unter denen sich auch
PSYCHO (Alfred Hitchcock, USA 1960), PICKPOCKET (Robert Bresson, F 1959)
und DAS INDISCHE GRABMAL (Fritz Lang, D/F/I 1959) befinden, die drei Filme
für eine längere Erörterung heraus, die am besten geeignet sind, die von ihm vertretene historische Relevanz und ethische Dimension der Filmästhetik deutlich
zu machen. Jedoch hat er – wie Bergala in *Kino als Kunst* andeutet – vermutlich
viele Filme gesehen, bevor er die einleuchtende Verknüpfung zwischen KAPO
und UNTER DEM REGENMOND herstellen konnte. Zugleich negiert Daney eine
Kinokindheit gehabt zu haben, in der er sich in aller Unschuld an Filmen wie
BAMBI (Walt Disney, USA 1942) erfreuen konnte. Da NUIT ET BROUILLARD sein

---

98 Daney 2000: *Im Verborgenen*, S. 20. Frz. Ausgabe: Serge Daney, Serge Toubiana: *Persévérance*. Paris
    1992, S. 7. Diese Vorstellung von der verlorenen Unschuld, die auch in der Formel vom ‹erwachsenen
    Kind› wiederkehrt, scheint durchaus mit Wehmut verbunden zu sein. Daney verkündet am Anfang,
    er habe BAMBI nie gesehen, um mit den Worten zu schließen, dass er, um die verlorene Kindheit
    wiederzugewinnen, BAMBI wohl doch noch sehen müsse. So geht er – bei aller Referenz, die er Agel
    erweist, indem er ihn als seinen wesentlichen Aufklärer und Filmvermittler beschreibt – doch auch
    recht hart mit seinem alten Lehrer ins Gericht, dem er einen sadistischen Voyeurismus unterstellt, eine
    Freude an der Erschütterung, die er an den Gesichtern der Jugendlichen ablesen konnte. Agel, der mit
    diesen Thesen Daneys von Philippe Roger in einem Interview konfrontiert wurde, gibt darin freimütig
    zu, dass das Zeigen von Filmen für ihn ein Mittel war, an die verschlossenen und abgedichteten Ju-
    gendlichen heranzukommen, sie zu öffnen. Siehe dazu Desbarats 2002, S. 238f.
99 Daney 2000: *Im Verborgenen*, S. 17.
100 Daney reflektiert selbst diesen Mechanismus der Selbstkonstitution als Cinephiler. Ebd., S. 22.

«Nullpunkt» war, kann es offenbar keine Kinokindheit gegeben haben, das Trauma des Holocausts und die Konstruktion einer intellektuellen Bildung scheinen naive kindliche Filmerlebnisse auszuschließen.[101]

Dennoch wäre es unangemessen, Daneys Äußerungen lediglich als Konstruktion einer Bildungsbiografie zu lesen, die Etappen einer kontinuierlichen Bewusstwerdung und Selbstfindung benennt. Vielmehr zeugen «Das Travelling in KAPO» und andere biografische Äußerungen Daneys auch von einer starken affektiven Bindung an Filme, von einer als schicksalhaft empfundenen persönlichen Prägung. Ich habe im vergangenen Kapitel bereits darauf hingewiesen, dass Daney Filme als Freunde imaginiert, die sein Leben begleitet haben. Insbesondere bezeichnet er sich als *ciné-fils* in Abwandlung von *ciné-phile*, also als Erbe der klassischen Cinephilie. Zugleich bezieht er sich damit auf die eigene Biografie als «Kino-Sohn», wie er in einem kurz vor seinem Tod geführten Interview deutlich macht. Darin geht Daney auf den Verlust seines Vaters ein, der jüdischer Synchronsprecher und Nebendarsteller in Filmen war und gegen Ende des Krieges deportiert wurde. Das Kino war für ihn also in doppeltem Sinne der Ort des toten Vaters, dem er dort als Darsteller und als anonymer Toter in den Leichenbergen der Konzentrationslager begegnen konnte. Der Schock von NACHT UND NEBEL war für Daney insofern vor allem auch die Konfrontation mit der eigenen Geschichte: «Eine seltsame Geschichte, von der ich lange Zeit glaubte, ich hätte sie mit anderen gemeinsam, bis ich – reichlich spät – begriff, dass das eigentlich nur meine Geschichte war.»[102]

Wie Daney diesen Film im buchstäblichen Sinn als seinen Ursprung, als Ort seines toten Vaters beschreibt, so sieht er in ihm auch die eigene Zukunft vorbestimmt, nämlich den bevorstehenden Tod, das «zum Skelett werden», wie er es formuliert.[103] In dieser radikalen Identifikation der eigenen Biografie mit dem Kino offenbart sich – außer dem imaginären Selbstentwurf – auch der Versuch, traumatische Erfahrungen (den Verlust des Vaters, die Einsamkeit, die Krankheit) mit Filmen zu kompensieren und in einer sinnhaften Lebenserzählung aufzuarbeiten. In der Rückschau wird der Film NACHT UND NEBEL zum Schlüsselerlebnis seines Lebens, das nicht nur die intellektuelle und moralische Bewusstwerdung einleitet, sondern auch ein (unbewusstes) Wissen über die eigene Vergangenheit und Zukunft in sich birgt.

---

101 Ebd., S. 21.
102 Ebd.
103 «Ich habe meinen Vater, der in den Lagern gestorben ist, gesehen und mich, als seinen Nachfahren, der dazu bestimmt ist, durch Aids, so abzumagern wie er. Ich bin also geboren worden, um zu diesem Bild zu werden, um auch ‹zum Skelett zu werden›.» Ebd., S. 50.

Daney betont zwar, dass es sich dabei nur um seine eigene Geschichte handele, als *ciné-fils* steht er aber auch für seine Generation der «verwaisten Söhne», die Bergala in *Kino als Kunst* als Beispiel dafür anführt, dass das Motiv der Vatersuche bzw. der Vermittlung zwischen den Generationen Kinder in besonderer Weise ansprechen könne.[104] Daneys Jugenderinnerungen sind folglich auch ein historisches Zeugnis. Seine Haltung zum Kino ist geprägt von dem Schock des Holocausts und der daraus resultierenden Auseinandersetzung um die Darstellbarkeit der Lager, die in Frankreich in der Filmkritik debattiert wurde. Zudem basiert sie auf der Erfahrung des Kinos als Leitmedium, das er – da es die Massen erreicht und die zeitgenössische Wirklichkeit registrieren kann – als eine privilegierte Form der Aufklärung und Bildung erfahren hat.[105]

Daney geht in «Das Travelling in KAPO» auf diese Relativität der eigenen Perspektive ein. Die Darlegung seiner Identitätbildung mit Filmen dient ihm dort dazu, die eigene Position zu befragen, indem er ihr Gewordensein, ihre historische und biografische Bedingtheit anspricht. Er hinterfragt auch ihre Zeitgenossenschaft, wenn er die Schwierigkeiten thematisiert, jüngeren Generationen[106] – die in einer geänderten Medienlandschaft groß geworden sind und eine andere Beziehung zur Geschichte haben – seinen moralischen Anspruch an das Kino zu vermitteln. In Hinblick auf einen Musikclip, der Bilder von Popstars mit hungernden Kindern montiert,[107] insistiert er jedoch auch auf der Notwendigkeit, gegenüber der Flut an scheinbar beliebigen Bildern im Zeitalter des Fernsehens, sein Projekt einer moralischen Kritik der Ästhetik fortzusetzen (Vgl. 6.3).

Daney entwirft in «Das Travelling von KAPO» eine sinnstiftende Lebenserzählung anhand von wesentlichen – zum Teil durch *passeurs* vermittelten – Filmerlebnissen. Der Text zeugt im Sinne der Biografieforschung von der Möglichkeit, sich eine Identität mit Filmen zu konstruieren, sich durch Filme mit Wirklichkeit auseinanderzusetzen und Erfahrungen reflexiv zu verarbeiten. Er bestätigt damit ganz grundsätzlich Bergalas These von einer Persönlichkeitsbildung durch Filme. Diese erfolgt auf zwei Ebenen: Zum einen beschreibt er die jugendlichen Filmerfahrungen als Schockerlebnisse, die verstören und erschüttern, und die dadurch reale Ängste und Verluste bearbeiten helfen. Zum anderen schildert

---

104 Bergala 2006 : *Kino als Kunst*, S. 67.
105 Vgl. De Baecque 2003, S. 377.
106 Daney schildert, dass er bereits Ende der 1970er Jahre in einem Seminar die Studierenden nur noch schwer von der Relevanz des Rivette-Artikels überzeugen konnte. Daney 2000: *Im Verborgenen*, S. 30.
107 Daney kritisiert einen Clip zu «We are the world», in dem die Bilder von hungernden Kindern mit westlichen Popstars gegengeschnitten werden. «We Are The World» wurde von Michael Jackson und Lionel Richie für die amerikanische Charity-Organisation *USA for Africa* geschrieben (1985). Die Single des Songs zählt zu den meistverkauften Singles aller Zeiten. Ebd., S. 36f.

Daney eine Geschmacksbildung durch Filmerlebnisse, die dem soziologischen Modell entsprechend, eine soziale Zugehörigkeit gestiftet und den beruflichen Aufstieg ermöglicht. Diese Geschmacksbildung wird von Daney auch als eine intellektuelle und moralische Bildung beschrieben, die nicht nur seine Haltung zu Filmen, sondern auch zur Welt geprägt hat.

Der von Daney beschriebene Bildungsprozess korrespondiert in wesentlichen Punkten mit den von Bergala in *Kino als Kunst* und *Cet enfant de cinéma* geschilderten Kindheitserinnerungen. Beide teilen mit anderen Cinephilen ihrer Generation die Erfahrung einer intellektuellen Bildung durch Filme und einer starken affektiven Bindung an das Kino (und die Cinephilie) als Familienersatz. Beide berichten von einer ‹Berufung› durch das Kino, von der Verbindung der privaten Vorliebe mit der beruflichen Laufbahn. Neben der Geschmacksbildung als ethischer Bildung, greift Bergala insbesondere zwei Aspekte von Daneys Bildungsbiografie auch für die Formulierung seines Vermittlungskonzeptes auf: die «Begegnung» mit Filmen als Schockerlebnis und die Rolle des *passeurs* als Vermittler. Diese lassen sich in seine eigene Lebenserzählung hingegen deutlich weniger wirksam einbauen. So räumt er ein, dass sein filmisches Schlüsselerlebnis DIE ZEHN GEBOTE «weit entfernt von seinem heutigen Kinogeschmack» lägen und dass er seinen *passeurs* (auch den *Cahiers du cinéma*) erst zu Studienzeiten begegnet sei. Dass er sie dennoch erwähnt, verweist auf den Modellcharakter der von Daney geschilderten cinephilen Autobiografie.

4.2.2 Kinokindheiten: *Cet enfant de cinéma*

«Ein 1993 erschienenes Buch, *Cet enfant de cinéma*, versammelt die ersten Kinoerlebnisse von etwa hundert Personen: Namenlosen, Filmschaffenden, Schriftstellern. Darin bestätigt sich, dass die ausschlaggebende Begegnung mit dem Kino oft stattfindet, bevor man sich seiner selbst und seiner Beziehung zum Leben so recht bewusst wird.»[108]

Wie schon erwähnt stützen sich Bergalas Ausführungen zur Persönlichkeitsbildung in *Kino als Kunst* vorwiegend auf Daney und andere cinephile Autoren seiner eigener Generation.[109] Er diskutiert jedoch nicht, inwiefern die zitierten

108 Bergala 2006: *Kino als Kunst*, S. 50.
109 Die «historische» Cinephilie und ihre kultische Verehrung des Kinos wird meist als ein männliches Phänomen beschrieben. Allerdings bemerkt Bergala in einem Interview, dass die heutige Cinephilie vor allem eine Sache junger Frauen sei. Siehe Volker Pantenburg, Stefan Pethke, Erik Stein: Begeisterte Waisensöhne. Gespräch mit Alain Bergala. www.kunst-der-vermittlung.de/dossiers/cinephilie-bergala 2008 (20.02.2013).

biografischen Erfahrungen verallgemeinerbar sind. Dies ist insofern proble-
matisch, als dass er damit nicht nur ein historisch bedingtes, sondern auch ein
männliches Modell zugrunde legt. Das offenbaren auch seine Ausführungen zur
Vermittlung als Motiv des Kinos. Er greift in diesem Zusammenhang den in der
Cinephilie verbreiteten Begriff der *filiation* (von frz. *le fils*, der Sohn) auf, um auf
das Phänomen der «Abstammungsverhältnisse» und Weitergabe zwischen den
Generationen einzugehen.[110] Als Beispiele dienen ausschließlich Vater-Sohn-
Beziehungen: als Filmmotiv (in MOONFLEET und A PERFECT WORLD, R: Clint
Eastwood, USA 1993), als cinephile Projektion der Vatersuche in Filmen oder
als Einflussbeziehungen zwischen Regisseuren (u.a. Jean-Luc Godard und Fritz
Lang, Wim Wenders und Nicolas Ray).

Der oben zitierte, nur sehr knappe Hinweis auf das gemeinsam mit Nathalie Bourgeois herausgegebene Buch *Cet enfant de cinéma* erweitert jedoch die
Perspektive. Denn in diesem Buch wurden die Ergebnisse einer Umfrage unter
136 Personen veröffentlicht, die vermutlich das Ziel verfolgte, die These von der
Persönlichkeitsbildung durch Filme an einer größeren Stichprobe von Kinogängern zu überprüfen. Die Antworten wurden nicht zusammenfassend ausgewer-
tet, sondern komplett publiziert. Als Grund dafür geben die Autoren im Vorwort
an, daß es sich dabei zum Teil um «richtige Texte, die offenbar ausgearbeitet und
bewohnt sind» handelte.[111] Ergänzt werden diese Umfrageergebnisse durch eine
«Anthologie» bereits existierender Texte bekannter Regisseure, Schriftsteller
oder Kritiker sowie durch einige bei Schriftstellern in Auftrag gegebene Essays,
darunter auch Jean-Louis Schefer und Philippe Arnaud, die von Bergala in *Kino
als Kunst* zitiert werden.[112] Ich werde mich im Folgenden auf die Umfrage kon-
zentrieren und nur vereinzelt die Essays als weitere Stimmen hinzuziehen. Denn
im Unterschied zum vorherigen Kapitel soll hier nicht die textuelle Konstruktion
von Autobiografie im Vordergrund stehen, sondern vielmehr die Frage nach der
Verallgemeinerbarkeit von Bergalas Thesen zum Kino in der Kindheit.

110 Bergala 2006: *Kino als Kunst*, S. 64–67. Dies gilt auch ganz grundsätzlich für das Buch, insofern Bergala nur einen einzigen Film einer Frau (RECRÉATIONS von Claire Simon, F 1992) erwähnt. Jedoch kann
diese Kritik mit Blick auf andere Veröffentlichungen ein wenig relativiert werden. So nennt Bergala
in *Mais où je suis* auch einige Filme mit weiblichen Protagonstinnen und seine DVD-Reihe enthält
immerhin zwei DVDs von Agnès Varda.
111 Bergala, Bourgeois, S. 10.
112 Das Buch *Cet enfant de cinéma* beinhaltet Essays der zeitgenössischen Autoren Philippe Arnaud, Christian Bobin, Bernard Comment, Didier Daeninckx, Collette Fellous, Dominique Noguez, Jean-Louis
Schefer und Florence Seyvos sowie eine Antologie mit Ingmar Bergman, Luis Buñuel, Serge Daney,
Samuel Fuller, Akira Kurosawa, Roman Polanski, Jean Renoir, Nathalie Sarraute, Jean-Paul Sarte, Martin Scorsese, François Truffaut.

Bei der Gruppe der in *Cet enfant de cinéma* befragten Personen handelt es sich nicht um eine repräsentative Stichprobe im wissenschaftlichen Sinne. Die meisten Kinokindheiten liegen in den 1940–1960er Jahren, nur wenige in den 1920–1930er oder 1970er Jahren.[113] Es geht also um eine Zeit, in der das Kino noch Leitmedium war. Entsprechend gering sind auch die Reaktionen auf die Frage nach den bevorzugten Fernsehsendungen. Zudem wurden in erster Linie Filmschaffende (Regisseure, Techniker, Schauspieler, Kinobetreiber, Filmkritiker u.a.) und Personen, die in anderen kulturellen Bereichen arbeiten (Schriftsteller, Literaturlehrer u.a.) befragt. Die wenigen nicht in kreativen Berufen arbeitenden Personen (Sachbearbeiterin, Mediziner, Buchhändler, Sekretär u.a.) antworteten oft nur sehr knapp. Wie es bereits Bergalas vereinnahmende Eingangsworte «Jeder von uns hat Erinnerungen an seine Kinokindheit...» nahelegen, zielt diese Umfrage offenbar auf ein cinephiles Milieu.[114] Sie versammelt unter anderen eine Reihe bekannter, im Filmbereich einflussreicher Personen, darunter die Herausgeber selbst.[115] Dennoch eröffnet sich hier ein sehr vielfältiges Spektrum an Antworten von Personen aus mehreren Generationen, unter denen Frauen wie Männer sowie einzelne nichtfranzösische Stimmen vertreten sind.[116]

Das Konzept dieser Umfrage erhärtet die bereits im letzten Kapitel formulierte Vermutung, dass dem Vermittlungsansatz von Bergala das Modell einer cinephilen Biografie ‹à la Daney› zugrunde liegt. Das zeigt sich in der Formulierung der Fragen, die die erörterten ‹kanonischen Etappen› einer cinephilen Biografie aufgreifen. Die Frage nach dem ersten Film, der sich eingeprägt hat, zielt auf die These nach der einschneidenden *Begegnung* mit dem Kino. Die Frage nach einem erwachsenen «Initiateur» und die Frage nach dem Film, dem man einem Kind

---

113 Bergala spricht im Vorwort von zwei bis drei Generationen. Leider sind die Antworten nicht mit Altersangaben versehen, so dass nur aus der Tatsache der Berufstätigkeit der meisten Befragten (es gibt nur eine Studentin darunter) und aus konkreten Hinweisen in den Texten bzw. den Filmtiteln auf den jeweiligen Zeitraum der Kinokindheit geschlossen werden kann.

114 Bergala betont in der Einleitung, dass es sich bei der Stichprobe um Filmschaffende, Kulturschaffende und Personen, die keine berufsmäßige Beziehung zum Kino haben, handelt. Es lässt sich aber nicht nachvollziehen, wie die signifikant unterschiedliche Anzahl der Antworten in den verschiedenen Bereichen zustande kommt, da es keinerlei Angaben zu den Kriterien der Auswahl, der Anzahl der angefragten Personen und dem tatsächlichen Rücklauf gibt. Es lässt sich also nur vermuten, dass die Autoren entweder vor allem ihren eigenen Bekanntenkreis angesprochen haben, der einem cinephilen Milieu entspricht, oder dass vor allem die Personen geantwortet haben, für die das Kino wichtig ist.

115 Beispielsweise die Filmwissenschaftler Jacques Aumont, Christian Metz, Carole Desbarats, die Schauspieler Michel Piccoli, Bernadette Lafont, Michael Londsdale, die Regisseure Lucas Belvaux, Claude Miller, Anne-Marie Miéville, Robert Guédiguian, Samuel Fuller, Tony Gatlif, Jeanne Labrune, die Filmkritiker und -historiker André S. Labarthe, Charles Tesson, François Niney, Jean-Louis Comolli, der *passeur* Henri Agel.

116 Der 1944 geborene marokkanische Schriftsteller und Psychotherapeut Ben Jelloun betont beispielsweise, dass das Kino ihn zum Schriftsteller gemacht habe: In: Bergala, Bourgeois, S. 69.

zeigen möchte, verweisen auf die Rolle des *passeurs* als Vermittler. Die Frage nach den *Entdeckungen*, die Filme ermöglicht haben, richtet sich auf die initiatorische Funktion des Kinos. Und die Frage nach den mit dem Kinobesuch verbundenen *Gefühlen* assoziiert die affektive Bindung an Filme. Zudem verweist die Frage nach einem verbotenen Film, der das *Begehren* besonders stimuliert hat, auf das cinephile Motiv der Klandestinität, aber auch auf den psychoanalytischen Begriff des Begehrens als Motor von Bildungsprozessen. Zwei weitere Fragen beziehen sich implizit auf das psychoanalytische Zuschauermodell: zum einen die Frage, ob das Kino *«falsche Ideen» der Wirklichkeit* vermittelt, und zum anderen, ob es eine Filmfigur gibt, die als *«Modell» (zur Identifikation)* gedient hat. [117]

Dass diese Fragen implizit eine ‹kanonische› cinephile Kinobiografie nahelegen, offenbaren die Antworten, die abwehrende oder bestätigende Bezüge zu cinephilen Diskursen herstellen. So negiert z.B. der Filmwissenschaftler Jacques Aumont die Bedeutung des Kinos und der Cinephilie für seine Kindheit und führt stattdessen die Literatur als initiatorisches Medium an: «Diese Erinnerungen sind weder von Interesse, noch haben sie die geringste Kraft; die wirklichen Erinnerungen liegen woanders.»[118] Er richtet sich offensichtlich gegen die von Daney geschilderte Kinobiografie, wenn er schreibt:

> «Auf dem Gymnasium Ampère gab es keinen Filmklub, keinen cinephilen Lehrer, keinen Amengual, noch nicht einmal Agel. Ich wusste nicht, dass die Cinephilie existierte. Ich las mit großer Leideschaft alles, was mir in die Hände fiel. Die Gefühle meiner Kindheit, das waren Tintin, Tarzan (das Comic, nicht die Filme), Mickymaus, und sehr schnell die Literatur [...]»[119]

Er artikuliert seine Distanz zu den «reaktionären» *Cahiers du cinéma*, in denen er später selbst schreiben sollte, und betont das Scheitern seiner ersten Begegnung mit Werken der Filmgeschichte, mit denen er trotz oder gerade wegen ihrer Ankündigung als ‹Meisterwerke› nichts anfangen konnte.[120] Ebenso deutlich grenzt sich der Regisseur Boris Lehman von den nostalgischen Kindheitserinnerungen seiner Regiekollegen Truffaut, Demy u.a. ab.[121] Die Filmkritiker Charles Tesson oder Jean-Louis Comolli wiederum bedauern, dass sie sich nicht an die Filme ih-

---

117 Die Übersetzung der vollständigen Fragen befinden sich im Anhang. Bergala, Bourgeois, S. 50.

118 «Ces souvenirs n'ont ni intérêt, ni la moindre force; les vrais souvenirs sont ailleurs». Jacques Aumont, ebd., S. 51.

119 «Au lycée Ampère, il n'y a pas de ciné-club, pas de prof cinéphile, pas d'Amengual ni même d'Agel. J'ignorait que la cinéphilie existât. Je lisais furieusement tout ce qui me tombait sous la main. Mes émotions de petite enfance, ce furent Tintin, Tarzan (le journal, pas les films), Mickey, et très vite la littérature [...].» Aumont, ebd., S. 52.

120 Aumont, ebd., S. 52.

121 Boris Lehman, ebd., S. 156.

rer Kindheit erinnern können bzw. dass diese alle schlecht gewesen seien: «[...] meine cinephile Bildung hat nicht mit Meisterwerken begonnen.»[122] Diese Aussagen scheinen die Verweigerung oder das Scheitern einer sinnstiftenden cinephilen Selbstkonstitution mit Filmen nahezulegen.

Andere Befragte widerum greifen Motive des am Beispiel von Bergala und Daney dargestellten cinephilen Kindheitsdiskurses bestätigend auf. So schildert der Filmhistoriker Vincent Pinel die Entdeckung des Films LA PASSION DE JEANNE D'ARC von Carl Theodor Dreyer (F 1927/28), den er später selbst restaurieren sollte, als einen biografisch entscheidenden Moment, der ihm das Kino als Kunstform «offenbart» habe: «Ich kann ohne Übertreibung sagen, dass diese Vorführung mein Leben verändert hat».[123] Er verweist zudem – wie auch Charles Tesson – auf den Initiator bzw. *passeur*. Für den einen war es der Englischlehrer, für den anderen der Vater.[124] Der Filmhistoriker André S. Labarthe schlägt darüber hinaus das Motiv der Einsamkeit in Bezug auf den cinephilen Begriff der Klandestinität (oder Heimlichkeit) an:

> «Das Kino, wie das Lesen, ist für mich eine vollkommen einsame Beschäftigung [...] Einsames Vergnügen? Ich finde nicht, dass das Wort Vergnügen passt, und das Wort einsam ist unzureichend. Klandestin? Vielleicht.»[125]

Diese Beispiele legen nahe, dass der Umfrage implizite Annahmen zugrundliegen, die sich an kanonischen Momenten bzw. Motiven der cinephilen Biografie wie sie Daney exemplarisch formuliert hat, orientieren. Ich möchte jedoch betonen, dass die überwiegende Mehrheit der Befragten den cinephilen Diskurs nicht so explizit aufgreift und eine größere Vielfalt an ‹Kinokindheiten› erschließt.

Vor allem die Zeugnisse von Autorinnen relativieren – auch wenn sie in der Minderheit sind – das Pathos der männlichen Nachkriegsgeneration. Eine der umfangreichsten und eindrücklichsten Antworten stammt von der Regisseurin Jeanne Labrune, die – wie Bergala und Labarthe – die Individualität ihrer Kinoerfahrung und ihren Unwillen, über sie zu sprechen, betont.[126] Sie berichtet nicht von dem einen entscheidenden Film, sondern vielmehr von einer Reihe von «Offenba-

---

122 Charles Tesson, ebd., S. 202; «Mon éducation cinéphilique n'a pas commencé par la fréquentation des chef d'oeuvres.» Jean-Louis Comolli, ebd., S. 95.

123 «Je puis dire sans excès que cette projection a changé ma vie.» Vincent Pinel, ebd., S. 184.

124 Ebd., S.184 u. 202.

125 «Le cinéma, comme la lecture, est pour moi une activité absolument solitaire [...] Plaisir solitaire? Je ne trouve pas que le mot plaisir soit adapté, et le mot solitaire est insuffisant. Clandestin? Peut-être. Je sais en tout cas, que ce caractère clandestin de la représentation (films, livres), je l'ai toujours recherché dans mes relations amoureuses, ou sexuelles. Comme s'il n'y avait de plaisir qu'interdit, troublé, bref: contrarié». André S. Labarthe, ebd., S. 160.

126 «J'aurais aimé être seule dans une salle plein d'inconnus.» Jeanne Labrune, ebd., S. 144.

rungen» im Kino, die oftmals an einzelne Bilder, Ausschnitte oder Gesten geknüpft waren. Auch betont sie – anders als Daney – nicht die Begegnung mit der Realität, sondern vielmehr die Entdeckung imaginärer Welten im Kino:[127]

> «Ich hatte immer das Gefühl, in einzigartige Welten einzutauchen [...] Auch das ärmste Kino [...] hatte mit dem Leben, dem inneren Leben zu tun, nicht mit der Realität. [...] Es war nicht die Beziehung zum Realen, die mich interessierte. Was mich vielmehr interessierte war, dass das Kino die Realität verdächtig, problematisch erscheinen ließ, das macht es für mich auch heute noch aus. Das Kino hat mich ins Leben eingeführt [...] als andere Annäherung an Lebewesen und Dinge, so als ob es immer eine andere mögliche Perspektive auf dieselbe Sache gäbe. Und zugleich gab es in jedem Film immer eine Perspektive zu entdecken, die eigene, also meine, die als Leerstelle in jeden Film eingeschrieben war und die mich dazu gebracht hat, selbst Filme zu drehen.»[128]

Die von Labrune hier geschilderte Bildung durch Filme besteht vor allem in der Erfahrung anderer Perspektiven, die zugleich die Entdeckung der eigenen Position ermöglicht. Außerdem verweist sie auf die Entdeckung des sexuellen Begehrens, ihren «Pubertätsschock», der nicht durch begehrenswerte Körper, sondern durch eine flüchtige Geste ausgelöst wurde: «durch einen Film von Hitchcock, das muss I CONFESS gewesen sein, habe ich verstanden, was Verführung sein kann: die Freiheit der Gesten, dem Begehren Ausdruck zu verleihen».[129] Diese Erfahrung teilt Labrune mit den meisten anderen weiblichen Befragten dieses Buches, die statt auf die Angst, die viele der männlichen Befragten anführen, eher auf die Entdeckung der Sinnlichkeit, des Körpers, der Liebe durch die Identifikation mit weiblichen Hauptdarstellerinnen verweisen. Sie nennen dabei bevorzugt die Filme der modernen Regisseure Michelangelo Antonioni, Jean-Luc Godard, Pier Paolo Pasolini, François Truffaut, Ingmar Bergman oder Jacques Demy, während

---

127 Labrune, ebd., S. 143.
128 «J'avais toujours le sentiment d'être entrée par effraction dans des mondes singuliers [...] Le cinéma même le plus pauvre [...] avait avoir avec la vie, la vie intérieure, surtout, pas la réalité. Même quand les films prétendaient en parler. Ce n'est pas cette relation au réel qui m'intéressait ou plutôt ce qui m'intéressait c'est que le cinéma rendait le réel suspect, problématique, ce qu'il est toujours à mes yeux. Le cinéma m'a initié à la vie [...] comme approches différentes des êtres et des choses, comme s'il y avait toujours un autre point de vue possible sur la même chose. Et qu'en même temps il y avait un point de vue à découvrir, le sien, c'est-à-dire le mien, qui était inscrit en creux dans chaque film et qui m'a conduite à faire du cinéma.» Labrune, ebd., S. 146.
129 «Il y a eu un film de Hitchcock, ce devait être *La loi du silence,* qui m'a fait comprendre ce que pouvait être la séduction, la liberté des gestes pour dire le désir.» Labrune, ebd., S. 145.

die männlichen Befragten sich häufiger auf das Genrekino, Abenteuer- und Westernfilme beziehen.[130]

In den 1940–1960er Jahren, in denen vor allem Frauen noch deutlich strengeren moralischen Verdikten unterlagen als heute, scheint das Kino – diesen Zeugnissen zufolge – für viele junge Frauen eine befreiende Wirkung gehabt zu haben.[131] So schreibt Martine Franck, dass die Freiheit der Frauen in amerikanischen Filmen sie fasziniert habe und dass eine Sexszene in einem Film von Ingmar Bergman ihr die Schuldgefühle genommen habe.[132] Die Choreografin und Tänzerin Karine Saporta verbindet die Entdeckung der Sinnlichkeit des weiblichen Körpers in Filmen sogar mit dem Erhabenen: «Vielleicht ist es der Glanz der Körper der Schauspielerinnen, ihr Charme und ihre sinnliche Präsenz, die mir einen bestimmten Sinn für das Erhabene, eine Lust auf das ‹Spiel der Körper› gegeben haben.»[133] Und die Filmschaffende Françoise Mauborge spricht von der Strukturierung ihres Begehrens durch die von Humphrey Bogart und Lauren Bacall in HABEN UND NICHT HABEN (To HAVE AND HAVE NOT, Howard Hawks, USA 1944) verkörperte Mann/Frau-Beziehung.[134]

Die weiblichen Befragten in *Cet enfant de cinéma* bezeugen also, wie die Erinnerungen von Bergala und Daney, eine Prägung durch Filme bzw. eine Selbstkonstitution über erinnerte Filmerfahrungen; auch wenn sich diese, dem anderen Rollenverständnis entsprechend, in anderen Schwerpunkten äußert. Das Gefühl der Liebe ist wichtiger als das der Angst, die Entdeckung des Begehrens wichtiger als die Vatersuche. Das Motiv der Befreiung wird insbesondere von Jeanne Labrune und Carole Desbarats mit der Öffnung der Perspektive für andere Erfahrungsweisen verknüpft.

Auch mit Blick auf die Gesamtheit der Befragten läßt sich feststellen, dass die meisten – egal welchen Geschlechts, Alters oder welcher Herkunft – Bergalas These von der prägenden Rolle der Film- und Kinoerfahrung in der Kindheit bestätigen, auch wenn einige im Detail von dem in *Kino als Kunst* skizzierten Modell einer cinephilen Biografie abweichen.

Die Mehrzahl der Befragten können sich an einen ersten Kinobesuch oder einen prägenden Film erinnern. Es gibt emphatische Beschreibungen dieser Fil-

---

130 De Baecque verweist darauf, dass das moderne Kino auch ein Bild der modernen Frau entwarf. De Baecque 2003, S. 29.

131 Labrune beispielsweise beschreibt sehr plastisch ein mächtiges inneres Verbot, die ständige Angst, etwas Böses zu tun, ohne dass jemand explizit ein Verbot ausgesprochen hätte, und den daraus resultierenden Wunsch dieses Gebot zu übertreten. Ebd., S. 145.

132 Martine Franck, ebd., S. 119.

133 «C'est peut-être la splendeur du corps des actrices, leur charme et leur présence sensuels [sic] qui m'ont inspiré un certain sens du sublime, l'envie d'un jeu charnel...» Karine Saporta, ebd., S. 195.

134 Ebd., S. 166.

merfahrungen als biografisch einschneidende Erlebnisse. So spricht beispielsweise Guy Cavagnac im cinephilen Überschwang von der Erschütterung, der
Emotion, dem Rätsel seiner ‹Begegnung› mit Jean Renoirs DIE SPIELREGEL:

> «Und endlich das große Wunder, die Liebe auf den ersten Blick: DIE SPIELRE-
> GEL, vollkommen undurchschaubar nach dem ersten, erschütternden Sehen,
> bei dem die Emotionen mich vom ersten bis zum letzten Bild ununterbro-
> chen gepackt hielten. Das erste Mal, als, jenseits jeden Verstehens, das Gefühl
> die Form überflutete... Diese Leidenschaft endete niemals. Sie hat mein gan-
> zes Leben genährt.»[135]

Es gibt jedoch auch einige Personen, die sich an ein solches einschneidendes
Filmerlebnis nicht erinnern können. Sie sprechen eher von einem Fluss an nicht
differenzierbaren (Genre)Filmen oder zeigen, wie der bereits zitierte Tesson, eine
Abwehr gegenüber diesen Filmen, da sie dem späteren Filmgeschmack nicht ge-
nügen (und sich also nicht für eine cinephile Selbstverständigung eignen).[136] Viele erinnern sich statt an bestimmte Filme an das Ritual des Kinobesuchs, an die
Emotionen, die Filme in ihnen ausgelöst haben,[137] oder – wie Labrune – lediglich
an Fragmente von Filmen.[138]

Auch in Bezug auf den Kinobesuch gehen die Erfahrungen auseinander: Auf
der einen Seite gibt es diejenigen, die – wie Bergala und Labrune – das Kino alleine, ohne Familie oder Freunde besuchten und es als dieses ‹eigene›, individuelle
Erlebnis besonders genossen haben. Auf der anderen Seite berichten viele auch
vom Kinobesuch als kollektives Erlebnis mit der Familie, seltener mit Freunden.
Sie erinnern einen regelmäßigen, oft wöchentlichen Kinobesuch mit Verwandten, der bei manchen schon in einem Alter begann, in dem sie den Filmen noch
gar nicht folgen konnten.[139] Nur wenige der Befragten nennen dagegen eine filmbegeisterte Person in der Rolle des Initiators. Meist ist es ein Mitglied der Fa-

---

135 «Et, enfin, le grand miracle, le coup de foudre: LA RÈGLE DU JEU totalement indéchiffrable après cette
   première vision bouleversante où l'émotion m'étreignit sans relâche de la première à la dernière image.
   Première fois qu'au-delà de toute compréhension directe, l'émotion surabondait devant la forme...
   Cette passion alimenta […] ma vie entière.» Cavagnac, ebd., S. 90.
136 Ebd., S. 110, 106, 138, 10, 116, 140, u.a.
137 Ebd., S. 209, 162, 166 u.a.
138 Ein sehr schönes Beispiel für diesen fragmentarischen Zugang zu Filmen ist auch der Essay von Didier
   Daenickx, der schildert, wie er beim Kinobesuch mit seinen Eltern oft schlief und dann zu besonderen
   Momenten aufwachte, die ihm Angst und Schrecken einjagten. Dazu gehörte ein Ausschnitt aus ALEX-
   ANDER NEVSKI (ALEKSANDR NEVSKIJ, R: Sergej Eisenstein, UdSSR 1938). Didier Daenickx: Souvenirs
   rectangulaires, ebd., S. 25–28.
139 Für diese Erfahrungen ist der Essay von Colette Fellous exemplarisch, die den Kinosaal als Wiege
   beschreibt, in der sie als kleines Kind bereits an Filmen teilhatte, die sie schon hörte ehe sie sie sehen
   konnte. Colette Fellous: Cinéma parlant, ebd., S. 29–34.

milie, nur einzelne haben, wie Daney, einen Lehrer als *passeur* erlebt, und auch der schulische Kinobesuch wird nur selten erwähnt. Diese Kindheiten lagen in einer Zeit, bevor die nationalen Schulkinoprogramme in Frankreich eingeführt wurden, die einer großen Anzahl von Kindern die Entdeckung von Filmkunstwerken im Unterricht ermöglichen.[140]

Weitgehende Einigkeit herrscht dagegen hinsichtlich der prägenden, emotionalen Wirkung der ersten Filmerlebnisse. Viele Befragte erinnern ihre ersten Kinobesuche über die Gefühle, die sie in ihnen ausgelöst haben. Rémy Hourcade spricht daher auch von einer «éducation sentimentale» (dt. Gefühlsbildung).[141] Wie bereits erwähnt, wird in diesem Zusammenhang am häufigsten die frühkindliche Erfahrung von Angst und Schrecken genannt, noch vor dem Vergnügen, der Aufregung oder der Verzauberung. Diese Angst wird mit konkreten Filmszenen, oder oft auch mit dem Dispositiv selbst in Verbindung gebracht: mit dem dunklen (anonymen) Kinosaal und mit den überdimensionalen Bildern, insbesondere den Großaufnahmen von Gesichtern. Darüberhinaus wird von einigen Teilnehmer der Umfrage, wie von Bergala selbst, die Angst als eine existenzielle Grunderfahrung des eigenen, im Kino verdrängten Lebens beschrieben.[142] Die Konfrontation von Ängsten dominiert für viele der Befragten ihre Kinoerfahrung als Kind,[143] während als Jugendliche, die – schon in Bezug auf Labrune und anderen weiblichen Befragten angesprochene – Entdeckung der Sexualität und des eigenen Begehrens hinzukommt. Beide Erfahrungen werden mit den Tabus der Erwachsenenwelt in Verbindung gebracht, die das Kino enthüllt habe, wie Virginie Thevenet schreibt: «[…] ich habe Dinge gelernt, die die Erwachsenen mir verborgen haben.»[144]

Wie schon in Bezug auf Bergala und Daney gezeigt, wird von vielen neben der *emotionalen* auch die *intellektuelle Bildung* durch Filme betont. Dies zeigt sich besonders deutlich in der mehrheitlichen Irritation gegenüber der Frage, welche

---

140 So berichtet Bergala, dass viele seiner Studenten in den zur Bewerbung an der Fémis verfassten Kinobiografien heute von der «Begegnung» mit Filmen – wie beispielsweise Wo ist das Haus meines Freundes? (Kaneh-ye dust kojast?, Abbas Kiarostami, Iran 1987) – im Rahmen des Grundschulprojektes *École et cinéma* berichten. Siehe Alain Bergala: Art, cinéma, pédagogie – les enjeux de la transmission. Videoaufnahme eines Gastvortrags an der Universität Paris 3, 22.9.2011. http://vimeo.com/30807643.

141 Rémy Hourcade, ebd., S. 135.

142 Bei Bergala und Tesson ist das die – vermutlich mit Schuldgefühlen gegenüber der ‹verantwortungslosen› Überantwortung an eine andere Wirklichkeit verbundene – Angst vor dem Verlust der eigenen Familie; bei Schefer ist das die aus der kindlichen Kriegserfahrung genährte Angst und bei Daney sind es die Ängste vor der sozialen Deklassierung und vor dem Appellcharakter des Elends, die die in seiner Kindheit üblichen Pausendarbietungen im Kino in ihm hervorriefen. Schefer 1993, Daney 1996, als Auszug auch in Bergala, Bourgeois 1993.

143 Bernard Favier verweist in diesem Kontext darauf, dass ein Kind lernen müssen, mit seinen Ängsten zu leben. Filme, die Angst machen, könnten dies ermöglichen. Bernard Favier, ebd., S. 122. Siehe auch S. 69, 82, 88, 90, 105, 119 u.a.

144 «Le cinéma m'a […] appris des choses que les adultes me cachaient».Virginie Thevenet, ebd., S. 201.

«falschen Wirklichkeiten» das Kino vermittelt habe. Zwar benennen einige der Befragten daraufhin bestimmte Erlebnisse, Details oder Filme (u.a. russische Propagandafilme oder amerikanische Hollywoodfilme), die meisten negieren aber explizit die zugrundeliegende These. Die einen betonen stattdessen – wie Daney – die wichtige Rolle des Kinos, einen Zugang zur Realität, zu anderen (sozialen) Wirklichkeiten oder ein Wissen über das Leben vermittelt zu haben. Andere wiederum finden die Frage grundsätzlich falsch gestellt, da das Kino eine Fiktion und die Anregung der Imagination, das Traumhafte und Magische seine eigentliche Qualität sei:[145] «Nein, es ist umgekehrt. Das Kino hat gezeigt, dass ich falsche Ideen der Wirklichkeit hatte, dass es eine andere Wirklichkeit als das alltägliche Leben gab und dass das Imaginäre eine ebenso wichtige Welt war wie die Welt selbst.»[146] In beiden Fällen wird das Kennenlernen und Erfahren von anderen Perspektiven – wie von Labrune – als wichtige Voraussetzung für die Selbstfindung beschrieben.[147] Die «verfälschte» Welt des Kinos wird als Lehre für das Leben begriffen, wie es Christian Metz – einer der Befragten – auf den Punkt bringt:

> «Ich habe praktisch *alles* in den Filmen gelernt. Natürlich hat das Leben danach alles umgestaltet, aber der Ausgangspunkt waren die Filme. [...] Verfälschung ja, was bestimmte sozialpolitische Realitäten betrifft (sowjetische oder amerikanische Filme). Ansonsten ist es ein verfälschtes Bild (verschönert, gedopt), aber nicht falsch. Als Schule ist es unersetzlich.»[148]

Es scheint dabei einen signifikanten Unterschied zwischen den Erfahrungen von Nachkommen aus bürgerlichen, gutsituierten Familien und aus sozial benachteiligten Verhältnissen zu geben. Für erstere – wie beispielsweise Carole Desbarats – stellt das Kino eine Möglichkeit dar, den Horizont des engen, behüteten Umfeld zu erweitern. Sei es durch die anderen sozialen Wirklichkeiten, denen sie in den Filmen begegnen; sei es durch den Kinobesuch selbst, der sie mit anderen Gesellschaftsschichten in Verbindung bringt – wie es auch Sartre in seinem Essay in der Anthologie schildert.[149] Wer aus armen, einfachen Verhältnissen stammt, erinnert

---

145 Beispielsweise Jean Gruault, ebd., S. 129.

146 «Non, c'est l'inverse. Le cinéma a montré que j'avais des idées fausses de la réalité, qu'il y avait une autre réalité que la réalité quotidienne et que l'imaginaire était un monde aussi important que le monde lui-même.» Jean-Louis Libois, ebd., S. 153.

147 Labrune, ebd., S. 20.

148 «J'ai pratiquement *tout* appris dans les films. Bien sûr, la vie a ensuite tout remodelé, mais le point de départ est dans les films. [...] Fausse, oui, pour certaines réalités socio-politiques (films soviétiques et américains). Pour le reste, c'est une image *faussée* (magnifiée, dopée), mais pas fausse. Comme *école*, c'est irremplaçable.» Christian Metz, ebd., S. 167; siehe auch S. 95, 107, 117.

149 Diese Begegnung mit dem ‹Volk› wird von Louis Buñuel (*1900) und Jean-Paul Sartre (*1905) auch zugleich als ein heimliches, verbotenes Vergnügen erzählt, da es sich für ihre bürgerlichen Familien um eine illegitime kulturelle Praxis handelte. Ebd., S. 218–221 u. 231–235.

das Kino dagegen häufiger als Chance, den beschränkten Verhältnissen der eigenen Realität zu entkommen und sich in imaginäre Welten zu träumen. In dieser Hinsicht korrespondieren die Essays von Roman Polanski und Martin Scorcese in der Anthologie mit Bergalas persönlicher Erfahrung. In beiden Fällen werden Filmerfahrungen als Horizonterweiterung beschrieben, als Gelegenheit andere Verhältnisse zu *erleben*, die Begrenzung der eigenen Realität zu überwinden.[150]

Neben dieser von Filmen ermöglichten anderen Welterfahrung verweisen einige der Befragten auch auf die Prägung ihrer Wahrnehmung durch Filme. So antwortet Claude-Catherine Landy auf die Frage nach der Entdeckung im Kino: «Nichts Spezielles. Ganz grundsätzlich eine Art, die Welt zu sehen (Kamerafahrten, Schatten und Licht) und zu leben.»[151] Und die Schriftstellerin Anne-Marie Garat antwortet auf dieselbe Frage:

> «Der beunruhigende Zustand, mit offenen Augen zu träumen und danach über Wochen hinweg den Eindruck mit sich herumzutragen, dass es eine Welt gibt, die hinter dem Filmstreifen des Tages verborgen liegt, die Straße, die Leute, die Dinge als Dinge, Leute, Straßen des Kinos zu sehen. Ich glaube, das ist es, was ich als Schriftstellerin verfolge.»[152]

Filmerfahrungen prägen die Wahrnehmung der Realität, aber auch das Sehen von Filmen. Luis Buñuel beschreibt diese Erfahrung in einem in der Anthologie angeführten Essay mit Blick auf die Anfänge des Kinos: Wie die ersten Kinobesucher Anfang des 20. Jahrhunderts, muss jedes Kind erst lernen, Filme zu sehen.[153]

Diese sehr knappe und daher notwendigerweise unvollständige Auswertung der in *Cet enfant de cinéma* veröffentlichten Umfrageergebnisse ergibt eine Diversifizierung des Bildes von der cinephilen Kinokindheit. Zwar liegt die anhand der Texte von Bergala und Daney herausgestellte modellhafte cinephile Biografie offenbar der Umfrage zugrunde und wird von einigen Befragten ebenfalls evoziert. An der Vielfalt der Anworten ließ sich aber auch ein Disfunktionieren des Mo-

---

150 Ebd., S. 63 oder auch den Essay Christian Bobin: Une lettre, ebd., S. 29.

151 «Pas de quelque chose en particulier. D'une manière générale, une façon de regarder le monde (travelling, ombres et lumières…) et de vivre.» Claude-Catherine Landy, ebd., S. 149. Siehe auch Pinel, ebd., S. 184.

152 «L'état troublant de dormir les yeux ouverts et de promener ensuite, des semaines durant, cette impression d'un monde caché sous la pellicule du jour, de voir la rue, les gens, les choses comme des choses, des gens, des rues de cinéma. Je crois que c'est ce que je poursuis en écrivant.» Anne-Marie Garat, ebd., S. 134.

153 Buñuel schildert in seinem Essay sehr anschaulich wie er als Kind nicht vor dem Dargestellten selbst, sondern vielmehr vor der ungewohnten Darstellungsweise Angst hatte. So nahm er eine Kamerafahrt nicht als (eigene) Bewegung hin zu der abgebildeten Figur wahr, sondern vielmehr als bedrohliche und unkontrollierbare Bewegung der Figur auf ihn selbst zu. Ebd., S. 218–221.

dells nachweisen. Zum Teil zeigt sich eine ausdrückliche Abwehr gegenüber kanonischen Etappen dieser Narration, zum Teil relativiert die Breite der Anworten auch bestimmte Grundannahmen aus *Kino als Kunst*. Insbesondere die Thesen von der einen, entscheidenden Begegnung mit Filmen, von der zentralen Rolle des *passeurs* und von der Individualität und Einsamkeit der Kinoerfahrungen werden zwar von vielen Befragten bestätigt, von anderen aber auch negiert.[154]

Eben diese Abweichungen, dieses Disfunktionieren des kanonischen Narrativs verweist auf die Erfahrungen hinter den autobiografischen Konstruktionen. Und in dieser Hinsicht stützen die Antworten wesentliche Thesen von Bergalas Vermittlungsansatz. Zuallererst bestätigen fast alle Befragten die zentrale biografische Rolle des Kinos als Bildungsinstanz. Zum Zweiten belegen sie, dass dieser initiatorische Charakter von Filmen gerade in der Konfrontation mit Fremdem, Ungewohnten – seien es unbekannte Realitäten oder phantastische Welten – liegt. Die Erfahrung anderer Perspektiven öffnet den eigenen Horizont und ermöglicht so auch die Selbstfindung. Damit ist die These verbunden, dass die unverständlichen, rätselhaften Kinoerlebnisse die nachhaltigste Wirkung haben, wie der Schauspieler Jean-François Sivadier es auf den Punkt bringt: «Dieser Film hat mich verfolgt, gerade weil ich nichts verstanden habe».[155] Dieser Aspekt wird von einigen auch in der Antwort auf die Frage nach den Filmen, die sie Kindern zeigen möchten, aufgegriffen: Kinder sollen – so die Forderung – auch Filme sehen, die sie nicht vollkommen verstehen.[156] Drittens betätigen einige Befragte auch die These, dass die Kindheit in jeder Filmerfahrung aufgerufen wird und dass die Kinokindheit die Filmerfahrung des erwachsenen Zuschauers prägen kann.[157]

Cet enfant de cinéma ist ein eindrucksvoller Beleg für die bildende Funktion von Filmen, die die eingegrenzte Perspektive auf die männliche Nachkriegsgeneration um ein deutlich größeres Spektrum an Erfahrungen, insbesondere auch von Frauen, erweitert. Es bleibt jedoch festzuhalten, dass es sich hier ebenfalls um ein historisches Zeugnis aus einer Zeit handelt, als Filme vor allem im Kino erlebt wurden und noch nicht in den verschiedensten medialen Formaten zugänglich und allgegenwärtig waren. Bergala verweist in seiner Einleitung selbst daraufhin, dass die Umfrage in einer Zeit entstanden ist, in der «jeder sich ein

---

154 Dies gilt auch für die Frage nach dem Begehren nach verbotenen Filmen: Auch hierbei bestätigt die Hälfte der Befragten diese Erfahrung, die andere Hälfte jedoch nennt keine Filme bzw. äußert, dass es keine verbotenen Filme gab.

155 In Bezug auf den Film CRABE-TAMBOUR von Pierre Schoendoerffer (1977). Sivadier, ebd., S. 197.

156 Ebd., S. 100, 147 u.a.

157 Gerade Aumont und Lehman, die die Erfahrung einer Kinokindheit von sich gewiesen haben, bestätigen dies: «Um besser auf ihre Frage zu antworten, würde ich sagen, dass ich dabei bin die Kinokindheit zu leben». («A mieux répondre à la question, je dis que l'enfance de cinéma, je suis en train de la vivre […]», Lehman, ebd., S. 159. Vgl. Aumont, ebd., S. 52f.

wenig verunsichert fühlt durch das, was das Kino gerade dabei ist zu verlieren, und was es uns so teuer machte.»[158] Die Frage, wie heute Kinder und Jugendliche durch Filmerfahrungen geformt werden und welche der hier erörterten Aspekte weiterhin gültig sind, bleibt damit offen. Hier könnte eine aktuelle Biografieforschung ansetzen.

4.2.3 Die Begegnung mit Filmen als biografisches Schlüsselerlebnis

In cinephilen Selbstzeugnissen wird die Erfahrung von Filmen als biografisches Schlüsselerlebnis, als Schock und ‹Offenbarung›, beschrieben. Bergala verwendet in *Kino als Kunst* dementsprechend die auch in cinephilen Kindheitserinnerungen auftauchende Formel von der «Begegnung» mit Filmen, um eine ‹existentielle› Prägung durch Filmerfahrungen zu bestimmen, die jenseits der Geschmacksbildung liegt:[159]

> «Alle Cinephilen wissen noch, welche Filme ihnen die Liebe zum Kino einge-
> pflanzt haben. […]. Was da passiert ist, diese Art von ‹Big Bang› hat nichts mit
> Geschmack oder Bildung zu tun, sondern ist reine Begegnung, mit all dem,
> was sie an Einmaligem, Unvorhersehbaren und Erschütterndem hat. Sie lässt
> sich als jene augenblickliche Gewissheit beschreiben, von der Schefer und Da-
> ney gesprochen haben: Dieser Film scheint nur auf mich gewartet zu haben, er
> weiß etwas von meiner rätselhaften Beziehung zur Welt, das mir selbst nicht
> klar ist, das er jedoch enthält wie ein Geheimnis, das ich entziffern muss.»[160]

Das Bild des Urknalls beschwört eine Ursprungserfahrung, einen Moment, der als Ausgangspunkt der Ichwerdung imaginiert wird. Diese Vorstellung findet sich auch bei den cinephilen Autoren, die Bergala in diesem Zusammenhang zitiert. So spricht Daney in «Das travelling von KAPO» von seinem «Nullpunkt» und sei-ner «zweite[n] Geburt» und Schefer schreibt, dass mit der Vorführung von Vittorio de Sicas SCHUHPUTZER (SCIUSCIA, I 1946) für ihn «die Welt begonnen» habe.

Sie betonen damit eine grundlegende Erschütterung des bekannten, stabilen Weltbildes, und eine damit einhergehende Selbsterfahrung durch Filme. Mit der Subjektivierung des Films, der «etwas von meiner rätselhaften Beziehung zur Welt weiß», schließt Bergala an die in cinephilen Diskursen verbreitete Personifi-

---

158 Alain Bergala: L'ineffaçable pli, ebd., S. 9–10, hier: 9.
159 Der Begriff Begegnung hat im Französischen eine etwas weitere Bedeutung als im Deutschen. So können sich nicht nur Menschen, sondern auch Sachen begegnen (z.B. Flussläufe) und vor allem hat der
Begriff eine starke Konnotation des Zufälligen. In einem ursprünglichen Sinn bedeutete «La rencontre» Zufall oder auch «Schlag der Götter».
160 Bergala 2006: *Kino als Kunst*, S. 49.

zierung von Filmen an, um eine intersubjektive Rezeptionserfahrung zu bestimmen, die Parallelen zu der von Barthes' beschriebenen ästhetischen Erfahrung aufweist (Vgl. 3). Dies wird in dem von Bergala in diesem Zusammenhang zitierten Essay von Philippe Arnaud offensichtlich, der seine Begegnung mit dem Film DER KRIEG DER KNÖPFE (LA GUERRE DES BOUTONS, R: Yves Robert, F 1962) mit dem Begriff des *punctum* umschreibt.[161] Wenn Bergala die Begegnung mit Filmen explizit der Geschmacksbildung durch Filme entgegensetzt, scheint er die beiden von Barthes artikulierten Ebenen der Rezeption anzusprechen: diejenige, die auf kultureller Bildung, und diejenige, die auf einer individuellen Affizierung durch den Gegenstand beruht.

In der Betonung des einschneidenden, einmaligen Filmerlebnisses, weist er darüber hinaus auch auf biografische und filmspezifische Dimensionen. Anhand des Schlüsselbegriffs der Begegnung soll daher abschließend die cinephile Erfahrung einer fundamentalen Prägung durch Filme auf ihre theoretischen Bezüge hin abgeklopft werden. Ich werde diesen Begriff aus drei Perspektiven angehen: aus einer filmtheoretischen nach Arnaud, einer psychoanalytischen nach Lacan und einer rezeptionstheoretischen nach Schefer.

Begenung als Fiktion

Der Begriff der Begegnung kann zunächst als Teil einer Fiktion verstanden werden – als Motiv, mit dem die zentrale Bedeutung von Filmen für das eigene Leben sinnbildhaft gefasst wird. Dies lässt sich in Bezug auf Philippe Arnauds kleine philosophische Abhandlung zur Begegnung als Filmmotiv ... *ton aile indubitable en moi* konkretisieren. Arnaud setzt sich darin mit der Inszenierung von schicksalhaften Begegnungen als einem filmspezifischen Phänomen auseinander, insofern der Begegnung im Film, anders als beispielsweise im Theater, eine zentrale dramaturgische Funktion zukommt. Da Bergala mit Arnaud befreundet war, ist davon auszugehen, dass er den 1996 erschienenen Essay gekannt hat, der – wie der kürzlich publizierte Folgeband von Jacques Aumont *La rencontre au cinéma* nahelegt – auch in filmwissenschaftlichen Kreisen rezipiert wird.[162]

---

161 Arnaud bezieht sich in verschiedenen Texten auf seine Kinokindheit, wobei große Ähnlichkeit zu Schefers Darstellung des Rätsels und Mysteriums der Kinoerfahrung besteht. Neben dem Essay «Anywhere inside the world» in *Cet enfant de cinéma* (Bergala, Bourgeois, S. 13–18), sind das Vorwort zu seinem Büchlein ... *son aile indubitable en moi* und seine Essaysammlung *Les paupières du visible*, zu der Bergala das Vorwort geschrieben hat, zu erwähnen. Arnaud spielt dabei immer wieder auf Barthes an, so beispielsweise mit dem *punctum* in *Les paupières du visible*. Paris, 2001, S. 42. Philippe Arnaud : «...son aile indubitable en moi.» *Où l'on suit quelque variations sur la Rencontre au cinéma*. Paris, 1996.

162 Arnaud beginnt das Buch mit einer Reflexion der Begegnung mit Filmen in seiner Kindheit. Jacques Aumont: *La rencontre au cinéma – Au cinéma, toujours l'inattendu arrive*. Rennes, 2007. Der Sammelband enthält auch Arnauds Essay zur Begegnung.

Zur Definition des Begriffs Begegnung greift Arnaud auf Aristoteles' *tuche* zurück. Diese ist – im Gegensatz zum *automaton* als einem beliebigen, sich täglich ereignenden Zufall – als entscheidender Zufall definiert, der den Einzelnen besonders betrifft: «in der *tuche*, kann etwas durch Zufall geschehen, das indessen auf etwas antwortet, das man erhoffen oder befürchten konnte».[163] In ähnlicher Weise beschreibt Bergala die «Begegnung» mit Filmen als zufälliges, einen persönlich betreffendes Ereignis.

Auch die weitere Systematisierung verschiedener Merkmale der schicksalhaften Begegnung in Filmen, die Arnaud auf dieser philosophischen Basis vornimmt, erscheint wie eine exakte Beschreibung der von Bergala und den von ihm zitierten Cinephilen postulierten schicksalhaften Begegnung mit Filmen. Arnaud schildert die Begegnung als ein Ereignis, welches das Ich vollkommen erschüttern und verändern kann: «Nennen wir Begegnung den Moment, wo die Grenzen des Ichs erschüttert oder zerstört werden: die *tuche* der Liebe ist dafür sicher das beste Beispiel.»[164] Er beschreibt sie als Moment, in dem sich ein geheimer Wunsch plötzlich realisiert – analog stellt er an anderer Stelle die Vergegenwärtigung seines homosexuellen Begehrens angesichts von nackten Jungenkörpern in dem Film KRIEG DER KNÖPFE als einschneidendes biografisches Erlebnis dar.[165] Die Begegnung in Filmen kann die normale Wahrnehmung und das Zeitgefühl außer Kraft setzen oder ganz grundlegend verändern – was laut Schefer die Erfahrung des Kinozuschauers ganz grundsätzlich charakterisiert.[166] Sie kann einen (neuen) Weg inmitten der unendlichen Möglichkeit eröffnen – wie die «Berufung» für das Kino, von der Daney und Bergala sprechen. Und sie kann der Moment einer plötzlichen Anerkennung bzw. Erkenntnis sein – wie sie Daney in Bezug auf die Realität des Holocausts schildert.[167] Die Begegnung in Filmen kann nur als eine Möglichkeit aufscheinen, die niemals eintritt, und sie kann eintreten, ohne eine schicksalhafte Wirkung zu haben.[168] Dementsprechend betont Bergala in Bezug auf die Organisation von Begegnungen in der

---

163 «Il faut alors reprendre l'ancienne distinction aristotelicienne entre la *tuche* et l'*automaton*: ‹La chute d'une pierre n'a pas lieu en vue de frapper quelqu'un› – mais, dans la *tuche*, quelque chose peut avoir lieu par hasard, qui répond cependant à ce que l'on pouvait espérer, ou craindre – pour renouer avec les enjeux d'un récit.» Arnaud 1996, S. 11.

164 «Appelons rencontre le moment où les limites du moi se trouvent ébranlées ou abolies: la *tuche* amoureuse en est bien sûr le plus net ensemble, elle ne les résume pas toutes, si elle en est la parosie.» Arnaud 1996, S. 12.

165 Ebd., S. 15. Vgl. Arnaud 1993.

166 Ebd., S. 16 u. 22

167 Ebd., S. 19 u. 27.

168 Ebd., S. 34.

Schule: «Eine derartige Begegnung lässt sich eher initiieren als lehren, und die Schule wird sie weder vorprogrammieren noch garantieren können.»[169]

Vor dem Hintergrund von Arnauds Systematik lässt sich Bergalas Begriff der Begegnung als filmspezifisches Erzählmotiv verstehen, das Cinephile aufgegriffen haben, um ihren Lebensroman als Film zu erzählen. Die Begegnung birgt vor allem die Fiktion eines Ursprungs, nämlich des Ursprungs des cinephilen Subjekts. Arnaud selbst legt diese Korrepsondenz in der Einleitung zu seinem Buch nahe, wenn er dort die kindlichen Filmerfahrungen als *tuche* beschreibt und von ihrem «grundlegenden Das-ist-für-Dich»» spricht.[170] Wie ein Liebender dazu neigt, die erste Begegnung mit der Geliebten rückwirkend als besonderen, entscheidenden Moment – als Liebe auf den ersten Blick – zu schildern, so stilisieren auch cinephile Subjekte ihre erste Begegnung mit dem Kino zum besonderen Ereignis. Beide orientieren sich dabei an dem Vorbild tradierter Narrative, in diesem Fall vor allem an Filmgeschichten.

Eine Problematik von Bergalas Thesen zur Persönlichkeitsbildung im Kino liegt meiner Meinung nach darin, dass er die cinephilen Erinnerungen aufgreift, ohne ihren fiktionalen Charakter systematisch zu reflektieren. Im Gegenteil, gerade hinsichtlich der Begegnung neigt er stellenweise dazu, die Fiktion zu reproduzieren und als reales Ereignis emphatisch zu verabsolutieren. Er differenziert nicht zwischen den Konventionen der sinnstiftenden Erzählung, der aktiven Selbstkonstitution und den Erfahrungen, von denen sie zeugen. Und auch der historische Kontext, der die Filmerfahrungen bedingt und bestimmte Formen der Verarbeitung hervorgebracht hat, wird, wie bereits erwähnt, nicht in Hinblick auf die Allgemeingültigkeit der Aussagen reflektiert.

Diese Unschärfe führt zu Widersprüchen und problematischen Ausschlusstendenzen in seiner Argumentation. So spricht Bergala beispielsweise im Rückgriff auf Daney von der Liste der «prägenden Filme», der Filme, die man in früher Kindheit gesehen hat und in die kein «zu spät» gesehener Film mehr Eingang finden könne: «Nichts, was später kommt, kann dieses für jede echte Begegnung mit dem Kino charakterisitische erste Gefühl ersetzten.»[171] Bergala dient diese Behauptung als Argument dafür, dass die Schule Kindern bereits frühzeitig das Kennenlernen von Filmkunst ermöglichen sollte. Wie aber lässt sich vor diesem Hintergrund seine eigene prägende Erfahrung mit dem Film DIE ZEHN GEBOTE oder der Verweis auf Arnauds Begegnung mit DER KRIEG DER KNÖPFE verstehen, die, wie er selbst betont, für den späteren Filmgeschmack nicht repräsentativ wa-

---

169 Bergala 2006: *Kino als Kunst*, S. 51.
170 Im Original: «*tuche* spectatorielle», ««c'est pour toi› fondateur ». Arnaud 1996, S. 9.
171 Bergala 2006: *Kino als Kunst*, S. 50.

ren? Und was heißt das für Personen, die keine Kinokindheit genossen haben? Ist ihnen dauerhaft der ‹wirkliche› Zugang zum Kino verwehrt? Die Befragten, die in *Cet enfant de cinéma* bestreiten, für sie wesentliche Filme in der Kindheit gesehen zu haben, scheinen auch auf diese implizite Unterstellung zu reagieren.

Die Begegnung des Realen

Die Legitimität von Bergalas Bezug auf die cinephilen Kindheitserinnerungen soll damit nicht grundsätzlich negiert werden. Vielmehr stellt sich die Frage, welche verallgemeinerbaren Schlüsse sich daraus für die Wirkung von kindlichen Filmerfahrungen ziehen lassen, ohne ihre historisch bedingte Fiktionalisierung zu übernehmen. Dafür kann ein Rückgriff auf die psychoanalytische Theorie von Jacques Lacan aufschlussreich sein, der sich mit der «Begegnung mit dem Realen» als biografisches Ereignis befasst hat. Er greift ebenfalls auf die Aristotelische *tuche* zurück, um seinen Begriff der Begegnung als Weiterentwicklung von Freuds Traumatheorie zu formulieren.

Nach Freud ist das Trauma ein ursprüngliches Ereignis in der Realität, das das Individuum nicht verarbeiten kann und das deshalb in seinem psychischen Apparat immer wiederkehrt, in Form von Phantasmen oder neurotischen Störungen.[172] Lacan verallgemeinert den Traumabegriff und bezieht ihn nicht mehr allein auf psychische Krankheiten. Er deutet das Trauma als eine spezielle Form der *tuche*, die er als die «Begegnung mit dem Realen» *(la rencontre du réel)* definiert.[173] Wie bereits oben dargestellt, ist für Lacan jedoch die Rückkehr zur Einheit mit den Dingen, die Erfahrung der Welt für ein bewusstes Subjekt prinzipiell nicht möglich, weshalb sich diese Begegnung mit dem Realen immer nur retrospektiv in einer Störung zeigen kann, als schon verfehlte Begegnung: «Das Reale wäre das, was stets an derselben Stelle wiederkehrt – an der Stelle wo das Subjekt als denkendes oder die res cogitans ihm nicht begegnet».[174] Dennoch ist diese vom bewussten Ich verfehlte Begegnung wesentlich.[175] Sie beeinflusst die menschliche Entwicklung, die sich notwendig in «Gegenwart» der Realität (und nicht allein als

---

172 Der Begriff Trauma stammt aus dem Griechischen und heißt dort «Wunde». Seine Bedeutung wurde von der Psychoanalyse auf die psychische Ebene übertragen, wobei drei Bedeutungen übernommen wurden: «ein heftiger Schock, ein Einbruch, Folgen für die ganze Organisation.» Laplanche, Potentialis, S. 513f.

173 «Zunächst: Tyche. Ich habe Ihnen das letzte Mal gesagt, dass ich das Wort dem Vokabular von Aristoteles entnommen habe, als ich nach seiner Erforschung der Ursache fragte. Wir übersetzen: la rencontre du réel/die Begegnung mit dem Realen.» Lacan, S. 60.

174 Ebd., S. 56.

175 «Wo aber begegnen wir dem Realen? Um eine Begegnung, eine wesentliche Begegnung geht es bei dem, was die Psychoanalyse entdeckt hat, in der Tat – es geht um ein Rendez-vous mit dem Realen, zu dem wir stets gerufen sind, das sich jedoch entzieht.» Ebd., S. 59.

Traum) ereignet.[176] Mit der Begegnung bezeichnet Lacan also eine Erfahrung in der Realität/eine Erfahrung des Realen, die im Subjekt Spuren hinterlässt, ohne dass sie selbst sprachlich oder imaginär erfassbar wäre. Ihre Spuren sind das Nichtassimilierbare, die nichtartikulierbaren Störungen im Ich.[177] Anders als das Trauma hat die Begegnung mit dem Realen keinen identitätszerstörenden Charakter, sondern wird von Lacan als produktive Störung begriffen.

Die von Daney geschilderte Erschütterung durch den Film NACHT UND NEBEL ließe sich in diesem Zusammenhang als eine durch den Film vermittelte, traumatische Erfahrung der Realität beschreiben – traumatisch, weil sie eine (verschüttete) familiäre und historische Katastrophe vergegenwärtigt. Diese «Begegnung des Realen» hat Daney in der Selbstreflexion bearbeitet. Er hat versucht, den verstörenden Schock in eine sinnstiftende Erzählung zu verwandeln, wobei diese Aufarbeitung wiederum über andere Filme und Texte als ästhetische und moralische Positionen zur Realität verlief. Die Auseinandersetzung mit Filmen wäre in dieser Lesart für Daney eine Art Psychoanalyse gewesen, deren Funktion darin bestand, ein traumatisches Ereignis, die Begegnung des Realen aufzuarbeiten. In diesem Sinne können auch Schefers Kindheitserinnerungen als Verarbeitung eines ursprünglichen Traumas interpretiert werden, in diesem Fall die Erfahrung des Bombenkrieges. Er beschreibt das Kino als den Ort, an dem sich der Krieg unaufhaltsam fortgesetzt habe,[178] und zwar gerade in den «Kinderfilmen» von Charlie Chaplin, Laurel and Hardy, Walt Disney, die für ihn die Destruktivität und Gewalttätigkeit der menschlichen Existenz in einer anderen, harmloseren Form ausagierten.[179]

Von Bergala wird dieser Aspekt einer Begegnung mit der Realität im Rezeptionsprozess nicht explizit thematisiert. Nur in Hinblick auf den Schaffensprozess spricht er von einer Begegnung mit dem Realen, die sich als Spur in den Filmstreifen einschreibt, ähnlich wie sie sich nach Lacan auch in die menschliche Psyche einprägt. Zugleich habe ich an anderer Stelle bereits darauf verwiesen, dass für Bergalas Alteritätsbegriff das Prinzip der Störung wesentlich ist (Vgl. 4.1). Dies gilt nicht nur in Hinblick auf den Schaffensprozess. Auch in Bezug auf den Re-

---

176 Ebd., S. 61f.

177 «Es ist eine bemerkenswerte Tatsache, dass das Reale am Ursprung der analytischen Erfahrung sich als ein nicht Assimilierbares zeigt – in Form des Traumas, das für den weiteren Verlauf bestimmend wird – und dass somit diese analytische Erfahrung einen durchaus akzidentellen Ursprung hat!» Ebd., S. 61.

178 Schefer 1997, S. 81.

179 Meines Erachtens gibt es eine fundamentale Differenz zwischen Schefers und Daneys «Begegnung» mit Filmen, die in ihrem Altersunterschied liegt – Schefer wurde 1938 im Krieg geboren, Daney 1944 erst danach. Schefer hat den Krieg also noch selbst erlebt, in den Bombennächten, von denen er in L'homme ordinaire du cinéma erzählt, und die für ihn in den Filmen nach dem Krieg vergegenwärtigt werden. Daneys Trauma wurde durch die Familie weitergegeben: der Schock der Konzentrationslager, von denen er im Film erfährt, wird auch dadurch ausgelöst, dass sie ihm die Geschichte seines Vaters vor Augen führen.

zeptionsprozess zeigt sich eine auffallende Ähnlichkeit zwischen Bergalas Konzeption einer Begegnung mit Filmen und Lacans Thesen zur Begegnung des Realen. Wie eingangs angesprochen, betont Bergala das Moment des Schocks und der Erschütterung sowie die Unverständlichkeit und Nichtassimilierbarkeit der Filmerfahrung, die Spuren in der Psyche hinterlassen und eine produktive, für die Persönlichkeitsbildung wesentliche Funktion haben kann.[180] Diese Analogie der Begegnung des Realen und der Kinoerfahrung wird durch eine spezifische Eigenart der Filmerfahrung nahegelegt, die Jean-Louis Schefer reflektiert hat, nämlich, dass Filme als real erfahren werden.

Die Begegnung mit Filmen

Schefer bescheibt in *L'homme ordinaire du cinéma* den Schock, die Verblüffung, das «Staunen und Rätsel[n]», das Bergala in Hinblick auf erste kindliche Filmerfahrungen zitiert, als prinzipielle Kondition des Kinozuschauers.[181] Die Erschütterung ist nach Schefer eine filmspezifische Erfahrung, die jeder Zuschauer im Kino macht. Für ihn stehen dabei weder die Begegnung mit sich selbst und dem eigenen Unbewussten auf der Leinwand (wie in der psychoanalytischen Filmwissenschaft), noch die Begegnung mit der Realität (wie bei Daney) im Vordergrund. Vielmehr *erfährt* der Kinozuschauer sich selbst als einen *Anderen*. Er tritt im Kino in eine andere Welt ein, in eine andere Wahrnehmung, die ihm verborgene Seiten und Möglichkeiten enthüllen. Der Kinozuschauer ist der «unsichtbare Mensch». Er lernt die Abgründe der menschlichen Existenz in sich selbst kennen, er erfährt sich im Kino auch als Schauplatz (und Urheber) von Verbrechen.

Schefer betont, wie viele der Befragten in *Cet enfant de cinéma*, dass die fiktiven Welten, die das Kino eröffnet, nicht der Realität entsprechen. Und dennoch ist die Kinoerfahrung eine reale Erfahrung, insofern die Gefühle, die der Zuschauer im Kino empfindet, Realität sind und die Zeit in Filmen sowie die durch Filme geänderte Wahrnehmung als real erlebt werden. Filme sind somit als körperliche Erfahrungen real. Anders als die psychoanalytische Filmwissenschaft, die die identitätsbildende Wirkung von Filmen über die imaginären Bilder, die Verstrickung in den eigenen Phantasien zu begründen versucht, leitet Schefer aus der sinnlich-affektive Erfahrung von Filmen die prägende Wirkung auf die Wahrnehmung und das Gedächtnis her. In dem Essay «L'accident», den er für *Cet enfant de cinéma* geschrieben hat, beschreibt er diese Prägung mit dem Bild der Falte (frz. «pli»):

---

180 Bergala 2006: *Kino als Kunst*, S. 49f.
181 Ebd., S. 49.

«Die tiefgehende intime Verbindung zwischen dem Kino und der Kindheit (dieser Bodensatz eines Rätsels, der bei einigen unter uns noch ein Gedächtnis und eine Sensibilität bearbeitet) wird vielleicht durch die Umstände, eine besondere Gelegenheit, eine Art Unfall bedingt sein. Vielleicht sind wir vom ersten Kino auch [...] durch eine Art ‹Falte› affiziert, physisch, affektiv, spirituell; ich weiß nicht, wie ich es genauer sagen soll: eine Falte, durch die die ganze Vielfalt des Spektakels der Anderen in uns eintrat (und diese war unerhört), vergrößerte Menschen und Dinge, die unverständlich zerstückelt und zusammengesetzt waren.»[182]

Bergala greift diese Metapher der Falte als Titel seiner Einleitung zu *Cet enfant de cinéma* auf, wobei er damit nicht nur die Ausbildung einer besonderen Empfänglichkeit für Filme, sondern auch ganz grundsätzlich einen neuartigen Zugang zur Welt auf Basis der kindlichen Filmerlebnisse beschreibt:

«Zu Anfang hatten wir Lust, einige zeitgenössische Schriftsteller darum zu bitten [...] auf die Suche nach diesem Kanton ihrer Kindheit zu gehen, um auf den Umwegen der Schrift etwas von diesem ersten Mal wiederzufinden, das häufig die unauslöschliche Falte am Rand des Imaginären geprägt hat, durch die sie in eine neue Beziehung zur Welt, ja sogar in einen neuen Glauben eingetreten sind.»[183]

Wie ich bereits im vergangenen Abschnitt gezeigt habe, bezeugen auch einige der Befragten in *Cet enfant de cinéma* diese Formung der Wahrnehmung durch die filmischen Techniken der Kadrierung, der Kamerafahrt und der Montage.

Mit der Formung der Wahrnehmung geht, laut Schefer, die Konstitution des Gedächtnisses einher, die er anhand seiner «Begegnung» mit dem bereits erwähnten Film SCHUHPUTZER (SCIUSCIA, Vittorio de Sica, I 1946) beschreibt. Indem dieser Film ihm die Bilder für die eigenen, unzusammenhängenden Kindheitserfahrungen im Krieg lieferte, habe er sie erst bewusst gemacht und damit die Vorrausetzung für ihre Erinnerung geschaffen. Diese Prägung des Ge-

---

182 «Le lien, intiem, profond du cinéma et de l'enfance (ce dépôt d'une énigme qui travaille encore, chez certains d'entre nous, une mémoire et une sensibilité) aura peut-être été un lien de circonstance, une relation d'occasion, le produit d'une espèce d'accident. Peut-être aussi le premier cinéma, notre position prise, alors, à son spectacle, nous ont-ils affectés d'une espèce de ‹pli›, physique, affectif, spirituel; je ne sais comment dire plus justement: le pli selon lequel entrait en nous toute la variation (et celle-là était inédite) du spectacle des autres, hommes et choses agrandis, incompréhensiblement découpés et ajointés.» Jean-Louis Schefer: L'accident. In: Bergala, Bourgeois, S. 39–43, hier 39.

183 «Pour commencer nous avons eu envie de demander à quelques écrivains d'aujourd'hui [...] de partir à la recherche de ce canton de leur passé pour retrouver par les sentiers de l'écriture quelque chose de cette première fois qui a souvent marquée l'ineffaçable pli, à la lisière de l'imaginaire, par lequel ils entraient dans un nouveau rapport à la réalité du monde, voire dans une nouvelle foi.» Bergala, Bourgeois, S. 10.

dächtnisses durch die Filmbilder ist laut Schefer womöglich nachhaltiger als die eigenen, realen Kindheitserinnerungen, die stärker der Unzuverlässigkeit der kindlichen Wahrnehmung unterworfen sind: Es sind Filme, die seine Kindheit «fotografiert» haben, indem sie ihre Gefühle festgehalten haben.

Mit dem Bild des «Fotografierens», das von Daney und Bergala, meiner Ansicht nach, falsch als «Betrachten» zitiert wurde (Vgl. 3), betont Schefer vor allem auch die grundsätzlich unkontrollierbare Prägung durch Filme. Die Bilder besetzen uns, sie «wählen» uns[184] und erzählen – wie Fotografien – etwas von dem Kind, das wir waren, als sie sich in unser Gedächtnis eingegraben haben:

> «Aber wie soll man den unwahrscheinlichen Charakter und die paradoxe Formulierung einer solchen Gewissheit vertreten, dass die Bilder so lebendig in uns bleiben und wiederkehren, nicht etwa, weil wir sie von Anfang an beherrscht hätten, sondern weil sie uns während unserer Kindheit fotografiert haben, jenseits des Unwohlseins dieser Kindheit selbst [...]?»[185]

Philippe Arnaud greift dieses Bild in *Les paupières du visible* auf, wenn er von den verinnerlichten, in den Körper geschriebenen Bildern (frz. *«incorporée»*) spricht, die exakter seien als die Fotos, die sein Vater von ihm als Kind gemacht habe.[186]

Wie Daney beschreibt Schefer also aus eigener Erfahrung die Formung durch kindliche Kinoerlebnisse. Allerdings stehen bei ihm statt der bewussten, aktiven Selbstkonstitution, von der Daneys cinephile Autobiografie zeugt, der Ich-Verlust im Kino und die unkontrollierte, ungewollte Prägung durch Filme im Vordergrund. Während Daney den Schock des Kinoerlebnisses zum Nullpunkt seiner imaginären Selbstgeburt im Kino erklärt und in der reflexiven Verarbeitung aktiv in seine Biografie eines exemplarischen Individuums ‹einarbeitet›, geht Schefer von einer unbewussten Prägung jedes Kinozuschauers – des *homme ordinaire du cinéma* – aus. Statt einer moralischen und intellektuellen Bildung steht bei ihm die physische und emotionale Prägung im Vordergrund. Bei Daney bearbeitet das Ich die Kinoerfahrung und konstituiert sich dadurch aktiv, bei Schefer wird das Ich durch seine Kinoerfahrung bearbeitet, – es arbeitet im Ich. Die beiden Selbstzeugnisse entsprechen dabei den zwei Seiten einer Medaille, denn auch Daney muss sich erst verlieren, bevor er sich bewusst neu entwerfen

---

184 Schefer 1997, S. 113.
185 «Mais comment soutenir le caractère invraisemblable ou la formulation paradoxale d'une telle certitude, que ces images ne restent en nous et ne nous reviennent si vivement non parce que nous les avions maîtrisées dès l'abord mais parce qu'elles nous ont photographiés pendant notre enfance et hors même du malaise de cette enfance [...].» Schefer 1997, S. 108. Arnaud 2001, S. 34.
186 Arnaud 1996, S. 9.

kann. Sie stehen für die auch in *Cet enfant de cinéma* belegten Facetten einer *emotionale Bildung* und einer *intellektuellen Bildung* mit Filmen.

Die These vom Ich-Verlust des Filmzuschauers, die Schefer auch in das drastische Bild des «Schlachthofs» fasst,[187] richtet sich gegen die von der psychoanalytischen Filmwissenschaft vertretene These von der Spiegelung auf der Kinoleinwand. Statt der Identifikation und der Signifikation betont er die sprachlose Verblüffung, die Störung stabiler Identitäten und den Verlust sinnhafter Bezüge. Statt das Imaginäre als wesentliches Moment der Kinoerfahrung und der Selbstkonstitution mit Filmen aufzugreifen, trägt Schefers Reflexion der Kinoerfahrung eher Züge der von Lacan definierten Begegnung des Realen. Die sinnliche Filmrezeption ist für ihn eine reale Erfahrung, die sich jenseits der imaginären Selbstbilder und Projektionen ereignet, und die als nicht-assimilierbarer Rest Spuren im Menschen hinterlässt.

Bergala knüpft offenbar an Schefers Thesen zur Konstitution des Kinozuschauers an, insofern er die Erschütterung des Ichs, die physische Prägung der Wahrnehmung und die unbewusste Wirkung der Filmerfahrung betont: «Der Film arbeitet in aller Stille, seine Schockwelle breitet sich langsam aus».[188] Während der Begriff der «Begegnung» auf die theoretischen Überlegungen von Schefer und Lacan zu prägenden biografischen Ereignissen verweist, dient Daneys Bildungsbiografie als Beispiel einer individuellen Aufarbeitung solcher existentieller «Begegnungen». Dies gilt vor allem für die Darstellung des danach einsetzenden Bildungsprozesses als Geschmacksbildung. Wesentlich ist dabei der bei allen genannten Autoren anzutreffende Gedanke, dass die wirklich bildenden Erfahrungen – seien es Begegnungen mit der Realität oder als real erfahrene Begegnungen mit Filmen – diejenigen sind, die das Ich nicht bestätigen, sondern es als ein imaginäres und selbstbewusstes Ich erschüttern.

Bergala konzeptionalisiert dieses Phänomen in *Kino als Kunst* mit dem philosophischen und kulturtheoretischen Konzept der Alterität, das sich auch bei Schefer und Daney wiederfindet. Alterität ist bei Schefer das Fremde in uns selbst, die Erfahrung der Inhumanität als verborgene Möglichkeit unserer Gattung, die Bergala mit Verweis auf den «rätselhaften Teil der Erwachsenenwelt» anspricht.[189] Bei Daney – der ein humanistisches Filmideal vertritt[190] – ist die

---

187 «Die Menschen gehen zum Schlachthof. Nicht um die Bilder eines nach dem anderen fallen zu sehen, sondern etwas in ihnen stürzt ein […].»]Serge Daney, Jean-Pierre Oudart (1979): L'homme ordinaire du cinéma. Entretien avec Jean-Louis Schefer. In: *Cahiers du cinéma* 296, S. 5–14, hier 7.

188 Bergala 2006: *Kino als Kunst*, S. 50.

189 Ebd., S. 66.

190 Daney schildert die Begegnung mit Nᴜɪᴛ ᴇᴛ ʙʀᴏᴜɪʟʟᴀʀᴅ als Erkenntnis, dass das Kino sich am Rande einer «entmenschten Menschheit aufhalten könne». Aber er betont die aufklärerische Funktion dieses Wissens: Seine Kindheitserinnerungen bezeugen die Entwicklung einer ästhetisch begründeten Moralität. Demgegenüber sind die von Schefer beschriebenen Kinoerfahrungen grundlegend amora-

Alterität, zu der uns Filme Zugang verschaffen, die (historische) Realität oder der andere Mensch. Filme machen Grausamkeit erfahrbar, befähigen aber auch zur Empathie. Diese Vorstellung greift auch Bergala in *Kino als Kunst* auf, wenn er dort auf Daneys Worte verweist: «Die Kraft des Films besteht doch darin, dass er uns Zugang zu anderen Erfahrungsweisen eröffnet, daß er es uns ermöglicht, und sei es nur für Sekunden, an etwas teilzuhaben, was ganz anders ist.»[191] In diesem Sinne beschreiben auch einige der Befragten in *Cet enfant de cinéma* – wie Jeanne Labrune – Filme als Alteritätserfahrungen.

Insofern müssen in Bergalas Darstellung der Begegnung zwei bereits einleitend angesprochene Ebenen voneinander unterschieden werden: zum einen die Fiktion der einmaligen Begegnung, die in ihrer Pauschalität sehr problematisch ist und sich für ein allgemeines Vermittlungskonzept kaum eignet; zum anderen die allgemeine These, dass die erschütternden Erfahrungen, die aus dem gewohnten Kontexten herausreißen und mit Alterität konfrontieren, die wirklich bildenden sind und dass solche Erfahrungen im Kino gemacht werden können.

4.3 Fazit: Bildung durch Alteritätserfahrungen

Die von Bergala in *Kino als Kunst* formulierte These, dass die Begegnung mit Alterität ein wesentliches bildendes Moment ist, kann als Gegenposition zum psychoanalytischen Zuschauermodell der Filmwissenschaft verstanden werden. Das psychoanalytische Modell, das Bergalas semiologischen Schriften zugrunde liegt, bestimmt die identitätsbildende Wirkung von Bildern und Kinoerfahrungen vor allem in Hinblick auf Prozesse der Sinnbildung und auf unbewußte ideologische Einflüsse. Der Alteritätsbegriff lenkt dagegen den Blick auf die individuell-körperliche Prägung und das ‹Widerstandspotential› von Filmerfahrungen. Statt der Identifikation als Mechanismus der Ichkonstitution über kulturelle Leitbilder rückt in den cinephilen Schriften das Begehren als Ausdruck des Individuums in den Vordergrund. An die Stelle des Imaginären und Symbolischen als Register der Strukturierung des Subjekts und seiner Welterfahrung im Kontext von Sprache und Gesellschaft, tritt nun die Alterität als nichtsprachliche Erfahrung, als stabile Identitäten und Selbstentwürfe störendes Moment. Zwar ist

---

lisch. Der Zuschauer erfährt die «Rohheit der Affekte» (Schefer 1993, S. 42) als Teil der menschlichen Existenz in sich selbst, die Kinoerfahrung enthüllt «in uns die Möglichkeit einer Bestialität». (Schefer 1997, S. 145) Die von Schefer evozierte Alterität erscheint als das Fremde im Kern des aufgeklärten Ichs, das bereits in den zerstörerischen Frauenfiguren der alten Mythen evoziert wurde.

191 Dieses Zitat stammt aus dem Interview Serge Toubianas mit Daney. In: Daney 2000: *Im Verborgenen*, S. 133. Vgl. Bergala 2006: *Kino als Kunst*, S. 70. Die Übersetzungen des Zitats in *Kino als Kunst* unterscheidet sich von der Übersetzung des Originals.

dieser Gegenentwurf nur skizzenhaft und theoretisch unausgereift. Aber er stützt sich, wie ich gezeigt habe, auf cinephile Kindheitserinnerungen und schließt an Jacques Lacans Psychoanalyse und Jean-Louis Schefers Zuschauerreflexion an. Zeitlich versetzt artikuliert Bergala somit zwei Aspekte von Bildungsprozessen, die sich gegenseitig bedingen: Die Konstruktion von Identität anhand von kulturellen Vorbildern sowie die Fremdheitserfahrung, die Erschütterung verfestigter Identitäten und Auffassungen als Voraussetzung für Veränderung.

Der cinephile Topos, Filmerfahrungen als Alteritätserfahrungen zu beschreiben, bezieht sich auch auf einen ästhetischen Diskurs. Bergala beschreibt Filme nicht nur grundsätzlich als Fremdheitserfahrung, sondern betont insbesondere die bildende Wirkung von ungewohnten ästhetischen Formen:

> «Echte künstlerische Bildung kann nur auf der Basis einer Begegnung mit der grundsätzlichen Alterität des Kunstwerks entstehen. Nur der Schock und das Rätsel, die das Kunstwerk im Gegensatz zu den alltäglich gewordenen vorverdauten Bildern und Klängen des täglichen Konsums darstellt, ist wirklich bildend. Alles andere ist nichts als Mißachtung der Kunst und des Kindes.»[192]

Er bringt damit – wie bereits erörtert (Vgl. 2.1) – einen ästhetischen Diskurs gegen einen soziologischen und semiologischen Diskurs in Anschlag. Die Begegnung mit der Kunst als etwas Unvertrautem, Fremden und daher potentiell die Identität Erschütternden stellt er dem Konsum von Medienprodukten gegenüber, denn – so seine These – nur das, was einem Rätsel aufgibt und «aus der Fassung bringt», kann im Ich auch Spuren hinterlassen.

Die Verwandtschaft mit ästhetischen Diskursen zeigt sich auch in der Ananalogie der cinephilen Vorstellung von einer erschütternden Begegnung mit Filmen zu André Malreaux' Beschreibung der Kunsterfahrung als «ästhetischem Schock», der laut Monotoya in der Kunstvermittlung und der Bildungspolitik in Frankreich bis heute verbreitet ist.[193] Dieser stand in Malreaux' Konzept der kulturellen Demokratisierung für die Vorstellung einer unmittelbaren Erfahrung des Kunstwerks, das sich von selbst dem Rezipienten als eine andere Ordnung der Realität offenbart. Diese Vorstellung wurde von soziologischer Seite kritisiert, da sie die Notwendigkeit von kultureller Bildung und Kunstvermittlung in Frage stellt. In den Aussagen von Kunstvermittlern findet sich jedoch, wie bei Bergala, eine Verbindung dieser These des ästhetischen Schocks als unmittelbares Ereignis mit der Forderung nach einer nachhaltigen Kunstvermittlung und Geschmacksbildung.

---

192 Bergala 2006: *Kino als Kunst*, S. 72.
193 Montoya, S. 325ff.

Montoya zitiert in diesem Zusammenhang Bergalas Definition der Alterität in *Kino als Kunst*, ohne allerdings den für Bergalas Alteritätskonzept ebenfalls wesentlichen Bezug zum Film zu berücksichtigen und zwischen cinephilen Diskursen und allgemeinen Kunstvermittlungsdiskursen zu differenzieren. Die Privilegierung des Begriffs der «Begegnung» – mit seiner Konnotation der Lebendigkeit – gerade in cinephilen Äußerungen deutet hingegen auch auf eine medienspezifische Erfahrung (Vgl. 3). Dies legt beispielsweise Philippe Arnauds Analyse der Begegnung als ein filmspezifisches Motiv nahe. Auch Jean-Louis Schefer beschreibt Film als eine Alteritätserfahrung, die durch das spezifische Dispositiv des Kinos und die filmische Form bedingt ist, die eine Art Ent-Rückung des Zuschauers mit sich bringt. Und die von Serge Daneys geschilderte Begegnung mit Alterität in Filmen bezieht sich ebenfalls auf eine mediale Eigenart, nämlich auf die Möglichkeit der filmischen Aufzeichnung von Realität. Damit stellt sich nun die Frage, inwieweit Bergalas Begriff der Alterität nicht nur grundsätzlich die bildende Wirkung von ästhetischen Erfahrungen und von Filmerfahrungen artikuliert, sondern möglicherweise auch auf eine spezifische Filmästhetik zielt.

5. Ästhetik

Im Kontext der Filmvermittlung stellt sich nicht nur die Frage nach der Filmerfahrung des Subjekts, sondern auch nach der spezifischen Ästhetik des Gegenstands. Diese Frage wird nun in den Mittelpunkt rücken: Welches Filmverständnis liegt dem cinephilen Vermittlungsansatz zugrunde? Die in *Kino als Kunst* vorgeschlagene Bildungsstrategie impliziert zunächst den erweiterten Begriff des Kinos in der französischen Sprache, *cinéma*, der das Medium Film als filmgeschichtlichen Zusammenhang sowie als Produktions- und Rezeptionskontext meint. Bergalas Forderung nach Geschmacksbildung an den Schulen zielt dementsprechend auf die Konfrontation mit einer Vielfalt an Filmen aus unterschiedlichen kulturellen und geschichtlichen Zusammenhängen. Hingegen vollzieht er mit dem Begriff der Alterität auch eine Eingrenzung: Denn er privilegiert Filme, die sich als Kunstwerke dominierenden Kommunikationsformen verweigern und gerade dadurch ästhetische Erfahrungen ermöglichen sollen.

Indem er Film als Kunstform in Abgrenzung zu kulturellen Produkten definiert, schließt Bergala an ästhetische Theorien an, insbesondere an Barthes' in Hinblick auf die Fotografie und Filmstandbilder formulierte Rezeptionsästhetik. Darüberhinaus bezieht er sich auf den cinephilen Diskurs in der Tradition der *Cahiers du cinéma*, für den Daneys Überlegungen zu Filmästhetik und Alterität exemplarisch sind. Beide Autoren argumentieren wie Bergala in binären Oppositionen, um die spezifische Ästhetik fotografischer oder filmischer Bilder von rein sprachlichen und kommunikativen Mechanismen zu differenzieren. Wie ich im Folgenden zeigen werde, zielen sie damit im Grunde auf eine ‹Ästhetik des Realen›, die André Bazin bereits in den 1940er Jahren unter dem Einfluss der Phänomenologie formuliert hat. In Auseinandersetzung mit dieser Ästhetik des Realen wird deutlich, warum Bergala behauptet, dass Film und Filmerfahrung nicht primär auf einem ‹Codesystem› beruhen.

Dieses Kapitel erschließt die filmtheoretische Basis der in *Kino als Kunst* skizzierten Filmästhetik. Ich werde den Zusammenhang zwischen dem Alteritätsbegriff mit der Ästhetik des Realen (5.1) und der Ethik der Ästhetik (5.3) herausarbeiten. Dabei wird auch deutlich werden, wie der bereits erörterte intersubjektive Rezeptionsprozesses (Vgl. 3) und der von Bergala in *Kino als Kunst* skizzierte filmische Schaffensprozess (5.2) sich aufeinander beziehen. Denn die Ästhetik des Schaffensprozesses kann als eine Weiterentwicklung von Barthes' Rezeptionsästhetik und Bazins Theorie des filmischen Realismus verstanden werden. Nach dem Rezipienten wird nun der Filmschaffende innerhalb einer intersubjektiven Konstellation fokussiert.

Ich möchte jedoch betonen, dass dieses Kapitel zur Filmästhetik nicht als Eingrenzung von Bergalas Vermittlungsansatz auf bestimmte filmästhetische Formen fungieren soll. Vielmehr ermöglicht es eine Ergänzung und Vertiefung: zum einen in Hinblick auf die spezifische Medialität des Films; zum anderen in Hinblick auf die Frage, wie Bergalas filmkritische und filmwissenschaftliche Arbeit Eingang in sein Vermittlungskonzept gefunden hat. Dadurch wird die in *Kino als Kunst* und anderen Texten skizzierte Ästetik des Schaffensprozesses auch als Beitrag zur Filmwissenschaft greifbar. Eine exemplarische Medienanalyse des filmvermittelnden Films zu VIVRE SA VIE (DIE GESCHICHTE DER NANA S., F 1962, aus dem Videofilm *LE CINÉMA, UNE HISTOIRE DE PLANS* von Bergala) veranschaulicht darüberhinaus, wie die von Bergala beschriebenen intersubjektiven Rezeptions-, Vermittlungs- und Schaffensprozesse ineinandergreifen.

5.1 Ästhetik des Realen

Mit der Methodik der ‹subjektiven Wissenschaft› führt Barthes in *Die helle Kammer* vor, wie ästhetische Erfahrungen als Ausgangspunkt für Theoriebildung fungieren können. Seine Texte zu unterschiedlichen Medien und künstlerischen Ausdrucksformen dienen dazu – ausgehend von der individuellen Wahrnehmung – das ‹Wesen› von Literatur, Gesang, Fotografie oder Film zu bestimmen. Indem er versucht das ‹Andere› der Sprache, die nicht zeichenförmigen Momente eines Mediums zu fassen, fragt er auch nach dessen spezifischer Medialität. In Hinblick auf die Fotografie und den Film führt er diese unter anderem auf die Art und Weise zurück, wie diese Medien Spuren des Realen speichern. In *Die helle Kammer* formuliert er eine Fototheorie, die Ähnlichkeit mit André Bazins 35 Jahre zuvor skizzierter «Ontologie des fotografischen Bildes» (1945) aufweist, und die ich als eine Ästhetik des Realen bezeichnen möchte. Während Barthes sich vorwiegend mit fixen Bildern auseinandersetzt, entwickelt Bazin aus seiner Fototheorie eine Ontologie des Bewegtbildes und des Kinos als realistischer Kunst. Diese Filmästhetik des Realismus war wegweisend für die ästhetische Tradition der *Cahiers du cinéma* und hat auch Bergala beeinflusst.

Bergala bezieht sich bereits in seinen ersten Publikationen zur Fotografie und zum Filmstandbild explizit auf Barthes' Theorie des dritten Sinns. Anhand der Fotografie formuliert er dabei erste Überlegungen zum Schaffensprozess, die er später in Bezug auf den Film erforschen wird. In *Kino als Kunst* beruft er sich in diesem Zusammenhang auf Bazins Ontologie des Films als Kunst der Aufzeichnung:

> «Anders als der Schriftsteller und der Komponist, hat es der Regisseur – ob er im Studio oder an natürlichen Schauplätzen, ob er einen Spiel- oder einen Dokumentarfilm dreht – mit dem Realen zu tun, mit den Dingen der Welt, ohne die nichts auf dem Filmstreifen wäre, zumindest bis vor kurzem. Denn inzwischen gibt es die ganz neue Entwicklung von hundertprozentig digitalen Bildern, die den Eindruck von Realität [frz. *effet de réel*] erwecken, ohne je mit der Realität in Berührung gekommen zu sein. Allerdings kann man ohne großes Risiko darauf wetten, daß es das Kino, bei dem die Kamera etwas aufzeichnet, was sie vor sich hat, ob es nun inszeniert ist oder unverstellte Wirklichkeit, noch eine ganze Weile geben wird. Denn der Zuschauer hat ein Bedürfnis, das ein rein digitaler Film nicht befriedigen kann: echte Körper, echte Landschaften und Gesichter zu sehen, deren Veränderungen durch die Zeit man von Film zu Film verfolgen kann.»[1]

Im Folgenden wird es zunächst darum gehen, die Beziehung zwischen der Ästhetik der Alterität und der Ästhetik des Realen auszuloten und danach zu fragen, wie diese sich in der Rezeption und Produktion von Filmen zeigt.

Ich wähle die Formulierung *Ästhetik des Realen* in Abgrenzung zu dem Begriff des filmischen Realismus als Stilphänomen. Der hier verwandte Begriff des Realen ist nicht identisch mit dem von Jacques Lacan eingeführten Realen als Register des menschlichen Subjekts. Vielmehr gebrauche ich den Begriff im allgemeineren Sinne seiner ursprünglichen Herkunft von lat. *res* (dt. die Sache), da sich damit treffend das von Bergala in dem obigen Zitat dargestellte Phänomen bestimmen lässt. Das Reale bezeichnet in dem Sinne weder eine psychische Instanz, noch eine dokumentarische Wirklichkeit, sondern die Präsenz und Interaktion von konkreten Dingen und Körpern vor der Kamera, die sich in den Film, in die Fotografie einprägen. Wie ich im vergangenen Kapitel bereits angedeutet habe, lässt sich jedoch eine Analogie zu Lacans Theorie herstellen, insofern der Filmstreifen, wie die menschliche Psyche, von Begegnungen mit dem Realen zeugt, von den Spuren des Realen gezeichnet ist, die immer nur rückwirkend auf das Ereignis verweisen können. Jedoch beziehen sich die genannten Autoren – Barthes ausgenommen – meist nicht direkt auf den psychoanalytischen Begriff des Realen.

---

1   Bergala 2006: *Kino als Kunst*, S. 108.

Bergala selbst verwendet den Begriff des Realen eher unsystematisch und gemäß seiner Bedeutung in der französischen Umgangssprache auch als Synonym der Realität.[2] Daher werde ich im Folgenden – sofern ich mich nicht explizit auf Lacans Theorie beziehe – die beiden Begriffe in Bezug auf die konkrete Situation am Set verwenden, in der ein Film entsteht (Realität), sowie in einem umfassenderen Sinn in Bezug auf die realen Objekte, Materialien, Körper vor der Kamera (Reale), die sich in den Film einprägen und so auch auf den Zuschauer einwirken.

5.1.1 Zum Verhältnis von Bild und Sprache: Fotografie und Filmstandbild bei Roland Barthes und Alain Bergala

> «Das Semiotische ist das ‹Andere› der Sprache,
> das trotzdem innig mit ihr verbunden ist.»[3]
> *Terry Eagleton*

In seinen späten Schriften definiert Barthes die ästhetische Erfahrung in Abgrenzung zur semiologischen Lektüre. Mit seiner dialektischen Schreibweise versucht er, die von der Semiologie gesteckten Grenzen des Subjekts und des Kunstwerks auszuloten und zu artikulieren, was jenseits des Sagbaren und Dekodierbaren liegt. Sein Ziel ist es – wie er bereits in einem seiner ersten Werke *Mythen des Alltags* in den 1950er Jahren geäußert hat – , die von Lacan postulierte existentielle Spaltung des Menschen von der Wirklichkeit zu überwinden: »Und doch zeigt sich darin das, was wir suchen müssen: eine Aussöhnung des Wirklichen und der Menschen, der Beschreibung und der Erklärung, des Objekts und des Wissens.«[4] Wie bereits erwähnt, bestimmt er daher mit den Begriffspaaren *plaisir/jouissance* (dt. Vergnügen/Lust), *studium/punctum, sens obvie/sens obtus* (dt. entgegenkommender Sinn/stumpfer Sinn) ästhetische Erfahrungen als Basis einer Wissenschaft, die von einer körperlichen Einbindung des Subjektes in die Materialität der Dinge ausgeht (Vgl. 3).

Dieser Argumentationsweise liegt das Gegensatzpaar des Semiotischen und des Symbolischen zugrunde, das Barthes von der feministischen Psychalaytikerin und Literaturtheoretikerin Julia Kristeva übernommen hat. Kristeva hat das von Lacan entworfene psychoanalytische Entwicklungsmodell um den Begriff des

---

2   Insbesondere kann im Französischen auch nicht zwischen dem Realen und dem Wirklichen differenziert werden, was die Abgrenzung zur dokumentarischen Realität erleichtern würde.
3   Terry Eagleton: *Einführung in die Literaturtheorie.* Stuttgart, 1994, S. 180.
4   Barthes 1964, S. 151.

Semiotischen erweitert. Mit dem Semiotischen bezeichnet sie die von Lacan nur am Rande behandelte frühkindliche Entwicklungsphase, die sie vor der ödipalen Krise als wesentliches Moment der Subjektwerdung verortet. Kristeva beschreibt dieses Semiotische als einen unstrukturierten Raum, in dem Affekte und Sinneseindrücke, Rhythmen, Gesten, Farben und Stimmen frei flottieren und in dem noch keine Trennung zwischen Kind und Mutter, Ich und Welt, Subjekt und Objekt stattgefunden hat. Dieser Raum (von Kristeva auch gr. *chora* genannt) ist Ort von Spaltungen, die eine Konstitution des Subjektes in der Trennung vom Realen im Sinne Lacans, in der Abgrenzung zu anderen Menschen und Objekten sowie im Zugang zur Sprache, zur symbolischen Ordnung ermöglichen[5] (Vgl. 4.1).

Während Lacan voraussetzt, dass diese frühkindliche körperzentrierte Phase mit der Subjektwerdung und dem Eintritt in die Sprache unwiederbringlich verloren ist, postuliert Kristeva, dass der Übertritt vom Semiotischen zum Symbolischen nie abgeschlossen wird, sondern, dass die subversiven Triebenergien des Semiotischen auch innerhalb der symbolischen Ordnung weiter produktiv sind. So ist das Semiotische als störender Faktor in jedem Sprechakt und in jeder kulturellen Produktion wirksam. Es ist bei der Textproduktion wie der Textlektüre am Werk und trägt zu einer stetigen Erneuerung und Belebung des starren Systems Sprache bei.[6] Das Semiotische prägt vor allem die moderne Poesie (Mallarmé, Joyce, Artaud), der Kristevas besonderes Augenmerk gilt. Im Gegensatz zu dem im Symbolischen angesiedelten Prozess der *signification* (dt. Signifikation), bezeichnet Kristeva mit *signifiance* (dt. Signifikanz) die textuellen Prozesse, die durch das Semiotische in Gang gesetzt werden.

«Den ‹Prozess der Sinngebung› bestimmt Kristeva als eine Dialektik zweier gegensätzlicher Modalitäten: des ‹Semiotischen› und des ‹Symbolischen›. […] Das ‹Symbolische› bezeichnet bei Kristeva die ‹normale›, kommunikative Funktion der Sprache, bei der das Signifikat, die Bedeutung im Vordergrund steht. Es stellt Eindeutigkeit und Besitzbarkeit her, um den Preis der Abstraktion. Die Signifikate […] schließen sich zum Bedeutungssystem der ‹symbolischen› Ordnung zusammen. Im ‹Semiotischen›, das vor allem in der poetischen Sprache zum Ausdruck kommt, geht es dagegen um den Signifikanten, den materiellen ‹Sprachkörper›, die Stimme, den Klang, die musika-

---

5   Julia Kristeva: *Die Revolution der poetischen Sprache.* Frankfurt am Main, 1978. Röttger-Denker 1989, S. 46.

6   Das Semiotische hat Ähnlichkeit mit Lacans Realen, da sich beide auf dieselbe frühkindliche Entwicklungsphase einer Einheit mit den Dingen beziehen. Während bei Lacan jedoch die Vorstellung vom unwiederbringlichen Verlust dieser Phase dominiert, da das Ich sich nur im Symbolischen artikulieren könne; fragt Kristeva nach der Wirksamkeit des Semiotischen im Symbolischen, insbesondere in literarischen Texten bzw. der künstlerischen Produktion.

lischen Rythmen. Im ‹Semiotischen› hat sich die Sprache noch nicht von den Objekten/Trieben abgelöst.»[7]

Das Semiotische verspricht eine Einheit mit den Dingen, die Überwindung der ursprünglichen, existentiellen Trennung vom *Realen* und bringt eine ‹materielle› Poesie hervor, die Barthes bereits in *Mythen des Alltags* ersehnt hat: «[…] ich verstehe unter Poesie ganz allgemein eine nicht entfremdete Weise nach den Dingen zu suchen.»[8] Er greift Kristevas Begriffspaar Signifikation/Signifikanz dementsprechend auf und widmet – nachdem er fast 20 Jahre lang die Mechanismen der Signifikation in den verschiedensten kulturellen Bereichen untersucht hat – seine späteren Texte den Prozessen der Signifikanz. Sein Interesse gilt nun den nicht sprachlich kommuniziertbaren Aspekten der Rezeption und der Produktion von Texten und Kunstwerken (Musik, Fotografie, Film, Japanisches Haiku), der die Sinne ansprechenden Materialität.

Bei der Betrachtung von Filmstandbildern aus Sergej Eisensteins IVAN DER SCHRECKLICHE (IVAN GROZNYJ, UdSSR 1943–46) unterscheidet er dementsprechend drei verschiedene Sinn- bzw. Wahrnehmungsebenen, wobei die ersten beiden Ebenen (1. Sinn = Information/Kommunikation, 2. Sinn = Signifikation/Symbolik) sich auf das linguistische Zeichenmodell beziehen und den Mechanismen der Bedeutungsproduktion entsprechen.[9] Der dritte Sinn wird dagegen in Bezug auf die Signifikanz definiert, als Detail im Filmstandbild, das sich der Deutung und Signifikation entzieht.

«Ist das alles? Nein, denn ich kann mich immer noch nicht von dem Bild lösen. Ich lese, ich rezipiere […] evident, erratisch und hartnäckig, einen dritten Sinn. Ich weiß nicht, welches sein Signifikat ist, zumindest kann ich es nicht benennen, aber ich sehe deutlich seine Züge, die signifikanten Beiläufigkeiten, aus denen dieses bisher beiläufige Zeichen besteht: Es ist eine gewisse Kompaktheit der Schminke der Höflinge, die hier dick und auffallend, dort glatt und sorgsam ist, es ist die ‹dumme› Nase des einen, die fein nachgezeichneten Augenbrauen des anderen, sein fades blondes Haar, sein weißer welker Teint, die platt hergerichtete Frisur, die nach Toupet aussieht, das mit Reispuder aufgefrischte Make-up. Ich weiß nicht, ob die Lektüre dieses dritten Sinns begründet ist – ob man sie verallgemeinern kann – aber mir scheint

7   Lindhoff, S. 111.
8   «J'entends par poésie d'une façon très générale la recherche d'une façon inaliénable des choses […]»Roland Barthes (1957): *Mythologies*. Paris, S. 268. Meine Übersetzung weicht von der deutsche Version ab. Vgl. Barthes 1964, S. 151.
9   Der erste Sinn bezieht sich auf das direkt Ausgesagte und Dargestellte, der zweite Sinn auf das in Hinblick auf den Referenten, die Narration, den Werkkontext und den historischen Kontext Symbolisierte.

bereits, daß sein Signifikant (die Züge, die ich eben aufzuzählen, wenn auch nicht zu beschreiben versuchte) eine theoretische Individualität besitzt; denn zum einen kann er nicht im bloßen Dasein der Szene aufgehen, übersteigt er die Kopie des referentiellen Motivs, zwingt er zu einer prüfenden Lektüre (die Prüfung gilt gerade dem Signifikanten, nicht dem Signifikat, der Lektüre, nicht der intellektuellen Erkenntnis: Es ist eine ‹poetische› Erfassung); und zum anderen geht er auch nicht im dramatischen Sinn der Episode auf: Zu sagen, daß diese Züge auf ein bezeichnendes, hier distanziertes und gelangweiltes, dort beflissenes ‹Aussehen› der Höflinge verweist [...] befriedigt mich nicht voll: Etwas in diesen zwei Gesichtern übersteigt die Psychologie, den Handlungsrahmen, die Funktion, kurz, den Sinn, ohne sich auf den Starrsinn zu beschränken, den jeder Körper aufbringt, um da zu sein.»[10]

Wie in *Die helle Kammer* sind es Details, die eine spezifische physische Differenz ins Spiel bringen und ihn als Individuum affizieren. Der dritte Sinn wird als eine Art ‹Gegen-Sinn› bestimmt, der im Widerspruch steht zu den der Semiologie wesentlichen Aspekten von Texten und Bildern. Er entwickelt sich «über die Kultur, das Wissens und die Information hinaus», er ist «nicht in der Sprache», er ist «Gegenerzählung», «widerlogisch»,«Verfremdung» und «Widernatur» – also keine Abbildung der Natur.[11] Der dritte Sinn ist nicht nur logisch nicht erfassbar, er entzieht sich auch der klassischen Kategorie des Schönen, er impliziert eine Erotik des Abnormen.[12] Er ist eine Art Überschuss, ein subversives Element, das widerständig und flüchtig, skandalös und störend ist, und das Irritation und Fragen herausfordert.

Die in *Kino als Kunst* formulierte Ästhetik der Alterität trägt offensichtlich Züge von diesem dritten Sinn. Denn, wie Barthes, insistiert Bergala auf einer Opposition zwischen Kommunikation und Ästhetik, zwischen einem «entgegenkommenden Sinn», der sich dem Verstehen förmlich aufdrängt, und jenem «stumpfen Sinn», der sich dem Verständnis widersetzt.[13] Er argumentiert in Hinblick auf die Kunst als störendes Element in der Schule mit ähnlichen Attributen wie Barthes sie dem dritten Sinn zuweist: dem Skandal, der Unordnung, der Anarchie.[14] Indem

---

10 Barthes 1990, S. 48f.

11 Barthes hat sich in seinen semiologischen Texten mit der Konvention des Natürlichen und der Realität in der Kunst befasst und die Abbildung der Natur als ideologische Konstruktion kritisiert. Wenn er den dritten Sinn als Widernatur (frz. *contre-nature*) beschreibt, so zielt dies auf eben diese Konventionen des Natürlichen. Ebd., S. 50, 58 u. 60–62.

12 Ebd., S. 58.

13 Der binären Logik seiner Argumentationsweise entsprechend führt Barthes in diesem Zusammenhang auch die Begriffe „entgegenkommender Sinn (= 1. u. 2. Sinn) und stumpfer Sinn (= 3. Sinn) ein.

14 Bergala: *Kino als Kunst*, 2006, S. 30. Barthes bezeichnet den dritten Sinn auch als «[...] diese Art Skandal, Zusatz oder Abdriften [...]». Barthes 1990, S. 53.

beide die Rezeption des Kunstwerks bzw. Filmstandbilds als Erfahrung eines Widerstands beschreiben, schließen sie an den bereits erörterten Diskurs von der Nichtfunktionalität und Nichtbestimmbarkeit der ästhetischen Erfahrung in der idealistischen Ästhetik an (Vgl. 2). Das Konzept des Semiotischen als Alterität der Sprache erlaubt Barthes eine Aktualisierung dieses Diskurses vor dem Hintergrund der Psychoanalyse von Lacan. Er verschiebt dabei die Perspektive auf die verkörperte Beziehung zwischen Individuum und Gegenstand. Bergalas These von dem Ästhetischen als Alterität der Sprache ließe sich dementsprechend mit der Theorie des Semiotischen begründen.

Barthes postuliert nicht nur, dass der dritte Sinn jenseits der Sprache liegt, sondern er führt dies auch in seinem Schreiben vor. Er stellt das Scheitern der Kategorien gewissermaßen aus. Mit Fragen und tastenden Annäherungen versucht er zu fassen, was nicht benennbar ist und letztlich nur mit der Geste des Zeigens ‹bezeichnet› werden kann.

«Meine Lektüre bleibt zwischen dem Bild und seiner Beschreibung, zwischen Definition und Annäherung in Schwebe. Wenn man den stumpfen Sinn nicht beschreiben kann, so deshalb, weil er im Gegensatz zum entgegenkommenden Sinn nichts nachbildet: Wie soll man beschreiben, was nichts darstellt? Ein malerisches ‹Wiedergeben› mit Wörtern ist hier unmöglich. Falls wir, Sie und ich, angesichts dieser Bilder auf der Ebene der gegliederten Sprache – daß heißt meines eigenen Textes – bleiben, so hat dies zur Folge, daß der stumpfe Sinn nicht bis ins Dasein vordringen, nicht in die Metasprache des Kritikers eindringen kann. Das heißt, daß der stumpfe Sinn außerhalb der (gegliederten) Sprache, aber dafür innerhalb der Gesprächssituation liegt. Denn wenn Sie die genannten Bilder anschauen, werden Sie diesen Sinn sehen: Wir können uns beiläufig oder ‹auf dem Rücken› der gegliederten Sprache über ihn verständigen: dank des Bildes (allerdings eines stehenden [...]), weit mehr: dank dessen, was im Bild nichts als Bild (und im Grunde sehr wenig) ist, kommen wir ohne das Wort aus, ohne daß unsere Verständigung aussetzt.»[15]

Was Barthes hier beschreibt, ist eine Vermittlungssituation, die das Anschauen von Bildern voraussetzt. Die intersubjektive Verständigung kann nur in Gegenwart der (Filmstand)Bilder erfolgen, die auch im Text anwesend (d.h. abgebildet) sind.[16] Dementsprechend beginnt Barthes den ersten Teil von *Die helle Kammer* mit dem ‹Zeigen› auf Details in verschiedenen, ihn persönlich berührenden (im

---

15 Barthes 1990, S. 60. Vgl. die Originalversion Barthes 1982, S. 50.
16 Der Text wurde zusammen mit Abbildungen der Filmstandbilder publiziert. Barthes' Vermittlung erfolgt also im Zusammenspiel von Text und Bildern.

Buch abgebildeten) Fotografien, er verweist auf das *punctum*, anstatt es nur zu beschreiben.[17]

Im Gegensatz zu den beiden ersten Sinnebenen wird der dritte Sinn[18] ebenso wie das *punctum* damit als ein spezifisch visuelles Phänomen eingeführt. Mit ihnen bestimmt Barthes die Ästhetik des filmischen bzw. fotografischen Bildes, und verweist dadurch auf das Spezifische des jeweiligen Mediums. Diese Ästhetik erschließt sich in der Anschauung, nicht in einer sprachlichen Darstellung. So hat Barthes bereits in seinen ersten Texten zur Fotografie betont, dass man das Foto eigentlich nicht beschreiben könne, weil man es dann in ein kodifiziertes Bild verwandeln würde.[19] Das Bild – insbesondere die Fotografie und der Film – sind, darauf zielt Barthes dialektische Argumentation, im Kern keine Sprache. Genau diese – eigentlich banale, aber vor dem Hintergrund der Semiologie und der Kommunikationswissenschaften keinesfalls selbstverständliche Erkenntnis – verbirgt sich auch hinter dem von Bergala behaupteten Gegensatz von Film und Sprache.[20]

Worin aber besteht nun dieses medienspezifische Andere der Sprache? In «Der dritte Sinn» beschreibt Barthes das eigens Filmische vor allem als Rezeptionserfahrung in Abgrenzung vom Prozess der Dekodierung.[21] An den Beispielen, die er anführt, wird jedoch auch deutlich, dass es sich dabei um Details handelt, die auf die spezifische Körperlichkeit bzw. Materialität des Gefilmten abzie-

---

17 Barthes 1989, S. 16f.
18 Der dritte Sinn wird von Barthes paradoxerweise als filmspezifisches Moment beschrieben, das nur im Filmstandbild zu finden ist, da es – anders als das *punctum* – in die Diegese eingebettet ist und davon lebt, dass es ein Bild davor und danach geben wird. Zugleich negiert er den Bewegungscharakter des Filmbildes als eigentliches Wesen des Films. Barthes 1990, S. 65.
19 Roland Barthes: Die Fotografie als Botschaft. In Ders: 1990, S. 11–27, hier 14. Mit dieser These versucht Barthes an anderer Stelle auch die Fotografie von der Malerei zu unterscheiden: die Malerei ist demnach ein kodifiertes Bild. Roland Barthes: Rhetorik des Bildes. In: Ders: 1990, S. 28–46, hier 38.
20 Auch wenn der dritte Sinn und das *punctum* bildspezifische Phänomene sind, schreibt Barthes wie Kristeva das Prinzip der Signifikanz auch literarischen Texten zu. So stellt er in seinem Buch *Die Lust am Text* ein auf kultureller Bildung und kommunikativer Verständigung beruhendes Vergnügen (frz. *plaisir*) der transgressiven Lust (frz. *jouissance*) an der Materialität, den Rhythmen und Klängen von Texten gegenüber. Interessanterweise verweist Barthes dabei jedoch auf die Kinoerfahrung, wie sie Cinephile beschreiben: «Asozialer Charakter der Wollust. Sie ist der abrupte Verlust der Sozialität und dennoch folgt daraus kein Rückfall zum Subjekt (zur Subjektivität), zur Person, zur Einsamkeit: alles verliert sich, voll und ganz. Äußerste Tiefe der Heimlichkeit [frz. *clandestinité*], Kinoschwärze [frz. *noir de cinéma*].» Wenn er am Ende dieses Textes den Filmschauspieler als die ideale zeitgenössische Verkörperung des lustvollen Textes anführt, da er wie in der antiken Rezitationskultur den Text mit seiner Stimme zum Klingen bringe, dann erscheint das Kino als eigentlicher Fluchtpunkt dieses dem Text gewidmeten Buches, seine spezifische Verbindung von Klang und Bild als der bevorzugte Ort der Signifikanz. Barthes 1974, S. 59.
21 Winfried Pauleit hat auch für den Begriff des «dritten Sinns» eine «doppelte Offstruktur» nachgewiesen: das Off als die sich jenseits des Bildrahmens fortsetzende Diegese einerseits und als auf den Autor verweisender «dritter Sinn» andererseits. Pauleit 2004: *Filmstandbilder*, S. 140ff.

len: die Schicht der Schminke eines Gesichts, die Form einer Nase, die Mimik einer weinenden Frau. Diesen Aspekt führt er in *Die helle Kammer* in Bezug auf das fotospezifische *punctum* aus und richtet damit den Blick auf die fotografierte Realität als ontologische Voraussetzung der Fotografie.

In Bezug auf das Foto *Die Ballade des Geigers Abony* (Ungarn, 1921) von André Kertész stellt Barthes fest, dass das *punctum* ihn an eine Realität erinnert, die er selbst erlebt hat. Das *punctum*, das Barthes auch als Off des fotografischen Bildes bezeichnet, verweist für ihn über das konkrete Bild hinaus auf die Wirklichkeit als Referent der Fotografie. Diese Wirklichkeit bezeugt Barthes hier mit seiner eigenen Erinnerung:

> «Es gibt eine Fotografie von Kertész (1921), die einen Zigeunergeiger darstellt, blind, von einem Jungen geführt; was ich nun erblicke, mit diesem ‹denkenden Auge›, das mich der Fotografie etwas hinzufügen läßt, ist die Chaussee aus gestampfter Erde; die Beschaffenheit dieses Erdwegs gibt mir die Gewißheit, in Mitteleuropa zu sein; ich erkenne den Referenten (hier weist die Photographie wirklich über sich hinaus: ist dies nicht der einzige Beweis ihrer Kunst? Sich als *Medium* aufzuheben, nicht mehr Zeichen, sondern die Sache selbst zu sein?), ich erkenne, mit jeder Faser meines Leibs, die kleinen Ortschaften wieder, durch die ich vor langer Zeit auf Reisen in Ungarn und Rumänien gekommen bin.»[22]

Diesen konkreten Bezug zu der Realität, aus der das Foto hervorgegangen ist, bestimmt Barthes in seiner weiteren Ausführung als das Wesen der Fotografie. Er manifestiert sich nicht in einer wirklichkeitsgetreuen Abbildung des Gegenstandes – nicht in dem noch in seinen frühen Fototexten erörterten Prinzip der Analogie[23] –, sondern vielmehr im *punctum*, im Detail, das auf die konkrete Materialität des Dargestellten verweist und diese subjektiv-sinnlich erfahrbar macht. Barthes wendet sich damit ausdrücklich gegen eine rein semiologische und soziologische Deutung der Fotografie, die diesen Wirklichkeitsbezug negiert und sich nur mit den Konventionen der Repräsentation, des ‹Realitätseindrucks› oder des ‹Realitätseffekts› befasst:[24]

> «Bei den heutigen Kommentatoren der Photographie (Soziologen und Semiologen) steht die semantische Relativität hoch im Kurs: nichts ‹Reales› gibt es

---

22 Barthes 1989, S. 55.
23 Roland Barthes: «Die Fotografie als Botschaft» (Orig. 1961) und «Die Rhethorik des Bildes» (Orig. 1964). In: Ders.: 1990, S. 11ff.
24 Zur Differenzierung dieser Begriffe siehe Guido Kirsten: Die Liebe zum Detail. Bazin und der «Wirklichkeitseffekt» im Film. In: *montage a/v.* [Warum Bazin] 18/1, 2009, S. 141–162.

(groß die Verachtung für die ‹Realisten›, die nicht sehen, dass die Photographie immer codiert ist), nur das Artefakt: *Thesis*, nicht *Physis*; die Photographie, sagen sie, ist kein Anologon der Welt; was sie wiedergibt, ist künstlich erzeugt, weil die photographische Optik der (ganz und gar historischen) Perspektive Albertis untergeordnet ist und die Belichtung der Filmschicht aus einem dreidimensionalen Gegenstand ein zweidimensionales Bild macht. Diese Debatte ist fruchtlos: das analogische Wesen der Photographie läßt sich nicht von der Hand weisen; gleichzeitig aber ist das Noema der Photographie mitnichten in der Analogie zu suchen (ein Merkmal, das sie mit allen Techniken der Abbildung gemein hat). Die Realisten, zu denen ich gehöre und bereits gehörte, als ich die Behauptung aufstellte, die Photographie sei ein Bild ohne Code – obschon Codes selbstverständlich ihre Lektüre steuern –, betrachten eine Photographie keineswegs als eine ‹Kopie› des Wirklichen – sondern als eine Emanation *des vergangenen Wirklichen*: als *Magie* nicht als Kunst.»[25]

Die Ontologie der Fotografie liegt Barthes zufolge also in der Faktizität ihrer Entstehung begründet. Das Foto bezeugt den Moment der Aufnahme, einer «Begegnung» (des Fotografen, des Objektivs) mit der Realität, die Fotografie hält einen einmaligen Augenblick fest: «[...] was die Photographie endlos reproduziert, hat nur einmal stattgefunden: sie wiederholt mechanisch, was sich existentiell nie mehr wird wiederholen können.»

Barthes greift in diesem Zusammenhang auf den bereits diskutierten Begriff der Begegnung bzw. *tuche* zurück:

«In ihr [der Fotografie] weist das Ereignis niemals über sich selbst hinaus auf etwas anderes: sie führt immer wieder den Korpus, dessen ich bedarf, auf den Körper zurück, den ich sehe; sie ist das absolute Besondere, die unbeschränkte, blinde und gleichsam unbedarfte Kontingenz, sie ist das *Bestimmte* (eine bestimmte Photographie, nicht *die* Photographie), kurz, die *Tyche, der Zufall, das Zusammentreffen* [frz. *la Rencontre*], das *Wirkliche* [frz. *le Réel*] in seinem unerschöpflichen Ausdruck.»[26]

Er überträgt damit den von Lacan und von Cinephilen für ein prägendes biografisches Ereignis des menschlichen Subjekts verwandten Begriff der «Begegnung» auf die Entstehung einer Fotografie (Vgl. 4.2).[27] Die Fotografie zeugt nicht nur

25 Barthes 1989, S. 97ff.
26 Ebd., S. 12.
27 Barthes verweist in diesem Zusammenhang explizit auf Lacan. In «Die Fotografie als Botschaft» hat er dafür auch den psychoanalytischen Begriff des Traumas verwendet: «Das Trauma ist genau das, was die Sprache suspendiert und die Bedeutung [frz. *signification*] blockiert». «Eigentlich traumatische

von einer Begegnung mit dem Realen, sondern in Barthes' Formulierung ist die Fotografie selbst diese Begegnung: sie ist eine ewige Wiederholung des zufälligen Moments, der sie hervorgebracht hat. Mit der Begegnung beschwört Barthes den Moment der Aufnahme als ein schicksalhaftes Ereignis, das die Realität selbst, nahezu unabhängig vom Subjekt des Fotografen, hervorzubringen scheint.

Der Begriff des Zufalls verweist an dieser Stelle auch auf die Bedeutung der Zeitlichkeit für Barthes Fotobegriff. Die Begegnung des Realen impliziert nicht nur die Kopräsenz von Kamera und fotografiertem Objekt in einem Raum, sondern die vergangene Zeitlichkeit dieser Präsenz: das Ding ist dagewesen. Die Fotografie ist ein Schnitt in der Zeit, sie trägt die Spur von dem, was sich zu einem bestimmten Zeitpunkt vor der Kamera befunden hat. Sie hält als Zeuge einen Augenblick fest und konstituiert damit eine komplexe Beziehung zwischen der Vergangenheit der Aufnahme und der Gegenwart des Betrachters: «Anders als bei diesen Imitationen [der Malerei] lässt sich in der Photographie nicht leugnen, daß *die Sache dagewesen ist*. Hier gibt es eine Verbindung aus zweierlei: aus Realität und Vergangenheit.»[28]

Mit der Bezeichnung als «Emanation des vergangenen Wirklichen» schreibt Barthes der Fotografie eine magische Dimension zu, die an einen Ursprungsgedanken geknüft ist: Der Ursprung ist die vergangene Präsenz des Realen, die auf das betrachtende Subjekt magisch wirkt. Die Lichtstrahlen, die sich in den analogen Filmstreifen einschreiben und von dort ausgehend wiederum den Zuschauer berühren, stellen eine direkte Verbindung zwischen dem Körper des Betrachters und den fotografierten Körpern her: «Von einem realen Objekt, das einmal da war, sind Strahlen ausgegangen, die mich erreichen, der ich hier bin [...].»[29] André Bazin bringt in ganz ähnlicher Weise die Fotografie mit einem ursprünglichen magischen Denken in Verbindung, indem er die Fotografie mit dem Leichentuch Christus vergleicht, das die Spuren des Körpers trägt und damit die (vergangene) leibliche Existenz bezeugt.[30] Bergala verwendet mit Bezug auf Barthes in diesem Zusammenhang auch Walter Benjamins Begriff der Aura: die reproduzierbare Kunst der Fotografie wird durch den Moment der Aufnahme zu etwas Einmaligem, das Medium wird affiziert durch die reale Existenz des abgebildeten Objekts.[31]

Fotografien sind selten, da in der Fotografie das Trauma vollständig auf die Gewissheit angewiesen ist, dass die Szene tatsächlich stattgefunden hat [...].» Barthes 1990, S. 11–27, hier: 25f.

28 Barthes 1989, S. 86. Barthes differenziert diese komplexe Zeitlichkeit weiter in Bezug auf das Bild eines zum Tode Verurteilten: es verweist auf eine Zukunft (den Tod), die für den Betrachter bereits Vergangenheit ist. Ebd., S. 39ff.

29 Ebd., S. 91.

30 Bazin 2004, S. 33ff.

31 Bergala 2006: *Kino als Kunst*, S. 77f. Siehe Walter Benjamin: *Das Kunstwerk im Zeitalter seiner technischen Reproduzierbarkeit*. Frankfurt am Main, 2007.

Diese ‹magische›, intersubjektive Beziehung schreibt Barthes allerdings nur dem Rezeptionsprozess, nicht jedoch dem Schaffensprozess zu. Die Position des Fotografen blendet er in *Die helle Kammer* weitgehend aus, insofern er ihn vor allem mit dem *studium* in Verbindung bringt und als Instanz der bewussten Kommunikation begreift. Das für ihn wesensbestimmende Moment der Fotografie, das *punctum,* definiert er dagegen explizit als das Detail, das sich der Kontrolle des Fotografen entzieht, das gewissermaßen unabhängig von dessen Gestaltungswillen vom Apparat aufgezeichnet wurde, und allenfalls seinen hervorragenden Reflexen zu verdanken ist:

> «Folglich ist das Detail, das mich interessiert, nicht oder wenigstens nicht unbedingt beabsichtigt, und wahrscheinlich darf es das auch gar nicht sein; es befindet sich im Umfeld des photographierten Gegenstandes als zugleich unvermeidliche und reizvolle Zutat; es bezeugt nicht unbedingt die Kunst des Photographen; es besagt bloß, daß er sich dort befand, oder, noch dürftiger, daß er gar nicht anders konnte, als das Teilobjekt gleichzeitig mit dem Gesamtobjekt zu photographieren (wie hätte Kertész die Straße von dem Geiger ‹trennen› können, der dort entlanggeht?).» [32]

Diese auffallende «Abwesenheit» des Fotografen in Barthes' Ontologie der Fotografie hat William Klein, von dem Barthes in *Die helle Kammer* zwei Fotos bespricht, kritisch mit der Frage kommentiert: «Und mein eigenes punctum?»: «Barthes, wie viele Kritiker, und sogar Susan Sontag reden von der Fotografie und nicht von den Fotografen. Wie Malraux von Frankreich redet und nicht von den Franzosen.»[33] *Die helle Kammer* ist insofern in einer Paradoxie gefangen, als dass Barthes einerseits versucht, eine Rezeptionsästhetik der Fotografie zu formulieren, und andererseits das Wesen der Fotografie aus dem Moment der Aufnahme heraus begründet.

Auf diese Problematik zielt auch Bergalas Kritik an *Die helle Kammer*, die er 1980 mit Blick auf dessen «verheerende Wirkung» für die zeitgenössische Fototheorie formulierte:[34]

> «Ich glaube, dass die festgefahrene Alternative von *Die helle Kammer:* zwischen dem alten Diskurs der Bedeutung, der Rhetorik *oder* dem Nicht-Diskurs des Referenten, uns nicht entmutigen sollte. Hier ist nicht der Ort für

---

32 Barthes 1989, S. 57.

33 «Barthes, comme beaucoup de critiques, et même Susan Sonntag, parlent de la photographie, pas des photographes. Comme Malraux parle de la France et pas des Français.» William Klein: Et mon punctum à moi alors? William Klein répond à Roland Barthes. In: *Cahiers du cinéma* (Journal) 322, 1981, S. XIV.

34 Laut Bergala hat Barthes' Buch statt eine längst fällige theoretische Auseinandersetzung mit der Fotografie zu fördern, gerade den eher theoriefeindlichen Tendenzen als Kronzeuge gedient.

theoretische Ausführungen, aber, um es kurz zu fassen scheint mir Folgendes offensichtlich: Auch wenn die Semiologie nicht geeignet ist, dem Wesen der Fotografie, ihrer Eigenart, gerecht zu werden, gibt es doch sicherlich Alternativen zu der zweifachen Sackgasse des ‹punctum› und des ‹es ist gewesen›. Barthes deutet mindestens eine an, die er in seinem Text aus Redlichkeit auslässt, und zwar den ‹fotografischen Akt›.»[35]

Die Auseinandersetzung mit dem fotografischen Schaffensprozess bestimmt Bergala hier als einen Ausweg aus der Aporie des historischen Gegensatzes zwischen Semiologie und Realismustheorie. Er weist damit einen Weg, den er mit seiner Theorie des filmischen Schaffensprozesses selbst beschreiten wird. Dieser Weg kündigt sich in den 1970er Jahren bereits in seinen Texten zur Fotografie an, die auch von einer Rezeption von Barthes' «Der dritte Sinn» zeugen.

Barthes hat den dritten Sinn (auch: stumpfen Sinn) nicht nur als Moment einer individuellen Rezeptionsästhetik beschrieben, sondern – eher beiläufig – auch auf zwei externe Faktoren bezogen: den Regisseur und die Realität:

«[...] denn der stumpfe Sinn existiert zwar keineswegs überall (der Signifikant ist eine Seltenheit, eine zukunftsträchtige Figur), doch irgendwo: bei anderen Filmautoren (vielleicht), in einer gewissen Art und Weise, das ‹Leben› und somit das ‹Wirkliche› selbst zu lesen [...].»[36]

Bergala greift in seinen 1976 erschienen Artikeln zur Fotografie genau diese beiden von Barthes angedeuteten Bezugspunkte auf und führt sie weiter aus. Er überträgt den anhand von Standbildern aus einem Spielfilm formulierten dritten Sinn auf die Dokumentarfotografie.[37]

In «La pendule» geht Bergala ausführlich auf die technischen Bedingungen und die Produktions- und Rezeptionsmachinerie von Dokumentarfotografien ein, um deren ideologische Wirkungsweise zu thematisieren. Er stellt fest, dass Fotos, die einen dritten Sinn enthalten, also Elemente, die sich der Kommunikationsabsicht entziehen, oftmals die größte Faszination auf das Publikum ausüben und eine mas-

---

35   «Je crois que l'alternative bloquée de *La Chambre claire*: le vieux discours du sens, de la rhétorique *ou* le non-discours du réferent ne doit pas nous décourager. Ce n'est pas ici le lieu de théoriser mais il me semble clair, pour aller vite, que s'il est vrai que la sémiologie est impuissante à rendre compte de l'essentiel de la photographie, de sa spécifité, il y a certainement d'autres alternatives au discours sémiologique que la double impasse du ‹punctum› et du ‹ça a été›. Barthes en indique au moins une, qu'il congédie de son texte par honnêteté, celle de ‹l'acte photographique›.» Alain Bergala: L'après-Barthes. In: *Le Journal des Cahiers du cinéma* 310, 1980, S. XIII, S. 13.

36   Barthes 1990, S. 59.

37   Barthes bezieht sich auch bereits in «Der dritte Sinn» auf eine Dokumentarfotografie, aber er betont in diesem Text noch, dass der «Dritte Sinn» das spezifisch Filmische sei, dass sich gerade auch aus der diegetischen Form des Films ergebe.

senhafte Verbreitung erfahren.[38] Diese Faszination führt er unter anderem darauf zurück, dass der dritte Sinn gerade weil er einen «Eigensinn» hat, den scheinbaren Wirklichkeitsgehalt der Bilder beglaubige:

> «Diese kleinen erratischen Blöcke des stumpfen Sinns, diese überschüssigen Details setzen nicht die Transparenz der Ideologie aufs Spiel – im Unterschied zu so vielen missglückten, die das Funktionieren des entgegenkommenden Sinns gestört hätten: in feinen Dosen arbeiten sie noch zu ihrem Nutzen. Das undurchsichtige, überschüssige Detail bezeichnet den Eigensinn (die Präsenz) des Realen, das die Signifikation überschreitet. Es zeugt von seiner Authentizität, es bringt die Überzeugung mit sich, dass es sich da jenseits jeden Zweifels um Reales handelt, das gezeigt wird, um rohe Realität.»[39]

Bergala stellt hier zwar einen Bezug zwischen dem dritten Sinn und dem Referenten her. Ganz im Zeichen der Ideologoiekritik geht er allerdings von einer subtilen Indienstnahme dieses dritten Sinns durch die Massenkommunikation aus. Nach dem – auch von Barthes in *Mythen des Alltags* formulierten – Prinzip der Impfung stärke er die ideologische Funktion der historischen Fotografie, indem er ihr eine besondere Faszinationskraft verleihe, die überkodierten Fotografien fehle (Vgl. 2.1).

In dem im selben Jahr erschienen Artikel «Le miroir à bascule» thematisiert Bergala dagegen bereits das Potential von Fotografien, sich dieser ideologischen Vereinnahmung zu entziehen. Er versucht darin die Fotografie in Bezug auf ihre Entstehung theoretisch zu erfassen. Ähnlich wie Barthes geht er davon aus, dass ihre spezifische Beziehung zur Realität sowohl ein Problem für die theoretische Bestimmung ist, als auch die besondere Faszinationskraft – die Magie der Fotografie – ausmacht. Wie Barthes greift er in diesem Zusammenhang auf Lacans Begriff des Realen zurück. Er bestimmt die Fotografie als «Abfall» und störenden Überrest, der die Spuren des Realen trägt und uns damit den ursprünglichen Riss, die Abwesenheit der Realität vor Augen führt.

> «Die Fotografie trägt trotz allem weiterin die Spur dieser ersten Geste eines Schnitts, dieses rohen Fragments des verlorenen Realen, von dem sie der stumpfe Überrest ist, immer ein wenig peinlich, trivial und obszön. Man kann noch so sehr versuchen, sie mit allen Mitteln zu recyclen, als Überrest zu ver-

---

38 Als Beispiele führt Bergala unter anderem Fotos aus dem Vietnamkrieg, aber auch das berühmte Foto des kleinen Jungen mit Mütze aus dem Warschauer Getto (1943) an. Bergala 1976: La pendule.

39 «Ces petits blocs érratiques de sens obtus, ces details excédentaires ne jouent pas comme autant de ratés qui viendraient troubler la bonne marche du sens obvie, la transparence idéologique; finement dosés, ils travaillent encore à son bénéfice. Le détail opaque, excédentaire, désigne l'entêtement (la présence) du réel à déborder la signification. Il témoigne de son authenticité, il emporte la conviction que c'est bien du réel au-dessus de tout soupçon qui est donné à voir, du réel brut.» Ebd., S. 43.

neinen, sie dazu zu zwingen, ihren Platz im regulierten Kreislauf der Zeichen einzunehmen; etwas in ihr widersteht, fundamentaler vielleicht als im Film.»[40]

Die Fotografie ist laut Bergala ein unvollständiges Fragment, das übrig Gebliebene, das den Eindruck einer vollständigen Repräsentation der Wirklichkeit erweckt, und doch zugleich immer auf den eigentlichen Mangel (an Vollständigkeit) verweist. Sie habe damit auch eine destabilisierende Wirkung auf den Betrachter, der immer wieder versuche, das Fragment imaginär zu vervollständigen, indem er es als Repräsentanten der Realität begreife und wie ein Fetischist das Teil fürs Ganze setze.

Bergala versucht also sowohl die faktische Beziehung der Fotografie zur Wirklichkeit, ihre Ästhetik des Realen, zu bestimmen, als auch die psychische Etablierung einer Realitätsfiktion und deren Instrumentalisierung im Kreislauf der Massenkommunikation zu berücksichtigen. Sein skizzenhafter Entwurf unterscheidet sich von Barthes' vier Jahre später in *Die helle Kammer* formulierter Fototheorie dadurch, dass er den Fotografen in seine Reflexion einbezieht und die Fotografie als Ergebnis einer «radikalen Geste» beschreibt. Der Fotograf wird von ihm jedoch nicht als ein die Kommunikation kontrollierendes Subjekt beschrieben (das Barthes dem *studium* zuordnen würde), sondern als ein Subjekt, das empfängt und antizipiert, das im Moment der Aufnahme *abwesend* ist.

«Mit den Spiegelreflexkameras ist das Subjekt des Schauens in den wenigen hundertstel Sekunden, in denen der Spiegel sich hebt, buchstäblich abwesend. Der Sucher wird zur schwarzen Maske, im Moment der Aufnahme versagt der Blick. Die spätere Fotografie nimmt, in ihrer in den Filmstreifen eingeschrieben Stichhaltigkeit, genau den Platz dessen ein, was nicht gesehen wurde, was mit gespannter Aufmerksamkeit erwartet wurde, aber sich dem eigentlichen, momentanen Zugriff entzogen hat.»[41]

Diese Vorstellung von einer Abwesenheit des Subjektes des Fotografen im fotografischen Schaffensakt, der doch zugleich auch von seiner individuellen Präsenz

40   «Pourtant, malgré tout, la photo continue à porter trace de ce geste initial de découpe, de ce fragment brut de réel perdu dont elle est le déchet obtus, toujours un peu gênant, trivial et obscène. On a beau tout mettre en œuvre pour le recycler, la nier comme reste, la forcer à trouver une bonne place dans la circulation réglée du signes, quelque chose en elle résiste, plus fondamentalement peut-être que dans le film.» Bergala 1976: Le miroir à bascule, S. 23.
41   «Avec les appareils reflex, c'est à la lettre que s'absente le sujet de la vision durant les quelques centièmes de seconde où le miroir se relève; le viseur se fait cache noir, le moment de la prise de vue est celui d'une défaillance de la vision. La photographie ultérieure, consistante, inscrite sur pellicule puis sur papier, occupera la place exacte de ce qui n'a pas été vu, de ce qui a été attendu avec attention soigneuse mais s'est dérobé au moment ultime du saisissement, la place designée du fétiche.» Bergala 1976: Le miroir à bascule, S. 21.

zeugt, wird Bergala 1981 in *Raymond Depardon. Corrspondance new-yorkaise* mit dem sprechenden Untertitel *Les absences du photographe* (dt. Die Abwesenheiten des Fotografen) ausführen.[42] Dieses Buch zu Raymond Depardons New Yorker Fotografien kann als eine direkte Antwort auf Barthes' *Die helle Kammer* verstanden werden (auch wenn diese nicht erwähnt wird), da Bergala sich darin gegen eine Ontologie der Fotografie richtet, die das Subjekt des Fotografen negiert. Stattdessen versucht er – anhand von Selbstzeugnissen und Bildern Depardons – einen fotografischen Schaffensakt zu rekonstruieren, der in einer Superposition von eigenen, aus einem ganz anderen Kontext stammenden imaginären Bildern, und der Realität, der sich der Fotograf gegenüber sieht, entsteht.[43]

Wie ich gezeigt habe, greift Bergala in seinen fototheoretischen Texten Barthes' Theorie des dritten Sinns auf und denkt sie – bereits vor dem Erscheinen von *Die helle Kammer* – in Hinblick auf den Realitätsbezug der Dokumentarfotografie weiter. Er verschiebt dabei die Perspektive von der Rezeptionsästhetik hin zur Schaffensästhetik, die er später vor allem in Hinblick auf den Film weiter erforschen wird. Die Schaffensästhetik erweist sich damit als Bergalas Antwort auf die von Barthes gestellte Frage nach einer medienspezifischen Alterität der Sprache.

5.1.2 Film als Kunst des Realismus: André Bazin und das Moderne Kino

Der Filmkritiker André Bazin hat in seinem Artikel «Ontologie des photographischen Bildes» bereits 35 Jahre vor Barthes die These formuliert, dass das Wesen der Fotografie im Prinzip ihrer Entstehung begründet liege: «Das Bild mag verschwommen sein, verzerrt, farblos, ohne dokumentarischen Wert, es gründet auf der Art seiner Entstehung im Dasein des Modells: es *ist* das Modell».[44] Während Barthes mit dem Begriff der Emanation vor allem diesen ursprünglichen Zusammenhang zur Realität betont, ist für Bazin die Fotografie selbst eine Verkörperung des Realen, in ihr enthüllt sich die Wirklichkeit:

> «Die Kategorien der Ähnlichkeit, die das photographische Bild kennzeichnen, sind also, anders als bei der Malerei, auch für seine Ästhetik bestimmend. Das ästhetische Wirkungsvermögen der Photographie liegt in der Enthüllung des

---

42 Im Französischen hat der Begriff *absence* wie im Deutschen der Begriff der «Abwesenheit» eine doppelte Bedeutung. Er meint einerseits die physische Abwesenheit, im Plural – wie ihn Bergala hier verwendet – meint er aber auch die geistige Abwesenheit.

43 Bergala stellt in dem Buch die ‹Tagebuchbilder›, die Depardon während seines Aufenthaltes in New York für die *Libération* gemacht hat, dessen schriftlichen Notizen gegenüber und entwickelt daraus Thesen zum fotografischen Akt.

44 Bazin 2004, S. 37.

Wirklichen. Der Reflex auf dem nassen Trottoir, die Geste eines Kindes – ich hätte sie im Gewebe der Welt um mich herum nicht zu entdecken vermocht; nur die Leidenschaftslosigkeit des Objektivs, das den Gegenstand von den Gewohnheiten, Vorurteilen, dem ganzen spirituellen Dunst befreit, in den ihn meine Wahrnehmung hüllte, ließ ihn wieder jungfräulich werden, so dass ich ihm meine Aufmerksamkeit und Liebe schenkte.»[45]

Ähnlich wie Barthes hebt auch Bazin hervor, dass die Kamera eine existierende Realität objektiv aufzeichnet, ohne dass sich ein subjektives, gestaltendes Bewusstsein dazwischen schiebt: «Alle Künste gründen auf der Anwesenheit des Menschen; nur in der Photografie genießen wir die Abwesenheit.» [46]

Bazin bezieht sich unter anderem auf die ägyptische Grabkultur, um den Realismus der Fotografie mit dem existentiellen Grundbedürfnis des Menschen nach einer perfekten Abbildung und ‹Aufbewahrung› der Wirklichkeit in Verbindung zu bringen.[47] Er bestimmt den fotografischen Realismus in Hinblick auf die Apparatur der Aufnahme und zugleich in Hinblick auf die Haltung des Zuschauers. Darüberhinaus überträgt er seine Überlegungen zum fixen Bild auch auf das Bewegtbild und begründet damit die Faszinationskraft des Filmes, den er als Vollendung der fotografischen Abbildung in der Zeit betrachtet. Ist die Fotografie ein Schnitt in der Zeit, so ist der Film nach Bazins berühmtem Diktum die «Mumie der Veränderung».[48] Der Film vermag es nicht nur, einen Moment, sondern auch das Vergehen der Zeit zu konservieren.

Wie Eric Rohmer in seiner Hommage an Bazin schreibt, vollzog dieser mit seiner Ontologie des Films als realistische Kunst in der französischen Filmtheorie «eine kopernikanische Wende».[49] Bis dahin waren Filmkünstler und Kritiker in Frankreich vor allem darum bemüht gewesen, nachzuweisen, dass Film eine Kunstform, und somit eine subjektive Interpretation der Wirklichkeit durch den Künstler ist. Man negierte den Realitätsbezug des Films und hob vor allem seine Künstlichkeit hervor. Bazin behauptete dagegen, dass gerade die Fähigkeit zur Reproduktion des Faktischen und die Unterordnung des Künstlers unter eine umfassendere Wirklichkeit das Wesen dieser Kunstform ausmacht. Bazin leistete damit nicht nur eine Neudefinition des Kinos, er skizzierte auch eine Theorie des filmischen Realismus, die sich in den zeitgleich entstehenden Werken des italienischen Neorealismus zu verwirklichen schien: «In der unmittelbaren

---

45 Ebd., S. 39.
46 Ebd., S. 37.
47 Ebd., S. 39.
48 Ebd.
49 Eric Rohmer: La «somme» d'André Bazin. In: Ders.: *Le goût de la beauté*. Hg.: Jean Narboni. Paris, 2004 (Orig. 1959), S. 153.

Nachkriegszeit fand Bazin in Rossellini die perfekte Illustration der Auffassung vom Kino, die er prägte [...].»[50]

Bazins Onotologie des Kinos prägte nachhaltig die ästhetische Auffassung der Kritiker der *Cahiers du cinéma* und damit auch das französische Kino der Moderne: die Nouvelle Vague. Bergala verweist in seinen filmwissenschaftlichen und filmkritischen Texten immer wieder auf diesen Einfluss hin. So hebt er beispielsweise in *Roberto Rosselini. L'invention du cinéma moderne* die neue Form des Realismus im modernen Kino hervor. Während der Realismus von der französischen Theorie und Kritik zuvor an den vor der eigentlichen Aufnahme gelegenen Produktionsschritten gemessen wurde (Drehbuch, Set, Psychologie der Figuren), trete das moderne Kino an, die Kamera selbst zum Instrument des Realismus und der «Wahrheit» zu machen.

> «Mit der Moderne wird sich das Kino zum ersten Mal bewusst, dass es nicht dazu verdammt ist, eine Wahrheit zu übersetzen, die außerhalb seiner selbst läge, sondern dass es das Instrument zur Enthüllung oder zum Einfangen einer Wahrheit sein kann, die nur es selbst an den Tag zu bringen vermag.»[51]

Mit seiner Ontologie des Kinos beschreibt Bazin dementsprechend zwei Richtungen des zeitgenössischen Realismus. Zum einen verweist er auf einen *Realismus des Inhalts,* auf die im Film abgebildete oder ‹enthüllte› Wirklichkeit. Dazu zählt er natürliche Dekors, die physische Präsenz von Laiendarstellern oder die Behandlung tagesaktueller Themen in den Filmen des italienischen Neorealismus, wie auch Tiere, Natur und existentielle Extremsituationen als Gegenstand von Naturdokumentationen. Rohmer sagte diesbezüglich, dass sich André Bazins «Liebe zum Kino» aus der «Liebe zu den Dingen» speise.[52] Zum anderen stellt Bazin in seinen Texten zu Orson Welles und William Wyler einen *Realismus der Form* heraus. Diesen *Realismus der Form* sieht er vor allem in den – von ihm so genannten – Plansequenzen bzw. langen Einstellungen verwirklicht, mit denen die genannten Regisseure die Montagekonventionen im klassischen Hollywoodkino aushebelten.

Bazin versteht die Plansequenz als Vollendung der Auflösung (frz. *découpage*), des sogenannten ‹unsichtbaren Schnitts›, der sich der räumlichen und zeitlichen

---

50   «Bazin avait trouvé en Rossellini, dans l'immédiat après-guerre, l'illustration parfaite de la perception du cinéma qu'il forgeait [...].» De Baecque 2003, S. 118.
51   «Pour la première fois, avec la modernité, le cinéma prend conscience qu'il n'est pas condamné à traduire une vérité qui lui serait extérieure mais qu'il peut être l'instrument de révélation ou de capture d'une vérité qu'il n'appartenait qu'à lui de mettre à jour». Alain Bergala: Roberto Rossellini et l'invention du cinéma moderne. In: Alain Bergala (Hg.): *Roberto Rossellini. Le cinéma révélé.* Paris, 1984, S. 7–30, S. 9.
52   Eric Rohmer zitiert nach Robert Fischer: Was ist Kino, was ist Film? In: Bazin 2004, S. 11–16, hier: 12. Vgl. auch Bazins Artikel zu Tier- und Naturfilmen «Der Film und die Erforschung der Erde» und «LE MONDE DU SILENCE», ebd., S. 50–60 und 61–66.

Kontinuität der Handlung unterordnet. Die Essenz des Kinos liegt für ihn nicht in der Konstruktion des Films am Schneidetisch, der Montage also, sondern im Moment der Aufnahme, in den einzelnen Einstellungen. Da die Einstellung Raum und Zeit in ihrem realen Zusammenhang wiedergeben kann und dem Schauspieler eine Entwicklung innerhalb des Dekors ermöglicht, erfüllt sie für Bazin am besten die Voraussetzung einer möglichst transparenten Abbildung der Wirklichkeit.[53] In seinem berühmten Artikel «Montage interdit» formuliert Bazin sogar überspitzt ein Verbot zu Schneiden.[54] Die für den Film wesentlichen Ereignisse sollen nicht in der Montage konstruiert, sondern in einer Einstellung zeitlich und räumlich zusammenhängend gezeigt werden. In Bezug auf Rossellinis Filmästhetik spricht Bazin auch von dem ethischen Gebot, im Film nicht zu trennen, was zusammengehört: die kontingente Wirklichkeit, die Menschen und ihre Umgebung.

> «Natürlich nimmt sein [des Künstlers] Bewusstsein, wie jedes Bewusstsein, nicht die ganze Wirklichkeit auf, doch seine Auswahl ist weder logisch noch psychologisch: Sie ist ontologisch in dem Sinn, dass das Bild von der Wirklichkeit, die uns wiedergegeben wird, global bleibt, auf dieselbe Art, um eine Metapher zu benutzen, wie eine Schwarzweißphotographie kein Bild ist, das die Wirklichkeit auseinandergenommen und ‹ohne Farbe› wieder zusammengesetzt hat, sondern ein echter Abdruck des Wirklichen, eine Art Lichtgußform, auf der die Farbe erscheint.»[55]

Neben seiner Vorliebe für lange Einstellungen, benennt Bazin noch weitere Merkmale des filmischen Realismus. In Hinblick auf die Filme des Neorealismus hebt er die Episodenstruktur und das Filmen von scheinbar belanglosen, alltäglichen Momenten hervor.[56] Diese Filme zeigen demnach «Tatsachen» oder Ereignisse in der ihnen eigenen Komplexität oder Zeitlichkeit, ohne sie allein der Logik der Erzählung unterzuordnen.[57] Bazin vergleicht die klassische Filmdramaturgie mit dem Theater und setzt demgegenüber die offene Episodenstruktur des neorealistischen Films mit dem realistischen Roman in Beziehung. Während die klassische Dramaturgie eine logische und psychologische Verknüpfung jedes Handlungselements herstellt und damit dem Zuschauer eine bestimmte Deutung des Geschehens nahelegt, basiert die Episodenstruktur auf scheinbar zufällig aneinandergereihten Ereignissen, deren Zusammenhang vom Zuschauer

---

53 Vgl. André Bazin: *Orson Welles*. Paris, 1972, S. 70.
54 André Bazin: Schneiden verboten! In: Ders. 2004, S. 75–89 (Orig. 1953).
55 Bazin 2004, S. 396.
56 Siehe u.a. die Analysen «Der filmische Realismus und die italienische Schule nach der Befreiung», «LADRI DI BICICLETTE (FAHRRADDIEBE)» und «Ein großes Werk: UMBERTO D». In: Bazin 2004, S. 286–374.
57 Ebd., S. 321.

erschlossen werden muss.[58] Laut Bazin dient die für den Film konstitutive Auslassung in den Filmen des Neorealismus nicht dazu, eine geschlossene, filmische Realität zu konstruieren, sondern vielmehr über die zu sehenden Bruchstücke auf eine umfassendere Wirklichkeit zu verweisen.

Wie die Bruchstücke der Wirklichkeit, die «Tatsachen-Bilder», wird laut Bazin auch der Schauspieler in neorealistischen Filmen nicht vollkommen der Narration untergeordnet, sondern kann für sich stehen, ein Eigenleben entfalten.[59] Bazin hebt – auch in Bezug auf Genrefilme oder Filme mit Kinderdarstellern – immer wieder die physische Präsenz des Schauspielers vor der Kamera gegenüber einem psychologisch glaubhaften Spiel hervor. Der Schauspieler solle nicht durch sein Spiel einer inneren Wirklichkeit Ausdruck verleihen und das Geschehen dadurch psychologisch deuten (wie in den Filmen der realistischen Schule bis dahin üblich), er solle nicht *spielen,* sondern vielmehr vor der Kamera *existieren.* Der Laiendarsteller ist für Bazin ein weiteres ‹Objekt› der äußeren Realität, der sich die Kamera gegenüber sieht. Seine Präsenz manifestiert sich gleichermaßen in den Gesichtern als Landschaft wie in den Bewegungen und Gesten, das heißt, in seiner spezifischen Körperlichkeit. So bezeichnet Bazin LA PASSION DE JEANNE D'ARC von Dreyer (F 1927/8) beispielsweise als einen «Dokumentarfilm über Gesichter»[60] oder er schreibt in Bezug auf Rossellini:

> «Rossellini lässt seine Darsteller nicht spielen, nicht dieses oder jenes Gefühl ausdrücken, er bringt sie lediglich dazu, vor der Kamera auf eine bestimmte Art zu sein. In einer solchen Mise-en-scène haben der jeweilige Platz der Figuren, ihre Art zu gehen, ihre Bewegungen innerhalb des Dekors, ihre Gesten weit mehr Bedeutung als ihre Gefühle, die sich auf den Gesichtern abzeichnen, ja als das, was sie sagen.»[61]

Diese Konzeption eines Realismus, der wie Bergala es treffend beschrieben hat, nicht von dem Film «äußerlichen» Aspekten, sondern vielmehr von der filmischen Apparatur selbst abhängt, bezeichnet Bazin in Bezug auf FAHRRADDIEBE (LADRI DI BICICLETTI, Vittorio de Sica, I 1948) zugespitzt als ein «Verschwin-

---

58 Bazin fasst diese Vorstellung in das häufig zitierte Bild von Steinen in einem Flussbett, die der Zuschauer betreten kann, um den Bach zu überqueren, die aber nicht für diese Überquerung dorthin gelegt wurden. Ebd., S. 318f.

59 Ebd., S. 221f.

60 «Dieses wunderbare Fresko von Köpfen ist genau das Gegenteil eines Schauspielerfilms, es ist ein Dokumentarfilm über Gesichter. Daß die Darsteller gut ‹spielen› ist nicht wichtig; doch die Warze des Bischofs Cauchon und die Sommersprossen Jean d'Yds sind integraler Bestandteil der Handlung. In diesem durchs Mikroskop betrachteten Drama pocht unter jeder Pore die ganze Natur.» Ebd.,S. 196.

61 Ebd., S. 404.

den» des Schauspiels, ein «Verschwinden» der Geschichte und ein «Verschwinden» der Regie.[62]

In seinen frühen Texten definiert Bazin den Realismus des Inhalts und den Realismus der Form noch als gegensätzliche, einander möglicherweise sogar ausschließende Manifestationen des filmischen Realismus. Jedoch sieht er in den zu seiner Zeit erscheinenden neorealistischen Filmen zunehmend eine Verbindung beider Aspekte verwirklicht. Beispielsweise setzt Luchino Visconti in DIE ERDE BEBT (LA TERRA TREMA, I 1948) die Plansequenz in einem realistischen Dekor mit Laiendarstellern ein. De Sicas FAHRRADDIEBE scheint den Widerspruch zwischen einer sinnhaften Dramaturgie und der Eigenständigkeit und Zufälligkeit dokumentarischer Wirklichkeit aufzuheben. Und indem er die physische Präsenz der Realität mit einer spirituellen Thematik verbindet, vermag Rossellinis EUROPA 51 (I 1952) laut Bazin «wieder zur klassischen Abstraktion und Allgemeinheit» zurückzufinden.[63]

Dudley Andrew verweist darauf, dass Bazin von der phänomenologischen Philosophie beeinflusst[64] war, die im Nachkriegsfrankreich einflussreich war. Diese hat die idealistische Trennung von Körper und Geist, Subjekt und Objekt in der Vorstellung von einer verkörperten, auf der sinnlichen Wahrnehung beruhenden intersubjektiven Beziehung zwischen Ich und Welt, Ich und Anderen aufgehoben. Der französische Phänomenologe Merleau-Ponty betont beispielsweise in seinem Aufsatz «Das Kino und die neue Psychologie» 1945 die Nähe des Mediums Film zur zeitgenössischen Philosophie, da Filme von der körperlichen Einbindung des Menschen in die Welt und der sinnlichen Wahrnehmung als Voraussetzung geistiger Prozesse zeugen.[65] Dementsprechend schreibt Bazin dem Film eine phänomenologische Relevanz zu: in Hinblick auf die Aufnahmetechnik, die die menschliche Figur im größeren Zusammenhang der Wirklichkeit aufzeichnen kann, und in Hinblick auf die Filmrezeption, die auf der sinnlichen Wahrnehmung beruht und damit unserem primären Verhältnis zur Wirklichkeit entspricht.

Die Liebe zum Kino und zur Wirklichkeit – von der Rohmer sprach – steht darüberhinaus im Zusammenhang mit Bazins Katholizismus. Bazin interessiert sich nicht allein für die Registrierung der äußeren Wirklichkeit, sondern vielmehr für eine Transzendierung des Realen im Film, für die mögliche Enthül-

62 Ebd., S. 335 ff. «Kein Schauspieler, keine Geschichte, keine Mise-en-scène mehr, das bedeutet in der vollkommen ästhetischen Illusion von Realität letztendlich: kein Kino mehr.» Ebd., S. 351.
63 Ebd., S. 405.
64 Andrew, S. 110f.
65 Maurice Merleau-Ponty: Das Kino und die neue Psychologie. In: Dimitri Liebsch (Hg.): *Philosophie des Films. Grundlagentexte.* Paderborn, 2006, S. 70–84 (Orig. 1945). Die französische Version steht im Internet www.ac-grenoble.fr/Philosophie/logphil/oeuvres/m_ponty/cinema.htm (10.6.2012).

lung spiritueller Wahrheit im alltäglichen Leben. Insbesondere der im cinephilen Kontext, auch von Bergala, häufig verwendete Begriff der *révélation* (dt. Enthüllung oder Offenbarung) trägt auch diese Konnotation. Vinzenz Hediger stellt fest, dass Bazins Vorstellung von einer Verkörperung der Wirklichkeit im Film der katholischen Transsubstantationslehre entspricht. Demgegenüber ordnet er die Zeichentheoretiker und Semiologen der protestantischen Tradition zu, da sie einem symbolhaften Ersatz der Realität voraussetzen.[66] Er bezieht sich dabei auf die Kritik semiologischer Theoretiker an dem Realismusbegriff in den 1960er Jahren. Im Rahmen einer Neulektüre von Bazin in der Zeitschrift *montage AV* stellt er diese beiden Positionen als zwei gleichbereichtigte medientheoretische Positionen dar, die auf unterschiedlichen Paradigmen beruhen.

Die vom Neomarxismus beeinflusste semiologische Kritik an Bazin zielte vor allem darauf, den filmischen Realismus als Ideologie zu entlarven – so auch das in den 1980er Jahren erschienene Lehrbuch *Ésthetique du film*, an dem Bergala selbst mitgewirkt hat.[67] Die Apparatur des Kinos – für Bazin Garant der ‹Objektivität› des Films –, wird in Folge der Dispositivtheorie von Baudry als Grundvoraussetzung einer ideologischen Konstruktion der Wirklichkeit gedeutet, die einen «Realitätseindruck» (frz. *impression de réel*) erzeugt und dabei de facto an die Konventionen der zentralperspektivischen Darstellung anschließt.[68] Stilistische Merkmale von Filmen werden als Mechanismen analysiert, die dem Zuschauer die Teilhabe an einem realistischen Universum suggerieren und damit ihre ideologischen Tendenzen nur kaschieren (Vgl. 2.1 u. 4.1).[69] In dieser Hinsicht bieten Bazins komplexe Filmanalysen vielfältige Angriffsspunkte für die Kritik, die auch von den *Cahiers du cinéma* in den 1970er Jahren formuliert wurde.

Die These, dass die Hollywood-Konvention des unsichtbaren Schnitts und der Kontinuitätsmontage eine Form des filmischen Realismus sei, da sie die räumliche

---

66 Vinzenz Hediger stellt Bazins Ontologie des Kinos und die Zeichentheorie nach de Saussure in die Traditionen der katholischen und protestantischen Religion. Demnach wurde die Vorstellung von der Transsubstantation im katholischen Glauben, d.h. von der «Realpräsenz», der realen Präsenz des Leib Christi in Brot und Wein, im protestantischen Glauben zur Vorstellung einer symbolischen Repräsentation von Brot und Wein, die die eigentliche Nicht-Präsenz, die Abwesenheit von Christus kompensiert. Hediger nimmt damit die religiösen Traditionen als theoretische Voraussetzungen ernst und verweist auch die – sich als objektive Wissenschaft begreifende Zeichentheorie – auf ihre religiösen bzw. kulturgeschichtlichen Wurzeln. Vinzenz Hediger: Das Wunder des Realismus. Transsubstantation als medientheoretische Kategorie bei André Bazin. In: *montage a/v. Zeitschrift für Theorie und Geschichte audiovisueller Kommunikation. [Warum Bazin]* 18/1, 2009, S. 75–108.

67 Aumont, Bergala u.a. 2004, S. 50ff.

68 Baudry 1970, S. 7. Metz 1977, S. 70–75.

69 Mit dem sogenannten Realitätseindruck und Realitätseffekt haben sich Autoren der *Cahiers du cinéma*, wie Oudart, Comolli, Narboni intensiv auseinandergesetzt. Pigoullié verweist daraufhin, dass sie damit de facto Bazins Auseinandersetzung mit dem Realismus des Kinos fortsetzten, nur mit umgekehrtem Vorzeichen. Jean-Francois Pigoullié (2006): *Serge Daney ou la morale d'un ciné-fils*. Lyon, 2006, S. 16.

Orientierung und Stabilität bewahre, wird beispielsweise von Bazin in seinen Texten zum Neorealismus selbst widerlegt. Darin grenzt er die Einstellung als eigenständiges «Tatsachenbild» von der Einstellung als reine Funktion der Narration und Partikel der Auflösung ab. Vor diesem Hintergrund erscheint auch seine Annahme, dass Welles mit der Plansequenz eine neue Form des Realismus entworfen habe, fragwürdig, bezieht sie sich doch ausgerechnet auf ein extrem artifizielles Kino, bei dem jede Einstellung Ergebnis einer präzisen Inszenierung ist. In *Ésthétique du film* wird daher darauf verwiesen, dass Bazin die Montage innerhalb der Einstellung als ein Konstruktionsmerkmal der Tiefeninszenierung von Welles ignoriert.[70] Zudem stellt sich die Frage nach der Tragfähigkeit der von Bazin analysierten formalen und inhaltlichen Neuerungen des Neorealismus – beispielsweise der Episodenstruktur. Wenn sie zur Konvention werden, dann sind auch sie nur Teil eines als realistisch empfundenen Bildrepertoires, das die Qualität der Frische und Aktualität eingebüßt hat. Auch auf dieses Problem verweist Bazin selbst, am Beispiel von Laiendarsteller, die aufgrund des Erfolgs ihrer Filme zu Filmstars werden.

Diese Widersprüche offenbaren die grundlegende Problematik einer Diskussion des filmischen Realismus' anhand formaler und stilistischer Merkmale. Denn diese können auf Basis des semiologischen Paradigmas immer als Zeichen für die Referenzialität selbst gewertet werden. So verfährt beispielsweise Guido Kirsten, wenn er die von Bazin an de Sicas UMBERTO D. (I 1951) als besonders realistisch gelobten «leeren Momente» alltäglicher Handlungen in Bezug zu Roland Barthes' «effet de réel» setzt.[71] Den «effet de réel» – von Kirsten als «Wirklichkeitseffekt» übersetzt – könnte man als eine noch der Semiologie verhaftete Vorform des dritten Sinns in einem literarischen Text bezeichnen. Barthes beschreibt damit funktionslose Details in realistischen Romanen, die keine über ihre bloße Existenz hinausgehende Bedeutung haben.[72] Diese Details, die sich der Signifikation entziehen – so Barthes' zeichentheoretischer Kreisschluss – werden gerade dadurch zu Zeichen für die Referentialität des Textes bzw. des Films. Sie bezeugen den vom Autor intendierten Wirklichkeitscharakter der Fiktion.

Während Kirsten die von Bazin beschriebenen leeren Moment in diesem Sinne als Wirklichkeitseffekte deutet, läßt er die Konzepte des dritten Sinns und des *punctums* unberücksichtigt, mit denen Barthes das Phänomen des Wirklichkeitseffekts – gewissermaßen ohne semiologische Brille – in Hinblick auf das fotografische und filmische Bild weiterentwickelt hat. Diese scheinen mir als Analogie zu

---

70 Aumont, Bergala u.a. 2004, S. 56. Welles arbeitete in CITIZEN KANE beispielsweise mit Tricks (u.a. mit Masken), um den Eindruck von extremer Tiefenschärfe in Einstellungen zu erzeugen. Réjane Hamus-Vallée: *Les effets spéciaux.* Paris, 2004, S. 68f.

71 Kirsten 2009, S. 141–162.

72 Roland Barthes: Der Real(itäts)effekt (Orig. 1968). www.nachdemfilm.de/no2/bar01dts.html (15.2.10).

Bazin's Realismustheorie jedoch deutlich geeigneter. Zumal Barthes mit dem *punctum* ebenfalls eine Ästhetik des Realen formuliert, die den Aufzeichnungscharakter des – auch dem Film zugrundeliegenden – fotografischen Bildes reflektiert.

Bazin und Barthes artikulieren beide einen phänomenologischen Zugang zu Fotografie und Film, der von einer sinnlichen Affizierung des Rezipienten durch das Bild zeugt. So hat André S. Labarthe darauf verwiesen, dass Bazins Realismustheorie als eine Rezeptionsästhetik verstanden werden kann:

> «Der Realismus muss nicht nur auf Seiten der immanenten Struktur des Films gesucht werden, sondern auch – und *vermutlich vor allem* – auf Seiten dieses aktiven Elements, das der Film im Off lässt, und ohne das diese Struktur tot bliebe: der Zuschauer. Bazin hat intuitiv erfasst, dass das moderne Kino ein neues Verhältnis zwischen Film und Zuschauer etabliert und damit einen unumkehrbaren Prozess eingeleitet hat, der die Filmgeschichte untrennbar mit der Rezeptionsgeschichte verbindet. Bazin hat dies sehr früh in seinen ersten Texten über Welles und Wyler dargelegt und während seines ganzen Lebens in seinen Studien zum Neorealismus, zu Rossellini, Renoir oder Tati immer weiter vertieft.»[73]

Laut Bazin tritt der Regisseur im Modernen Kino[74] hinter die Vieldeutigkeit der Einstellung oder der von ihm präsentierten «Tatsachen» zurück und überlässt es dem Zuschauer, selbst Zusammenhänge herzustellen. Die Realität wird nicht scheinbar vollständig im Film repräsentiert, sie stellt sich vielmehr ausgehend von den im Film gezeigten Realitätspartikeln in der Imagination des Zuschauers ein. Sie entsteht aus der zeitlichen und räumlichen Kontingenz der Aufnahme. Sie zeigt sich insbesondere in Ausschnitten, die nicht vorgeben, ein Ganzes zu sein, die in ihrer Widersprüchlichkeit auch vom Regisseur Unvorhergesehenes der Wahrnehmung des Zuschauers anbieten.

Die von Bazin beschriebene Rezeptionserfahrung basiert – ähnlich wie Barthes' *punctum* – auf den Spuren des Realen im Film, sei es der genannte ‹leere Moment›,

---

73 «Le réalisme ne doit pas être recherché uniquement du côté de la structure intrinsèque du film, mais également – et *probablement avant tout* – du côté de cet élément actif que le film laisse off et sans quoi cette structure reste morte: le spectateur. L'intuition centrale de Bazin – qu'il expose très vite, dès ses premiers textes sur Welles et Wyler, et qu'il ne cessera, sa vie durant, d'approfondir à travers ses études sur le Néo-réalisme, Rossellini, Renoir ou Tati – est que le cinéma moderne a imposé une relation nouvelle du film au spectateur, donnant essor à un processus irréversible qui rend l'histoire du cinéma inséparable, de celle de son mode de consommation.» André S. Labarthe: Préface. In: Bazin 1972, S. 5–11, hier 9f.

74 Bazin sieht diese Aktivität des Zuschauers auch im Stilmittel der Plansequenz bei Welles und Wyler gewährleistet. Anstatt den Blick auf die jeweils relevante Information zu fokussieren, ermöglichen lange Einstellungen und die Inszenierung verschiedener paralleler Handlungen in die Tiefe dem Zuschauer, seinen Blick schweifen zu lassen und selbst zu entscheiden, welchem Aspekt des Geschehens er seine Aufmerksamkeit widmen möchte.

seien es physische Details im Gesicht der Darsteller, die konkrete Materialität von Erde in einem Studiodekor[75] oder die Lichtreflektionen in einer Pfütze. Laut Keathly hat Bazin anhand von «cinephilen Momenten» Filme als «subjective experience of the objective real shining through what has been aestheticized» beschrieben (Vgl. 3).[76] Bazins emphatischer Begriff der Offenbarung korrespondiert dabei mit Barthes' These von der individuellen Berührung des Betrachters durch die Fotografie. Beide führen den Moment der Rezeption mit dem der Aufnahme als ontologischen Ursprung des Filmes bzw. der Fotografie zusammen: Sie artikulieren den Realismus als eine Zuschauererfahrung. Dabei interessiert sich Bazin stärker für die Präsenz einer objektiven Wirklichkeit im Filmstreifen, während Barthes die für ihre Wahrnehmung maßgebliche Subjektivität des Betrachters beschreibt.

Bazin und Barthes formulieren die Ästhetik des Realen vor dem digitalen Zeitalter und beziehen sich auf den analogen Filmstreifen, der noch im wörtlichen Sinne als physischer Abdruck einer präfilmischen Realität gelten kann. Nicholas Rombes verweist allerdings darauf, dass gerade der Einsatz von leichten, digitalen Kameras im zeitgenössischen Kino eine Rezeptivität gegenüber der Kontingenz des Realen ganz im Sinne Bazins ermöglicht. Ihm zufolge zeugen digital gedrehte Filme von einem Zurücktreten des kontrollierenden Regiesubjekts gegenüber dem Aufgenommenen und eröffnen eine «Demokratie des Sehens für den Zuschauer»[77]. Die Theorie des Realen ist also bis heute aktuell – darauf deutet nicht zuletzt auch das wiedererwachte Interesse der zeitgenössischen Filmwissenschaft an Bazin hin.[78]

5.2 Ästhetik des Schaffensprozesses

Mit der Ästhetik der Alterität und des Schaffensprozesses knüpft Bergala an Bazins und Barthes' phänomenologische Film- bzw. Fototheorie an. Die Lektüre der beiden Theoretiker erfolgte im Kontext der bereits beschriebenen Rückbesinnung der *Cahiers du cinéma* auf ihre ästhetische Tradition in den 1980er Jahren. Im Zuge dessen befasste Bergala sich mit einer Aktualisierung von Bazins Überle-

---

75 Bazin schreibt zu Dreyers JEANNE D'ARC: «Zwar ist einerseits nichts unrealistischer als das Tribunal auf dem Friedhof und das Tor der Zugbrücke, doch das alles wird von wirklichem Sonnenlicht beschienen, und der Totengräber schaufelt richtige Erde über den Rand der Grube. Solche Einzelheiten sind es, die es so ausgesprochen filmisch machen.» Bazin 2004, S. 196f.

76 Keathley, S. 59.

77 Nicholas Rombes: *Cinema in the digital Age*. London, 2009, S. 36f. Er verweist in dem Kontext auf den Splitscreenfilm TIMECODE (Mike Figgis, USA 2000) und auf Abbas Kiarostamis Arbeiten mit digitaler Kamera.

78 Beispielsweise in der bereits erwähnten Relektüre von Bazin in der Zeitschrift *montage AV*.

gungen zur *mise en scène* und zur Ästhetik des Realen. Er konzentrierte sich dabei vor allem auf Vertreter des moderne Kinos: allen voran Roberto Rossellini, dem von Bazin bevorzugten Regisseur des italienischen Neorealismus, Jean-Luc Godard, der sich die ‹Politik der Bilder› zur Aufgabe gemacht hat, und Abbas Kiarostami, den er selbst als Nachfolger der europäischen Moderne bezeichnet.[79]

Wie auch Serge Daney, greift Bergala in seinen Texten auf Bazins Begriff vom *unreinen Kino* zurück, um die ‹Kontamination› des Films durch das Reale zu beschreiben. Mit dem Begriff der Unreinheit richtete sich Bazin gegen die Vorstellung eines »reinen Kinos» als autonomer Kunst und betonte das Potential, Anderes in sich aufzunehmen, als Grundprinzip des Mediums.[80] Bergala und Daney verbinden den Begriff der Unreinheit vor allem mit Bazins Realismusbegriff, im Sinne einer Abhängigkeit des Films von den realen, materiellen Dingen vor der Kamera. Der Film ist für beide ein Medium, das *per definitionem* heterogene Elemente in sich vereint, wie Bergala in Bezug auf Godards Film PASSION (F 1982) formuliert: «Denn Godard hat es mit dem Kino zu tun, das ohne Zweifel von allen Künsten die ontologisch unreinste ist. Es ist die einzige, die jederzeit mit den Geräuschen, dem chaotischen Wesen der Welt, der Singularität der Dinge, dem Zufall rechnen muss.»[81] Und Daney verallgemeinert dies: «Das Kino hat nur als unreines Sinn. Aber unrein bedeutet transitif. Dass es auf etwas zielt, das es selbst nicht ist.»[82] Beide bringen den Begriff der Unreinheit dabei explizit mit dem filmischen Produktionsprozess in Verbindung.[83]

> «Was wir schön fanden, war, daß der Film gerade durch das Heterogene, ‹Unreine› hindurch imstande war, etwas freizusetzen, was von unerwarteter Schönheit war. Mir hat es immer gefallen, daß ein Film mit all diesen Unwägbarkeiten hergestellt wird [...]: dem Geld, den grausig vulgären Kommerzerfordernissen [...], den Launen des Stars [...].»[84]

---

79 Bergala 2004: *Abbas Kiarostami*, S. 2.
80 André Bazin: Für ein unreines Kino. Plädoyer für die Literaturverfilmung. In: Ders. 2004, S. 110–138. Bazin führte den Begriff dagegen nicht in Bezug auf das Reale, sondern in Bezug auf den Umgang mit Literatur und Theater ein. Er richtete sich gegen die Auffassung, dass das Kinos gegenüber Theater und Literatur autonom sein solle. Stattdessen spricht er sich für die ‹Kontamination› des Films mit literarischen Stoffen und Motiven aus. Ebd., S. 128.
81 «Car Godard a affaire au cinéma qui est sans doute, de tous les arts, le plus ontologiquement impur. C'est le seul qui doit compter, à tout moment, avec le bruit, la nature chaotique du monde, la singularité des choses, l'aléatoire.» Bergala 1999, S. 40.
82 «Le cinéma n'a de sens qu'impur. Mais impur signifie transitif. Qu'il vise quelque chose qui n'est pas lui.» Daney zitiert nach Pigoullié, S. 75. Siehe auch Daney 2000: *Im Verborgenen*, S. 138.
83 Vgl. Bergala 2005, *Le cinéma, comment ça-va*, S. 7–22.
84 Daney 2000: *Im Verborgenen*, S. 138.

Dementsprechend verschiebt Bergala in seinen Analysen den Fokus konsequent auf den filmischen Schaffensprozess. Anders als Bazin (oder Daney) interessiert ihn weniger die Manifestation des Realen im Film als vielmehr die Konfrontation mit der Realität im Schaffensprozess. Dadurch gelingt es ihm, Bazins Ontologie des Kinos mit einer neuen Form der Filmanalyse, der von ihm so genannten Schaffensanalyse, zu verbinden und den Film konsequent vom Moment der Aufnahme, das heißt von den Dreharbeiten her zu analysieren. Mit dieser Akzentverschiebung entgeht er den oben angedeuteten Widersprüchen, in die sich ein Realismus des fertigen Objektes zwangsläufig verstricken muss. Die Bergalas Ansatz unausgesprochen zugrundeliegende These könnte man folgendermaßen formulieren: Wenn das Wesen des Films im Moment seiner Aufnahme begründet liegt, dann muss ich diesen Moment auch in die Analyse von Filmen einbeziehen bzw. Filme von diesem Moment ausgehend analysieren.

5.2.1 Der Schaffensprozess zwischen Realität und Subjektivität

Die Erforschung des filmischen Schaffensprozesses begann Bergala im Rahmen seiner Tätigkeit als Kritiker für die *Cahier du cinéma*. Er knüpfte damit an die Tradition der Zeitschrift an, die theoretische Reflexion von Filmen mit der filmischen Praxis zu verbinden. Die *jeunes turcs* wie François Truffaut führten lange Interviews mit den von ihnen verehrten Regisseuren und nutzen die Zeitschrift als eine Art alternative Filmhochschule. Sie konzentrierten sich jedoch vor allem auf fertige Filme und deren Regisseure als intellektuelle Urheber.[85] Es waren Alain Bergala und Serge le Peron, die Ende der 1970er Jahre die Auseinandersetzung mit dem Produktionsprozess selbst anregten und ihr Interesse dabei auch auf andere an den Dreharbeiten beteiligte Personen ausweiteten. Sie führten u.a. mehrere Gespräche mit dem Kameramann Jean-Pierre Beauviala, der zusammen mit Godard in Grenoble an der Entwicklung einer 35mm-Handkamera (Aeton) arbeitete.[86] Das Interesse an technischen Fragen des filmischen Schaffensprozesses war für beide Kritiker verbunden mit eigenen Regiearbeiten (Vgl. 1.3).[87]

Seit den 1990er Jahren entwickelte Bergala das Konzept der Schaffensanalyse systematischer, zunächst im Rahmen seiner Lehrtätigkeit an Universität und Hochschule, dann auch als Methode für den Schulunterricht im Rahmen des Projeks *Le cinéma, cent ans de jeunesse*. Er definiert diese Analyseform in *Kino als Kunst* in Abgrenzung zur filmimmanenten Analyse als ein Verfahren, das die

---

85 De Baecque 1991, S. 301f.
86 Die Interviews erschienen in den *Cahiers du cinéma* 1978 (Nr. 285, 286, 288).
87 De Baecque 2003, S. 302f.

vielfältigen möglichen Entscheidungen des Schaffensprozesses einbezieht. In Bezug auf Renoirs Äußerung, man müsse selbst Maler sein, um ein Gemälde lieben zu können, schreibt er:

«Auf der Basis dieser radikalen Erklärung sollte man Filme sehen und analysieren, auch wenn man damit gegen das oberste Prinzip der Filmanalyse in der ‹wissenschaftlichen› Tradition der Universität verstößt, nämlich von dem auszugehen, und zwar ausschließlich von dem, was auf der Leinwand zu sehen ist. Ich habe immer für einen anderen Zugang zu Filmen plädiert, den ich nun schon seit Jahren an der Universität in einem Seminar über den filmischen Schaffensprozeß zu praktizieren versuche. Denn man kann Filme auch auf eine Art sehen und über sie nachdenken, die einer Einführung in die Praxis des Filmschaffens gleichkommt. Man könnte sie ‹Schaffensanalyse› nennen.»[88]

Auch wenn Bergala die Schaffensanalyse als Einführung in die Praxis definiert, kann man angesichts seiner eigenen, überwiegend theoretischen Auseinandersetzung mit Filmen durchaus von einer eigenständigen Analyseform sprechen, die in seinen Arbeiten zu Godard, Kiarostami, Ingmar Bergman und vielen anderen Regisseuren einen wichtigen Raum einnimmt.[89]

Bereits Anfang der 1980er Jahre setzte sich Bergala in Artikeln wie «De la singularité au cinéma» mit der Frage auseinander, was den besonderen, den «singulären» Film ausmache, der sich von den Standardproduktionen des französischen Kinos unterscheide.[90] Diese Artikel sind Teil einer Auseinandersetzung in den *Cahiers du cinéma* mit dem zeitgenössischen französischen Autorenfilm und dem Erbe der Autorenpolitik der ersten Kritikergeneration, die sich insbesondere in einer Debatte um die Rolle des Storyboards im Produktionsprozess niederschlug (Vgl. 5.3). Die Frage nach der Singularität des filmischen Schaffens, mit der sich Bergala auch noch in «Freiheit und Regeln» oder *Kino als Kunst* befasst, markiert seine Abwendung vom ‹Code› als ein die individuelle Äußerung dominierendes System. Sie mündet meist in der Gegenüberstellung von «maîtrise» und «création», wobei mit *création* die jenseits jeglicher professionellen «Meisterschaft» liegende Essenz eines kreativen Prozesses gemeint ist, der auch in schulischen Regieexperimenten ermöglicht werden sollte (Vgl. 2.1). In einem solchen kreativen Prozess treffen – so könnte man Bergalas Ansatz modellhaft

---

88 Bergala 2006: *Kino als Kunst*, S. 92.
89 Beispielsweise *Nul mieux que Godard* (1999) und *Monika de Ingmar Bergman* (2004) kann man als Schaffensanalysen bezeichnen.
90 Bergala 1982: C'est difficile de toucher le reel; Bergala 1983: De la singularité au cinéma; Bergala 1983: Le vrai, le faux, le factice.

beschreiben – drei Instanzen aufeinander: das Programm, die Negativität und die Realität. Bergala stellt diese drei Instanzen in *Kino als Kunst* ausführlich dar.

Mit dem *Programm* beschreibt er das Konzept des Films, das (meist) bereits vor dem Drehprozess feststeht und sich vor allem in den Etappen des Drehbuchs und des Storyboards manifestiert. Er bezeichnet damit die bewusste Planung des Films, die gleichermaßen von gesellschaftlichen Konventionen, von ästhetischen Normen und bewussten Entscheidungen des Regisseurs geprägt ist. Bergala neigt dazu, diese Vorbereitungsphase – aufgrund ihrer stärkeren Planbarkeit – als rationalen Prozess darzustellen und dabei mögliche unbewusste Einflüsse, beispielsweise beim Verfassen des Drehbuchs zu unterschlagen.[91] Demgegenüber entzieht sich seiner Ansicht nach der Drehprozess aufgrund seiner zeitlichen und materiellen Beschränkungen eher der externen, bewussten Kontrolle und setzt die intuitiven, unbewussten Prozesse des kreativen Aktes frei.[92] Beim Drehen muss der Regisseur im Moment handeln, er muss sich auf ein höchst komplexes Geflecht gleichzeitiger Entscheidungen einlassen, auf unerwartete und zufällige Ereignisse reagieren. Der Drehprozess ist der Moment, in dem das Subjekt des Regisseurs auf das *Reale,* die materielle Beschaffenheit der Dinge und die konkreten Drehbedingungen (Kulissen, Drehorte, Darsteller, Wetter usw.) trifft:

«Die fertige Einstellung ist immer eine Mischung aus dem ‹Programm› der Szene – das vor der tatsächlichen Inszenierung feststeht –, einigen allgemeinen Prinzipien, die am Anfang für den ganzen Film festgelegt werden, und den Entscheidungen, die Einstellung für Einstellung, Szene für Szene getroffen werden. Diese Entscheidungen sind sowohl eine Sache des Instinkts, wie der Pinselstrich des Malers, als auch das Ergebnis der Begegnung mit der Wirklichkeit.»[93]

Den intuitiven, triebhaften Anteil des Regisseurs, der im kreativen Schaffensprozess am Werk ist, bezeichnet Bergala als *Negativität.* Es handele sich dabei oft um destruktive Impulse, um momentane Eingebungen, die dem ordnenden Prinzip des eigenen Willens entgegenstehen. Insbesondere der Schaffensprozess von Godard dient Bergala als Beispiel für diese Destruktivität, da Godard sich im Moment des Drehens immer wieder gegen die Umsetzung des eigenen Konzepts,

91 Das zeigt sich darin, dass Bergala das «Programm» häufig mit dem Drehbuch gleichsetzt und dagegen polemisiert (Vgl. u.a. Bergala 2006: *Kino als Kunst,* S. 66). Möglicherweise zielt er damit auch darauf, dass gerade das Drehbuch oft einer stärkeren Korrektur und Überarbeitung durch Produzent, Lektoren, Förderkommissionen unterliegt und damit gesellschaftlichen Normierungsprozessen unterworfen ist.
92 Bergala 1992: Quelque chose de flambant neuf, S. 28.
93 Bergala 2006: *Kino als Kunst,* S. 107.

gegen die filmischen Konventionen und gegen eine unmittelbare Verständlichkeit der gedrehten Szenen entscheidet.[94]

In *Kino als Kunst* führt Bergala als Beispiel eine Szene aus PASSION an, in
der Godard eine Gewerkschaftsversammlung filmt.[95] Anstatt die Szene gemäß
ihrer Funktion im Drehbuch mit Fokus auf die Hauptfigur (Isabelle Huppert) zu
drehen, entscheidet sich Godard im letzten Moment am Set dafür, die Kamera
hinter einer Statistin zu positionieren. Auslöser dieses Impulses ist ein Sonnen-
strahl auf ihrem roten Haar. Godard reagiert also im Moment der Aufnahme
auf ein unerwartetes und zufälliges Ereignis am Set, er reagiert auf die physische
und ästhetische Präsenz des Realen. Dieses Reale ist für Bergala nicht notwendigerweise an die dokumentarische Wirklichkeit geknüpft, der sich beispielsweise
ein Dokumentarfilmer gegenübersieht. Das Reale ist für Bergala – wie auch für
Bazin – vielmehr die faktische Präsenz der Objekte und der Schauspieler vor der
Kamera, ihre Materialität bzw. Körperlichkeit, der sich der Regisseur gegenüber
sieht und die sich in den Filmstreifen einschreibt. Das Reale kann auch ein artifizielles Kino, wie das von Godard, prägen. Bergalas «Ästhetik des Realen» ist keine Frage der realistischen Konzeption des Sets und der Handlung, sondern – der
Ästhetik der Moderne entsprechend – eine Frage des Umgangs mit den Dingen,
Körpern und Bedingungen vor der Kamera.

Wie den Rezeptionsprozess beschreibt er somit auch den Schaffensprozess
als eine intersubjektive Beziehung. Es handelt sich um eine Interaktion zwischen
Regisseur und Umfeld und nicht um eine Unterwerfung der Schauspieler und
Objekte unter den Willen des Regisseurs. So fordert er «die Dreharbeiten als eine
lebendige Situation zu begreifen, die die Personen in einem klaren intersubjektiven Vertrag ins Spiel bringt, wobei jeder das Risiko einer lebendigen Beziehung
eingeht: nämlich ein wenig erschüttert oder verändert zu werden.»[96] Bergala verlangt insbesondere, dass Regisseure die opake Eigenständigkeit der Dinge respektieren und sich von ihr inspirieren lassen. In Hinblick auf das Regiekonzept
von Renoir schreibt er, dass «man beim Filmen zunächst passiv sein muss, bevor
man aktiv wird» und betont die Notwendigkeit, dass man auch beim schulischen
Schaffensprozess «auf die Wirklichkeit ‹hört›».[97]

Den von ihm in Bezug auf die Kunstrezeption eingeführten Begriff des Widerstands verwendet Bergala auch in Bezug auf den filmischen Schaffensprozess:

---

94 Ebd., S. 111 u. 114.
95 Ebd., S. 113f.
96 « […] ou bien prendre en compte le tournage comme une situation vivante mettant en jeu des per-
    sonnes dans un contrat intersubjectif clair où chacun prend le risque de toute relation vivante: en être
    quelque peu sécoué ou transformé.» Bergala 2005: *Le cinéma comment ça va*, S. 65
97 Bergala 2006: *Kino als Kunst*, S. 131 u. 132.

«Die Kunst ist das, was der reinen Logik widersteht und ganz der Intuition und Souveränität des Künstlers liegt, die ihn zu Entscheidungen führen, die seiner tiefsten Eigenart, seinen Aversionen und Vorlieben geprägt sind, von dem, was ihn als einmaliges Individuum ausmacht.»[98]

Er bezeichnet damit die ‹negativen› Impulse des Regisseurs ebenso wie den ‹Eigensinn› des Realen – des konkreten Raums, des Wetters, der Gegenstände, der Schauspieler –, die sich beide dem von Konventionen geprägten und bewusst gefassten Programm widersetzen.

In «De la singularité au cinéma» wird bereits deutlich, dass diese ‹Widerständigkeit› an die verkörperte Individualität des Menschen und an die Ästhetik des Realen geknüpft ist. In dem kurzen Artikel formuliert Bergala sein ästhetisches Konzept anhand des Begriffs der *singularité*, zu dt. Eigenart und Sonderbarkeit, den er auch in seinen späteren Texten immer wieder, wenn auch unsystematisch aufgreift. Er führt damit die später ausdifferenzierten Begriffe der Alterität, Realität, Negativität, Unreinheit zusammen. Mit Singularität bezeichnet er gleichermaßen die Einzigartigkeit eines künstlerischen Werkes, die Individualität des Regisseurs wie die Partikularität der Realität. Auf allen Ebenen stellt Bergala den Makel des realen Körpers der künstlichen Perfektion gegenüber, wie hier in Bezug auf den Schauspieler:

«Die Singularität eines Gesichts […] hat nichts mit Perfektion zu tun, es ist nicht einmal seine Schönheit (die der Harmonie, dem Code zugeordnet ist), aber viel häufiger eine kleine Anomalie, eine leichte Asymmetrie, eine leichte Disproportion, oder auch ein Detail, dass insgeheim auf sich aufmerksam macht, weil es scheinbar nicht der Ordnung gehorcht, die dieses Gesicht programmiert hat. Die Singularität ist immer ein Hindernis bei der perfekten Ausführung des Programms, eine Anomalie.»[99]

Demnach liegt der Vorzug eines real existierenden Körpers als ‹Naturprodukt› gegenüber einem Kunstprodukt in seiner Abweichung von der Norm und vom Ideal. Im Gegensatz zum Schönheitsbegriff der klassischen Ästhetik, der sich in vulgarisierter Version in den gängigen Schönheitsidealen wiederfindet wie sie u.a. die Werbung propagiert, sieht Bergala die Schönheit eines realen Gesichtes

---

98 Ebd., S. 111ff.
99 «La singularité d'un visage […] n'a rien à voir avec la perfection, ce n'est même pas sa beauté (qui est de l'ordre de l'harmonie, du code) mais le plus souvent une petite anomalie, une subtile dissymetrie, une légère disproportion, ou encore un détail qui se fait secrètement remarquer parce qu'il a l'air de désobéir à l'ordre qui a programmé ce visage. La singularité est toujours une entrave à l'exécution parfaite du programme, une anomalie.» Alain Bergala: De la singularité au cinéma. In: *Cahiers du cinéma* 353, 1983, S. 14–21, hier 17.

gerade in seinen Asymmetrien. Das Kino schöpft für ihn seine Schönheit aus den, von Bazin u.a. in seiner Analyse von Dreyers JEANNE D'ARC beschriebenen, Unregelmäßigkeiten des Realen. In diesem Sinne bringt auch Daney den Begriff der Singularität auf den Punkt. In einer Rezension zu Bergalas und Jean-Pierre Limosin Film FAUX-FUYANTS (1983) greift er diesen Begriff wie folgt auf:

> «FAUX FUYANTS gehört zu jenem nicht zu vernachlässigenden Teil des französischen Kinos und des Kinos überhaupt, der sich für die Kluft interessiert, die immer notwendigerweise zwischen einer Rolle (auf dem Papier) und einem (vor eine Kamera gesetzten) Körper besteht. Diese Kluft, das ist die Singularität. Und nichts ist in gewisser Hinsicht begehrenswerter als die Singularität.»[100]

Bergala interessiert sich jedoch nicht nur für die Singularität des aufgenommenen Körpers, sondern beschreibt auch die Besonderheit eines Regisseurs mit dem Bild eines körperlichen Makels:

> «Es wird immer einen Graben geben zwischen denen, die nur Ausführende eines Programms sind, und wenn es ihr eigenes ist (ob talentiert oder nicht, das ist nicht die Frage), und denen, die es egal welchem Produktionssystem und mit egal welchen technischen Mitteln […] schaffen, ihrem Film diese Singularität einzuprägen, durch die der Film ihnen und nur ihnen gleicht, und sei es auch durch sein Hinken.»[101]

Die Singularität (oder auch Widerständigkeit) eines Films bringt Bergala somit in Zusammenhang mit der Vorstellung einer im Körper verorteten Individualität. Er bezieht diese gleichermaßen auf das gefilmte Material wie auf den Regisseur, der den filmischen Schaffensprozess mit seinen triebhaften Impulsen prägt. Dementsprechend verweist der eingangs zitierte Pinselstrich des Malers auf eine körperliche Geste. Mit seiner Ästhetik des Schaffensprozesses schließt Bergala gleichermaßen an Bazins Ästhetik des Realen an, wie an Barthes' Evokation des Körpers als Ursprung ästhetischer Erfahrungen und erweitert diese in Hinblick auf die Position des Regisseurs.

---

100 «Mais, ‹nous avons eu envie par contre de travailler avec des acteurs choisis en fonction de ce qu'ils pouvaient opposer de singularité à ce scénario.› Le mot important bien sûr, est ‹singularité›. FAUX FUYANTS appartient à cette partie non négligable du cinéma français et du cinéma tout court qui s'intéresse à l'écart qui existera toujours nécessairement, entre un rôle (sur le papier) et un corps (mis devant une caméra). Cet écart, C'est cela, la singularité. Et rien n'est plus désirable, en un sens, que la singularité.» Serge Daney. In: *Libération*, 10/11/82, S. 1.

101 «Il y aura toujours un fossé entre ceux qui ne seront que des exécutants (talentueux ou pas, là n'est pas le problème) d'un programme, fût-il-le leur, et ceux qui dans n'importe quel système de production et avec n'importe quels moyens technologiques […] réussissent à imprimer à leur film cette singularité par ou ce film leur ressemble, et ne ressemble qu'à eux, serait-ce par sa boîterie.» Bergala 1983: De la singularité au cinéma, S. 16.

Es fällt auf, dass Bergala den Schaffensprozess als eine Dreieckskonstellationen formalisiert, die an das psychoanalytische Subjektmodell erinnert. Das Trio Programm-Negativität-Realität könnte als Verschiebung der drei Instanzen Symbolisches-Imaginäres-Reales nach Lacan verstanden werden. In Bergalas Vorstellung von einer «Begegnung mit dem Realen» im Produktionsprozess, klingt Lacans Formel der «Begegnung des Realen» an, insofern beide damit die Zufälligkeit des Ereignisses und die unwiderrufliche Prägung, in diesem Fall des Filmstreifens und nicht des Subjektes, betonen.[102] Das Programm bzw. die Sprache verweist offenbar auf das Symbolische als Gegenstand einer semiologischen Filmanalyse. Bergalas Konzept der Negativität hat jedoch kaum Ähnlichkeit mit dem Imaginären, das Lacan als eine Instanz der Selbstverkennung bestimmt und das in Bergalas cinephilen Schriften nur noch punktuell evoziert wird.[103] Die Negativität, als triebhafte Äußerung des Subjekts, ähnelt vielmehr dem Semiotischen, als Ort ursprünglicher Triebenergien, die eine kreative Aktualisierung eines erstarrten Sprachsystems ermöglichen.

In der Opposition von Programm und Negativität taucht offenbar verschoben der Gegensatz zwischen dem Symbolischen und dem Semiotischen auf, den Barthes von Kristeva übernommen hat, um die nichtartikulierbaren Aspekte des Rezeptionsprozesses zu beschreiben. Bergalas Konzept des Schaffensprozesses basiert damit nicht nur auf Bazins Ontologie des filmischen Realismus, sondern knüpft implizit auch an diese poststrukturalistischen Text- und Kulturtheorien an, die das Wesen der produktiven Autorschaft in unbewussten, triebhaften Impulsen verorten. Anders als Barthes, der diese vor allem in Hinblick auf den Rezipienten als Schreibenden reflektiert, interessiert sich Bergala – aus eigener Erfahrung – für das Subjekt des filmischen Schaffensprozesses. Sein Begriff des Widerstands verweist auf das *punctum* als Partikel eines widerständigen Realen, das sich der Deutung widersetzen und den Gegenstand für den Betrachter «begehrenswert» machen› kann, sowie auf die *Signifikanz* als Prinzip einer widerständigen, in die Materialität der Dinge eingebundenen Kreativität.

---

102 In der deutschen Fassung übersetzt mit «Begegnung mit der Wirklichkeit» (Bergala 2006: *Kino als Kunst*, S. 107), im Original «rencontre avec le réel» (Bergala 2002: *L'hypothèse cinéma*, S. 99).

103 In *Kino als Kunst* wird das Imaginäre im Sinne eines kollektiven Imaginären als kulturellem Bildgedächtnis angesprochen bzw. im Sinne eines imaginären Selbstentwurfs (des Künstlers) dem «Programm» zugeordnet, das Bergala dem Ich der Negativität gegenüberstellt. Dementsprechend negiert er in *Nul mieux que Godard* die dominierende Rolle des imaginären Ichs in der künstlerischen Praxis. Bergala 1999, S. 84.

5.2.2 Die Spuren des Schaffensprozesses im Film

Wie manifestiert sich der von Bergala formalisierte Schaffensprozess in Filmen? Wie werden Filme von der «Begegnung mit dem Realen» geprägt? Bergala stellt dies unter anderem in «Freiheit und Regeln» (2007) anhand des Kurzfilms Les Yeux au plafond von Matthieu Amalric (F 1993) dar. Dieser Film dient ihm als positives Beispiel eines freien kreativen Prozesses – im Gegensatz zu den verbreiteten Kurzfilmen als «Visitenkarte», die auf eine Zurschaustellung des Könnens setzen.

Bergala lobt an dem Debütfilm das offene Drehbuch und die freie *mise en scène*, die weder die Figuren noch die einzelnen Einstellungen der Erzählung unterordne und Raum für eine Entfaltung der Darsteller und die spontanen Reaktionen des Regisseurs auf das Geschehen vor der Kamera gebe. Dieser offene Schaffensprozess zeigt sich für Bergala in den Figuren, die man als real «existierende», ein wenig rätselhafte Personen wahrnehme, und in der Zeit, die im Film zu «existieren» scheine, selbst wenn dieser nur fünf Minuten lang ist. Die Begegnung mit dem Realen äußert sich für ihn in der «Lebendigkeit» des Films. Ein «vor Leben berstendes Drehbuch», eine Hauptfigur (die Großmutter), «die von der allgemeinen Bewegung des Lebens erfasst ist» und Einstellungen, die «das Leben einfangen», lassen einen Film entstehen, der «tief atmet» – der, so suggeriert Bergalas begeisterte Reaktion, selbst lebendig wird.[104]

> «Die Umstände dieser Szene waren sicher nicht auf den Millimeter berechnet, aber auf wundersame Weise funktioniert sie: Der Rhythmus ist gut, die Einstellungen fügen sich wunderbar in die Kadrierung, das Leben drängt von allen Seiten frei und mit Leichtigkeit heran, und der Film entsteht, ohne dass zuvor ein schwerfälliger Fertigungsprozess nötig war. So etwas nennt man Anmut – etwas, was jenen Kurzfilmen am meisten fehlt, die sich verkrampft um die Demonstration von Meisterschaft bemühen. [...] Die Lebendigkeit entsteht hier zunächst aus dem Rhythmus innerhalb der Einstellungen, aus dem Eindruck, dass die Dinge sich tatsächlich zufällig ereignen, obwohl natürlich alles inszeniert ist.»[105]

Diese Metaphorik des Lebendigen erinnert an die cinephile Imagination des Kinos als lebendiges Gegenüber, die ich mit Barthes Rezeptionsästhetik in Bezug

---

104 Ich weiche hier von der deutschen Übersetzung ab, um die Metaphorik des Lebendigen im Originaltext deutlich zu machen. Die entsprechenden französischen Formulierungen lauten: «un scénario grouillant de vie», la grand-mère «prise dans le mouvement général de la vie ambiante», «quelque chose de la vie est capté dans chacun des plans», «un film qui respire amplement», »le plan s'organise merveilleusement au cadre». Alain Bergala: La liberté et le code. In: *Cahier des ailes du désir*, Nr. 9, 2000, S. 2–5, hier 4f.

105 Bergala 2007: Freiheit und Regeln, S. 47.

gesetzt habe (Vgl. 3). Bergalas Ästhetik des Schaffensprozesses widmet sich somit den Voraussetzungen, die die von Barthes beschriebene intersubjektive Rezeptionsästhetik (hier für den Film) hervorbringen können und füllt damit die in *Die helle Kammer* und «Der dritte Sinn» weitgehend offen gelassene Stelle des Fotografen/Regisseurs.

Diese These bestätigt sich insbesondere darin, dass Bergala die «Lebendigkeit» von Filmen in anderen Texten an einzigartigen, unwiederbringlichen Momenten festmacht. Anders als Bazin leistet er keine systematische Analyse stilistischer Merkmale des filmischen Realismus. Ein ‹realistischer› Stil scheint ihn nicht zu interessieren, so wie er den Begriff des Realismus selbst vermeidet. Aber er verweist immer wieder anhand von Details oder ‹wunderbaren› Momenten in Filmen auf die ursprüngliche ‹Begegnung mit dem Realen› im Schaffensprozess, beispielsweise in folgendem Zitat aus *Nul mieux que Godard*:

> «Dank eines unerwarteten Ansatzes, der auf mysteriöse Weise vergegenwärtigt, was bis dahin nur sichtbar war, spürt man unvermutet, dass dieser Schauspieler, dieser Baum, dieser Himmel nicht mehr ein Schauspieler, ein Baum, ein Himmel des Films sind, sondern dass sie sich eines Tages, während einiger sehr realer Sekunden, auf dieser Erde geregt haben. Auf wunderbare Weise ist von ihnen eine immer noch lebendige Woge von Gefühlen bis zu uns gelangt, die sie provisorisch aus der Fiktion befreit und für die Dauer einer Einstellung diesem Planeten, dieser Gattung zurückgibt, zu denen auch wir nur provisorisch gehören. […] Es lassen sich viele [Einstellungen in HISTOIRE(S) DU CINÉMA] aufzeigen, in denen sich diese visuelle Punktierung abspielt […].»[106]

Die Ähnlichkeit zu Barthes Beschreibung des *punctum* ist an dieser Stelle besonders offensichtlich. Auch wenn Bergala den Begriff selbst nicht verwendet, so spielt das Wort «poinçonnage», die «Punktierung» durch das Visuelle doch auf Barthes Vorstellung einer ästhetischen Berührung durch Details im Bild an. Wie bei Barthes verweist das Detail bzw. die Einstellung auf den Referenten und auf den Moment der Aufnahme: Es weckt im Zuschauer das Gefühl, dass das Gesehene existiert hat. Im Sinne von Bazins Ontologie des Kinos offenbart es eine Präsenz (nicht nur eine Repräsentation) des Realen im Filmstreifen. In *Nul mieux que Godard* stellt Bergala selbst diese Beziehung zu Bazin her:

---

106 «On éprouve alors à l'improviste, par la vertu d'un attaque inattendue qui rend mystérieusement présent ce qui n'était jusque-là que visible, que cet acteur, cet arbre, ce ciel ne sont plus un acteur, un arbre, un ciel de pellicule, mais qu'ils ont palpité un jour sur cette terre, pendant quelque secondes très réelles dont l'onde d'émotion, toujours vivante, est parvenue miraculeusement jusqu'à nous, les exemptant provisoirement de la fiction pour les restituer le temps d'un plan à cette planète et à cette espèce qui sont tout aussi provisoirement les nôtres. […] Ils sont nombreux à désigner où se joue ce poinçonnage du visuel […].» Bergala 1999, S. 122.

«Im Laufe der 1960er Jahre erwies sich Godard [...] rasch als der Regisseur seiner Generation, der am besten befähigt war, den lebendigen, auf wunderbare Weise einzigartigen Augenblick einzufangen. Er hat wie kein zweiter die Zerbrechlichkeit und das Zittern der Gegenwart der Dreharbeiten aufgenommen. [...] Wenn man aber genauer hinschaut, stellte sich Godard schon in Pierrot le fou dem Problem, in einem Film diese Zeit des flüchtigen Moments, der Einstellung als Bazin'schem Abdruck eines Stücks der Gegenwart, und zugleich eine romanhafte, von den Off-Stimmen der beiden Figuren getragene Zeit festzuhalten.»[107]

Diese Zusammenführung von Barthes' Rezeptionsästhetik und Bazins Ontologie des Kinos wird in Bergalas Analyse einer Einstellung aus dem Lumière-Film Attelage d'un camion (1896) besonders deutlich. Direkt am Anfang dieser Analyse verweist Bergala auf die Paradoxie, dass die hier abgebildeten Personen alle bereits tot sind und doch zugleich in eine «offene Zukunft hinein» blicken. Er spielt damit implizit auf Barthes' zweite Definition des *punctums* an, die dieser in Bezug auf das Bild eines schönen, zum Tod verurteilten (aber im Moment der Aufnahme noch lebenden) Sträflings folgendermaßen formuliert:

«Nun weiß ich, daß es noch ein anderes *punctum* (ein anderes ‹Stigma›) gibt als das des ‹Details›. Dieses neue *punctum*, nicht mehr eines der Form, sondern der Dichte, ist die Zeit, ist die erschütternde Emphase des Noemas (‹Es-ist-so-gewesen›), seine reine Abbildung.»[108]

Barthes verbindet diese Vergegenwärtigung des Vergangenen mit der Antizipation einer bereits vergangenen Zukünftigkeit – des unvermeidlichen Todes. In dem Anfangszitat zu Attelage d'un camion bringt Bergala diese paradoxe, doppelte Zeitichkeit der Aufnahme mit Bazins Vorstellung von der »Essenz des Kinos» zusammen. Die ersten Dokumentarfilmaufnahmen erscheinen wie eine Fortsetzung der Fotografie in der Zeit, wie «Mumien der Veränderung»:

«**Michel Piccoli (Sprecher):** ‹Diese gefilmte Einstellung liegt 100 Jahre zurück. Man weiß, dass alle, die diesen kleinen Flecken Erde bewohnten, nun tot sind. Die Alten, die Jungen, die Pferde. Und hier sehen wir sie diese Kreuzung in der Gegenwart überqueren, in eine offene Zukunft hinein,

---

107 «Au cours des années soixante, Godard se révèlera vite comme le cinéaste le plus doué de sa génération, avec Jacques Rozier, pour la captation de l'instant vivant, miraculeusement unique, le filmeur par excellence de la fragilité et du tremblement du présent du tournage [...] A y regarder plus près, pourtant, Godard se posait déjà le problème, dans *Pierrot le fou*, de faire tenir dans un même film ce temps de l'instant fugace, celui du plan comme empreinte bazinienne d'un morceau de présent, et le temps romanesque, porté par la voix off des deux personnages [...].» Ebd., S. 177.
108 Barthes 1989, S. 105.

die sie noch nicht kennen. Vor dem Kino hat keine andere Kunstform den Menschen dieses Gefühl vermitteln können.›

Fanny Ardant (Sprecherin): ‹Du bist heute aber düster gestimmt.›

Piccoli: ‹Aber überhaupt nicht, ich finde das nicht traurig, im Gegenteil. Ich finde es sogar großartig, dass das Kino uns dies hat geben können: das sehr lebhafte Gefühl einer Gegenwart, die keinen einzigen lebenden Zeugen mehr hat. Es existiert niemand mehr, der diese Zeit erlebt hat, aber es existieren in dieser Einstellung mit ihrer Frische des Tages all diese Leute, die der Zufall in einer Minute auf diesem Platz einander über den Weg laufen ließ. Vielleicht ist das die Essenz des Kinos.›»[109]

Dieses Beispiel macht die Analogie der Ästhetiken des Realen von Bazin, Barthes und Bergala augenfällig, deren gemeinsamer Nenner das Detail und der Moment als Abdruck, als Spur der «Begegnung» des Realen in der Zeit ist. Der Moment zeugt von einer Präsenz des Realen im Bild ebenso wie von einer spezifischen Zeitlichkeit der Aufnahme. Alle drei betonen die Vergegenwärtigung von einer vergangenen Existenz, die in den Medien der Fotografie und des Filmstreifens gewissermaßen konserviert wird. Dabei steht die Einmaligkeit des Ereignisses im Spannungsverhältnis zur Reproduzierbarkeit der Aufnahme: So klingt folgendes Zitat aus «Freiheit und Regeln» wie ein Echo auf Barthes Definition der Fotografie: »das ist Kino im reinsten Zustand, etwas, das nur einmal stattgefunden hat und das die Kamera einfangen konnte.»[110] Die Fotografie und der Film[111] ermöglichen es, einen einmaligen Moment – die nach Lacan dem bewussten Subjekt immer schon entzogene Begegnung des Realen – festzuhalten bzw. ewig zu wiederholen.

Diese Bestimmung einer medienspezifischen Eigenschaft in Bezug auf den Produktionsprozess, ist untrennbar verbunden mit ihrer Wirkung auf den Zuschauer. Denn das Reale, das sich in den Filmstreifen einprägt, kann nicht objektiv bestimmt, sondern nur in der individuellen, sinnlichen Wahrnehmung des Betrachters erfahren werden. Barthes führt diesen Zusammenhang in *Die helle*

109 Einstellungsanalyse von LE CINÉMA, UNE HISTOIRE DE PLANS. Transkription und Übersetzung des Dialogs: «Attelage d'un camion», ein Lumière-Film (F 1896) auf www.kunst-der-vermittlung.de/dossiers/fruehes-kino/attelage-camion-dialog/ (ohne Seitenangabe).

110 «Je pense par exemple à cette belle scène que la maladresse d'une actrice transforme en moment de malaise émouvant: lui, en face d'elle, ne fait plus rien, il est visiblement gêné et ne sait pas comment réagir lorsqu'elle lui parle de sa mère. Cette gêne, ce moment d'hésitation, C'est du cinéma à l'état pur, quelque chose qui n'a lieu qu'une fois et que la caméra a su capter.» Bergala 2000: Freiheit und Regeln, S. 5. Dieser Ausschnitt fehlt in der deutschen Übersetzung.

111 In «Rhetorik des Bildes» behauptet Barthes in Bezug auf die spezifische Zeitlichkeit der Fotografie, das «Dagewesensein», eine radikale Differenz zum Film, der das «Dasein», also die Präsenz, betone. Barthes 1990, S. 40. Demgegenüber bleibt zu betonen, dass auch in der Fotografie die Vergegenwärtigung das Fotografierten und auch in dokumentarischen Filmaufnahmen die Zeugenschaft des «Es-ist-gewesen» wesentlich sind.

2a–d «Man weiß, dass alle, die diesen kleinen Flecken Erde bewohnten, nun tot sind.»

Kammer aus. In den Filmanalysen von Bergala und Bazin wird er auch im Pathos der Beschreibung sichtbar. Die bei anderen cinephilen Autoren ebenfalls anzutreffende, religiös gefärbte Metaphorik – der *moments de grâce*, der *création* oder der *révélation* – verweist nicht allein auf einen durch die katholische Religion geprägten kulturellen Zusammenhang. Sie spricht vielmehr von der subjektiv-sinnlichen Erfahrung des Fotos/Films.[112]

Die an Bazins und Bergalas Schriften nachgewiesene Rezeptionserfahrung ist charakteristisch für die Filmreflexion der französischen Cinephilie, die Keathley wie folgt beschrieben hat:[113] Die Begeisterung für «cinephiliac moments» in cinephilen Filmkritiken zeuge von einer «sensious experience of materiality in time»,

---

112 *Moment de grâce* kann als ‹Momente der Anmut›, aber auch ‹Momente der (göttlichen) Gnade› übersetzt werden. *Création* meint sowohl ‹das (handwerkliche) Schaffen› wie ‹die (göttliche) Schöpfung› und der Begriff der *révélation* bedeutet ‹Enthüllung› und ‹Offenbarung›. Truffaut brachte diese Sakralisierung des Kinos in cinephilen Diskursen folgendermaßen auf den Punkt: «Für uns ist das Kino keine Profession, sondern eine Religion». Zitiert nach Pigoullié 2006, S. 7.

113 Keathley, S. 29–53.

in ihr kehre «the repressed materiality of the film image» wieder.[114] Diese manifestiere sich bevorzugt im Körper des Darstellers, seiner Physiognomie, Gestik, Bewegung. Die cinephile Haltung mache in ihrer subjektiven Reaktion nicht nur die spezifische Medialität des Films greifbar, sondern zeuge darüberhinaus von einer imaginären Nachahmung des filmischen Schaffensprozesses, insbesondere in Hinblick auf das Einfangen zufälliger Momente.[115] Laut Keathey fungieren die cinephilen Momente – so wie Roland Barthes *punctum* – als Ausgangspunkt und Motivation für ein Fort-Schreiben, eine Kommunikation der subjektiven Filmerfahrung, für eine filmtheoretische und filmanalytische Praxis. Sie fokussieren die Aspekte des Mediums, die von der Filmwissenschaft lange Zeit ignoriert wurden. Bergalas Ästhetik und Analyse des Schaffensprozesses kann insofern als Versuch einer Überführung der cinephilen Filmerfahrung in den wissenschaftlichen Kontext verstanden werden. Er entwickelt eine Analysemethode, die die der Semiologie entgleitenden Aspekte der Filmästhetik einbezieht.

5.2.3 Kunstschaffen, Weiblichkeit, Vermittlung:
Die Analyse einer Einstellung aus DIE GESCHICHTE DER NANA S.

Mit der metaphorischen Sakralisierung des Kinos, mit dem Rückgriff auf ästhetische Kategorien, wie Autor, Schönheit, Vergnügen, Wahrheit, Geschmack, setzt sich die Cinephilie dem Vorwurf aus, ein überholtes Kunstideal zu vertreten und an einen veralteten ästhetischen Diskurs anzuknüpfen, der durch Ideologiekritik und Semiologie dekonstruiert wurde. In seinem Buch zu Serge Daney *La morale d'un ciné-fils* behauptet Jean-François Pigoullié beispielsweise, dass die von Bazins Filmontologie geprägte französische Cinephilie an ein «romantisches Kunstideal» anknüpfe, indem sie den Geniekult um den Künstler und den Glauben an die aufklärende Funktion der Kunst, ihren Zugang zur Wahrheit, wiederbelebe.[116] Ich möchte hier nicht im Einzelnen auf diese Kritik eingehen, zumal ich bereits ausführlich dargestellt habe, wie der ästhetische Diskurs von Barthes aktualisiert wur-

---

114 Ebd., S. 53.
115 «In locating cinephiliac moments [...] the cinephile mimics this filmmaking in in practice in particular, that one that is mobilized by discovery of what has been captured unexpectedly.» Ebd., S. 39.
116 Pigoullié 2006, S. 12ff. Die Argumentation von Pigoullié ist von Ungenauigkeiten insbesondere in Bezug auf den Begriff der Romantik geprägt. Bezugnehmend auf Jacques Aumonts *De l'esthétique au présent* subsummiert er darunter verschiedene Kunstströmungen, wie die deutsche Romantik, die französischen Avant-Garden (Baudelaire, Surrealismus) und die Filmkritik in der Tradition Bazins, die das Paradigma der «Wahrheit» über die «Schönheit» des Kunstwerkes stellten, ohne genauere Differenzierungen von Aumont zu berücksichtigen. Insbesondere unterscheidet er nicht zwischen den Begriffen der Wahrheit und des Realismus, der Mimesis; und übergeht in Bezug auf Bazins Ontologie dessen Interesse an der mechanischen Reproduktion der Welt. Vgl. Aumont 1998, S. 124–127.

de. Jedoch werde ich im Folgenden der Frage nach dem Verhältnis der Ästhetik des Realen zu dem evozierten Klischee einer idealistischen Kunstideologie nachgehen.

Als theoretischer Bezugspunkt eignet sich in diesem Zusammenhang Elisabeth Bronfens Auseinandersetzung mit dem Topos des künstlerischen Schaffens in der westlichen Kulturgeschichte. In *Nur über ihre Leiche* zeigt Bronfen anhand der romantischen und spätromantischen Kunst des 18.-20. Jahrhunderts, dass die Beziehung zwischen Kunst und Realität/Referent sowie die Rolle des Künstlers häufig über das Bild der schönen Leiche einer Frau reflektiert wird und dass sich darin die destruktiven Impulse einer patriarchalen Kunstauffassung sowie Weltsicht äußern. Demnach basiert die seit dem 18. Jahrhundert etablierte Vorstellung des autonomen, perfekten Kunstwerks auf der Vorstellung von der Verwandlung «lebendiger» Realität in eine «tote» Form im Prozess des Kunstschaffens. Dieser lösche die Makel des Realen und ersetze das reale Urbild durch ein Werk von perfekter Schönheit. Insofern das Leben sich durch seine Vergänglichkeit und Imperfektion auszeichnet, unterliege dieser Prozess – so die These Bronfens – einem Todestrieb. Die destruktive Tendenz einer solchen Kunstauffassung, die die Autonomie und Perfektion des Kunstwerkes behauptet, wird in dem in der Kunst- und Literaturgeschichte sehr häufig anzutreffenden Motiv der «schönen Leiche», der Assoziation von Kunstwerk und Kunstschaffen mit einer toten oder sterbenden Frau thematisiert.[117]

«Die folgenden Erzählungen um Porträts toter Frauen bringen die Rivalität zum Ausdruck zwischen materieller Präsenz des Körpers und dessen immaterieller Re-präsenz/Repräsentation in der Kunst; ferner die Konkurrenz zwischen Genie und *gynein*, zwischen einer als ‹natürlich›, indexikalisch, mütterlich kodierten Form von Schöpfung und einer als ‹künstlich› willkürlich, paternal kodierten.»[118]

Diese Vorstellung vom perfekten, autonomen Kunstwerk, das an die Stelle der Realität tritt und diese damit auslöscht, ist verbunden mit der Imagination des Künstlers als eines Schöpfer-Genies, das mit der Natur als göttlicher Schöpfung in Konkurrenz tritt und sich in seinem Werk selbst neu erschafft.[119]

Offensichtlich stehen diese Aspekte eines ‹romantischen› Kunstideals in geradezu diametralem Gegensatz zu der Vorstellung vom Kino als unreiner Kunst, d.h. als eines Mediums, das die Realität nicht ersetzt und perfektioniert, sondern das vielmehr mit dem Realen arbeitet, dieses in sich aufnimmt. So hat Bazin in

---

117 Bronfen analysiert u.a. Texte von Edgar Allan Poe, Jean-Jacques Rousseau, Charles Dickens, Gustave Flaubert, Bilder von Gabriel von Max, Dante Gabriel Rossetti und auch VERTIGO (USA 1958) von Hitchcock. Elisabeth Bronfen: *Nur über ihre Leiche. Tod. Weiblichkeit und Ästhetik.* München, 1996.
118 Ebd., S. 163.
119 Ebd., S. 185.

seiner Filmontologie gerade die von der Apparatur vorgegebene Objektivität der Aufnahme, gegenüber der Vorstellung von einem künstlerischen Kino herausgestellt, das aus einem Künstlersubjekt hervorgeht. Er betont dabei unmissverständlich das Primat der Natur über den Künstler:

> «Sie [die Natur] kann ihn [den Künstler] an schöpferischer Kraft sogar übertreffen. Das ästhetische Universum des Malers ist völlig anderer Art als das Universum, das ihn umgibt. Der Bildrand umschließt einen in Substanz und Wesen verschiedenen Mikrokosmos. Die Existenz des photographierten Gegenstandes ist, wie ein Fingerabdruck, Teil der Existenz des Modells. Und deshalb fügt die Photographie der natürlichen Schöpfung etwas hinzu, anstatt sie durch eine andere zu ersetzen.»[120]

Bergala knüpft in seinem Artikel «De l'impureté ontologique des créatures au cinéma» an Bazins Ontologie des Kinos an. Mit Blick auf klassische Künstlermythen diskutiert er darin die Problematik des Filmregisseurs, der nicht, wie andere Künstler, das Modell im Moment des Schaffens auslöschen, überschreiben kann, sondern immer mit seiner körperlichen Präsenz arbeiten muss.

> «Was ist das Kino? Es ist die einzige Kunst, die Bühnenkünste ausgenommen, wo die Schöpfung in dem Moment ihrer Aufzeichnung, der dem Ansetzen des Pinsels durch den Maler entspricht, nur durch die dauerhafte physischen Präsenz eines realen (in der Natur gefundenen) Geschöpfs entstehen kann, das sich in gewisser Weise *auf* der Leinwand befindet und für die Darstellung grundlegend ist. Mit der Fotografie natürlich, die in dieser Hinsicht ihr Ursprung ist.»[121]

Mit dem Begriff der Unreinheit betont er somit eine entmythisierende Auffassung des Kinos. Die oben ausgeführte These der Singularität widerspricht offensichtlich dem von Bronfen dargestellten traditionellen Kunstbegriff, da Bergala den Makel des Realen, mit dem das Kino zu tun hat und das der Film aufzeichnet, gegen die perfekte, ideale Schönheit ins Feld führt. Der Bezeichnung des Kinos als unreiner Kunst liegt somit die implizite These zugrunde, dass das moderne Kino den ‹Todestrieb› der Kunst überwindet. Dies ist eine andere mögliche Lesart der von den Kritikern der *Cahiers du cinéma* eingeforderten Moralität der Ästhetik.

---

120 Bazin 2004, S. 39.
121 «Qu'est-ce que le cinéma? C'est le seul art n'appartenant pas au spectacle vivant où la création, dans son moment d'inscription, qui correspondrait à celui où le peintre pose sa touche, ne peut se faire qu'en présence physique durable d'une créature réelle (trouvée dans la nature) qui est d'une certaine façon sur la toile, constitutive de la représentation. Avec la photographie, bien sûr, qui en est sur ce point l'origine.» Alain Bergala: De l'impureté ontologique des créatures au cinéma. In: *Trafic (Qu'est-ce que le cinéma)* 50, 2004, S. 23–36, hier 23.

Ich werde auf die Ethik der Form im letzten Teil dieses Kapitels zurückkommen. An dieser Stelle soll durch die Analyse eines filmvermittelnden Films aus LE CINÉMA, UNE HISTOIRE DE PLANS zunächst die Beziehung von Filmontologie und Rezeptionsästhetik, sowie das Ineinandergreifen von Rezeptions-, Schaffens- und Vermittlungsprozessen veranschaulicht werden. Denn die von Bergala analysierte Einstellung aus Jean-Luc Godards DIE GESCHICHTE DER NANA S. (VIVRE SA VIE, F 1962) thematisiert eben diese Frage, ob auch dem Film als unreiner Kunst die destruktiven Tendenzen des tradierten Ideals vom autonomen Kunstwerk zu eigen sind oder nicht.

In der analysierten Einstellung setzt sich Godard mit Edgar Allan Poes Erzählung *The Oval Portrait* (1842) auseinander, die das Kunstschaffen mit dem Prozess einer Tötung assoziiert. Ein Maler malt das Porträt seiner schönen Frau, die im Prozess des Malens zunehmend dahinsiecht und im Moment der Vollendung des Kunstwerks stirbt.[122] In Bergalas Worten handelt es sich um die Geschichte von einem «Mann, der aus einer Frau ein Bild macht, in dem das Leben selbst eingefangen wird, der [aber im gleichen Zug] diese Frau tötet, deren Porträt er zeichnet.»[123] Godard reproduziert diese Konstellation in einem filmischen Dispositiv: Eine männliche Stimme liest aus dem Off das Ende von Poes Erzählung, während die Kamera Anna Karina (zu dem Zeitpunkt Godards eigene Frau) als Nana S. in der fixen Einstellung ‹einfängt› und porträtiert. Dieses ‹lebendige Porträt› seiner Frau wird optisch mit einem ‹leblosen Bild› konfrontiert, einer Fotografie, die an die Wand hinter dem Gesicht von Anna Karina angepinnt ist.[124]

Die ‹bipolare› Struktur dieser Einstellung, die Fixierung der Frau in einem Kader als Gegensatz zu der Lebendigkeit ihrer Mimik und ihrer Bewegungen, greift Bergala in seiner Analyse auf. Er lässt zwei Stimmen (von Bulle Ogier und Michael Lonsdale) kontrovers erörtern, ob Godard mit dieser Einstellung die These von Poes Erzählung bestätigt oder in Frage stellt. Wird Anna Karina wie ein «aufgespießter Schmetterling» ausgestellt oder nicht? Auf die Frage: «Was glaubst du, was das für Godard bedeutet? In der Liebe tötet man das, was man liebt? Oder, dass die Kunst gefährlich ist für die Liebe, weil man immer ein bisschen diejenigen tötet, die man filmt?» folgt der Dialog:

---

122 Vgl. Bronfens Analyse dieses Textes, Bronfen, S. 89ff.

123 Diese und die folgenden Übersetzungen von Bergalas Analyse basieren auf: *Vivre sa vie (Die Geschichte der Nana S.)* – ein Film von Jean-Luc Godard (F 1962). Dialogtext aus Alain Bergalas *Le cinéma, une histoire de plans.* www.kunst-der-vermittlung.de/dossiers/filmpaedagogik/bergala-histoire-godard (ohne Seitenangabe) (10.3.2013). Es handelt sich um die Transkription der gesprochenen Texte. Ich habe die Übersetzung, soweit es für meine Analyse wichtig war, ergänzt und geändert.

124 Die Fotografie zeigt nicht Anna Karina selbst, aber eine Frau, die dieselbe Kleidung (ein schwarzes Kleid mit weißem Kragen) trägt. Sie eröffnet auch eine medientheoretische Reflexion über die Unterschiede von Fotografie und Film, die ich an dieser Stelle aber beiseite lasse.

3a–d Die Einstellung als ‹lebendiges› Porträt einer Frau

«**Michael Lonsdale (Sprecher):** Beides, glaube ich. Besonders weil er [Godard] zweimal in dieser Einstellung ist. Gleichzeitig drinnen und draußen. Er ist derjenige, der die Falle konstruiert hat, der die Kadrierung und dieses zu starke, etwas inquisitorische Licht vorgegeben hat. Und gleichzeitig – auch wenn er nicht selbst spielt – leiht er dem Schauspieler doch seine Stimme. Sie ist zweifach gefangen von ihrem Mann-Regisseur, durch seinen Blick, der sie einfängt und der sie festnagelt, und durch diese Stimme, die sie umzingelt, der sie nicht entfliehen kann und die zu ihr über den Tod spricht, der am Werk ist während die Kamera dreht. [...]^{125}
[...]

Bulle Ogier (Sprecherin): Ehrlich gesagt, kann ich in dieser Einstellung nicht, so wie du, ein ein wenig sadistisches Dispositiv zu sehen. Na gut, sie kann dem Bild nicht entkommen. [...] Aber vor allem fühlt sie sich offenbar so wohl in diesem Rahmen, es gelingt ihr, so lebendig zu sein und keineswegs so festgesteckt, wie du sagst. Sie dreht sich in alle Richtungen, sie zeigt sich aus allen Blickwinkeln und in einem Moment dreht sie der Kamera fast den Rücken zu. Sie scheint so frei, in ihren Gesten, in ihrer Inszenierung im Bild. Das ist der Traum aller Schauspielerinnen in einer klaren und präzisen Anordnung so frei spielen zu können. Siehst Du, an dieser Einstellung berührt mich am meisten, dass es gar kein Schauspiel mehr ist. Die Figur verschmilzt vollkommen mit der Person der Schauspielerin. Es ist die junge Frau Anna Karina, die sich eine Zigarette anzündet, die sich die Lippen schminkt, die einen ganze Weile still und nachdenklich bleibt. Das sind ihre Gesten, es ist ihr Charme im Leben. Und das Kino hat es erlaubt, das einzufangen, und man kann es sich immer wieder ansehen. Es ist lebendig geblieben, während es so viele Aufnahmen gibt, die

---

125 «Michel Piccoli: Les deux je penses, surtout que là, il est deux fois dans ce plan, Godard. A la fois dehors et dedans. Il est celui qui a construit le piège, imposé le cadre et cette lumière trop forte, un peu inquisitrice, et en même temps, même si c'est pas lui qui joue, il prête sa voix à l'acteur. Elle est piégé deux fois par son mari-cinéaste, par ce regard qui la capture et qui la cloue, et par cette voix qui l'investi, à laquelle elle ne peut pas échapper, et qui lui parle de la mort au travail dans ce plan qui tourne.» Offkommentar aus: LE CINÉMA, UNE HISTOIRE DE PLANS. Analyse von VIVRE SA VIE.

3e–h Anna Karina in Die Geschichte der Nana S.

im Laufe der Jahre altern oder sterben, weil der Filmemacher nur daran gedacht hat, eine Geschichte zu erzählen, und verpasst hat, die Gegenwart einzufangen.»[126]

Die Antwort der Frauenstimme stellt die Vorstellung von der ‹toten› Form, die die Realität ersetzt, offensiv in Frage. Ihr Argument richtet sich auf die für sie faszinierende Präsenz der Schauspielerin vor der Kamera, die – wie Bazin es in Bezug auf die neorealistischen Filme beschrieben hat – nicht so sehr eine Rolle spielt, als vielmehr als konkreter Körper existiert. Dass sie in ihrem Gesicht keine Gefühle ausdrücken muss und keine bedeutenden Handlungen oder Dialoge trägt, eröffnet einen Freiraum, in dem ihre minimale Mimik und Gestik zur Geltung kommen, und damit, laut Bergala, die reale Person hinter der Rolle in Erscheinung treten kann. Dies entspricht der oben formulierten These, dass die Ästhetik des Kinos als unreiner Kunst, als einer Kunst die *mit* der realen Existenz ihrer Objekte arbeitet, einer idealistischen, romantischen Kunstauffassung und deren destruktiven Tendenzen entgegen steht. Godards Porträt von Anna Karina bleibt ebenso wie die Frau selbst – darauf insistiert die Frauenstimme emphatisch – «lebendig». Sie setzt damit das Motiv des Lebens gegen das in Poes Erzählung und in der Tradition der künstlerischen Schöpfungsmythen dominierende Motiv des Todes.[127] Die Ästhetik der toten Form – der Filme, die schnell

---

126 «Bulle Ogier: Franchement, je n'arrive pas à voir dans ce plan un dispositif un peu sadique, comme toi. D'accord, elle ne peu pas échapper au cadre, […] mais surtout, elle est tellement à l'aise dans ce cadre, elle réussit à y être tellement vivante, elle n'est pas aussi épinglé que tu le dis. Elle pivote dans tous les sens, elle se présente sous tous les angles, à un moment elle tourne presque le dos à la camera. Elle a l'air tellement libre, de ces gestes, de sa mise en scène dans le cadre, c'est le rêve de toutes les actrices, pouvoir être libre dans un dispositif bien net, bien précis. Ce qui me touche le plus dans ce plan, tu vois, ce que c'est n'est plus plus le jeu d'actrice précisément. Le personage se confond totalement avec l'actrice comme personne. C'est la jeune femme Anna Karina, qui allume une cigarette, qui se met du rouge au lèvres, qui reste un long moment silencieuse et pensive. Ce sont ces gestes à elle, c'est son charme dans la vie, et le cinema à permis de capter ça, et on peut le revoir, c'est resté vivant, lorsqu'il y a tellement de plans dans le cinéma qui vieillissent où qui meurent au bout de quelques annés, parce que le cinéaste a pensé qu'à raconter une histoire, et qu'il a oublié de capter le présent.» Ebd.

127 Es sei darauf verwiesen, dass in Poes Erzählung und auch in anderen Schaffensmythen wie beispielsweise Pygmalion, die Metaphorik der Lebendigkeit in Bezug auf das Kunstwerk verwendet wird. So wird das Porträt, das der Maler auf Kosten seiner Frau schafft als «tatsächlich das Leben selbst!» apo-

3i–1 «Sie dreht sich in alle Richtungen...

«altern und sterben» – weist sie dagegen einer anderen Kinotradition zu, die dem «Programm» der Erzählung verpflichtet ist und diesem die Präsenz der realen Objekte und Subjekte unterordnet.

Die ‹Lebendigkeit› der Einstellung und der Frau in der Einstellung bringt Bergala direkt in Verbindung mit dem Schaffensprozess, konkret mit der intersubjektiven Beziehung zwischen Regisseur und Darstellerin am Filmset. Die Analyse beginnt mit der Frage: «Du glaubst also wirklich, dass man der Einstellung eines Films ansehen kann, ob der Filmemacher die Frau liebt, die er filmt?» und der Antwort der Frauenstimme:

> «**Bulle Ogier:** Da bin ich mir sicher. [...] Was man in einer Einstellung sieht, ist, ob der Filmemacher die Frau für die Dauer dieser Einstellung liebt. Liebe, Begierde, Hass, das sind Sachen, die die Kamera ohne jede Schummelei einfängt. Einzig aus der Tatsache heraus, dass sie aufnimmt. So etwas ist kein gewöhnlicher Augenblick; du weißt das genauso gut wie ich. In diesem Moment ist alles intensiver und sichtbarer als sonst. Das ist gefährlich, denn man kann da nicht mogeln. Ein Filmemacher kann nicht vorgeben zu lieben oder seine Schauspielerin zu begehren, wenn es nicht so ist. Die Filmrolle zeichnet gleichzeitig die Lüge und die Wahrheit auf.»[128]

Es ist der liebende Blick des Regisseurs, der der Darstellerin die Freiheit und das Vertrauen gibt, sich «ganz zu geben» (frz. «de se donner») und die Darstellerin erwidert in ihrem Dasein bzw. Spiel den liebenden Blick. In der Einstellung manifestiert sich – so Bergalas These – die Liebe zwischen dem Paar Regisseur-Darstellerin, die Einstellung enthüllt das ‹wahre› Begehren des Regisseurs.

Zu dem gleichen Schluss kommt interessanterweise auch der deutsche Kultur- und Gendertheoretiker Klaus Theweleit, der nicht dem Kontext der französischen Cinephilie entstammt:

strophiert. Mit dem Unterschied allerdings, dass hier die Konkurrenz der Kunst mit der natürlichen Schöpfung angesprochen wird, während Bergala/Godard die Interdependenz beider in den Vordergrund stellen. Bronfen 1996, S. 164ff.
128 www.kunst-der-vermittlung.de/dossiers/filmpaedagogik/bergala-histoire-godard (o.S.) (20.2.2013).

3m–p ... sie zeigt sich aus allen Blickwinkeln.»

> «Godard hat sich nie gescheut, seine Produktionspolitik als Teil seiner Filme
> sichtbar zu machen, ob es sich um die Produzentinnen Anna Karina, Bardot,
> Jane Fonda, Anne Marie Mieville, Isabelle Huppert oder andere handelt. Man
> sieht den Filmen an, ob die Frau im Film Geliebte Godards ist im Moment der
> Aufnahme oder nicht; ob eine gereizte, ob eine lockere, ob eine gleichgültige
> Beziehung besteht zwischen ihnen.»[129]

Theweleit schreibt dies in seinem *Buch der Könige*, das sich mit der Beziehung
zwischen Künstlern und (ihren) Frauen auseinandersetzt. Er weist darin nach,
dass die in den Künstlermythen reflektierten destruktiven Tendenzen des künstlerischen Produktionsprozesses nicht nur imaginär existieren, sondern sich auch
in den realen, biografischen Beziehungen wiederfinden. Diese Destruktivität sieht
Theweleit u.a. in einer Leugnung der Beziehung zwischen Kunst und Realität am
Werk, die den männlichen Künstler als Schöpfer etabliert. Diese Leugnung vollzieht sich über das Verschweigen des Anteils ihrer weiblichen Partnerinnen an
ihren Kunstwerken und der Herkunft des Werkes aus der eigenen Beziehung zu
den (geliebten) Frauen. Insofern verweist Theweleit hier (wie implizit auch Bergala) auf die politische Dimension der Ästhetik. In der Einstellung (oder dem Film)
manifestiert sich die Haltung des Regisseurs gegenüber dem gefilmten Subjekt. Im
Falle Godards wird die «Koproduktion» der weiblichen Darstellerinnen sichtbar,
die von anderen Regisseuren und Künstlern ausgelöscht bzw. kaschiert wird.[130]

Natürlich stellt sich die Frage, ob Bergala in seiner Analyse Karina tatsächlich die Rolle der ‹Koproduzentin›, wie Theweleit es formuliert, zugesteht. Oder
ob er Karina nicht letztlich auf die stereotype Rolle der liebenden Frau, die sich

---

129 Theweleit fährt fort: «Der verliebte Blick der Kamera auf Anna Karina ist vollkommen verschwunden
in PIERROT LE FOU, der Film handelt davon, wie Karinas Körper Godards Art und Weise ihn verliebt
aufzunehmen, nicht mehr nachkommen will, nicht mehr nachkommt, und wie Godards Kamera dies
– widerstrebend – akzeptiert.» Klaus Theweleit: *buch der könige. orpheus und eurydike.* Frankfurt am
Main, 1988, S. 169f.
130 Theweleit verweist in diesem Zusammenhang auf das Zerwürfnis zwischen Godard und Truffaut: Godard warf Truffaut vor, in seinem Film LA NUIT AMÉRICAINE (DIE AMERIKANICHE NACHT, F 1973), der
die Dreharbeiten eines Films thematisiert, fehle eine Einstellung, nämlich diejenige, die seine eigene
Beziehung zur Hauptdarstellerin zeige. Theweleit 1988, S. 168f.

3q–t «Sie scheint so frei, in ihren Gesten, in ihrer Inszenierung im Bild.»

dem Mann hingibt, fixiert: die nur als privates Wesen vor der Kamera *existiert* und nicht selbst als Künstlerin ihre Rolle mitgestaltet.[131] Ebenso lässt sich der Grad an Freiheit, den die Schauspielerin in Godards Einstellung hat, diskutieren. So ist keinesfalls ausgemacht, dass sie sich vollkommen frei in dem gegebenen Kader bewegen kann. Vielmehr scheinen ihre Handlungen, wie das Schminken der Lippen, durch eine minutiöse Inszenierung vorgegeben, insbesondere da sie den Lippenstift einem im Kader angeschnittenen Schrank entnimmt. Ihre Bewegungen wie die Bewegung ihrer Augen sind durch die männlichen Figur, die sie im Off umstreift, weitgehend festgelegt. Ihre Freiheit besteht vor allem in der Art und Weise, *wie* sie die minutiösen Gesten ausführt, und in der Zeit, die ihr zugestanden wird, diese zu entfalten. Dem dominierenden Diskurs des Mannes tritt die Frau als Bild der schweigenden Schönheit entgegen. Sie kommentiert ihn stumm mit (spöttischen oder liebenden) Blicken, indem sie sich zu- oder abwendet, aufmerksam zeigt oder mit anderem beschäftigt.

Es soll an dieser Stelle jedoch nicht diskutiert werden, inwieweit Godard in dem Film (und Bergala in seiner Analyse der Einstellung) Geschlechterstereotype reproduziert oder unterwandet. Zumal diese Einstellung ganz offenbar von der Spannung zwischen den beiden Positionen lebt, was Bergala in der Dialogform aufgreift. Sie ist eher – wie Bergala in Bezug auf die Filme von Godard oft betont – als Ausdruck einer Frage zu verstehen, denn als gültige Antwort. Wichtiger ist an dieser Stelle jedoch die Frage, was uns in der Inszenierung dieser Analyse als Dialog vorgeführt wird und wie sich Bergala als Autor dabei positioniert.

Indem er die Einstellung im Dialog zweier gegensätzlicher Positionen analysiert, greift Bergala die Bipolarität von Godards Inszenierung auf. Diese Konstellation ermöglicht es, die von Godard in NANA S. aufgeworfene Frage kontrovers zu diskutieren und – anders als bei anderen Einstellungsanalysen in LE CINÉMA, UNE HISTOIRE DE PLANS – beide Positionen bis zum Ende aufrechtzuerhalten. So

---

131 Bergala verweist in der Einstellungsanalyse auch auf die ungleichen Machtverhältnisse und sieht die Intersubjektivität vor allem in der gegenseitigen Zuneigung manifest: «Es ist zwangsläufig nicht gleichberechtigt, denn er hat ja die Macht, sie in Szene zu setzen. Aber ich bin sicher, dass die Liebe auf beiden Seiten liegt. Ansonsten hätte sie nicht diese Anmut. Man kann so eine Anmut nicht erzwingen.»

wird die Abblende ins Schwarze von der Männerstimme als Zeichen des Todes und von der Fraustimme als Herzschlag interpretiert, bevor sie sich beide auf die Schönheit des Momentes einigen können:

> «**Bulle Ogier:** Einer der schönsten Momente dieser Einstellung ist für mich die Abblende ins Schwarze.
>
> **Michael Lonsdale:** Da bin ich ganz und gar einverstanden. Diese Abblende vermittelt ein ganz eigenes Gefühl. Sie ist zugleich das Verschwinden der Einstellung und der Tod des Modells unter den Augen des Malers.
>
> **Bulle Ogier:** Ich würde nicht sagen der Tod. Es ist ein Herzklopfen. Es verlöscht vor unseren Augen.
>
> **Michael Lonsdale:** Überwältigend ist, dass sie am Anfang der Abblende ganz unbeweglich bleibt, sie scheint sich in ihr Verschwinden zu fügen. Und im letzten Moment, als das Gesicht im Dunkeln verschwindet, zuckt sie ein letztes Mal, sie dreht sich mit solcher Lebhaftigkeit um, als wolle sie sich nicht von der Nacht des Bildes verschlucken lassen.
>
> **Bulle Ogier:** Auch das ist das Wunderbare am Kino. Diese kleinen, winzigen Emotionen.»[132]

Dieser Dialog suggeriert, dass NANA S. reine Form und unreine Kunst in einem ist. Wie Bergala in *Nul mieux que Godard* immer wieder betont, ist Godards Filmschaffen: «hin- und hergerissen zwischen dem Reinen und dem Unreinen, der Geometrie und dem Chaos, der Kommunikation und dem Geräusch».[133]

Neben der Möglichkeit, verschiedene Perspektiven aufeinanderprallen zu lassen, ermöglicht das Prinzip der dialogischen Analyse es auch, dezidiert subjektive Positionen zu vertreten und emotionalen Reaktionen Ausdruck zu verleihen. So erscheint die von der Frau vertretene Position allein deshalb privilegiert, weil sie mit größerer Begeisterung vorgetragen wird. Diese Begeisterung äußert sich u.a. in der Häufung des Wörtchens «tellement» (dt. «so (sehr)») und wird als persönliche Rührung «ça me touche» (dt. «das berührt mich») besonders betont.

---

132 «BO: Une des plus belles choses de ce plan, pour moi, c'est le fondu au noir de la fin
MP: Ah, là je suis complètement d'accord. Il y a une émotion propre à ce fondu-au-noir. C'est à la fois l'évanouissement du plan et la mort du modèle sous les yeux du peintre.
BO: Je ne dirais pas la mort, c'est une palpitation. Elle s'étaint sous nos yeux.
MP: Ce qui est sublime, c'est qu'au début du fondu au noir, elle est immobile, elle a l'air résigné à sa disparition du visible. Et au dernier moment, lorsque son image va se fondre dans le noir, elle a un dernier sursaut, elle se retourne avec vivacité, comme si elle ne voulait pas se laisser emporter par la nuit de l'image.
BO: C'est ça aussi, la merveille du cinéma, ces petites émotions, minuscules.» Offkommentar aus: LE CINÉMA, UNE HISTOIRE DE PLANS. Analyse von VIVRE SA VIE.
133 «[...] écartelé entre le pur et l'impur, la géométrie et le chaos, la communication et le bruit.» Bergala 1999, S. 41.

Dieser Enthusiasmus scheint auch den Mann anzustecken, der der Frau halbherzig zustimmt: «da hast Du mich fast überzeugt, Du sprichst mit einer solchen Überzeugungskraft».[134] Am Ende stimmt er in ihre Begeisterung angesichts der Schönheit der Schwarzblende ein.

Mit dieser Inszenierung einer emphatischen Wahrnehmung der Einstellung demonstriert Bergala den Prozess einer doppelten Übertragung. Etwas, eine Emotion, die den Schaffensprozess getragen hat, prägt sich in den Film ein, der wiederum eine Zuschauerin zu berühren vermag. Die begeisterte Reaktion der Zuschauerin erscheint als ein Echo auf die Liebesbeziehung, die Begehrensstruktur, die die Einstellung hervorgebracht hat. In einem zweiten Schritt wiederum vermag die Rührung der Zuschauerin auch den anderen, den skeptischen Zuschauer anzustecken. Damit stellt Bergala (implizit) eine Beziehung zwischen seiner intersubjektiven Konzeption des Schaffensprozesses, des Rezeptionsprozesses und auch des Vermittlungsprozesses her. Die von Bergala postulierte intersubjektive Beziehung im Produktionsprozess (hier zwischen Darstellerin und Regisseur) überträgt sich auf die mit Bezug auf Barthes beschriebene intersubjektive Rezeptionsbeziehung zwischen Zuschauer und Film, die durch die Metaphorik des Lebendigen, die Betonung der persönlichen Berührung evoziert wird. Zwischen den beiden miteinander diskutierenden Zuschauern findet schließlich die zweite Übertragung statt, eine Art Vermittlungsprozess nämlich, der über die subjektive Reaktion der Zuschauerin verläuft. Die Begeisterung der Zuschauerin ist für den Zuschauer, wenn auch nicht vollkommen überzeugend, so doch ansteckend.

Natürlich könnte man auch umgekehrt kritisch argumentieren, dass es sich weniger um ein objektives, vom Film induziertes Phänomen der Übertragung handelt, als vielmehr um eine subjektive Projektion. Die begeisterte Interpretation der Sprecherin (als *alter ego* des Autors Bergala) entspräche demnach weniger den realen Gegebenheiten am Set, als dass sie vielmehr eine subjektive Berührung durch den Film auf den Schaffensprozess projiziert. Da sie (er) von der Grazie und scheinbaren Natürlichkeit der Darstellerin fasziniert ist, deutet sie (er) rückwirkend die eigenen Gefühle in den Produktionsprozess hinein. Die Einstellung wäre dann nicht «Abdruck» des Begehrens des Regisseurs, wie die Analyse es nahelegt. Sie enthüllt vielmehr das über die weibliche Sprecherin vermittelte Begehren des Autors Bergala, der sich mit dem männlichen Regisseur und seiner Liebe zur weiblichen Hauptdarstellerin identifiziert.[135]

---

134 Originaltext des Offdialogs: «[...] là tu m'as presque convaincu, tu parles avec une telle conviction [...]». LE CINÉMA, UNE HISTOIRE DE PLANS, Analyse von VIVRE SA VIE.
135 Mit der Wahl einer Frauenstimme scheint Bergala diese doppelte männliche Projektion durchbrechen zu wollen.

Es ist nicht möglich, mit objektiver Gewissheit zu entscheiden, welche der beiden Deutungen die richtige ist. Es sei denn, man hat das Glück, minutiöse Aufzeichnungen über die Sitatuation am Set einzusehen und auch diese wären – wie jede biografische Deutung ästhetischer Phänomene – nur eine zweifelhafte Referenz. Mir scheint diese Frage auch nicht relevant. Geht man von dem Grundprinzip der Intersubjektivität aus, dann handelt es sich um eine Bewegung in beide Richtungen, so wie die Frauenstimme betont, dass «die Liebe in beide Richtungen geht». Es ist etwas im Filmstreifen aufgezeichnet, was vom Schaffensprozess zeugt, und es gibt jemanden der von dieser Inschrift affiziert, bewegt wird und sie notwendigerweise subjektiv deutet. Bergalas Analyse wird für diejenigen überzeugend sein, die die an die Frau delegierte Emotion angesichts der Einstellung teilen können, vielleicht auch für diejenigen, die sich wie der männliche Zuschauer von der Emphase der Analyse ‹anstecken› lassen. Wer nicht zu ‹berühren› ist, den wird auch keine weitere, differenziertere Argumentation überzeugen, für den wird die Analyse eher die Sprecher entlarven, als den Gegenstand enthüllen. Das ist das Risiko, das die intersubjektive Filmvermittlung eingeht. Es ist das Risiko des *passeurs*, von dem Bergala in *Kino als Kunst* spricht, und die Chance einer Vermittlung durch Leidenschaft, durch die Liebe des Cinephilen zum Kino (Vgl. 6).

5.2.4 Prozess statt Produkt

Abschließend möchte ich noch einmal auf die Frage zurückkommen, ob der Geniekult, den Pigoullié der radikalen Autorenpolitik von Bazins Nachfolgern bei den *Cahiers du cinéma* zuschreibt, sich in Bergalas Theorie des Schaffensprozesses fortsetzt.[136] Diese These klingt bei Winfried Pauleit in seinem Text «Film als Handlungsfeld» an, wenn er in Bezug auf Bergalas «Schaffensanalyse» schreibt:

> «Bergala entwickelt aus diesen Überlegungen schließlich nicht nur ein Konzept praktischer Filmbildung, sondern auch einen Vorschlag für die Filmanalyse als ‹Schaffensanalyse›. Dabei geht er explizit nicht vom Film als abgeschlossenem Werk aus, sondern von den konkreten Entscheidungen des Auswählens, Anordnens und Ansetzens beim Filmemachen. Er versucht also zunächst in der Analyse den Prozess der Produktion zu rekonstruieren. Gegenstand seiner Rekonstruktion ist gleichwohl der fertige Film, der imaginativ zerlegt in mögliche andere Anordnungen, in mögliche andere Entscheidungen der Auswahl. Damit wird der Film zu einem strukturellen Handlungsfeld aufgefächert. Al-

---

136 Pigoullié, S. 15.

lerdings bindet Bergala diese Form der Filmanalyse, die von möglichen materiellen Entscheidungen ausgeht, zurück an ein problematisches Subjektverständnis, an die Person des Regisseurs, die uns dadurch gleichsam als fiktives Leitbild seiner Filmbildung erscheint. Die alte Vorstellung vom Künstlergenie droht dann die produktive Öffnung des Films als strukturelles Handlungsfeld zu überlagern und auch seine Pädagogik zu durchkreuzen.[137]

Pauleit verweist hier auf einen Widerspruch zwischen einem intertextuellen Werkbegriff, der sich sowohl im Konzept der Schaffensanalyse als auch in der Methode des Verknüpfens von Fragmenten zeigt, und der Tatsache, dass Bergala dennoch an der prägenden Rolle des Künstlersubjektes festhält. Denn in den poststrukturalistischen Texttheorien von Barthes und Kristeva führt das Konzept der Intertextualität zu einer grundlegenden Infragestellung der Autorenposition. Bergala besteht dagegen in *Kino als Kunst* darauf, dass auch ein komplexer Produktionsprozess durch das Individuum des Regisseurs zusammengehalten werde. Dies und seine in verschiedenen Texten widerholt anzutreffende Frage nach der herausragenden Regieleistung: «Qu'est-ce qu'un grand cinéaste?» (dt. «Was ist ein großer Regisseur?») legt eine Tendenz zur Überhöhung des Künstlers, die auch dem Geniekult eigen ist, nahe.[138] Ich möchte im Folgenden dagegen eine andere Perspektive vorschlagen und argumentieren, dass Bergalas Konzept der Schaffensanalyse eine Überwindung des Widerspruchs zwischen einem poststrukturalistischen Werkbegriff und einem klassischen Autorenbegriff ermöglicht.

Es ist kein Zufall, dass Bergala selbst nie den Begriff des Autors verwendet, sondern vom Künstler oder Schaffenden spricht. Dies beruht nicht nur auf seiner Ablehnung einer Gleichsetzung von Film und Text und seiner Einordnung von Filmen in den kunstgeschichtlichen Kontext. Es entspricht auch der mehrfach explizit geäußerten kritischen Haltung gegenüber der in Frankreich durch die *Cahiers du cinéma* etablierten Autorenpolitik. Ähnlich wie auch Daney (Vgl. 5.3) kritisiert Bergala seit Anfang der 1980er Jahre die Entleerung des Autorenbegriffs als «Marke» und den unverwechselbaren Stil von Autoren als «Markenzeichen».[139] In Frankreich habe sich ein Filmförder- und Produktionssystem etabliert, das Regisseure dazu zwinge, frühzeitig eine unverwechselbare, eigene Handschrift zu entwickeln und diese dann zur besseren Vermarktbarkeit in jedem Film neu zu reproduzieren. Dem stellt Bergala Regisseure wie Godard oder Fassbinder entgegen, die sich nicht auf einen Stil, eine Autorenhandschrift

---

137 Winfried Pauleit: Film als Handlungsfeld. Oder: Wie falsches «Spiel» zu Bildungsprozessen führt. In: Henzler, Pauleit 2009, S. 118–136, hier 123f.
138 Vgl. Bergala 2004: *Abbas Kiarostami*, S. 5.
139 Siehe Bergala 1983: De la singularité au cinéma und Bergala 2005: *Le cinéma, comment ça va*.

festlegen lassen, sondern die Grenzen ihres Schaffens kontinuierlich verschieben. Indem sie sich immer wieder neuen Herausforderungen und Fragen stellen, gehen sie das Risiko des Scheiterns ein, das für Bergala eine Bedingung jedes kreativen Prozesses (ebenso wie jedes Vermittlungsprozesses) ist. Das künstlerische Schaffen dieser Regisseure versteht er weniger als eine Folge fertiger Produkte, als vielmehr als kontinuierlichen Schaffensprozess, aus dem auch weniger gelungene Filme hervorgehen können.[140]

In diesem Sinne weist Bergala in seinen pädagogischen Texten einen naiven Geniekult, der Filme als perfekte, abgeschlossene Werke, als Ausdruck der Genialität ihres Schöpfers stilisiert, ausdrücklich zurück. Er schlägt vielmehr eine Pädagogik des Schaffensprozesses vor, um ein Bewusstsein dafür zu bilden, dass jeder Film nur ein mögliches Ergebnis eines komplexen Produktionsprozesses ist, der von einer Vielzahl von Faktoren abhängt – von zeitlichen und materiellen Beschränkungen, realitätsbedingten Zufällen und unbewussten Impulsen – und somit nicht allein der bewussten Kontrolle des Regisseurs unterliegt. 1992 richtet sich Bergala in «Pour une pédagogie des possibles» dementsprechend gegen zwei Fehleinschätzungen der literaturwissenschaftlich geprägten Filmpädagogik in Frankreich:

> «Erstens: Es gäbe quasi notwendigerweise einen der dargestellten Sache vorausgehenden Wunsch, etwas zu sagen, der Künstler befinde sich im Moment des Schaffens in der konfortablen rationalen Situation, ‹die richtige Form› zu suchen, um ‹am besten› das auszudrücken, was er angeblich zu sagen hat. Zweitens: Es gäbe nur eine einzige Art und Weise, dieses berühmte vorausgehende ‹etwas-zu-sagen-haben› ‹gut› auszudrücken. Und die großen Autoren, deren Werke man studiert, sind natürlich diejenigen, denen dies jedesmal gelungen ist, denn sie haben ihren Platz im Pantheon der Genies verdient. Das heißt offensichtlich, dass das künstlerische Schaffen auf einen wohlgeordneten Prozess reduziert wird, was er praktisch niemals ist […], und auf eine Logik des ‹Sagenwollens›, was eine Kunst sehr arm macht, bei der man im Schaffensprozess oft findet, was man gerade mehr oder wenig bewusst zu verstehen, zu erhellen, an den Tag zu bringen, zu bearbeiten versuchte. Die größten Regisseure sind oft die, die ihr Sujet beim Suchen finden, während sie den Film drehen.»[141]

---

140 Vgl. Alain Bergala: Lettre à Fassbinder qui aurait aujourd'hui 60 ans. In: Ders. 2004: *Le cinéma, comment ça-va*; Bergala 1999, S. 5–12.

141 «Premièrement: il y aurait quasi nécessairement antériorité du vouloir-dire sur la chose exprimée, le créateur se trouvant au moment de la création dans la posture bien confortablement rationnelle de chercher ‹la bonne forme› pour exprimer ‹au mieux› ce qu'il est supposé avoir à dire. Deuxièment: il n'y aurait qu'une façon et une seule de ‹bien› exprimer ce fameux anterieur-à-dire› et les grands auteurs dont on étudie les œuvres sont évidemment ceux qui ont su les trouver à tous coups puisqu'ils ont mérité leur place dans le panthéon des génies. C'est évidemment réduire la création à un processus

Statt den Film als abgeschlossenes, ‹fertiges› Objekt zu analysieren, fordert Bergala in dem zeitgleich erschienenen und in *Kino als Kunst* wie folgt zitierten «Quelque chose de flambant neuf» eine «Pädagogik der Möglichkeiten», die den Schaffensprozess als einen Erkenntnisprozess betrachtet: «Vielleicht sollten wir anfangen, den Film nicht als einen fertigen Gegenstand, sondern als Spur eines kreativen Prozesses und das Kino als Kunst zu denken, aber das fällt der Pädagogik nicht leicht.»[142]

Wie Pauleit in dem oben genannten Zitat anführt, ermöglicht diese Schaffensanalyse eine «Öffnung» des Films für den Zuschauer, seine imaginäre Erweiterung in Hinblick auf die Vielfalt der Möglichkeiten im Schaffensprozess. Bergala möchte den einzelnen Film nicht als perfekte und einzig mögliche Umsetzung einer ursprünglichen Idee des Autoren verstanden wissen, sondern besteht auf der prekären und vorläufigen Qualität jeder künstlerischen Entscheidung bei der Filmproduktion.[143] Hiermit korrespondiert die in *Kino als Kunst* vorgeschlagene Methode Fragmente-in-Beziehung-Setzen, die beispielsweise den DVDs PETIT À PETIT, LE CINÉMA und LE POINT DE VUE zugrunde liegen. Ein Vergleich verschiedener Filmausschnitte, die ein ähnliches Motiv inszenieren oder eine ähnliche formale Strategie wählen, macht die Vielfalt der möglichen künstlerischen Entscheidungen – auch in ihrer Wirkung auf den Zuschauer – bewusst. Diese «intertextuelle Öffnung» der Filmanalyse *sowie* die Reflexion der Körperlichkeit und Materialität, die den Schaffensprozess prägen, sind für Bergalas Ästhetik und Pädagogik grundlegend. Daher schlage ich vor, Bergalas Ansatz nicht als einen Rückschritt zur überholten Autorenpolitik zu verstehen, sondern als ihre Weiterentwicklung unter dem Einfluss der von Julia Kristeva und Roland Barthes entwickelten poststrukturalistischen Texttheorie.[144]

Die poststrukturalistische Theorie der Intertextualität hat sich vor allem in zweierlei Hinsicht gegen die klassische Vorstellung vom autonomen Kunstwerk als kohärente Schöpfung eines Autors positioniert. Zum einen betrachtet sie jeden Text (aber auch jedes andere kulturelle Produkt) nicht als ein in sich geschlossenes Objekt, sondern definiert ihn über seine Beziehungen zur Gesamtheit aller existierender Texte, die ihn in seiner spezifischen Bedeutung erst hervorbringen.

bien ordonné qu'il n'est pratiquement jamais […] et à une logique du ‹vouloir-dire› bien appauvrissante pour un art où très souvent l'on trouve en créant ce que précisément l'on cherchait plus ou moins consciemment à comprendre, à éclaircir, à mettre au jour, à travailler. Les grands cinéastes sont souvent ceux qui trouvent leur sujet en cherchant, en faisant le film.» Alain Bergala: *Pour une pédagogie des possibles. Le moment du choix, de la décision dans l'acte cinématographique.* Begleitheft zu: LE CINÉMA EN JEU. Aix en Provence, 1992, S. 1f.

142 Bergala 1992: Quelque chose de flambant neuf, S. 24; Bergala 2006: *Kino als Kunst*, S. 32.
143 Vgl. Bergala 1992: Quelque chose de flambant neuf, S. 26.
144 Vgl. Nünning, S. 291f.

Jeder Text ist demnach nur Teil eines prinzipiell unabgeschlossenen und sich ständig erneuernden intertextuellen Gewebes. Zum zweiten hat Roland Barthes den Fokus vom Autor des Textes auf den Leser verschoben.[145] Seine These war es, dass die Bedeutung von Texten nicht durch den Autor kontrolliert wird, sondern bei jeder Lektüre neu entsteht, dass der Leser den Text gleichermaßen als Autor hervorbringt, wie er selbst durch und im Text als Subjekt konstituiert wird. In *Die helle Kammer* verschiebt sich dementsprechend der Fokus von der Intertextualität zur Intersubjektivität zwischen Text und Leser, Fotografie und Betrachter (Vgl. 3).

Analog verschiebt Bergala in seiner Filmästhetik und seiner Filmpädagogik die Aufmerksamkeit vom abgeschlossenen Objekt zum unabgeschlossenen Prozess und zur Beziehung zwischen Film(fragment)en. Er wendet sich damit ebenfalls gegen die seit der Romantik etablierte Auffassung vom autonomen Kunstwerk. Allerdings richtet er den Fokus nicht wie Barthes auf den Lektüreprozess (als Schreibprozess), sondern auf den Schaffensprozess, der an existierenden Filmen imaginär vergegenwärtigt, unter der Berücksichtigung der konkreten Produktionsbedingungen analysiert und selbst erprobt werden soll. Er fokussiert nicht nur auf den Rezipienten, sondern bezieht auch den Künstler als Individuum in seine Ästhetik ein. Hierbei geht er nicht von einer dem gängigen Geniebegriff entsprechenden Überlegenheit des Filmschaffenden aus, der das vollkommene Werk hervorbringt. Denn dessen Individualität zeigt sich nur als «Spur einer schöpferischen Geste», so wie auch die Singularität der Realität ihre Spuren im Film hinterlässt. Wie Barthes für den Rezeptionsprozess hebt Bergala für den Schaffensprozess das klassische hierarchische Subjekt-Objekt-Verhältnis auf und beschreibt die Beziehungen am Set, vor allem diejenige zwischen Regisseur und Schauspieler, als intersubjektive Beziehungen, in der alle Beteiligten sich auf eine Veränderung einlassen. Die Schaffensanalyse dient ihm dazu, das Künstlersubjekt und den filmischen Produktionsprozess zu entmythisieren.

Indem Bergala ein an Kristevas Konzept des Semiotischen erinnerndes Modell des ästhetischen Schaffensprozesses entwirft, aktualisiert er die Autorenpolitik und füllt eine Leerstelle, in der von Barthes und Bazin formulierten Ontologie der Fotografie bzw. des Films. Obwohl diese das Wesen des Fotos/Films von dem Moment der Aufnahme her bestimmen, setzen sie sich nicht systematisch mit der Rolle des Künstlers im Schaffensprozess auseinander. Beide definieren gerade die Abwesenheit eines Subjektes als besonderes Merkmal der fotobasierten Medien.

Zwar schreibt Barthes den dritten Sinn der Autorschaft Eisensteins zu, doch zugleich konstatiert er, dass die bewusste Äußerung des Regisseurs sich im entgegenkommenden Sinn manifestiere. Dementsprechend ordnet er das *studium* einer

145 Siehe Barthes 2000 sowie Erdmann, Hesper.

«Kommunikation» mit dem Fotografen zu, während sich das *punctum* als fotospezifisches Moment dessen Kontrolle entzieht. Bazin wiederum setzt sich in vielen seiner Filmanalysen mit dem spezifischen Stil der von ihm bevorzugten Regisseure auseinander und beschreibt den Realismus als ein ästhetisches Phänomen.[146] Gleichzeitig betont er die ‹Objektivität› der fotografischen und filmischen Aufnahme, die kein (Künstler)Subjekt voraussetzt, als das Spezifische des Mediums.

Bazin hat wiederholt darauf hingewiesen, dass die Arbeit des neorealistischen Regisseurs einen ebenso komplexen, eher intuitiv gesteuerten Schaffensprozess voraussetzt, wie eine durchgeplante Studioproduktion: «Was zählt, ist der schöpferische Impuls, die sehr spezifische Entwicklung von Situationen.»[147] Er hat sich jedoch nicht systematisch mit diesem Widerspruch eines zugleich physisch präsenten und als gestaltendes Subjekt abwesenden Filmregisseurs auseinandergesetzt. Bergala hebt diese Widersprüche in seinem Schaffensmodell auf. Mit der Differenzierung zwischen Programm/Negativität/Realität begründet er, dass das Künstlersubjekt im Drehprozess zugleich abwesend ist – und zwar als bewusstes Subjekt, das den Schaffensprozess und die präfilmische Wirklichkeit kontrolliert –, *und* anwesend ist – insofern es den Film durch seine unbewussten Impulse, seine physische Individualität prägt.

Mit seiner Methode der Schaffensanalyse zieht Bergala die Konsequenzen aus der These, dass das Wesen des Kinos im Moment der Aufnahme liege und entgeht zugleich den Widersprüchen eines Realismuskonzepts, das sich vor allem auf die stilistischen Merkmalen des ‹fertigen Objektes› richtet oder die Perspektive des Rezipienten artikuliert. Er knüpft damit an die von Barthes und Bazin formulierte Ontologie der Fotografie bzw. des Films als realistischen Medien an und erweitert diese durch ein von Psychoanalyse und Poststrukturalismus inspiriertes Modell des künstlerischen Produktionsprozesses. In der Auseinandersetzung mit dem Schaffensprozess versucht Bergala – wie er es schon in seinen frühen Aufsätzen zur Fotografie angedeutet hat – der Mythisierung der Medien Film und Fotografie, zu der eine rein rezeptionsorientierte Ästhetik tendiert, zu entgehen. Damit gelingt ihm eine Aktualisierung des Autorenkonzepts, die von einer problematischen Verabsolutierung des Künstlersubjektes wegführt und dennoch das verkörperte Individuum nicht nur im Rezeptionsprozess, sondern auch im Schaffensprozess berücksichtigt.

Im Gegensatz zum Idealbild des autonomen Kunstwerks betrachtet Bergala den Film nicht als vollkommenes Abbild der Realität oder als Ausdruck eines genialen Künstlers, sondern verweist stattdessen auf die Spuren des Realen und

---

146 Bazin 2004, S. 306.
147 Ebd., S. 315.

des Individuums im Film. Die Unterschiede zu den von Bazin und Barthes formulierten Ästhetiken des Realen liegen dabei in Akzentverschiebungen. Während Bazins Interesse stärker der durch den Filmapparat enthüllten Realität und ihrer spirituellen Dimension gilt und Barthes das Subjekt im Rezeptionsprozess fokussiert, richtet sich Bergalas Aufmerksamkeit auf das Subjekt des Künstlers und den Schaffensprozess. Dementsprechend fügt er den Operationen der Auswahl und Anordnung, die Bazin als wesentliche «Handgriffe» des Regisseurs bestimmt, den «Ansatz» hinzu, als das Moment, in dem sich die negativen Impulse des Künstlers am ehesten artikulieren.

In ihrer Abrechnung mit den *Cahiers du cinéma* der 1980er Jahre, die ihrer Meinung nach das intellektuelle Erbe der *Cahiers du cinéma* nicht mehr mit der theoretischen Schärfe und politischen Radikalität der früheren Generationen fortgesetzt haben, kritisiert Bickerton u.a. eine mangelnde Aktualisierung des problematisch gewordenen Autorenbegriffs:

> «Die Institutionalisierung der *auteur*-Figur durch Außenstehende wurde zwar abgelehnt, aber die *Cahiers* trugen ihrerseits wenig dazu bei, den Begriff für sich zurückzuerobern. Denn das hätte ja bedeutet, einen besseren Zugang zu allen Formen der Filmsprache zu entwickeln, die Bedeutung der *mise en scène* zu hinterfragen, Elemente beurteilen zu können, die nicht direkt mit dem Regisseur zusammenhängen oder zu erörtern, wie der Regisseur arbeitet und wie sich diese Arbeit auf das fertige Produkt auswirkt.»[148]

Es mag sein, dass die von Bergala in diesem Kapitel zitierten Artikel keine publizistische Durchschlagskraft hatten und dass er sein Konzept der Schaffensanalyse wesentlich an der Universität entwickelt hat. Dieses trägt aber genau die Züge, die Bickerton hier für eine Weiterentwicklung des Autorenbegriffs einfordert: die Auseinandersetzung mit den nichtkontrollierbaren Elementen des Schaffensprozesses und dessen Manifestation im fertigen Film. Wie Keathley nachgewiesen hat, wurden diese Elemente auch bereits von den Protagonisten der Autorenpolitik in den 1950er und 1960er Jahren reflektiert. Diese befassen sich nicht nur mit den zentralen Themen oder stilistischen Merkmalen der bevorzugten Regisseure, sondern, besonders anhand der cinephilen Momente, auch mit der Fähigkeit sich zurückzunehmen, dem Unkontrollierbaren in einem Dispositif des Schaffens Raum zu geben. Dieser Aspekt der Autorenpolitik wurde jedoch von der (amerikanischen) Filmwissenschaft ausgeblendet und stattdessen ein Begriff der *mise en scène* kanonisiert, der sich auf die bewußten Markierungen der Autorschaft in Einstellungen fokussiert. In dieser Hinsicht ist Bergalas Schaffensäs-

---

148 Bickerton, S. 134.

thetik als Systematisierung und Fortsetzung einer im Kontext der französischen Filmkritik entstandenen Methodik der Filmreflexion zu verstehen.[149]

«Andererseits ist der Film eine Sprache»[150] – Mit diesem Satz endet Bazins berühmter Artikel zur Ontologie der Fotografie und des Films. Er könnte auch als Motto für Barthes' Rezeptionsästhetik und Bergalas Schaffensästhetik fungieren. So betont Barthes in «Der dritte Sinn» und *Die helle Kammer*, dass sich die beiden Ebenen der *Rezeption stumpfer Sinn/entgegenkommender Sinn; studium/ punctum* gegenseitig bedingen. Und Bergala befasst sich nicht nur mit den intuitiven und nichtsprachlichen Momente des künstlerischen Schaffens, sondern analysiert auch die symbolische Dimension von Kunstwerken. Wie Barthes verbindet er in seinen Analysen phänomenologische und strukturalistische Aspekte miteinander. In seinem Vermittlungsvideo zu DIE GESCHICHTE DER NANA S. reflektiert er dementsprechend eine Dialektik zwischen dem Formwillen und dem sich Einlassen auf die Realität, zwischen «Ontologie» und «Sprache», die er gerade hinsichtlich der von ihm bevorzugten Regisseure immer wieder hervorhebt. Zum Filmschaffen von Godard schreibt er beispielsweise: «Jeder Kader ist zugleich das offene Fenster auf einen Ausschnitt der Landschaft und das Bild, das es als Ganzes organisiert.»[151] Und Abbas Kiarostami charakterisiert er als einen «Regisseur des Spagats zwischen den zwei Formen der kinematografischen Geste, die als gegensätzlich gelten: die Realität der Welt einzufangen, sie ihren Sinn entfalten zu lassen oder im Gegenteil die Welt als eine abstrakte, labyrinthische, schwindelerregende, doppelbödige Konstruktion zu denken, die die Vorstellung von der ‹Wirklichkeit der Realität› selbst zum strauchceln bringt.»[152]

---

149 Keathley, S. 85ff.
150 Bazin 2004, S. 40.
151 «Chaque cadre est à la fois la fenêtre ouverte sur un fragment du paysage et le tableau qui l'organise en totalité.» Bergala 1999, S.85.
152 «Ce fut un desillement: un cinéaste […] se révélait tout à coup un cinéaste du grand écart entre les deux postulations réputées les plus contradictoires du geste cinématographique: capter la réalité du monde, la laisser révéler son sens, ou au contraire penser le monde comme une construction, abstraite, labyrinthique, vertigineuse, à double fond, en faisant vaciller l'idée même de ‹réalité de la réalité›.» Bergala 2004: *Abbas Kiarostami*, S. 3.

5.3 Ästhetik der Alterität

In welchem Zusammenhang steht Bergalas Ästhetik des Schaffensprozesses zu seiner These vom Film als Alteritätserfahrung? Bisher wurde Barthes' und Kristevas postmodernes ästhetisches Konzept einer Alterität der Sprache als theoretische Basis für Bergalas Schaffensästhetik erörtert. Die Film- und Fernsehanalysen von Serge Daney erlauben es darüber hinaus, den Alteritätsbegriff in Hinblick auf die Film- und Medienrezeption zu präzisieren und insbesondere seine politische Dimension einzubeziehen.[153]

Geschult an Bazins «Ideologie der Volkserziehung»[154] durch das Kino und dem Geist politischer Aufklärung der 1970er Jahre verpflichtet, wandte Daney sich konsequent der Analyse der neuen Medien zu, als das Kino zunehmend an Bedeutung als Massenmedium verlor.[155] Anfang der 1980er Jahre wechselte er von den *Cahiers du cinéma* zu der Tageszeitung *Libération*, wo er eine populäre Kolumne über «Medien, Fernsehen und die veränderten Kinogewohnheiten» schrieb.[156] Er begründete diesen Wechsel selbst mit dem Wunsch, ein größeres und jüngeres Publikum zu erreichen.[157]

> «Daney, dessen Wirkungskreis nun außerhalb der *Cahiers* lag, bot eine eindrücklichere Auseinandersetzung mit dem Medium, vor allem während seines hundert Tage andauernden Ein-Mann-Marathons zwischen 1987 und 1988, während dem er fernsah und seine Reaktionen und Reflexionen darauf in *Liberation* veröffentlichte. Er schaute sich Talkshows, Sportberichte, Nachrichtenprogramme und Filmwiederholungen an und kam zu dem Schluss, dass es sehr wohl eine fernsehspezifische *mise en scène* gibt, die allerdings mehr einem von Gespenstern bevölkerten Friedhof gleicht.»[158]

Daney versucht, die von der Gründergeneration der *Cahiers du cinéma* formulierte Ethik der Ästhetik auf das neue Medium zu übertragen. Er mißt die ‹neuen Bilder› an dem von Bazin geprägten Anspruch an das Kino, Zeuge der Realität und Geschichte zu sein, und kommt zu dem Schluss, dass die Massenmedien die utopische Forderung nach einer Bildung und Emanzipation der Menschen nicht

---

153 Daney spricht selbst nicht von «Ästhetik der Alterität». Ich verwende diesen Begriff jedoch für die von ihm skizzenhaft formulierte Filmästhetik aufgrund der Schlüsselstellung des Begriffs der Alterität.

154 Daney 2000: *Im Verborgenen*, S. 114.

155 Die Texte von Daneys Fernseh- und Medienanalysen sind unter anderem in den Bänden *Le salaire du zappeur* (Paris, 1993) und *Devant la recrudescence des vols du sac à main, cinéma, télévision, information* (1988–1991) (Lyon, 1991) zu finden.

156 Daney 2000: *Im Verborgenen*, S. 10.

157 Daney 1991, S. 107.

158 Bickerton, S. 141.

erfüllen. Als «hellsichtiger und kenntnisreicher Seismograph des Kinos und der Bilder»[159] setzt er sich intensiv mit der Fernsehästhetik und den medialen Veränderungen seiner Zeit auseinander. Mit ihm kann Bergalas Medienkritik als eine Argumentationsstrategie der französischen Cinephilie nachvollzogen und seine am modernen Kino entwickelte ästhetische Position in ihrer Relevanz für die zeitgenössische Medienlandschaft reflektiert werden.

5.3.1 Bild und Visuelles: Serge Daneys Ethik des Schauens

In einem Vortrag an der Hochschule für Film in Paris (Fémis), der 2004 im *trafic*-Sonderheft zu André Bazin nachgedruckt wurde, formulierte Daney 1991 seine Kritik an der dominierenden Fernsehästhetik. Diese findet ihre ironische Zuspitzung in einer Gegenüberstellung von dem Bild und dem Visuellem (frz. *image/visuel*), die an die von Godard postulierte und von Bergala in *Kino als Kunst* zitierte Opposition der Ausnahme und der Regel erinnert (Vgl. 2.1):

> «Für mich ist das Fernsehen dem Haustier ähnlicher, vor allem der Katze. Aber, in jedem Fall, ist es kein Bild. Natürlich kann das lächerlich erscheinen, weil man ja trotz allem etwas zu sehen hat, einen Bildschirm, Licht, weil es etwas *Visuelles* ist. Aber heute würde ich sagen: Eben, das Visuelle ist kein Bild, das ist etwas anderes. Das Visuelle steht in Beziehung zur Wahrnehmung, zum optischen Nerv, zur Physiologie: Ein Flipper, ein Videospiel, ein Text auf einem Bildschirm, eine Werbung, das alles ist das Visuelle. Genauso spricht man vom ‹Visuellen› einer Zeitung, einer Zeitschrift. Aber das Visuelle hat nichts mit dem Sehen zu tun […].»[160]

Das, was das Bild im Gegensatz zum Visuellen auszeichnet, ist nach Daneys Auffassung seine Alterität, oder besser seine Fähigkeit, Alterität zu zeigen. Was Da-

---

159 Christa Blümlinger: Ein Seismograph in der Landschaft der Bilder. In: Daney 2000: *Von der Welt ins Bild*, S. 10.

160 «Pour moi, la télé était plus proche de l'animal domestique, surtout du chat. Mais, de toute façon, ce n'est pas une image. Evidemment, ça peut paraître ridicule parce qu'il y a quand même un truc à voir, un écran, de la lumière, parce que c'est du *visuel*. Mais aujourd'hui, je dirais: justement, le visuel n'est pas de l'image, c'est encore quelque chose d'autre. Le visuel est en rapport avec la perception, le nerf optique, la physiologie: un flipper, un jeu video, un texte sur un écran, une pub, tout ça, c'est du visuel. De même, on parle du ‹visuel› d'un journal, d'un magazine. Mais le visuel, cela ne relève pas du *voir*, cela relève de tous ces mots qui ont un vrai succès aujourd'hui: visionnage, visionnement, vision.» Serge Daney: La guerre, le visuel, l'image. In: *Trafic (Qu'est-ce que le cinéma)* 50, 2004 (Orig. 1991), S. 439–444, hier 439. Es handelt sich dabei um die Transkription eines Vortrags (von Barbara Creutz-Pachiaudi), den Daney am 29. Januar 1991 an der Fémis gehalten hat.

ney unter der Alterität des Bildes versteht, führt er im selben Vortrag anhand der Kriegs- und Krisenberichterstattung im Fernsehen aus:[161]

«Die Nachrichten sind dieser abstrakte Rahmen innerhalb dessen ein Bild sich vielleicht ereignen kann. Und was macht das Bild aus? Ich würde sagen, dass es darin Alterität gibt, *das Andere*. Beispielsweise, der kleine Mann, der die chinesischen Panzer einen Moment lang anhält, das ist ein Bild, weil es sich genau an der Grenze zwischen den beiden gegnerischen Kräften ereignet, weil es diese Grenze spürbar macht. Dieses Bild ist unerwartet, und es wird im Übrigen auf eine recht perverse Weise zu mehr als einem Bild, einem ‹Meta-Bild›: einem Emblem, einem Wappen, fast einem Werbelogo (einer Werbung für die Freiheit). Es gibt einen etwas makaberen Markt für diese konfrontativen Bilder. Es gibt Fotojäger für solche Bilder. Das Bild, das wahre Bild ist das, was den Fotojäger legitimiert, weil es zeigt – aber um welchen Preis! – dass die Außenwelt existiert. Es hat immer etwas mit dem anderen zu tun und mit dieser äußersten Form der Alterität, die der Tod ist.»[162]

Daney führt hier den Begriff der Alterität offensichtlich mit einem Phänomen zusammen, das nach Barthes auch als *punctum* beschrieben werden könnte. Er schildert einen besonderen Moment an einem Kampfschauplatz,[163] der, im Bild festgehalten, davon zeugt, dass das Gezeigte Teil einer umfassenderen Realität ist, und der diesen realen Kontext für den Zuschauer spürbar macht. An anderer Stelle definiert Daney, Barthes paraphrasierend, das Reale als das, «was nicht zweimal kommt, was nicht wiederkommt.»[164] Die Alterität des Bildes liegt für Daney in seinem Potential

---

161 In Daneys Text wird nicht präzisiert, auf welche Filmausschnitte und Krisen er sich bezieht. Das folgende Zitat spielt aber vermutlich auf die Studentenunruhen in China und das Massaker auf dem Platz des Himmlischen Friedens 1989 an. Das Bild von dem Mann, der die Panzer angehalten hat, wurde wie von Daney prognostiziert zu einer Ikone, die noch 2009 in einem Dokumentarfilm als wesentliches Bild des Aufstandes historisiert wurde. Siehe u.a. derstandard.at/1242317283401/Tankman-Tango-Der-Mann-der-sich-allein-gegen-die-Panzer-stellte (13.10.2011).

162 «L'actualité est ce cadre abstrait à l'intérieur duquel une image, peut-être, arrive. Et qu'est-ce qui fait que c'est une image? Moi, je dirais c'est parce qu'il y a de l'altérité, *de l'autre*. Par exemple, le petit bonhomme en chemise blanche qui arrête un moment les chars chinois, c'est une image parce qu'elle arrive exactement à la frontière entre deux champs de forces antagonistes, qu'elle marque cette frontière d'une façon presque tangible. Cette image est inespérée, et, d'ailleurs, d'une façon assez perverse, elle devient plus qu'une image, une ‹surimage›: un emblème, un blason, un logo presque publicitaire (une pub pour la Liberté). Il y a un marché un peu macabre pour ces images-face-à-face. Il y a des chasseurs pour ces images-là. L'image, la vraie, est ce qui légitime le chasseur parce qu'elle lui prouve – mais à quel prix! – que le monde extérieur existe. Elle a toujours rapport à l'autre et à cette forme d'altérité maximale qu'est la mort.» Daney 2004, S. 441.

163 Dem Text ist nicht zu entnehmen, um welche Dokumentation es sich genau handelt. Daney führt allerdings verschiedene Kriegsschauplätze, den Vientamkrieg ebenso wie den Golfkrieg an.

164 «Was könnte denn im Kino das Reale sein? Nicht der Referent oder der Effekt des Realen [...], von dem Lacan sagt [...], daß es die Begegnung ist, die verfehlt [...] werden kann [..]. Das Reale ist: was nicht zweimal kommt, was nicht wiederkommt.» Daney 2000: *Von der Welt ins Bild*, S. 99.

der Konfrontation mit einer Realität, die als fremd erfahren wird. Dabei verweist er, wie Bergala in seinem Text zur Dokumentarfotografie «La pendule», auch auf die Instrumentalisierung und Vermarktung solcher anderen Bilder hin.[165]

In dem Zitat wird noch eine weitere Ebene angesprochen und zwar das Risiko, das dem Anspruch auf solche ‹authenthischen› Bilder zugrunde liegt. Die Qualität des Bildes als Zeuge setzt in diesem Fall das Wagnis des Kriegsreporters voraus, sich der gefährlichen Kriegsrealität und damit der Lebensgefahr auszusetzen. Daney hat diese potentielle Grausamkeit einer Ästhetik des Realen zwanzig Jahre zuvor in Bezug auf Bazins Diktum «Montage verboten» kritisch reflektiert. Dessen Forderung nach dem Film als ultimativen Zeugen impliziere – so Daneys Analyse damals – in letzter Konsequenz die Kopräsenz der Kamera mit dem Tod, da die Todesgefahr nicht in einer Montage simuliert werden dürfe, sondern in einer Einstellung bezeugt werden müsse.[166] Auch Bergala setzt sich mit dieser Problematik der Grausamkeit einer Ästhetik des Realen auseinander, wenn er in seiner Analyse einer Einstellung aus Abbas Kiarostamis THE PASSENGER (MOSSAFER, Iran 1974) die Frage aufwirft, ob der junge Hauptdarsteller vor der Kamera tatsächlich geschlagen oder die Prügel des Schulleiters nur simuliert wurde.[167]

An dem zuletzt angeführten Zitat lässt sich eine Verbindung zwischen Bazins Ästhetik des Realen, Barthes' *punctum* und der ‹Politik der Bilder› nachweisen, für die Daney den Begriff der Alterität verwendet. Es ist davon auszugehen, dass Bergalas Alteritätsbegriff von Daney beeinflusst ist, insbesondere, da er ihn in diesem Zusammenhang in *Kino als Kunst* zitiert. Dabei geht es jedoch nicht maßgeblich um die «äußerste Alterität» des Todes, von der Daney im oben genannten Zitat spricht, sondern vielmehr um eine Alterität des ‹Lebens›, um die «anderen Erfahrungsweisen», zu denen der Film Zugang vermittelt (Vgl. 4.2).[168] An anderer Stelle schreibt Daney dementsprechend in Bezug auf Kinofilme: «Ich habe immer vom Kino erwartet, dass es mir auch den Teil der Welt bietet, mit dessen Bewohnern ich – in meinem wirklichen Leben – nicht allzu viel Umgang habe.»[169] Die Konfrontation mit der Realität als Alterität bedeutet für ihn insbesondere die Begegnung mit anderen Menschen als fremde Gegenüber. Sie ist konstitutives Moment einer auch von Bergala in *Kino als Kunst* wortgleich formulierten, humanistischen

---

165 An anderer Stelle bringt Daney seine Definition des Bildes auch explizit mit dem dritten Sinn in Verbindung. Ebd., S. 82.

166 Serge Daney: Die Leinwand des Phantasmas. Bazin und die Tiere. In: Ders. 2000: *Von der Welt ins Bild*, S. 68–77, hier: S. 68–67.

167 Vgl. Alain Bergalas Einstellungsanalyse zu MOSSAFER in LE CINÉMA, UNE HISTOIRE DE PLANS. Transkription und Übersetzung des Dialogtexts auf www.kunst-der-vermittlung.de/dossiers/cinephilie-bergala/bergala-cinema-mossafer/ (22.12.2012).

168 Bergala 2006: *Kino als Kunst*, S. 70.

169 Daney 2000: *Von der Welt ins Bild*, S. 53.

Auffassung von Filmen als Medien, die einem ein «Zugehörigkeitsgefühl zur Menschheit» vermitteln können.[170] In dem oben zitierten Vortrag spricht Daney diese Dimension der Alterität ebenfalls an – diesmal in Bezug auf den Golfkrieg:[171]

> «Ich komme also auf diese Vorstellung vom Bild als ‹Bild des Anderen› zurück. Eines der ersten Bilder, die ‹Klick gemacht haben› in diesem seltsamen Krieg, war das Bild der von den Irakern gefangenen amerikanischen Piloten. Dieses Bild hat schockiert. Weniger, weil es die Genfer Konventionen verhöhnt hat, als vielmehr, weil es uns an die Existenz des menschlichen Gesichtes und an die wesentliche Rolle erinnert hat, die dieses in unserer Kultur spielt.»[172]

Mit der Betonung der Rolle des Gesichts bzw. Antlitzes verweist Daney hier implizit auf die phänomenologische Ethik von Emmanuel Lévinas. Lévinas hat im Hinblick auf den Holocaust und dessen kulturgeschichtlicher Bedingungen die Konzepte der Subjektivität und der Intersubjektivität in der westeuropäischen Philosophie kritisiert, da sie von der Identität oder Ähnlichkeit aller Menschen ausgehen und damit eine Norm des Menschseins als Bedingung für ethische Grundsätze voraussetzen. Stattdessen fordert er die prinzipielle Andersheit, die Alterität des anderen Menschen anzuerkennen und zum Ansatzpunkt für ethisches Handeln zu machen. An die Stelle von moralischen Normen, in deren Namen Verbrechen begangen werden können, da sie den Einzelnen von der Verantwortung gegenüber dem Anderen entlasten, setzt Levinas die Verantwortung, die aus der Beziehung des Einzelnen zum Anderen erwächst. Die Alterität des anderen Menschen verkörpert sich dabei in seinem Gesicht, dessen Fremdheit und Verletzlichkeit einen ethischen Appell an das Ich artikuliert: «du tötest mich nicht».[173]

Daney zufolge birgt das Medium Film die Möglichkeit, diese Alterität des Gesichtes zu enthüllen, oder sie umgekehrt durch Fantasien des Eigenen und des Anderen zu kontrollieren, sich anzueignen, zu verstellen. Daraus leitet sich eine Ethik der Bilder ab, die durch ein Zeigen von Alterität, im Sinne von Lévinas, an die Verantwortung des Einzelnen appellieren können. Dieses Potential des Filmes, ein menschliches Gesicht als Alterität zu zeigen, wird laut Daney wesentlich durch die Haltung bedingt, die der Regisseur gegenüber den gefilmten Menschen einnimmt. Während das «Visuelle» im Dokumentar- wie im Spielfilm versuche, diese einer kommuni-

---

170 Daney 2000: *Im Verborgenen*, S. 37.

171 Daney bezieht sich vermutlich auf den zweiten Golfkrieg, der 1990/1991 nach dem Einmarschieren von Truppen Saddam Husseins in Kuwait stattfand.

172 «Je reviens donc à cette idée d'image comme ‹image de l'autre›. L'une des premières images qui aient ‹fait tilt› dans cette drôle de guerre, c'est celle des pilotes américains prisonniers des Irakiens. Cette image a choqué. Moins parce qu'elle bafouaient les conventions de Genève que parce qu'elle nous a rappelé l'existence du *visage humain* et du rôle essentiel qu'il joue dans notre culture.» Daney 2004, S. 442.

173 Siehe Emmanuel Lévinas: *Entre nous. Essais sur le penser-à-l'autre.* Paris, 1991, S.184–187 (1985).

kativen oder auch narrativen Logik zu unterwerfen, zeichne sich das «Bild» durch Respekt vor ihrer Singularität aus und stelle sich in den Dienst des Realen.[174] So fordert Daney von Filmemachern eine ethische Haltung, die das Anderssein respektiert:

> «Ich nenne also ‹visuell› das Schauspiel eines Sängers, der Playback singt, weil es nichts anderes tut, als die Macht des Fernsehens über den Sänger zu demonstrieren, während es ein Bild wäre, wenn der Sänger für das Fernsehen ein ‹Anderer› wäre, dem man zurückgeben muss, was ihm gehört: seine Stimme, seine Arbeit als Sänger.»[175]

Die Alterität des Bildes ist für Daney ein ethisches und ein ästhetisches Problem, das Pigoullié auf die griffige Formel bringt: «du respektierst, was Du filmst.»[176] Daney überträgt die von der ersten und zweiten Generation der *Cahiers du cinéma* formulierte Moral der Form, derzufolge sich die ethische Haltung eines Regisseurs in der Art zu Filmen zeigt, auf das Fernsehen (Vgl. 2.2). Bergalas Schaffensästhetik, die eine intersubjektive Beziehung zwischen Regisseur und Realität bzw. Schauspieler voraussetzt, entspricht diesem ethischen Prinzip (Vgl. 5.2). Das medienspezifische Potential des Kinos mit der Realität als Alterität zu konfrontieren, anstatt diese zu ersetzen, zu assimilieren, erweist sich daher auch oder gerade mit Blick auf neue Medien als eine ethische Herausforderung.

Während Bazin und Rivette diese Ethik vor allem in Bezug auf die Einstellung – als ‹Haltung› zur Welt – formulieren, bezieht Daney sie auch auf die Montagetechnik. Nicht nur wie eine Einstellung gefilmt ist, sondern auch was in der Montage miteinander verknüpft wird, ist eine Frage der Politik der Bilder. Alterität zu respektieren, bedeutet für Daney auch, dass im Film kein geschlossener Raum erzeugt wird, sondern dass vielmehr ein Raum geöffnet wird, der auch das Nichtsichtbare, die andere Seite, die Gegenseite als Möglichkeit gelten lässt. Er assoziiert in diesem Zusammenhang das Prinzip des Schuss-Gegenschusses mit der Kriegsrealität, die durch die Konfrontation von Völkern, Perspektiven, ‹Wahrheiten› gekennzeichnet ist. Das Bild, so seine Forderung, muss auch von der anderen Seite, von der Perspektive des Kontrahenten zeugen:

> «Man müsste sich immer die Frage stellen, welche möglichen *Gegenschüsse* es zu dem Bild, das man sieht, gibt und welcher der beste Gegenschuss ist. Godard, der (zumindest für mich) immer der beste Ratgeber in diesen Din-

---

174 Vgl. auch Daneys Anmerkungen zum Schauspieler im Film in «Tagebuch des neuen Jahres». In: Ders. 2000: *Von der Welt ins Bild*, S. 50ff.
175 «J'appelle donc ‹visuel› le spectacle d'un chanteur en play-back puisqu'il ne fait que vérifier le pouvoir de la télévision sur le chanteur, alors que ce serait de l'image si, pour la television, le chanteur était un ‹autre› à quoi on doit rendre ce qui lui appartient: sa voix, son travail de chanteur.» Daney 2004, S. 442.
176 «[…] tu respecteras ce que tu filmes […].» Pigoullié, S. 74.

gen ist, würde sagen: Mit welchem anderen Bild *würden Sie* dieses zusammen *zeigen*, um damit den ersten Zipfel einer Idee zu haben? Dennoch ist die Montage etwas anderes als die Auflösung oder die Programmierung, Montage, das ist die Art und Weise wie Sie, als zukünftige Regisseure, sich der Idee der Alterität stellen: dem anderen Raum (den man *Off* nennt), dem anderen Blickfeld (das man ‹Gegenschuss› nennt), dem anderen Menschen (den man Feind nennt). Diese Dialektik ist der Preis des Kinos. Und was ist der Reflex eines Cinephilen? Dass man sehr schnell spürt, *dass es im Fernsehen keine Einstellungen vom bombardierten Bagdad gibt.*»[177]

Daneys bittere Schlussfolgerung aus seinem Selbstversuch als cinephiler Fernsehzuschauer lautet: Zwar können im Fernsehen auch «Bilder» auftauchen, die den Zuschauer mit Alterität konfrontieren und aus der Bequemlichkeit seines Daseins aufschrecken. Aber in der Mehrheit dominiere dort eine geschlossene Bilderwelt des Visuellen, die den Zuschauer im Gewohnten bestätige und nicht über sich hinausweise, nicht mit der Alterität, d.h. mit der Möglichkeit eines Jenseits des Sichtbaren, des eigenen Horizonts konfrontiere.

Daney behauptet dabei eine signifikante Differenz zwischen Fernseh- und Kinoästhetik, die er in einem anderen Text auf die vom jeweiligen Dispositiv induzierte Zuschauerhaltung zurückführt. Auf der einen Seite ist da der ungeduldig zappende Fernsehzuschauer vor dem heimischen Bildschirm, seine Aufmerksamkeit bleibt nur an zeichenhafter Bildern, an schnell erfassbaren Botschaften und Informationen haften. Auf der anderen Seite lässt sich der Kinozuschauer vor der großen Leinwand im dunklen Kinosaal auf die andere Welt des Films, auf eine ‹unerhörte› Erfahrung ein und kann – im Sinne von Schefer – davon erschüttert, verändert werden (Vgl. 4.2):[178]

«Ein Cinephiler denkt immer, dass er von einem Film destabilisiert wird, daß sein Platz als Zuschauer nicht unwandelbar ist. Ein Telephiler hingegen bleibt

---

177 «On devrait toujours se poser la question des *contrechamps* possibles de l'image qu'on voit et du meilleur de ces *contrechamps*, Godard, qui est toujours le meilleur guide pour ce genre de choses (en tout cas, le mien), dirait: avec quelle autre image *montreriez-vous* celle-là afin d'avoir le début de la queue d'une idée? Le montage, quand même, c'est autre chose que le découpage ou la programmation, le montage, c'est la façon dont vous, futures cinéastes, vous vous mesurez à cette idée de l'altérité: l'autre espace (celui qu'on appelle *off*), l'autre champ (qu'on appelle ‹contre›), l'autre homme (qu'on appelle ennemi). C'est cette dialectique-là qui fait le prix du cinéma. Et c'est quoi, un reflexe de cinéphile? C'est sentir, très vite, *qu'il n'y a pas à la télé de plans de Bagdad bombardée.*» Daney 2004, S. 443.
178 Dieses Phänomen beschreibt Daney an anderer Stelle auch mit der Opposition von starren und bewegten Bildern: Gegenüber dem immer beweglicher werdenden (von Programm zu Programm zappenden) Zuschauer, so seine These, erstarren die Bilder: das Mainstreamkino «[ist] in ein Stadium nach der Werbung eingetreten […]. Es beerbt vorgefertigte Bilder, Stereotypen, einsatzbereite Abzüge, kurz: starre Bilder.» Daney 2000: *Von der Welt ins Bild*, S. 272.

Ästhetik

immer in derselben Entfernung vom Apparat, gut platziert, um reine Information anzuhäufen, und nicht sehr mitgerissen. Sobald man vom Dispositiv des Films destabilisiert wird, geraten alle Gewißheiten ins Wanken, man weiß nicht mehr, wer man ist, wo man ist und was man weiß.»[179]

Die Gegenüberstellung von Visuellem und Bild, von Fernsehen und Kino führt Daney auch zu der Feststellung, dass das Visuelle eine kollektive Äußerung sei, in dem sich das Wir eines «Massenindividualismus» artikuliere und das keinen Raum für eine andere, eine individuelle Äußerung lasse, wie sie die Moderne in das Kino eingeführt habe.[180] Im Visuellen ist neben der Alterität auch kein Platz für die individuelle Stimme des Regisseurs. Diese massive Kritik am Fernsehen wird von unerwarteter Seite geteilt, und zwar von Bourdieu in seinen 1996 erschienen populärwissenschaftlichen Beiträgen *Über das Fernsehen*. Bourdieu argumentiert darin u.a., dass die starke Institutionalisierung des Fernsehens und der (selbst auferlegte) Konkurrenzdruck der Medien Homogenität statt Vielfalt produziere, dass der Druck der Einschaltquoten zu einer Ökonomisierung des gesamten kulturellen Feldes führe und dass insbesondere der Zeitdruck, der im Fernsehen kultiviert wird, nur die Reproduktion von Gemeinplätzen zulasse.[181]

Anhand der Gegensätze Bild und Visuelles, Kino und Fernsehen formuliert Daney eine Ästhetik der Alterität, die an Bazins Ästhetik des Realen und den von der ersten Generationen der *Cahiers du cinéma* radikalisierten ethischen Anspruch an das Kino anknüpft und diese aktualisiert. Der Begriff der Alterität wird von ihm einer filmspezifischen Ästhetik zugewiesen, die auch Züge von Barthes' Rezeptionsästhetik trägt. Vor diesem Hintergrund erweist sich Bergalas Schaffensästhetik als Pendant zu der von ihm geforderten Ästhetik der Alterität und erhält eine dezidierter politische und ethische Dimension. Die von Bergala in *Kino als Kunst* strategisch geforderte Differenzierung zwischen dem Kino als ‹gutem Objekt› und dem Fernsehen als ‹schlechtem Objekt› scheint an Daneys polarisierende Medienkritik anzuschließen. Beiden geht es dabei auch um eine Gegenüberstellung von zwei Mediennutzungs- und Rezeptionsweisen, die sich in dem bereits diskutierten Gegensatz von Kommunikation und ästhetischer Er-

---

179 Ebd., S. 160.
180 Daney 2004, S. 444.
181 Bourdieu stellt auch fest, dass gerade das Fernsehen von der Sprache dominiert sei – eine These die sich mit Bergalas Kritik an dem Kommunikationssystem Fernsehen deckt. «Nun lautet ja der Grundsatz aller Kommunikation, sei es eine Rede, ein Buch oder eine Fernsehbotschaft, ob die Voraussetzungen des Verständnisses erfüllt sind: Verfügt der Hörer über den Code, mit dem er dekodieren kann, was ich sage? Wenn Sie einen ‹Gemeinplatz› von sich geben, ist das Problem von vornehrein gelöst. Die Kommunikation gelingt augenblicklich, weil sie in gewisser Hinsicht gar nicht stattfindet.» Bourdieu 1998, S. 39.

fahrung wiederfindet (Vgl. 2.2). Mit Blick auf die heutige Medienlandschaft stellt sich die Frage, inwiefern sich die Haltung des zappenden Fernsehzuschauers in der Internetnutzung wiederfindet oder sogar verstärkt wird, und inwiefern die DVD und das Heimkino an Sehgewohnheiten anknüpft, die Daney dem Kinozuschauer zuschreibt. Läßt die in beiden Fällen leichtere Aneignung der Medien durch den Zuschauer noch Raum für eine Konfrontation mit Alterität? Oder braucht es hierfür, auch heute noch, das Kino?

5.3.2 Kino als Alterität, Kino als Massenmedium

Diese Alterität der Bilder suchte Daney jedoch nicht nur im Fernsehen, sondern auch im zeitgenössischen Kino der 1980er Jahre. Mit seinen ehemaligen Kollegen bei den *Cahiers du cinéma* teilte er die Kritik an dem Autorenfilm als Marke und insbesondere die Ablehnung gegenüber der jungen Generation französischer Filmemacher, wie Luc Besson, Jean-Jacques Beineix, Leos Carax, die versuchten, ein den Hollywood-Blockbustern ebenbürtiges Kino der visuellen Effekte zu produzieren. An dieser Kritik soll abschließend der größere Kontext der historischen und zeitgenössichen Debatten in den *Cahiers du cinéma* angedeutet werden, innerhalb derer sich Daneys Ästhetik der Alterität und Bergalas Schaffensästhetik positionieren.[182]

In «Zehn Kinojahre, sechs Fluchtlinien» und anderen in *Von der Welt ins Bild* gesammelten Texten greift Daney auf die Opposition zwischen Bild und Visuellem zurück, um die Ästhetik des französischen Kinos der 1980er Jahre rückblickend wie folgt zu kommentieren:[183]

> «Die Aufzeichnung stellt keinen ‹Beweis› mehr dar, sie halluziniert. Kein Wunder also, wenn diejenigen, die zu Beginn dieses Jahrzehnts mit dem Filmemachen anfingen, mit dem Wunsch, ein Publikum in den Griff zu bekommen, und zu behalten, weniger als die Älteren der Vorstellung anhingen, dass das Bild einen ‹letzten Schutz angesichts des Realen› bilden könnte. Ebensowenig erstaunt es, dass sie sich an die – im Grunde barocke – Idee gewöhnt haben, dass jedwedes Bild auf ein Reales nur vermittelt über ein anderes Bild verweist (das somit die Rolle des ‹Pseudo-Realen› spielt). Anders gesagt, hat das Kino begonnen, von sich selbst zu zehren, sich zu zitieren, sich besuchen zu lassen, wie ein Tempel, ein Dachboden oder ein Effekte-Katalog.»[184]

---

182 Daney hatte die *Cahiers du cinéma* zwar Anfang der 1980er Jahre verlassen, die hier zitierten Artikel und Interviews beziehen sich dennoch auf die Debatten in den *Cahiers du cinéma*. Vgl. Bickerton, S. 135ff.
183 Daney 2000: *Von der Welt ins Bild*, S. 25.
184 Ebd., S. 23.

Der Begriff des Visuellen bezeichnet hier ein von der Werbe- und Clipästhetik geprägtes, «vampirisiertes»[185] Kino, das sich von der Auseinandersetzung mit der Realität, die das moderne europäische Kino der Nachkriegszeit ausgezeichnet hat, abwendet und einen betont künstlichen Stil wählt.[186] Statt einer bewussten Auseinandersetzung mit filmgeschichtlichen Vorbildern kennzeichne diese Filme, das Kino der Effekte, ein unbefangenes Zitieren des film- und mediengeschichtlichen Bilderrepertoires, dessen es sich zwanglos und in gewisser Weise gedächtnislos bediene. Mit den Worten von Pigoullié: «Daneys Bilanz ist apokalyptisch: Die Werbung ist zum Referenten des Kinos geworden [...]».[187]

Diese Kritik wurde auch von Redakteuren der *Cahiers du cinéma*, insbesondere Bergala geteilt, der darin in Anlehnung an die kunstgeschichtliche Epochenbildung vor allem ein postmodernes Phänomen sah.[188] In verschiedenen Artikeln setzte sich er mit dem Manierismus des damals zeitgenössischen Kinos auseinander, dessen ekklektizistische Ästhetik er – ähnlich wie Daney – auf die durch das Fernsehen geänderten Sehgewohnheiten zurückführte.[189] Zugleich stellte er sich in diesem Zusammen auch bereits den für ihn zentral bleibenden Fragen nach dem Realen und der Singularität in Filmen, die er in einem anderen Kino, beispielsweise in den Filmen von Johan van der Keuken verwirklicht fand.[190] Ein Echo auf diese ästhetische Debatte findet sich noch in *Kino als Kunst*, wenn Bergala die geschichtliche Amnesie der zeitgenössischen Medien anprangert und demgegenüber die *filiation*, die Einflussbeziehungen zwischen Regisseuren, herausstellt.[191]

Anders als Bergala deutet Daney den manieristischen Stil als Rückschritt zu einem Kino vor der Moderne:

> «So waren wir parallel zu den halluzinierenden Aporien eines Kinos des ‹direct› und der rohen Erfahrung auch Zeugen einer ganzen Reihe angstvoller

---

185 Pigoullié, S. 24.
186 Diese Analyse wurde nicht nur im Rahmen der französischen Filmkritik formuliert. Auch der amerikanische Filmwissenschaftler David Bordwell verweist darauf, dass die komplexe Inszenierung von Einstellungen in den letzten 40 Jahren von einem schnellen Montagestil verdrängt wurde, der von Fernsehen und Werbeclip beeinflusst ist. Er verweist zudem noch auf einen anderen Einflussfaktor: die Verbreitung des Action-Kinos, das vor allem auf visuelle Reize und Effekte zielt. David Bordwell: *Visual Style in Cinema. Vier Kapitel Filmgeschichte.* Frankfurt am Main, 2006, S. 169ff.
187 Pigoullié, S. 24.
188 Alain Bergala: D'une certaine manière. In: Antoine de Baecque (Hg.): *Théories du cinéma.* Paris, 2001 (Orig 1985), S. 156–165, hier 164. Vgl. Bickerton, S. 135.
189 Bergala differenziert in diesem Zusammenhang allerdings zwischen Regisseuren, wie Wim Wenders und Jim Jarmush, die sich um eine eigene Position im Umgang mit der Filmgeschichte bemühen, und denen, die der zeitgenössischen Mode folgend, inflationär und unreflektiert zitieren. Siehe Bergala 2001: D'une certaine manière und Bergala 1983: Le vrai, le faux, le factice.
190 Bergala 1982.
191 Bergala 2006: *Kino als Kunst*, S. 67.

Rückzüge: zurück zum Studio und zu den Bauten, zurück zu Licht und Schatten, zum Schauspiel im Leeren, zum ausgeschriebenen Dialog, zur Arbeitsteilung, zu Carné und hinter verschlossene Türen.»[192]

Daney spielt damit auf die Überwindung der Studioästhetik des klassischen Hollywoodkinos durch den Neorealismus und die Nouvelle Vague an. Darüberhinaus bezieht er sich auf die von den *Cahiers du cinéma* in den 1950er Jahren geführte Auseinandersetzung um das französische Kino der «Qualité française», des poetischen Realismus von Marcel Carné, René Clair, Georges Clouzot und anderen. [193]

Die sogenannten *jeunes turcs* übten damals – unter Federführung von François Truffaut – heftige Kritik an «Papas Kino», dem sie seinen ‹falschen› Realismus und seine zynische Weltanschauung vorwarfen. Dieses Kino fand für sie keine Antwort auf die historische Realität des soeben zu Ende gegangenen Krieges und entsprach auch nicht dem Lebensgefühl der jungen Nachkriegsgeneration. Die von Truffaut in seinem berühmt-berüchtigten Artikel «Une certaine tendance du cinéma français» formulierte Polemik richtete sich insbesondere gegen die Dominanz der Literaturadaptation, einer vom literarischen Stoff und Drehbuch bestimmten Ästhetik,[194] und gegen «die überlegene Haltung dessen, der intelligenter bleibt als seine eigenen Figuren».[195] Die ‹Antwort› seiner Generation auf diesen als verlogen empfundenen poetischen Realismus, der vor allem auf der glaubhaften Konstruktion der Geschichten und der Psychologie der Figuren beruhte, war es schließlich, eigene Filme «[…] auf der Straße zu drehen, dort nicht nur zueinander passende Einstellungen aufzunehmen, sondern das Leben selbst».[196]

An Daneys Ausführungen lässt sich nachvollziehen, wie Aspekte dieser Auseinandersetzung in den Debatten der 1980er Jahre aufgegriffen wurden, um die Ästhetik der Moderne gegen ein neues Kino der visuellen Effekte zu verteidigen. Truffauts Kritik an der Macht der Drehbuchautoren kehrte in einer Debatte um Nutzen und Schaden des *storyboards* wieder.[197] Es ging dabei um Fragen, die auch Bergala beim Entwurf der Schaffensästhetik aufgreift: Wie entscheidend ist der Drehprozess für die spezifische Ästhetik eines Films? Wird diese von der

---

192 Daney 2000: *Von der Welt ins Bild*, S. 24, auch S. 142.
193 Hier klingt auch der von André Bazin bereits in den 1950er Jahren formulierte Gegensatz zwischen Regisseuren, «die an das Bild, und andere die an die Realität glauben» an. Bazin 2004, S. 94.
194 De Baecque 2003, S. 143.
195 «[…] il faut décrire cette bassesse avec l'air supérieur de celui qui demeure plus intelligent que ses propres personnages […]». François Truffaut zitiert nach de Baecque 2003, S. 140.
196 «Dans ces notes critique [de François Truffaut], on découvre […] l'initiation lancée en direction des nouveaux cinéastes de tourner dans la rue, d'y enregistrer, non plus des plans de raccords mais la vie elle-même, […].» Ebd., S. 146.
197 Daney 2000: *Von der Welt ins Bild*, S. 24.

Konzeptionsphase des Films bestimmt? Sind Stoffentwicklung, Drehbuch, *story-board* entscheidend? Oder ist die Filmästhetik vielmehr wesentlich vom Prozess des Drehens und seinen Unwägbarkeiten bestimmt – wie es Truffaut und seine Mitstreiter behaupteten? So verzichteten die Regisseure der Nouvelle Vague z.T. vollkommen auf ein ausformuliertes Drehbuch und entschieden – wie beispielsweise Godard – von Tag zu Tag am Set über die Dialoge.

In Daneys Forderung nach einem Respekt vor dem Bild des Anderen taucht draüberhinaus auch Truffaits Kritik an der herablassenden Haltung der älteren Regiegeneration gegenüber ihren Figuren wieder auf (Vgl. 1.1):

> «Ich werde nach meinen Wünschen einen Figurenschutzverein berufen, der ein wenig darüber wacht, dass den Celluloid-Wesen ein Minimum an Komplexität, Autonomie, Unklarheit – kurz Alterität, garantiert wird.» [198]

Gerade die Filme der Nouvelle Vague kennzeichnete – wie bereits in der Analyse von DIE GESCHICHTE DER NANA S. deutlich wurde – ein anderer Umgang mit den Schauspielern, die ganz im Sinne Bazins nicht mehr nur eine Rolle spielen, sondern im Film existieren, die die Filme durch ihre Eigenheiten und ihren Körper prägten.[199] Mit diesem anderen, intersubjektiven Verhältnis zwischen Regie und Schauspieler hat sich Bergala in seinen Schaffensanalysen befasst. In *Kino als Kunst* schlägt er mit Blick auf den Schaffensprozess im Unterricht dementsprechend vor, eher einen Ausschnitt aus einem Langfilm, statt einen Kurzfilm zu drehen, weil dies ermögliche, den Figuren eine größere Tiefe und Lebendigkeit zu verleihen.[200]

Zielte in den 1950er Jahren die Polemik gegen das Kino der Drehbuchautoren und die Deklaration der *mise en scène* als wesentliches Moment des filmischen Schaffens auf die Aufwertung des Regisseurs zum wahren Autor des Films, so wird diese Autorenpolitik in den 1980er Jahren selbst zum Gegenstand der Kritik. Daney wendet sich wie auch Bergala und andere Redakteure der *Cahiers du cinéma*[201] gegen die inflationäre Verwendung bzw. kommerzielle Entleerung des Autorenbegriffs, eine Entwicklung, die Godard bereits in den 1960er Jahren vorausgesehen hat.[202] Dem Autor als Signatur eines Serienproduktes setzt er den Regisseur als «Dissidenten» entgegen:

---

198 «J'appelai de mes vœux une S.P.P., une ‹société protectrice des personnages›, qui veille un peu à ce qu'il soit garanti à ces êtres de celluloid un minimum de complexité, d'autonomie, d'opacité – bref: d'altérité.» Daney zitiert nach Pigoullié, S. 75.
199 Vgl. de Baecque 2003, S, 289. Daney 2000: *Von der Welt ins Bild*, S. 51. Siehe auch Bergalas filmvermittelnden Film zum Schauspieler im modernen Kino L'ACTEUR DANS LE CINÉMA MODERNE auf der DVD L'ACTEUR AU CINÉMA.
200 Bergala 2006: *Kino als Kunst*, S. 109 u. 124.
201 Bickerton, S. 133.
202 Ebd.

«Die seinerseits polemische Hypothese einer ‹Politik der Autoren› (*Cahiers du cinéma*, 50er Jahre) hat in einem solchen Maße triumphiert, daß sie das Wort seines Sinns entleert hat. Anstatt die (bewusst radikale und romantische) Dissidenz *innerhalb* eines noch soliden Systems zu bezeichnen (ob man Bresson, Kubrick, Welles oder Tarkovskij denkt), verweist das Wort ‹Autor› nur darauf, dass das Produkt ein ‹personifiziertes› ist, was nicht heißt, daß es deshalb ein ‹persönliches› ist.»[203]

Die ethische Forderung nach einer Alterität der Bilder findet somit ihre Entsprechung in der Forderung nach dem «Widerstand» eines Regisseurs innerhalb des dominierenden Produktions- und Kommunikationssystems. Die von Bergala in seiner Schaffensästhetik beschriebene verkörperte Individualität des Regisseurs, wird bei Daney zu einer Frage der ethischen Haltung. Die ästhetische Kategorie des Widerstands erhält bei ihm gerade in Bezug auf das Kino eine grundsätzliche politische Dimension: «So ist in seinem Diskurs zunächst punktuell, gegen Ende des Jahrzehnts stärker insistierend, die Idee aufgetaucht, dass das Kino vor allem dazu da ist, Widerstand zu leisten.»[204]

5.4 Fazit: Der Widerstand des Kunstwerks und der zweite Blick des Cinephilen

Die von Bergala in *Kino als Kunst* (und anderen Texten) nur fragmentarisch formulierte Filmästhetik kann mit Bazin, Barthes und Daney als ein theoretischer Gesamtzusammenhang verstanden werden. Die Ästhetik des Schaffensprozesses erweist sich als Pendant zur Ästhetik der Alterität, die mit Bazin und Barthes vor allem auf den Aspekt des Realen, mit Daney auf den des Politischen untersucht werden konnte. Die Begriffe der Alterität und des Widerstands bedingen einander und zeugen von der Überlagerung eines allgemeinen ästhetischen Diskurses mit einem spezifisch filmästhetischen Diskurs. Dabei ist die Doppelbedeutung des französischen *résistance* – als Trägheitskraft von Körpern und als widerständige Aktivität von Individuen richtungsweisend. Denn Bergala verwendet diesen Begriff in Bezug auf die Widerständigkeit des Realen vor der Kamera, auf die negativen Impulse des Schaffenden und die Sperrigkeit des Kunstwerks für den Rezipienten.

---

203 Daney 2000: *Von der Welt ins Bild*, S. 30.
204 Ainsi, est apparue dans son discours d'abord en pointillé puis de façon plus insistante à la fin de la décennie, l'idée que le cinéma sert avant tout à résister.» Pigoullié 2006, S. 23. Vgl. Blümlinger, S. 10.

Laut Rancière wird die Erfahrung des Widerstands gegenüber bestehenden Ordnungen (der Kommunikation) in ästhetischen Diskursen ganz grundsätzlich als ein Wesensmerkmal der Kunst postuliert: «Der Widerstand des Werkes ist nicht die Rettung der Politik durch die Kunst. Er ist nicht die Imitation oder Antizipation durch die Kunst. Er ist genau ihre Einheit. Die Kunst *ist* Politik.»[205] Der von Kristeva und Barthes entwickelte Begriff des Semiotischen bezeichnet in diesem Sinne ein die symbolische Ordnung in Frage stellendes, *negatives* Prinzip:

> «Das Semiotische ist fließend und vielfältig, eine Art lustvolles, kreatives Überschreiten der gesellschaftlichen Bedeutungen und es findet in der Zerstörung oder Negierung solcher Zeichen ein sadistisches Vergnügen. Es steht allen festgelegten, transzendentalen Bedeutungen konträr gegenüber; und da die Ideologien der modernen männerbeherrschten Klassengesellschaft in ihrer Macht von solchen festen Zeichen (Gott, Vater, Staat, Ordnung, Eigentum) abhängig sind, wird diese Literatur im Bereich der Sprache zu einer Art Entsprechung zur Revolution in der politischen Sphäre.»[206]

Barthes' spezifische Ausformulierung dieser Ästhetik des Widerstands betrifft vor allem das Material und den Körper: Die Materialität der ästhetischen Form, sowie der in der Fotografie aufgezeichneten Objekte und die Körperlichkeit des Rezipienten entwickeln nach seiner Lesart einen *Eigensinn* gegenüber Diskurs, Kommunikation, Zeichen. Diesen Aspekt der singulären und daher widerständigen Körper stellt auch Bergala in seiner Ästhetik des Schaffensprozesses in den Mittelpunkt, wobei die Negativität, die triebhaften Impulse des Regisseurs in den Vordergrund rücken. Indem er den Blick vom Rezeptions- auf den Schaffensprozess verschiebt, beschreibt er gewissermaßen die Produktionsvoraussetzungen für die von Barthes beschriebene individuelle Affizierung des Zuschauers.

Mit der von Daney formulierten Ästhetik der Alterität erhält das Prinzip des Widerstands eine explizite politische Dimension. Er entwickelt damit Bazins Ästhetik des Realen und die Moral der Ästhetik von dessen ‹Schülern› Truffaut, Godard, Rivette weiter. Hatte Bazin festgestellt, dass der Realismus eines Films sich nicht nur an seinem Sujet bemißt, sondern auch eine Frage der Form sei (der Art und Weise *wie* etwas erzählt und gefilmt wird), so trat die jüngere Kritiker-Generation der *Cahiers du cinéma* mit der Behauptung an, dass die Form wesentlich den Inhalt bestimme und dass die Form nicht nur eine Frage des «Realismus», sondern ganz grundlegend eine Frage der ethischen Haltung des Regisseurs zu seinem Gegenstand sei. Daney wiederum überträgt die Ethik der Bilder auf die

---

205 Rancière 2008, S. 13.
206 Eagleton, S. 180f.

zeitgenössische Medienlandschaft der 1980er Jahre und fordert den Respekt vor der Alterität des Aufgezeichneten. Er beschreibt mediale Phänomene, die auch die folgenden Jahrzehnte bis heute prägen, und beweist damit die ungebrochene Relevanz dieser ethischen und ästhetischen Maßstäbe. Gerade die Wiederaufnahme der Auseinandersetzung um die Ethik der Bilder der 1950er und 1960er Jahre in den 1980er Jahren zeigt, dass es sich hierbei um prinzipielle Fragen im Umgang mit fotografischen Bildern handelt, die sich jederzeit stellen werden.

Die von Bergala beschriebene Schaffensästhetik schließt einerseits an den Diskurs um die Ethik der Form an, andererseits erweist sie sich auch als ein Pendant zur cinephilen Rezeptionshaltung. Wie ich gezeigt habe, hat die cinephile Filmwahrnehmung signifikante Ähnlichkeiten mit Barthes Rezeptionsästhetik der Fotografie und des Filmstandbilds. Dies lässt sich am deutlichsten an der Liebe zum beiläufigen Detail oder cinephilen Moment erkennen, der den Betrachter subjektiv-körperlich anspricht (Vgl. 3). Keathley bezeichnet diese Faszination für das Detail mit Verweis auf Kaja Silvermann auch als einen produktiven Blick, der von einem «Appetit nach Alterität» gelenkt sei: «While culture works to determine how subjects can look and what can be seen or shown, the productive look attempts to see independently of these controlling processes».[207] Insofern zielt eine cinephile Filmvermittlung auch auf die Freilegung bzw. Ausbildung eines solchen ‹zweiten Blicks›, der sich der Strukturierung durch kulturell etablierte Sehgewohnheiten und Klassifikationsschemata zumindest partiell zu entziehen vermag und der die Haltungen hinter den ästhetischen Formen aufspürt.

---

207 «Driven by ‹an appetite for alterity›, Silverman writes, productive cinematic lookers are drawn to those moments or places that lie outside of, exceed, or are marginal to the ‹given-to-be-seen› of the film at hand.» Keathley, S. 42.

6. Vermittlung

Nachdem in den vorangangenen Kapiteln die theoretischen Voraussetzungen von Bergalas Vermittlungsansatz im Mittelpunkt standen, soll es im Folgenden um die konkrete Unterrichtssituation gehen: Wie kann das Anliegen einer ästhetischen Bildung im Unterricht verwirklicht werden? Wie kann der Vermittlungsprozess als eine intersubjektive Beziehung gestaltet werden? Wie kann die spezifische Ästhetik des Films im Unterricht Berücksichtigung finden und diesen bereichern?

Bergala hat sich bereits 1975 in seiner ersten pädagogischen Veröffentlichung *Pour une pédagogie de l'audiovisuel* ausführlich mit der Frage der Unterrichtssituation auseinandergesetzt und das in *Kino als Kunst* vorgestellte cinephile Vermittlungskonzept über die Jahre hinweg kontinuierlich entwickelt. Der Wechsel von der semiologischen zur cinephilen Phase bringt eine fundamentale Verschiebung im Verständnis des Gegenstands und des Subjekts mit sich. Was die Überlegungen zur Unterrichtssituation betrifft, gibt es jedoch in allen Schriften auffallende Parallelen. Dies entspricht Bergalas praxisorientiertem Vorgehen: In jeder seiner pädagogischen Schriften setzt er bei der Analyse der konkreten Situation an, um diese theoretisch zu reflektieren. Die frühen Texte zeugen dabei stärker als *Kino als Kunst* von seiner eigenen Erfahrung in der schulischen Filmvermittlung. An diesen Texten kann nachvollzogen werden, wie sich Grundgedanken zur Vermittlung in der Praxis herauskristallisiert haben, bevor Bergala sie in den cinephilen Schriften (anders) konzeptionalisiert hat. Zunächst werde ich daher die Entwicklung von Bergalas Vermittlungskonzept chronologisch skizzieren. Im Anschluss folgt dann – vor allem unter Bezugnahme auf *Kino als Kunst* – eine systematische Diskussion wesentlicher Aspekte dieses Ansatzes: die Dreiecksbeziehung im Unterricht, der Lehrende als *passeur*, die Ethik der Alterität und die Strategien der Vermittlung.

6.1 Erprobungen in der Praxis

6.1.1 Gegen eine Dominanz der Codes

Mitte der 1970er Jahre war Bergala als Medienpädagoge an einem schulischen Reformprojekt in Yerres beteiligt, das er in seiner ersten pädagogischen Schrift *Pour une pédagogie de l'audiovisuel* dokumentiert (Vgl. 1.3).[1] Darin formulierte er eine Kritik an der von der Schule vorgegebenen Unterrichtssituation, die sich an Bourdieus soziologische Institutionskritik anlehnt (Vgl. 2). Er stellt fest, dass in dem gewohnten «face-à-face» (dt. «Gegenüber») von Lehrern und Schülern innerhalb der «geschlossenen Gesellschaft» der Klasse eine von schulischen Normen geprägte Beziehung dominiert.[2] Diese sei von unausgesprochenen ästhetischen und ethischen Wertmaßstäben geprägt, die dem Streben der Schule nach kultureller Legitimität entsprächen und die soziale Distinktion verschärften. Zudem etabliere die Pflicht zur Benotung und Selektion der Schüler zwangsläufig eine Hierarchie in der Klasse. Auch Lehrende, die diese Mechanismen selbstkritisch reflektieren, könnten sich der Dominanz dieser Strukturen letztlich nicht entziehen.

Diese eingefahrene «duale» Beziehung zwischen Lehrern und Schülern kann laut Bergala durch die Gegenwart von Dritten – externen Medienfachleuten – in der Schule produktiv gestört werden.[3] Ganz im Sinne der Ideologiekritik räumt er in diesem Zusammenhang zwar ein, dass auch der Dritte, als Vertreter des kulturellen Feldes, potentiell ideologische Werte und Normen vertrete. Er betont jedoch vor allem dessen (strategische) Funktion als fremdartiger Impulsgeber im schulischen Alltag:

«Aufgrund seiner Außenstellung kann der Referent [frz. animateur] wirklich andere Kriterien, Werte, Normen vertreten, als diejenigen, die von der Institution Schule verbreitet werden. Denn sein Wertesystem ist nicht in letzter Instanz der Selektion von Schülern unterworfen: Er benotet niemanden, er entscheidet nicht über die Versetzung in höhere Klassen und hat nicht Teil an der Hierarchisierung der Schüler. Er begegnet also nicht denselben institutionellen Widersprüchen wie der Lehrer, der, wie reflektiert er auch sein mag, in

---

1 An dem Projekt waren mehrere Lehrer und Klassen sowie zwei Medienpädagogen beteiligt. Die Gruppe der Erwachsenen hat sich regelmäßig getroffen, um sich zu beraten. Insbesondere tauschte man die innerhalb des Projekts entwickelten Unterrichtskonzepte aus, u.a. Analysen des Tintin-Comics *Coke en Stock* und einer Werbung, sowie eine Diaserie, die Bergala selbst mit Schülern produziert hat. Die Materialien sind im Anhang von *Pour une pédagogie de l'audiovisuel* abgedruckt.
2 Bergala 1975, S. 111.
3 Ebd.

der einen oder anderen Weise dem schulischen Wertesystem gerecht werden muss, wenn er die Schüler nicht sozial disqualifizieren will.»[4]

Da Bergala in dem Projekt in Yerres selbst die Rolle des Dritten innehatte, überließ er es den am Projekt beteiligten Lehrern, die Zusammenarbeit in einem gesonderten Kapitel von *Pour une Pédagogie de l'audiovisuel* zu bilanzieren. Diese Stimmen bestätigen die von Bergala geäußerte These, dass Dritte im Unterricht die festgefahrenen Beziehungen zwischen Lehrern und Schülern in Bewegung bringen können.

Schülern wie Lehrern ermöglichte die Gegenwart der Dritten demnach, ihre üblichen Rollen zu verlassen und ein anderes Verhältnis zur kollektiven Lernsituation zu entwickeln. Die Lehrer konnten nicht mehr auf die Autorität des Wissens zurückgreifen, sondern mussten sich als (ebenfalls lernende) Individuen in den Unterricht einbringen. Die Position der sicheren Überlegenheit tauschten sie häufig gegen ein persönliches Engagement. Denn indem die Leitung des Unterrichts mit einem Dritten geteilt wurde, konnten sie selbst auf Distanz zu der Unterrichtssituation gehen und auf dieser Basis ihre Schüler besser kennen lernen. Für die Schüler wiederum war gerade die Erfahrung des Dialogs zwischen Lehrkraft und Medienpädagoge und das besonderen Engagement der Lehrer sehr motivierend. Sie fühlten sich ernst genommen, identifizierten sich mit dem Projekt, das sie nicht mehr als Arbeit wahrnahmen, sondern auch in ihrer Freizeit fortsetzten. Insbesondere wurde auch die Rollenverteilung untereinander verändert, die schulische Konkurrenzsituation aufgehoben und die Aufmerksamkeit gegenüber der Arbeit und den Beiträgen der anderen Schüler gestärkt.

Die in *Pour une pédagogie de l'audiovisuel* protokollierte praktische Erfahrung belegt die später auch in *Kino als Kunst* geäußerte These, dass eine Änderung der institutionalisierten, hierarchischen Beziehung in der Klasse für einen erfolgreichen Lernprozess – gerade im Bereich der Kunst- und Medienvermittlung – wesentlich ist und dass das individuelle Engagement von Lehrern die Motivation der Schüler stimulieren kann. Der Dritte, in *Pour une pédagogie de l'audiovisuel* sind es Medienpädagogen, kehrt in *Kino als Kunst* als Künstler wieder, der im Unterricht den kreativen Schaffensprozess begleitet. Kunstschaffende werden dort nicht mehr als Vertreter eines kulturellen Interessenfeldes beschrieben, son-

---

4 «Par son extériorité, l'animateur est celui qui peu représenter véritablement d'autres critères, d'autres valeurs, d'autres normes que celles secretés par l'institution scolaire. Car son système de valeurs n'est pas soumis, en dernière instance, à une sélection des élèves: il ne note personne, il n'intervient pas dans le passage aux classes supérieures, dans la hiérarchisation des élèves. Il ne rencontre donc pas les contradicitions institutionelles du professeur ou de l'instituteur qui d'une certaine façon, aussi lucide soit-il, se doit de tenir compte du système des valeurs scolaires, s'il ne veut pas disqualifier socialement les élèves.» Ebd., S. 112.

dern als kreative Individuen, die als «Fremdkörper» in das Universum Schule eintreten.[5]

Die Beziehung zum Gegenstand reflektiert Bergala in *Pour une pédagogie de l'audiovisuel* ebenso wie in dem kurz darauf erschienenen *Initiation à la sémiologie du récit en image* auf Basis der Psychoanalyse. In *Pour une pédagogie de l'audiovisuel* bezieht er sich vor allem auf Lacans Persönlichkeitsmodell des Imaginären/Symbolischen/Realen, um die Unterrichtssituation zu analysieren und Schlüsse für die pädagogische Arbeit mit Bildern zu ziehen. In *Initiation à la sémiologie du récit en image* dient ihm die psychoanalytische Filmtheorie als Basis für eine entmythisierende Lektüre von Bilderzählungen, insbesondere des klassischen Hollywoodkinos (Vgl. 4.1). In beiden Texten geht er davon aus, dass es zwar eine individuelle, affektive Bindung an Bilder gibt, dass diese aber letztlich nicht Gegenstand einer Analyse oder Vermittlung sein könne. Dementsprechend entwickelt er pädagogische Methoden der Bildanalyse auf Basis der Semiologie, um die Sprache der Bilder zu dekodieren (Vgl. 2.1).

Zwar betont Bergala in *Pour une Pedagogie de l'audiovisuel*, dass Bilder nicht nur Kommunikationsmedien, nicht nur «Orte einer Lektüre»[6] – des Symbolischen also – sondern auch einer starken imaginären Bindung sind: Jedes Bild enthalte nicht nur objektiv feststellbare Merkmale und Bedeutungen, sondern auch die eigenen Fantasien, die jedes Individuum ihm hinzufüge. Zudem verweist er auf die psychische Notwendigkeit der «imaginären Realisierung des Begehrens» in Bildern und fordert, ihre affektive Wirkung im Unterricht zu respektieren.[7] Jedoch neigt er – Lacans These der Selbstverkennung entsprechend – zu einer negativen Bewertung dieser imaginären Bindung (Vgl. 4.1). Er bezeichnet das Bild als «Falle» für das Begehren des Subjektes und als Ort der «Entfremdung».[8] Es bestehe die Gefahr, dass das Kind sich im Bild verliere und zwischen Bild, Realität und eigener Phantasie nicht mehr unterscheiden könne. Zudem sei das Imaginäre wesentlich sozial konstituiert und damit besonders anfällig für die Manipulation durch Medien und Werbung:

> «So haben die Werbefachleute sehr gut verstanden dass das Imaginäre kein rein individuelles Phänomen ist, sondern dass es ‹soziale Imaginäre› gibt, von denen man ein Profil erstellen kann: [...] Es gibt beispielsweise offensichtlich eine Dominanz des kleinbürgerlichen Imaginären in den Botschaften der Massenmedien. [...] Das heißt also, dass in den Bildern selbst, ganz konkret,

---

5   Bergala 2006: *Kino als Kunst*, S. 30.
6   Bergala 1975, S. 89.
7   Ebd., S. 90.
8   Ebd., S. 89.

eine gewisse Anzahl an Codes mitwirken, um das Imaginäre anzusprechen, und dass das Beherrschen dieser Codes eine recht besorgniserregende ideologische Macht auszuüben ermöglicht.»[9]

Daraus folgt für Bergala die Aufgabe des Lehrenden, das Kind aus seiner «entfremdenden» Beziehung zum Bild zu lösen.[10] Ziel des Unterrichts ist die Überführung des Imaginären ins Symbolische. Es gilt, das Nachdenken über die eigenen Phantasien zu initiieren und die Tatsache zu vermitteln, dass Bilder nur eine Symbolisierung der Realität – und nicht diese selbst – sind.[11] Um dies zu erreichen, schlägt Bergala die ‹Übersetzung› von Bildern vor, d.h. die Überführung der visuellen Erfahrung in andere Ausdrucksformen (Sprache, Rollenspiel, Zeichnungen).[12]

In *Pour une pédagogie de l'audiovisuel* nennt er eine Reihe von spielerischen Methoden, die eine solche Übersetzung von Bildern in Sprache und eine Sensibilisierung für die Wirkungsweise der Codes ermöglichen. Beispielhaft seien folgende genannt: Nach der kurzen Projektion eines Filmstandbildes malen die Schüler aus dem Gedächtnis, was sie gesehen haben. Wenn diese gemalten Bilder anschließend miteinander und mit dem Original verglichen werden, zeigt sich die Differenz zwischen dem, was wirklich zu sehen ist, den impliziten Bedeutungen, die das Bild nach etablierten Regeln suggeriert, und dem, was jeder aus der eigenen Fantasie hinzufügt.[13] Ein anderes Verfahren ist die Projektion einer Serie von Fotos oder Filmstandbildern, die eine Geschichte erzählen. Nach jedem Bild sollen die Schüler überlegen, wie die Geschichte weitergehen könnte. Auf diese Weise wird offenbar, wie Bilderzählungen mit den Erwartungen der Zuschauer spielen und welche narrativen Informationen bereits einzelne Bilder enthalten. Schließlich schlägt Bergala auch eine Reihe von Klassifikationsübungen vor, um die ‹Arbeit› der Codes zu veranschaulichen. Beispielsweise ermöglicht eine Sortierung der verschiedenen Arten von Gesprächsfeldern im Comic, die Bedeutung ihrer Formen herauszufiltern. Die Gruppierung und der Vergleich bestimmter Figuren (z.B. Feinde, Freunde, Araber) wiederum erlaubt es, stereotype Darstellungen zu

---

9   «Ainsi les publicitaires ont-ils très bien compris que l'imaginaire n'est pas un phénomène purement individuel, mais qu'il existe des ‹imaginaires sociaux› dont on peut même établir le profil: [...] Il y a de toute évidence, par exemple, une domination de l'imaginaire petit-bourgeois dans les messages de la communication de masse. [...] C'est donc qu'il y a dans les images mêmes, un certains nombre de codes qui interviennent concrètement dans cette interpellation de l'imaginaire, et dont la maîtrise permet l'exercise d'un pouvoir idéologique assez redoubtable. Ebd., S. 93.
10   Ebd., S. 90.
11   Ebd., S. 92.
12   Ebd., S. 91.
13   Beispielsweise verweist Bergala darauf, dass Kinder eine Figur, die auf dem Filmstandbild angeschnitten zu sehen ist, oft ganz malen. Sie haben damit die Erzählkonvention richtig interpretiert, derzufolge das filmische Universum jenseits des Kaders weitergeht.

diskutieren.[14] Dementsprechend liegt den in *Initiation à la sémiologie du récit en images* vorgestellten Diaserien, die ich an anderer Stelle ausführlicher vorstellen werde, das Spiel mit den Codes als Methode zugrunde (Vgl. 7.1).

In *Pour une pédagogie de l'aufiovisuel* und *Initiation à la sémiologie du récit en images* steht die sprachliche Verarbeitung der Bildrezeption und die kollektive Unterrichtssituation im Vordergrund. Das Sprechen über Filme wird als wesentliches Mittel zur Objektivierung bzw. Relativierung der subjektiven Wahrnehmung angeführt: Denn «[...] in einer kollektiven Arbeit sind der Rückzug ins Unsagbare, die Selbstgenügsamkeit im individuellen Imaginären nicht möglich [...].»[15] In den folgenden Jahren wird sich Bergala jedoch zunehmend mit der Frage beschäftigen, wie auch der individuellen, affektiven Bindung an Bilder im Unterricht Raum gegeben werden kann.

6.1.2 Für einen Freiraum der Individualität

«Nach und nach stellen sich weitere Fragen. Die Frage nach der Wahl der Bilder [...]. Die Frage nach der Herangehensweise an diese Bilder: Wie kann man zunächst die Beziehung jedes Schülers zu den Bildern schützen, ohne dass das Klassenkollektiv eine repressive Wirkung ausübt und Wahrheitskriterien vorgibt? Wie kann man jedem einzelnen Zeit und Muße für eine eigene Erfahrung des Bildes lassen? Wie kann man anschließend diese Lektüreerfahrungen durch das Zirkulieren einer nichtnormativen Rede, die Schamgefühle nimmt, sozialisieren? Wie kann man vermeiden, dass dieser Austausch nicht durch die Hypothek einer ultimativen, Wahrheit beanspruchenden Perspektive belastet wird? Wie kann man auf das Symbolische zustreben, ohne das Imaginäre zu zensieren?»[16] *Alain Bergala*

Wie kann die individuelle Beziehung des Kindes zum Bild im Unterricht Berücksichtigung finden? Dieser in den ersten Publikationen weitgehend vernachlässigten Frage widmet sich Bergala bereits Ende der 1970er Jahre in den Artikeln

---

14 Ebd., S. 19–37.
15 «Ceci est pédagogiquement essentiel: dans un travail collectif, la retraite dans l'indicible, la complaisance dans l'imaginaire individuel ne sont pas possible; il faut expliquer aux autres, il faut répondre à la critique du groupe, il faut savoir s'organiser.» Ebd., S. 103.
16 «De proche en proche, rapidement, se posent d'autres questions. La question du choix des images [...]. La question des protocoles d'approche de ces images: comment préserver au départ, la relation de chaque élève aux images sans que le collectif classe ne se transforme en voie répressive, en critère de vérité? Comment laisser à chacun le temps et le loisir de sa propre expérience de l'image? Comment socialiser ensuite, ces exériences de lecture par la circulaire d'une parole déculpabilisée, non-normative? Comment éviter que cet échange ne soit hypothéqué par la perspective d'une vérité ultime de l'image? Comment tendre vers le symbolique sans censurer l'imaginaire?» Bergala 1979, S. 21.

«Repérages pour une pédagogie de l'image» und «Ouverture pour une pédagogie de la photo» sowie in einem Interview «L'arrivée de l'image à l'école».[17] In diesen kurzen Stellungnahmen zeigt sich eine Distanzierung von der «mechanistischen und positivistischen» Semiologie, die Desbarats zufolge bis ins 21. Jahrhundert die semiologische Filmvermittlung in Frankreich dominiert hat (Vgl. 1.2).[18] Bergala fordert darin, auf psychoanalytische Erkenntnisse zurückzugreifen, um der affektiven Beziehung zum Bild besser gerecht zu werden. Statt des Bildes als Ideologieträger soll nun das Subjekt des Kindes im Mittelpunkt der Aufmerksamkeit stehen. Statt nur die Funktionsweise der Codes bewußt zu machen, soll auch den emotionalen Anteilen der Bildrezeption im Unterricht Raum gegeben werden. So zeichnet sich auch in der Terminologie eine Akzentverschiebung ab. Denn Bergala greift verstärkt auf ästhetische Begriffe wie Geschmack, Vergnügen oder *écriture* zurück, die den Einfluss der Filmkritik und von Roland Barthes' späten Schriften erkennen lassen.

In «Repérages pour une pédagogie de l'image» kritisiert Bergala zwei gegensätzliche, zu dieser Zeit in Frankeich dominierende Positionen der Medienpädagogik, die er älteren pädagogischen Traditionen zuordnet. Zum einen wendet er sich, wie später auch in *Kino als Kunst*, gegen eine Förderung des kritischen Denkens durch die laizistische Schule, die sich auf eine analytische Auseinandersetzung mit Bildern konzentriert und deren Ziel die Entzifferung des als «böses Objekt» begriffenen Bildes ist. Zum anderen kritisiert er auch die reformpädagogische Förderung der freien Kreativität, die das Bild naiv als «gutes Objekt» begreift, das außerhalb der Sprache steht.[19] In beiden Fällen werde de facto nur die dominierende, von den Bildern transportierte Ideologie bestätigt.

Gerade der Glaube, dass das Bild «ohne Grammatik, ohne Vermittlungen, ohne die Begrenzungen der Codes» auskomme und die mangelnde selbstkritische Reflexion der kreativen Praxis führen – so Bergalas Argumentation – zu einer naiven Reproduktion konventioneller Formen.[20] Diese seien weder Ausdruck eines Subjektes und einer «wirklichen Rede» noch zeugten sie von einer «Begegnung» mit dem Bild oder von einer «echten Erfahrung» des Schaffensprozesses.[21] Vielmehr spreche aus den Produkten dieser Pädagogik meist nur ein von Ideologien geprägtes kollektives Imaginäres:

---

17 Bergala 1978: Ouverture pour une pédagogie de la photo; Bergala 1979: Repérages pour une pédagogie de l'image; Bergala, Libois 1978: L'arrivée de l'image à l'école.
18 Bergala 1979, S. 14.
19 Ebd., S. 13ff.
20 «Certains ont pu ainsi rêver dans l'image la nouveauté d'un language sans grammaire, sans médiations, sans contrainte codiques, un ›bon‹ langage fascinant dans la mésure où il aurait été, précisément, un ›non-language, à réinventer à chaque fois, par l'utilisateur.»»Bergala 1979, S. 15.
21 Ebd., S. 18.

«Und tatsächlich muss man feststellen, dass sich hinter vielen Filmrealisati-
onen, die zu eilig, zu ehrgeizig sind oder zu sehr auf die Vorzüge der Praxis
um der Praxis willen vertrauen, das Subjekt abwesend ist, dass es kein Subjekt
der Rede gibt. Es sind die dominierenden Codes der schulischen Institution
die ins Leere laufen, ohne dass es eine Umarbeitung gegeben hätte: Oft ist
da beispielsweise die stereotype, moralisierende Geschichte, in der man nur
die Stimmen der Institution und der dominierenden Erzählideologie verneh-
men kann; armselige, immer wiedergekäute Geschichten, die nicht die Spur
einer Begegnung mit dem Bild, der Arbeit an den Formen des Ausdrucks
aufweisen.»[22]

Während diese Kritik bereits in *Pour une pédagogie de l'audiovisuel* und *Initiation
à la sémiologie du récit en image* geäußert und als Grund für eine analytische
Auseinandersetzung mit der Funktionsweise der Bildsprache angeführt wurde,
kommt nun erstmals auch die Kritik an der semiologischen Pädagogik hinzu.
Bergala argumentiert, dass das einseitige Fokussieren auf die Kommunikation
und auf die Funktionsweise von Ideologieprodukten gerade die Dominanz dieser Formen aufrecht erhalte. Denn diese werden gewissermaßen durch den Prozess des Dekodierens erst konstruiert. Das kollektive Imaginäre werde in seiner
Wirkungsweise überbewertet und dabei die individuelle Erfahrung des Bildes
ignoriert. Ein normiertes Konzept des Zuschauers (als abstrakter und folgsamer
Dekodierer) verdecke den Blick auf die reale Beziehung des einzelnen Kindes
zum Bild, sein individuelles Vergnügen, aber auch seine inneren «Widerstand-
kräfte» gegen Ideologien:

«In gewisser Hinsicht ist das noch eine Hommage, ein Monument, was die
Pädagogie der dominierenden Ideologie errichtet. Diese ganze zwanghafte
Arbeit der Dekodierung ohne Rest impliziert eine Arbeit der Kodierung, die
genauso minutiös, aufmerksam, geduldig, intelligent, kohärent, allmächtig
ist: die Arbeit der dominierenden Ideologie [...]. Damit überschätzt man sowohl das Kommunikationsschema (der Art: Sender, Botschaft, Empfänger)
als auch die pädagogische Intervention ein wenig. Damit macht man etwas zu
schnell *tabula rasa* mit dem Subjekt der Lektüre, seiner imaginären Reserve,

---

22 «Et de fait, derrière bien des réalisations hâtives, trop ambitieuses, ou trop confidants dans les vertus
de la pratique pour la pratique, il faut bien constater que le sujet est absent, qu'il n'y a pas de sujet du
discours. Ce sont les codes dominants dans l'institution scolaire qui se parlent, à vide, sans travail de
transformation: C'est souvent par exemple le récit stéréotypé, moralisant, où les seules voix que l'on
peut entendre sont celles de l'institution et de l'idéologie narrative dominante, récit pauvre toujours
ressassé, qui ne porte la trace d'aucune rencontre avec l'image, d'aucun travail sur les formes de l'expression.» Ebd., S. 18.

seinen Lustkriterien, seinem Spielraum an Ironie und Selbstverteidigung, seinem gelebten Wissen von der Welt und den Werten. Damit weigert man sich, die Widerstands- und Trägheitskräfte zu berücksichtigen, die jedes Subjekt in diffuser Weise den Informationen der Medien entgegensetzt, ebenso wie seine Fähigkeit, diese nach seiner ‹Façon› zu verarbeiten und zu recyceln. Der Pädagoge, der sich um der Sicherheit willen zu sehr in das dankbare Dispositiv der Dekodierung flüchtet, der das Bild ganz zu kontrollieren wünscht, riskiert, das Subjekt, das sich ihm gegenüber befindet, den Schüler, den Leser, auf eine weiße Leinwand zu reduzieren, die vollkommen passiv gegenüber der dominierenden Ideologie ist [...].»[23]

In beiden Fällen richtet sich Bergalas Kritik auf dasselbe Problem, nämlich die Verdrängung des Individuums und seiner imaginären Beziehung zum Bild im Kontext des Unterrichtes. Diese Kritik geht mit einer Aufwertung von Lacans Begriff des Imaginären einher. In *Pour une pédagogie de l'audiovisuel* hat Bergala noch die Notwendigkeit betont, das Imaginäre, als Angriffspunkt der Ideologie, ins Symbolische zu überführen. Jetzt richtet sich sein Fokus darauf, einem individuellen «Imaginären» Raum zu geben, gegenüber «dem stereotypen kollektiven Pseudo-Imaginären, das von den Medien inszeniert wird», und dem im Kollektiv der Klasse dominierenden «Symbolischen».[24] Neben dem ‹Imaginären› rückt das ‹Begehren› als Motor der Vermittlung und die potentielle Widerständigkeit des Subjekts gegen ideologische Einflussnahme in den Vordergrund. Wie bereits ausgeführt, greift Bergala damit die These Lacans auf, dass das ‹wahre Ich› sein Begehren gerade im Disfunktionieren der Rede, im ‹Widerstand› gegen die Kommunikation äußert (Vgl. 4.1).

Mit der Forderung, auch dem Vergnügen am Bild Raum zu geben, dem «sujet de lecture» (dt. Subjekt der Lektüre) im Prozess der Rezeption ebenso wie dem «sujet d'écriture» (dt. Subjekt des Schreibens) im Schaffensprozess Geltung zu

---

23 «D'une certaine façon, c'est encore un hommage, un monument élevé par la pédagogie à la toute-puissance de l'idéologie dominante. Tout ce travail obsessionel de décodage, sans reste, implique en creux un travail de codage tout aussi minutieux, vigilant, patient, intelligent, cohérent, omnipotent: le travail de l'idéologie dominante. [...] C'est un peu surestimer à la fois le schéma de la communication (du type: émetteur, message, récepteur) et de l'intervention pédagogique, C'est faire un peu trop vite table rase du sujet de lecture, de sa réserve d'imaginaire, de ses critères de plaisir, de sa marge d'ironie et d'auto-défense, de son savoir vécu du monde et des valeurs. C'est refuser de prendre en compte les résistances et les inerties que chaque sujet oppose de façon diffuse à ces informations qui lui viennent des media, et que dans tous les cas il traite et recycle ‹a sa façon›. Le pédagogue, à trop se refugier dans un dispositif sécurisant et gratifiant de décodage, à vouloir tout maîtriser de l'image, risque de réduire le sujet qui est en face de lui, l'élève, le lecteur, à un écran blanc, totalement passif à l'idéologie dominante, à une cire molle totalement malléable aux effects de discours.» Ebd., S. 14f.

24 Ebd.

verschaffen, schließt Bergala auch an Roland Barthes' intersubjektive Rezeptionsästhetik an (Vgl. 3).[25] Für Barthes ist das Subjekt keine abgeschlossene, stabile Entität, sondern es konstituiert sich vielmehr im kreativen Prozess der Lektüre und des Schreibens immer wieder neu.[26] Mit dem Begriff der *écriture* (dt. Schrift und Schreiben) bezeichnet er die individuelle, sinnlich-intuitive Dimension des kreativen Prozesses, die sich auch im Werk zeigt. Im cinephilen Kontext wurde dieser Begriff sowohl auf die Kritik als auch auf die Regie übertragen, um damit eine Autorschaft zu benennen, die sich nicht im klassischen Geniebegriff verfängt.[27] Wie ich bereits ausgeführt habe, knüpft Bergalas Schaffensästhetik hier an. Im Zuge seiner zunehmenden Distanzierung vom Sprachparadigma der Semiologie wird er in seinen späteren Schriften jedoch den Begriff der *écriture* durch *creation* (dt. Schaffen) ersetzten (Vgl. 5.2).

In allen drei Texten verfolgt Bergala die Frage, wie Lehrende eine pädagogische Situation herstellen können, die eben diese individuelle ‹Begegnung› mit Bildern ermöglicht. Er fordert zu diesem Zweck, dass sie eine andere Rolle einnehmen, dass sie die Position des Wissenden, der den Stoff beherrscht, und des Sprechenden aufgeben und stattdessen *zuhören* – also das tun, was oft von Schülern erwartet wird. Sie sollen, ihre Aufmerksamkeit darauf richten, was zwischen Kind und Bild entsteht, und dabei eine andere Zirkulation der Rede, eine andere Vermittlung zwischen Imaginärem und Symbolischen anstreben. Die individuelle Begegnung mit dem Bild kann erst im Nachhinein, vorsichtig in einen Austausch der Klassengemeinschaft überführt werden.[28] Bergala betont nicht umsonst die Nützlichkeit des psychoanalytischen Wissens für diese andere Form des Unterrichtes, ähnelt die von ihm vorgeschlagene Position des Lehrers doch der des Psychoanalytikers, der durch Zuhören die Entfaltung und Selbsterkenntnis des Subjekts ermöglicht.

Weiterhin fordert Bergala, dass Lehrende sich als Individuen in den Unterricht einbringen und damit im Gegenzug auch die Schüler zur individuellen Beteiligung ermutigen. Dabei stellt er eine mögliche Neutralität des Lehrenden und Wissenden, wie sie von Semiologen wie Christian Metz nahegelegt wird, grundsätzlich in Frage.[29] Statt dessen plädiert er, im Sinne von Barthes' subjektiver Wis-

---

25 Ebd., S. 18f.

26 Barthes 1974, S. 12 (Orig. 1973, S. 13f). Laut Röttger-Denker markiert der Begriff der *écriture* die Veränderung von Barthes Selbstverständnis in seinen späten Texten: Statt als Wissenschaftler tritt er nun vor allem als Schriftsteller an. Die *écriture* bezeichnet ein vom Körper und der sinnlichen Wahrnehmung ausgehendes Schreiben. Wendepunkt für dieses neue Selbstversändnis ist das Buch *Lust am Text*. Röttger-Denker, S. 28ff.

27 Vgl. Claude und Francis Desbarats, S. 33f.

28 Bergala 1979, S. 20.

29 Metz, S. 27ff.

senschaft, dafür, dass Lehrer ihre eigene Position nicht leugnen, sondern vielmehr die eigenen Vorlieben, insbesondere ihre Lust am kreativen Schaffen einbringen:

> «Es gehört bei Pädagogen und Dritten zum guten Ton, für sich zu beanspru-chen, dass sie absolut nicht in den kreativen Prozess eingreifen [...] Abge-sehen davon, dass das immer eine scheinheilige Haltung ist (denn niemals haben die Kinder alles selbst gemacht, und was für ein Kriterium wäre das auch?), ist es, im Gegenteil, an der Zeit, von dem Lehrer, dem Dritten, dem Erwachsenen zu verlangen, sich bei der praktischen Arbeit im Unterricht zu engagieren. Durch dieses Engagement würde dieser beim Schaffensprozess im Unterricht eindeutig zu seinem Platz, seiner Rolle, seinem Wissen, seinen Wünschen stehen und damit auch den anderen erlauben, ihre Position mit größerer Bewegungsfreiheit einzunehmen.»[30]

Bergala wendet sich in den genannten Texten nicht nur gegen ein auf kognitive Fähigkeiten reduziertes Subjektverständnis, sondern auch gegen die Reduktion des Bildes auf die Ebenen des Codes oder der Abbildung. In «Ouverture pour une pédagogie de la photo» bringt er in Bezug auf die Fotografie erstmals den in früheren Texten weitgehend ignorierten Aspekt der Ästhetik ins Spiel. Er kriti-siert darin zwei zeitgenössische Tendenzen eines positivistischen Umgangs mit der Fotografie in der Schule: zum einen die Verwendung der Fotografie als Zeug-nis der Realität, die die Ideologie der Transparenz naiv reproduziere; zum ande-ren die ideologiekritische Analyse, die sich vorzugsweise auf überdeterminierte Werbefotografien richte. Beide Ansätze ignorieren, laut Bergala, die ästhetische Vielfalt der Fotografie und verdrängen in puritanischer Weise das mögliche Ver-gnügen bei der Rezeption.[31]

In diesem Zusammenhang setzt er sich erstmals auch mit der Geschmacks-bildung als Aufgabe der Schule auseinander. Er distanziert sich gleichermaßen von einem universellen Geschmacksbegriff, der in der Schule dominiere, wie auch von einer Bevorzugung der Ideologiekritik gegenüber der Geschmacksbil-dung, die er in seinen ersten Texten selbst vertreten hat:

---

30 «Il est bon ton pour l'enseignant et l'animateur de revendiquer cette non-intervention absolue dès lors qu'il s'agit d'une pratique de création [...]. Outre que cette attitude a toujours d'hypocrite (ce ne sont jamais les enfants qui ont tout fait, et en quoi cela serait-il un critère?) il est temps de revendiquer au contraire un engagement de l'enseignant, de l'animateur, de l'adulte dans une pratique de réalisation en situation pédagogique, engagement par lequel celui-ci assumerait tout à fait clairement sa place, son rôle, son savoir, son désir dans le processus de création en cours, permettant ainsi aux autres d'assumer les leurs avec les coudées plus franches.» Bergala 1979, S. 18.

31 Bergala 1978: Ouverture pour une pédagogie de la photo, S. 26f.

«Das Foto bietet tatsächlich die Möglichkeit, sich in der Schule einem Problem zu stellen, das kaum reflektiert wird, nämlich der Frage der ästhetischen
Wertmaßstäbe, der Geschmacksbildung und der Bewertung des Schönen.
[…] Das ist offensichtlich auch ein blinder Fleck einer Strömung der Pädagogik des kritischen Geistes, die sich zu stark auf die Inhalte konzentriert: Als ob
in der Rangfolge der Prioritäten die Ästhetik nur von sekundärem Belang für
die Beziehung zur Ideologie sei, als ob man die Bildung des kritischen Geistes zum Nachteil der Geschmacksbildung privilegieren müsse. Eine andere
pädagogische Tendenz dagegen, die sich der Geschmacksbildung fern aller
Ideologie, verschreibt, geht davon aus, dass es nur eine einzige Vorstellung des
Schönen gäbe, unschuldig und zeitlos, erhaben über jeden Zweifel.»[32]

Als Begründung für die Änderung seiner Prioritäten bezieht sich Bergala – wie
später auch in *Kino als Kunst* – implizit auf Bourdieus Theorie des Geschmacks
und der Geschmacksbildung (Vgl. 2). Wenn man der Frage der Ästhetik im Unterricht ausweiche, dann reproduziere man «in aller Unschuld die Spaltung zwischen gutem und schlechten Geschmack, und damit zugleich die dominierenden
Werte, als Ursache dieser Spaltung».[33] Um den sozialen Selektionsmechanismen
der Institution Schule zu begegnen und Schülern als Individuen gerecht zu werden, schlägt Bergala daher eine Pluralität des Geschmacks und der Ästhetik im
Unterricht vor.

«Solange es noch keine differenziertere pädagogische Reflexion der Problematik gibt, gebietet die geringste Vorsicht vielleicht, zunächst eine wirklich
plurale Ästhetik vorzuschlagen, wo jeder, auch der Lehrer, von seinen per-

---

32 «La photo, en effet, peut être l'occasion de poser à l'école un problème qui reste très largement impensé,
celui des valeurs esthétiques, de la formation du goût et de l'évaluation du beau. […] C'est là aussi, de
toute évidence, un point aveugle de tout un courant de la pédagogie de l'esprit critique lorsque celle-ci
focalise de trop sur les contenus comme si l'esthétique, dans l'ordre des priorités, n'était qu'une question
secondaire par rapport à l'idéologique, comme s'il fallait privilégier la formation de l'esprit critique au
détriment de la formation du goût. A l'inverse, pour une autre tendance pédagogique qui se voudrait
au contraire formatrice de goût, loin de toute idéologie, tout se passe comme s'il n'y avait qu'une seule
conception du beau, innocente et intemporelle, au-dessus de tout soupçon.» Ebd., S. 29.
33 «Il n'est pas question de l'éluder, ce qui serait la meilleur façon, en jouant l'autruche pédagogique, de
reproduire en toute innocence le clivage entre le bon et les mauvais goûts et, par la même occasion,
les valeurs dominantes où s'origine ce clivage. La prudence minimale, à défaut d'une réflexion pédagogique plus élaborée sur cette question, consiste peut-être à proposer dans un premier temps une
esthétique réellement plurielle où chacun, y compris le maître, pourrait parler de ses goûts personnels en prenant soin toutefois de na pas invoquer quelque idéal du beau immanent et sans origine.
Ce qui importe avant tout, C'est peut-être pour commencer de proposer des alternatives aux valeurs
esthétiques intériorisées par chacun dans son milieu d'origine, d'élargir le champs des photographies
visibles en classes et dans la vie sociale quotidienne, d'étendre la sphère du légitimable, de donner à
voir et peut-être à goûter d'autres types de photographies que celles qui sont attendues, prévisibles, qui
constituent le ‹recevable› pour chaque élève.» Ebd., S. 30.

sönlichen Vorlieben sprechen kann. Dabei muss jedoch beachtet werden, dass man nicht irgendein innewohnendes, ursprungsloses Ideal des Schönen aufruft. Vor allem ist es, für den Anfang, wichtig, Alternativen zu den von jedem durch sein Ursprungsmilieu eingepflanzten ästhetischen Werten vorzuschlagen, das Feld der in den Klassen und im täglichen sozialen Leben sichtbaren Fotografien zu vergrößern, die Sphäre des Legitimen zu erweitern, andere Arten von Fotografien zu zeigen und ‹probieren› zu lassen, als diejenigen, die erwartet werden, die vorhersehbar sind, die für jeden Schüler ‹annehmbar› sind.»

Lehrer sollen ihre Position der Autorität und der Neutralität verlassen, um – als einer unter anderen, den Schülern gleichgestellt – ihren persönlichen Geschmack ins Spiel zu bringen. Dadurch ermöglichen sie auch den Schülern, ihre persönlichen Vorlieben zu artikulieren. Indem sie auf eine Bewertung oder Hierarchisierung des Geschmacks verzichten, vermeiden sie, die Mechanismen der sozialen Selektion zu reproduzieren. Die Konfrontation mit anderen Geschmacksäußerungen kann den jeweils eigenen Geschmack relativieren und erweitern. Eine größtmögliche Vielfalt an Fotos öffnet den Horizont für andere ästhetische Formen.

In den zitierten Texten wird neben der Individualität des Kindes und des Lehrenden auch die Ästhetik des Gegenstandes als wesentliches Moment der Vermittlungssituation einbezogen. Dabei rücken die emotionalen und unbewussten Anteile der Filmrezeption und -produktion in den Vordergrund. Die Persönlichkeit der Lehrerenden, die sich in eigenen kreativen Entscheidungen und im individuellen Geschmack äußert, fungiert als ein Katalysator. Es spielt keine Rolle, was die Lehrenden mögen und ob die Schüler ihre Vorlieben teilen. Wichtig ist allein, dass sie für sich keine Objektivität beanspruchen, sondern sich als Individuen positionieren, um auch den Kindern und Jugendlichen eine individuelle Artikulation zu erlauben.

6.1.3 Charismatische Lehrer und die Liebe zur Kunst

«Wie haben wir die Literatur lieben gelernt? Weil wir einen fantastischen Literaturlehrer hatten, der einen bestimmten Autor wirklich liebte, und der zu
sagen wagte, warum er diesen Autor sehr mochte, und warum er einen anderen verabscheute. Man kann nicht alles lieben, das ist unmöglich, also spreche
ich von Dingen, die ich liebe und die ich kenne. In Bezug auf den Geschmack
muss man in der Pädagogik wie im Kino einen Standpunkt beziehen, sonst
wird es fade.»[34] *Alain Bergala*

In einem Interview mit der Zeitschrift APTE Ende der 1980er Jahre zeichnet sich
eine weitere signifikante Verschiebung der Perspektive ab. Denn Bergala spricht
darin explizit vom Kino und von seiner persönlichen Vorliebe für die Ästhetik
der Moderne. Im gleichen Zug betont er die zentrale Rolle der Lehrenden in der
Kunstvermittlung, nicht mehr nur als Katalysatoren, sondern als Leitfiguren im
Vermittlungsprozess. Demzufolge ist es die Haltung der Lehrenden zum Gegenstand, ihre Begeisterung, ihre kulturelle Bildung und ihr – explizit artikulierter
– Geschmack, die Schüler zu einer Auseinandersetzung mit Filmen und Kunstwerken motivieren kann.

«Das ist das Prinzip jeder Pädagogik, mitzureißen und ein wenig Zustim-
mung zu den Dingen zu erwecken, über die man redet. [...] Ihre Neugierde
wächst aus der Beziehung, die sie zu ihrem Lehrer haben. Das ist eine seltsame Beziehung, in der glücklicherweise manchmal noch ein wenig Glauben
bleibt.»[35]

Indem sie ihre eigenen Vorlieben ins Spiel bringen können Lehrende – so Bergalas These – auch Interesse für Filme wecken, die nicht der Zuschauerkultur der
Lernenden entsprechen. Diese andere Rolle, die er hier den Lehrenden zuweist,
entspricht bereits der Figur des *passeurs* im cinephilen Vermittlungsansatz.

Im gleichen Zuge wie er der persönlichen Filmbildung der Lehrerenden eine
entscheidende Rolle für die Vermittlung zuschreibt, rückt auch die Ästhetik als
zentrale Kategorie ins Zentrum. Statt eine undifferenzierte Pluralität der im Un-

---

34 «Comment a-t-on aimé la littérature? Parce qu'on avait un prof de Lettres formidable qui aimait vrai-
    ment tel auteur, et qui osait dire pourquoi il l'aimait et pourquoi il détestait tel autre. On n'est pas
    capable de tout aimer, c'est impossible, alors je ne parle que des choses que j'aime et que je connais. Au
    niveau du goût, la pédagogie, comme le cinéma, est une prise de position, sinon elle est fade.» Alain
    Bergala in: Christian Rouaud: Une certaine idée du cinéma (Interview). In: *APTE (Audiovisuel pour
    tous dans l'éducation)* 5, 1988, S. 2–5, hier 5.

35 «C'est le principe de toute pédagogie: emporter un peu d'adhésion sur les choses dont on parle. Mais ce
    n'est pas rationnel. Leur curiosité naît du rapport qu'ils ont avec l'enseignant. C'est un relation étrange
    où il reste parfois un peu de croyance, heureusement.» Ebd., S. 3.

terricht behandelten Werke zu fordern, betont er in diesem Interview die wesentliche Aufgabe der Pädagogik, sich ‹anderen› kulturellen Formen zuzuwenden. In seinem Text zur Pädagogik der Fotografie schlägt er lediglich vor, den individuellen Geschmack in seiner Verschiedenartigkeit zu respektieren. Nun differenziert er – wie später in *Kino als Kunst* – zwischen dem Geschmack, der einer individuellen Bildung entspringt, und einem von Moden und Konventionen diktierten kollektiven Geschmack. Bildung als Kennzeichen des Individuums bemisst sich folglich daran, ob man in der Lage ist, gegenüber dominierenden Medienkulturen eine eigene Position zu entwickeln: «die Dinge nicht anzuschauen, wie sie kommen, sondern für sich selbst neu zu organisieren» (Vgl. 2.2).[36]

Diese andere Ästhetik, die den Horizont der Lernenden erweitern und eine individuelle Lektüre herausfordern kann, beschreibt Bergala wie folgt:

«Es stimmt, dass die Pädagogik dazu neigt, zuerst dorthinzugehen, wo sie arbeiten kann: zu den narrativen Codes, den klassischen Strukturen, zu den leicht auszumachenden Schemata. Aber danach vergisst sie, woanders hinzugehen. Natürlich muss man weiterhin Lang, Hitchcock und die Werbung analysieren, aber irgendwann sollte man auch zur Kenntnis nehmen, was bei Wenders oder Pialat passiert. […] Man arbeitet […] an überkodierten Objekten, an gemeinsamen Nennern, und man vernachlässigt die Filme, die differenziertere Analysen verlangen. Dieses Phänomen scheint mir mit etwas anderem verbunden: Die Filme, von denen ich spreche, wenden sich an einen einzigen, isolierten Zuschauer, der selbst seinen Weg durch den Film finden muss. Das ist eine fordernde Beziehung. Die Pädagogik wendet sich, aufgrund der Art ihres Dispositivs, an eine Klasse als Gruppe und hält sich an ein Kino, das den Saal als Gruppe adressiert. Man muss Verfahren finden, wie man die Zeit der individuellen Beziehung zum Film bewahren kann.»[37]

---

36 «La culture, c'est la capacité de prendre un peu de recul par rapport aux valeurs qui ont cours sur le moment, portées par la mode, ou la consommation, c'est ne pas regarder les choses comme elles arrivent, mais les réorganiser pour soi-même.» Bergala in: Rouaud 1988, S. 2.

37 «Il est vrai que la pédagogie à tendance à aller d'abord là où elle peut travailler: les codes narratifs, les structures classiques, les schémas aisément repérables. Mais ensuite, elle oublie d'aller ailleurs. Il faut évidemment continuer à analyser Lang, Hitchcock et les pubs, mais à un moment il faut aussi aller voir ce qui se passe du côté de Wenders ou Pialat. […] On travaille […] sur des objets surcodés, sur les dénominateurs commun et on délaisse les films qui exigent des analyses plus fines. Ce phénomène me semble lié à autre chose: le cinéma dont je parle s'adresse à un spectateur unique, isolé, qui doit trouver seul son chemin dans le film. C'est une relation exigeante. La pédagogie, par la nature même de son dispositif, s'adresse à un groupe et elle a plus avoir avec un cinéma qui s'adresse à la salle comme groupe. Il faudrait trouver des procédures où l'on pourrait préserver le temps de la relation individuelle au film.» Ebd., S. 4.

Bergala distanziert sich hier recht pauschal vom klassischen Hollywoodkino und der Werbeästhetik, die sich besonders gut für eine semiologische Lektüre eignen und Gegenstand seiner früheren medienpädagogischen Publikationen sind. Stattdessen plädiert er im Verweis auf Wim Wenders und Maurice Pialat für die Auseinandersetzung mit der ästhetischen Moderne. Er argumentiert dabei mit einer Rezeptionserfahrung, die André Bazin bereits in den 1950er Jahren in Bezug auf die Filme des italienischen Neorealismus beschrieben hat. Laut Bergala lassen Filme des modernen Kinos einen Freiraum für individuelle Deutungen, anders als das klassische Hollywoodkino, das dem Zuschauer eine bestimmte Position zuweist. Bergala schließt implizit an die von Bazins formulierte Ästhetik des Realen und an die zeitgenössische Debatte um das ‹Effektekino› in den *Cahiers du cinéma* an, wenn er weiter ausführt (Vgl. 5):

> «Ich glaube immer weniger, dass man die Menschen ändern kann, dass man Rossellini jemandem nahebringen kann, der das Kino der ‹Bilder› liebt. Das ist das Kino einer Kultur, die das Reale ablehnt, die nichts mehr von der Zeit, dem Leiden, der Schwierigkeit des Realen wissen möchte.»[38]

Die von einer Ästhetik des Realen ermöglichte individuellen Rezeptionserfahrung, die ich im vergangenen Kapitel ausführlich erörtert habe, wird hier von Bergala auch mit einer individuellen Bildung durch Filme in Zusammenhang gebracht (Vgl. 5.1). Das Interesse für eine ‹andere› Ästhetik und die ‹andere› Perspektive auf die Filmvermittlung bedingen sich in dieser Hinsicht gegenseitig. Die Abwendung von der psychoanalytischen Filmtheorie – die eine ‹Entfremdung› des Zuschauers von sich und der Welt im Bild voraussetzt – wird folglich durch spezifische ästhetische Formen begünstigt. Diese Ästhetik hat Daney auch mit dem Begriff der Alterität beschrieben und ihre bildende Wirkung anhand der eigenen Biografie geschildert. Wenn Filme von einer Begegnung mit der Realität als Alterität zeugen und dem Zuschauer eine individuelle Lektüre ermöglichen, ist das Kino nicht als ‹Ort der Entfremdung›, sondern vielmehr als Ort einer Erweiterung des Ichs erfahrbar (Vgl. 4.2).

Wie bereits in den vergangenen Kapiteln erörtert, überlagern sich in Bergalas cinephilem Vermittlungskonzept verschiedene Ebenen einer Bildung durch Filme. Ausgehend von seinen Überlegungen zur Geschmacksbildung spricht er sich für eine Pluralität der ästhetischen Formen im Unterricht aus. Von diesem Ansatz

---

38 «Je crois de moins en moins qu'on puisse changer les gens, qu'on puisse vraiment faire aimer Rossellini à quelqu'un qui aime le ‹cinéma d'images›. C'est le cinéma d'une civilisation qui réfuse le réel, qui ne veut plus rien savoir du temps, de la souffrance, de la difficulté du réel.» Ebd., S. 3.

zeugt beispielsweise die Vielfalt der in *Kino als Kunst* zitierten und auf seinen pädagogischen DVDs behandelten Filme (Vgl. 7.5). Cinephile Selbstzeugnisse – wie das von Schefer – zeigen zudem, dass gerade das Medium Film spezifisch bildend ist, da kindliche Filmerfahrungen die Wahrnehmung und das Gedächtnis prägen. Dies legt eine besondere Berücksichtigung von Filmen in Vermittlungsprozessen nahe. In dem angeführten Interview mit Bergala zeigt sich aber auch eine für den cinephilen Ansatz charakteristische Privilegierung des modernen Kinos. Von dieser zeugt auch die in *Kino als Kunst* beschriebene Schaffensästhetik, die an Bazins Ästhetik des Realen anschließen (Vgl. 5). Die Bevorzugung der ästhetischen Moderne beruht sicherlich auf Bergalas eigenen Vorlieben, die er als *passeur* in seine Überlegungen zur Vermittlung einfließen läßt. Sie entspricht dem Wunsch, diese im zeitgenössischen Mainstream marginalisierte Ästhetik zu vermitteln. Dahinter verbirgt sich aber auch die von Daneys Bildungsbiografie bezeugte These, dass die Ästhetik des modernen Kinos spezifisch bildend ist, da sie das Individuum (das Regisseurs, des Zuschauers) betrifft und sich (alltäglichen, zeitgeschichtlichen, gesellschaftlichen) Realitäten stellt (Vgl. 5).

6.2 Vermittlung als Dreiecksbeziehung

Die Überlegungen zu Subjekt und Ästhetik im Vermittlungsprozess, die sich bereits in der semiologischen Phase herauskristallisiert haben, führte Bergala 1992 in dem Modell der Dreiecksbeziehung zusammen. In dem Begleitheft zu dem Vermittlungsvideo LES CHEMINS D'IRÈNE bezeichnet er die Vermittlungsbeziehung als eine «relation triangulaire» zwischen Lehrer-Schüler-Film und führt dieses Konzept – auch in einem beleitenden Interview der Zeitschrift *Médiascope* – weiter aus.[39] Er beschreibt diese Konstellation jedoch nicht nur mit Worten, sondern zeigt sie auch im Video selbst, das ein Seminar zu Roberto Rossellinis EUROPA 51 dokumentiert. Das Video visualisiert die «reale pädagogische Vermittlung mit ihren drei Polen»[40]: Der Film, Bergala als Referent und die jungen Zuhörer werden in verschiedenen Szenen zueinander in Beziehung gesetzt, wobei die zunächst im Schuss-Gegenschuss akzentuierte Trennung einer zunehmenden Annäherung innerhalb der Einstellungen weicht (Vgl. Abb. 4). Ich werde zunächst Bergalas Überlegungen zur Dreiecksbeziehung, die in LES CHE-

39 Alain Bergala: Pour une pédagogie douce (allegé de dogmatisme). In: *Les chemins d'Irène. Analyse de Europe 51 de Roberto Rossellini* (Beiheft zum Videofilm). Paris, S. 5–9, hier: 7. Geneviève Jacquinot: Filmer l'expérience du savoir. Entretien avec Alain Bergala. In: *Mediascope Medias et science humaines. Nouvelles technologies et formation* 5, 1993, S. 146–152.

40 Ebd., S. 7.

4a–g Dreiecksbeziehungen in Les chemins d'Irène

MINS D'IRÈNE verfilmt sind und in den begleitenden Texten ausgeführt werden, darstellen. Danach setzte ich sie in Bezug zu Bergalas Vermittlungskonzept in *Kino als Kunst*. Obwohl die Formulierung der «relation triangulaire» dort nicht wieder auftaucht, werde ich im Folgenden zeigen, dass das Modell der Dreiecksbeziehung dem cinephilen Vermittlungskonzept zugrundeliegt.[41]

Die Beziehung zwischen Lehrer und Schüler wird in dem Video LES CHEMINS D'IRÈNE als ein Wissenstransfer gezeigt. Die improvisierte und daher «zögernde

41 Eine ausführlichere Analyse der VHS, die insbesondere auch auf die Widersprüche zwischen Bergalas Thesen und dem im Film gezeigten Vermittlungsprozess ingeht, findet sich in Kapitel 7.3.

und unperfekte» Rede des Lehrers, richtet sich an ein zuhörendes Publikum, dessen Reaktionen – «Unverständnis, Zweifel» ebenso wie «Glaube und Überzeugung» – in den lange gezeigten Gesichtern ablesbar ist.[42] Bergala betont, dass ihm diese Darstellung einer echten Vermittlungssituation anstelle einer am Schneidetisch vorgenommenen Analyse des Films wichtig war: «Aber ich wollte mich wirklich der Gegenwart realer Zuhörer stellen.»[43] Die Rede des Referenten ist nur Ausgangspunkt des Lernprozesses, dieser wird – wie im Video gezeigt – von den Seminarteilnehmern in Lektüren, Sichtungen und Gesprächen mit anderen fortgesetzt. Bergala betont dazu im Begleitheft, dass der Vermittlungsprozess eine individuelle Auseinandersetzung mit dem Films voraussetze und seine Zeit brauche.[44]

Vermittlung wird hier als eine Wechselbeziehung zwischen Referent und Lernenden dargestellt, wobei das Bild eines durch sein Filmwissen motivierenden Lehrers dominiert. Dieser Wissensdiskurs wird im Video nicht nur durch die Stimmen und Wege der Lernenden unterbrochen, sondern auch durch den Gegenstand, der als drittes Element in die Unterrichtssituation tritt. Dementsprechend fordert Bergala im begleitenden Interview, den Gegenstand nicht für eine Demonstration von Thesen zu instrumentalisieren, sondern ihn als «part entière», in seiner Eigenständigkeit zu respektieren. Statt exemplarischer Sequenzanalysen, die den ganzen Film anhand eines einzigen Ausschnitts fassen wollen, favorisiert er das In-Verbindung-Setzen von verschiedenen Ausschnitten aus dem Film.[45] Dies ermöglicht nicht nur den ganzen Film in die Analyse einzubeziehen, sondern auch die Ausschnitte selbst miteinander kommunizieren zu lassen. Indem das Material nicht sofort durch Sprache festgelegt und dem Diskurs untergeordnet wird, eröffnen sich Freiräume, die die Lernenden zu eigenständigem Denken anregen können:

«Daher kommt auch der Wunsch, ein wenig den Dogmatismus zu brechen, den eine zu perfekte Synchronität der Beweis-Bilder und des Kommentars in sich birgt. Man kann fast jeden Diskurs legitimieren – selbst wenn er falsch oder zweifelhaft ist – indem man im richtigen Moment ein Bild oder eine Einstellung unterschiebt, die man zu diesem Zweck als unabweisbaren Beleg her-

---

42 Bergala 1992: Pour une pédagogie douce, S. 6.
43 «Mais je voulais me mettre vraiment à l'épreuve réelle de ceux qui écoutent. En effet, on peut se placer devant une caméra et dire tout ce qu'on sait, tout ce qu'on a déjà écrit sur un sujet donné mais cette situation n'est pas du tout comparable à celle qui consiste à s'adresser à des vrais auditeurs présents qui vous écoutent. Je pense qu'il y a là une véritable expérience de la transmission du savoir et que celle-ci peut être filmée.» Bergala in: Jacquinot, S. 147.
44 Bergala in: Jacquinot, S. 151.
45 Bergala wendet sich dabei explizit gegen die in der Semiologie und Filmpädagogik verbreitete Methode der Sequenzanalyse, die der Ästhetik von Rossellini nicht gerecht werden könne. Bergala in: Jacquinot, S. 149.

beizitiert. Um diesem pädagogischen Dogmatismus zu entgehen, der darin besteht, mit dem ‹Finger auf etwas zu zeigen›, sodass man von dem Bild nur noch den so bezeichneten Quadratzentimeter sieht, war es mir hier wichtig, ein wenig Luft, kleine Verschiebungen, kurz ein bisschen Freiheit zwischen dem Diskurs und den Sequenzen des Films zu schaffen.»[46]

Dieses auf der ‹Montage› des Materials beruhende Vermittlungsprinzip wird Bergala vor allem in der Konzeption der DVD- Reihe L'EDEN CINÉMA weiterentwickeln. Das Modell einer Vermittlung als Dreiecksbeziehung zwischen Lehrer-Schüler-Film kann auf Barthes intersubjektive Rezeptionsästhetik und auf die cinephile Filmauffassung zurückgeführt werden (Vgl. 3). Denn es stellt eine Wechselbeziehung zwischen Subjekt und Gegenstand ins Zentrum, in welcher der Film auf das Individuum einwirkt und in seiner ästhetischen Eigenart Berücksichtigung findet.

6.2.1 Der *passeur*: «Meister» oder «unwissender Lehrmeister»?

«Wenn der Erwachsene freiwillig, aus Überzeugung und Liebe zu einer Kunst, das Risiko eingeht, sich zum *Passeur* zu machen, ändert sich auch sein symbolischer Status: Er gibt seine durch die Institution definierte und begrenzte Rolle als Lehrer für den Augenblick auf und tritt von einer anderen, ungeschützteren Stelle seiner selbst her in Beziehung und ins Gespräch zu seinen Schülern. Dann kommt sein persönlicher Geschmack und seine tiefere Beziehung zu diesem oder jenem Kunstwerk ins Spiel, und das ‹ich›, das in seiner Rolle als Lehrer schädlich sein könnte, wird für eine gute Initiation praktisch unentbehrlich.»[47] *Alain Bergala*

Mit dem Begriff des *passeurs* konzeptionalisiert Bergala in *Kino als Kunst* eine Forderung, die sich als roter Faden durch alle seine pädagogischen Texte zieht: Der Lehrende solle die Position der Autorität aufgeben und sich als Individuum in den Unterricht einbringen.[48] Bergala überträgt damit einen Begriff auf die Pä-

---

46 «D'où, aussi, la volonté de briser quelque peu le dogmatisme qu'implique un synchronisme trop parfait entre l'image-preuve et le commentaire. On peut légitimer à peu près n'importe quel discours – même faux ou suspect – en calant au bon moment une image ou un plan ou convoqués à cet effet comme preuve irréfutable. Il m'importait beaucoup ici – pour résister à ce dogmatisme pédagogiste qui consiste à ‹montrer du doigt› de telle sorte que l'on ne voit plus, du tableau, que le centimètre carré ainsi désigné – de ménager un peu d'air, de légers décalages, bref un peu de liberté entre le discours et les séquences du film.» Bergala 1992: Pour une didactique douce, S. 6.
47 Bergala 2006: *Kino als Kunst*, S. 52.
48 Auch Lacan verwendet den Begriff des *passeurs* in der Psychoanalyse. Er bezeichnet mit der Prozedur des *passe* jedoch ein Auswahlverfahren für Psychoanalytiker. Demnach müssen angehende Analytiker

dagogik, der von Daney für die Rolle des Filmkritikers verwendet wurde. Daney hat den Filmkritiker als einen Vermittler gedacht, der seine individuelle Vorliebe für das Kino weitergibt. Dies ähnelt der von Roland Barthes in *Die helle Kammer* vorgeführten Rolle eines Vermittlers der Fotografie, der ausgehend von Aufnahmen, die ihn persönlich berühren, eine Fototheorie entwickelt (Vgl. 3). Die von Barthes für die Wissenschaft und von Daney für die Filmkritik gedachte Rolle des individuellen Vermittlers weist Bergala dem Lehrer zu.

Der *passeur* ist im Französischen ein vieldeutiger Begriff. Er bezeichnet den Fährmann, der Menschen von einem Ufer zum anderen übersetzt, aber auch den Schmuggler oder Schlepper, der Menschen und Waren illegal über Grenzen führt. Auch das Verb *passer* hat eine Vielzahl an Bedeutungen, um nur einige (der 31 im Lexikon verzeichneten) zu nennen: Im räumlichen Kontext meint *passer*: vorbeigehen oder überqueren; im zeitlichen Kontext: vergehen (der Zeit), vorübergehen oder auch (jmd) werden; in der zwischenmenschlichen Interaktion: weitergeben von etwas (*passer qc*) oder aber auch durchgehen lassen (*laisser passer*) und im Kinokontext: das Vorführen (von Filmen). Der Begriff *passeur* ist also wie geschaffen für ein Konzept der Filmvermittlung. Er ist in Frankreich mittlerweile ein pädagogischer Gemeinplatz, der nicht nur in der Filmkritik und Filmpädagogik, sondern auch in der Kunstvermittlung Verwendung findet.[49]

Mit seiner Definition des *passeurs* übernimmt Bergala die räumliche Bedeutung des *passer*, als Überqueren, und des *passeurs*, als eines Fährmanns oder Schmugglers, der andere Menschen über Grenzen führt und sich dabei denselben Gefahren aussetzt wie sie.[50] Der Lehrer als *passeur* ist – um im Bild zu bleiben – derjenige, der die Schüler auf ihrem Bildungsweg begleitet und zwar unter Einsatz seiner verkörperten Individualität. Er hilft ihnen den eigenen Horizont wie den schulischen Horizontes zu überschreiten und sich dabei von den von der Schule vorgegebenen ‹Pfaden› des Unterrichtens zu entfernen.[51] Lehrer, die sich selbst, ihre eigenen Vorlieben und Meinungen in den Unterricht einbringen, verlassen die von der Institution vorgegebene Rolle der Objektivität und der

---

gegenüber zwei *passeurs*, die auf der gleichen Entwicklungstufe stehen wie sie selbst, über ihre Erfahrung als Analysand aussagen. Der Bericht der *passeurs* gegenüber dem Zulassungskomitee der Lacan-Schule entscheidet dann über die Zulassung des Analysanden. Mir scheint diese Verwendung des Begriffs, gerade aufgrund des damit verbundenen Selektionsmechanismus keine Berührungspunkte mit Bergalas *passeur* zu haben. Siehe Slavoj Žižek: *Lacan. Eine Einführung.* Frankfurt am Main, 2008, S. 163.

49 Eines der vier französischen Filmvermittlungsprogramme, das sich an Kinder und Jugendliche in benachteiligten Regionen richtet, heißt seit einigen Jahren «Passeurs d'images». Bergala verwehrt sich in *Kino als Kunst* gegen die inflationäre Verwendung des Begriffs. Bergala 2006: *Kino als Kunst*, S. 39. Zur Verbreitung des Begriffs in der Kunstvermittlung vgl. Montoya 2008, S. 328.

50 Bergala 2006: *Kino als Kunst*, S. 39f (Fußnote).

51 Bergala 2006: *Kino als Kunst*, S. 52.

Neutralität, machen sich verletzlich und gehen das Risiko des Scheiterns ein. Ihre Aufgabe ist nicht mehr allein das Vermitteln von Wissen, sondern vielmehr die Initiation in die Kunst und damit möglicherweise auch ins Leben.

Dass eine solche individuelle Positionierung auch Ablehnung hervorrufen kann, kalkuliert Bergala als produktives Moment im Vermittlungsprozess ein. Denn aus Kontroversen lässt sich lernen, wie er in einem Interview ausführt:

> «Ja, aber Ablehnung ist nicht schlecht. Ich erlebe das alle Tage. Selbst an der Fémis [Filmhochschule in Paris], wenn ich meinen Studenten einen Film zeige und offensichtlich davon begeistert bin, dann gibt es oft welche, die sich dagegen sträuben, die den Film ablehnen. Aber in diesem Fall können wir darüber diskutieren, und es zeigt sich, dass ein Film eben nicht nur ‹ich mag/ ich mag nicht› ist. Die Studierenden erleben, dass man darüber sogar sehr grundlegende und eingehende Diskussionen führen kann, und nur so entwickeln sie sich weiter, machen Fortschritte.»[52]

Wenn der Lehrende nicht von der Position der Objektivität beanspruchenden Autorität aus spricht, kann somit die dezidierte, persönliche Stellungnahme Vermittlungsprozesse initiieren.

Bergala bezieht sich in *Kino als Kunst* direkt auf Daney, um die Figur des *passeurs* zu definieren. Dieser weist große Ähnlichkeit mit dem Lateinlehrer Henri Agel auf, den Daney in «Die Kamerafahrt von KAPO» als einen Vermittler beschreibt, der ihm abseits des Lehrplans mit Filmen konfrontiert und dadurch ‹initiiert› hat. Daney verwendet den Begriff jedoch nicht nur in Bezug auf die Vermittler, die seine Cinephilie geprägt haben, sondern auch um die eigene Rolle als Filmkritiker – in dezidierter Abgrenzung zur Pädagogik – zu bestimmen. Er betont damit seinen Außenseiterstatus als homosexueller Intellektueller, als jemand, der, wie ein Reisender (in andere Länder, in den Kontinent Kino), nirgends dazu gehört und ein Leben auf Abruf führt. Statt der Grenze ruft er das Bild der Furt auf, um sich als «Mittler» zu beschreiben, der «dazwischen» steht, zwischen der Welt der Filmschaffenden und der Welt der «Normalmenschen», und der Botschaften zwischen diesen Welten zirkulieren lässt.[53]

Mit dem Begriff des *passeurs* als «Schmuggler» bezieht sich Daney auf die in der französischen Cinephilie der Nachkriegszeit kultivierte Vorstellung von der ‹Klandestinität› der Kinoerfahrung (Vgl. 1.1). Diese findet im doppelten Sinne

---

52 Bergala in: Bettina Henzler: «Il les conduit ailleurs». Gespräch mit Alain Bergala zu Cinéphilie, Wissenschaft und Pädagogik. In: Sommer, Hediger, Fahle, S. 161–176, S. 165.
53 Daney 2000: *Im Verborgenen*, S. 58.

«im Verborgenen» statt: Sie ereignet sich in der Dunkelheit des Kinosaals, in dem man den eigenen Emotionen, dem heimlichen Begehren und den unterdrückten Ängsten, ausgesetzt ist, und richtet sich auf das Kino als im soziologischen Sinne illegitime, ‹verbotene› Kunstform. Dazu gehört auch der in «Die Kamerafahrt von KAPO» beschriebene Charakter einer «Gegenkultur» der Cinephilen, die sich in der Schule mit «verschwörerischen Mienen» über ihre Leidenschaft zum Kino austauschen.[54] Der cinephile Begriff der «Heimlichkeit» steht hier mit der Vorstellung von einer alternativen, nicht offiziell legitimierten Bildung im Kino in Verbindung (Vgl. 4.2) und schließt damit an den in cinephilen Diskursen häufig postulierten Gegensatz zwischen Kino und Schule an (Vgl. 2.2). In Gesprächen zum Selbstverständnis der Filmkritik lehnt Daney dementsprechend Pädagogik, im Sinne einer Vermittlung zwischen Film und Publikum, explizit ab.[55] Sein Vorbehalt richtet sich gegen die Aspekte der Pflicht und des linearen ‹Aufoktroyierens› von Wissen, das seiner Meinung nach der unmittelbaren Beziehung zwischen Film und Publikum im Weg steht.[56] Vermittlung, die «Spuren hinterlässt», erfolgt für ihn vielmehr indirekt: «verstohlen, quer und anonym»,[57] durch das Zirkulieren von Botschaften, die den Film nicht erklären, sondern zu ihm hinführen, ihn weiterdenken, ihm etwas Eigenes hinzufügen.[58]

Mit der Bedeutung von «passer» als Vorbeigehen betont Daney die Filmerfahrung als eine Reise, als ein Erleben am eigenen Körper. Es ist seine Überzeugung, dass statt des Wissens über Filme vor allem die Leidenschaft fürs Kino weitergegeben werden kann. In Bezug auf Bazin schreibt er dementsprechend: «Er ist ein Enthusiast. Ohne Leidenschaft, schreibt er nicht, aber wenn er schreibt, dann geht er mit der Methode dessen vor, der mehr über seine Leidenschaft wissen möchte und dieses ‹Mehr› teilen möchte».[59] Und über sich selbst äußert er: «[...] wenn ich Lust habe, über einen Film zu schreiben, und diese Lust vermittelt sich, umso besser.»[60] Auch bei Roland Barthes findet sich diese Vorstellung in Bezug auf das Vergnügen am Schreiben, das sich auf die Leser eines Textes über-

---

54   Ebd., S. 20. Siehe dazu das ausführliche Zitat in 6.3.
55   Daney 2000: *Von der Welt ins Bild*, S. 156. Daney in: Roger, S. 110.
56   Vgl. Le point critique. Table ronde avec Olivier Assayas, Alain Bergala, Serge Daney et Serge Toubiana. In: de Baecque 2001, S. 203–231.
57   «Le passeur est peut-être celui qui se souvient que la vraie communication, celle qui a laissé des traces dans la vie, n'est pas celle qu'on a voulu lui imposer (par l'école, le catéchisme, la pub, tout ce qui est ‹édifiant›) mais celle qui s'est faite presque furtivement, transversale et anonyme.» Daney in: Roger, S. 110.
58   Daney 2000: *Von der Welt ins Bild*, S. 157.
59   «C'est un passioné. Sans passion, il n'écrit pas, mais s'il écrit il procède avec la méthode de celui qui veut en savoir plus sur sa passion et partager ce ‹plus›.» Daney 1986, S. 173.
60   «Mais si j'ai du plaisir à écrire sur un film et que ce plaisir passe, tant mieux, même si ça ne veut dire que ça.» Daney in: De Baecque (Hg.) 2001, S. 227.

tragen kann: «Wenn ich mit Lust einen Satz, eine Geschichte oder ein Wort lese, so sind sie in Lust geschrieben worden [...].»[61]

Bergala teilt die cinephile Aversion gegenüber der Schule nicht, und auch der cinephile Mythos der Klandestinität und das Pathos des Außenseiters sind bei ihm wenig ausgeprägt. Aber auch er betont den körperlichen Aspekt einer Vermittlung, die von Wahrnehmung, Geschmack und ‹Begehren› getragen ist. Und er teilt die Überzeugung, dass Vermittlung nicht linear, sondern ‹quer› verläuft, und dass dabei weniger das Wissen, als die Vorliebe für Filme entscheidend ist: «Das einzige, was durch Ansteckung weitergegeben werden kann, zwischen zwei Generationen, das ist die Lust am Kino».[62] Daneys Bild des *passeurs* als eines Grenzgängers, der sich in der Illegitimität/Illegalität bewegt, findet Widerhall in dem von Bergala evozierten Bild der «Seitenwege» der Initiation, die in der Kunstvermittlung abseits der «großen» Straße der schulischen Pädagogik eingeschlagen werden sollen. Ein Lehrer, der sich zum *passeur* macht, wird insofern zum ‹Außenseiter›, als dass er die von der Institution Schule vorgegebene Rolle verlässt und sich selbst zum ‹Anderen› macht bzw. eine andere Seite in sich aktiviert.

Es ließe sich nun einwenden, dass Bergala die durch die Institution abgesicherte Autorität durch eine Autorität der Persönlichkeit ersetzt. Damit verbunden ist die Frage, ob das Modell des *passeurs* auf ein elitäres Vermittlungskonzept zurückgeht, das den von Bourdieu der klassischen Vermittlung in bürgerlichen Kreisen zugeordneten «Meister» wiederbelebt (Vgl. 2.3). Kann die Rolle des *passeurs* nur von wenigen Persönlichkeiten eingenommen werden, die über umfassendes Filmwissen und Lebenserfahrung verfügen und den Status des ‹Meisters› für sich beanspruchen können? Eine solche Anforderung würde die Mehrzahl der Lehrenden vermutlich ausschließen. Tatsächlich nennt Bergala in *Kino als Kunst* ausschließlich *passeurs,* wie André Bazin, Henri Agel, Jean Douchet, Serge Daney, die allesamt herausragende Kritikerpersönlichkeiten oder ‹Filmwissende› sind. Zugleich formuliert er dort jedoch auch die These: «Meiner Überzeugung nach ist das ‹Filmwissen› des Lehrers weit weniger entscheidend als die Art, wie er seinen Gegenstand erfasst: man kann ganz einfach und ohne Ängste über einen Film sprechen, wenn man nur die richtige Einstellung, die richtige Beziehung zum Gegenstand Kino hat.»[63] Diese Einstellung ist der – von den Cinephilen beschriebene – liebende Blick des *amateurs* auf den Gegenstand, die Betrachtung des Kinos als Kunstform.

---

61 Barthes 1974, S. 10.
62 «La seule chose qui peut ‹passer› par contagion, entre deux générations, c'est le désir de cinéma.» Bergala 2001: Éloge de la liste, S. 16.
63 Bergala 2006: *Kino als Kunst*, S. 27.

In dieser Zuspitzung ähnelt Bergalas *passeur* dem «unwissenden Lehrmeister», den Jacques Rancière anhand des Erziehungskonzepts des französischen Gelehrten und Pädagogen Joseph Jacotot in *Der unwissende Lehrmeister* beschreibt.[64] Im 19. Jahrhundert erschütterte Jacotot die Paradigmen der Pädagogik mit der These, dass ein Pädagoge einen Stoff unterrichten könne, den er nicht kennt. Ausgangspunkt war seine Erfahrung mit holländischen Studenten, die an seinen französischsprachigen Vorlesungen teilnehmen wollten, aber die französische Sprache nicht beherrschten. Allein anhand einer zweisprachigen Übersetzung des *Telemachus*,[65] die er ihnen gegeben hat, lernten sie die Sprache selbstständig so weitgehend, dass sie in einer abschließenden Prüfung ihre Leseerfahrung in französischer Sprache wiedergeben konnten. Jacotot schlussfolgerte daraus, dass jeder Mensch die natürliche Intelligenz, besitze, selbstbestimmt zu lernen: «Man konnte, wenn man nur wollte, alleine und ohne erklärenden Lehrmeister, durch die Spannung seines eigenen Begehrens oder durch den Zwang der Situation lernen.»[66]

Anstatt Schüler zu «verdummen», indem er ihnen den Stoff erklärt und vorgegebenes Wissen abfragt, solle der Lehrer vielmehr auf eben diese individuelle Kapazität setzen, eigenständig zu lernen.[67] Der Lehrer brauche dafür den Stoff nicht zu kennen, sondern er müsse vielmehr das Lernen selbst vermitteln. Das heißt, er müsse das notwendige Material bereitstellen und durch Fragen überprüfen, ob die Schüler die richtige Haltung zum Gegenstand einnehmen. Diese Haltung bestehe in Aufmerksamkeit und der Bereitschaft zu einer Suche, deren Ergebnis noch nicht feststeht. Um die Rolle desjenigen einzunehmen, der den «Willen» zu lernen stimuliert und das Lernen selbst vermittelt, braucht es laut Jacotot/Rancière nur einen Lehrer, der sich selbst kennt, und der aus eigener Erfahrung weiß, wie das Lernen funktioniert:

«Die Erfahrung schien ihm ausreichend, um festzustellen, *dass man unterrichten kann, worin man unwissend ist*, wenn man den Schüler emanzipiert, das heißt, wenn man ihn dazu zwingt, seine eigene Intelligenz zu gebrauchen. [...] Um einen Unwissenden zu emanzipieren, muss man selbst emanzipiert sein,

---

64 Jacques Rancière: *Der unwissende Lehrmeister. Fünf Lektionen über die intellektuelle Emanzipation*. Wien, 2007 (Orig. 1987). Rancière erwähnt in einem Interview, dass das Buch zur Zeit seines Erscheinens im französischen Bildungsdiskurs eher unbeachtet blieb, da dieser sich vor allem mit Bourdieu und Milner auseinandersetzte. Anne Lamalle und Guy Dreux: Entretien avec Jacques Rancière à propos de l'ouvrage Le maître ignorant. http://institut.fsu.fr/nvxregards/28/28_ranciere.htm (30.1.2013).
65 François Fénélon: *Les aventures de Télémaque*. 1699.
66 Rancière 2007, S, 22.
67 Ebd., S. 23f.

das heißt sich der wahren Macht des menschlichen Geistes bewusst zu sein, und das genügt.»[68]

Diese von dem aufklärerischen Glauben an die Universalität und Gleichheit des menschlichen Geistes durchdrungene Pädagogik zeigt frappierende Parallelen zu Bergalas Überzeugung, dass in der Filmvermittlung die Haltung zum Kino relevanter ist als das Wissen. Wie Bergala ersetzen Jacotot/Rancière das Primat des vom Lehrer zu vermittelnden Wissens durch die individuelle Lernbereitschaft des Schülers. Anstelle, wie Bourdieu, die soziale Determination der Bildung in den Vordergrund zu stellen, gehen sie von einer allgemeinmenschlichen Fähigkeit zu lernen aus, die unabhängig von der sozialen Herkunft ist. Gerade die Vorstellung, dass Gleichheit nur über Bildung hergestellt werden könne, reproduziert Rancière/Jacotot zufolge die Ungleichheit, da sie eine Hierarchie zwischen demjenigen, der das Wissen hat, und demjenigen, der es nicht hat, etabliert. Diese Hierarchie aufzuheben, bedeute, die Fähigkeit jedes Einzelnen zu lernen vorauszusetzen und von einer grundsätzlich gleichwertigen Beziehung zwischen Lehrer und Schüler als «zwei Intelligenzen, die sich verstehen wollen», auszugehen.[69]

Die fundamentale Differenz zwischen Bergalas und Jacotos Ansatz liegt jedoch in dem zugrundeliegende Subjektmodell. Der Epoche der Aufklärung zugehörig, verortet Jacotot die Triebkraft des Menschen im Geist. Er setzt einen «Willen, der befiehlt, eine Intelligenz, die gehorcht» voraus, damit sich das Subjekt «emanzipieren» und bilden kann.[70] Im Jahrhundert nach der Psychoanalyse geht Bergala dagegen von den unbewussten, affektiven Prozessen als wesentlichen Triebfedern des Lernprozesses aus. Die zentrale Rolle, die Jacotot dem Willen zuschreibt, nimmt bei ihm das Begehren ein. Zudem berücksichtigt Bergala in seinen Überlegungen zur Individualität des Bildungsprozesses auch die (von Lacan nachgewiesene) soziale Prägung dieses Begehrens. In dem Text «Allein das Begehren bildet» wertet er es daher als Zeichen der sozialen Perspektivlosigkeit, wenn Lernenden dieses Begehren fehlt:[71]

---

68 Ebd., S. 25f.
69 «[…] deux intelligences qui veulent se comprendre […]» Rancière in: Lamalle, Dreux. Rancière betont in dem Interview auch, dass es sich dabei nicht um eine utopische, sondern vielmehr eine strategische Position handelt. Es geht nicht darum, die Ungleichheiten zu negieren, sondern als strategischen Ausgangspunkt die Gleichheit zu setzen.
70 Rancière 2007, S. 23 u. 37.
71 Bergala entgeht dabei der Problematik, die Jens Kastner in Bezug auf Rancière anmerkt, nämlich, konservativen Bildungspolitikern das Wort zu reden, die ohnehin davon ausgehen, dass «wer nur lernen wolle, auch könne». Jens Kastner: Die Aufteilung des Gemeinsamen. In: *graswurzelrevolution* 332, 2008, S. 15–16 (auch: www.jenspetzkastner.de/ranciere.html, 31.10.2012).

«Für die Schule jedoch zählen nur die Schüler, deren Wünsche bereits den Regeln der sozialen Realität entsprechen. Man muß aus verschiedenen Gründen lesen, schreiben und rechnen können, um später eine Arbeit zu finden, sich in die Gesellschaft zu integrieren usw. Aber die anderen, die sich dem Lernen und der Institution Schule verweigern, sind gerade jene, für die ein Versprechen auf Zukunftsaussichten hier und heute, innerhalb des Klassenraums keinen konkreten Sinn ergibt. Die erste der großen Ungleichheiten der Schule liegt zwischen denen, die motiviert sind zu lernen und jenen, die es aufgrund ihrer familiären Situation, ihres sozialen und kulturellen Milieus nicht sind. Zwischen denen, die bereits eine Zukunft haben und jenen, die bloß eine chaotische Gegenwart haben.»[72]

Es ist somit die maßgebliche Rolle des Lehrers, in den Schülern diesen «Wunsch zu lernen» zu wecken: «Denn ich gehe davon aus, daß er in jedem Kind schlummert.»[73]

Die Filmvermittlung kann diesbezüglich – so Bergalas These – eine Schlüsselrolle einnehmen, da sie Schülern alternative Ausdrucksmöglichkeiten bietet. Dies kann einerseits auf den Seitenpfaden des Cinephilen geschehen, der – wie Bergala in «Une certaine tendance du cinéma» schreibt – durch seine kenntnisreiche Liebe zur Kunstform Kino auch die Begeisterung der Lernenden zu wecken vermag. Aber auch der ‹unwissende Lehrer› im Sinne von Jacotot/Rancière kann sich «zum passeur machen»,[74] indem er in der Kunstvermittlung die institutionalisierte Rolle verlässt und sich persönlich in den Unterricht einbringt. Wie in «Ouverture pour une pédagogie de la photo» dargestellt, ermöglicht er damit auch den Kindern und Jugendlichen eine persönliche Positionierung und öffnen den Unterricht für eine andere, weniger hierarchische Lehrbeziehung. Die Aufgabe besteht in beiden Fällen – wie von Jacotot beschrieben – darin, die Aufmerksamkeit der Lernenden zu wecken und sie auf eine Suche zu schicken, deren Ziel offen bleibt.[75]

---

72 Bergala 2004: Allein das Begehren bildet, S. 21.
73 Ebd.
74 Bergala 2006: *Kino als Kunst*, S. 52.
75 Vgl. Henzler 2011, S. 161–176.

6.2.2 Alterität als pädagogische Herausforderung

Dem Vermittlungsmodell der Dreiecksbeziehung liegt das anhand der Rezeptionsästhetik von Barthes aufgezeigte Prinzip der Intersubjektivität zugrunde. Dieses gilt für die Beziehung zum Gegenstand ebenso wie für die Beziehung zwischen Lehrerenden und Schülern (Vgl. 3). Zentral ist dabei die Vorstellung von einer körperlich verfassten Beziehung zwischen ‹Subjekten›, die auf der Erfahrung einer fundamentalen, nicht durch Kommunikation überbrückbaren Fremdartigkeit des Gegenübers beruht. Denn, wie Barthes, betont Bergala immer wieder das ‹nondit›, das Nichtkommunizierbare in Rezeptions-, Vermittlungs- und Schaffensprozessen und damit die Unmöglichkeit einer ‹restlosen› Verständigung. Entgegen der verbreiteten kommunikationstheoretischen Wendung der Intersubjektivität, die eine auf sprachlicher Verständigung beruhende gleichwertige Beziehung zwischen Subjekten voraussetzt, ist hier eher ein phänomenologischer Begriff der Intersubjektivität zutreffend, der eine unaufhebbare Asymmetrie der – durch die sinnliche Wahrnehmung vermittelten – Beziehungen zum Anderen voraussetzt.

Im vergangenen Kapitel habe ich gezeigt, dass die von Bergala formulierten Schaffensästhetik auf einer ‹Ethik der Alterität› basiert. Dabei geht es im Kern um die Haltung der Regie gegenüber der Welt, den Menschen, den Gegenständen, die gefilmt werden und deren Eigenartigkeit und Widerständigkeit im Drehprozess nicht unterschlagen werden soll. Anhand der filmästhetischen Überlegungen von Bazin und Daney habe ich die Bezugspunkte dieser Ethik und Ästhetik der Alterität zu den phänomenologischen Theorien der Intersubjektivität von Merleau-Ponty und Lévinas angedeutet: zu der von Merleau-Ponty beschriebenen Vorstellung vom Körper als Mittler der Welt und einer körperlich vermittelten Beziehung zwischen Subjekten[76] einerseits; und zu der von Emmanuel Lévinas betonten irreduziblen Alterität als Grundlage jeder Beziehung zum anderen Menschen und als Voraussetzung ethischen Handelns andererseits (Vgl. 5). Ein solches phänomenologisches Subjektverständnis ist grundlegend für die – im Kontext der *Cahiers du cinéma* debattierte – ethische Dimension des Filmschaffens. Ich werde im Folgenden zeigen, dass Bergala diese Überlegungen auch auf den Vermittlungsprozess überträgt. Im Fokus steht dabei der von ihm wiederholt geforderte Respekt vor der Fremdartigkeit des anderen Menschen, ebenso wie vor der Alterität von Filmen und Kunstwerken.

In *Kino als Kunst* verweist Bergala immer wieder auf die Verantwortung des Lehrenden gegenüber dem Kind als fremden Menschen. Er plädiert wiederholt dafür die Singularität von Kindern und Jugendlichen, gerade in ihren nichtverständlichen

---

76 Merleau-Ponty 1966 und 2006 (Orig. 1945).

Seiten zu akzeptieren. So verlangt er beispielsweise, dass Lehrer an dem Geschmack von Kindern, auch wenn er sich auf «Scheußlichkeiten» richtet, nicht rühren sollen:

«Lassen wir die Kinder Vergnügen an Filmen finden, die für uns nichts wert sind, und sei es nur im Namen der Scheußlichkeiten, die wir einst geliebt haben, bevor sich unser Geschmack nach und nach geformt und den Müll aussortiert hat.»[77]

Zugleich warnt Bergala davor, sich an einem vermeintlich bei Kindern und Jugendlichen vorausgesetzten Geschmack zu orientieren. Auch dies zeugt für ihn von einem mangelnden Respekt, da die massive Einflussnahme der Massenmedien ignoriert und Kindern und Jugendlichen nicht zugestanden wird, auch etwas anderes zu mögen; da ihre ‹Widerstandskraft› gegenüber ‹Ideologien› unterschätzt wird. Lehrer sollen nicht versuchen, im «Namen eines Kindes» zu denken. Sie sollen keine Filme für Kinder und Jugendliche auswählen, von denen sie selbst nicht überzeugt sind.[78] Dies sei eine ebensolche Bevormundung, wie wenn Kindern der eigene Geschmack und die eigenen Wünsche bei der Filmrealisation aufgezwungen werden. Der *passeur* bewegt sich also auf einem schmalen Grad zwischen dem Respekt vor den Vorlieben jedes einzelnen Schülers, die nicht unbedingt Gegenstand des kollektiven Unterrichts sein müssen, und der Notwendigkeit bei der Vermittlung der Kunst auch von sich selbst, von den eigenen Vorlieben und ästhetischen Urteilen auszugehen.

Die Behauptung, dass ein Erwachsener sich nicht vollkommen in Kinder und Jugendliche hineinversetzen, nicht an ihrer Stelle, denken oder empfinden könne, begründet Bergala mit Verweis auf Pier Paolo Pasolini. Demnach geht Pasolini davon aus, dass es unteilbare Erfahrungen des Individuums gibt, die in seinem Körper verortet sind. Dies bedinge eine fundamentale, unüberbrückbare Kluft zwischen verschiedenen Generationen, da man nicht physisch erleben könne, was die anderen Generationen vor oder nach einem erfahren haben. In Pasolinis Worten:

«Aus den gleichen Gründen können wir die Probleme der Jungen nicht körperlich erleben: unser Körper ist anders als ihrer, und die mit ihren Körpern erlebte Welt ist uns verwehrt. Wir rekonstruieren sie, stellen sie uns vor, deuten sie, aber wir erleben sie nicht. Daher liegt auch etwas Geheimnisvolles im Leben der Kinder […].»

Für den Vermittlungsprozess schlussfolgert Bergala daraus:

77 Bergala 2006: *Kino als Kunst*, S. 57.
78 Ebd., S. 57.

«Der Erwachsene muss dieses Geheimnis respektieren und darf nicht so tun, als könne er mit einer gehörigen Portion guten Willens verstehen, was von ihrer Kultur Heranwachsende ‹mit dem Körper› erleben.»[79]

Mit dem Begriff des Geheimnisses betont Bergala die im Körper verortete Andersartigkeit der jüngeren Generation. In der intersubjektiven Beziehung zwischen verschiedenen Generationen, zwischen Lehrern und Schülern ist es seiner Ansicht nach wesentlich, diese ‹Alterität› zu respektieren. Es gilt zu akzeptieren, dass man den anderen nicht vollkommen verstehen kann, dass es in ihm einen Rest Fremdheit gibt, der sich nicht kommunizieren lässt. Anstatt diese Alterität zu ignorieren und zu nivellieren, indem man sich mit anderen Menschen als vermeintlich Gleichartigen identifiziert; oder – wie es eine häufige Praxis kollektiver Ausschlussprozesse ist – sie abzulehnen, gilt es, die im individuellen Körper fundierte Andersartigkeit jedes Menschen anzuerkennen.

Wie bereits oben angemerkt, beschreibt Bergala die Beziehung des Lehrers zum Kind oder Jungendlichen im Vermittlungprozess analog zu der Beziehung des Regisseurs zum Schauspieler im Schaffensprozess. Diese Analogie zeigt sich besonders deutlich in seinen Äußerungen zur Arbeit mit Kindern als Darstellern. Bereits 1979 kritisierte er in einem Interview die Mehrzahl der zeitgenössischen Kinderfilme, die «darauf hinauslaufen, eine Kluft zu reduzieren, durch die Rückkehr zur Norm der Erwachsenen einen Konflikt, einen Widerspruch zu überwinden».[80] Als Alternative kündigt er an, selbst einen Kinderfilm nach der Art eines Dokumentarfilms drehen zu wollen, in dem das Geheimnis und die Fremdartigkeit der kindlichen Darsteller bewahrt bliebe. Auch wenn Bergala diesen Film meines Wissens nie gedreht hat, beschreibt er hier doch eine Verfahrensweise, die sich in anderen französischen Autorenfilmen findet. Beispielsweise ist erst kürzlich der Film TOMBOY (Céline Sciamma, F 2010) entstanden, dessen Reiz auch darauf beruht, dass er das Spielen von Kindern eher dokumentiert als inszeniert.

In Bezug auf den Film PONETTE von Jacques Doillon (F 1996) führt Bergala Jahrzehnte nach dem genannten Interview aus, wie ein Film aussehen kann, der das Kind als Darsteller ernst nimmt. Der Schaffensprozess wird dabei bezeichnenderweise auch als ein Vermittlungprozess beschrieben, der auf einer intersubjektiven Beziehung zwischen Doillon und der vierjährigen Hauptdarstellerin Victoire Thivisol beruht.[81] Bergala bezieht sich in seiner Analyse auf den Film JOUER PONETTE (Kanada 2007), in dem Jeanne Crépeau durch die Montage von Rohaufnahmen die Regiarbeiten rekonstruiert. Gerade am Anfang des

79 Beide Zitate ebd., S. 60.
80 Bergala in: Delavaud, Lefèvre 1979, S. 21.
81 JOUER PONETTE ist auf der DVD L'ACTEUR AU CINÉMA in der Reihe L'Eden cinéma veröffentlicht.

Films zeige sich Thivisol als ein «reserviertes, fast blockiertes Kind, so als ob das Widerstreben ein Beweis von Strapazierfähigkeit und Charakter wäre, ein geschlossener Sockel, auf dem er [Doillon] seine Beziehung zu ihr konstruieren könne.»[82]

Bergala bezeichnet diese sich im Laufe des Films weiterentwickelnde Beziehung zwischen Doillon und Thivisol als ein «Arbeitsverhältnis», das auf gegenseitigem Vertrauen, aber auch auf Autorität beruhe. Denn das Kind als Person ernstnehmen, bedeute auch, es in seinen Fähigkeiten zu fordern und größtmögliche Präzision im Spiel zu verlangen, ihm die Mühen eines gemeinsamen Arbeitsprozesses, aber auch die «Freude des Erfolgs» nicht zu ersparen. Bergala betont, dass in einer solchen Zusammenarbeit, die Spielregeln geklärt sein sollten und auch der Erwachsene bereit sein müsse zu lernen – was Doillon offenbar selbst am Ende der Dreharbeiten zugegeben hat.[83] Als handele es sich um eine Vermittlungsbeziehung, schildert Bergala die Dreharbeiten als einen Prozess, «aus dem das kleine Mädchen nicht nur unbeschadet, sondern sicher stärker» hervorgegangen sei. Seiner Ansicht nach ist dies auch ein Grund für das Gelingen der außergewöhnlichen Dreharbeiten:

«In PONETTE erscheint dieses Wunder einer Einstellung, in der der Schauspieler den richtigen Vibrationspunkt zwischen sich und seiner Rolle, zwischen dem Raum und seinem Körper, zwischen sich und den anderen findet, umso erstaunlicher und zerbrechlicher, als diese Darstellerin erst vier Jahre alt ist und Worte, Situationen, Emotionen darstellen muss, die selbst für eine erwachsene und erfahrene Schauspielerin schwierig wären.»[84]

5a–b Jacques hat gesagt: Sag das nochmal und schau' Xavier die ganze Zeit an.

5c Jacques hat gesagt: Wird sie tot sein?

5d These: Die Weigerung der Schauspielerin, die Worte des Dialogs zu sprechen, haben in den Augen des Regisseurs die Figur entstehen lassen.

82 Dies und die folgenden Zitate in: Alain Bergala: *Cahiers de notes sur PONETTE* (o.J.), S. 6f.
83 Darauf verweist Bergala am Ende seiner Analyse, ebd. S. 10.
84 «Dans Ponette, ce miracle, celui de tout plan où l'acteur trouve le point de vibration juste entre lui et son personnage, entre l'espace et son corps, entre soi et les autres, apparaît d'autant plus extraordinaire

6a–d PONETTE

Wie in Bezug auf den Vermittlungsprozess steht auch hier die These im Vordergrund, dass der Respekt vor Kindern als eigenständigen Persönlichkeiten gerade darin besteht, sie zu fordern, als Arbeitspartner ernst zu nehmen und sich auf ihre Eigenheiten einzulassen.

Diese ethische Haltung zur Alterität bezieht Bergala nicht nur auf Individuen, sondern auch auf den Film im Rezeptionsprozess. In *Kino als Kunst* betont er dementsprechend die Notwendigkeit eines Sich-Einlassens des Rezipienten auf die Alterität des Kunstwerks:

«Und natürlich ist alle Pädagogik Simulation. Doch diese Simulation muß ihren Gegenstand – den Film – respektieren, das heißt, sie darf ihn nicht auf ein Skelett reduzieren, und zugleich muß sie darauf Rücksicht nehmen, wie dieser Gegenstand seinen Weg ins Bewußtsein einer Person nehmen kann, vor allem, wenn diese Person ein Kind ist.»[85]

Wie andere Cinephile beschreibt er das Filmkunstwerk als ein Gegenüber, das sich einer analytischen Beherrschung ebenso entzieht wie dem Anspruch auf «restlosen Konsum».[86] In seinen Filmanalysen meidet er daher auch den manipulatorischen Eingriff in das gezeigte filmische Material. In einem Interview auf *kunst-der-vermittlung.de* äußert er diesbezüglich:

«**Bergala:** ‹Das berührt eine sehr wichtige Frage für mich: Wie weit darf man eingreifen in einen Film?›

KdV: Eine ethische Frage.

B: Ja. Ich mag zum Beispiel die Sendereihe PALETTES, aber dass sie dort in die Gemälde hineinzeichnen, dass sie andere Ausschnitte machen und all

et fragile que l'actrice a quatre ans et qu'elle doit jouer des mots, des situations et des émotions qui seraient déjà difficiles pour une actrice adulte et experimentée.» Ebd., S. 6.

85 Bergala 2006: *Kino als Kunst*, S. 39.
86 Ebd., S. 54.

diese Dinge, gefällt mir nicht. Mit Film kann man heute auch alles machen, aber ich habe mir eine Grenze gesetzt: Verlangsamungen und das Anhalten einzelner Bilder, mehr nicht. Niemals greife ich *in* das Bild ein. Es gibt zahlreiche Instrumente, mit denen man alles auseinandernehmen kann, aber die mag ich nicht. Ich finde das gefährlich, denn das schadet dem Film. Eine Verlangsamung schadet dem Film nicht.

KdV: Das funktioniert eher wie eine Lupe. Das ist im Deutschen auch der Ausdruck für die Verlangsamung der Bilder: Zeitlupe».[87]

Bereits zum Erscheinen von Les chemins d'Irène hat Bergala betont, dass die Analyse eines Films oder Filmausschnitts seine «Emotion» nicht zerstören dürfe.[88] Dieser Respekt vor der Eigenartigkeit des Films und seiner affektiven Wirkung ist für Bergala jedoch nicht Selbstzweck, sondern, im Sinne von Barthes' intersubjektiven Ästhetik und der cinephilen Filmerfahrung, eine notwendige Vorraussetzung, damit ein ästhetischer Rezeptions- und Bildungsprozess stattfinden kann.

Die skizzierte ethische Haltung gegenüber der Alterität wird in *Kino als Kunst* auch mit dem Begriffspaar Aufmerksamkeit/Widerstand artikuliert. Bergala zitiert in diesem Zusammenhang die Philosophin Simone Weil. Die Aufmerksamkeit gegenüber dem Kunstwerk, das sich dem Verständnis widersetzt, das Sich-Einlassen auf das Fremdartige beschreibt er als Voraussetzung für ästhetische Bildungsprozesse:

«Es war Simone Weil, die das merkwürdige Wort ‹Einwilligung› benutzte. Letztlich gehe es darum, in das Kunstwerk ‹einzuwilligen›. Das impliziert, daß man einen anfänglichen Widerstand, ja eine Feindseligkeit zu überwinden hat. Die Aufmerksamkeit, die das Subjekt schließlich schenkt, in die es einwilligt, wird nicht unbedingt bei der ersten Annäherung an das Werk erreicht.»[89]

Simone Weil definiert den Begriff Aufmerksamkeit in ihrem aphoristischen Buch *Schwerkraft und Gnade* folgendermaßen:

«Der Dichter bringt das Schöne dadurch hervor, dass er die Aufmerksamkeit auf Wirkliches gerichtet hält. Ebenso verhält es sich mit dem Akt der Liebe. Zu wissen, dass dieser Mensch, der hungert und dürstet, in Wahrheit genau so existiert wie ich – das genügt, das Weitere folgt von selbst.

---

87 Zitiert nach: Volker Pantenburg, Stefan Pethke, Erik Stein (2008): Filmvermittelnde Werkzeuge: Schneidetisch, VHS, DVD. Ein Gespräch mit Alain Bergala. www.kunst-der-vermittlung.de/dossiers/filmpaedagogik/ (22.12.2012).

88 Bergala in: Jacquinot, S. 149f.

89 Bergala 2006: *Kino als Kunst*, S. 55.

Die echten und reinen Werte des Wahren, Schönen und Guten im Tun und Handeln des Menschen werden durch ein und denselben Akt hervorgebracht: durch eine gewisse Anwendung der Aufmerksamkeit auf den Gegenstand. Der Unterricht sollte nur den Zweck haben, die Möglichkeit eines solchen Aktes durch die Übung der Aufmerksamkeit vorzubereiten. Alle übrigen Vorteile des Unterrichts sind belanglos.»[90]

Die von Weil evozierten verschiedenen Ebenen, auf denen die Aufmerksamkeit als produktive Kraft wirksam wird, entsprechen offenbar Bergalas Alteritätsbegriff. Die Aufmerksamkeit ist grundlegend für das Verhältnis des Künstlers zur Realität, ebenso wie für die Beziehung zwischen Menschen. Sie ist beim Schaffen und Betrachten von Kunstwerken ebenso wie in Lernprozessen wirksam und notwendig. Wie in der Cinephilie kommt auch die liebenden Haltung ins Spiel, die «Zuneigung» gegenüber der «Fremdartigkeit» des Kunstwerkes.[91]

Der Bezug zu Simone Weil machte abschließend deutlich, wie das von Bergala betonte pädagogische Prinzip der Aufmerksamkeit mit seinem Verständnis des intersubjektiven Rezeptions- und Schaffensprozesses und seiner Ethik der Alterität ineinandergreift. Es besagt, dass man die prinzipielle Fremdartigkeit des Gegenübers (sei es die Realität, sei es der Film, sei es der andere Mensch) respektieren und ihm Aufmerksamkeit schenken solle. Laut Bergala ist es eine notwendige Voraussetzung für Lernprozesse und für die eigene Veränderung: sich auf Fremdes einzulassen, auch wenn es sich dem Wunsch nach Aneignung und Deutung widersetzt. Wie man diese – ethisch und pädagogisch begründete – Aufmerksamkeit initiieren kann, stellt auch oder gerade heute weiterhin eine Herausforderung für die Pädagogik dar.

90 Simone Weil: *Schwerkraft und Gnade*. München, 1952 (Orig. 1948), S. 214.
91 In Bergalas Vermittlungskonzept spielt die bei Weil zentrale spirituelle Dimension der Aufmerksamkeit (als eine Form des Gebets) keine Rolle. Dies zeigt sich auch in seinem parallelen Verweis auf Friedrich Nietzsche. Friedrich Nietzsche zitiert nach Bergala 2006: *Kino als Kunst*, S. 56.

6.3 Vermittlungsstrategien

Mit der Figur des *passeurs* betont Bergala die subjektive Dimension der cinephilen Filmvermittlung. Diese wurde von Francis Desbarats mit Blick auf cinephile Diskurse und Vermittlungsmedien wie folgt problematisiert. Einerseits könne die dezidierte subjektive Positionierung des Vermittlers sehr stimulierend sein, da sie ein «demokratisches Verhältnis» zwischen den Kommunizierenden etabliere und auch vor produktiven Konflikten und Meinungsverschiedenheiten nicht zurückscheue.[92] Die offensive cinephile Stellungnahme zu Filmen mache die subjektiven Geschmacksentscheidungen sichtbar, die jedem Diskurs über Kunst zugrunde liegen, und die in wissenschaftlichen Analysen nur kaschiert werden.[93] Andererseits laufe ein ‹intimistischer› cinephiler Diskurs aber auch Gefahr, zu einer autoritären Geste zu werden, wenn derjenige, der über eine Autorität des Wissens oder einen höheren gesellschaftlichen Status verfügt, seinen Geschmack offensiv vertritt. Zudem könne er sich in einer elitären Selbstbezüglichkeit verfangen, die «Nichteingeweihte» ausschließe.

Angesichts dieser Problematik stellt sich die Frage, wie das Modell einer intersubjektiven Dreiecksbeziehung umgesetzt werden kann. Wie kann der *passeur* seinen Geschmack und seine Vorlieben in den Unterricht einbringen, ohne dass dies einen einschüchternden oder ausschließenden Charakter hat? Wie kann er die Doppelfunktion einnehmen, sich zugleich subjektiv zu positionieren und den Schülern auch Freiraum für ihre eigene Entfaltung zu bieten? Wie kann das Interesse der Schüler für ungewohnte ästhetische Formen geweckt werden? Im Folgenden werde ich methodische Grundprinzipien des cinephilen Vermittlungsansatzes in Bezug auf die von Daney geschilderte Vermittlungsbeziehung und die von Barthes beschriebe intersubjektive Rezeptionerfahrung diskutieren.

6.3.1 Auswählen / Zeigen / Anschauen

In *Kino als Kunst* benennt Bergala als ersten und zweiten Schritt der Filmvermittlung: «Die Möglichkeit zur Begegnung mit Filmen schaffen» und «Hinweisen, initiieren, sich zum *passeur* machen».[94] Wie dieser Prozess vor sich gehen kann, schildert Serge Daney in «Die Kamerafahrt von KAPO» am Beispiel seines Lateinlehrer Henri Agel, der in der Nachkriegszeit eine Schlüsselrolle als Vermitt-

---

92 Desbarats 2002, S. 21.
93 Bergala betont, dass auch in der Filmwissenschaft wie in der Filmkritik subjektive Vorlieben eine Rolle spielen, zum Beispiel bei der Wahl der Untersuchungsgegenstände. Bergala 1996, S. 43.
94 Bergala 2006: *Kino als Kunst*, S. 51f.

ler innehatte und – wie bereits erwähnt – als ein ‹Prototyp› des *passeurs* gelten kann.[95]Agel zeigte im Lateinunterricht Filme, ‹lebende Bilder›, um im Vergleich mit Werken der lateinischen Literatur ein Interesse für die ‹tote Sprache› Latein zu wecken. In Daneys Schilderung entspricht er dem *passeur* als ‹illegalem› Grenzgänger, der Seitenwege der Pädagogik einschlägt. Er vermittelte Film in der Schule, aber in Abweichung vom offiziellen Lehrplan; der Vermittlungsprozess erfolgte im «heimlichen» Einverständnis mit den Schülern:

> «Die Cinephilie bestand ganz einfach darin, parallel zum Stundenplan am Gymnasium einen *anderen* Stoff runterzuschlingen. Der war nach dem Leisten des ersten gestrickt, mit den gelben *Cahiers* als Leitfaden und einigen ‹erwachsenen› Vermittlern, die uns mit verschwörerischer Miene bedeuteten, was da zu entdecken sei, sei eine Welt, und diese Welt sei vielleicht die Welt überhaupt. Henri Agel, Literaturprofessor am Voltaire-Gymnasium, war einer dieser herausragenden Vermittler. Um sich und uns die Fron der Lateinstunden zu ersparen, stellte er uns vor die Wahl: entweder eine Stunde mit einem Text von Titus Livius oder Filme sehen. Die Klasse, die für das Kino votierte, kam regelmäßig sehr nachdenklich und befangen aus dem baufälligen Gebäude des Filmklubs heraus. Aus Sadismus und gewiß deshalb, weil er die Kopien besaß, ließ Agel genau die kleinen Filme vorführen, die so recht dazu angetan waren, Heranwachsenden den Kopf zurechtzusetzten. Es handelte sich um LE SANG DES BÊTES [F 1949] von Franju und vor allem um NUIT ET BROUILLARD [F 1955] von Resnais. Es war also das Kino, das mir bewusst machte, dass die industrialisierte Form des Schlachtens nicht unvereinbar war mit der *condition humaine*, und mir vermittelte, dass das Schlimmste gerade erst stattgefunden hatte.»[96]

Im Weiteren bestimmt Daney Agels Vermittlungsstrategie mit der Geste des Zeigens.

> «Agel als neubekehrter Christ und ziemlich elitärer Militanter war jemand, der auch vorführen/etwas zeigen konnte [frz. montrer]. Diese Gabe hatte er: Er führte vor, weil es notwendig war.»

---

95 Henri Agel war Lateinlehrer am Pariser Gymnasium Voltaire und hat dort für verschiedene prominente Cinephile, u.a. Jean-Marie Straub, die Rolle des Initiators innegehabt. Agel war in der katholischen Filmclubbewegung aktiv und hat in den 1950er Jahren ein erstes Lehrbuch zur Filmvermittlung geschrieben. Auch Bergala nennt Agel einen seiner ersten *passeurs*, da dieser zu seiner Studienzeit an der Universität in Aix-in-Provence gelehrt hat. Ebd., S. 18.

96 Daney 2000: *Im Verborgenen*, S. 20.

Henri Agel zeigte Filme, die den Jugendlichen unbekannt waren, er setzte sie ungewohnten ästhetischen Formen aus (dem modernen Kino eines Alain Resnais) und konfrontierte sie durch die Filme mit einer schockierenden, verdrängten Realität (den Konzentrationslagern).[97] Das Vorführen von Filmen, frz. *passer des films,* war insofern ein Akt der Initiation und Aufklärung, als die Filme selbst etwas zeigten, nämlich eine unbekannte Realität, und somit ein Wissen über das Leben vermittelten (Vgl. 4.2). In diesem Sinne bezieht Daney das *Zeigen* als Vermittlungsgeste auch auf den Regisseur Alain Resnais,[98] der in seinen Filmen auf die historische Realität zeigt und zu ihr Stellung bezieht, und auf den Kritiker Jacques Rivette, der ihm KAPO mit Worten «*gezeigt* hat»[99]. Die Geste des Zeigen impliziert auch, eine Haltung einzunehmen und sich an andere zu wenden. Dementsprechend führt Daney an anderer Stelle das Zeigen als Vermittlungsgeste auch mit der Kadrierung im Film zusammen, mit der Wahl eines Ausschnitts aus der gefilmten Realität:

> «Film ist keine Technik zum Belichten von Bildern, das ist eine Kunst des Zeigens. Und Zeigen ist eine Geste, die zum Sehen, zum Zuschauen verpflichtet. Ohne diese Geste gibt es nur Bebilderung. Wenn aber etwas gezeigt worden ist, muß es jemanden geben, der das annimmt, aufnimmt.» [100]

In ganz ähnlicher Weise führt auch Roland Barthes in *Die helle Kammer* die Zeigegeste, als Methode der Reflexion und Vermittlung der Fotografie, mit der Zeigefunktion des Mediums selbst zusammen, wenn er schreibt: «[...] die Photographie ist immer nur ein Wechselgesang von Rufen wie ‹Seht mal! Schau! Hier ist's›: sie deutet mit dem Finger auf ein bestimmtes Gegenüber [...]».[101] Die Geste des Zeigens setzt voraus, dass es *jemanden gibt, der zeigt,* und dass es *etwas* gibt, auf das gezeigt wird. Und sie impliziert, dass es *jemanden gibt, dem etwas gezeigt wird* und der bereit ist, hinzuschauen. In ihr manifestiert sich die Dreiecksbeziehung, wobei auch die Vermittlungsfunktion des Films selbst ins Blickfeld rückt: Der Lehrer, der Regisseur, der Film können etwas zeigen und damit zur Anschauung bringen.

Diese grundlegende Funktion des Zeigens für den Vermittlungsprozess beschreibt auch Bergala, der in diesem Zusammenhang den Begriff der «désignation» verwendet. *Désignation* bezeichnet das Hinweisen auf etwas (frz. *désigner à la main*), aber auch das Bestimmen oder Benennen (frz. *désigner qn par son nom*) von etwas. Bergala betont somit eine Doppelsinnigkeit der physischen Geste, die

---

97 «Das war ein seltsames Eingeweihtwerden durch Bilder: *dass die Lager Wirklichkeit waren und der Film seine Richtigkeit hatte, ging mir im selbem Moment auf.*» Daney 2000: *Im Verborgenen,* S. 20.
98 Ebd., S. 23.
99 Ebd., S. 17.
100 Ebd., S. 70f.
101 Barthes 1989, S. 13.

Anschauung initiiert und im gleichen Zug Bedeutungen zuweist, eine Haltung ausdrückt. Er schreibt der *désignation* wie Daney dem Zeigen/Vorführen eine intersubjektive Funktion zu: *Jemand* bestimmt etwas *für* einen anderen:

> «Bei der Weitergabe von Kultur zählt tatsächlich und symbolisch nur das, worauf hingewiesen, was bezeichnet [*désigner*] ist. Und unabdingbar für diesen Prozeß der Bezeichnung [*désignation*] ist, daß die Gegenstände vorhanden sind, daß man sie anschauen, berühren, handhaben kann. Gerade im Zeitalter des Virtuellen ist es wichtiger denn je, daß es im Unterricht materielle Gegenstände gibt. Das Abrufen von Filmen im Internet wird nichts an der Notwendigkeit der Bezeichnung und Auswahl [*désignation*] ändern. Man kann nur begehren, was bezeichnet, worauf hingewiesen [*désigner*] worden ist: dieses da ist für dich!»[102]

Die *désignation*, als hinweisende und deutende Geste des *passeurs,* setzt die Gegenwart des Materials ebenso voraus wie die Aufmerksamkeit, die darauf gerichtet wird. Wie bereits erwähnt, greift Bergala in diesem Zusammenhang auf Simone Weils Begriff der Aufmerksamkeit zurück, der mit der Anschauung verbunden ist und in einem Spannungsverhältnis zur Ausdeutung steht:

> «Methode zum Verständnis der Bilder, der Symbole usw. Nicht versuchen, sie auszudeuten, sondern sie solange betrachten, bis das Licht herausbricht. Ganz allgemein Methode zur Übung der Vernunfteinsicht [frz. *intelligence*], welche darin besteht, daß man sehen lernt.»[103]

Wie für Daney das Zeigen etwas zur Anschauung bringt, geht auch bei Weil die «vollständige Aufmerksamkeit» vor allem mit der sinnlichen Wahrnehmung einher. Das Subjekt konstruiert und interpretiert den Gegenstand nicht nur mit Begriffen, sondern es lässt sich beim Schauen auf das Objekt Film ein, das sich im Blick erst enthüllt. Dementsprechend postuliert auch Bergala die sinnliche Wahrnehmung als Ausgangspunkt der Vermittlung und der Reflexion. Wie in Barthes intersubjektiver Wissenschaft gehen Anschauung und Benennung Hand in Hand.

Der Begriff der *désignation* wird von Bergala auch mit der Auswahl von Objekten verknüpft. In dem Artikel «Éloge de la liste» erläutert er anhand von beispielhaften «Filmlisten» – den cinephilen Filmlisten seiner Jugend und Jean-Luc Godards HISTOIRE(S) DU CINÉMA (F 1997–1998) – wie eine gezielte und begrenzte Filmauswahl das Interesse und die Lust zu Lernen wecken kann. Er schildert darin, wie in seiner Kindheit und Jugend die von dem Filmhistoriker

---

102 Bergala 2006: *Kino als Kunst*, S. 80 (Orig. Bergala 2002, S. 71).
103 Weil, S.215.

Georges Sadoul und den *Cahiers du cinéma* veröffentlichten Filmlisten, die die ‹wichtigsten› Klassiker und aktuellen Filme empfahlen, seine Kinobegeisterung genährt haben. Er begründet diese Wirkung mit der psychoanalytischen These von der Wechselbeziehung zwischen Mangel und Begehren. Die Listen gaben Filme vor, die, in einer Zeit vor Video und Internet, nicht unmittelbar erreichbar waren. Sie bezeichneten somit einen Mangel und stimulierten dadurch das ‹Begehren› nach den unbekannten Filmen. Die Aufmerksamkeit (frz. *l'attention*) wurde gerade durch das Warten (frz. *l'attente*) auf die Filme gesteigert. Dabei kam den Filmen, die man noch nicht angeschaut hatte, von denen man aber gehört oder ein Bild gesehen hatte, ein ebenso großer Stellenwert bei der Konstitution des individuellen «Kino-Imaginären» zu, wie die gesehenen.

> «In meiner Generation war die Liste das Kreuz und die Wonne aller Provinzler, die nicht das Glück hatten, zu allen Filmen Zugang zu haben, die – wie wir glaubten – die Pariser sehen konnten [...]. Das Kreuz der Wünsche, die unmöglich befriedigt werden konnten, die Wonne der endlich gesehenen Filme [...]. Für die Klassiker war das die Taschenedition von Sadoul, die mit einer fettgedruckten Liste der Filme endete, die in seinen Augen die Filmgeschichte konstituierten. Das war der Führer für mehrere Generationen Cinephiler. [...] In Hinblick auf das gerade im Werden begriffene Kino gab es die Zeitschriften, und, was mich betrifft, eine Minirubrik der *Cahiers du cinéma*, die, wenn ich mich recht erinnere, folgendermaßen hieß: ‹Die Filme, die man unbedingt sehen muss (wenn möglich)›. Meine Cinephilie und vermutlich die von vielen anderen Provinzlern wurde lange Zeit von diesem Chiasmus zwischen der (absoluten) Anordnung und der (realen) Unmöglichkeit genährt, alle Filme dieser Miniliste zu sehen [...].»[104]

Bergala schildert hier eine spezifische Zuschauerkultur der historischen Cinephilie, die sich im digitalen Zeitalter radikal geändert hat.[105] Obwohl dieses Problem der Erreichbarkeit, ebenso wie der Anspruch, alles zu sehen, heute nicht

---

[104] «Dans ma génération, la liste a constitué la croix et les délices de tous les provinciaux qui n'avaient pas la chance d'accéder à tous les films, comme nous pensions que les Parisiens [...] pouvaient faire. Croix des désirs impossibles à satisfaire, délices des films enfin vus [...]. Pour le passé du cinéma, l'édition de poche du Sadoul, qui se terminait par une liste en gras des films qui avaient constitué à ses yeux l'histoire du cinéma, a été le guide de plusieurs générations de cinéphiles. [...] Pour le cinéma en train de se faire, il y avait les revues, et, en ce qui me concerne, une mini-rubrique des *Cahiers du cinéma*, qui s'intitulait, si mes souvenirs sont bons: ‹Les films à voir absolument (si possible).› Ma cinéphilie et j'imagine celle de beaucoup d'autres provinciaux, s'est nourrie longtemps du chiasme entre la prescripton (absolue) et l'impossibilité (réelle) de voir tous les films de cette mini-liste [...].» Bergala 2001: Eloge de la liste, S. 12f.

[105] Laut Keathley basierte die Zuschauerkultur der historischen Cinephilie auf dieser Spannung zwischen Zugänglichkeit (im Sinne einer Überschaubarkeit der Filmgeschichte und der kurzen Rezeptionszeit der Werke) und Unzugänglichkeit von Filmen. Keathley, S. 19f.

mehr in gleichem Maße vorhanden sind, insistiert Bergala auf der zentralen Bedeutung von Filmlisten für den Vermittlungsprozess. Denn das Lernen basiere auf der bewussten Wahl von Objekten, und bedürfe in einer Welt der (scheinbar) unbegrenzten Möglichkeiten der Orientierung, d.h. der *désignation*. Wie Barthes in *Die helle Kammer*, setzt auch Bergala die subjektive Auswahl einem scheinbar vollständigen, repräsentativen Kanon von filmhistorischen Meisterwerken entgegen. Nicht der Autorität beanspruchende – weil von vielen geteilte oder von Institutionen etablierte – vermeintlich objektive *Kanon*, sondern vielmehr die *Filmliste* als subjektive Auswahl eines *passeurs,* eines Filmwissenden und Filmvermittlers hat demnach das Potential, Interesse, Neugier, Lust, kurz das ‹Begehren› von Lernenden zu wecken.

6.3.2 Fragmente in Beziehung setzen

«Den regelmäßigen Umgang mit Filmen lehren» und «Verbindungen zwischen Filmen knüpfen» sind die beiden weiteren Schritte der Filmvermittlung, die Bergala in *Kino als Kunst* anführt. Er schlägt zu diesem Zweck die Analyse von Filmausschnitten und ihre Verkettung als zentrale Strategien der Filmvermittlung vor, eine Methodik, die er insbesondere anhand seines DVD-Konzeptes erläutert. Die Favorisierung von Fragmenten hat pragmatische Gründe, um im begrenzten zeitlichen Rahmen des Unterrichts eine größtmögliche Vielfalt ästhetischer Formen zur Anschauung bringen zu können. Sie beruht aber auch auf medienspezifischen Eigenschaften – setzen sich Filme doch aus einer Montage von Einstellungen, aus Stücken, Ausschnitten zusammen. Mit seinem Vermittlungskonzept führt Bergala einerseits die Tradition der cinephilen Filmreflexion fort, die bei der Begeisterung für Ausschnitte oder besondere Momente ansetzt. Es sei beispielsweise an Bazins Vorliebe für die Einstellung oder für die Spuren des Realen im filmischen Bild erinnert (Vgl. 5.1). Zugleich schlägt Bergala auch eine Brücke zu den durch Digitalisierung und Internetkultur geänderten Zuschauergewohnheiten, die von der Verfügbarkeit und Manipulierbakeit von Filmfragmenten geprägt sind (Vgl. 1.1).

In seinem Text zur Filmliste «Eloge de la liste» führt Bergala Jean-Luc Godard als *passeur* an, der mit einer subjektiven Auswahl und Anordnung von Ausschnitten Film vermittelt.[106] Godard ‹erzählt› in der fast fünfstündigen Videoarbeit HISTOIRE(S) DU CINÉMA *seine* Geschichte des Kinos im Wesentlichen durch

---

106 Die Filme der HISTOIRE(S) DU CINÉMA erschienen zwischen 1988 und 1998. Es gab zudem eine Kurzversion für das Kino: MOMENTS CHOISIS DES HISTOIRE(S) DU CINÉMA (Jean-Luc Godard, F 2004, 84 min).

die Montage einer nichtchronologischen und nicht systematisch kommentierten Auswahl von Filmausschnitten. Bergala schildert die Wirkung, die dieses zwischen 1988 und 1998 erschienene Werk auf ihn und sein cinephiles Umfeld hatte. Demzufolge weckten Einstellungen, die ihn faszinierten und deren Herkunft er nicht sofort erkannte, in ihm das fieberhafte Verlangen, herauszufinden, aus welchem Film sie stammten und diesen Film zu sehen. Gerade weil die Einstellungen ‹nackt›, also unabhängig von den bekannten film- oder werkgeschichtlichen Kontexten, zu sehen waren, konnten sie, in gewisser Weise unvoreingenommen, ‹neu› entdeckt werden:

> «Dieses große Werk von Godard, der ein ganzes Jahrhundert des Kinos wieder aufsucht, ist die schönste Filmliste. Denn sie trägt die einzigartige Prägung des Menschen und Regisseurs, der die Filme ausgewählt hat, und sie entlässt diese Einstellungen in ihre anthropologische Anonymität, indem sie sie von jeder Markierung durch eine Autorität und jede Abhängigkeit von einem ursprünglichen Drehbuch trennt. Es ist in erster Linie ihre Auswahl durch Godard, die sie sichtbar und begehrenswert machen, und nicht ihre Zugehörigkeit zu einem kulturellen Erbe. Godard gibt sie uns wieder zu sehen, in ihrer geheimnisvollen Schönheit, unabhängig von ihrem zusätzlichen kulturellen Wert, als das Wichtigste, was das Kino in seinen Augen produziert hat: wie die Menschen die Einstellungen bewohnen, seit das Kino existiert, wie diese Einstellungen zu uns vom Wesentlichen sprechen, von unserer Zugehörigkeit zu einer Gattung, die sich in diesen Gesten und Haltungen wiedererkennt, die läuft, liebt, leidet, stirbt.»[107]

Zum Vorführen von Filmen kommt hier die Auswahl und das Zeigen von Filmausschnitten als zentrales Moment der Vermittlung hinzu. Das Interesse an Filmen kann über die Persönlichkeit des *passeurs* und dessen, was er uns zeigt, weitergegeben werden. Ebenso können Filmfragmente die Lust auf ganze Filme wecken – auch in denjenigen, die die affektive Bindung an Godard/den *passeur* nicht unbedingt teilen:

---

107 «Cette œuvre majeure de Godard, qui révisite un siècle de cinéma, est la plus belle des listes de films car elle porte la marque unique de l'homme et du cinéaste qui les a choisis, et qu'elle renvoie en même temps ces plans à leur anonymat anthropologique en les déconnectant de toute marque d'autorité comme de toute dépendance à leur scénario d'origine. C'est d'abord leur élection par Godard qui les rend visibles et désirables, et non leur appartenance à un capital patrimonial. Godard nous les redonne dans un premier temps à voir, dans leur énigmatique beauté, décapés de leur valeur culturelle ajoutée, comme ce que le cinéma à su produire à ses yeux de plus important: comment les hommes habitent des plans depuis que le cinéma existe, comment ces plans nous parlent de l'essentiel, de notre appartenance à une espèce qui se reconnaît dans ses gestes, ses postures, qui court, qui aime, qui souffre, qui meurt.» Bergala 2001: Éloge de la liste, S. 15.

7a–d «Das Kino ersetzt...

«Diesen Einstellungen, von denen einige aus Filmen stammten, die ein wenig mit dem Staub bedeckt waren, der sich auf Meisterwerke der Filmgeschichte legt, haben das Begehren ohne Zweifel aufs Neue zum Zirkulieren gebracht. Das Begehren führte von den Einstellungen zu den Filmen selbst, sogar zu den Regisseuren, die deren Autoren waren, oder bescheidener, in einigen Fällen, deren Kunsthandwerker. Unser Gedächtnis des Kinos wurde unstreitig zu neuem Leben erweckt.»[108]

Die subjektive Auswahl und das Herausgreifen von Filmausschnitten aus ihren filmhistorischen und werkspezifischen Zusammenhängen ermöglicht, das durch etablierte Systeme festgelegte oder erstickte Interesse an der Filmgeschichte neu zu mobilisieren. Insbesondere das Knüpfen von neuen, ungewohnten Verbindungen kann dabei die von Bergala evozierte ‹Wiederbelebung› einer erstarrten Filmgeschichte fördern.[109] Es erweist sich als Strategie, für kulturgeschichtliche Zusammenhänge und ästhetische Formen zu sensibilisieren, ohne notwendigerweise auf ein kanonisiertes System der filmgeschichtlichen Zuordnungen und Klassifikationen zurückgreifen zu müssen. Gerade jüngeren Generationen kann diese Methode einen Zugang zu Filmgeschichte(n) vermitteln. Darauf verweist beispielsweise Daney, wenn er dem Kritiker die Aufgabe zuschreibt, Verbindungen zwischen Filmen zu knüpfen:

108 «Sur ces plans, dont certains étaient inclus dans des films quelque peu recouverts de la fine poussière qui finit par déposer sur les chefs-d'œuvre entrés dans l'histoire, du désir s'est mis indiscutablement à circuler de nouveau, qui est remonté de ces plans aux films eux-mêmes, voire aux cinéastes qui en ont été les auteurs ou plus modestement, dans certains cas, les artisans. Notre mémoire du cinéma en a été incontestablement revivifiée.» Ebd., S. 16.
109 Ebd., S. 16.

«Denn es gibt Leute, die man dem breiteren Publikum niemals ans Herz legen wird können, ohne die das Kino jedoch keine Geschichte hätte: Leute wie Renoir, Bresson, Welles oder Godard. Diejenigen, die vor allem Cineasten beeinflussen. Diejenigen, deren Einfluß immer indirekter gewesen ist. Godard zum Beispiel: ein richtiger Akupunkteur. Wenn er in der Zeit der CARABINIERS eine Nadel hier einsticht, besteht dann die wahre Arbeit des Kritikers nicht darin, den Godard-Effekt zehn Jahre später in einem ganz anderen Teil des Kinokörpers zu konstatieren?»[110]

In *Kino als Kunst* weist Bergala daraufhin, dass die allmähliche, individuelle Geschmacksbildung nicht durch gezielte Filmanalysen in der Schule ersetzt werden kann. Jedoch könne dieser Prozess durch das Knüpfen von erhellenden Verbindungen zwischen Filmausschnitten beschleunigt werden – wie sie beispielsweise Daney in seinem Vergleich von KAPO und UNTER DEM REGENMOND vorführt (Vgl. 4.2). In seinen Vermittlungsmedien greift er dementsprechend die von Regisseur Godard und Kritiker Daney eingesetzten Methoden auf und schafft auf seine Weise neue Zugänge zu Filmgeschichte(n). Mit dem Vermittlungsvideo LE CINÉMA, UNE HISTOIRE DE PLANS gibt er durch die Analysen von zwölf exemplarischen Einstellungen einen Einblick in unterschiedliche Werke und Facetten der Filmgeschichte. Und einige DVDs der Reihe L'EDEN CINÉMA bieten Sammlungen von Filmausschnitten, die unter

7e–h ...unseren Blick durch eine Welt...

verschiedenen Gesichtspunkten (Motive, Parameter, Formen) verkettet sind und dadurch grundlegende Aspekte der Filmästhetik erschließen (Vgl. 7).

Die auf diesen DVDs erprobte Methode Fragmente-in-Beziehung-setzen bietet insbesondere Raum für die bereits diskutierte Doppelrolle des *passeurs*, der

---

110 Daney 2000: *Von der Welt ins Bild*, S. 156f.

7i–k ...die zu unseren
Träumen passt.»

sich individuell in den Vermittlungsprozess einbringen und zugleich zurücknehmen soll. Denn mit der Auswahl und Anordnung von Filmausschnitten hinterlässt er seine ‹Markierung›, er bringt sein Wissen, seine Vorlieben und seine Perspektive auf den Gegenstand ein. Indem er aber auf eine erläuternde Rede verzichtet, tritt der *passeur* zugleich hinter das Material zurück und gibt den Lernenden Freiraum für eine eigene Auseinandersetzung mit den ausgewählten und verknüpften Filmausschnitten (Vgl. 7.5).[111] In einem Text zu der DVD LE POINT DE VUE spricht Bergala dementsprechend davon, dass das Wissen des *passeurs* als Leerstelle in die DVD eingeschrieben sei, das «den Schüler dazu anhält, den Weg auf dem es erarbeitet worden ist, selbstbestimmt neu zu gehen». Diese Möglichkeit einer Vermittlung zwischen den Generationen veranschaulicht er auch in «Éloge de la liste» mit einer räumlichen Metapher. Der *passeur* übernimmt dort die Rolle des Fährtenlegers:

«Auf der Liste, als vom Begehren eines anderen markierten Karte, kann jeder frei seine eigenen ‹streunenden Linien› ziehen, um eine Formulierung von Fernand Deligny aufzugreifen. Die Liste lädt nur ein, auf Abenteuer zu gehen, ohne sich von der Unendlichkeit des Landes abzuschrecken zu lassen: Andere sind vor uns vorbeigekommen [frz. *sont passé*] und haben Spuren ihres Vorübergehens [frz. *passage*] hinterlassen, ihrer Auswahl und ihrer Lust. Die gesprochenen oder geschriebenen Worte sind Teil dieser Spuren, dieser Vorräte an Gedanken, von denen notwendigerweise jede Generation wieder ausgehen muss: Die Werke überleben nur (vor allem bei Filmen, deren Material vergänglich ist), indem sie in jeder neuen Epoche wiedergesehen, wiederbesprochen, wiederkommentiert, wiederinterpretiert werden.»[112]

---

111 Sebastian Schädler spricht in diesem Zusammenhang auch von einer «De-Zentrierung des Lehrers». Vgl. Schädler 2008, S. III 79.

112 «Dans la liste, comme carte balisée par le désir d'un autre, chacun est libre de tracer ses propres ‹lignes d'erre›, pour employer une expression de Fernand Deligny. La liste engage seulement à s'aventurer, sans se laisser décourager par l'immensité du territoire: d'autres sont passé là avant nous, qui ont laissé des marques de leur passage, des choix et des envies qui ont été les leurs. Les mots, parlés ou écrit, font

Bergala knüpft hier an die im cinephilen Diskurs verbreitete Vorstellung vom Kino als Kontinent an.[113] Dieses Territorium wird von den früheren Generationen, den zuerst Durchreisenden, mit einer Karte markiert, die den Nachkommenden als Orientierung dient und ihnen helfen kann, ihren eigenen Weg zu finden. Die von den potentiellen *passeurs* hinterlassenen Markierungen, sind die Auswahl bevorzugter Bezugspunkte (Filme, Filmausschnitte), das Hinterlassen von Botschaften (Texte) und das Einschlagen von Wegen (Verbindungen knüpfen). In diesem Bild ist die Vorstellung von der Freiheit der Nachkommenden in ihrem Umgang mit dem Territorium Kino ebenso angelegt wie die Dimension der Zeit, der Beziehung von Vergangenheit, Gegenwart und Zukunft. *Passer* hat neben einer räumlichen eben auch eine zeitliche Bedeutung. Und die Zeitlichkeit ist für Bergalas Vermittlungskonzept des *passeurs* zentral: in Hinblick auf die Zeit, die ein Lernprozess mit seinen notwendigen Irrungen und Wirrungen[114] erfordert, und in Hinblick auf die Zeit, die zwischen Generationen vergeht.

6.3.3 Arbeit am Material

Die auf einigen DVDs der Reihe *L'Eden cinéma* verwirklichte Methodik des Verknüpfens von Filmausschnitten setzt das Material an die Stelle des Wissensdiskurses. Wie in LES CHEMINS D'IRÈNE inszeniert, treten der Film bzw. die verknüpften Filmausschnitte als Dritte in die Beziehung zwischen Lehrer und Schüler. Diese Methode Fragmente-in-Beziehung-setzen beruht auf didaktischen und filmästhetischen Überlegungen. Sie ermöglicht eine ‹Arbeit am Material›, die der individuellen ästhetischen Erfahrung ebenso wie der kulturellen Bildung Raum gibt.

Jacotot/Rancière haben die didaktischen Vorzüge einer Arbeit am Material herausgestellt, die die Hierarchie zwischen Lehrenden und Lernenden aufbrechen kann. Denn ‹vor dem Material› sind gewissermaßen alle gleich, da alle Thesen direkt an ihm verifiziert werden können:

«Eine materielle Sache ist zunächst ‹die einzige Brücke der Kommunikation zwischen zwei Geistern›. Die Brücke ist Übergang, aber auch bewahrte Distanz. Die Materialität des Buches hält zwei Geister auf gleiche Distanz, während die Erklärung die Vernichtung der einen durch die andere ist. Aber die

---

partie de ces traces, de ces dépôts de pensée, d'où doit nécessairement repartir chaque génération: les œuvres ne survivent, surtout au cinéma (dont le support est si périssable), que d'être re-vues, re-parlées, re-commentées, ré-interprétées à chaque nouvelle époque.» Bergala 2001: Éloge de la liste, S. 16f.

113 Vgl. Daney 2000: *Im Verborgenen*, S. 84.

114 «Wer sucht, findet immer. Er findet nicht notwendigerweise, was er sucht, noch weniger, was er finden soll. Aber er findet etwas Neues, das er mit der *Sache* in Beziehung bringt, die er bereits kennt.» Rancière 2007, S. 46.

Sache ist auch eine immer verfügbare Instanz der materiellen Verifizierung: Die Kunst des unwissenden Prüfers besteht darin, ‹den Geprüften auf materielle Objekte, auf in einem Buch geschriebene Sätze und Wörter zurückzuverweisen, auf eine *Sache*, die er mit den Sinnen verifizieren kann.›»[115]

Hinter der provokanten Behauptung, dass die Erklärung des Pädagogen den Schüler als eine eigenständige Intelligenz mit der angeborenen Fähigkeit zu lernen vernichte, steht die Überzeugung, dass es für die Aneignung eines Gegenstandes keiner besonderen Begriffe und Grundkenntnisse bedarf. So richten sich Rancière/Jacotot gegen die Vorstellung, dass Wissen systematisch und von Grund auf gelehrt werden müsse, um Schüler zum selbständigen Lernen zu befähigen. Vielmehr geht Jacotot, laut Rancière, davon aus, dass Lernprozesse überall ansetzen können und keines Vorwissens bedürfen.

Die von Bergala vorgeschlagene Methode Fragmente-in-Beziehung-setzen beruht auf derselben Überlegung. Auch er postuliert einen für alle Zuschauer offenen, primären Zugang zum Film bzw. Filmausschnitt, der kein Wissen voraussetzt und Ausgangspunkt von Bildungsprozessen sein kann. Die Überzeugung, dass das Lernen von Grundbegriffen für die Filmvermittlung nicht unbedingt erforderlich ist, ja sogar irreführend sein kann, hat bei ihm jedoch noch einen anderen Hintergrund als bei Jacotot, dessen Thesen sich auf die Aneignung von Texten beziehen. Sie beruht auch auf der Annahme, dass das Bild keine Sprache ist, das heißt, dass Bilder und Filme sich nicht vollkommen über sprachliche Begriffe erschließen lassen. Wie Weil schlägt auch Bergala ein sich Einlassen auf den Film in der Anschauung vor:

> «[...] der sinnliche Zugang kann den Lehrenden die Hemmungen nehmen: Er fordert keine anderen Fähigkeiten als Aufmerksamkeit für alles, was tatsächlich auf der Leinwand und der Tonspur vorhanden ist und worüber man sich mit den Schülern zunächst einmal austauschen kann. Diese erste Etappe, mit der jede Annäherung an den Film beginnen sollte, wird selbst in der Universität manchmal von vorschnell dechiffrierenden und interpretierenden ‹Lesern› übersprungen.»[116]

Vom Strukturalismus geprägte Theoretiker, wie beispielsweise Bourdieu, gehen davon aus, dass dieser ‹reine› Blick nicht existiert, sondern auch die primäre Wahrnehmung eines Kunstwerkes bereits auf Klassifikationen und Vorannahmen basiert. Demgegenüber postuliert Bergala in Anschluss an ästhetische und

---

115 Ebd., S. 45.
116 Bergala 2006: *Kino als Kunst*, S. 54.

cinephile Diskurse die Möglichkeit einer sinnlichen, nichtsprachlichen Wahrnehmungsweise, die allerdings immer in Wechselwirkung mit den Prozessen der Dekodierung steht.

Diese Wahrnehmungsweise und die von Bergala vorgeschlagenen Vermittlungsmethoden lassen sich – wie bereits mehrfach erwähnt – mit der von Barthes beschriebenen intersubjektiven ästhetischen Erfahrung in Verbindung bringen. In *Die helle Kammer* führt Barthes die subjektive Auswahl und das Zeigen auf Bilder, auf Details in Bildern als Vermittlungsgeste vor und bezeichnet sich selbst als Vermittler der Fotografie. In «Der dritte Sinn» betont er diese Verfahrensweise auch mit der Notwendigkeit, in Gegenwart der Filmstandbilder zu sprechen, da eine Kommunikation über sie nicht möglich sei. Das, was in Bildern keine Sprache sei, erschließe sich nur in der Anschauung.[117] Was Barthes in diesen Texten vorführt, ist ein Erkenntnisprozess auf Basis von ästhetischen Erfahrungen (Vgl. 3 u. 5.1). Dieser Erkenntnisprozess trägt die Züge einer Vermittlung als Dreieckskonstellation, er basiert auf denselben Grundlagen: der subjektiven Auswahl durch den Vermittler, dem Zeigen als Vermittlungsgeste, der Anschauung als Reflexionprozess, der direkten Auseinandersetzung mit dem Material, mit Fragmenten.

Diese reflexive Kraft der ästhetischen Erfahrung, die Barthes veranschaulicht, zeigt sich auch in der Rezeptionshaltung von Cinephilen. Ich habe bereits verdeutlicht, dass die subjektive Filmliste, das Motiv des Zeigens als filmisches Prinzip sowie die Affizierung durch Details, durch Momente die cinephile Filmerfahrung und Filmreflexion charakterisieren (Vgl. 5). In beiden Fällen geht es darum, einen Blick zu aktivieren, der nicht allein in den Logiken der Narration, der Bildkonstruktion oder der Bedeutungsproduktion gefangen ist; einen Blick, der Filme nicht nur als Objekte der Entschlüsselung erfasst. Dieser Blick verschiebt sich gewissermaßen seitwärts zu den Wegen der direkten Kommunikation. Er läßt sich auf Filme als ‹Fremde› ein, und ist empfänglich für die materiellen Abweichungen, für die Spuren des Schaffensprozesses.[118]

Wie Bergala in *Kino als Kunst* betont, stellt sich eine solche sinnliche Wahrnehmung nicht unbedingt beim ersten Sehen ein, das sich oft – im Sinne der Semiologie – auf das Erfassen bekannter und erkennbarer Muster stützt. Vielmehr

---

117 Barthes 1989, S. 13.

118 Stefanie Schlüter und Volker Pantenburg haben darauf verwiesen, dass gerade kleine Kinder anstelle der Geschichte oder Aussage eines Films häufig eine Vielzahl von sinnlichen Impulsen empfangen. Sie sind deutlich empfänglicher als Erwachsene für die komplexe Sinnlichkeit von nichtnarrativen Filmen. Hier treffen sich möglicherweise der Blick des Cinephilen und der des Kindes, insofern beide sich außerhalb der narrativen und kommunikativen Funktionsweise der Bilder platzieren können; die einen, weil sie diese so gut verstehen, die anderen, weil sie sie noch nicht richtig verstehen. Volker Pantenburg, Stefanie Schlüter: *Experimentalfilme vermitteln. Zum praktischen Umgang mit dem Kino der Avantgarde.* In: Sommer, Hediger, Fahle 2011, S. 213–222.

ist es das wiederholte Sehen von Filmausschnitten, das den Blick für die sinnlichen Details gewissermaßen freilegen, von der kodierten Voreingenommenheit lösen kann (Vgl. 5.2). Dieses Immer-wieder-sehen inszeniert Bergala in seinen Vermittlungsvideos LE CINÉMA, UNE HISTOIRE DE PLANS, auf die ich im folgenden Abschnitt ausführlicher eingehen werde (Vgl. 7.4).

Neben dieser primären, sinnlichen Wahrnehmungsweise setzt Bergala – wie auch Barthes – eine sekundäre Kunst- bzw. Filmwahrnehmung auf Basis von Bildung voraus.[119]

> «Bildung ist nichts anderes als die Fähigkeit, das Gemälde oder den Film, die man gerade sieht, oder das Buch, das man gerade liest, zu anderen Gemälden, Filmen und Büchern in Beziehung zu setzten. Und zwar, wenn es sich um echte Bildung handelt, um des Vergnügens willen, sich in dem Netz von Werken, so wie sie uns begegnen – meist ungeordnet und zufällig –, zu orientieren und zu begreifen, wie sehr jedes Werk geprägt ist, von dem, was ihm vorausgegangen ist und was zur Zeit seiner Entstehung in dieser Kunst und den benachbarten Künsten passierte, auch wenn der Autor davon nichts weiß oder wissen will.»[120]

Diese These entspricht der von Bourdieu herausgestellten Vorraussetzung kultureller und kunsthistorischer Bildung für die Kunstwahrnehmung. Laut Bourdieu basiert die Rezeption von Kunstwerken und Kulturprodukten immer auf einem Geschmack, der ausgehend von frühkindlichen Rezeptionserfahrungen gebildet wurde. Seinem rationalistischen Wissensbegriff entsprechend schlägt Bourdieu zum Erwerb der «Kunstkompetenz» in der Schule die Vermittlung von kanonisierten Gliederungs- und Klassifikationssystemen vor, die die Einordnung und Bestimmung einzelner Werke erlauben (Vgl. 2.3). Bergalas Ansatz der Verbindung von Filmausschnitten setzt demgegenüber ein postmodernes ‹intertextuelles› oder besser ‹intervisuelles› Verständnis des Kinos ebenso wie des Bildungsprozesses konsequent in eine pädagogische Methodik um. Einzelne Werke werden nicht innerhalb eines festgelegten kunsthistorischen Rasters vermittelt, sondern vielmehr in einer, sich je nach subjektiver Perspektive verändernden Beziehung zu anderen Werken. Diese Methode schließt an die Vorstellung an,

---

119 Diese beiden Ebenen weisen Korrespondenzen zu Erwin Panowskys Modell der verschiedenen Sinnschichten im Kunstwerk auf. So verweist Richtmeyer darauf, dass Barthes einen bestimmten – von Panowsky weitgehend vernachlässigten – Aspekt der primären Sinnschicht, des «Phänomensinns», nämlich die «unmittelbar sinnliche» Wahrnehmung, zum Gegenstand seiner Betrachtungen in *Die helle Kammer* macht und mit dem Begriff des *punctum* belegt. Panowskys «Bedeutungssinn» ordnet er dagegen Barthes' *studium* zu. Analog könnten auch die beiden Ebenen der Filmwahrnehmung, die Bergala für die Vermittlung voraussetzt, zugeordnet werden. Richtmeyer, S. 81ff.
120 Bergala 2006: *Kino als Kunst*, S. 54.

dass die Wahrnehmung von Bildern über die Verknüpfung, die Superposition mit anderen Bildern erfolgt.

Fragmente-in-Beziehung-setzen erweist sich damit als eine Methodik, die ein phänomenologisches und ein intertextuelles Bildverständnis verbinden kann. Sie setzt beim Anschauen des Materials an, bei der individuellen ästhetischen Erfahrung und vermittelt durch die Verknüpfung von Filmausschnitten kulturelle Bildung. Sie macht sich insbesondere die Eigenschaften des Mediums selbst zu eigen. Denn sie basiert auf dem Prinzip der Montage, als spezifische Technik filmischen Denkens, wie sie Godard in seinen Filmgeschichten exemplarisch vorgeführt hat. Bergala spricht auch von der «Intelligenz des Kinos», die sich in der Verknüpfung von Fragmenten zeige:

> «Endlich ist es möglich, ein vergleichendes (komparatistisches) Vorgehen vorzuschlagen, wobei die Intelligenz des Kinos der Zirkulation der Seite an Seite gestellten Filmauschnitte entspringt und nicht mehr aus einem Wissensdiskurs kommt.»[121]

Dementsprechend empfiehlt er Lehrern im Umgang mit Filmen eine induktive Vorgehensweise. Fachbegriffe und weiterführende Fragestellungen werden erst eingeführt, nachdem die Schüler anhand des Materials ihre eigene Anschauung entwickelt haben. Dieses induktive Vorgehen praktiziert er auch in seiner Lehre an der Universität, wenn er seine Studierenden anhält, in der Auseinandersetzung mit einer Fragestellung zunächst mit «bloßen Händen» zu beginnen.[122] Sie sollen bei der Erarbeitung von Fragestellungen zunächst ohne theoretisches Vorwissen Filme anschauen und eigene Klassifizierungen entwickeln, ehe sie sich mit der Fachliteratur auseinandersetzen. In Umkehrung der üblichen wissenschaftlichen Praxis fordert er, vom Material auszugehen und daraus eine begriffliche Systematisierung zu entwickeln, anstatt umgekehrt ästhetische Phänomene in Filmen nach bereits existierenden Begriffen zu kategorisieren. Die DVD LE POINT DE VUE stellt dementsprechend den Entwurf einer Theorie der Perspektive dar, die allein auf der Verknüpfung von Filmausschnitten und zugehörigen begrifflichen Klassifikationen beruht.

Diese Methode entspricht Weils Prinzip der Anschauung als Weg der Erkenntnis und Barthes' subjektiver Wissenschaft, die bei der sinnlichen Erfahrung des Bildes ansetzt. Sie korrespondiert mit der in LES CHEMINS D'IRÈNE formulierten cinephilen Ethik, den Film nicht einem vorgefertigten Diskurs unterzuordnen, sondern für sich selbst sprechen zu lassen. Sie greift die medienspezifi-

---

121 Bergala 2010, S. 60.
122 Ebd., S. 61.

schen Techniken des Zeigens und der Montage auf und macht sich so die dem Film innewohnenden Potentiale der Vermittlung und Theoriebildung zu nutze. Und sie appelliert an den zweiten Blick des Cinephilen, der die sinnliche Wahrnehmung und die Deutung von Bildern zu verbinden vermag.

6.3.4 Filmschaffen

> «Das wichtigste Ziel jeder Realisierung in der Schule ist nicht der fertige Film, sondern die unersetzliche Erfahrung eines künstlerischen Schaffensaktes, und sei er noch so bescheiden. In der Geste des Machens liegt eine Erkenntniskraft, die nur so zu erlangen ist.»[123] *Alain Bergala*

Bisher wurde das Modell der Dreiecksbeziehung in Hinblick auf die Filmrezeption bzw. -analyse diskutiert. Bergala weist jedoch auch dem Filmschaffen eine Schlüsselrolle im Vermittlungsprozess zu. In Anlehnung an seine Überlegungen zur Schaffensästhetik beschreibt er den Schaffensprozess im Unterricht ebenfalls als eine intersubjektive ästhetische Erfahrung: einerseits in Hinblick auf die sinnliche Wahrnehmung der präfilmischen Realität im Prozess des Filmens, andererseits in Hinblick auf die Beziehung zu Künstlern, die als ‹Dritte› eine andere, kreative und reflexive Praxis in den Unterricht einbringen können. Die Forderung nach der Filmproduktion im Unterricht basiert auf ästhetischen und pädagogischen Überlegungen. Denn Bergala zufolge ist ein wirkliches Verständnis des Mediums Film nur durch eine Erfahrung des Filmschaffens möglich. Zugleich schreibt er dem künstlerischen Schaffensprozess das besondere Potential zu, die sinnliche Wahrnehmung und Kreativität zu aktivieren, und auch solche Kinder und Jugendliche zu motivieren, die sich am gewöhnlichen Schulunterricht nicht beteiligen.

Im vergangenen Kapitel habe ich ausführlich dargestellt, dass Bergala eine Theorie des filmischen Schaffensprozesses entwickelt hat, die es erlaubt, die sinnliche Erfahrung des Mediums aus dem Produktionsprozess heraus zu verstehen (Vgl. 5.2). Dementsprechend schlägt er in *Kino als Kunst* die Schaffensanalyse als Methode zur Einführung in die Filmpraxis vor, da sie es ermöglicht, sich dem Gegenstand anzunähern, ohne ihn durch «abgedichtete» Analysen und das angstvolle Festhalten an «Wissensbrocken» zu «verfälschen».[124] Die Schaffensanalyse soll ein Bewusstsein für die nicht rational kontrollierbaren Elemente des Filmschaffens, den Zufall, die Realität, die Intuition vermitteln.[125] Bergala fordert

123 Bergala 2006: *Kino als Kunst*, S. 117.
124 Ebd., S. 114.
125 Ebd., S. 110 u. 114.

316

damit die Einübung eines ‹produktiven› Blicks, wie er in der cinephilen Film-rezeption verbreitet ist (Vgl. 6.3). Denn mit ihrer Sensibilität für die Momente des Zufalls, durch das imaginäre Herausgreifen und Zeigen von Ausschnitten, wiederholen Cinephile Blick und Geste der Filmregie. [126]

Außer der Sensibilisierung für die Ästhetik des Realen geht es Bergala darum – im Sinne eines postmodernen Werkbegriffs – Film nicht als fertiges Produkt, sondern als Ergebnis eines Schaffensprozesses begreifbar zu machen. Er möchte ein Bewußtsein für die Komplexität und Vielzahl der beim Drehen zu treffenden Entscheidungen wecken, für ihr Zusammenspiel und ihre Zufälligkeit. [127] Zu diesem Zweck schlägt er beispielsweise Methoden der Schaffensanalyse vor, mit denen man verschiedene Möglichkeiten der Auflösung von Szenen durchspielen kann: Indem man Dialog und Raumskizze für eine Filmszene vorgibt, und darum bittet, die *mise-en-scène*, d.h. die Positionierung der Figuren und der Kamera, zu entwickeln, um diese dann mit der tatsächlichen Filmszene zu vergleichen. [128] Oder, indem man Filmausschnitte miteinander vergleicht, die die gleiche Situation zeigen, und so für die verschiedene Möglichkeiten sensibilisiert, eine Szene zu filmen. [129] Dem entspricht auch die Ausrichtung der Schaffensanalyse und des Schaffensprozesses auf das Fragment (statt auf ganze Filme). In der Arbeit am Fragment wird statt des Endprodukts eher der Prozess des Schaffens selbst anvi-siert, der Film wird als offenes System von Möglichkeiten vermittelt.

Mit der Schaffensanalyse verfolgt Bergala jedoch nicht nur das Ziel für die medienspezifischen Ästhetik des Films zu sensibilisieren. Ihr liegen auch päda-gogische Überlegungen zugrunde. Denn sie soll in den filmischen Schaffenspro-zess einführen und damit Zugang zu einer privilegierten Form der emotional-reflexiven Bildung bieten. Bergala zufolge aktiviert der künstlerische Schaffens-prozess, stärker als die sinnliche Wahrnehmung von Bildern oder Filmen, den in-dividuellen Körper als Ort der Erkenntnis. Dementsprechend vergleicht er den künstlerischen Schaffensprozess auch mit dem Sport (Abfahrtski) als einer Aktivi-tät, die sich nicht beim Zuschauen erschließt, sondern am eigenen Körper erfah-ren werden muss. [130] Gerade in bildnerischen Schaffensprozessen, zu denen Berga-la das Filmschaffen zählt, ist der Körper des Schaffenden, der das Werk mit seinen Gesten gestaltet, deutlich stärker präsent als beispielsweise in Schreibprozessen.

---

126 Vgl. Keathley, S. 39.
127 Bergala 2006: *Kino als Kunst,* S. 91ff.
128 Ebd., S. 98f.
129 Bergala veranschaulicht dies in *Kino als Kunst* am Vergleich einer Situation aus zwei Literaturverfil-mungen von Madame Bovary (Ebd. S. 110). Aber auch der Vergleich von einfachen, grundlegenden Motiven – wie der Begegnung zweier Figuren – übt eine solche Reflexion über verschiedene Möglich-keiten des Filmens ein (Vgl. 7.5).
130 Ebd., S. 116.

«Der Strich des Malers gehorcht zum Teil einer bewussten Entscheidung [...].
Doch es ist der Körper, der Rhythmus von Arm und Hand, es ist die Intuition,
die diesen blauen Strich genau so, auf diese einmalige und mit der Vernunft
nicht zu erklärende Art, an genau dieser Stelle des Bildes zieht. Der Akt der
Entscheidung beim Kino ist immer eine Mischung aus Rationalität, Sagen-
Wollen einerseits und Intuition, Instinkt, Reflex andererseits.»[131]

Die hier bemühte Analogie zwischen Regisseur und Maler funktioniert im engeren Sinne nur für diejenigen, die selbst die Kamera führen und mit ihren Bewegungen den Rhythmus der Aufnahmen prägen. In einem allgemeineren Sinne geht Bergala jedoch von einer intersubjektiven Beziehung am Set aus, von
einer sinnlich vermittelten Interaktion der Regisseure mit den Objekten und
Menschen vor der Kamera. Diese Empfänglichkeit für die konkreten Dinge,
die Schauspieler, die Zufälle möchte er auch beim Drehen im Schulunterricht
fördern. Der filmische Schaffensprozess ermöglicht, die Sinne zu sensibilisieren
und die Wahrnehmung zu schärfen. Bergala überträgt dabei sein Modell des filmischen Schaffensprozesses, das Dreieck Programm-Negativität-Realität, auch
auf das Filmschaffen im Unterricht (Vgl. 5.2). Anstatt in erster Linie auf die Ein-
haltung der Konventionen der Filmsprache zu achten, soll die Aufmerksamkeit
besonders auf Klänge, Rhythmen, Töne und Farbnuancen gelenkt werden, und
statt einem vorgefassten ‹Programm› zu folgen, soll der individuellen Kreativität
Raum gegeben werden, auch wenn sie sich Normen widersetzt.

Für den Schaffensprozess im Unterricht ist, laut Bergala, die Präsenz von
Kunstschaffenden als Dritten wesentlich. Denn die Wahrnehmung wird nicht nur
bei der eigenen Handhabung der Kamera geschärft. Auch das gemeinsame Sichten dessen, was andere gemacht haben, und das Beobachten, wie andere – *passeur*
oder Künstler – kreativ tätig sind, gehört dazu. Künstlern bei der Arbeit zuzu-
schauen ist, Bourdieu zufolge, eine privilegierte Form der ästhetischen Bildung,
die vor allem in gebildeten Schichten praktiziert wird. Mit der Forderung nach
dieser Form der Vermittlung geht es Bergala jedoch weniger darum, die Autorität
eines ‹Meisters› ins Spiel zu bringen, als vielmehr den künstlerischen Schaffensprozess als eine individuelle Erfahrung zu vermitteln, die «von Subjekt zu Subjekt
weitergegeben» wird.[132] Das spezifisch bildende Potential dieses künstlerischen
Lernens durch Zuschauen liegt für ihn darin, auch Seiten im Subjekt zum Ausdruck zu bringen, die sich sprachlich nicht unbedingt kommunizieren lassen:[133]

131 Ebd., S. 106.
132 Ebd., S. 116.
133 In *Kino als Kunst* geht Bergala am Beispiel des Theaterstücks *Debureau* von Sacha Guitry sehr ausführlich auf eine solche Vermittlung jenseits des Wissensdiskurses ein. Ebd., S. 60f.

«Kunst heißt, etwas zu sagen, nicht immer mit Wörtern und nicht unbedingt nach der Logik der Vernunft. Der Lehrer, der von den Schülern fordert, dass sie all ihre schöpferischen Entscheidungen rational und in Worten begründen, spielt zwar seine Rolle als Lehrer, aber er riskiert den Schaffensakt um einen wesentlichen Teil zu beschneiden: um die Intuition und das in der stummen Einsamkeit der Entscheidung eingegangene Risiko, das Sich-Einlassen des Subjekts. Es gibt einen Teil des Selbst, der sich im Schaffensakt ausdrücken kann, und das ist gerade der Teil, der dies eben nicht mit Hilfe der deduktiven Logik und des Diskurses tun kann, die in den üblichen Unterrichtsaktivitätem dominieren.»[134]

Das spezifische pädagogische und therapeutische Potential des Filmens hat der französische Pädagoge Fernand Deligny nachgewiesen, auf den sich Bergala in *Kino als Kunst* in einem anderen Zusammenhang bezieht. Deligny, der lange Zeit seines Lebens autistische Kinder betreut und mit ihnen gelebt hat, erprobte seit den 1950er Jahren die Arbeit mit der Kamera als therapeutische Methode. Er publizierte diese Erfahrung in mehreren Aufsätzen, die u.a. in den französischen Filmzeitschriften *caméra/stylo, Cahiers du cinéma* und *trafic* erschienen sind. Darin vertritt er bezugnehmend auf André Bazin und André Malraux die These, dass das Bild eine andere Erfahrung der Wirklichkeit ermögliche als die Sprache.[135]

Demnach eignet sich das Medium Film besonders gut für die Arbeit mit autistischen Kindern, die sich der «symbolischen Domestizierung» entziehen und dem sinnhaften Sprechen verweigern.[136] Mit der Kamera können diese Kinder, ihre Wahrnehmung aufzuzeichnen und für andere sichtbar zu machen.[137] Dieser Erfahrung entsprechend geht Deligny davon aus, dass es zwei Formen von Gedächtnis gibt: ein sprachlich geformtes Gedächtnis, das eine sinnhafte Erinnerung in Form von Geschichten aufruft, und eine Art Bild-Gedächtnis, das zusammenhanglose Spuren der Wahrnehmung aufzeichnet, das gewissermaßen von einer Begegnung des Realen im Sinne Lacans zeugt (Vgl. 4.2):

«Daran zeigt sich, dass es – wie ich glaube – zwei Gedächtnisse geben müßte, eines über das die Sprache herrscht, und das andere, das sich in gewisser Weise der symbolischen Domestizierung verweigert, das ein wenig abwegig

---

134 Ebd., S. 135.
135 Fernand Delignys Gesamtwerk wurde kürzlich in einem einzigen Buch mit 1900 Seiten ediert. Fernand Deligny: *Oeuvres*. Paris, 2007, S. 1168.
136 Deligny: A propos d'un film à faire. In: Deligny 2007, S. 1758 (Orig. 1989).
137 Deligny: La Caméra, outil pédagogique. In: Deligny 2007, S. 417 (Orig. 1955).

ist und das sich prägen lässt von dem, was nichts bedeutet, wenn man unter Prägung den Schock versteht, der Spuren hinterlässt.»[138]

Filme, die die autistischen Kinder tagebuchartig aufnehmen, werden so zu einem gemeinsamen Gedächtnis für sie und ihre Gemeinschaft. Mit dem Begriff *camérer* statt *filmer* – der das Filmen statt vom Endprodukt Film vom Aufnahmegerät Kamera ausgehend definiert – betont Deligny die Aufnahme selbst als therapeutisches Prinzip. Denn das Aufnehmen von Bildern ermöglicht diesen Kindern ein Denken und Kommunizieren außerhalb der Sprache: «Das Bild ist das, was Janmari, das autistische Kind aus CE GAMIN-LÀ, erfasst, es ist seine Art zu *Denken*, er, bei dem es keine Sprache gibt.»[139] Provokant formuliert Deligny diese These in einem anderen Zusammenhang um, indem er behauptet Regisseure, seien Künstler, die die Sprache nicht beherrschten.[140]

Delignys pädagogische Erfahrung belegt in eindrücklicher Weise Bergalas These, dass vom sprach- und logikbasierten Unterricht ausgeschlossene Kinder durch das Filmschaffen, als andere Ausdrucksform, aktiviert werden können. Bergala berichtet aus eigener Erfahrung mit Filmprojektklassen, dass sich die «Sprachblockade» mancher Schüler durch Erfolgserlebnisse beim Filmen lösen könne: «Sie mussten erst durch eine Handlung ihr Selbstvertrauen wiedergewinnen.»[141] Wie Deligny begreift er den Prozess des Schaffens als ein wesentliches Bildungserlebnis, das er jedem einzelnen Schüler ermöglichen möchte. Er warnt daher davor, bei einer zu starken Fokussierung auf das Produkt und seine Präsentation die individuelle Erfahrung des Schaffensprozesses zu «unterschlagen».[142] Ebenso bestehe die Gefahr, im kollektiven Prozess der Filmproduktion, soziale Hierarchien in der Klasse zu reproduzieren.[143] Bergalas auf den ersten Blick paradox erscheinende Betonung der Individualität der ästhetischen Erfahrung im filmischen Rezeptions- wie im Schaffensprozess birgt damit ein demokratisches Anliegen. Jeder Schüler soll im Unterricht mindestens einmal in den Genuß der individuellen

138 «Où se voit qu'il y aurait deux mémoires, ce que je crois, l'une pour laquelle le langage est souverain, et l'autre en quelque sorte refractaire à la domestication symbolique, quelque peu aberrante et qui se laisse frapper par ce qui ne veux rien dire, si on entend par frappe ce choc qui fait empreinte.» Fernand Deligny: »Camérer». In: Deligny 2007, S.1744 (Orig. 1983).
139 «L'image, c'est ce que Janmari, l'enfant autiste de CE GAMIN-LÀ conçoit, c'est son *mode de pensée*, lui, chez qui il n'y a pas de language...» Deligny: «Ce qui ne se voit pas». In: Deligny 2007, S. 1774. Ursprünglich publiziert in den *Cahiers zu cinéma* 428, 1990. CE GAMIN-LÀ (Renaud Victor, F 1976) ist ein Dokumentarfilm über Delignys Arbeit mit autistischen Kindern.
140 Deligny: «Camérer». In: Deligny 2007, S. 1744.
141 Bergala 2006: *Kino als Kunst*, S. 135.
142 Ebd., S.120.
143 Ebd., S. 133ff.

künstlerischen Entscheidung kommen und dabei dem Druck des Kollektivs eben-so wie dem des ergebnisorientierten Schulunterrichts entgehen.

Wie ich ausgeführt habe, reflektiert Bergala den Lernprozess wie auch den filmi-schen Schaffensprozess in Anlehnung an ein postmodernes Subjekt- und Textver-ständnis, das Roland Barthes mit dem Konzept der *écriture* bezeichnet hat. Er be-vorzugt den Prozess gegenüber dem fertigen Produkt, fordert die Aktivierung der sinnlich-emotionalen Anteile des Subjektes und betont die individuellen Wege des Lernens und Schaffens. Dabei steht der Gedanke von intersubjektiven Beziehun-gen am Set und in der Klasse im Vordergrund. Die Intersubjektivität bezieht sich auf das Verhältnis von Individuen Lehrer-Schüler, Regisseur-Darsteller ebenso wie auf das sich Einlassen des Subjekts auf Filme oder die präfilmische Realität, die sich seiner Kontrolle entziehen. Dies entspricht einer Analogie zwischen dem Ver-mittlungs- und Schaffensprozess, die für das Medium Film spezifisch ist. Denn, wie Daney es auf den Punkt bringt, sind das Zeigen und das Schauen die grundle-genden Gesten des filmischen Schaffensprozesses und der Filmvermittlung.

Daher ist es sicher kein Zufall, dass die von Bergala genannten wesentlichen Operationen des Filmschaffens: Auswahl, Anordnung, Ansatz auch vielen seiner Vermittlungsmedien bzw. -methoden zugrundeliegen. Beispielsweise beruht die Methode Fragmente-in-Beziehung-setzen auf der Auswahl und Anordnung von Filmausschnitten in Hinblick auf eine spezifischen Fragestellung (Ansatz). In Bergalas Vermittlungskonzept gehen die rezeptive und produktive Annäherung an das Medium Film Hand in Hand. Das Filmschaffen im Unterricht ist eine andere Form der Reflexion und Vermittlung, da sie eine Aufmerksamkeit ge-genüber Anderem zu stimulieren vermag. Umgekehrt ist auch der künstlerische Schaffensprozess ein Lernprozess, ein Prozess des Suchens und nicht primär des Findens.

7. Medien und Methoden[1]

Auf der Suche nach Vermittlungsmethoden, die einen linearen, Autorität beanspruchenden Wissensdiskurs aufheben, hat Bergala sich sukzessive verschiedenen Medien – dem Diapositiv, dem Video, der DVD – zugewandt und deren
Potential für die Filmvermittlung erprobt. Anhand dieser Medien wird im Folgenden die konkrete Umsetzung der theoretisch erörterten Strategien der Filmvermittlung aufgezeigt. Wie setzen sich diese Medien mit der spezifischen Form
und Ästhetik von Filmen auseinander? Inwiefern ermöglichen sie die Erfahrung
und Reflexion des Schaffensprozesses? Wie manifestiert sich in ihnen das Prinzip
der Intersubjektivität, im Sinne einer Aktivierung der Lernenden als Individuen
und einer subjektiven Positionierung des Vermittlers?

Angesichts der außerordentlichen Menge und Vielfalt der von Bergala konzipierten Materialien kann nur ein knapper Überblick der Methoden gegeben und
in exemplarischen Analysen veranschaulicht werden. Da Filmvermittlung auf
Methoden der Filmanalyse basiert, gehe ich überdies auch detaillierter auf filmanalytische Strategien, insbesondere die Schaffensanalyse und die – von mir so
genannte – Motiv- und Figurenanalyse ein. Auf diese Weise kann die für Bergalas
Vermittlungsmedien charakteristische Verbindung von semiologischen, narratologischen und phänomenologischen Herangehensweisen verdeutlicht werden.

Bergalas Filmvermittlung ließe sich als eine offene Pädagogik bezeichnen:
Lehrenden und Lernenden sollen Freiräume jenseits etablierter Hierarchien und
Wissensdiskurse, jenseits feststehender Rahmenbedingungen der schulischen
Institution eröffnet werden. Es geht darum, auch die Seiten des Individuums an-
zusprechen, die sich der kommunikativen Verständigung entziehen. Statt einer
effizienten Wissens- und Kompetenzvermittlung, werden Umwege und Lang-
samkeit einkalkuliert, ebenso wie die Möglichkeit des Scheiterns als notwendiges
Risiko jedes Lernprozesses. In *Initiation à la sémiologie du récit en images* spricht
Bergala von einem «langsamen Reifeprozess», mit seinen «ruckartigen Sprün-

---

1   Auszüge aus diesem Kapitel wurden bereits veröffentlicht in Henzler 2008.

gen, seinen Rückschritten, seinen Zweifeln, seinem Zögern, seinen unbewussten Fortschritten»[2], die die Verbindung zwischen Theorie und Didaktik auch von Lehrenden einfordere. Diesen theoretisch-praktischen Ansatz strebt er auf zwei Ebenen an: Die Lehrenden sollen ihre Lehrpraxis vor einem erweiterten theoretischen Horizont reflektieren und den Lernenden das Medium Film durch ein Zusammenspiel von Analyse und kreativer Praxis vermitteln.

Über die kontinuierliche Weiterentwicklung dieser offenen Filmpädagogik hinaus zeugen die Medien auch von Akzentverschiebungen im Zuge des Perspektivenwechsels von der semiologischen zur cinephilen Phase: vom Foto zum Filmausschnitt, vom selbst produzierten Material zu Werken der Filmgeschichte, von der Montage zur Einstellung, von der Analyse zum Schaffensprozess, vom Interesse an der narrativen Konstruktion des Raumes zur Reflexion des Films als Ort von Subjektpositionen. Die Auseinandersetzung mit Filmen wird dabei zugleich komplexer, in Hinblick auf die Analyse verschiedener Ebenen der Kunstwerke, und einfacher, im zunehmenden Verzicht auf einen umfassenden theoretischen Überbau.

7.1 Pädagogik des Spiels: Diapositivserien

«Das Paar Theorie/Praxis entspricht nicht automatisch, eins zu eins, dem Paar Lektüre/Filmemachen. Es gibt eine Praxis des Filmemachens, aber es kann auch eine wirkliche Praxis der Lektüre geben.»[3] *Alain Bergala*

In *Pour une pédagogie de l'audiovisuel* und *Initiation à la sémiologie du récit en image* stellt Bergala eine Methode der Arbeit mit Dia- bzw. Fotoserien vor, die spielerisch die Funktionsweise der klassischen Bilderzählung, insbesondere der Kontinuitätsmontage im klassischen Hollywoodkino vermittelt. Die Fokussierung auf fixe Bilder entspricht der intensiven Auseinandersetzung mit Fotografie und Filmstandbildern in seinen frühen filmkritischen Arbeiten (Vgl. 5.1.1). Sie ist Teil des in *Pour une pédagogie de l'audiovisuel* vorgestellten pädagogischen Konzepts einer sukzessiven Annäherung an die Bilderzählung, die vom einzelnen Bild, über die Folge von Bildern bis hin zum Bewegtbild/Film vorgeht.

2 «[…] cette articulation entre théorie et didactisme demande un patient travail de maturation, le temps toujours long d'une véritable assimilation, avec ses avancées plus ou moins saccadées, ses retours en arrière, ses doutes, ses hésitations, ses progrès inconscients…» Bergala 1978: *Initiation à la sémiologie du récit en images*, S. 6.

3 «Le couple théorie/pratique ne coïncide pas mécaniquement, terme à terme, au couple lecture/réalisation. Il y a une pratique de la réalisation, mais il peut y avoir aussi une véritable pratique de la lecture.» Bergala in: Libois 1978, S. 54.

Die didaktische Reduktion auf das fixe Bild begründet Bergala in *Initiation à la sémiologie du récit en image* außerdem damit, dass für die filmische Narration die Bewegung des Bildes (ebenso wie der Ton) eine untergeordnete Rolle spiele.[4] Implizit bedeutet dies, dass er sich auf einen wesentlichen Mechanismus des filmischen Erzählens konzentriert, die Montage, und dabei andere Formen, wie beispielsweise die Plansequenz des modernen Kinos, ausklammert.

Überzeugender ist dagegen das Argument, dass insbesondere die Diaserie, ein einfaches, leicht zu manipulierendes Vermittlungsmedium darstellt und dadurch besser als die kommentierte Videokassette eine aktivierende Pädagogik ermöglicht:

> «Der große pädagogische Vorteil der Diaserie liegt darin, dass man die Dias manipulieren, vertauschen, weglassen, dass man mit der Länge der Projektion spielen kann, die Diaserie vertonen und je nach Wunsch ihre Montage verändern kann. Wenn sie ein in ihren kleinen Einheiten (den Dias) abgeschlossenes Material konstituiert, so bleibt sie doch offen für eine kombinatorische Aktivität, für alle möglichen Spiele [...].»[5]

Bereits in *Pour une pédagogie de l'audiovisuel* stellt Bergala neben anderen Vermittlungsmethoden eine Diaserie mit dem Titel *Le vol d'une montre* (dt. «Der Raub einer Uhr») vor. In *Initiation à la sémiologie du récit en image* erprobt er anhand von acht Diaserien weitergehend das Potential dieser Methodik.

Das Prinzip der Diaserien ist einfach. Mit ihnen können verschiedene Varianten des Erzählens in Bildern ausprobiert und in ihrer Wirkungsweise untersucht werden. Auf spielerische Weise können so formale Aspekte der filmischen Narration erarbeitet werden. Dabei stehen die Konstruktion und Dramatisierung des Raumes sowie die Lenkung des Zuschauers im Zentrum. Mit den Diaserien lassen sich einfache Geschichten erzählen, die dem alltäglichen Erfahrungshorizont von Kindern und Jugendlichen entsprechen: ein Konflikt mit den Eltern, ein Diebstahl, ein Unfall, ein Rendez-vous usw.[6] Jede Diaserie setzt dabei andere

---

4   Bergala verweist in diesem Zusammenhang auf Christian Metz' *Language et cinéma*. Bergala 1975, S. 82f.

5   «L'avantage pédagogique majeur de la série de diapositives, c'est que l'on peut les manipuler, les permuter, en supprimer, jouer avec la durée de leur projection, les sonoriser, reprendre à volonté leur montage. Si elles constituent un matériau [sic]fini dans ses petites unités (chaque diapositive) celui-ci reste ouvert à une activité combinatoire, à tous les jeux qu'elle autorise et à l'adjonction d'autres séries signifiantes (texte, musique, bruit, etc.).» Bergala 1978: *Initiation à la sémiologie du récit en images*, S. 78.

6   Die Diaserien heißen wie folgt: I *La télévision* (Konflikt zwischen Kind und Vater: das Kind soll den Fernsehapparat ausmachen, die Mutter schaut zu); II *L'intrus* (ein junger Mann dringt in eine Wohnung ein, wird überrascht und flieht), III *Moto-stop* (ein Motorradfahrer nimmt eine Anhalterin mit), IV *Le grenier* (ein Kind schließt sich im Speicher ein), V *L'accident* (ein Autounfall), VI *La gare* (Ren-

formale Schwerpunkte, wie beispielsweise Anschlussprinzipien (z.B. Schuss-Gegenschuss), Perspektive und Fokalisierung, Zeitdehnung und -raffung, Aufbau von Spannung, Figurenkonstellation, narrative Strukturen oder assoziative Formen der Montage. Zur besseren Anschaulichkeit werde ich im Folgenden zwei Diaserien ausführlicher beschreiben.

Die Diaserie V *L'accident* (dt. «Der Unfall») handelt von einem Fußgänger, der von einem Autofahrer angefahren wird. Sie erlaubt eine Untersuchung der Perspektive des Zuschauers bzw. der Fokalisierung (Lenkung der Aufmerksamkeit) auf bestimmte Figuren. Zu diesem Zweck ist jeder Moment der Handlung aus verschiedenen Blickwinkeln aufgenommen. Es gibt drei Dias, die die drei beteiligten Figuren zunächst einzeln im Verkehrsraum zeigen: einen Fußgänger, einen Motorradfahrer, einen Autofahrer. Drei weitere Dias stellen räumliche Zusammenhänge zwischen den Figuren her, indem sie diese je zu zweit an einer Kreuzung bzw. einem Fußgängerüberweg aufnehmen. Drei Nah- bzw. Detailaufnahmen evozieren den Moment des Unfalls, sie bilden eine schräg und unscharf aufgenommene Autolampe, ein stehendes Autorad bzw. einen schreienden, am Boden liegenden Fußgänger ab. Zwei Aufnahmen zeigen das Geschehen nach dem Unfall mit allen drei Figuren im Bild, je über die Schulter des Autofahrers bzw. des Motorradfahrers aufgenommen, die einander am Fußgängerüberweg gegenüber stehen, zwischen ihnen, liegend, der Fußgänger. Zudem gibt es verschiedene Dias, die nicht eindeutig einem bestimmten Moment der Handlung zugeordnet werden können: je drei Aufnahmen der drei Figuren am Telefonapparat, zwei Bilder der roten Ampel aus verschiedenen Perspektiven, eine Detailaufnahme eines Zeitungsausschnitts und eine Großaufnahme des Motorradfahrers.

Den Erläuterungen zufolge lässt sich die Geschichte anhand des Materials mit verschiedenen Schwerpunkten erzählen und die Aufmerksamkeit des Zuschauers so in verschiedene Richtungen lenken: mit Fokus auf eine der beteiligten Figuren (Unfallopfer oder Autofahrer) oder aus der Perspektive des unbeteiligten Beobachters (Motorradfahrer). Auch kann eine ganz andere Interpretation der Geschichte nahegelegt werden, indem der Motorradfahrer im «Duell» mit dem Autofahrer inszeniert und somit zum Mittäter wird.[7] Darüber hinaus lässt sich die Handlung in unterschiedlicher Länge montieren. Es gibt eine kurze Version, die für jeden Moment nur ein Bild enthält, oder längere Versionen, in denen die Momente (z.B. der Zeitpunkt des Unfalls) durch das Hinzufügen weiterer Bilder (verschiedene Perspektiven, Detailaufnahmen) ausgedehnt und so Spannung

---

dez-vous am Bahnhof), VII *L'oeuf à la coque* (Vater und Kind gemeinsam am Tisch, lesen, schauen ein Buch an, Essen ein Ei).

7 Bergala 1978: *Initiation à la sémiologie du récit en images*, S. 117.

erzeugt wird. Außerdem können Handlungselemente hinzugefügt werden, die das Geschehen rahmen und interpretieren. Bilder von Telefonierenden vor dem Unfall würden dem Ereignis das Zufällige nehmen: Sie würden wie verabredet erscheinen. Ein Bild des telefonierenden Motorradfahrers nach dem Unfall würde suggerieren, dass er die Polizei benachrichtigt.

Neben solchen auf eine bestimmte Handlung fokussierten Bildfolgen, gibt es auch komplexere Diaserien, in denen das konkrete Geschehen nicht eindeutig vorgegeben ist, sondern durch die Montage erst entsteht. So enthält die Diaserie IV *Le grenier* (dt. «Der Dachboden») mehrere Bilder von einem Kind, das eine Treppe hochsteigt, das vor einer verschlossenen Tür steht, das auf einem Speicher spielt, das aus dem Bild ins Off schaut, das horcht, das schreit. Weitere Aufnahmen zeigen einen Schatten auf einer Treppe, eine Hand an einer Tür, das Bild einer Katze, eine Frau am Bett des Kindes sitzend usw. Je nach Anordnung können damit ganz unterschiedliche Geschichten erzählt werden. Es gibt eine *Traumerzählung*: das Kind hat einen Albtraum, den es der Mutter erzählt; eine *realistische Erzählung*: das Kind schließt sich auf dem Speicher ein, ruft nach der Mutter und wird von ihr befreit; eine *Gruselgeschichte*: jemand schließt das Kind im Speicher ein...

Anhand dieser Serie können Aspekte von genretypischen Inszenierungsweisen (v.a. des Horrorgenres) veranschaulicht werden. Sie sensibilisiert für die Manipulation von Emotionen durch Montage. Beispielsweise verdeutlicht eine Anordnung, in der zunächst das spielende Kind gezeigt wird und danach ein Schatten auf der Treppe und eine Hand an der Tür zu sehen ist, wie aus einer Differenz des Wissens von Zuschauer und Figur Spannung oder Angst entstehen kann. Je nach Kontext wirken bestimmte Aufnahmen (z.B. die Hand an der Tür, das Bild einer Katze) neutral oder bedrohlich: neutral, wenn sie eindeutig dem Blick einer bekannten Figur zugeordnet werden können; bedrohlich, wenn sie unvermittelt auftauchen. Zudem lässt sich die Dramatisierung des Raumes durch Aufnahmen, die nicht der Normalperspektive entsprechen, begreifen. Wird das Kind aus einem schiefen Blickwinkel in einer Ecke kauernd gezeigt, so kann dies Gefühle der Angst, Verlorenheit, Bedrohung usw. freisetzen.

Der einleitender Kommentar zu dieser Serie zeigt, wie sorgfältig die Diaserien nicht nur in ihrer analytischen Funktionsweise, sondern auch hinsichtlich ihrer Wirkung auf Kinder konzipiert wurden:

«Diese Diaserie bringt deutlich stärker als die anderen komplexe narrative Strukturen ins Spiel. Sie bindet auch das Imaginäre der Figur, die mentalen Bilder ein. Sie inszeniert einen doppelten Raum: innerhalb und außerhalb des Speichers. Sie mobilisiert sehr umfassend das kulturelle Bezussystem des Zuschauers: das Fantastische, die Traumerzählung ... Sie weckt bei Kindern starke affektive Regungen, die im Wesentlichen auf der Angst besetzten Situation (eingesperrt zu sein) und auf der Figur des kleinen Mädchens basieren.»[8]

Bereits diese frühen Medien schlagen damit eine Brücke zwischen der theoretischen Auseinandersetzung mit der Zuschauerlenkung in Filmen und einer gezielten Vermittlungsstrategie, die Kinder adressiert.

Bergala begleitet die Diaserien mit ausführlichen Kommentaren zu ihrem methodischen Potential und schlägt je nach Gruppengröße, Alter der Lernenden oder Zielsetzungen des Lehrenden die verschiedensten Vorgehensweisen vor. Schüler können in Gruppenarbeit selbst verschiedene Montagen realisieren und der Klasse präsentieren. Oder der Lehrer gibt mögliche Varianten vor und diskutiert mit den Schülern die unterschiedliche Wirkung. Möglich ist auch das gemeinsame Sichten einer vorgegebenen Sequenz Bild für Bild und die Diskussion welche Bilder jeweils als nächstes folgen könnten. Man kann Einzelbilder analysieren, untersuchen wie sich die Wirkung einer Sequenz durch den Austausch von einzelnen Bildern ändert, oder auch verschiedene Varianten der Anordnung von ausgewählten Bildern vergleichen. Die Gruppenarbeit mit den Diaserien kann völlig frei sein oder bestimmten lenkenden Vorgaben folgen. Beispielsweise können ein Drehbuch, bestimmte Dias oder ein Grundkonzept der Auflösung vorgegeben werden.[9] Auch intertextuelle Methoden bieten sich an, wie die Überführung der Bilderzählung in eine Texterzählung, um ein Bewusstsein für die unterschiedlichen Ausdrucksformen zu schaffen. Der Schaffensprozess kann anhand einer ‹Zeichnung in Aufsicht› veranschaulicht werden, d.h. die Schülern zeichnen den in einer Sequenz dargestellten Raum in Aufsicht und fügen dann für jedes Dia die Position der Kamera ein.[10] Schließlich ist auch die kreative Weiterentwicklung der Diaserien durch eine eigene Tonspur (Geräusche, Dialoge, Erzählstimmen aus dem Off, Musik) oder durch eine Inszenierung ihrer Projektion möglich.[11]

---

8   «Cette série de diaspositives met en jeu, beaucoup plus que les autres, des structures narratives complexes. Elle fait intervenir l'imaginaire du personnage, les images mentales. Elle met en scène un double espace: intérieur et extérieur du grenier. Elle mobilise très largement les références culturelles du spectateur: le fantastique, le récit onirique... Elle suscite, chez les enfants de forts investissements affectifs dus pour l'essentiel à l'angoisse de la situation (enfermement) et au personage de la petite fille.» Ebd., S. 109.

9   «Auflösung» bezeichnet die Zergliederung einer Szene in Einstellungen. So könnte man beispielsweise für die Unfallsequenz die Aufgabe stellen, dass der Unfall vor allem mit dem Fokus auf eine bestimmte Figur erzählt werden soll.

10 Desbarats schlägt diese Methode der Zeichnung in Aufsicht auch vor, um für die Funktionsweise der Zentralperspektive zu sensibilisieren. Siehe Claude und Francis Desbarats: Filmstandbilder. Für eine schulische Vermittlung des Kinos als Kunst. In: Henzler, Pauleit 2009, S. 33–65.

11 Bergala schlägt insbesondere vor, die Dauer zu inszenieren, mit der jedes der Bilder projiziert wird, um auch den Aspekt der Zeitlichkeit von Einstellungen ins Spiel zu bringen.

327

Mit den Diaserien entwirft Bergala eine gleichermaßen einfache, wie sehr flexible Methode, um grundlegende Einsichten über das Erzählen mit Bildern und damit auch über das Bewegtbild zu vermitteln. Sie ermöglichen einerseits eine sehr präzise Bestimmung formaler Mechanismen und bieten andererseits Spielräume für eine vielfältige Nutzung und Weiterentwicklung. Als Grundprinzipien können die spielerische Herangehensweise an die Bildanalyse und die weitgehende Eigenständigkeit der Schüler bei der Arbeit mit dem Material gelten. Die Didaktik ist sozusagen im Material selbst angelegt; seine Verwendung ist weitgehend offen. Das theoretische Wissen wird nicht direkt und systematisch vermittelt, sondern induktiv im Prozess des Spielens mit Varianten erfasst, wobei auf Fachbegriffe zunächst verzichtet werden kann. Mit dieser Didaktik des Spiels verwirklicht Bergala die Aktivierung der Schüler in einem selbstgestalteten Lernprozess. Dabei nimmt er mit den verschiedenen verzweigten Kombinationsmöglichkeiten und dem Vergleich von Varianten die spätere Konzeption der DVD als hypertextuelles Medium der Filmvermittlung bereits ansatzweise vorweg:

«Die Didaktik manifestiert sich in jeder dieser Bildserien in der Programmierung (im kybernetischen, nicht im schulischen Sinne) einer bestimmten Anzahl von Verbindungen, von Kombinationen, von Permutationen; in einigen privilegierten Nutzungsstrategien die sich auf präzise und eingegrenzte Ziele richten. Aber diese Programmierungen des Spiels sind immer vielfältig [...] und offen für andere Strategien, andere Montagen, andere Nutzungsmöglichkeiten.»[12]

Zudem sind bereits die Diaserien mit Blick auf eine spätere kreative Praxis konzipiert. Sie beruhen auf zwei der von Bergala in *Kino als Kunst* definierten Gesten des Filmschaffens, der Auswahl und der Anordnung, und simulieren mögliche Entscheidungen in einem Produktionsprozess. Diese Entscheidungen bewegen sich jedoch in dem begrenzten Spielraum, der von den Konventionen der Filmsprache vorgegeben ist. Die Dominanz des ‹Codes› äußert sich auch in Bergalas Bezeichnung der Methodik als «faire jouer les codes» – dt. «man lasse die Codes spielen».[13] Nur eine der Bildserien tritt aus der narrativen Logik des unsichtbaren Schnitts aus und ermöglicht eine freiere, metaphorische oder ästhetische

---

12 «Le lieu du didactisme, dans chacune de ces séries d'images, est dans la programmation (au sens cybernétique et non scolaire) d'un certain nombre d'articulations, de combinaisons, de permutations, dans quelques tactiques d'utilisation privilégiées par rapport à des objectifs précis et partiels. Mais ces programmes de jeu sont toujours multiples [...] et toujours ouverts à d'autres tactiques, à d'autres montages, à d'autres utilisations.» Bergala 1978: *Initiation à la sémiologie du récit en images*, S. 80.

13 Ebd., S. 81.

Assoziation von Bildern.[14] Freiraum für individuelle ästhetische Entscheidungen verspricht lediglich der Vorschlag, die Diaserien selbst zu vertonen.

Die Diaserien fanden laut Bergalas eigener Aussage in den 1970er Jahren eine weite Verbreitung und großen Zuspruch in Frankreich.[15] Sie sind Vorläufer der seit den 1990er Jahren entwickelten Schaffensanalyse, wie auch des DVD-Konzepts, das auf Basis von hypertextuellen Verknüpfungen eine eigenständige Aneignung von Filmausschnitten ermöglicht. Als gelungenes Beispiel für eine praxisorientierte analytische Auseinandersetzung mit Filmen können sie auch heute noch für eine aktivierende Filmvermittlung Anregung bieten.

7.2 Der Schaffensprozess im Unterricht: Montagevideos

«Für eine Pädagogik der Möglichkeiten»[16]

Das Spiel mit verschiedenen Varianten der Montage greift Bergala 1992 in dem Unterrichtsmaterial LE CINÉMA EN JEU (dt. «Das Kino im Spiel») wieder auf. Wie er in dem begleitenden Material programmatisch verkündet, möchte er nicht mehr die Analyse, sondern den künstlerischen Schaffensprozess in den Mittelpunkt rücken. Statt mit fixen Bildern, wird nun mit Filmaufnahmen gearbeitet. LE CINÉMA EN JEU, das im Internet frei zugänglich ist,[17] stellt bereits vertonte Rohaufnahmen eines ca. zehnminütigen Films (mit dreizehn Sequenzen) zur Verfügung, den Bergala mit Filmstudenten gedreht hat. Anhand dieser Rohaufnahmen, die dem beigefügten Drehbuch entsprechend in Sequenzen untergliedert sind, kann im Unterricht der Prozess der Montage nachvollzogen werden. Statt den filmischen Produktionsprozess didaktisch zu reduzieren, soll er nun in seiner Komplexität erfahren werden. Je nach technischen Möglichkeiten, Gruppengröße und Lern-

---

14 Es handelt sich dabei um die Sequenz VII *L'œuf à la coque.* Sie enthält vier Dias, die Vater und Kind an einem Tisch sitzend zeigt: Das Kind beäugt lustlos einen Eierbecher, der Vater liest eine Zeitung. In einem weiteren Dia ist ein Buch zu sehen, das ein Gemälde mit einer runden Form zeigt. Dazu gibt es sechs Detailaufnahmen von verschiedenen runden Formen: Vergrößerungen des Bildes im Buch, ein Auge, ein Autorad, ein Ei. Anhand dieser Sequenz lässt sich ausprobieren, wie Detailaufnahmen in eine klassische Narration integriert werden können (z.B. Blickanschluss auf das Ei, das das Kind nicht essen möchte). Zugleich können auch die Grenzen der klassischen Narration erforscht werden, indem eher assoziative Montagen ausprobiert werden, die auf Formähnlichkeit beruhen.

15 Bergala 2006: *Kino als Kunst,* S. 20.

16 «Pour une pédagogie des possibles» ist der Titel des Beiheftes zu LE CINÉMA EN JEU (Bergala 1992).

17 Das Unterrichtsmaterial kann auf der Seite http://ecole-des-images.scola.ac-paris.fr (11.8.2010) heruntergeladen werden. Es ist versehen mit ausführlichen Vorschlägen zur Filmmontage im Unterricht. Um die ‹reale Situation› der Montage nachzuempfinden, hat Bergala auch missglückte Rohaufnahmen hinzugefügt und erläutert zu jeder Szene die besonderen Umstände und Schwierigkeiten der Dreharbeiten. Der Film selbst hat keinen Titel.

ziel kann dies entweder durch eine vergleichende Analyse verschiedener bereits montierter Versionen einer Szene (die ebenfalls beigefügt sind) geschehen. Oder Lehrer bzw. Schüler schneiden die Rohaufnahmen selbst zu einer oder mehreren Varianten einer Szene und diskutieren gemeinsam ihre Entscheidungen.

Das Drehbuch zu LE CINÉMA EN JEU widmet sich den Themen Liebe, Schwangerschaft und Diebstahl. Das Material wurde in alltäglichen Dekors mit jungen Laiendarstellern und mit einfachen technischen Mitteln gefilmt, die Jugendlichen beim Drehen auch selbst zur Verfügung stehen. Diese Entscheidungen begründet Bergala mit dem Wunsch größtmögliche Nähe zu den Adressaten herzustellen und diese emotional anzusprechen. Es ist jedoch fraglich, ob die reduzierte Ästhetik dieser Rohaufnahmen, die nicht den besonderen Reiz von selbst gedrehtem Material, wohl aber dessen Mängel haben, tatsächlich zu einer solch umfangreichen Arbeit einlädt. Auch Desbarats äußert diesbezüglich seine Zweifel:

> «Der Gegenstand ist ambitioniert, aber er hat einen Fehler: der Montage in der Klasse wird der Elan der Dreharbeiten fehlen, während die Leichtigkeit der Dia-Rohaufnahmen von Yerres, und die Möglichkeit, das Ergebnis zu vertonen, die Nutzung [einfacher] machen und die Schüler auch emotional ansprechen.»[18]

Ein weiteres Problem stellt der Umfang des Materials und der Themen dar, dessen Bearbeitung – trotz der Konzentration auf die Montage – den zeitlich begrenzten Rahmen des gewöhnlichen Unterrichts sprengen dürfte.[19]

Diese Problematik hat Bergala in anderen Übungen mit Rohaufnahmen überzeugender gelöst. Im Rahmen des Projekts *Le cinéma, cent ans de jeunesse* der Cinémathèque française[20] produzierte er die Materialien LES TROIS RENCONTRES (dt. Die drei Begegnungen, F 1996) und LA LETTRE JAUNE (dt. Der gelbe Brief, F 1999), die bis heute im Rahmen von Montageworkshops eingesetzt werden. Sie sind, anders als LE CINÉMA EN JEU, nicht mit einem begleitenden

---

18 «L'objet est ambitieux, mais présente un défaut: le montage en classe manquera de l'élan du tournage, alors que la légèreté des rushes-diapos d'Yerres, et la possibilité de sonoriser le résultats, en rend l'usage plus [facile] à même de produire de l'affect pour les élèves.» Desbarats 2002, S. 589.

19 Zu den einzelnen Sequenzen gibt es jeweils im Schnitt 20 Rohaufnahmen. Daher dürfte in einer normalen Schulstunde nur eine Sequenz montiert werden können. Eine Montage des gesamten Films wäre eine längere Projektarbeit.

20 Das Projekt widmet sich jedes Jahr einem anderen Thema, u.a. Farbe, Kamerabewegung, Figur/Hintergrund, Zeigen/Verstecken. Für eine ausführlichere Darstellung des Projektes siehe die Beiträge von Nathalie Bourgeois, der Leiterin des Projektes, und Núria Aidelman, Laia Colell in: Henzler, Pauleit u.a. 2010 sowie die website des Projekts: www.cinematheque.fr/fr/education/projets-partenariats/cinema-cent-ans-jeunesse1.html (22.12.2012).

8a–h Befremdende Nähe:
LES TROIS RENCONTRES

Kommentar versehen, zielen aber offenbar auf dieselbe Methode, die Montage von Rohaufnahmen. In LA LETTRE JAUNE wird eine relativ offene Rahmenhandlung in Rohaufnahmen zur Verfügung gestellt, die mit eigenen Aufnahmen der Schüler montiert werden können.[21] Dadurch ist es möglich, den «Elan der Dreharbeiten» einzubeziehen. Zugleich kann in der Praxis veranschaulicht werden, wie verschiedene Ausgangsmaterialien zu einem geschlossenen fiktiven Raum montiert werden können, und wie wir beim Filmschauen unterschiedliche Räume und Welten imaginär zusammenführen.

Am gelungensten erscheint mir das Material LES TROIS RENCONTRES, das 1996/97 im zweiten Jahr des Projektes *Le cinéma, cent ans de jeunesse* zum Thema Alterität entstand. Es basiert auf einer sinnvollen didaktischen Eingrenzung, die zugleich ein breites Spektrum an ästhetischen Möglichkeiten eröffnet. Während LE CINÉMA EN JEU Rohaufnahmen zu einem ganzen Film mit einem komplexen Drehbuch und einer dramatischen Handlung beinhaltet, bietet LES TROIS RENCONTRES lediglich Rohaufnahmen zu drei Episoden an, die dasselbe narrative Motiv, die ‹Begegnung mit der Alterität›, variieren: Ein Mädchen begegnet einem ihm fremden ‹Wesen›, einem Bullen, einem Baum und einem Mann. Diese minimale Handlung ermöglicht es, narrative Elemente zu reflektieren: Wie

---

21 Das Material entstand zur Bearbeitung des Themas *l'espace et le temps réel ou filmique* (dt. Zeit und Raum: real oder fiktiv).

8i–k Überwältigende Größe: LES TROIS RENCONTRES

9a–b YOZHIK V TUMANE (dt. Der Igel im Nebel)

wird die Annäherung des Mädchens an das fremde Wesen gezeigt? Wie werden die beiden miteinander konfrontiert? Wie gehen sie wieder auseinander? Zudem bietet das Material einen Freiraum für die Auseinandersetzung mit deskriptiven und ästhetischen Aspekten der Filmmontage.

Die drei fremden ‹Wesen› sind jeweils ganz unterschiedlich gefilmt. Der Bulle wird unter anderem in einer langen Einstellung in Detailaufnahme gezeigt. Die Kamera tastet die verschiedenen Partien seines Körpers sorgfältig ab und zeigt lange die im Schlamm wühlende Schnauze. Das Tier wirkt in dieser für unsere normale Wahrnehmung ungewohnt nahen Aufnahme fremdartig und zugleich physisch greifbar, man spürt förmlich den Schlamm. Der Baum ist dagegen distanziert, in einer planparallelen Totalen aufgenommen. Wenn das Mädchen parallel zum Horizont an ihm vorbeiläuft, erscheint er im Vergleich riesig. In einer anderen Aufnahme ist der Baum in Untersicht zu sehen, wie aus einem subjektiven Blickwinkel zeigt die Kamera einen Ausschnitt aus der Baumkrone und fährt diese ab. Der Mann schließlich erscheint in einer Aufnahme nur als vom Rumpf getrennter Kopf, zwischen einem Grashügel im Vordergrund und dem Himmel im Hintergrund. Eine andere Einstellung zeigt ihn beim Rechen von Laub auf einem Grashügel im Vordergrund, während das Mädchen an ihm vorbei in die Tiefe des Bildes läuft.

In den skizzierten Rohaufnahmen werden ganz unterschiedliche ästhetische Mittel gewählt, um ein Wesen aufzunehmen und seine Fremdartigkeit herauszu-

stellen. Das ist die ungewohnte Nähe
der Kamera zum Körper des Bullen.
Das ist die Größendifferenz, die die
Totale von Kind und Baum profiliert
oder die durch die Untersicht des Baumes vom Zuschauer selbst erfahren
wird. Das sind trennende Elemente in
der Bildkomposition, die ungewohnte
optische Zerstückelung des Mannes
oder die Teilung des Bildes in einen
planparallelen Teil, in dem sich der
Mann aufhält, und einen tiefenper-
spektivischen Teil, in dem das Mädchen wegläuft. Alle diese Bilder rufen
ästhetische Strategien anderer Regisseure auf. Man wird an die Nahaufnahmen der Elefanten in Rossellinis
Indien, Mutter Erde (India: Matri
Buhmi, I 1959) erinnert, an die zwei-
dimensionalen Bildgestaltungen bei
Kiarostami, an die Inszenierung der
wunderbaren Größe eines Baumes in
Yozhik v Tumane, (Yuri Norstein,
UdSSR 1975), an Jacques Tatis Teilung
von Einstellungen in verschiedene
Räume in Tatis herrliche Zeiten
(Playtime, Jacques Tati, F 1967) oder
an die Zerstückelung des menschlichen Körpers durch das Dekor in Die
Verachtung (Le mépris, Jean-Luc
Godard, F 1963). Dabei wird auch die
Spannung zwischen physischer Prä-
senz (der Bulle) und Zeichenhaftigkeit
der Darstellung (der Baum als Silhou-
ette), zwischen dem Realen und der Metapher deutlich (Vgl. 5.2).

8l–m   Les trois rencontres

10a–b oben: Die Verachtung, unten:
Tatis herrliche Zeiten

Diese Assoziationen belegen, dass Les trois rencontres gerade wegen der
inhaltlichen Reduktion und der Diversifizierung der ästhetischen Formen besser als Le cinéma en jeu geeignet ist, neben der narrativen auch die ästhetische
Dimension des Filmschnitts zu vermitteln. Die Konzentration auf ein einfaches

Motiv statt eines komplexen Handlungstrangs bedingt auch ein glaubwürdigeres Spiel des gefilmten Kindes. Und da Ton und Dialog fehlen, werden Beeinträchtigungen durch eine schlechte Tonqualität vermieden und eine eigene Nachvertonung ermöglicht. Mit diesem Material kann man erproben, wie ein (vertrautes) ‹Wesen› im Film als fremdartig inszeniert oder, wie etwas Fremdes mit der Kamera erforscht und dem Zuschauer nahe gebracht werden kann. Alterität wird in diesen drei Filmen jeweils durch ein Tier, eine Pflanze und einen Menschen verkörpert. Dies zeigt die Offenheit von Bergalas Alteritätsbegriff, der sich auf die zu respektierende Unverständlichkeit jedes Anderen bezieht. Mit LES TROIS RENOCNTRES vermittelt er induktiv auch ein für seinen Vermittlungbegriff und sein Verständnis des Schaffensprozesses wesentliches Thema: die in Hinblick auf Rossellini, Weil und Daney erörterte Ethik und Ästhetik der Alterität (Vgl. 5.2, 6.2).

Hat Bergala in Bezug auf die Methode der Diapositivserien für eine aktivierende Analyse plädiert, so sind seine Rohfilmmaterialien Beispiel für eine analytische Praxis. Gerade die Begrenzung durch Spielregeln (in diesem Fall: ein einfaches Handlungsmotiv, die Technik der Montage) kann kreative Prozesse freisetzen, die nicht allein im ‹blindlings Machen› bestehen, sondern auch eine reflexive Auseinandersetzung mit einem Medium, einem Thema, einer Wirklichkeit sind.

7.3 Die Vielstimmigkeit des Materials: LE CHEMINS D'IRÈNE

«Einerseits ist das eine Kinolektion, die mit einer offenen Perspektive und in sehr unterschiedlicher Weise konzipiert wurde; andererseits ist es eine Lektion in Filmpädagogik. [...] Übrigens habe ich sehr Ihre eher implizite Entscheidung geschätzt, nicht zu erklären, was ein Filmunterricht sein könnte, sondern eine Praxis des Filmunterrichtes zu ‹sehen zu geben›.»[22] *Geneviève Jacquinot*

1993 realisierte Bergala im Auftrag des CNDP LES CHEMINS D'IRÈNE, ein Vermittlungsvideo zu dem im Lehrplan für das Filmabitur vorgesehenen Film EUROPA 51 (I 1952) von Roberto Rossellini. Das lineare Medium Video erweitert er darin – wie später auch in LE CINÉMA, UNE HISTOIRE DE PLANS – zu einer vielstimmigen Analyse, die dem Filmmaterial Raum zur Entfaltung gibt. Bergala wendet sich nun auch in seiner pädagogischen Arbeit Filmkunstwerken zu, insbesondere dem

---

22 «D'une part, c'est une leçon de cinéma conçue dans une perspective ouverte et selon des modalités très variés; d'autre part, c'est une leçon de pédagogie de cinéma. [...] Par ailleurs j'ai beaucoup apprécié votre option plus implicite qui consiste non pas à expliquer ce que pourrait être un enseignement du cinéma mais à ‹donner à voir› une pratique de l'enseignement du cinéma.» Jacquinot 1993, S. 146.

modernen Kino, das in seinen frühen pädagogischen Schriften keine Beachtung gefunden hat. Damit knüpft er an die eigene filmwissenschaftliche Auseinandersetzung mit Rossellinis Werk in den 1980er Jahren und an die filmästhetische Tradition von André Bazin und den *Cahiers du cinéma* an (Vgl. 5).

Im Begleitheft zu LES CHEMINS D'IRÈNE wird Rossellinis ästhetische Auffassung wie folgt zitiert:

> «Wenn Sie eine vorgefasste Idee haben, dann demonstrieren Sie eine These. Das ist ein Missbrauch der Realität und es ist auch ein Missbrauch des Unterrichts. Ja, mein Kino könnte als ein Kino der Aufmerksamkeit, der Feststellung definiert werden.»[23]

Rossellini artikuliert hier die Ethik der Alterität, die Bazin und Daney der Ästhetik des modernen Kino zugeschrieben haben, und schließt dabei – wie Bergala in dem Video aufzeigt – an Weils Begriff der Aufmerksamkeit gegenüber dem Anderen an. Mit seiner Vermittlungsstrategie in LES CHEMINS D'IRÈNE versucht Bergala diese Ethik der Regie auch in der Analyse zu verwirklichen. Er setzt darin nicht auf die Demonstration einer vorgefassten These, sondern auf eine Einübung von Aufmerksamkeit gegenüber dem Material (Vgl. 6.2).

Wie Geneviève Jacquinot in dem eingangs angeführten Zitat treffend anmerkt, ist LES CHEMINS D'IRÈNE eine Filmanalyse und zugleich die Inszenierung eines Vermittlungsprozesses. Dafür wurden Studenten gecastet, die Rossellinis Filme vorher nicht kannten und die in dem von Le Corbusier erbauten Kloster Saint-Marie de la Tourette an einem von Bergala geleiteten Seminar teilnahmen. Der Ablauf dieser drei Tage der ‹Klausur› ist in dem Video festgehalten. Zum einen ist dabei die konkrete Unterrichtssituation zu sehen: Bergala referiert vor den jungen Zuhörern in einem Seminarraum oder während eines Spaziergangs im Wald. Zum anderen werden die Studierenden in ihrer Freizeit begleitet: wenn sie sich mit anderen auf ihren Zimmern treffen und über das Seminar sprechen, wenn sie einander Texte zum Thema vorlesen oder Filme auf Video ansehen.

Direkt zu Beginn des Videos wird der Zuschauer mit diesem Dispositiv konfrontiert. Der Film beginnt mit drei ‹Standortmarkierungen›: dem Weg der Studierenden zum Gebäude, dem Filmvorspann von EUROPA 51 und der Aufnahme eines Buchregals mit der Literatur, die die Studierenden lesen werden. Auf den Beginn von EUROPA 51 folgt die erste Lektion von Bergala. Zunächst sind lange nur die Gesichter der Zuhörer anstatt des Sprechenden selbst zu sehen. Dies

---

23   «Si vous avez une idée préconçue, vous faites la demonstration d'une these. C'est la violation de la réalité et c'est aussi la violation de l'instruction. Oui, mon cinéma peut être défini comme un cinéma de l'attention, de la constatation». Zitiert nach Bergala 1992: Pour une didactique douce, S. 51.

 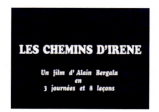 

11a–c «Die Wege von Irène. Ein Film von Alain Bergala in 3 Tagen und 8 Lektionen»

11d–i «Eine Analyse des Films EUROPA 51 von Roberto Rossellini»

führt beim Zuschauen zu Irritation. Es ist ungewohnt, sich lange Zeit in den Zuhörenden zu spiegeln, denn üblicherweise wird zunächst der Gegenstand der Rede oder der Redner gezeigt und erst danach möglicherweise auch die Zuhörenden. Vermittlung – das scheint uns diese etwas forcierte Anordnung zu sagen – geht nicht allein vom Wissenden aus, sondern sie ist abhängig von denen, die zuhören und reagieren. Dementsprechend betont Bergala in dem Begleitheft, wie wichtig ihm das Filmen einer realen Vermittlungssituation war, um tatsächlich zu jemandem sprechen zu müssen und den selbstbezüglichen Diskurs des Wissenden verlassen zu können.

Dieses intersubjektive Vermittlungskonzept liegt der Filmstruktur zugrunde und wird im Laufe des Videos weiterentfaltet. Die zunächst im Schuss-Gegenschuss getrennten Räume des Referenten und der Lernenden werden später in Einstellungen zusammengeführt. Die im Begleitheft beschriebene Dreieckskonstellation wird am Ende des Videos durch die Anordnung von Bergala und den Studenten in einer Runde um einen Fernseher optisch verdeutlicht (siehe Film-

11j–w «Mittwoch. Lektion 1: Ingrid Bergman, die Fremde»: Die Kamera fährt in langen Einstellungen entlang der Gesichter der Studierenden, aus dem Off referiert Alain Bergala über die Zusammenarbeit von Roberto Rossellini und Ingrid Bergman. Auf die Rede folgen Ausschnitte aus STROMBOLI und LIEBE IST STÄRKER. Danach werden Wege der Studierenden durch das Gebäude gezeigt, bevor die Lektion im Freien fortgesetzt wird und Bergala erstmals ins Bild tritt.

12a–d Wege der Lernenden in Les chemins d'Irène

stills auf S. 284). Es fällt allerdings auf, dass diese intersubjektive Anordnung nicht auf einem sprachlich artikulierten Dialog zwischen Lehrenden und Lernenden beruht: Die Studierenden äußern sich nur selten und dann meist nur, wenn sie unter sich sind.[24] Bergala inszeniert hier seine These, dass die Aufmerksamkeit gegenüber dem Gegenstand und die Hinweise und Bestimmungen des *passeurs* für den Bildungsprozess wesentlich sind.

Die Vielstimmigkeit entsteht in dem Video weniger durch die eigenen Stimmen der Lernenden, als durch die Integration anderer Diskurse und des Films als eigener Stimme. Die Seminarteilnehmer lesen Ausschnitte aus Texten, beispielsweise aus Simone Weils *Schwerkraft und Gnade*, die den Vortrag von Bergala ergänzen und nicht in die Analyse integriert werden.[25] Darüberhinaus werden eine Reihe von Filmausschnitten aus Europa 51 gezeigt, die gewissermaßen neben der Analyse, *für sich,* stehen und nicht immer kommentiert werden. Wiederholt

---

24 Wie Bergala in einem persönlichen Gespräch mitteilte (Oktober 2010), wurde den Seminarteilnehmern kein Text in den Mund gelegt, sondern nur dokumentiert, womit sie sich selbst beschäftigt, was sie von selbst geäußert haben.
25 Aus dem Beiheft geht hervor, dass Biografie und Denken von Simone Weil den Film inspiriert hat.

werden mehrere Filmausschnitte hintereinander montiert, um bestimmte ästhetische Prinzipien und motivische Leitlinien sichtbar zu machen.[26] Bergala verweist im begleitenden Heft darauf, dass es ihm wichtig war, von der exemplarischen Sequenzanalyse abzusehen und stattdessen den Film anhand von Filmausschnitten als Ganzes zu durchqueren. Mit dieser Vorgehensweise versucht er – in Anlehnung an Rossellinis Ethik des Filmschaffens – den Film als eigenständiges Medium zu berücksichtigen, ohne ihn einem analytischen Diskurs unterzuordnen. Er rückt damit einen Vermittlungsprozess in den Vordergrund, der bei der Wahrnehmung des Gegenstandes ansetzt.

In LES CHEMINS D'IRÈNE nutzt Bergala erstmals die Methode des Verknüpfens von Filmausschnitten, um bei der Analyse vom Material selbst auszugehen und dieses für sich sprechen zu lassen. Außerdem stellt er das Lernen als einen Prozess dar, der seine Zeit braucht. Das Video markiert in seinen Lektionen den Ablauf der drei Tage des Seminars. Die gezeigte Vermittlung verläuft auf unterschiedlichen Wegen: durch die Rede des Lehrers, die eigenständigen Lektüre von Texten, das Sichten der Filme und die Gespräche mit anderen Lernenden. Die bereits in Bezug auf den *passeur* diskutierte Metapher des Weges wird dabei bildlich in Szene gesetzt, wenn das Video mit dem Weg der Studierenden zum Kloster beginnt, ihre Wege durch das Gebäude verfolgt und schließlich mit ihrer Entfernung vom Kloster endet.

Bergala hat selbst darauf verwiesen, dass dieser Film bei vielen Lehrern Irritationen ausgelöst hat:

> «Auch ich habe zu meiner Arbeit einiges zu hören bekommen, denn Lehrer wollen, wie alle anderen auch, leicht zu handhabende, schön standardisierte und anwendungsfreundliche Werkzeuge. Und ich gab ihnen ein sehr merkwürdiges Ding. Inhaltlich steckte genauso viel drin wie in den anderen Arbeiten, aber die Art und Weise, wie ich die Fragestellung angegangen bin, hat die Lehrer doch ein wenig beunruhigt.»[27]

Die «Merkwürdigkeit» des Videos liegt in der beschriebenen Verbindung von zwei Ebenen: der Filmanalyse und der Inszenierung des Vermittlungsprozesses. Man muss sich gewissermaßen zwei Filme zugleich anschauen, zwei Perspektiven einnehmen, was dem Wunsch nach einem effizienten Wissenstransfer entgegenläuft. Der Film changiert zwischen Dokumentation, Spielfilm und Analysefilm. In den 1998 produzierten Vermittlungsvideos LE CINÉMA, UNE HISTOIRE

---

26 Dazu zählen u.a. der ‹falsche Anschluss› als Prinzip der Trennung des Unvereinbaren oder die Art und Weise, wie die Ankündigung des Unheils immer hinter dem Rücken der Figur auftaucht.

27 Zitat aus: Pantenburg u.a. 2008: Filmvermittelnde Werkzeuge (o.S.).

DE PLANS wird eine solche Artikulation verschiedener Ebenen überzeugender gelöst. Dort werden Filmanalyse und Vermittlungssituation im Dispositiv des Schneidetischs zusammengeführt. Die faszinierende Einfachheit von LE CINÉMA, UNE HISTOIRE DE PLANS entsteht allerdings um den Preis der Inszenierung, mit durchgetexteten Dialogen und professionellen Sprechern. Die dokumentierte Heterogenität der Stimmen in LES CHEMINS D'IRÈNE wird hier durch eine inszenierte Vielstimmigkeit ersetzt.

7.4 Die Arbeit an der Einstellung:
LE CINÉMA, UNE HISTOIRE DE PLANS

«Das war in keiner Weise als pädagogisches Projekt konzipiert, vielmehr als Projekt für das Fernsehen. Es gab sicherlich didaktische Elemente, aber für mich ging es um das breite Publikum, wenn ich das so sagen darf. Genau aus diesem Grund habe ich so darauf bestanden, sehr bekannte Schauspieler einzusetzen, deren Stimmen jeder Franzose sofort erkennen würde.»[28] *Alain Bergala*

LE CINÉMA, UNE HISTOIRE DE PLANS (dt. «Das Kino, eine Geschichte der Einstellungen»), eine Sammlung von zehnminütigen Analysefilmen, wurde ursprünglich für das Fernsehen konzipiert, dann aber 1998 von *Les enfants de cinéma* für die Vermittlungsarbeit an Schulen auf zwei Videokassetten veröffentlicht. Bergala erprobt darin erneut die Möglichkeit, das lineare Medium für eine vielstimmige Analyse zu nutzen. Nach der früheren Auseinandersetzung mit der Montage als Grundelement des filmischen Erzählens rückt nun die Arbeit an der Einstellung ins Zentrum seiner Pädagogik. Nach der Funktionsweise der ‹Filmsprache› wendet er sich der plastischen und zeitlichen Qualität – der Ästhetik – der Bewegtbilder zu.

Die Anordnung in LE CINÉMA, UNE HISTOIRE DE PLANS ist einfach: In einer simulierten Schneidetischsituation werden zwölf ausgewählte Einstellungen der Filmgeschichte[29] manipuliert (d.h. angehalten, vor- oder zurückgespult, verlangsamt oder beschleunigt) und von zwei Stimmen im Dialog kommentiert. Die Dialoge wurden von Bergala verfasst und von bekannten französischen Schauspielern aus dem Umfeld der Nouvelle Vague gesprochen. Sie verkörpern zwei Personen,

---

28 Ebd.
29 Laut Bergala war eine Wette der Ausgangspunkt des Projekts. Er hat gewettet, dass an einer Auswahl von 30 Einstellungen die Filmgeschichte erzählt werden könne. Von den ursprünglich geplanten 30 sind dann nur 12 Einstellungsanalysen entstanden. Die analysierten Filme sind im Anhang aufgelistet, die Dialogtexte der Analysen in deutscher Sprache auf www.kunst-der-vermittlung.de verfügbar.

die sich einen Filmausschnitt ansehen. Sie sprechen über das, was sie, und mit ihnen die Zuschauer, sehen und über die Assoziationen, die das in ihnen weckt. Wie
beiläufig fließen dabei Betrachtungen und Wissen über die Produktionsbedingungen, die spezifische Ästhetik, über filmgeschichtliche oder historische Zusammenhänge ein, wie Michael Baute und Volker Pantenburg es treffend beschreiben:

> «Man scheint es mit einer ganz unangestrengten Plauderei zu tun zu haben,
> jeder Didaktik unverdächtig. Flanierende, durch das Bild streunende Beob-
> achtungen wechseln sich ab mit überraschenden Ableitungen zum Kino. In
> der Folge zu Tatis LES VACANCES DE M. HULOT etwa führt eine Beobachtung
> zu den Möglichkeiten von On- und Off in Bild und Ton überraschend zu
> Anmerkungen über die gesellschaftliche Beschaffenheit Frankreichs in den
> 50er Jahren.»[30]

Der Dialog wird hier zu einem Prinzip der Filmvermittlung. Er tritt an die Stelle
der scheinbar objektiven wissenden Stimme in Vermittlungsvideos, die Bergala
bereits in *Initiation à la sémiologie du récit en image* kritisiert hat. Der Dialog
und die zeitliche Manipulation des Films brechen die von Material und Wissensdiskurs bedingte Linearität. Sie stellen die Hierarchie zwischen der lehrenden
Autorität und dem lernenden Zuhörer in Frage. Um die dabei verwandte Analysemethode zu veranschaulichen, werde ich im Folgenden beispielhaft zwei der
Einstellungsanalysen vorstellen.

7.4.1 «Ein Stück der Welt und ihre Metapher»: Die Einstellung als Spannungsfeld von Fiktion und Realität

> «Ich plädiere schon lange dafür, sich dem Kino von der Einstellung her an-
> zunähern, da sie für mich in ihrer Zeitlichkeit, ihrem Werden, ihrem Rhyth-
> mus die kleinste lebendige Zelle, ein relativ autonomer Bestandteil des großen
> Körpers Kino ist.»[31] *Alain Bergala*

Mit LE CINÉMA, UNE HISTOIRE DE PLANS verfolgt Bergala das ehrgeizige Projekt,
eine Filmgeschichte anhand von Einstellungen zu erzählen. Die cinephile Vorlie-

---

30 Michael Baute, Volker Pantenburg: Look at the way he rides with his legs stretched up! Zum film-
    vermittelnden Film. In: *kolik film*. Sonderheft 8, 2007, S. 7–15, auch: www.kunst-der-vermittlung.de/
    dossiers/verfahren-des-filmvermittelnden-films). Siehe auch die ausführliche Beschreibung von Ber-
    galas Stummfilmanalysen durch Stefanie Schlüter: Die Brüder Lumière, der Kinematograph und die
    Einstellung. Alain Bergalas «Le cinéma, une histoire de plans» (F 1998), www.kunst-der-vermittlung.
    de/dossiers/fruehes-kino (8.12.2012).
31 Bergala 2006: *Kino als Kunst*, S. 88.

be für das Fragment wird darin zum Ansatzpunkt für eine differenzierte Filmanalyse und Vermittlungsmethode. In der Ausrichtung auf Einstellungen reiht sich Bergala in die ästhetische Tradition Bazins ein, der in den 1940er Jahren die Filmgeschichte in Hinblick auf die Ästhetik der Einstellung neu formuliert hat (Vgl. 5.1).[32] Dementsprechend bezeichnet Bergala in einem Text zu Jean Vigo die Einstellung, ganz im Sinne Bazins, als «poetisches Bild», das «aus einer Begegnung mit dem Realen entsteht».[33] Auch knüpft er damit an die von Rivette und Godard vertretene Vorstellung an, dass sich in der Einstellung die Haltung des Regisseurs gegenüber dem Gefilmten zeige.[34] In *Kino als Kunst* definiert er die Einstellung daher als eine Art ‹Abdruck› des filmischen Schaffensprozesses: Die Einstellung sei ein historisches Dokument, Ausdruck einer persönlichen Handschrift und einer epochenspezifischen Ästhetik. An ihr ließen sich sowohl die «Parameter» der Filmsprache beobachten, als auch der Schaffensprozess nachvollziehen.[35] Dementsprechend plädiert er nicht nur für die Analyse von Einstellungen im Unterricht, sondern schlägt auch das Drehen von Einstellungen nach den Bedingen der Brüder Lumière als Ausgangspunkt für eine kreative Praxis vor.[36]

Anhand der Einstellungsanalyse von DIE GESCHICHTE DER NANA S. bin ich bereits ausführlich darauf eingegangen, wie Bergala die Prägung einer Einstellung durch den filmischen Schaffensprozess analysiert und sie als Ausdruck der Beziehung des Regisseurs zur Schauspielerin – als Teil der präfilmischen Realität – interpretiert (Vgl. 5.2). Am Beispiel des neorealistischen Films FAHRRADDIEBE möchte ich weiter darlegen, wie Bergala mit der Methode der Einstellungsanalyse die Spuren des Realen im Film aufzeigt. In seinen Texten zum italienischen Neorealismus führte Bazin FAHRRADDIEBE als Beispiel für die gelungene Verbindung von Realismus und melodramatischen Elementen sowie für die wirklichkeitsnahe Transparenz der Inszenierung an.[37] Bergala nutzt die Dialogstruktur der Video-

---

32 Bazin stellte in «Die Entwicklung der Filmsprache» (Orig. 1951–55) die These auf, dass es zwei Traditionen des Kinos gibt: einerseits das Kino der Montage und andererseits das Kino der Einstellung. Vgl. Bazin 2004, S. 99–109.

33 Alain Bergala: Le Plan-Aquarium. In: Nathalie Bourgeois, Bernard Benoliel, Stéfanie de Loppinot (Hg.): *L'Atlante. Un film de Jean Vigo*. Paris, 2000, S. 153–161, S. 154.

34 Vgl. Rivette 1989. Bergala 1999, S. 77ff.

35 Siehe dazu den Absatz «Lob des Ausschnitts» in *Kino als Kunst* (Bergala 2006, S. 84–89).

36 Bergala bezieht sich in *Kino als Kunst* auf das Projekt *Jeunes Lumières* der Cinémathèque française zum hundertjährigen Geburtstag des Kinos (1995). Schüler aus allen Regionen Frankreichs drehten eine Einstellung nach den Bedingungen der ersten Filme der Brüder Lumière (fixe Kamera, ca. 1 Minute Film, kein Schnitt). Das Projekt wird in einem 60minütigen 35mm-Film dokumentiert, in dem 60 dieser Einstellungen zu einem Panorama des heutigen Frankreich aus der Perspektive von Kindern und Jugendlichen montiert sind. Ebd., S. 138.

37 André Bazin: Ladri di biciclette. In: Ders. 2004, S. 335–352 (Orig. 1949).

analyse, um sich mit Bazins Realismusbegriff kritisch auseinander zu setzen und die Spannung zwischen Realität und Inszenierung zu diskutieren.[38]

Die in LE CINÉMA, UNE HISTOIRE DE PLANS analysierte Einstellung aus FAHRRADDIEBE zeigt eine Szene auf dem Markt, wo der Junge Bruno und sein Vater mit Hilfe von Freunden auf die Suche nach einem gestohlenen Fahrrad gehen. Der von Bergala verfasste Offkommentar wird von Anna Karina und Tcheky Karo gesprochen. Die weibliche Stimme beginnt mit dem Verweis auf die Merkmale des filmischen Realismus, die Bazin mit Bezug auf den Neorealismus thematisiert hat: auf den realen Schauplatz, das dokumentierte Markttreiben, die Laiendarsteller. Dem hält die männliche Stimme die starke bildliche Symbolkraft der Einstellung entgegen: Die riesige Menge an Fahrrädern, ebenso wie ihre Präsentation in Einzelteilen an den Marktständen seien ein Sinnbild für die Aussichtslosigkeit der Suche. Darüberhinaus verweist der Sprecher auf die genaue Inszenierung der Einstellung: die präzise Kamerafahrt im Zusammenspiel mit der Anordnung und der Bewegung der Figuren. Durch die Verlangsamung des Videobildes wird verdeutlicht, dass die für die Erzählung wesentlichen Elemente in der Einstellung immer genau sichtbar sind, selbst wenn die Figuren auf zwei parallelen Ebenen in der Raumtiefe positioniert sind. Die Plansequenz, für Bazin ein wesentliches Element des filmischen Realismus, wird von Bergala in dieser Analyse als Ergebnis einer präzisen Inszenierung ausgewiesen.

Im Weiteren löste sich der anfangs inszenierte Widerspruch auf, wenn die beiden Sprecher gemeinsam weitere Aspekte der Einstellung erkunden. Zunächst überwiegt das Aufzeigen von Stil- und Konstruktionsmerkmalen, die Bazins These des filmischen Realismus widerlegen. Die Stimmen sprechen über genrespezifische Stilmerkmale: die komische Figurenkonstellation, die an Filme von Laurel und Hardy erinnert, oder die in Western übliche Eroberung eines unbekannten Raumes, die beide die tragische Grundstimmung der Szene durchbrechen. Mit Verweis auf das Kind kommt zudem eine weitere Dimension ins Spiel: Realismus als Illusion des Zuschauers. Hier wird der Realitätseindruck als Ergebnis eines sich Einlassens des Zuschauers auf die fiktive Welt des Films, die als real erfahren wird, angesprochen. So stellt die Sprecherin fest, dass sich alle Erwachsenen im Film immer an das Kind Bruno wenden, um zu erläutern, wie sie das Fahrrad zu finden gedenken, als suchten sie in den Augen des Kindes die Bestätigung ihrer eigentlich hoffnungslosen Bemühungen. Dies entspreche – so die Antwort des Sprechers – der Situation des Zuschauers, der im Kino die Zweifel und Ungläubigkeit überwinden müsse. Er müsse sich auf das Kind in

---

38 Die Transkription und deutsche Übersetzung des Dialogs findet sich auf www.kunst-der-vermittlung. de/dossiers/cinephilie-bergala/bergala-cinema-ladri (22.12.2012).

13a–d Einstellung aus Vittorio de Sicas FAHRRADDIEBE

sich selbst besinnen, um an die filmische Realität glauben zu können. In der Analogie des Filmzuschauers und des Kindes wird auf diese Weise indirekt auch die psychoanalytische Theorie der imaginären Bindung an Filme als Illusion der Wirklichkeit angesprochen (Vgl. 4.1).

Ein weiteres Augenmerk gilt der Gestik der Figuren, die durch das Anhalten und Verlangsamen des Videos in ihrer plastischen Wirkung hervortritt. Gesten werden von den Sprechern als Darstellung von soziokulturellen Codes beschrieben: Das starke Gestikulieren der Freunde verweise auf ihre Herkunft aus einem einfachen italienischen Milieu. Gesten werden auch in ihrer narrativen Funktion, als Ausdruck der Beziehung zwischen den Figuren gedeutet, wenn der Vater liebevoll seinen Sohnes berührt. An ihnen wird die Differenz zwischen der nahezu karikaturistischen Expressivität der professionellen Schauspieler (Nebenfiguren) und dem zurückhaltenden Spiel der Laiendarsteller (Vater, Sohn und Statisten) thematisiert. Neben der narrativen und bedeutungstragenden Funktion von gespielten Gesten wird jedoch noch ein anderes Register von eher beiläufigen Gesten angesprochen: Gesten von Statisten, die aus konkreten Tätigkeiten hervorgehen. So wird die Geste eines Händlers, der im Bildvordergrund einen Fahrradspiegel an der Hose abwischt, in Zeitlupe wiederholt und wie folgt von der männlichen Stimme kommentiert: «Diese Geste ist ganz flüchtig, aber man glaubt wirklich daran. Das ist eine automatische Geste, nicht gespielt.»[39]

Diese automatischen Gesten rufen – so der Tenor der Einstellungsanalyse – eine außerfilmische Realität auf, denn sie sprechen für die den Körpern der Laiendarsteller eingeprägte Berufserfahrung (als Fahrradhändler) und für eine in Interaktion mit Alltagsgegeständen ausgeführte konkrete Handlung. Sie sind der zufällige, besondere Moment, der wie das *punc-*

39 Ebd.

tum von einer Spur des Realen zeugt und für den die cinpehile Filmwahrnehmung empfänglich ist (Vgl. 5.2). Später wird zudem auf das Gesicht des Kindes verwiesen, das die Spuren der Wirklichkeit, der Nachkriegszeit, in der der Film entstanden ist, trägt: «Es ist eines dieser Kindergesichter, die schon vom Hunger, vom Krieg oder von der Krankheit gezeichnet sind. Denen das Leben die Kindheit gestohlen hat.» In der Einstellungsanalyse von FAHRRADDIEBE wird die Ästhetik des Realen also wie bei DIE GESCHICHTE DER NANA S. vor allem in Bezug auf die physische Präsenz der Darsteller verhandelt.

Wie am Beispiel von FAHRRADDIEBE skizziert, legt Bergala in seinen Einstellungsanalysen verschiedene Schichten der Wahrnehmung frei, die vermutlich nicht einmal ein geübter Zuschauer beim einmaligen Sehen aufzufassen vermag. Mit jeder Wiederholung des Gezeigten tritt ein weiteres Element in den Vordergrund: das Arrangement der Objekte und die Kamerafahrt, die Bewegung und Konstellation der Figuren, das Schauspiel, der Körper des Kindes. Gerade die Analyse in Bild und Ton reflektiert dabei die subtile Wechselwirkung zwischen Fiktion und Realität. Sie ermöglicht das Schauspiel als ein wesentliches Moment des Films zu untersuchen, das – da es auf den Nuancen von Bewegungen, Gesten und Mimik basiert – in konventioneller, textbasierter Weise nur schwer zu erfassen ist. Dabei dient insbesondere das Anhalten und Verlangsamen des Videobildes dazu, flüchtige Details, die dem auf die Handlung fokussierten Blick leicht entgehen, sichtbar zu machen und damit die Frage des Realen im Film in ihrer Komplexität zwischen Inszenierung und Aufzeichnung, Stil des Realismus und Spur des Realen, Schaffens- und Rezeptionsprozess aufzufächern. In dieser anschaulichen, in zugänglicher Alltagssprache

13e–i FAHRRADDIEBE

formulierten Einstellungsanalyse werden beiläufig verschiedene theoretische Positionen zum filmischen Realismus durchquert.

Bergala analysiert Einstellungen zugleich als Abdruck eines realen Moments und als Inszenierung einer imaginären Wirklichkeit. Seine Schaffensanalysen widmen sich der fragilen Grenze, die zwischen der Konstruktion der filmischen Fiktion und den Einprägungen des Zufalls, des Realen verläuft. Deren Ineinandergreifen lotet er in LE CINÉMA, UNE HISTOIRE DE PLANS an hochartifiziellen Studioproduktionen wie MOONFLEET, an den Filmen der ästhetischen Moderne wie PEAU D'ÂNE (ESELSHAUT, Jacques Demy, F 1970) ebenso wie an Dokumentarfilmen aus. Beispielsweise betont er in Bezug auf eine dokumentarische Straßenaufnahme der Brüder Lumière, ATTELAGE D'UN CAMION (F 1986) die vorausschauende Präzision der Aufnahme. Und umgekehrt hebt er mit Blick auf den inszenierten Lumière-Film LE FAUX-CUL-DE-JATTE (F 1896) die zufällige Anordnung eines Hundes in präziser Geometrie zu den übrigen Figuren als Zauber des flüchtigen, poetischen Moments hervor.

7.4.2 Inszenierung eines Wahrnehmungs- und Vermittlungsprozesses

Die Einstellungsanalysen von LE CINÉMA, UNE HISTOIRE DE PLANS sind als Dialoge strukturiert. Wie ich in der Analyse von DIE GESCHICHTE DER NANA S. bereits gezeigt habe, ermöglicht diese Anordnung ein dezidiert subjektives Sprechen, kontroverse Positionierungen ebenso wie emphatische Äußerungen. Zwar wird *en passant* auch weitreichendes Wissen vermittelt, aber im Zentrum steht der Prozess der Wahrnehmung selbst. Er wird nicht nur inszeniert und vorgeführt, sondern zugleich auch im Zuschauer initiiert. Der Dialog zwischen zwei scheinbar gleichberechtigten Gesprächspartnern macht den Zuschauer zum beteiligten Dritten, er ist eingeladen selbst mitzusehen und mitzudenken. Ganz im Sinne der intersubjektiven Vermittlung durch den *passeur* ist LE CINÉMA, UNE HISTOIRE DES PLANS eine Inszenierung des Lernprozesses im Dialog mit Anderen. Der filmvermittelnde Film wird zum Kunstwerk, der Schauspieler zum Vermittler, der Pädagoge zum Autor.

Diese Inszenierung einer ästhetischen Wahrnehmung soll im folgenden anhand der Analyse von MOONFLEET veranschaulicht werden. Die analysierte Einstellung zeigt den kleinen John Mohune in seinem Bett, der seinen Wahlvater Jeremy Fox wie eine Erscheinung an der offenen Tür seines Zimmers vorbeigehen sieht. Sie wird von den Stimmen im Dialog, Fanny Ardant und Michel Piccoli, auf zwei Ebenen kommentiert: einer Sinnebene und einer sinnlichen Ebene. Besonders deutlich wird dies, als die beiden auf ein flüchtiges, scheinbar nebensächliches Detail zu sprechen kommen: das Flattern eines Vorhangs im Wind. Dieser Moment wird zum einen auf einer symbolischen Ebene als Einbruch unkontrollierbarer Emotionen und Mächte in den scheinbar geschützten Raum gedeutet und in Zusammenhang mit einem anderen Film von Fritz Lang DAS TODESHAUS AM FLUSS (HOUSE BY THE RIVER, USA 1959) gesetzt, in dem eine Figur durch einen Vorhang erwürgt wird. Indem gerade die Angst einflößende und emotionale Wirkung dieses expressionistischen Bildregimes beschrieben wird, kommt zum anderen auch die materiell-sinnliche Ebene ins Spiel:

> «**Fanny Ardent (Sprecherin)**: Ja. Schau, wie er die Vorhänge einsetzt: ein bisschen expressionistisch, und auch angsteinflößend.
> **Michel Piccoli (Sprecher)**: Man muss sagen: Die Vorhänge sind Traumlichtfänger. Und das ist so plastisch, ein gut ausgeleuchteter Vorhang, bewegtes Gewebe.»[40]

Diese Beobachtung wird im Bild veranschaulicht, in dem der flüchtige Moment wiederholt in Zeitlupe gezeigt und in dem Augenblick angehalten wird, als der Vorhang gerade das Bild füllt. Dieser wird kurzzeitig zu einer Skulptur, die über dem Gesicht des Jungen wie ein leuchtendes Dreieck – ein «Traumlichtfänger» – zu schweben scheint. Neben dieser durch das Standbild verdeutlichten plastischen Qualität des bewegten Stoffes wird mit dem Mittel der Verlangsamung auch die Wirkung des Rhythmus hervorgehoben, die Präzision, mit der der Vorhang sofort nach dem Schließen der Tür ins Bild flattert, die Synchronität seiner Hin- und Herbewegung mit dem Ein- und Ausgehen einer Kerze. Die Sprecher unterhalten sich darüber, wie diese Effekte durch das gezielte Einsetzen von Windmaschinen und Beleuchtung beim Drehen erzielt werden konnten:

> «FA: Wie haben die das gemacht, dass der Vorhang nicht das ganze Bild verstellt? Es bleibt immer eine unbedeckte dreieckige Fläche, damit wir weiterhin John sehen können.
> MP: Die haben die Windmaschine eher tief aufgestellt. Ich denke, da war auch viel Zufall im Spiel, was das Verdeckte und das Gezeigte angeht. Ein flatternder Vorhang ist schwer zu kontrollieren. Die haben die Aufnahme wahrscheinlich so oft gedreht, bis der Vorhang diese Stelle einmal freigelassen hat.
> FA: Jedenfalls wirkt das in dieser Aufnahme wirklich magisch!

40 Transkription und Übersetzung des Offdialogs: www.kunst-der-vermittlung.de/dossiers/cinephilie-bergala/bergala-cinema-moonfleet (ohne Seitenangabe, 22.12.2012).

347

14a Die Erscheinung einer Vaterfigur in MOONFLEET

> MP: Und hast du auch die Kerze beachtet? Sobald sich das Fenster öffnet und
> der Vorhang weht, bläst der Luftzug die Flamme aus. Pass auf, was dann
> passiert: Wenn der Vorhang wieder zurückfällt, belebt sich die Flamme
> wieder.
> FA: Großartig! Das Flackern der Flamme wird gleichzeitig vom Vorhang
> eingefangen. Ein wenig wie das Herzklopfen des kleinen John, hin- und
> hergerissen zwischen lebhaftesten Gefühlen, all das in einer Einstellung.»[41]

Mit dem Schaffensprozess wird auch die Magie des Zufälligen thematisiert: der
besondere Moment, der von einem realen Ereignis vor der Kamera zeugt und
den Zuschauer dadurch buchstäblich bezaubern kann. Bergalas Einstellungsanalyse zeigt uns damit Barthes' *punctum* im Film, den cinephilen Moment. LE
CINÉMA, UNE HISTOIRE DE PLANS kann als eine Übertragung der von Barthes
in *Die helle Kammer* vorgeführte Rezeptionsmethode auf den Film betrachtet
werden. Bergala greift bewegte Bilder heraus und verweist in ihnen (auch) auf
Details, die ihn besonders berühren. Er verbindet die Deutung und Dekodierung der Bilder (*das studium*) mit einer subjektiven Reflexion der ästhetischen
Erfahrung (*dem punctum*). Wie Barthes überführt Bergala einen Rezeptionsprozess in einen kreativen Akt. Statt ihn zu beschreiben, filmt er ihn. Dabei wird
die Rezeptionssituation ganz im Sinne seiner Theorie des Vermittlungsprozesses
als eine Dreieckskonstellation gezeigt. Zwei Personen sprechen in Gegenwart
eines Dritten, des Films als Material. Im fingierten subjektiven Sprechen führt
Bergala die Möglichkeit einer primären sinnlichen Wahrnehmung von Filmen
vor. Die inszenierte Vermittlungsmethode zeigt, wie eine kontemplative Haltung

---

41 Ebd.

14b «Die Vorhänge sind Traumlichtfänger»

gegenüber Filmen, eine ästhetische Betrachtungsweise – die Roland Barthes für das Kino gerade wegen dessen Zeitlichkeit in Frage gestellt hat – mit den neuen Medien ermöglicht wird (Vgl. 3.1). Dabei lassen sich die Spuren des Realen bzw. die Spuren des Schaffensprozesses in den flüchtigen Details und Momenten aufspüren, die für die cinephile Rezeptionsästhetik so wesentlich sind.

LE CINÉMA, UNE HISTOIRE DE PLANS führt einen Vermittlungs- und Wahrnehmungsprozess und eine Methode der Einstellungsanalyse zugleich vor. Das Zeigen und Schauen geht dem Erklären und Analysieren voraus. Die Manipulation des Materials, Das Anhalten des Bildes, das Vor- und Zurückgreifen und insbesondere die Verlangsamung machen Details sichtbar, die beim Verfolgen der Handlung in gewohnter Geschwindigkeit leicht übersehen werden. Zufällige Momente, besondere Symmetrien, Formen und Bewegungen – kurz die Ästhetik des Ausschnitts – tritt dadurch in den Vordergrund. Die Manipulation des Materials ermöglicht es, gegenüber dem Filmausschnitt, wie gegenüber einem Gemälde, eine kontemplative Haltung einzunehmen, ohne – wie bei der Analyse von Filmstandbildern – seine zeitliche Dimension zu unterschlagen. Desbarat postuliert, dass Bergalas Einstellungsanalysen seinem Interesse für den filmischen Raum entsprechen, da der Blick sich «in dem Raum der Einstellung einrichtet» und diesen nie verlässt.[42] Ich möchte jedoch mit Bezug auf das Eingangszitat hinzufügen, dass Bergala mit der Methode der Verlangsamung am Schneidetisch insbesondere die Zeitlichkeit des Films, seinen Rhythmus vergegenwärtigt. Man kann bestimmte Bewegungen immer und immer wieder sehen, um den Film

---

42   Desbarats 2002, S. 589.

auch in seiner bildlichen Komplexität statt nur in seiner linearen Entwicklung wahrzunehmen. Zugleicht bietet diese ‹Schneidetisch›-Methode dem Betrachter die Möglichkeit, den Ablauf des Films an seine eigene Zeit der Wahrnehmung und des Erkennens anzupassen, und an die Zeit, die es dauert, um sich mit jemand anderem, in einer pädagogischen Situation beispielsweise, über das gemeinsam Gesehene zu verständigen.

7.5 Die DVD als Vermittlungsmedium

«Auf der DVD kann man sehr viele Bilder und Klänge speichern und ganz einfach vielfältige Verknüpfungen programmieren, dank denen diese Filmfragmente in ebenso vielfältige ‹denkende›, zum Nachdenken über das Kino anregende Beziehungen gesetzt werden können.»[43] *Alain Bergala*

Die DVD ist für Bergala «das perfekte» Medium, um «nichtdidaktische» Methoden der Filmvermittlung zu entwickeln, die einen linearen Wissensdiskurs durchbrechen.[44] Sie ermöglicht die hypertextuelle Verknüpfung von unterschiedlichen Materialien: Bildern, Tönen, Filmausschnitten – eine «Programmierung», wie Bergala sie vorausschauend bereits in den 1970er Jahren im Zusammenhang mit den Diaserien zum pädagogischen Prinzip erklärt hat. Mit diesem Medium kann die aktivierende Methodik der Diaserien mit der differenzierten Analyse von konkreten Filmausschnitten verbunden werden. In seinen Videoanalysen hat Bergala die Vielstimmigkeit des Vermittlungsprozesses zwar ins Medium integriert und reflektiert, sie bleibt für den Rezipienten des Videos jedoch virtuell. Diese Beschränkung des Nutzers auf die Rolle des Zuschauenden hebt die DVD auf, da sie es erlaubt, sich das Filmmaterial im eigenen Tempo und ohne vorgegebene Analyse zu erschließen. Mit diesem Medium kann Filmvermittlung als individueller Lernprozess, der am Material ansetzt, gestaltet werden (Vgl. 6.3).[45]

In der 2001 im Rahmen des Bildungsprogramms *Les arts à l'école* lancierten DVD-Reihe *L'Eden cinéma* konnte Bergala mit seinen Mitarbeitern das didaktische Potential des neuen Mediums für die Filmvermittlung erproben. Ursprünglich waren 100 DVDs geplant, 30 DVDs (inkl. Doppeleditionen) wurden bis zur Einstellung des Programms im Jahr 2012 produziert.[46] Es handelt sich um DVDs zu einzelnen Filmen, DVDs zu bestimmten Fragestellungen (z.B. Perspektive,

---

43 Bergala 2006: *Kino als Kunst*, S.83.
44 Bergala 2002: Éloge de la liste, S.74.
45 Vgl. Bergala 1978: *Initiation à la sémiologie du récit en images*, S. 6. Bergala 2006: *Kino als Kunst*, S. 84.
46 Die vollständige Titelliste findet sich im Anhang.

Schauspieler, Kino und Theater) und DVDs zu verschiedenen Filmgenres (z.B. Dokumentarfilm, Animationsfilm, Kurzfilm). Wie Bergala in *Kino als Kunst* ankündigt, kann *L'Eden cinéma* als eine Filmbibliothek für Schulen fungieren, die ästhetisch herausragende Filme, von der Stummfilmzeit bis heute, von Afrika bis Amerika, von experimentellen Filmen bis zum klassischen Hollywoodkino, zugänglich macht. Oft ist die Filmauswahl überraschend, denn sie beinhaltet nicht nur Meilensteine der Filmgeschichte. Sie orientiert sich an der ästhetischen und kulturellen Vielfalt des Kinos, an Motiven, Themen und Formen, die junge Menschen ansprechen können, und – ganz im Sinne der subjektiven Filmliste – an den Vorlieben seiner Herausgeber.

Mit Dziga Vertovs experimentellem Dokumentarfilm DER MANN MIT DER KAMERA (CHELOVEK S KINO-APPARATOM, UdSSR 1929) wird Technik und Ästhetik der Montage thematisiert. Das klassische Hollywoodkino ist mit Fritz Langs, für den Kindheitsdiskurs in der französischen Cinephilie wegweisenden Abenteuerfilm MOONFLEET und John Fords Western DER SCHWARZE FALKE (THE SEARCHERS, USA 1956) vertreten. Aus dem modernen Kino sind unter anderem der Kindheitsfilm SIE KÜSSTEN UND SIE SCHLUGEN IHN, die Bibelverfilmung DAS ERSTE EVANGELIUM MATTHÄUS von Pier Paolo Pasolini (IL VANGELO SECONDO MATTEO, I/F 1964) und der Essayfilm DIE SAMMLER UND DIE SAMMLERIN von Agnès Varda (LES GLANEURS ET LA GLANEUSE, F 2000) im Programm. Michel Ocelots digitaler Animationsfilm AZUR ET AZMAR (F 2006), findet sich neben Djibril Diop Mambétys LA PETITE VENDEUSE DE SOLEIL (Senegal 1999) und Slapstickfilmen von Buster Keaton oder Charles Chaplin.

Mit den DVDs schlossen Bergala und seine Mitarbeiterinnen Anne Huet und Catherine Groupil an die verschiedenen, von ihm seit den 1970er Jahren erprobten Methoden der Filmvermittlung an und entwickelten sie vielfältig weiter. In interaktiven Spielen können Filmausschnitte mit unterschiedlichen Tonspuren kombiniert oder die Positionierung der Kamera in einer Einstellung ‹erraten› werden. Unterschiedliche Bonusmaterialien, wie Kurzfilme, Interviews, Dokumentationen, eröffnen kultur-, film-, und werkgeschichtliche Kontexte.[47] Filmvermittelnde Filme liefern detaillierte Analysen der auf den DVDs veröffentlichten Filme. Es gibt darunter Sequenzanalysen, wie Jean Douchets Film zu SONNENAUFGANG (SUNRISE – A SONG OF TWO HUMANS, Friedrich-Wilhelm Murnau, USA 1927). Andere

---

47 Besonders gelungen ist die DVD zu DER MANN MIT DER KAMERA von Dziga Vertov, die sowohl die Originalmusik aus den 1920er Jahren als auch eine moderne Vertonung mit elektronischer Musik anbietet. Verschiedene Sprach- und Untertitelversionen ermöglichen es, kleineren Kindern die Synchronversion der Filme, älteren Kindern aber die untertitelte Version zu zeigen. Bei manchen Filmen, wie LITTLE FUGITIV, wird für den Einsatz im Sprachunterricht auch eine Untertitelung in der Originalsprache angeboten.

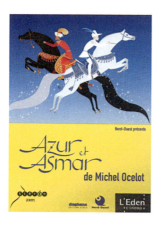

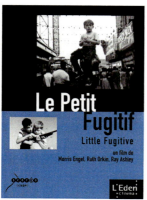

15a–c DVD-Edition

basieren auf einem Vergleich von Filmausschnitten, wie Anne Huets L'ARGENT DES GRANDS, das sich dem Motiv des Geldes widmet und nach dem Vorbild von LE CINÉMA, UNE HISTOIRE DE PLANS einen Dialog mit Kindern im Off inszeniert. Weitere filmvermittelnde Filme widmen sich dem filmischen Schaffensprozess, wie beispielsweise Bergalas Analyse der Rohaufnahmen von EINE LANDPARTIE (UNE PARTIE DE CAMPAGNE, Jean Renoir, F 1946) auf der DVD zum Schauspieler (L'ACTEUR AU CINÉMA). Die DVD zum Animationsfilm führt anhand von Dokumentarfilmen zu Trickfilmworkshops auch in den Schaffensprozess im Unterricht ein. Fast alle DVDs enthalten ein Portefolio an Bildern und Fotografien, das die Filme und Filmausschnitte in den Kontext der Kunstgeschichte stellt. So bietet die DVD zu DER KLEINE AUSREISSER (LITTLE FUGITIF, Ray Ashley, Morris Engel, Ruth Orkin, USA 1953) eine ‹Ausstellung› zur Geschichte der amerikanischen Dokumentarfotografie und die DVD zu WO IST DAS HAUS MEINES FREUNDES? stellt den Film in den Kontext der persischen Miniaturmalerei.

Abgesehen von diesen vielfältigen DVD-Produktionen, haben Bergala und seine Mitarbeiter das Medium DVD dazu genutzt, die in *Kino als Kunst* vorgestellte Vermittlungsmethode Fragmente-in-Beziehung-setzen zu entwickeln. Am konsequentesten wird sie auf den beiden DVDs PETIT À PETIT, LE CINÉMA und LE POINT DE VUE umgesetzt, die ausschließlich auf der Verknüpfung von Filmausschnitten und Bildern beruhen und auf einen erläuternden Kommentar verzichten. Andere DVDs, die motivische Verkettungen von Filmausschnitten integrieren, experimentieren auch mit den Möglichkeiten einer kommentierenden Begleitung. Ein besonders schönes Beispiel findet sich auf der DVD L'ACTEUR AU CINÉMA. Dort können einerseits sieben Filmausschnitte zum Schauspieler im modernen Kino in einer Folge angeschaut werden. Andererseits wird zu jedem der Ausschnitte auch eine Analyse von Bergala angeboten, die ähnlich funktioniert wie die Analyse auf LE CINÉMA, UNE HISTOIRE DE PLANS. Das Filmmaterial wird im Bild manipuliert und im Off – diesmal von Bergala selbst – besprochen.

Im vergangenen Kapitel habe ich bereits theoretisch erörtert, wie mit der Methode Fragmente-in-Beziehung-setzen das Vermittlungsmodell der Dreiecksbeziehung verwirklicht werden kann (6.3). Anhand der genannten DVDs soll dies nun beispielhaft anschaulich gemacht und konkreter ausgeführt werden. Während ich anhand der Einstellungsanalysen das Ineinandergreifen einer ästhetischen und semiotischen Rezeptionsweise von Filmausschnitten gezeigt habe, wird nun der Schwerpunkt auf der kulturellen und reflexiven Dimension der Bildverknüpfung, auf der Montage als Denkprozess liegen.

In einem Interview hat Bergala das Verknüpfen von Bildern als ein Grundprinzip der Filmwahrnehmung beschrieben:

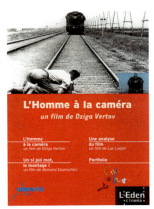

15d–e *L'Eden cinéma*

«Ich war schon immer davon überzeugt, dass [...] das Schauen eines Films kulturell bedingt ist, dass es sich nie um ein Tête-à-tête zwischen einem Subjekt und einem Objekt handelt, sondern dass das Subjekt, das die Einstellungen des Films an sich vorüberziehen lässt, dies mit seinem kulturellen Gedächtnis tut, und dass eine Einstellung das Phantom einer anderen Einstellung hervorruft, die es gut kennt und die aus einem vollkommen anderen Kinokontext stammt [...].»[48]

Umgekehrt beschreibt er in *Kino als Kunst* das Knüpfen von Verbindungen als Grundprinzip des Denkens, wenn er von «denkenden», «zum Nachdenken über

48 «[...] la traversée du film, elle est toujours culturelle, ce n'est jamais un face-à-face entre un sujet et un objet, c'est clair que quand le sujet traverse les plans du film, il les traverse avec toute sa mémoire culturelle et quand il arrive sur un plan, c'est clair qu'il y a le phantome d'un autre plan qu'il connait bien qui arrive d'un tout autre cinéma [...]» Transkription aus einem Videointerview. Alain Bergala: Une invitation à penser. http://web.iri.centrepompidou.fr/pop_site.html (20.10.2012).

das Kino anregenden Beziehungen» spricht.[49] Er evoziert damit das filmische Prinzip der Montage als Mittel der Reflexion, das bereits von Serguej Eisenstein erforscht und von Jean-Luc Godard in seinen Histoire(s) du cinéma als eine Möglichkeit der Filmgeschichtsschreibung erprobt wurde.

7.5.1 «Lernen, indem man schaut, und verstehen, indem man vergleicht»[50]: Die DVD Petit à petit, le cinéma

Petit à petit, le cinéma (dt. «Schritt für Schritt, das Kino») entstand 2001 als eine der ersten DVDs der Reihe *L'Eden cinéma*. Nathalie Bourgeois hat diese Einführung in die Filmkunst auf Basis von Filmworkshops mit Kindern in der Cinémathèque française konzipiert. Die DVD enthält 40 kurze Filme und Filmausschnitte unterschiedlicher Genres und filmgeschichtlichen Epochen, die einerseits nach kindgerechten Themen, wie Tricks («Films à truc»), Zirkus («Au cirque»), Musik («Musiques»), Tiere («Filmer les animaux»), andere Welten («Un autre monde») gruppiert und andererseits nach bestimmten formalen und motivischen Kriterien zu Serien verkettet sind. Wie die Themen bereits erkennen lassen, handelt es sich vor allem um Filmausschnitte und Bilder, die dem Universum des Zirkus und Theaters entstammen und die Artisten und Tiere zu ihren Hauptfiguren zählen: Es ist eine Welt des Spektakels, des Fremdartigen, der Magie. Die DVD präsentiert das Kino als eine Wunderkammer.

Die mit eingängigen Titeln versehenen Verkettungen erschließen implizit Grundprinzipien der Filmästhetik und -narration. Die inhaltlich motivierten Verkettungen widmen sich der Darstellung und Inszenierung von Figuren und Ereignissen, wie «Pferde» («Cheveaux»), «Große und kleine Katzen» («Félins – petits et grands»), «Akrobaten und Seiltänzer» («Trapézistes et funambules»), «Hochzeiten» («Noces»), «Im Marionettentheater» («Au spectacle des marionettes») oder «Sauwetter!» («Sale temps!»).[51] Oder sie erschließen das Filmen von Bewegungen, wie «Stürze» («Chutes»), «Tanzen» («Danser») oder «Wir ziehen!» («On hisse!»). Die Verknüpfungen unter formalen Gesichtspunkten erlauben zudem auf Basis einfacher, alltäglicher Fragen die Einführung in Parameter der Filmästhetik: seien es Kamerabewegungen in «Fixe und bewegte Kamera» («Caméra fixe ou en mouvement»), Kadrierung und Montage in «Stücke» («Morceaux»), Zeitmanipulation in «Verlangsamen, beschleunigen» («Ralentir, accélérer») oder die Perspektive in «Von oben, von unten gesehen» («Vu d'en haut, vu d'en bas»).

---

49 Bergala 2006: *Kino als Kunst*, S. 83.
50 «Des DVDs pour apprendre en regardant et comprendre en comparant.» Begleitheft zur DVD L'acteur au cinéma (Reihe: *L'Eden cinéma*), Innenseite.
51 Siehe die Übersetzung des DVD-Menüs im Anhang.

Ein Portfolio an motivähnlichen Bildern ermöglicht außerdem Beziehungen zur Kunst und Fotografie herzustellen und den Bildcharakter der Filme besonders hervorzuheben.[52]

Das Booklet zur DVD bietet keine Analysen dieser Verkettungen, sondern formuliert jeweils nur in wenigen Sätzen Fragestellungen oder Fährten, die im Vergleich der Filmausschnitte verfolgt werden können. Es bleibt damit den Lehrenden oder Nutzern selbst überlassen, wie sie die Ausschnitte einsetzen, welche Fragen sie anhand der Verknüpfungen entwickeln und weiterverfolgen. Im Folgenden möchte ich in einer exemplarischen Lektüre aufzeigen, wie im Vergleich der Filmausschnitte ausgehend von einfachen Beobachtungen zunehmend komplexere Themen aufgefächert werden können.

Die Verkettung «Rencontres»

Für eine beispielhafte Lektüre wähle ich die Verkettung «Rencontres» (dt. «Begegnungen»), die an das bereits in Bezug auf Les trois rencontres thematisierte Motiv der Begegnung mit Fremden anschließt. Darauf verweist implizit auch die Kommentierung der Verkettung im Booklet mit folgenden Worten: «Wie filmt man die Alterität, die bei einer Begegnung im Spiel ist? In einer oder in verschiedenen Einstellungen?»[53] Mich interessiert an dieser Stelle zunächst nicht das Thema der Alterität, sondern die Begegnung als ein filmspezifisches Motiv, das sich in nahezu jedem narrativen Film findet (Vgl. 4.2.3).

Nach der Sichtung der Verkettung der drei Filmausschnitte stellt sich als erste Frage, *was* uns diese Filmausschnitte denn zeigen oder konkreter: *Wer* begegnet hier wem? In Indien, Mutter Erde von Roberto Rossellini trifft ein Elefantenhüter auf eine junge Frau. In Zum Beispiel Balthasar von Robert Bresson (Au hazard Balthazar, F 1966) begegnet ein Esel anderen in Käfigen gefangenen Zirkus-Tieren. In Zirkus (The Circus, USA 1928) trifft Charlie Chaplin auf einen Löwen, einen Tiger und eine junge Frau. Es handelt sich also um Begegnungen von Menschen, von Tieren oder von Mensch und Tier. Diese Begegnungen sind von verschiedenen Gefühlen, wie der Zuneigung (zwischen Mann und Frau in Indien, Mutter Erde) oder der Angst (vor dem Tier in Zirkus) begleitet, sie haben für die Figuren und/oder den Zuschauer eine emotionale Dimension.

Weiterführend könnte sich die Frage nach dem Ort der Handlung anschließen: *Wo* treffen sich die Figuren? In Indien, Mutter Erde trifft sich das Paar

---

52 Unter den Bildern sind Zirkus-Gemälde, u.a. von Fernand Léger und Henri Matisse, Buchillustrationen, Zeichnungen, Fotografien, u.a. von Henri Cartier-Bresson, Darstellungen von Puppentheatern und Fantascopen (Frühformen des bewegten Bildes).

53 Nathalie Bourgeois: *Petit à petit, le cinéma* (Begleitheft zur DVD), S. 5.

draußen, in der Natur, die Handlung ist in einem realen Schauplatz verortet. In den beiden anderen Ausschnitten ist der Schauplatz dagegen ein Zirkus, eine ‹Kunstwelt›, ein Teil der Protagonisten befindet sich in Käfigen. Das Verhältnis von Drinnen und Draußen spielt in diesen Ausschnitten eine wichtige Rolle, besonders wenn Charlie Chaplin sich in ZIRKUS in den Löwenkäfig sperrt und panisch versucht, ihm wieder zu entkommen. Hier zeigt sich besonders deutlich, dass die Begegnung der Figuren auch über ihre räumliche Beziehung zueinander erzählt wird: Während in INDIEN, MUTTER ERDE die große Entfernung zwischen dem Paar ein unüberwindliches Hindernis darzustellen scheint, ist in ZIRKUS gerade die räumlich Nähe zum Löwen Ursache der Angst und des Dramas.

Diese Betrachtung führt uns zu der Frage nach der Darstellungweise: *Wie* wird uns die Begegnung zwischen den Figuren gezeigt? Worin unterscheidet sich die Darstellung der Begegnung in den verschiedenen Filmausschnitten? Nach der Sichtung der Szenenfolge werden zunächst zwei wesentliche Aspekte auffallen bzw. können gezielt erfragt werden.

Zum ersten ist das die Tonebene: Es fällt auf, dass es sich bei ZIRKUS um einen Stummfilm handelt, der nur von Musik begleitet ist. ZUM BEISPIEL BALTHASAR ist dagegen zwar ein Tonfilm, aber der Ausschnitt gibt fast auschließlich die Laute der Tiere und die Geräusche ihrer Bewegungen, unverständlich Töne also, zu hören. Die menschliche Stimme spricht in INDIEN, MUTTER ERDE, hier aber – anders als die Tierstimmen in ZUM BEISPIEL BALTHASAR – als Stimme aus dem Off. Über den Ton werden also auch unterschiedliche Formen des Erzählens vermittelt. In INDIEN, MUTTER ERDE wird mit der Stimme eines Erzählers ein literarisches Verfahren gewählt. Die Tierstimmen verleihen ZUM BEISPIEL BALTHASAR dagegen eine dokumentarische Dimension.

Zum zweiten kann, dem einleitenden Hinweis im Booklet folgend, die zentrale Frage nach dem Verhältnis von Einstellung und Montage gestellt werden. Besonders augenfällig ist in dieser Hinsicht, dass sich Charlie und der Löwe innerhalb einer Einstellung begegnen, während die Begegnung der Tiere in ZUM BEISPIEL BALTHASAR durch Montage entsteht. Diese Beobachtung kann auch auf die bereits thematisierte räumliche Anordnung bezogen werden: Denn die Begegnung in der Einstellung findet auch innerhalb eines Raumes (des Löwenkäfigs) statt, während die montierte Begegnung zwei verschiedene Räume, den Esel draußen und die Tiere in den Käfigen, verbindet.

Mit diesen einfachen vergleichenden Beobachtungen wurden bereits einige wesentliche Aspekte der filmischen Darstellung der Begegnung angerissen: Handlung, Raum und Ton, die Auflösung der Szene und die Einbindung des Zuschauers. In Ansätzen wurde auch das Zusammenspiel zwischen Inhalt und Form, zwischen dem *Was* und dem *Wie* der Darstellung deutlich. Gerade um

16a–f Begegnungen von Mann und Frau: INDIEN, MUTTER ERDE

diesen Zusammenhang und die Filmwahrnehmung weitergehend zu erforschen, bietet sich anschließend eine genauere Analyse der einzelnen Ausschnitte an. Im Vordergrund kann dabei die Fragen stehen: Wie wirkt sich die unterschiedliche Art und Weise, die Begegnung zu filmen, auf die filmische Perspektive und die Wahrnehmung des Zuschauers aus? Wie ist unser Verhältnis zu den Figuren? Wem sind wir näher? Wessen Emotionen können wir teilen? Dabei kann die Wechselbeziehung zwischen Raum, Schnitt, Ton und Emotion weiterverfolgt werden.

INDIEN, MUTTER ERDE verbindet als einziger der drei Filmausschnitte die Begegnung in der Einstellung mit der montierten Begegnung: Zunächst wird in einer Totalen gezeigt, wie rechts vorne im Bild platzierte Männer in einem Fluss Elefanten waschen, und wie von links hinten drei Frauen ans Flussufer (und damit ins Bild) hinzutreten. Diese distanziert-beobachtende Perspektive wird dann verlassen, um zwischen einem der Männer und einer der Frauen eine Beziehung herzustellen. Der Schuss-Gegenschuss suggeriert einen Blickwechsel zwischen den beiden und die zeitgleich einsetzende Erzählstimme aus dem Off kündigt rückblickend an: «Ich sah sie wieder». Die miteinander montierten Nahaufnahmen von Mann und Frau scheinen den räumlichen Abstand zwischen den beiden Figuren zu überwinden. Indem wir Zuschauer näher an sie heranrücken, hebt sich auch ihre Distanz imaginär/emotional auf. Das kokette Spiel, mit dem die Frau auf den Blick des Mannes reagiert und ihn erwidert, kündigt eine mögliche Liebesbeziehung an. Zeigt uns der Schuss-Gegenschuss das Paar in wechselnden Perspektiven, so fokussiert die Stimme aus dem Off unsere Aufmerksamkeit auf den – aus seiner Erinnerung sprechenden – Mann. Dabei entsteht eine paradoxe Zeitlichkeit, da die als gegenwärtig empfundenen Bilder mit der Vergan-

357

17a–i Begegnung zwischen Tieren: ZUM BEISPIEL BALTHAZAR

genheitsform der Rede kollidieren. Diese narrative Fokalisierung auf den Mann wird allerdings wieder zurückgenommen, wenn die Szene durch eine Rückkehr zur Totalen abschließend gerahmt wird. Die letzte Einstellung zeigt die Figuren erneut in die räumliche Kontinuität der Flusslandschaft eingeordnet und bezeugt damit gewissermaßen ihr Zusammentreffen am Ufer.

In dem folgenden Filmausschnitt aus ZUM BEISPIEL BALTHASAR ist die Begegnung dagegen ausschließlich Produkt der Montage. Allein durch das Schuss-Gegenschuss-Verfahren und die Überlappung der Tonspur wird hier eine Beziehung zwischen dem an einen Karren angeschirrten Esel und verschiedenen Tieren in Käfigen (Löwe, Affe, Bär, Elefant) suggeriert. Die Tierstimmen dringen gewissermaßen in die Einstellungen des Esels ein und die zunehmende Annäherung der Kamera (bis zur Detailaufnahme der Augen) steigert die emotionale Intensität der scheinbaren Blickbeziehung. In keiner Einstellung werden die Tiere zusammen in demselben Raum gezeigt, auch wird hier nicht – wie in INDIEN, MUTTER ERDE – durch Mimik und Gestik eine Blickbeziehung evoziert, die Tiere ‹spielen› keine Rolle. Die räumliche und kommunikative Beziehung zwischen ihnen, die Vorstellung, dass sie sich im selben Raum befinden, sich sehen und sogar verständigen, entsteht nur in der Imagination des Zuschauers. Die Montagekonvention des Schuss-Gegenschuss-Verfahrens überträgt gewissermaßen

18a–f Charlie stolpert in den Bildraum des Löwen: ZIRKUS

18g–h Der Löwe besucht
Charlies Kader

die Vorstellung von menschlichen Verhaltensweisen auf die dokumentarischen Tieraufnahmen. Sie produziert dabei auch eine emotionale Nähe des Zuschauers zu den Protagonisten. Wir identifizieren uns mit dem schauenden Esel. Während sich in INDIEN, MUTTER ERDE eine fiktionale Handlung in einen realen Raum einfügt, wird hier durch die Montage von dokumentarischen Aufnahmen und Tönen eine fiktive Situation und Räumlichkeit konstruiert.

Ganz anders als in den vorhergehenden Ausschnitten, werden die Begegnungen in ZIRKUS nicht in der Montage konstruiert, sondern finden innerhalb von Einstellungen statt. Wie zum Beweis, dass sie sich tatsächlich in demselben Raum, dem Löwenkäfig, befinden, werden Charlie und der Löwe (wie auch Charlie und der Tiger) immer wieder zusammen in einer Einstellung gezeigt. Die Spannung, Dynamik und Komik der Szene entwickelt sich aus einem Spiel mit dem Ein- und Austreten aus dem Kader des jeweils anderen. Es gibt keinen Blickwechsel im Schuss-Gegenschuss, vielmehr wird in der lateralen Montage

18i–q Überwindung von Ängsten und Distanzen: Charlie, Frau und Katze

von Halbtotalen der beiden Figuren der räumliche Abstand zwischen beiden betont. Dieser Abstand wird überwunden, wenn Charlie versehentlich in die Einstellung des Löwen tritt, oder dieser unerwartet Charlies Kader, Charlies Raum betritt. Der Schnitt konstruiert hier keine emotionale Nähe zwischen den Figuren, sondern betont vielmehr eine räumliche Trennung. Da wir als Zuschauer fast nie die Perspektive der Figuren teilen, treten wir nicht – wie in den anderen beiden Ausschnitten – emotional in die Handlung ein, sondern bleiben mehr oder weniger beteiligte Beobachter, Zuschauer eines Spektakels: Die Angst der Figur ist für uns auch Quelle des Vergnügens, der Komik.

Diese bildliche Konstellation wird in der Begegnung zwischen Charlie und der jungen Frau, die ihn aus dem Löwenkäfig befreit, wiederholt. Hier dient der Schuss-Gegenschuss ebenfalls dazu, die räumliche Trennung zwischen beiden zu markieren. Diese Distanz wird zusätzlich durch die Gitter des Käfigs verdeutlicht, als Charlie sich im Löwenkäfig, die Frau davor befindet. Später, nachdem Charlie sich aus dem Käfig heraus auf einen hohen Mast geflüchtet hat, wird sie durch die Höhendifferenz zur unten stehenden Frau ausgestellt. Die beiden kommen erst am Schluss zusammen, wenn sie nebeneinander in einer Einstellung Platz nehmen. Die Dreieckskonstellation mit dem Löwen wird in einem letzten Gag aufgegriffen, indem ein kleines Kätzchen zu den beiden in die Einstellung purzelt und Charlie vor Schreck fast auf dem Schoss der Frau landet. Diese Wiederholung legt auch eine metaphorische Dimension der gezeigten Handlung nahe. Oft ist die visuellen Anordnung dahingehend uneindeutig, dass die Reaktion auf die Katzen auch dem anderen Geschlecht gelten könnte: Wenn die Frau angesichts des Löwen (und Charlies) im Käfig in Ohnmacht fällt, wenn Charlie (von ihr aus dem Löwenkäfig befreit) zunächst das Weite sucht und am Ende noch vor dem Kätzchen zurückschreckt. Die Katzen erscheinen in dieser Inszenierung auch als Verkörperungen der Beziehung zum anderen Geschlecht, wie in Indien, Mutter Erde handelt es sich hier um die Inszenierung einer Liebesbegegnung.

Die drei Filmausschnitte zum Motiv der Begegnung sind so ausgewählt und angeordnet, dass sich im Vergleich grundlegende Prinzipien der filmischen Narration und der Einbindung des Zuschauers erschließen lassen: zum Verhältnis von Einstellung und Montage, von Fiktion und Dokumentation, zur Konstruktion des Raumes, zur Inszenierung von Beziehungen zwischen Figuren, zum Wechselspiel von Bild und Ton. Insbesondere wird anschaulich, wie die formale Gestaltung einer Szene, eine Perspektive, eine Haltung vermittelt, die das Verhältnis des Zuschauers zum Film beeinflusst. Nicht das Geschehen selbst, sondern vielmehr seine Darbietung im Film entscheidet darüber, ob wir eher in einer beobachtenden Position verharren oder uns emotional identifizieren, ob wir eher der einen oder der anderen Figur zugeneigt sind, ob wir als Zuschauer eines Spektakels eine ambivalente Position zwischen Mitgefühl und Vergnügen empfinden. In der vergleichenden Auseinandersetzung mit dem Material bestätigt sich folglich die vielfach theoretisch erörterte These von der ‹Ethik der Form›, derzufolge die formale Gestaltung den Inhalt und die Aussage hervorbringt.

Der Vergleich der Filmausschnitte sensibilisiert für unterschiedliche ästhetische Formen und Regiehaltungen, die sich in verschiedenen Genres manifestieren: Die Verbindung eines beobachtenden, dokumentarischen Blicks mit einer fiktiven Erzählung kennzeichnet den neorealistischen Film Indien, Mutter Erde, der das Leben der Elefantenhüter in Indien dokumentiert und in Geschichten erzählt. Die Konstruktion einer imaginären Realität durch die Montage von Tieraufnahmen charakterisiert den Spielfilm Zum Beispiel Balthasar, eine Passionsgeschichte mit einem Esel als Hauptfigur. Und in dem melodramatischen Slapstickfilm in Zirkus dienen die Einstellungen als Szene für Chaplins akrobatischen Körper, der den Tücken einer gefährlichen Umwelt ausgeliefert ist und zugleich trotzt.

Darüber hinaus vertreten die Ausschnitte auch drei wesentliche Theorien bzw. Konzeptionen der Montage: INDIEN, MUTTER ERDE führt mit seinem Wechsel von der Totalen zu Nahaufnahmen eine Auflösung des Raumes vor, wie sie sich in der klassischen Hollywoodmontage findet. ZUM BEISPIEL BALTHASAR konstruiert – Wsewolod Pudowkins konstruktiver Montage entsprechend – aus Ausschnitten einen fiktiven Raum, der nie komplett im Bild zu sehen ist.[54] Die Begegnung von Chaplin mit dem Löwen innerhalb einer Einstellung veranschaulicht wiederum André Bazins Imperativ, demzufolge «schneiden verboten!» ist, «wenn das Wesentliche eines Ereignisses von der gleichzeitigen Anwesenheit zweier oder mehrerer Handlungsfaktoren abhängt».[55]

Das Portefolio

Die Untersuchung der visuellen Darstellung von Begegnungen kann durch den Vergleich mit Bildern aus dem Portefolio weiter vertieft werden. Hier steht die Wahl völlig frei, da weder auf der DVD noch im Booklet konkrete Verknüpfungen zwischen Filmausschnitten und Bildern vorgeschlagen werden. Ich wähle beispielhaft die Buchillustration aus *Alice's Adventures in Wonderland* (1865), die ebenfalls eine Begegnung zwischen zwei Figuren, zwischen Alice und dem Hasen, zeigt, oder genauer ihre Trennung (also das Ende einer Begegnung).[56] An dieses Bild können wir zunächst die Fragen stellen, die bereits an den Filmausschnitten erarbeitet wurden: Wie werden diese Figuren zueinander in Beziehung gesetzt? Inwiefern spiegelt die räumliche Anordnung ihr Verhältnis zueinander? Gibt es trennende oder verbindende Elemente? Es fällt auf, dass Alice und der Hase zwar in demselben Bild und Raum gezeigt werden, dass sie aber durch die Bildkomposition optisch getrennt sind. Die diagonale Bildgestaltung teilt die Szene in zwei Bereiche – ähnlich wie in ZIRKUS der Raum durch die Montage geteilt wird. Links scheint sich der kleine Hasen in den Bildhintergrund zu entfernen, rechts schaut ihm die riesige Alice hinterher, die sitzend mit dem Kopf an die Decke stößt und mit ihrer Körperhaltung die diagonale Bildteilung hervorhebt. Der Größenunterschied zwischen der riesigen Alice und dem kleinen Hasen wird durch die Staffelung der Figuren in die Tiefe des Raumes zusätzlich akzentuiert. Zudem wird die

---

54 Wsewolod I. Pudowkin: Filmregie und Filmmanuskript; Über die Montage. In: Hans-Josef Albersmeier (Hg.): *Texte zur Theorie des Films*. Stuttgart, 2003, S. 70–96.

55 Bazin: Schneiden verboten! In: Ders. 2004, S. 75–89, hier S. 84. Bezeichnenderweise schließt Bazin diesen Aufsatz mit den Worten: «Wenn die Burleske vor Griffith und der Einführung der Montage Triumphe gefeiert hat, so weil die meisten Gags von einer räumlichen Komik herrühren, von der Beziehung des Menschen zu den Dingen und zu der ihn umgebenden Welt. In CIRCUS steckt Chaplin tatsächlich im Löwenkäfig und beide zusammen sind innerhalb der Kadrierung des Bildes gefangen.» Ebd., S. 87.

56 Illustration von John Tenniel in: Lewis Caroll: *Alice's Adventures in Wonderland*. London, 1865.

Distanz auch durch Körpersprache und Blicke vermittelt, denn der Hase wendet Alice den Rücken zu und schaut nicht zu ihr zurück. Hier findet kein Blickwechsel der Figuren statt, wie beispielsweise in den Filmen INDIEN, MUTTER ERDE und AU HASARD BALTHAZAR. Es gibt eine Art Montage im Bild, die – wie in ZIRKUS – eine innere Distanz der beiden Figuren räumlich visualisiert.

Ausgehend von diesen Beobachtungen kann man nun zu den Filmausschnitten zurückkehren und prüfen, ob es auch dort Einstellungen gibt, in denen Figuren zwar zusammen in der Einstellung gezeigt werden, die Bildkomposition aber eine Trennung, eine Differenz nahe legt. Auf die Gitterstäbe in ZIRKUS habe ich bereits verwiesen. Im direkten Vergleich zu *Alice und der Hase* ist die totale Aufnahme am Anfang von INDIEN, MUTTER ERDE interessanter. Denn hier treten die Frauen zwar zu den Männern an den Fluss, aber der Fluss trennt sie, er teilt die Einstellung vertikal in zwei Bereiche: unten den der Männer, oben den der Frauen. Die Rückkehr zu dieser Anordnung in der die Szene abschließenden Totalen scheint auch darauf hinzudeuten, dass das Paar – trotz der im Schuss-Gegenschuss suggerierten emotionalen Nähe – einen räumlichen und symbolischen Abstand, die Grenze des Flusses, überwinden muss, um zueinander zu gelangen. Zugleich stellt hier die diagonale Struktur der Einstellung – anders als bei Alice, wo sie als Trennung fungiert – auch eine Beziehung her, da sie die Frauen mit den Männern verbindet. Die in dieser Szene etablierte Bezie-

19 John Tenniel: *Alice und der Hase*

20 Größendifferenzen als Machtverhältnisse – CITIZEN KANE (Orson Welles, USA 1941)

hung bleibt flüchtig, uneindeutig. Wie wird sie sich weiterentwickeln?

Der Vergleich mit Bildern aus dem Portefolio kann für die narrative und bedeutungstragende Funktion der Bildkomposition in den Filmausschnitten sensibilisieren. Gerade der Aspekt der Bildgestaltung wird bei einer vorschnellen Fokussierung auf den Fortgang der Handlung häufig übergangen. Er ist aber ebenso wie Montage, Bewegung, Schauspiel und Ton für die Wahrnehmung und Ästhetik von Filmen konstitutiv und kann auch zu Vergleichen mit anderen Filmen herangezogen werden. Beispielsweise erinnert *Alice und der Hase* an die Filme von Orson Welles, der die Montage innerhalb der Einstellungen, durch die Architektur, die Tiefeninszenierung und die Kombination verschiedener Einstellungsgrößen perfektioniert hat.

Von der Buchillustration ausgehend stellen sich noch weitergehende Fragen an die Filme, zum Beispiel nach der Darstellung von Tieren bzw. dem Verhältnis von Mensch/Tier. In *Alice und der Hase* ist der Hase offenbar ein Fantasiebild: Er ist wie ein Mensch gekleidet und läuft auf zwei Beinen. Es handelt sich um ein anthropomorphes Tier, um das Bild eines Tieres, auf das Alice/der Betrachter menschliche Eigenschaften projiziert. Gleichzeitig betont die Bildgestaltung eine unüberbrückbare Differenz von Tier und Mensch, wobei allerdings nicht das Tier, sondern Alice als die Fremde erscheint: Sie ist zu groß für den Raum, sie wirkt fehl am Platz in einer Welt, die dem Maßstab des Tieres entspricht. Das Tier wendet sich von ihr (und uns) ab.

Wie sieht es mit den Filmausschnitten aus, zeigen sie die Tiere nur als menschliche Imagination und Projektionsfläche oder evozieren sie auch eine Differenz zwischen Mensch und Tier, eine Alterität? Wie verhält es sich mit den Elefanten in INDIEN, MUTTER ERDE, die nicht in die fiktionale Liebesbegegnung einbezogen werden, die aber als Teil eines realen Schauplatzes, eines großen Ganzen erscheinen, der auch die Menschen umschließt? Wie steht es mit den Tieren in ZUM BEISPIEL BALTHASAR, die durch den Schuss-Gegenschuss anthropomorphisiert werden, aber deren in langen Nahaufnahmen gezeigte Köpfe auch undurchschaubar bleiben, unserer emotionalen Vereinnahmung ihre Alterität entgegensetzten? Und was ist mit dem dressierten Löwen in ZIRKUS, der zunächst gefährlich erscheint, aber mit Chaplin eine inszenierte Choreographie vorführt?

Diese Fragen nach der filmischen Darstellung von Tieren können in anderen Verkettungen der DVD, beispielsweise zu Katzen und Pferden, weiterverfolgt werden. Sie schließen an die Faszinationskraft an, die Tieren gerade auf kleinere Kinde ausüben, und sie berühren zugleich grundlegende Eigenschaften des Mediums, da sie das – insbesondere für Bergalas Filmverständnis wesentliche – Verhältnis von Fiktion, Inszenierung und Dokumentation thematisieren.[57]

---

57 Dass an der Figur des Tieres grundlegende medienspezifische Fragen verhandelt werden können, zeigt sich auch in dem verstärkten Interesse der Filmwissenschaft für dieses Thema in den letzten Jahren. Vgl. beispielsweise Sabine Nessel, Winfried Pauleit et. al.: *Der Film und das Tier*. Berlin, 2012.

Diese detaillierte Lektüre der Verkettung «Rencontres» sollte die Funktionsweise der Methode Fragmente-in-Beziehung-setzen veranschaulichen. Ausgehend von einfachen vergleichenden Beobachtungen konnte die Analyse immer
weiter vertieft und in komplexere Fragestellungen aufgefächert werden. Die vergleichende Analyse hat einen differenzierten Einblick in verschiedene Möglichkeiten, Begegnungen zu filmen, gegeben. Im Vergleich wurde der Blick für das
Besondere jedes einzelnen Filmausschnitts, seiner narrativen Strategien und spezifischen Ästhetik geschärft. Dabei wurden auch grundlegende Eigenschaften des
Mediums selbst thematisiert (Einstellung, Montage, Bildkomposition, Ton), die
sich an filmtheoretische Überlegungen und filmgeschichtliche Zusammenhänge
anschließen lassen: zum Verhältnis von Aufnahme und Konstruktion, zur Regiehaltung und zur Positionierung des Zuschauers. Diese Erforschung des Mediums
anhand eines einfachen, minimalen Handlungsmotivs kann anschließend weiter
vertieft werden. Anhand anderer Filmausschnitte zur Begegnung, die die Lernenden selbst vorschlagen, kann die vergleichende Analyse ausdifferenziert werden –
beispielsweise in Hinblick auf andere formale Aspekte, wie den Ton oder die Zeitmanipulation. Auch kann der Vergleich als Einstieg in die kreative Praxis dienen,
wenn die Lerndenden in Anschluss versuchen, selbst Begegnungen zu filmen.

Narration und Ästhetik

Die Verkettung «Rencontres» enthält ausschließlich fiktionale Filme und fokussiert damit die narrative Funktion von ästhetischen Strategien. Die DVD PETIT À PETIT, LE CINÉMA bietet desweiteren die Möglichkeit, nichtnarrative ästheti-

sche Formen zu behandeln – insbesondere mit den nach formalen Gesichtspunkten zuammengestellten Verkettungen und dem Portfolio mit Werken der bildenden Kunst.

Die Verkettung «Ralentir, accélér» (dt. Verlangsamen, beschleunigen) widmet sich beispielsweise der Zeit und Bewegung anhand von dokumentarischen und experimentellen Filmen. Die wissenschaftlichen Chronophotographien CHEVEAUX von Etienne-Jules Marey (1890) thematisieren die Entstehung des Bewegtbildes aus Fotoserien und

seine relative Zeitlichkeit. Ausschnitte aus dem Dokumentarfilm THE SEASONS von Arthur Pelechian (UdSSR 1975) sowie aus den Trickfilmen CANON von Norman Mac Laren (CND 1964) und VORMITTAGSSPUK von Hans Richter (D 1928) verdeutlichen einfache Prinzipien der Zeitmanipulation wie Zeitlupe, Zeitraffer und Zeitumkehrung. Komplexere Zeitstrukturen zeigen sich dagegen in dem *handmade film* RAINBOW DANCE von Len Lye (GB

1936) und den filmischen Tagebuchnotizen NOTES ON THE CIRCUS von Jonas Mekas (USA 1966), in denen durch Bildstillstand und Doppelbelichtung verschiedene Zeitebenen übereinandergelegt sind.

Diese Verkettung erlaubt es, unterschiedliche Funktionen und emotionale Wirkungen der Zeitlichkeit und Bewegung in Filmen zu erarbeiten und den Rhythmus, die Musikalität von filmischen Bewegungen hervorzuheben. Die Änderung der

räumlichen Wahrnehmung durch die Zeitmanipulation, die Transformation eines narrativen Bildes in eine ästhetische Form, die Plastizität von Bewegungen, die nicht nur eine narrative Funktion erfüllen, wird nachvollziehbar. Über thematischen

Korrespondenzen zur Welt des Zirkus hinaus bietet das Portefolio in Hinblick auf die Ästhetik und Visualisierung von Bewegungen vielfältige Anknüpfungsmöglichkeiten. Bilder von Wunderrad und Wundertrommel thematisieren die Entstehung und Wahrnehmung des Bewegtbildes. Bilder der modernen Kunst stellen Bewegung als Form dar (Henri Matisse: *Le cirque de la série Jazz*, 1947) oder zeigen Rhythmus als ein visuelles Motiv (Robert Delauney: *Rhythmus*, 1930). Sie bilden Simultaneinität und Vielperspektivik ab (Fernand Leger: *Le cirque*, 1950) oder kombinieren verschiedene Bewegungsräume miteinander (Georges Seurat: *Le cirque*, 1891). Querverbindungen und Einflussbeziehungen zwischen Film und bildender Kunst werden im Vergleich anschaulich, der Film wird als ästhetische Form erfahrbar.

Einfache Motive und Figuren als Basis des Vergleichs zu wählen, erleichtert den Zugang für kindliche Nutzer. Sie können beim Schauen und Vergleichen der Ausschnitte direkt an ihre Alltagserfahrungen anknüpfen und sich damit die Kunstwerke erschließen. Ohne ein komplexes Fachvokabular zu bemühen und ohne das Material auf didaktische Schemata zu reduzieren, kann so ein Verständnis für grundlegende Eigenschaften des Mediums geweckt werden. Filmpädagogik, das zeigt die DVD PETIT À PETIT, LE CINÉMA, kann gleichermaßen anspruchsvoll in den ästhetischen Maßstäben und leicht zugänglich sein. Gerade weil das Analyseniveau nicht festlegt wird, sondern

21a–h Bewegungsbilder: aus dem Portfolio und den Filmen von PETIT À PETIT, LE CINÉMA

dem einzelnen Nutzer überlassen bleibt, es sich um ästhetisch komplexes Filmmaterial und sehr gut gewählte Verknüpfungen handelt, kann sie Nutzer mit ganz unterschiedlichem Vorwissen ansprechen.[58]

---

58 Ich habe selbst sehr gute Erfahrungen mit dem Einsatz dieser DVD in Einführungsseminaren der Universität Bremen, d.h. mit jungen Erwachsenen, die gerade die Schule verlassen haben, gemacht. Da

7.5.2 Material und Theorie: Die DVD Le point de vue

Die exemplarische Lektüre von Petit à petit, le cinéma verdeutlichte, wie im Vergleich immer wieder neue Fragen und Perspektiven entstehen, wie sich die Filmausschnitte gewissermaßen gegenseitig kommentieren und zur Anschauung bringen, wie Anstöße zum Nachdenken vom Material selbst hervorgebracht werden. Diese produktive Kraft der Methode Fragmente-in-Beziehung-setzen hat Bergala in der von ihm selbst konzipierten DVD Le point de vue weitergehend erprobt und auch für die wissenschaftliche Arbeit erschlossen. Für ältere Schüler und Studierende entwickelt, widmet sich diese DVD anhand von Ausschnitten aus 43 Filmen von der Stummfilmzeit bis in die Gegenwart der narratologischen und theoretischen Frage der Perspektive im Film. Die Filmausschnitte sind nach einem komplexen, verzweigten System von Begriffen gruppiert, das in einer beigelegten Übersichtstabelle veranschaulicht und in einem Begleitheft knapp erläutert wird. Mit der DVD versucht Bergala, Begriffe, die das Feld der Perspektive im Kino abstecken, allein durch die Verkettung von Filmausschnitten zu definieren. An ihr kann die in dieser Arbeit bereits theoretisch erörterte Frage nach dem Verhältnis von Begriff und Material, von Wort und Bild veranschaulicht werden.

Mit Le point de vue verbindet Bergala seine Überlegungen zu Erzählperspektive und Zuschauerhaltung in *Initiation à la sémiologie du récit en images* mit seinen Überlegungen zum filmischen Schaffensprozess und zur Moral der Ästhetik. Der Vieldeutigkeit des französischen Begriffs *point de vue*[59] entsprechend, führt die DVD den konkreten Kamerastandpunkt, mit der narrativen Konzeption einer Erzählperspektive und dem weltanschaulichen bzw. ästhetischen Standpunkt des Regisseurs zusammen. Die Perspektive, erläutert Bergala in einem einleitenden Text, ist die Schnittstelle von Zuschauer, Figur und Regisseur, von Identifikation, Narration und Schaffensprozess:

«Die Frage der Perspektive [frz. *point de vue*] ist für jede Filmpädagogik zentral. Sie erlaubt es gleichermaßen, sich den verschiedenen Ebenen der kinematografischen Form zu nähern (den Einstellungen, den Sequenzen, dem Film insgesamt) wie der Identifikation des Zuschauers mit den Figuren und mit der Fiktion. Sie ist auch eine Frage der Moral: Wie die Perspektive in einem

die Filmausschnitte kaum Sprache enthalten, eignen sie sich auch für diejenigen, die kein Französisch sprechen.

59 Im Französischen lautet *le point de vue* wörtlich der Stand- bzw. Blickpunkt, womit sowohl der konkrete Kamerastandpunkt, als auch die Erzählhaltung assoziiert wird. Ich wähle hier als Übersetzung den eher unüblichen Begriff Perspektive, da dieses Wort am ehesten die verschiedenen, oben genannten Konnotationen des *point de vue* abdeckt.

Varianten des Schuss-Gegenschuss'

22a–c Vollmondnächte (Les nuits de la pleine lune, Eric Rohmer, F 1984)

22d–f Sein oder Nichtsein (To be or not to be, Ernst Lubitsch, USA 1942)

22g–i Er (El, Luis Buñuel, MEX 1952)

Film behandelt wird, ist ein Kriterium für die Bewertung der Ästhetik des Regisseurs und des Verhältnisses, das er zu seinem Publikum etabliert.» [60]

Die in *Initiation à la sémiologie du récit en images* noch als Norm behandelte Kontinuitätsmontage, insbesondere die neutrale, scheinbar allgegenwärtige Erzählinstanz (Enunziation), wird auf dieser DVD als Phänomen des klassischen Kinos bestimmt und durch eine Vielzahl von Beispielen aus dem modernen Kino relativiert, in denen eine subjektive Positionierung der Regie und eine direkte

---

60 «La question du point de vue est essentielle à toute pédagogie du cinéma. Elle permet d'approcher à la fois les différents niveaux de la forme cinématographique (les plans, les séquences, le film dans son entier) et la façon dont le spectateur s'identifie aux personnages et à la fiction. Elle est aussi affaire de morale: le traitement du point de vue dans un film est un critère d'évaluation de l'éthique du cinéaste et du rapport qu'il instaure avec son public.» Alain Bergala: *Le point de vue (Beiheft zur DVD)*, S. 3f.

Gegenschuss ohne Figur

23a–b DIE VÖGEL   23c DER MANN MIT DER
                                         KAMERA

Ansprache des Zuschauers erfolgt. Zudem treten nun auch das Zusammenspiel von Ton und Bild sowie der filmische Schaffensprozess (als Wechselspiel zwischen Anordnung und Ansatz) in den Vordergrund.

Anhand dieser DVD lassen sich Fragestellungen weiterverfolgen und vertiefen, die an der Verkettung «Rencontres» aufgeworfen wurden. Beispielsweise kann die mit dem Begriff des Schuss-Gegenschuss bezeichnete narrative Technik anhand einer dreifach verzweigten Verkettung erschlossen werden. Anstatt den Schuss-Gegenschuss – wie häufig in Einführungen praktiziert – an einem exemplarischen Filmausschnitt zu definieren, ermöglicht der Vergleich verschiedener im Schuss-Gegenschuss gefilmter Kommunikationen zwischen zwei Personen (Verkettung 17: «Le champs contrechamps entre deux personnages») eine Differenzierung dieser narrativen Technik in unterschiedliche Formen und deren Wirkungen. Nicht nur der Unterschied zwischen den hinter der Schulter oder zwischen den Figuren aufgenommenen Einstellungen oder die unterschiedliche Positionierung der Kamera zur Figurenachse wird so induktiv erschlossen. Es zeigt sich auch, wie – trotz der abwechselnden Einstellungen auf die Gesichter beider Sprechenden – eine stärkere Nähe zu der einen oder anderen Figur entstehen oder auch der Wechsel einer solchen Fokalisierung erfolgen kann. Im Vergleich zu einer weiteren Verkettung wird die Form des Schuss-Gegenschusses in Hinblick auf laterale Anordnungen erweitert (Verkettung 18: «Le champs contrechamps latéral»). Die evokative Kraft dieser Konvention wird in einer dritten Verkettung an Szenen mit nur einer Figur verdeutlicht (Verkettung 19: «Avec contrechamps sans personnage»), in der beispielsweise ein gegengeschnittener Raum oder eine Ansammlung von Vögeln zu einem bedrohlichen Gegenüber wird.

Leisten die einzelnen Verkettungen in dieser Weise eine Definition, aber auch Ausdifferenzierung von Fachbegriffen, so ermöglicht ihre Gruppierung in sieben Kapitel, grundlegende Fragestellungen zur Perspektive unter verschiedenen Aspekten zu erforschen. Dabei steht insbesondere das instabile Verhältnis zwischen

einer globalen Erzählstruktur des Films und dem ständigen Wechsel von Kamera-
standpunkten auf der lokalen Ebene, innerhalb von Szenen, im Vordergrund
(«PDV et récit global»). Wie verhält die sich in einem Film unentwegt ändernde
optische Perspektive zur in einer spezifischen Szene etablierten psychischen Perspektive («PDV optique/Pdv psychique)»? Wie wird die Perspektive in Szenen
gewechselt *(«Permuabilité du PDV»)*? Wie kann die Perspektive blockiert oder
verschoben werden, indem die Kamera eine angeordnete Szene nicht von dem
unter narrativen Gesichtspunkten optimalen Standpunkt aus filmt («Dispositi-
on/Attaque»)? Wie kann in Filmen eine nichtmenschliche Perspektive suggeriert werden («PDV de la transcendance»)? Worin liegen die Unterschiede und
Abstufungen zwischen einer allmächtigen Erzählinstanz und einer subjektiven
Positionierung der Regie («PDV et Enonciation»)? Wie lenkt der Ton die Perspektive im Film, unterstützend oder als Kontrapunkt zum Bild («PDV Sonore»)?

Es stellt sich die Frage, wie die Navigation durch das komplexe, auch un-
übersichtliche Netz von Begriffen ermöglicht, sich das Prinzip der Perspektive
im Film zu erschließen. Ich habe die Funktionsweise der DVD bereits in einer
beispielhaften Lektüre an anderer Stelle veranschaulicht[61] und möchte an dieser Stelle nur kurz die Ergebnisse dieser Analyse ansprechen. Wie bereits am
Beispiel des Schuss-Gegenschusses erwähnt, sind die Verkettungen geeignet, in
induktiver Weise die Bedeutung von Fachbegriffen und begrifflichen Einord-
nungen zu erschließen. Zugleich wird eine schematische Festlegung umgangen,
da im Vergleich die unterschiedliche Ausprägung und Wirkung der bezeichneten Techniken und Mechanismen greifbar wird. Durch das Navigieren zwischen
verschiedenen Verkettungen können die Begriffe weiter ausdifferenziert werden,
wenn beispielsweise die Fokalisierung zunächst allgemein (Verkettung 2: «PDV
focalisé sur un personnage») eingeführt und später in Hinblick auf die Tonspur
(Verkettung 41: «Son focalisé et focalisant») präzisiert wird.

Es fällt jedoch auf, dass sich weniger die vielzähligen Bezeichnungen als die
Filmausschnitte selbst einprägen. Diese tauchen in unterschiedlicher Länge,
unter verschiedenen Gesichtspunkten, in vielfältiger Kombination mit anderen Filmausschnitten auf. Beispielsweise kann man das in der Verkettung zum
Schuss-Gegenschuss gezeigte Gespräch zwischen einem jungen Mann und einer
jungen Frau in einem Café (VOLLMONDNÄCHTE), in einer längeren Version auch
in Hinblick auf die Fokalisierung der Erzählung auf eine Figur oder die Evokation einer psychischen Perspektive vergleichen. Im Licht unterschiedlicher Bezeichnungen und im Kontext anderer Ausschnitte treten immer wieder neue Aspekte der einzelnen Filmausschnitte hervor. Diese entfalten ein Eigenleben und

---

61 Henzler 2010.

bilden nach und nach ein imaginäres Repertoire, auf das man bei der Navigation durch das Begriffssystem zurückgreifen kann. Insofern bietet die DVD auch eine Analyse der einzelnen Filmausschnitte, die nicht als fertiger Text vorgegeben wird, sondern bei jeder Lektüre neu entsteht: aus der Beobachtung, die durch die Begriffe gelenkt und durch die Kombination der Filmausschnitte geschärft wird.

Im Gegensatz zu den Filmausschnitten, die eine sehr starke Wirkung entfalten und damit ein sehr differenziertes Bild der Perspektive im Kino abgeben, tendiert das System der Begriffe dazu, der Erinnerung zu entgleiten. In der unmittelbaren Rückbindung an das Material, erfahren die Begriffe eine permanente Verschiebung und Aktualisierung. Es ist somit weniger ein festgefügtes Begriffssystem, das mit Hilfe der DVD erlernt wird, als vielmehr eine differenzierte Wahrnehmung des konkreten Materials. Die Begriffsbildung erscheint nicht als das Ziel des Lernprozesses, sondern fungiert als ein Mittel der Erkenntnis. Geht man von der griechischen Herkunft des Wortes «Theorie» (gr. *théa*: das Angeschaute/das Anschauen) aus, dann wird verständlich, warum Bergala diese DVD nicht nur als ein Instrument der Filmvermittlung, sondern auch als eine Theorie der Perspektive im Kino verstanden wissen möchte. Theorie bezeichnet in diesem Sinne nicht ein festgelegtes, logisch strukturiertes Begriffs- und Gedankensystem, sondern einen Prozess der Erkenntnis, der aus der Wahrnehmung entsteht und bei dem nicht der Beweis, sondern die Suche im Vordergrund steht.

> «Die Ausarbeitung dieser Montagen soll zeigen, dass das Denken – und zwar ein so präzises Denken wie die abstrakte Theorie – aus der Beobachtung von Filmen selbst und ihrem In-Beziehung-Setzen resultiert. Es besteht ein großer Unterschied zwischen dem Wunsch schon erworbene Ideen zu *beweisen*, indem man Ausschnitte zitiert, die diesem Zweck zwangsläufig dienlich sind, und dem Wunsch, in einer offenen und lebendigen Weise nach Ideen und Konzepten zu *suchen*, die uns diese Filmausschnitte (und vor allem ihre Verknüpfung) zu dem heiklen und wesentlichen Problem der Perspektive im Kino nahe legen.» [62]

Die DVD LE POINT DE VUE ist damit auch der Entwurf einer wissenschaftlichen Forschungsmethode, die unmittelbar am Material selbst ansetzt. Zwar sind – wie in jeder wissenschaftlichen Arbeit – Begriffe gesetzt, aber diese Begriffe konkretisieren sich erst in der Verknüpfung und der individuellen Anschauung des Mate-

---

62 «L'élaboration de ces montages entend faire la preuve que de la pensée – et une pensée aussi fine que la pensée théorique abstraite – peut naître de l'observation des films eux-mêmes et de leur mise en rapport. La différence est de taille entre le désir de *prouver* des idées déjà acquises en convoquant des extraits forcément complaisants à cet usage, et de celui de *chercher* de façon ouverte et vivante ce que ces extraits de films (et surtout leur mise en rapport multiple) nous suggèrent comme idées et concepts sur cette délicate et cruciale question du point de vue au cinéma.» Ebd. S. 9.

rials. Sie werden nicht primär durch Sprache und Texte definiert, sondern durch das Medium Film. Damit wird die zwangsläufige Problematik der ‹Reduktion› eines Bildes durch die Transformation in Sprache umgangen. Der Filmausschnitt wird nicht beschrieben (und damit gedeutet), sondern er ‹spricht› für sich. Es sind die Nutzer, die ihre individuelle Deutung aus der Anschauung generieren, die Begriffe für sich mit Leben füllen müssen. Ihr Verständnis ist nicht mehr von dem sprachlichen Niveau eines Textes abhängig. Gerade weil die DVD von der Beobachtung des Einzelnen ausgeht und damit dem individuellen Auffassungsvermögen Raum gibt, ist sie – ebenso wie PETIT À PETIT, LE CINÉMA – offen für Nutzer mit mehr oder weniger Vorwissen, für Schüler ebenso wie für Studenten oder Filmwissenschaftler.

Zugleich trägt die DVD auch die individuelle Handschrift und das Wissen eines *passeurs* als «Leerstelle»:

«Auf der konzeptionellen Ebene verlangt die DVD natürlich ebensoviel kulturelles Wissen wie das Schreiben einer traditionellen didaktischen Analyse. Derjenige, der sie konzipiert, muss über eine solide kinematografische Bildung verfügen und eine genaue Vorstellung davon haben, was vom Kinodenken vermittelbar ist. Sein Wissen setzt jedoch anders an: eben bei der Auswahl der Filmausschnitte und ihrem In-Beziehung-Setzen, bei der Verästelung der DVD selbst. Das notwendige Ausgangswissen ist von derselben Art, aber wie dieses Wissen angewendet wird und sich vermittelt, ist radikal verschieden. Es geht nicht mehr darum, einen Vortrag, der den Bildern gegenübersteht, zu halten – einen Vortrag, der entweder angenommen wird oder nicht und der unvermeidlicherweise belehrend ist. Es geht um ein Wissen, das in die Baumstruktur *als Leerstelle* eingeschrieben ist und das den Schüler dazu anhält, den Weg, auf dem es erarbeitet worden ist, selbstbestimmt neu zu gehen.»[63]

In diesem Zitat aus einem Vortrag Bergalas zum Bremer Filmsymposium 2010 zeigt sich, wie bereits in Hinblick auf HISTOIRE(S) DU CINÉMA erörtert, dass in der Auswahl und Anordnung der Filmausschnitte auf der DVD als Fragmentsammlung ein *passeur* gegenwärtig ist und dass gleichzeitig den Lernenden ein größtmöglicher Freiraum im Umgang mit dem Material gewährt wird (Vgl. 6.3). Die DVD bietet einen individuellen, durch die Wahrnehmung und das Wissen der Nutzer bedingten, Erfahrungs- und Erkenntnisspielraum. Und sie erlaubt dem Lehrer im Unterricht eine andere Position einzunehmen. Die DVD nimmt die Rolle des Dritten ein, sie konstituiert eine Dreiecksbeziehung, wie ich sie als Grundlage von Bergalas Vermittlungskonzept beschrieben habe.

---

63 Bergala 2010, S. 60.

7.6 Motiv- und Figurenanalyse

Die Verkettungen von Filmausschnitten in PETIT À PETIT, LE CINÉMA basieren auf Themen, Motiven oder formalen Merkmalen als Vergleichsmomenten. Ihnen implizit ist eine Methodik der Filmanalyse, die vom narrativen oder visuellen Detail ausgehend Funktionsweise und Ästhetik der Filmausschnitte im Kontext von intervisuellen Bezügen erschließt. Auf der DVD werden diese Analysen nicht ausgeführt, sondern den Nutzern überlassen. In anderen Medien widmet sich Bergala jedoch ausführlich der Methode Motiv- und Figurenanalyse, die – wie ich im Folgenden zeigen werde – für seine filmwissenschaftliche und pädagogische Arbeit charakteristisch ist.

In einem 2008 gehaltenen Vortrag zur Vermittlung von Filmen im Rahmen der Kunstgeschichte erläutert er diese Verfahrensweise.[64] Er schlägt darin vor, Filme und Kunstwerke in Hinblick auf gemeinsame Parameter, Motive und Figuren in Beziehung zu setzen und zu analysieren. Parameter definiert er als technische oder formale Grundprinzipien des Filmschaffens, beispielsweise die Bewegungen der Kamera, die Perspektive, die Farbe. Themen und Motive sind allgemeine strukturbildende und bedeutungsvolle Einheiten, wie die Landschaft, die Stadt, die Treppe usw., die es in den verschiedenen Künsten ebenso wie in der Literatur gibt. In Abgrenzung dazu definiert er die *figure* (dt. Figur) als der bildenden Kunst eigene optische Matrize, die in sich bereits eine Aussage trägt:

«Weniger träge als Motive, durchqueren die figurativen Matrizen die Kunstgeschichte und wandern von einer Kunst zur anderen. Ein Beispiel: das nach draußen geöffnete Fenster. Diese figurative Matrize entsteht mit der Vedute der Renaissance, dem szenografischen Kubus von dem ausgehend die Maler das Problem des doppelten Raumes bearbeitet haben, die Beziehungen zwischen Innen und Außen, die für das Kino so wichtig sind. […] Man denkt hier natürlich an die Fotografie, an Hitchcock, an eine Vielzahl an Werken. […] Die Figur ist schon eine Strukturierung des Motivs, eine Matrix der Sinnproduktion durch die Darstellung selbst, und sie ist niemals nur ein objektives Motiv.»[65]

---

64 Alain Bergala: Propositions pour faire entrer le cinéma dans l'histoire des arts. In: Les enfants de cinéma (Hg.): *Actes de la Rencontre Nationale Ecole et cinéma. Lyon 15,16 et 17. octobre 2008.* Paris, 2008.

65 «Moins inerte que les motifs, les matrices figuratives traversent l'histoire des arts et migrent d'un art à l'autre. Un exemple: la fenêtre ouverte sur l'extérieur. Cette matrice figurative naît avec la veduta de la Renaissance, ce cube scénographique à partir duquel les peintres travaillent la question du double espace, des rapports de l'intérieur à l'extérieur si important au cinéma. […] Evidemment on pense à la photographie, à Hitchcock, à de nombreuses d'œuvres. […] La figure est déjà une structuration du motif, une matrice de production de sens par la représentation elle-même et n'est jamais juste un motif objectif.» Bergala 2008, S. 46.

Dieses hier skizzierte kunsthistorische Verfahren der Motiv- und Figurenanalyse verbindet Bergala in seinen Filmanalysen mit narratologischen und semiologischen Methoden. Über strukturelle Einheiten erschließt er Filme auf ganz
unterschiedlichen Ebenen: in ihrer thematischen, ästhetischen, kulturellen oder
politischen Dimension. Häufig führt er auch optische Figuren[66] mit psychoanalytischen Motiven zusammen, um die psychische Funktion von narrativen und
visuellen Strukturen aufzuzeigen. Die Motiv- und Figurenanalyse dient Bergala dazu *en miniature* und mit jeder Filmanalyse neu zu belegen, dass Inhalt
und Form, Haltung des Regisseurs und Wirkung auf den Zuschauer einander
bedingen. Dies soll im Folgenden anhand von vier beispielhaften Analysen der
pädagogischen Filmhefte zu JUNG UND UNSCHULDIG (YOUNG AND INNOCENT,
Alfred Hitchcock, GB 1937) und TASCHENGELD (L'ARGENT DE POCHE, François
Truffaut, F), der Einführung *Abbas Kiarostami* und des filmvermittelnden Films
L'EPREUVE DU SOUTERRAIN veranschaulicht werden.

7.6.1. Film als Spiegel der menschlichen Psyche:
JUNG UND UNSCHULDIG von Alfred Hitchcock

In dem Filmheft zu Alfred Hitchcocks JUNG UND UNSCHULDIG stellt Bergala über
die Motiv- und Figurenanalyse eine Beziehung zwischen psychischen und filmischen Räumen, zwischen Film und bildender Kunst her. Mit Bezug auf das
psychoanalytische Persönlichkeitsmodell, interpretiert er den Film als ‹inneres
Bild des Menschen›, als Spiegel und Ausdruck der menschlichen Psyche – eine
Deutung, die bereits die Kritiker der Nouvelle Vague wie Eric Rohmer in ihrem
Bestreben einer Rehabilitierung Hitchcocks als Autor nahelegten: «Mit ihm, ist
die Vorstellung von einem inneren Kino nicht mehr bloß Programm, sondern
Realität.»[67]

Hitchcocks Frühwerk JUNG UND UNSCHULDIG erzählt die Geschichte eines zu
Unrecht des Mordes beschuldigten jungen Mannes, Robert, dem es mit Hilfe der
Tochter des Hauptkommisars, Erica, gelingt, den wahren Täter zu finden und
seine Unschuld zu beweisen. Laut Bergala liegt diesem vordergründigen Krimiplot eine andere Geschichte zugrunde, die Initiationsgeschichte der jungen Frau
nämlich, die sich im Konflikt zwischen dem väterlichen Gesetz und der Liebe
zu dem Beschuldigten schließlich für die Liebe und ein eigenes Leben entschei-

---

66 Ich werde im Folgenden von *optischer Figur* sprechen, um im Deutschen eine Verwechslung mit dem
    Begriff der Figur als Person zu vermeiden.
67 «Avec lui, la notion de cinéma intérieur n'est plus un programme mais une réalité.» Rohmer zitiert
    nach de Baecque 2003, S. 113.

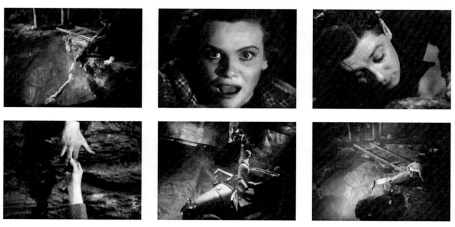

24a–f Greifen und Verfehlen der Hände als Bild eines inneren Konflikts

det. Er belegt dies nicht nur anhand der verschiedenen Etappen der filmischen Narration, die sich in Hinblick auf diesen psychischen Konflikt deuten lassen, sondern weist es auch in Bezug auf die Mikrostrukturen des Films nach, denen er sich in einer exemplarischen Sequenzanalyse widmet.

Die Schlüsselszene des Films wird im Heft anhand von Filmstandbildern veranschaulicht: Das junge Paar flieht im Auto vor der Polizei. Das Auto versinkt auf der Schutthalde eines alten Steinbruchs und die junge Frau kann nur in letzter Minute von ihrem Freund gerettet werden, der sie aus dem drohenden Abgrund zieht. Bergala argumentiert, dass die Montage dieses Rettungsmomentes eine psychologische Deutung nahelege. Indem Hitchcock vorwiegend auf Groß- und Detailaufnahmen der Gesichter, der greifenden Hände, der Räder des versinkenden Autos schneide, löse er die Handlung aus den konkreten raumzeitlichen Zusammenhang. Das Greifen und Verfehlen der Hände der beiden Protagonisten werde zu einem Bild für den inneren Konflikt der jungen Frau, die zögere sich ihrer Liebe und damit buchstäblich der Kontrolle des Geliebten zu überlassen. In diesem durch die Montage gedehnten dramatischen Moment zwischen Abgrund und rettender Hand, sieht Bergala den von Freud formulierten Konflikt zwischen Todestrieb und Sexualtrieb inszeniert:[68]

---

68 Bergala führt als weitere formale Indizien die Kadrierung an, die die beiden Liebenden im entscheidenden Moment trennt und damit die imaginäre Grenze zwischen den beiden verdeutlicht, sowie die Großaufnahmen des Gesichts von Erica, die nicht nur den Ausdruck der Todesangst, sondern auch der freudigen Hingabe vermuten lassen. Alain Bergala: *Cahiers de notes sur JEUNE ET INNOCENT*, Paris, o.J., S. 20f.

«In diesen Einstellungen, in denen der reale Raum verschwindet, tritt das Spektakuläre schnell hinter die bildliche Darstellung zurück, in der die Zeit aufgehoben ist und man sich eher im Gedanklichen als in der Realität der Handlung befindet. Die große Spannung, die in diesem Moment im Spiel ist, bezieht sich eher auf die psychische Beziehung zwischen Erica und Robert: auf die Angst zu lieben, die Furcht davor, sich mit ihm zu verbinden, die Versuchung zu verzichten, in dem Moment, als sie nachgeben wird. Kurz, der alte Kampf am Rande des Abgrunds zwischen dem Trieb zur erotischen Vereinigung (die Hände, die sich fassen) und dem Todestrieb (das Fallen, die Rückkehr zum Chaos), der Gnade und der Schwerkraft, der Seligkeit der Selbstaufgabe und der Furcht.»[69]

Im letzten Satz dieser Analyse kommt – in indirekter Anspielung an Simone Weil – neben der erotischen auch eine religiöse Konnotation ins Spiel. Diese ermöglicht, werkgeschichtliche und kulturgeschichtliche Kontexte einzubeziehen. Die optische Figur der Hände, die sich an den Fingerspitzen berühren, interpretiert Bergala in Bezug zu dem Bild *Die Erschaffung Adams* (1508–1512) von Michelangelo als ein im «kollektiven Unbewußten» verortetes Symbol für die Menschwerdung und die Entstehung der Liebe.[70] Zudem verweist er auch auf das in Hitchcocks Filmen häufig anzutreffende Bild einer Frau, die hilflos und in bewegungsloser Starre, vollkommen abhängig von dem rettenden Arm eines Mannes, über einem Abgrund hängt. Dieses sei ein Indikator für die «persönlichen Bedingungen seiner Erotik des Filmens».

Über die optische Figur der sich berührenden Hände stellt Bergala eine überraschende, weil nicht thematisch motivierte Verbindung zu einem Kunstwerk aus einem anderen zeitgeschichtlichen Kontext her. Er verknüpft ein Produkt der säkularen Populärkultur des 20. Jahrhunderts mit einem sakralen Werk des 16. Jahrhunderts, einen Krimiplot mit einer biblischen Szene. Diese Deutung wird auf einer Doppelseite des Filmheftes visualisiert, auf der das Gemälde von Michelangelo mit Filmstills aus JUNG UND UNSCHULDIG und DER UNSICHTBARE DRITTE (NORTH BY NORTHWEST, Alfred Hitchcock, USA 1959) (je klein) kombiniert wird.[71] Dieses «Image-Ricochet» (dt. Zusammenprall) ist ein Grundelement

---

69 «Dans ces plans où l'espace réel disparaît, le spectaculaire cède soudain la place à une figuration très épurée, où le temps est suspendu, où l'on est dans le mental plus que dans la réalité de l'action. La tension, très forte, qui est en jeu à ce moment-là est avant tout de l'ordre d'une relation psychique entre Erica et Robert: la peur d'aimer, l'effroi devant le désir de s'unir à cet homme, la tentation de renoncer au moment où elle va céder. Bref le vieux combat au bord du gouffre entre la pulsion d'union érotique (les mains qui s'unissent) et la pulsion de mort (la chute, le retour au chaos), la grâce et la pesanteur, la béatitude de l'abandon et l'effroi.» Ebd., S. 21.

70 Alle Zitate dieses Absatzes: ebd., S. 21.

71 Ebd., S. 22f.

der von Bergala für das Grundschulprojekt *Ecole et cinéma* konzipierten Filmhefte. Die Bildverknüpfung hat hier zwei Effekte: Zum einen erhält das Filmstill den Status eines autonomen Bildes, das mit anderen Bildern kommuniziert. Zum anderen wird die Filmanalyse zum Ausgangspunkt für eine weiterführende kulturgeschichtliche Reflexion filmischer Motive. Den Filmheften liegt bereits die Methode Fragmente-in-Beziehung-setzen zugrunde, die die Analyse von kulturgeschichtlichen Zusammenhängen ermöglicht. In den mit farbigen Abbildungen aufwändig gestalteten *Cahiers de notes* tritt das Bild als integraler Bestandteil der Analyse neben den Text.

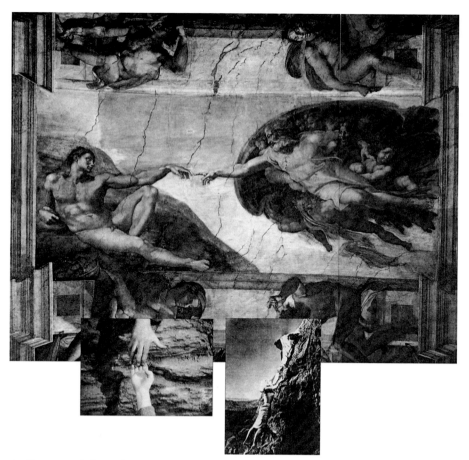

26 Seite aus: *Cahiers de notes sur* JEUNE ET INNOCENT © *Les enfants de cinéma*

7.6.2 Die Figur des *agencement* als gesellschaftspolitischer Kommentar: Abbas Kiarostami

Die Einführung in das Werk des iranischen Regisseurs *Abbas Kiarostami* dient als Beispiel, wie mit der Motiv- und Figurenanalyse auch sozialpolitische und werkspezifische Dimensionen angesprochen werden können. Über einzelne Filme hinausgehend analysiert Bergala darin Motive und optische Figuren, die für das filmische Werk von Kiarostami charakteristisch sind. Im Zentrum steht die Bewegungsfigur des *l'agencement*, die Bergala mit folgenden Worten einführt:

> «Ein großer Regisseur wird oft von einzelnen Figuren umgetrieben, um die er unablässig kreist, die sich ihm und seinen Filmen als fundamentale Matrizen der Darstellung und der Weltanschauung aufdrängen. Die große Matrize des Kinos von Kiarostami ist die Figur des *agencement*. Dahinter verbirgt sich zugleich eine Drehbuchstruktur, die eine große Zahl an Geschichten hervorbringt, eine Poetik des Kinos und eine Antwort auf die Frage: Wie kann man Iraner sein?»[72]

Agencement bedeutet in diesem Zusammenhang eine Art mechanische Anordnung, in der sich ein Element in Bewegung setzt, indem es einem anderen Element folgt, ohne dass es eine notwendigerweise psychologische oder narrative Begründung für die Interaktion zwischen den beiden Elementen geben muss. Bergala erläutert dieses Prinzip unter anderem anhand des Kurzfilms (NAN VA KOUCHTEH, dt. Das Brot und die Straße, Iran 1970).[73] Ein kleiner Junge, der aus Angst vor einem Hund nicht wagt, seinen Heimweg fortzusetzen, findet aus seiner Notsituation heraus, indem er einem alten Mann folgt. Der alte Mann hilft dem Jungen nicht bewusst, denn er nimmt ihn gar nicht wahr und biegt, noch bevor sie den Hund erreicht haben, in einen anderen Weg ab. Aber er dient als Objekt für das *agencement* des Jungen. Denn indem der Junge ihm folgt, wird er erneut mit dem Hund und seiner Angst konfrontiert, die er im zweiten Anlauf selbst überwindet. Er wirft dem Hund ein Stück Brot zu und freundet sich mit ihm an. Das *L'agencement* hat hier eine narrative Funktion – indem der Junge dem Alten folgt, kann die Handlung fortgesetzt werden –, und es ist ein kinematografisches Ereignis: Nach einer langen Einstellung, die das langsame Herannahen des alten Mannes (und damit

---

72 «Un grand cinéaste est souvent hanté par quelques figures autour desquelles il ne cesse de tourner, qui s'imposent à lui et à son cinéma comme les matrices fondamentales de sa représentation et de sa philosophie du monde. La grande matrice du cinéma kiarostamien est la figure de l'agencement. C'est à la fois une structure scénarique capable de générer un grand nombre de fictions, une poétique du cinéma et une réponse à la question: comment peut-on être Iranien? Bergala 2004: *Abbas Kiarostami*, S. 5.
73 Titelübersetzung von mir. Es gibt keinen internationalen Titel.

26 In der Tiefe der Straße wartet der Hund – Nan va kouchteh

das gespannte Warten des Jungen) zeigt, setzt sich mit dem Jungen auch der Film
in Bewegung, mit schnelleren Schnitten und einer fröhlichen Musik.

Bergalas Interpretation des Films, verleiht dieser Bewegungsfigur auch eine
politische Bedeutung. Der Film endet mit dem Bild eines anderen kleinen Jungen, der in derselben Situation (der Angst vor dem Hund) gefangen ist. Dadurch zeige Kiarostami, dass nicht nur ein, sondern jeder kleine Iraner vor dem
Problem der lähmenden Angst stehe, und sich nur durch ein *agencement* aus
seiner (der autoritären Gesellschaft geschuldeten) Immobilität befreien kann.
Die Relevanz dieser Figur des *agencement* begründet er auch mit Blick auf die
außerfilmische Wirklichkeit. So sei Kiarostami einmal einem kleinen Jungen
begegnet, der das in seinen Filmen häufig gezeigte *agencement* durch die Fixierung auf ein Objekt tatsächlich als neurotische Verhaltensweise offenbarte.
Das formale Konzept eines Regisseurs müsse – so Bergalas These – in dieser
Weise der Realität standhalten bzw. ihr begegnen, um eine über die individuellen Phantasmen hinausreichende gesellschaftliche und kulturelle Relevanz zu
haben. Mit der filmspezifischen Bewegungsfigur *agencement* erschließt Bergala
folglich die Narration, den Werkkontext sowie die gesellschaftspolitische Dimension des Films.

Weiterführend stellt er – wie in der Analyse von JUNG UND UNSCHULDIG – diese Figurenanalyse auch in den Kontext eines psychoanalytisch begründeten Konflikts zwischen dem gesellschaftlichen Gesetz und dem Begehren des Individuums. Das Gesetz werde in Kiarostamis Filmen von den erwachsenen Figuren verkörpert, die den Kindern oder Jugendlichen gegenüber eine willkürliche auf körperlicher Gewalt beruhende Autorität ausüben. Bergala verweist u.a. auf die Mutter, die in WO IST DAS HAUS MEINES FREUNDES? den kleinen Ahmed mit einer Reihe widersprüchlicher Befehle konfrontiert, die mit dem Tonfall der absoluten Autorität vorgetragen werden, oder auch auf den alten Mann in demselben Film, der wie selbstverständlich und ohne Anlass betont, dass zu einer guten Erziehung eine regelmäßige Tracht Prügel gehöre. Die Erwachsenenfiguren in Kiarostamis Filmen seien ausnahmslos schizophren, insofern sie unreflektiert die Logik einer autoritären Gesellschaft vertreten, die nicht unbedingt ihren eigenen Überzeugungen entspräche.[74] Laut Bergala thematisiert Kiarostami mit diesen Figuren die unbewusste Weitergabe der soziokulturellen Normen der iranischen Gesellschaft über die familiären Beziehungen:

> «Freud hat den blinden Fleck dieses Prozesses analysiert: Das Über-Ich wird von einer Generation zur anderen, vom Unbewussten zum Unbewussten weitergegeben, und die Subjekte dieser Kette tun nichts anderes, als dieses Über-Ich zu wiederholen und erneut weiterzugeben, ohne seine Berechtigung in Frage zu stellen, aber auch, ohne wirklich davon überzeugt zu sein.»[75]

Diesem übermächtigen Gesetz entgehen die jungen Helden von Kiarostamis Filmen dadurch, dass sie einer fixen Idee, einem ‹eigenen› Gesetz folgen und sich einen Freiraum innerhalb des übermächtigen gesellschaftlichen Regelsystems erkämpfen. Für Ahmed ist das der unbedingte Wunsch, seinen Freund vor dem Schulverweis zu bewahren. Nachdem er erfolglos das Haus seines Freundes gesucht hat und ihm sein Schulheft nicht zurückgeben konnte, findet er selbst die Lösung des Problems und lernt, dass auch ein Regelverstoß möglich ist: Er macht die Hausaufgaben für seinen Freund und händigt sie ihm vor der Schulstunde aus.

Das Motiv der fixen Idee kann – wie in NAN VA KOUCHTEH – mit der Bewegungsfigur des *agencement* verbunden sein.[76] Mit ihm erschließt Bergala zudem den Werkkontext. Denn Kiarostami stellt in anderen Filmen auch selbstreflexiv die Regie als Realisation einer fixen Idee, des individuellen Begehrens dar.

---

74 Bergala 2004: *Abbas Kiarostami*, S. 23ff.
75 «Freud a analysé le point aveugle de ce processus: le surmoi se transmet d'une génération à l'autre d'inconscient à inconscient, et les sujets traversés dans cette chaîne ne font que répéter et retransmettre ce surmoi sans en interroger le bien fondé ni même l'accord avec leurs vraies convictions.» Ebd., S. 25.
76 Ebd., S. 15.

So werde der Wunsch des Hochstaplers von CLOSE-UP (NAMAY-E NAZDIK, Iran 1990), Regisseur zu sein, mit Kiarostamis Verfilmung seines Lebens buchstäblich verwirklicht und in QUER DURCH DEN OLIVENHAIN (ZIRE-E DERAKTHAN-E ZEYTUN, Iran 1994) finde die beharrliche Liebe von Hossein zu der jungen Tahereh in seiner Rolle als ihr Filmpartner (vorübergehend) Erfüllung.[77] Mit seiner Motiv- und Figurenanalyse von Kiarostamis Filmen erschließt Bergala somit nicht nur kulturgeschichtlich begründete psychische Strukturen von Narrativen, sondern auch ihre sozialpolitische Deutung und Aspekte der Autorschaft.

7.6.3 Die Figur des «Abstands» als Schüssel zum Schaffensprozesses: TASCHENGELD

Wie bereits in Bezug auf JUNG UND UNSCHULDIG angedeutet, analysiert Bergala anhand von optischen Figuren filmische Räume als psychische Räume. Mit ihnen erschließt er Subjektkonstellationen und psychische Bewegungen. Dabei denkt er den filmischen Raum doppelt: als fiktiven Raum des Films und als realen Raum des Drehprozesses. Diese Einbindung der Schaffensanalyse wird in seinen Ausführungen zur Figur des *intervalle* (dt. Abstand oder Zwischenraum) in François Truffauts L'ARGENT DE POCHE (TASCHENGELD, F 1976) und in den Filmen von Kenji Mizoguchi besonders deutlich.

Die Analyse im *Cahiers de notes sur L'ARGENT DE POCHE* beginnt Bergala mit den Worten: «Eine Figur treibt diesen Film um, die des Abstands».[78] In Bezug auf Freuds Darstellung des Fort-da-Spiels definiert er den Abstand als eine psychische Kategorie. Demnach muss das Kind im Prozess seiner Entwicklung lernen, mit der Entfernung von geliebten Personen umzugehen und diese psychisch zu verarbeiten – einen Mechanismus, der mit dem Wegwerfen und Wiederholen eines Objekts eingeübt werden kann. Daneben bezeichnet er den Abstand in Anlehnung an das Konzept der Szenografie auch als eine filmspezifische Kategorie: Das Kino sei häufig die «Kunst, den Abstand zwischen zwei Figuren zu

---

77 Beide Filme kennzeichnet eine äußerst komplexe selbstreflexive Anordnung. Der Semidokumentarische Film CLOSE-UP macht einen realen Betrugsfall zu seinem Thema: Ein junger Mann aus armen Verhältnissen gibt sich gegenüber einer bürgerlichen Familie als der Regisseur Makhmalbaf aus, den er bis zur vollkommenen Identifikation verehrt. Kiarostami dreht den Fall nach, indem er alle Beteiligten (d.h. den Beschuldigten und die betrogene Familie) als Darsteller, den Betrüger sogar als Co-Regisseur für seinen Film engagiert. Der Wunsch des Protagonisten, Regie zu führen, geht damit in Erfüllung. In QUER DURCH DEN OLIVENHAIN wird der unglücklich verliebte Hossein von einem Regisseur für eine Rolle engagiert, und trifft zu seiner Überraschung die Geliebte als Filmpartnerin wieder.

78 «Une figure hante ce film, celle de l'intervalle» lautet der erste Satz der Analyse. Alain Bergala: *Cahiers de notes sur L'ARGENT DE POCHE*, Paris, o.J., S. 7.

27a–b Patrick und Julien: Die Mutter ruft

27c–d Julien, der Außenseiter

verhandeln.»[79] Dieser These folgend analysiert Bergala Truffauts Film als eine Inszenierung des Abstands zwischen den Protagonisten: zwischen Kindern und ihren Eltern, zwischen Kindern verschiedener sozialer Herkunft, zwischen Jungen und Mädchen, Männern und Frauen. Truffaut bearbeite auf diese Weise das Problem der sozialen Differenz, der familiären Beziehungen und den Prozess des Erwachsenwerdens. Bergala zeigt, wie die innere Nähe von Figuren über räumliche Annäherungen erzählt wird, während der Blick der Figuren Ausdruck einer Distanz, eines unerfüllbaren Begehrens ist.

Als Beispiele dienen die beiden Hauptfiguren Patrick und Julien, die beide als Boten für einen unbeweglichen Elternteil – in dem einen Fall der behinderte Vater, in dem anderen die alkoholsüchtige Mutter – unterwegs sind und sich um diesen Fixpunkt herum bewegen. Die Wege der beiden kreuzen sich immer wieder, ohne dass es zu einer nachhaltigen Annäherung der beiden Jungen kommt, die doch letztlich mit einem ähnlichen Problem – der auf ihnen lastenden Verantwortung – zu tun haben. Dieser Abstand markiert zugleich Juliens Rolle des Außenseiters, der sich anders als die anderen Kinder außerhalb von ‹Recht und Ordnung› bewegt – da er in Armut lebt und die anderen bestiehlt. Weiterhin

---

79 «Le cinéma, qui est l'art de disposer des figures dans une espace, est souvent un art de traiter l'intervalle entre deux figures.» Ebd., S. 8.

27e–f Distanz

27g–h Annäherung

verweist Bergala auf die Inszenierung des Abstand des vaterlosen Patrick zu Mädchen und Frauen: unter anderem zu der Mutter eines Schulkollegen, die er als Mutter oder auch als Frau begehrt und zu der gleichaltrigen Martine, einen Abstand, den er am Ende des Films durch seinen ersten Kuss überwindet.

Neben dieser narrativen Grundstruktur, die die Figurenkonstellation um die Hauptfiguren prägt, weist Bergala den Abstand auch in einer Vielzahl von Episoden und Szenen als grundlegende visuelle Figur nach. Beispielsweise in einer spektakulären Szene, in der der kleine Gregory seine Mutter, die die Wohnung auf der Suche nach ihrem Portmonnaie verlassen hat, buchstäblich einholt, indem er aus dem Fenster des Hochhauses stürzt und in dem Moment wohlbehalten unten aufschlägt, in dem seine Mutter gerade aus der Tür im Erdgeschoss tritt.

An anderer Stelle bringt Bergala die räumliche Figur des Abstands nicht nur mit narrativen (Mikro)Strukturen in Verbindung, sondern auch mit der Positionierung der Kamera zu den Darstellern, die gleichermaßen die Nähe und Distanz des Zuschauers zu den Charakteren lenkt, wie Ausdruck der Beziehungen am Set zwischen Regie und Darstellern ist. So schreibt er in einer Analyse der Filme von Kenji Mizoguchi:

«Ich spreche hier von diesen doppelten, radikal verschiedenen Intervallen, die in jeder Einstellung im Spiel sind. Einerseits der Abstand zwischen den in derselben Szene aufgenommenen Figuren, und andererseits der Abstand, den der Regisseur willkürlich zwischen die Kamera und seine Figuren setzt. Ich war schon immer von der Tatsache umgetrieben, dass diese beiden, auch wenn sie nicht derselben Schicht des Schaffensaktes angehören, sich im Kino immer in demselben realen Raum entfalten.»[80]

Mit der optischen Figur des Abstands erschließt sich eine psychologische Deutung des filmischen Raumes und die Einbindung des Zuschauers in die filmische Erzählung. Bergala verwendet sie für eine Reflexion des Schaffensprozesses als intersubjektive Beziehung von Regisseur und Darsteller im Raum. In ihr überlagern sich ein realer räumlicher Abstand mit den imaginären Distanzen im Film, die verkörperten Interaktionen am Set mit der psychischen Disposition der Protagonisten, das Begehren des Regisseurs mit dem des Zuschauers.

7.6.4 Die Figur des «Sturzes» als Kommentar zum Bildungsprozess: MOONFLEET

In allen angeführten Beispiele verbindet Bergala die Motiv- und Figurenanalyse mit einer Reflexion von Bildungsprozessen. Auch MOONFLEET interpretiert er in L'ÉPREUVE DU SOUTERRAIN (dt. «Die Mutprobe in der Unterwelt»), der die Analyse des Films in Cahiers de notes sur MOONFLEET im Medium Film weiterführt, in dieser Weise als eine Initiationsgeschichte. Der filmvermittelnde Film L'ÉPREUVE DU SOUTERRAIN kombiniert den von Bergala selbst gesprochenen Off-Kommentar mit Montagen und Manipulationen von Fimausschnitten auf der Bildebene.[81] Er analysiert darin die Geschichte des Waisenkindes John Mohune anhand des Motivs der Unterwelt und der Bewegungsfigur des Sturzes.

Ausgehend von einer Schlüsselszene, in der John in die Gruft seines Ahnen Barbarossa stürzt, die von Schmugglern als Lagerstätte genutzt wird, verweist Bergala auf die Zweiteilung des Films. Im filmvermittelnden Film konfrontiert er diese zwei Welten durch eine Parallelmontage. Zum einen ist da eine glänzende irdische Welt, die von unverständlichen Kräften beherrscht scheint. Zum anderen gibt es eine unterirdische Welt, in die die Hauptfigur hinabsteigen muss, um hinter die

80 «Je parle ici de ce double intervalle – de nature radicalement hétérogène – qui est en jeu dans tout plan de cinéma. D'une part l'intervalle entre les figures prises dans une même scène, et d'autre part l'intervalle que le cinéaste instaure arbitrairement entre la caméra et ses figures. J'ai toujours été profondément troublé de ce que les deux, bien que ne relevant pas de la même strate de l'acte créateur, se déploient au cinéma dans le même espace réel.» Alain Bergala: L'intervalle chez Mizoguchi. In: Dominique Paini (Hg.): Cinémathèque. Revue semestrielle d'esthétique et d'histoire du cinéma 14, 1998, S. 28.
81 Alain Bergala: Cahier de notes sur MOONFLEET (Paris, o.J.) und Alain Bergala: L'ÉPREUVE DU SOUTERRAIN. In: MOONFLEET (DVD der Reihe L'Eden cinéma, F 2010).

28a–b «In diesem Moment entdeckt man, dass es zwei parallele Welten gibt.»[82]

28c–d «Eine überirdische Welt, wo seltsame, unverständliche Dinge passieren, und eine gefährliche unterirdische Welt, wo sich alle Erklärungen und die Schlüssel zu den Geheimnissen finden.»[83]

‹Beweggründe› der irdischen Welt zu kommen, das Geheimnis seiner Vorfahren zu entschlüsseln und die wahre Identität seines Wahlvaters Jeremy Fox als Chef der Schmugglerbande zu erfahren. Diese Teilung in eine irdische und eine unterirdische Welt als Schauplatz der Prüfungen des Helden sei nicht nur ein verbreitetes Motiv in Märchen und Mythen, sondern auch im Werk von Fritz Lang:

> «Das ist auch eine der signifikantesten Konstanten im Lang'schen Drehbuch: Der Held muss in seiner Laufbahn einen unterirdischen Aufenthalt bewältigen. Die Unterwelt ist zugleich der Ort der bösen Mächte, der Gefahr, der Angst, der Konfrontation mit dem Tod oder dem Grauen […], aber auch der Ort des Rückzugs, des Zugangs zur Wahrheit des Ichs, der Enthüllung eines Wissens, der Ort einer möglichen Wiedergeburt. Kurz ein Ort der Begegnung mit dem eigenen Unbewussten.»[84]

82 «On découvre à ce moment là qu'il y a deux mondes parallèles.» Transkiption des Off-Kommentars aus L'ÉPREUVE DU SOUTERRAIN. Kapitel 2.
83 «Le monde de la surface, où se passent des choses bizarres et incompréhensibles, et un monde souterrain, plein de dangers, mais où se trouvent tous le explications et la clé des énigmes.» Ebd.
84 «C'est aussi une des constantes les plus significatives du scénario Langien: le héros, dans son parcours, doit effectuer un séjour souterrain, le sous-sol étant à la fois le lieu des puissances maléfiques, du danger, de la peur, de l'affrontement à la mort, voire de l'horreur (les lépreux du TIGRE DU BENGALE), mais aussi le lieu du recueillement, de l'accès à la vérité de soi, de la révélation d'un savoir, d'une possible renaissance. Bref un lieu qui a à voir avec la rencontre de son propre inconscient.» Bergala: *Cahiers de notes sur* MOONFLEET, S. 15.

28e–f «Man muss manchmal akzeptieren, die Kontrolle über die Situation zu verlieren»: John findet das Amulett mit dem Geheimcode

Der Verweis auf die psychoanalytische Kategorie des Unbewussten in *Cahiers de notes sur* MOONFLEET fehlt in dem später entstandenen filmvermittelnden Film. Stattdessen zieht Bergala hier Vergleiche mit den berühmten Erzählungen *Pinocchio* (im Bauch des Wahlfisches) und *Alice im Wunderland* (ihren Sturz in den Untergrund) heran.[85] Das Motiv der Unterwelt wird hier allein aus dem Film und verwandten Narrativen entwickelt, ohne ein externes theoretisches Modell zu bemühen.

Die Metapher der Unterwelt wird von Bergala auch mit der Bewegungsfigur des Sturzes verbunden. Die Wiederholung dieser Figur führt er durch die Montage im Film weiter auseinander liegender Momente vor Augen: Am Anfang springt John aus einer Kutsche, die ihn entführen soll, und stürzt an den Wegrand. In der Szene der Gruft rutscht er vom Friedhof aus überraschend in die Gruft seiner Ahnen und fällt später, nachdem er zur Begutachtung des Sargs von Barbarossa auf einen Stuhl gestiegen ist, mit diesem gemeinsam zur Erde. Erst bei seinem zweiten Abstieg in den Untergrund, wenn er in einem tiefen Brunnen nach dem versteckten Schatz von Barbarossa sucht, gibt es eine schützende Vaterfigur, Jeremy Fox, die ihn leitet und vor dem Fallen buchstäblich bewahrt. Mit Hilfe von Zeitlupe und Bildstillstand erläuert Bergala die Funktionsweise der Montage, die die Stürze von John suggeriert, ohne dass diese tatsächlich stattgefunden haben. Zudem ist die Figur des Sturzes auch Ausgangspunkt für eine weitergehende Deutung des Geschehens:

> «Diese beiden unwillkürlichen Stürze Johns sagen vielleicht aus, dass der Wille nicht genügt, um die Geheimnisse zu enthüllen. Man muss manchmal akzeptieren, die Kontrolle über die Situation zu verlieren und sich von einer Kraft anziehen zu lassen, die scheinbar unseren Untergang will.»[86]

---

85 Carlo Collidi: *Pinocchio* (1881), Lewis Carroll: *Alice in Wonderland* (1865).

86 «Ces deux chutes dans lesquels John est entraîné malgré lui disent peut-être que la volonté ne suffit pas pour découvrir le secret des énigmes. Il faut accepter en certains moments de perdre le contrôle de la situation et se laisser aspirer par une force qui a l'air de vouloir notre perte.» Transkription und Übersetzung eines Zitats aus dem Off-Kommentars aus L'ÉPREUVE DU SOUTERRAIN, Teil 4.

28g–h «Man darf sich nicht an den Schein der Oberfläche halten, sondern muss in die Tiefe steigen»[87]: John findet den Diamant im Brunnen

Mit dieser grundlegenden, auch in seiner Analyse von JUNG UND UNSCHULDIG anklingenden Aussage über den menschlichen Entwicklungsprozess, spricht Bergala implizit für seinen Vermittlungsansatz wesentliche Prinzipien an. Lernprozesse, so wiederholt er immer wieder, erfolgen nicht auf linearen Wegen und können nicht allein durch den Willen gesteuert werden, sondern wesentlich ist auch, dass man Kontrolle abgibt, dass man sich auf Unbekanntes einlässt, dass man sich in seinen Überzeugungen, in seiner Identität verunsichern lässt, um sich wirklich zu verändern und etwas (über sich und die Welt) zu lernen (Vgl. 4.2).

Diese mögliche Interpretation des Films anhand einer minimalen optischen Figur, verdeutlicht die Verschränkung von Form und Inhalt. Im Unterschied zu den schriftlichen Analysen entwickelt der filmvermittelnde Film L'ÉPREUVE DU SOUTERRAIN dabei eine eigene Überzeugungskraft, da er Film und Analyse parallel schaltet und miteinander ‹ins Gespräch› bringt. Wie in den Einstellungsanalysen werden Filmausschnitte im Bild manipuliert und durch eine Stimme aus dem Off kommentiert. Zu den dort verwandten Methoden des Bildstillstandes, der Verlangsamung und der Wiederholung tritt eine weitere analytische Geste: die Montage. Bergala schneidet die Szene, die er analysiert, gewissermaßen neu. Er verlässt ihre Chronologie, greift bestimmte Momente heraus, die er mit anderen Szenen im Film montiert, folgt in den Bildmontagen bestimmten Figuren und Motiven – der Unterwelt, dem Sturz, dem Auge[88] – stellt Zusammenhänge her oder macht sie sichtbar. Im Ausgreifen auf den ganzen Film, schält sich sukzessive eine thematische und ästhetische Gestalt heraus. Der Film wird zu einem «Handlungsfeld»,[89] die Montage zu einem Mechanismus der Analyse. Im Unterschied zu den anderen genannten Motiv- und Figurenanalysen wird hier der

87 «Il ne faut pas s'en tenir aux apparences de surface, mais descendre dans les profondeur». Ebd., Teil 2.
88 Bergala verweist auf die räumliche Struktur der Höhle als gigantisches Auge (ovalförmig mit Pupille in der Mitte), durch das der Zuschauer gemeinsam mit John dem Treiben der Piraten zuschaut, so als befänden wir uns im Gehirn der Figur.
89 Pauleit 2009: Film als Handlungsfeld.

analysierte Film selbst jedoch nie verlassen: der Zuschauer flaniert mit Bergala durch den imaginären Raum von MOONFLEET.

Die in diesem Kapitel beispielhaft skizzierte Methode der Motiv- und Figurenanalyse ermöglicht es, Filme in ihrer thematischen, narrativen und ästhetischen Gestaltung zu entschlüsseln und Bezüge zu werkspezifischen, gesellschaftspolitischen oder kulturgeschichtlichen Kontexten herzustellen. In seinen Analysen greift Bergala flexibel auf Ansätze der Kunstwissenschaft, der Narratologie, der Semiologie und der Psychoanalyse zurück, um das Ineinandergreifen von filmischer Form und Inhalt anschaulich zu machen. Dabei fokussiert er die Korrespondenz zwischen räumlichen und psychischen Strukturen in Filmen ebenso wie die Zuschauererfahrung und den Schaffensprozess. In allen angeführten Beispielen deutet er die Filme als Initiationsgeschichten und spürt in ihnen ein allgemeines Wissen über Kindheit und Erwachsenwerden auf. Dieses Wissen vermittelt sich nicht nur im Text der Dialoge oder den großen thematischen Bögen der Handlung, sondern in minimalen, spezifisch filmischen Strukturen. Die tiefe Wirkung, die ein Film wie MOONFLEET auf eine Generation der Cinephilen haben konnte, wird dadurch plausibel. Es liegt die Vermutung nahe, dass diese Filme Kinder und Jugendliche jederzeit ansprechen können. Diese Überzeugung prägt Bergalas Vermittlungsarbeit und auch das erfolgreiche französische Schulkinoprogramm *Ecole et cinéma,* das MOONFLEET, JUNG UND UNSCHULDIG, WO IST DAS HAUS MEINES FREUNDES?, TASCHENGELD und andere Werke der Filmgeschichte bereits Grundschulkindern vermittelt.

Bergala greift in seinen Analysen einfache, grundlegende Motive und Figuren auf, die sich oftmals auf Alltagserfahrungen beziehen. Dadurch vermag er anschauliche Zugänge zu Filmen zu schaffen und Personen mit unterschiedlichem Filmwissen anzusprechen. Die Werke werden nicht didaktisch reduziert, sondern ausgehend vom Detail in ihrer ästhetischen Komplexität, in Bezug auf Kontexte und umfassendere Fragestellungen aufgefächert. Wenn systematische Film- oder Sequenzanalysen mit dem Bestreben, Struktur und Themen als Ganzes zu erfassen, oftmals drohen, den Untersuchungsgegenstand stillzulegen, ermöglichen Bergalas gezielte ‹Stichproben› einen Zugang zu verschiedenen Schichten eines Films und eine Öffnung des Reflexionsprozesses. Um es in eine Metapher zu fassen: Statt wie in einem Spinnennetz sämtliche Fäden zu fixieren, geht er von zentralen Knotenpunkten aus, um verschiedene Richtungen des Denkens zu verfolgen.

7.7 Flanieren auf verzweigten Wegen: Filmvermittlung zwischen Subjektivität und Intertextualität

Die von Bergala entwickelten Medien und Methoden der Filmvermittlung folgen einer doppelten Strategie. Einerseits ermöglicht das Prinzip der Hypertextualität, d.h. das Verknüpfen von Fragmenten (Bildern oder Filmausschnitten), Nutzern eine unmittelbare Arbeit mit dem Material und größtmögliche individuelle Freiräume im Lernprozess: Sei es durch das Spiel mit Anordnungen in den Diapositivserien oder durch das Navigieren zwischen Filmausschnitten und Bildern auf den DVDs. Andererseits wird die scheinbare Objektivität des Wissens auch durch eine Betonung der Subjektivität der Wahrnehmung in Frage gestellt. Beispielsweise, wenn in Filmheften der Standpunkt eines *passeurs* im Zentrum steht oder wenn in filmvermittelnden Filmen der suchende Dialog die eine wissende Stimme ablöst. Den meisten dieser Medien liegt die theoretisch erörterte Dreieckskonstellation zugrunde, als Beziehung bzw. Dialog zweier Subjekte, in die der Film, das Bildmaterial als Dritte hinzutreten. Die Verbindung von Strategien der Subjektivierung und der hypertextuellen Verknüpfung hat jedoch nicht nur didaktische Gründe. Sie dient auch dazu, Film zugleich als Gegenstand einer individuellen ästhetischen Erfahrung und als Ort von intertextuellen Beziehungen zu vermitteln.

Neben dieser Kontinuität der gesellschaftspolitischen Ziele und der didaktischen Methoden zeigt sich in den von Bergala konzipierten Vermittlungsmedien auch die Verschiebung vom semiologischen zum cinephilen Ansatz, die ich bereits anhand seiner theoretischen Ausführungen nachgewiesen habe. Diese Verschiebung betrifft den Subjektbegriff und das Filmverständnis. Abweichend von einem normativen, psychoanalytisch oder soziologisch geprägten Subjektmodell wird das Subjekt zunehmend als verkörpertes Individuum gedacht, was das den Vermittlungsmedien zugrundeliegende Filmverständnis und die Konzeption der Medien nachhaltig beeinflusst. Diese Änderung lässt sich exemplarisch daran zeigen, wie die Vermittlungsmedien das Verhältnis zwischen Subjekt und Raum reflektieren.

An den Motiv- und Figurenanalysen wurde bereits deutlich, wie Bergala filmische Räume als Ausdruck von psychischen Mechanismen interpretiert. Francis Desbarats bezeichnet das Interesse für die Konstruktion des filmischen Raumes daher als eine Spezifik von Bergalas Filmpädagogik, die er von den Montagespielen der Diapositivserien bis hin zur Pädagogik des Schaffensprozesses nachverfolgt. In den Diapositivserien – zum Thema des Diebstahls in *Pour une pédagogie de l'audiovisuel* beispielsweise – werde der Raum bereits als «sozialer und moralischer Ort» bearbeitet, an dem die «gegenseitige Bedingtheit von Thema und Szenografie», kurz von Ethik und Form, behandelt wird.[90] In den Schaffensanalysen diene der Raum als imaginärer Bezugspunkt, um den Film als noch nicht festgelegtes, für viele Möglichkeiten offenes Medium zu reflektieren.[91] Man denke beispielsweise an den Vorschlag in *Kino als Kunst*, anhand einer Raumskizze der Wohnung aus DIE VERACHTUNG, die Auflösung einer Dialogszene zu entwerfen, oder an die Möglichkeit, die Rohaufnahmen von LA LETTRE JAUNE mit von Schülern selbst gedrehten Einstellungen zu einem neuen, fiktiven Raum zu montieren (Vgl. 6.3).

Desbarats verweist darauf, dass die Auseinandersetzung mit dem filmischen Raum an Bergalas filmkritische Arbeiten zur Szenografie Anfang der 1980er Jahre anschließt. Dieser hat die Szenografie selbst als «Kunst, gleichzeitig eine filmische Szene (Konstitution und Kadrierung des Raumes) und die Figuren in dieser Szene anzuordnen» definiert.[92] Es handelt sich dabei um eine Neuformulierung des Konzepts der *mise en scène*, das in den 1950er und 1960er Jahren von den *Cahiers du cinéma* entwickelt und zum Synonym für einen autorenspezifischen Regiestil wurde.[93] Die Kritiker der *Cahiers du cinéma* hatten eine durch den 1948 erschienen Artikel «Le cinéma, art de l'espace» von Eric Rohmer eingeleitete Wende in der Filmtheorie vollzogen[94], die «statt des Rhythmus, der Montage und der Musikalität der Einstellung», nun ihre Räumlichkeit, «die Oberfläche des Bildes, de[n] expressive[n] Charakter der Größenanordnung oder die Verschiebung der Linien» in den Blick nahm.[95] Desbarats weist überzeugend nach, dass diese

90 Desbarats 2002, S. 587. Bergala 1975, S. 36.

91 Desbarats formuliert die den Schaffensanalysen zugrundeliegende Fragestellung wie folgt: «Der Ort, den das Kino abnutzten – man kann [sagen] beschädigen – wird, und die Figuren der Szenografie: wie entsteht daraus der Film?» «Le lieu, que le cinéma va malmener – on peut [dire] abimer – et les figures de la scénographie: comment le film se génère à partir de cela?» Desbarats 2002, S. 587.

92 «[…] l'art de mettre en place simultanément, une scène cinématographique (constitution et mise en cadre d'un espace) et des figures de cette scène.» Bergala 1980: *Scénographie*, S. 8.

93 Die *mise en scène* war ein Schlüsselbegriff der französischen Filmtheorie der 1950er und 1960er Jahre, der heute in der Filmwissenschaft immer noch üblich ist. Er stammt ursprünglich aus dem Theater, wo er die Arbeit des Regisseurs bezeichnete, mit Darstellern einen Text und eine Handlung im Theaterraum zu inszenieren. Er wurde von Bazin auf Filme übertragen, um die räumliche Konzeption der Einstellung zu beschreiben: «Die Mise en scène ist ein komplexer Begriff, der die Festlegung des sichtbaren Bildausschnitts (Cadrage, Bildkomposition) wie auch der Bildgestaltung innerhalb des Bildfeldes mittels Dekor, Farbkomposition, Beleuchtung usw. umfasst. Er bezieht sich gleichermaßen auf die Bewegung vor der Kamera wie auch die Bewegungen der Kamera selbst.» Thomas Koebner (Hg.): *Reclams Sachlexikon des Films*. Stuttgart 2002, S. 388. Vgl. auch Aumont, Marie 2007, S. 128f.

94 Mit seinem Artikel «Le cinéma art de l'espace» leitete Eric Rohmer 1948 in *La revue du cinéma* eine Wende in der theoretischen Auseinandersetzung mit dem Kino ein. Galt der Film seit der Stummfilmzeit als Kunst der Zeitlichkeit und der Bewegung, rückte Rohmer nun den Raum als grundlegendes ästhetisches und formales Prinzip in den Mittelpunkt der Aufmerksamkeit.

95 «En lieu et place du rhythme du montage et de la musicalité du plan, c'est cependant désormais la surface de l'image, la valeur expressive des rapports de dimensions ou du déplacement des lignes que les critiques des *Cahiers* vont examiner.» Desbarats 2002, S. 578.

theoretische Reflexion der Räumlichkeit Bergalas Filmpädagogik prägt. Jedoch zeigen sich in der Art und Weise, wie der filmische Raum in den Vermittlungsmedien bearbeitet wird, auch signifikante Verschiebungen.

Dies lässt sich im Vergleich der Diaserien mit der DVD LE POINT DE VUE verdeutlichen. Beide Medien befassen sich mit Mechanismen der Identifikation und Perspektive in Filmen, die vor allem auf der ‹Mikroebene›, innerhalb von Szenen und Sequenzen, von Einstellung zu Einstellung wirksam sind. Im Begleittext zu den Diapositivserien werden diese Mechanismen in Hinblick auf den filmischen Raum erläutert. Der Schuss-Gegenschuss beispielsweise wird mit dem Konzept der *suture*, als eine imaginäre Vervollständigung des – in jeder Einstellung nur unvollständigen – Raumes beschrieben, die den Zuschauer gleichermaßen ausschließt und zur Bedingung der Diegese macht, denn nur in seiner Imagination kann der aus Fragmenten montierte Raum als homogenes Universum existieren (Vgl. 2.1).[96] Die unpersönlich gedachte und im klassischen Hollywoodkino kaschierte Erzählinstanz, Enunziation, lenkt demnach den Zuschauerblick durch eine ständige Verschiebung des *point de vue*, des Kamerastandpunktes, der eine je andere Perspektive auf eine Szene, auf den filmischen Raum eröffnet.[97]

In der DVD *Le point de vue* rückt dagegen die Beziehung zwischen Subjekten in den Vordergrund. Dort wird der Schuss-Gegenschuss anschaulicher als Beziehung zwischen den Figuren und dem Zuschauer beschrieben, der sich über den Blick abwechselnd mit der einen und der anderen Figur identifiziert.[98] Dieser Mechanismus wird nicht nur anhand weniger, für die didaktische Situation eigens produzierter Standardsituationen, sondern auch in der Verkettung verschiedener Filmausschnitte verdeutlicht. Dadurch kann – wie ich in der exemplarischen Lektüre gezeigt habe – seine ästhetische Varianz, die Verschiebung der Perspektive je nach Gestaltung des Schuss-Gegenschusses anschaulich werden. Insbesondere ändert auch die Integration anderer Ästhetiken, wie beispielsweise von Stummfilmen oder Filmen des modernen Kinos, den Ansatz grundlegend. Gerade letzteres bietet dem Zuschauer individuelle Wege der Filmerfahrung, beispielsweise durch lange Einstellungen, in denen der Blick eigenständig schweifen kann, oder durch den Blick in die Kamera, mit dem eine Figur den Zuschauer direkt adressiert und seine Stellungnahme herausfordert.[99]

Das moderne Kino bringt aber auch den Regisseur als Individuum ins Spiel. Im Begleitheft betont Bergala, dass hier das Prinzip einer scheinbar unpersönli-

---

96 Bergala 1978 : *Initiation à la sémiologie du récit en images*, S. 43f.
97 Ebd., S. 66.
98 Bergala: *Le Point de vue* (Begleitheft zur DVD), S. 23.
99 Dem Blick in die Kamera widmet Bergala eine eigene Verkettung.

29a–b Der Blick in die Kamera: links: Eine Landpartie (Jean Renoir, 1946),
rechts: Ausser Atem (Jean-Luc Godard, 1960)

chen, allwissenden Enunziation durch eine subjektive Positionierung der Regie
auf «Augenhöhe» mit den Figuren abgelöst wurde:

> «Diese Verweigerung der Allgegenwärtigkeit ist eines der Merkmale des mo-
> dernen Kinos, vom italienischen Neorealismus zur Nouvelle Vague, so als ob
> die Regisseure der Nachkriegszeit, sich die Allmacht der Enunziation nicht
> mehr erlaubten und es vorzögen, die Welt mit ihren Figuren zu entdecken,
> auf Augenhöhe mit ihnen.»[100]

Der filmische Raum wird auf den DVDs, aber auch in den Analysen in Filmheften oder filmvermittelnden Filmen, somit nicht mehr allein als sozialer Raum und
narrative Superstruktur begriffen, die fixierte Subjektpositionen, ‹Subjekteffekte›
hervorbringt. Vielmehr wird er als Ort gedacht, in den sich die Individuen des Produktionsprozesses ebenso wie des Rezeptionsprozesses mit ihrer spezifischen Körperlichkeit einschreiben. In den Motiv- und Figurenanalysen erscheinen räumliche Anordnungen dementsprechend nicht nur als Metaphern für psychische Dis-
positionen, sie loten auch die Beziehungen zwischen Individuen im Film und am
Set aus. Das Augenmerk verschiebt sich vom Code zum Subjekt. Zugleich kann in
den Medien des Videos und der DVD neben der Räumlichkeit auch die Zeitlichkeit besser berücksichtigt werden. Gerade durch die Wiederholung und Verlangsamung kann die Zeitlichkeit, Rhythmik und Musikalität, können die flüchtigen
Momente eines Films buchstäblich «unter die Lupe» genommen werden.[101]

---

100 «Ce refus de l'ubiquité est un des traits du cinéma moderne, du Néoréalisme italien à la Nouvelle
Vague, comme si, dans l'après-guerre, les cinéastes ne se donnaient plus le droit à la toute-puissance de
l'énonciation et préféraient s'attacher à découvrir le monde avec leur personnage, et à égalité de point
de vue avec lui.» Ebd., S. 33.
101 Vgl. Zitiert aus: Pantenburg u.a. 2008.

Die Einstellungsanalysen inszenieren, wie ich an MOONFLEET und DIE GE-
SCHICHTE DER NANA S. gezeigt habe, den individuellen Prozess einer ästhetischen Filmwahrnehmung. Nicht nur der Gegenstand der Vermittlung, der Film,
wird als ein Geflecht von Subjektpositionen – der des Zuschauers, des Regisseurs, des Schauspielers – vermittelt, sondern die Vermittlungsmedien selbst
sind als Träger von individuellen Stimmen, als intersubjektive Konstellation
konzipiert. In LE CINÉMA, UNE HISTOIRE DE PLANS dient der inszenierte Dialog
zweier Stimmen dazu, subjektive Haltungen zum Film zu artikulieren und diese
auch kontrovers zu diskutieren. Diese Verfahrensweise variiert Bergala in dem
filmvermittelnden Film LE COMBAT AVEC L'ANGE zu Jean Eustaches MEINE KLEI-
NEN GELIEBTEN. Der diesmal von ihm selbst gesprochene Off-Kommentar spielt
mit dem Worten «Erinnerst du dich an den Tag, an dem wir gemeinsam das
Ende von LA MAMAN ET LA PUTAIN wieder gesehen haben?» augenzwinkernd
auf eine Analyse aus LE CINÉMA, UNE HISTOIRE DE PLANS an.[102] Bergala inszeniert
hier jedoch nicht den Dialog zweier Stimmen, sondern einen fiktiven Dialog mit
dem Zuschauer. Er spricht den Zuschauer direkt an und stellt damit eine intime
Atmosphäre her, um über persönliche Dinge zu sprechen. Der Kommentar beginnt mit dem Verweis auf die eigene Berührung durch den Film, die direkt an
Überlegungen zur biografischen Prägung durch Filme anschließt und dadurch
auch eine autobiografische Note erhält:

> «Siehst Du, diese Szene hat mich tief berührt, schon beim allerersten Sehen.
> Immer, wenn ich sie wiedersehe, trifft sie mich mit Unruhe und Ergriffenheit.
> Sie erzählt nicht nur einen Abschnitt der Geschichte, sondern spricht mich
> direkt an. Das kann ich nicht von vielen Szenen aus der Filmgeschichte sagen.
> Es liegt am Film selbst, aber es hat auch mit meiner eigenen Geschichte zu
> tun; wie bei allen Szenen, die eine dauerhafte Erschütterung und eine etwas
> maßlose Wirkung auf uns ausüben.»[103]

Die direkte Ansprache des Zuschauers öffnet den Raum für eine sensible Annäherung, die weniger auf Kommunikation als auf Einfühlung beruht. Dies betrifft die
Einflussbeziehung zwischen den Regisseuren Jean Eustache und Robert Bresson,
die Bergala anhand des direkten Vergleichs zweier Filmausschnitte eher als eine
‹Heimsuchung› denn als bewusstes Zitat beschreibt. Es betrifft auch die von Bergala mit seiner Schaffensanalyse anvisierte Einfühlung des Betrachters in den künstlerischen Schaffensprozess: «Und auf einmal versteht man mehr als die Gefühle

---

102 Auf LE CINÉMA, UNE HISTOIRE DE PLANS findet sich auch die Analyse einer Einstellung des Films DIE
    MAMA UND DIE HURE (La maman et la putain, Jean Eustache, F 1973).
103 Transkription und Übersetzung des Audiokommentars (ohne Seitenangabe): www.kunst-der-vermitt-
    lung.de/dossiers/cinephilie-bergala/bergala-amoureuses (22.12.2012).

des Films. Man versteht auch die Gefühle des Schöpfers, der diesen Film herstellt.»

Ein solcher intimer, identifikatorischer Gestus setzt sich auch dem Vorwurf eines selbstbezüglichen cinephilen Diskurses aus. In diesem Sinne kritisiert Stefanie Schlüter den fingierten Dialog, da er keine wirkliche Kommunikation mit einem Kind als Adressaten herstellt und damit als Vermittlungsformat ungeeignet erscheint.[104] Der

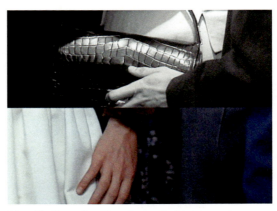

30 «Als Eustache diese Szene dreht, ist er wie beherrscht, umgetrieben von Bresson.»[106]

inszenierte Dialog ist in diesem Film gleichwohl auch als eine ästhetische Figur zu verstehen. Er ist gewissermaßen das formale Pendant zu seinem Gegenstand, dem intimen Dialog zwischen Eustache und Bresson. Nicht nur mit dem Zuschauer, sondern auch zwischen den Filmen wird ein Dialog hergestellt und ins Bild gesetzt, indem Filmausschnitte aus MEINE KLEINEN GELIEBTEN und aus PICKPOCKET zeitgleich, in einer wie Stefan Petke es formuliert, «wörtlich genommenen Parallelmontage» übereinander montiert werden.[105]

Wie in LE CINÉMA, UNE HISTOIRE DE PLANS dient der inszenierte Dialog hier dazu, das subjektive Moment der ästhetischen Erfahrungen zu thematisieren, um über das zu sprechen, was im objektiven Wissensdiskurs keinen Platz hat. Gerade die Fiktionalisierung ermöglicht es, sich selbst als Autor zu positionieren. Als solcher zieht Bergala sich in LE CINÉMA, UNE HISTOIRE DE PLANS noch hinter zwei fiktive Sprecher zurück, in LE COMBAT AVEC L'ANGE tritt er stärker als Individuum mit eigenen biografischen Erfahrungen hervor. Wie Barthes in *Die helle Kammer* übernimmt er hier die Rolle des *passeurs* in einer, wenn auch fingierte Vermitt-

---

104 Stefanie Schlüter stellt Bergalas Film als positives Beispiel L'ARGENT DES GRANDS von Anne Huet gegenüber, der – analog zu LE CINÉMA, UNE HISTOIRE DE PLANS – vier Filmausschnitte in einem mit Kindern im Off geführten Dialog kommentiert. Allerdings handelt es sich dabei ebenfalls um einen inszenierten Dialog, da die Kinder einen von Huet geschriebenen Text sprechen. Stefanie Schlüter: «L'argent des grands», oder: Wie in der Schule über Film gesprochen werden könnte. www.kunst-der-vermittlung.de/dossiers/filmpaedagogik (8.12.2012).

105 Stefan Petke: Siehst Du? Über Alain Bergalas «Le combat avec l'ange». www.kunst-der-vermittlung.de/dossiers/cinephilie-bergala (22.12.2012).

106 «Quand Eustache tourne cette scène, il est comme habité, hanté par Bresson.» Zitat aus dem Off-Kommentar von LE COMBAT AVEC L'ANGE.

lungssituation. Vor dem Hintergrund der Theorie des Schaffensprozesses werden Filme als Produkte individueller Autorschaft vermittelt und zugleich schreibt sich die Figur des *passeurs* als Individuum in die Vermittlungsmedien ein.

Der *passeur* ist damit ein didaktisches und ästhetisches Gestaltungsprinzip, das seit 1990 die Vermittlungsmedien, aber auch andere Arbeiten Bergalas zum Film prägt. In den von ihm konzipierten *Cahiers de notes* (dt. Notizhefte) zu dem französischen Grundschulprogramm *Ecole et cinéma* steht beispielsweise der persönliche Standpunkt («point de vue») eines Autors im Zentrum. Weder die Sammlung scheinbar objektiver Fakten, noch eine Didaktisierung des Gegenstandes, sondern vielmehr die Perspektive eines Filmwissenschaftlers oder Kritikers – darunter in Frankreich sehr bekannte Autoren wie Jacques Aumont und Jean Douchet – bietet einen Zugang zum Film.[107] Bergala selbst hat in diesem Kontext Figuren- und Schaffensanalysen geschrieben, von denen ich einige vorgestellt habe.

Die Gestaltung der Filmhefte charakterisiert vor allem zwei Dinge. Zum einen gibt es kein enges formales ‹Korsett›, das die Analyse des Films festlegt, sondern jeder Autor kann aus dem Film selbst die Schwerpunkte seiner Analyse entwickeln. Zum anderen verspricht die subjektive Perspektive des Autors, der den Film – so der Projektleiter Eugène Andréanszky – mögen sollte, am ehesten die ‹Ansteckung› des Lesenden durch die individuelle Faszination eines *passeurs*.[108]

Die persönliche Anrede durch einen *passeur* zeigt sich auch in Bergalas Arbeiten in der wiederkehrenden Form des Briefes: Wenn Bergala in den *Cahiers du cinéma* eine Reihe von politischen und persönlichen Statements zur Situation des Kinos in Form von offenen Briefen an lebende und tote, bekannte und unbekannte Personen veröffentlicht.[109] Oder wenn er in der zusammen mit Jordi Balló für das Centre Pompidou Paris und das CCCB Barcelona kuratierten Ausstellung *Erice-Kiarostami. Correspondances* einen Briefwechsel zwischen zwei Künstlern initiiert. Die beiden Regisseure Victor Erice und Abbas Kiarostami, die sich zuvor nicht kannten, wurden angeregt, sich gegenseitig Videofilme als Briefe zu schicken, die danach als Teil der Ausstellung präsentiert wurden. Nachdem Bergala sich in seinen Filmanalysen häufig mit den Einflussbeziehungen, der *filiation*, zwischen Filmemachern befasst hat, kehrt er die Situation hier um. Die frappierenden ästhetischen Ähnlichkeiten, die er in den Werken der beiden Regisseure

---

107 Die Liste der von Bergala verfassten Filmhefte befindet sich im Anhang.

108 Neben dem subjektiven Standpunkt gibt es in den aufwändig mit Bildmaterial ausgestatteten Filmheften auch einen Einstieg über werkbiografische und filmgeschichtliche Kontexte, eine ausführliche Sequenzanalyse sowie je ein sogenanntes *image ricochet*, ein Foto, Gemälde oder Filmstill, das sich zum Vergleich anbietet.

109 Die Briefe wurden in Bergala 2005: *Le cinéma, comment ça-va?* veröffentlicht.

feststellte, wurden zum Ausgangspunkt einer realen Korrespondenz.[110] Bergala/ Balló nutzten dabei den Ausstellungsraum, um, wie in LE COMBAT AVEC L'ANGE, Filmausschnitte nebeneinander zu ‹hängen› und dadurch einen direkten Vergleich der Werke in der Zeit zu ermöglichen. Neben die Figur des *passeurs* und die intersubjektive Konstellation des Schaffens- und des Vermittlungsprozesses tritt somit auch das Prinzip der Intertextualität, des Vergleichs von Fragmenten als grundlegendes Strukturmerkmal in den verschiedenen Vermittlungsformaten hervor.

Dieses Prinzip äußert sich zunächst in der Vielstimmigkeit. Das Material – Bild oder Filmausschnitt – wird als eigene Stimme mit den Stimmen von Vermittlern, Rezipienten oder Produzenten ‹gemischt›. So wird in den Filmheften ein ‹Zusammenprall› von Filmstills und Werken der bildenden Kunst mit dem ausformulierten Standpunkt eines Autors kombiniert. In dem Video LES CHEMINS D'IRÈNE ist der Diskurs des Vermittlers mit Filmausschnitten sowie Lektüren und Gesprächen von Lernenden montiert. Diese Vielstimmigkeit wird in dem filmvermittelnden Film CHAPLIN AUJOURD'HUI (dt. «Chaplin heute»)[111] variiert. Bergala verbindet darin Filmanalyse und Entstehungsgeschichte von DER VAGABUND UND DAS KIND (THE KID, Charles Chaplin, USA 1921) mit einer Befragung von iranischen Passanten zu Charles Chaplin sowie einem Gespräch mit dem iranischen Regisseur Abbas Kiarostami, dem Hauptdarsteller seines ersten Films NAN VA KOUCHTEH und dessen kleinen Sohn.[112] Wie bei der Ausstellung *Erice-Kiarostami* wird der Dialog nicht nur inszeniert, sondern auch im Medium dokumentiert: zwischen Erwachsenem und Kind, zwischen dem Regisseur und den Rezipienten, zwischen nordamerikanischer und persischer Kultur.

Diese Konfrontation verschiedener Materialien und Stimmen kann im hypertextuellen Medium der DVD schließlich optimal eingelöst werden – wie die Reihe *L'Eden cinéma* beispielhaft zeigt. Filme können auf einer DVD neben anderen Filmen und Bildern, Gesprächen mit Filmschaffenden und Rezipienten, Dokumen-

---

110 Das Prinzip der filmischen Korrespondenzen *Lettres Filmées* wird in Frankreich schon seit den 1920er Jahren auch im Rahmen von Schulkinoprojekten realisiert (Vgl. 1.1). Sie wurden von Laia Collel und Núria Aidelmann für eine begleitende pädagogische Arbeit zur Ausstellung aufgegriffen: Kinder, die sich mit den ausgestellten Werken befasst hatten, filmten ihrerseits Videobotschaften an die beiden Künstler. Vgl. Aidelman, Colell. Siehe auch Alain Bergala: Cher Abbas, cher Victor. Lettres à deux cinéastes. In: *Cahiers du cinéma* 626, 2007, S. 12–15.

111 Der Film ist auf der DVD LE KID ET LE DICTATEUR veröffentlicht (Reihe *L'EDEN CINÉMA*) und gehört zu einer von MK2 editierten Reihe an Bonusmaterialien.

112 In diesem Gespräch hat die Reaktion des Kindes auf den Film ebenso Platz wie Kiarostamis Analyse von Chaplins Ästhetik und der Berührungspunkte mit seinem eigenen Filmschaffen. Wie in LES CHEMINS D'IRÈNE ist auch diese Vermittlungssituation nicht ausgewogen und zeigt ein Missverhältnis zwischen der Eloquenz Kiarostamis und dem überwiegend schweigenden Kind. Aber er zeugt doch von Bergalas Wunsch auf den verschiedenen Ebenen einen Dialog herzustellen.

tationen von kulturellen Kontexten, Filmanalysen und interaktiven Spielen platziert werden.[113] Die wichtigste didaktische und filmwissenschaftliche Innovation
dieser DVDs ist jedoch die Methode Fragmente-in-Beziehung-setzen. Diese setzt
bei der Vielstimmigkeit des Materials an und integriert die Perspektive des *passeurs* in der Wahl und Anordnung von Fragmenten, sie bietet Lernenden die Möglichkeit sich das Material eigenständig erschließen und eröffnet eine Viefalt an
kulturgeschichtlichen Verbindungen. Dieser Ansatz, der auf den DVDs PETIT À
PETIT, LE CINÉMA und LE POINT DE VUE am konsequentesten verwirklicht wurde,
läßt sich bis auf Bergalas erste Publikationen zu Filmstandbildern in den *Cahiers
du cinéma* zurückführen, insbesondere auf seine Publikation zur Szenografie.

In dem Vorwort zu dem Sonderheft *Scénographie*, einer Sammlung von 50
Filmstandbildern zum Thema Räumlichkeit im Film, stellt Bergala die Methode Fragmente-in-Beziehung-setzen in ihren Grundzügen bereits vor. Er betont
darin die Eigenständigkeit der in dem Heft abgebildeten Filmstandbilder gegenüber den begleitenden Texten zur Raumkonstruktion im Film, und spricht von
einer «Fototheorie», die die Filmbilder selbst generieren.[114] Wie später in seinen
Kommentaren zu den Fragmentsammlungen auf DVD erklärt er das Material
zum Ausgangspunkt für theoretische Überlegungen. Wenn er zum Flanieren auf
«multiplen Wegen» einlädt, klingt zudem die Offenheit der Materialsammlung
für eine individuelle Nutzung an. In dem Vorschlag, anhand der Filmstandbilder
die historische Entwicklung der Szenografie und die spezifische Ästhetik einzelner Regisseure zu erforschen, zeigt sich darüber hinaus das Interesse für die
individuelle Autorschaft und kulturgeschichtliche Kontexte. Bergala wird diese
Fragen in seiner Auseinandersetzung mit dem Filmschaffen als intersubjektivem
Prozess und in den Motiv- und Figurenanalysen weiterverfolgen.

In *Scénographie* hebt er dementsprechend sogenannte «téléscopages soudain», d.h. zufällige «Zusammenstöße» hervor, die sich aus einem individuellen
Parcours ergeben und bestimmte, scheinbar nebensächliche, aber dennoch immer wiederkehrende Motive aufgreifen. Gerade solche Motive – wie beispielsweise die Darstellung von Händen oder der Rahmen im Rahmen – erzählten
etwas ganz Grundlegendes über das Kino und das Verhältnis zum Zuschauer.
Diese Fokussierung auf die minimalen Formen der visuellen Repräsentation und

---

113 Insbesondere wird die Strategie des Dialogs in verschiedenen Formen aufgegriffen: Beispielsweise der
bereits erwähnte inszenierte Dialog mit Kindern zum Thema Geld in L'ARGENT DES GRANDS, oder die
von Anne Huet gedrehte Dokumentation einer Befragung von Kindern zu den Kurzfilmen der DVD
LA FORME COURTE. Ein weiteres schönes Beispiel ist ein Gespräch mit Agnès Varda auf der DVD VAR-
DA TOUS COURTS, das von oben aufgenommen ist, sodass nur der Tisch und die Hände der beteiligten
Gesprächspartner (Varda, Huet, Bergala) und die Gegenstände, die sie zirkulieren lassen, zu sehen sind.
114 Bergala 1980: *Scénographie*, S. 9.

Narration findet sich in dem ‹Zusammenprall› von Bildern in den Filmheften ebenso wieder, wie in den Verkettungen von Fragmenten auf den DVDs.

Bergala betont jedoch nicht nur die kulturgeschichtliche Dimension und die individuelle Nutzung der Bildersammlung, sondern auch die Subjektivität ihrer Auswahl. Er sei bei der Zusammenstellung des Heftes seiner Intuition gefolgt, der Lust, bei manchen Fotos länger zu verweilen.[115] Der Text, der 1980 im gleichen Jahr wie das Buch *Die helle Kammer* erschienen ist, weist damit auffällige Parallelen zu Roland Barthes' subjektiver Fototheorie auf. Anders als bei Barthes steht hier allerdings weniger das Ich des Betrachters und seine Reflexionen, als das Material selbst im Vordergrund. Das Ich schreibt sich – wie später in Bezug auf die DVD Le point de vue ausgeführt – als Leerstelle in die Auswahl der Filmstandbilder ein.

Das Vorwort von *Scénographie* endet mit der Einladung zu einem Besuch, als wäre der Fotoband ein Museum der Bilder. Dies erinnert an André Malraux' Vorstellung von einem imaginären Museum aller Kunstwerke, das durch die Technik der fotografischen Reproduktion ermöglicht wird. Die Fotografie macht Kunstwerke verfügbar, sie können aus ihrer ursprünglichen gesellschaftlichen Funktion gelöst und mit anderen Werke aus anderen kulturgeschichtlichen Kontexten in Verbindung gebracht werden.[116] Malraux sah darin die Chance, Prozesse der Kanonisierung aufzuheben, auch ephemere Werke sichtbar zu machen und ein vollständigeres Bild des intertextuellen Zusammenhangs Kunst zu gewinnen. In diesem Sinne kann Bergalas Konzept der DVD als eine Weiterentwicklung des imaginären Museums für das Medium Film verstanden werden. Die DVD als Museum der Filmgeschichte ist ein offener Parcours, der jeden einzelnen einlädt, seine eigenen Wege zu beschreiten.

Es ist nur folgerichtig, dass Bergala auch begonnen hat, den Museumsraum für seine Vermittlungsarbeit zu nutzen, und aus dem virtuellen Parcours eine reale Raumerfahrung zu machen.[117] Die Ausstellung *Brune-blonde*, die 2010/2011 in der Cinémathèque française zu sehen war, widmete er beispielsweise dem scheinbar belanglosen Motiv des weiblichen Haares, der Frisur. In der Zusammenschau von Film und Kunst, von Filmausschnitten auf Bildschirmen mit Originalwerken der bildenden Kunst wurden die kulturgeschichtlichen, politischen

---

115 Ebd., S. 10.
116 André Malraux: *Psychologie der Kunst. Das imaginäre Museum.* München, 1957 (Orig. 1947).
117 Zu der Ausstellung im Centre Pompidou wurde auch ein neues Internetprogramm *Lignes de temps* vorgestellt, das wie ein multipler Schneidetisch funktioniert, an dem verschiedene Filme in Teile zerlegt, miteinander verglichen, nach bestimmten Motiven und formalen Strukturen abgesucht werden können. www.iri.centrepompidou.fr/recherche/pedagogie-et-education-a-limage/outils/lignes-de-temps/ (20.10.2012).

und produktionsästhetischen Dimensionen dieses für jeden Besucher unmittelbar zugänglichen alltäglichen Motivs aufgefächert.[118] Eine Kinoinstallation im Museum führte darüber hinaus extra für die Ausstellung bei zeitgenössischen Regisseuren in Auftrag gegebene Filme zum Thema vor. Damit schließt sich auch hier wieder der Kreis: In den vielfältigen von Alain Bergala entwickelten Vermittlungsformaten und -medien stehen die Individuen, seien es Betrachter, Vermittler oder Autoren, immer einem Netz von Werken gegenüber, die sich in ihren verschiedenen Ästhetiken und kulturgeschichtlichen Kontexten gegenseitig beleuchten.

---

118 Zu dem Vermittlungkonzept dieser Ausstellung vgl. das Gespräch mit Bergala in: Henzler 2011, S. 169f. Zur Ausstellung ist ein Katalog erschienen: Alain Bergala, Anne Marquez: *Brune blonde: la chevelure féminine dans l'art et le cinéma. [Exposition présentée à la cinémathèque française, musée du cinéma, à Paris, du 6 octobre 2010 au 16 janvier 2011]*, Paris, 2010.

Fazit und Ausblick

Alain Bergalas Schriften zur Filmpädagogik und Filmästhetik zeichnen sich durch eine Verbindung von strukturalistischen und phänomenologischen Perspektiven aus. Er bezieht sich auf Erkenntnisse der Soziologie und der Ästhetischen Theorie, wenn er die gesellschaftspolitische und individuelle Dimension der Kunstrezeption darlegt und dadurch die Notwendigkeit der ästhetischen Bildung in der Schule begründet (Kapitel 2/3). Anhand der psychoanalytischen Filmtheorie und cinephiler Selbstzeugnisse beschreibt er – zeitlich versetzt – die Prägung durch Filmerfahrungen, einerseits als Identitätsbildung anhand imaginärer Bilder, andererseits als Fremdheitserfahrung (Kapitel 4). In seinen Überlegungen zur Ästhetik des Schaffensprozesses führt er einen poststrukturalistischen Werkbegriff mit der Ontologie des Films als Kunst des Realen zusammen (Kapitel 5). Seine Vorschläge zur Filmvermittlung zielen auf die Entdeckung kulturgeschichtlicher Kontexte und auf die individuelle ästhetische Erfahrung (Kapitel 6/7). Und in Filmanalysen verbindet er Methoden der Strukturanalyse und Dekodierung mit der Schaffensanalyse (Vgl. 7).

Zugleich lässt sich in der Entwicklung von Bergalas Filmpädagogik eine Akzentverschiebung von einem semiologisch-psychoanalytischen zu einem phänomenologisch-cinephilen Film- und Subjektbegriff festgestellt. Diese Verschiebung erfolgte unter dem Einfluss von Roland Barthes' und Jean-Louis Schefers theoretischen Schriften zur Körperlichkeit der Rezeptionserfahrug, die in Frankreich, insbesondere in der französischen Filmkritik, bereits Ende der 1970er Jahre eine Distanzierung von der Semiologie und der psychoanalytischen Filmtheorie einleiteten. Dennoch sind auch Bergalas pädagogische Interventionen in der cinephilen Phase von den theoretischen Vorüberlegungen und dem ideologiekritischen Anliegen der semiologischen Phase geprägt. Aus strategischen Gründen wendet er sich dort allerdings verstärkt den in der schulischen Vermittlung häufig ausgeblendeten individuellen und ästhetischen Aspekten der Filmerfahrung zu, die sich der Dekodierung und Deutung entziehen. Diese strategische Positionierung artikuliert er in *Kino als Kunst* mit dem Schlüsselbegriff der Alterität. Er fokussiert damit ideologische und institutionelle Strukturen, die durch Kunst als Alterität gestört, verschoben, in Frage gestellt werden. Und er zielt auf das Subjekt, das sich im Rezeptions-, Produktions- und Vermittlungsprozess auf ästhetische Erfahrungen einlässt, die sich stabilen Identifizierungen widersetzen.

Der Begriff der Alterität bleibt in *Kino als Kunst* theoretisch unbestimmt und changiert zwischen verschiedenen Bedeutungen. Er impliziert ästhetische Theorien, die die Kunstrezeption als eine Erfahrung des Widerstands beschreiben. Er ruft aber auch medienspezifische Diskurse auf, die die Filmrezeption als eine Fremdheitserfahrung bestimmen (Schefer), oder dem Film, aufgrund seines Aufzeichnungscharakters, das Potential zuschreiben, Fremdes in sich aufzunehmen und zur Anschauung zu bringen (Bazin, Daney). Ich habe Bergalas Begriff der Alterität in Bezug auf die Rezeptionsästhetik von Roland Barthes und Serge Daney Überlegungen zu Filmästhetik und Ethik theoretisch fundiert. Mit Roland Barthes' Rezeptionsästhetik kann eine Verbindung zwischen dem ästhetischen und dem cinephilen Diskurs hergestellt werden. Denn – wie viele cinphile Autoren – versucht Barthes mit phänomenologischen Methoden der Bildbetrachtung eine Alterität der Sprache zu artikulieren, um sowohl die sinnliche, individuelle Dimension der Rezeptionserfahrung als auch medienspezifische Eigenschaften (der Fotografie, des Films) zu erschließen. Serge Daney bündelt in dem Begriff der Alterität theoretische Überlegungen zu Filmästhetik und Ethik, die im Umfeld der *Cahiers du cinéma* entstanden sind. Diesen rezeptionsästhetischen Überlegungen von Barthes und Daney, ebenso wie Bergalas Ausführungen zum Vermittlungs- und Schaffensprozess liegt die Vorstellung von einer körperlich bedingten Wechselbeziehung zwischen Individuen und Gegenständen zugrunde, die ich mit dem Begriff der Intersubjektivität konzeptionalisiert habe. Beide Begriffe verweisen nicht nur auf die Beziehung zum Kunstwerk, sondern auch auf die Beziehung zwischen Individuen. Sie ergänzen einander, insofern intersubjektive Beziehungen in einem phänomenologischen Sinne auf der Erfahrung der Fremdartigkeit des Gegenübers beruhen.

An diesen theoretischen Grundfiguren in Alain Bergalas Vermittlungskonzept offenbart sich der weitreichenden Einfluss von Roland Barthes und Serge Daney. Die von Barthes formulierte intersubjektive Rezeptionsästhetik durchdringt nicht nur Bergalas Thesen zum filmischen Schaffensprozess, sondern auch die Analysemethoden und die Konzeption der Vermittlungsmedien. Serge Daneys verstreute Reflexionen zur Filmästhetik als Alterität und zum Kino als Bildungsinstanz werden von Bergala in seinen Überlegungen zur Vermittlungssituation, zur Persönlichkeitsbildung durch Filmerfahrungen und zur ethischen Dimension der Filmästhetik aufgegriffen. Beide Autoren formulieren wie Bergala eine Gegenposition zu einem ausschließlich textuellen und konstruktivistischen Film- bzw. Subjektverständnis, ohne die semiotischen Bezugssysteme aus den Augen zu verlieren.

Im Folgenden werde ich zunächst zentrale Argumentationsstränge dieser Forschungsarbeit zusammenfassen, um anschließend einige Anknüpfungspunkte für die pädagogische Praxis in Deutschland zu benennen.

Ästhetische Bildung als ethische Bildung

Pierre Bourdieu hat in seiner soziologischen Gesellschaftstheorie nachgewiesen, dass der Geschmack ein Mechanismus der sozialen Distinktion ist. Vor diesem Hintergrund lässt sich der in *Kino als Kunst* vorgeschlagene cinephile Vermittlungsansatz als eine Bildungsstrategie für mehr Chancengleichheit begründen. Bergala schließt implizit an Bourdieus Kritik an der Institution Schule als Ort der Reproduktion sozialer Unterschiede an. Derzufolge verfestigt Schulunterricht soziale Unterschiede unter anderem dadurch, dass er die durch das soziale Umfeld bedingte Bildung von Geschmack ausblendet. Bourdieus pessimistischer Einschätzung von einer «Illusion der Chancengleichheit» begegnet Bergala daher – im Einklang mit dem bildungspolitischen Diskurs von Jack Lang – mit einer ‹Utopie der Chancengleichheit›. Denn er fordert, die kulturelle Bildung, die laut Bourdieu nur privilegierten Kreisen vorbehalten ist und deren Distinktionsbestreben dient, für alle Kinder und Jugendlichen ein.

Bergalas Forderung nach Geschmacksbildung an den Schulen zielt jedoch nicht ausschließlich darauf, Mechanismen der sozialen Distinktion entgegenzuwirken. Dahinter steht auch der Gedanke, dass Geschmack nicht nur sozial determiniert ist, sondern – sofern er an einer Vielfalt von Gegenständen gebildet und aktiv angeeignet wird –, konstitutiver Teil und Ausdruck einer individuellen Persönlichkeit sein kann. Diese These wird durch neuere soziologische Forschungen bestätigt. Demnach sind Mechanismen der Subjektbildung an ästhetischen Formen, wie sie seit dem 18. Jahrhundert den bürgerlichen Schichten vorbehalten waren, angesichts der zunehmenden Ästhetisierung und Mediatisierung der Alltagskultur heute ein umfassendes gesellschaftliches Phänomen. In dem Maße wie unsere Weltwahrnehmung von Medien vermittelt wird, ist sie auch ästhetischen Urteilen unterworfen.

Damit wäre ich bei dem wichtigsten Argument angelangt, das Bergala in diesem Zusammenhang anführt: Mit einem Geschmack als ästhetisches Urteilsvermögen wird ein Wertehorizont gebildet, der auch eine ethische Haltung bedingt. Diese These läßt sich auf ästhetische Theorien zurückführen, die in Folge von Kants Geschmackstheorie eine Differenz zwischen ästhetischen Erfahrungen, die einen unabgeschlossenen Reflexionprozess anregen können, und der interessegeleiteten ‹Nutzung› von kulturellen Produkten – sei es zur Bedürfnisbefriedigung, zur Kommuniktion von Inhalten oder zur sozialen Distinktion – festgestellt haben. Kunsterfahrung wurde im 20. Jahrhundert daher auch als Erfahrung eines Widerstands beschrieben, die konventionalisierte Kommunikationssysteme zumindest partiell in Frage stellen kann. Die neomarxistische Ideologiekritik, die Bergala in seinen semiologischen Schriften vertritt, hat die machtkonstituierende Funktion von symbolischen Systemen nachgewiesen. Vor diesem Hintergrund erweist sich Geschmacksbildung auch als eine Voraussetzung für eine umfassende politisch-ethische Bildung und Kritikfähigkeit. Dies gilt jedoch nur, wenn Geschmack nicht lediglich als unausgesprochenes Wertesystem und individuelle Haltung toleriert wird, sondern Ausgangspunkt von Reflexions- und Diskussionsprozessen ist.

Film als Medium der Persönlichkeitsbildung

Neben den allgemeinen Überlegungen zur ästhetischen Bildung befasst sich Bergala auch mit der spezifisch bildenden Wirkung von Filmerfahrungen. In seinen frühen semiologischen Schriften richtet sich sein Fokus auf die Konstitution des Subjekts über Medienrezeption, Identifikationsprozesse und kulturelle Vor-Bilder. Anhand der psychoanalytischen Theorie thematisiert er dort die Prägung durch dominierende kulturelle Bildsysteme, insbesondere des Massenmediums Film – was mit einer negativen Bewertung von dessen ‹entfremdenden› Einfluss einhergeht. In den cinephilen Schriften steht dagegen die Destabilisierung starrer Identitäts- und Wahrnehmungsmuster durch individuelle Filmerfahrungen im Vordergrund. Anhand von cinephilen Kindheitserinnerungen verweist Bergala dort auf die bildende Wirkung von Filmen als (ästhetische) Schockerlebnisse, als Alteritätserfahrungen. Zeitlich verschoben reflektiert er damit zwei einander ergänzende Mechanismen von Bildungsprozessen.

Die von Bergala in *Kino ist Kunst* in diesem Zusammenhang skizzierte prägende «Begegnung mit Filmen» ist ein wiederkehrender Topos in cinephilen Diskursen. Es handelt sich dabei um eine diskursive Konstruktion in cinephilen ‹Autobiografien›, die das für Spielfilme zentrale Motiv der Begegnung aufgreifen, um biografische Entwicklung anhand von Begegnungen mit Filmen zu erzählen. Zugleich steht die Formel von der «Begegnung mit Filmen», wie ich anhand der von Bergala zitierten cinephilen Kindheitserinnerungen – insbesondere anhand der Umfrage *Cet enfant de cinéma* – gezeigt habe, auch für vielfältige reale Bildungserfahrungen durch Filme, die in den 1940er bis 1960er Jahren erfolgten, in einer Zeit, als Filme noch bevorzugt im Kino gesehen wurden. Jean-Louis Schefer hat diese biografische Wirkung der Kinoerfahrung theoretisch reflektiert. Demnach lassen Filme die Zuschauer zu ‹Anderen› werden, sich als Fremde erfahren, indem sie den emotionalen Erfahrungsraum und die Wahrnehmung erweitern, und dadurch Blick und Gedächtnis prägen.

Aus verschiedenen Perspektiven – die nicht alle unbedingt in ‹Deckung› zu bringen sind –konnte die für *Kino als Kunst* grundlegende These von der bildenden Wirkung von Filmen als Alteritätserfahrung belegt werden. Da es sich – bei den cinephilen Kindheitserinnerungen – um eine selektive Auswahl historischer Zeugnisse handelt, steht eine systematische Erforschung in Hinblick auf die Gegenwart jedoch noch aus. Gerade die Ausrichtung auf männliche Bildungsbiografien, die in den cinephilen Diskursen dominieren, gälte es kritisch zu überprüfen. Hier könnten aktuelle Biografieforschungen oder eine weiterführende theoretische Fundierung durch phänomenologische Bildungstheorien ansetzen.[1]

Intersubjektivität und Alterität im Rezeptions- und Schaffensprozess

Roland Barthes späte Foto- und Filmtheorie kann als theoretische Grundlage für die in *Kino als Kunst* dargestellte cinephile Rezeptionsästhetik und Schaffensästhetik dienen. Barthes artikuliert darin neben einer funktionalen sowie einer auf Geschmack und Bildung beruhenden Kunstrezeption eine weitere Ebene: die der sinnlichen Berührung durch ein Kunstwerk (Foto, Film, Musik, Literatur). Indem er diese von Prozessen der Signifikation und Dekodierung abgrenzt, richtet er sein Augenmerk auf die körperliche Affizierung des Individuums durch ein Werk. Es geht dabei nicht um emotionale Betroffenheit, die durch gezielte kommunikative Strategien erzeugt werden kann, sondern um die individuelle Berührung durch sinnliche Details, als Störung einer von Bildstrategien gesteuerten Rezeption. Barthes beschreibt ein individuelles sinnliches Erleben, das sich gewissermaßen quer zu der auf Bildung und Kommunikationsprozessen basierenden Kunstrezeption ereignet.

Ästhetische Erfahrung wird von Barthes als eine intersubjektive Beziehung zwischen Betrachter und Gegenstand beschrieben, in der das Subjekt den Gegenstand nicht kontrolliert, sondern von ihm berührt, verändert wird. Diese Vorstellung charakterisiert auch cinephile Filmbetrachtungen. Sie zeigt sich in der dort verbreiteten Metaphorik des ‹Lebendigen› und der Affizierung durch besondere, ‹magische› Momente. Cinephile praktizieren – wie Barthes – einen ‹zweiten Blick›, indem sie ihre sinnliche Wahrnehmung in Analyse- und Deutungsprozesse überführen. Sie schließen in ihre Lektüre auch die Momente ein, die sich objektiven, begrifflichen Zugriffen entziehen und die daher in der wissenschaftlichen Auseinandersetzung oft ausgeklammert bleiben.

Die von Barthes vorgeführte phänomenologische Methode artikuliert nicht nur die individuellen, sinnlichen Aspekte der Kunstwahrnehmung. Sie richtet sich auch auf die spezifische Medialität eines Werks, dessen materielle Dimensi-

---

1   Siehe beispielsweise Walberg 2011.

on sich in der sinnlichen Erfahrung von Details erschließt. In dieser Hinsicht ist Barthes späte Foto- und Filmtheorie als eine postsemiologische Aktualisierung von André Bazins Ontologie der Fotografie und des Films zu verstehen. Denn beide Autoren formulieren eine Ästhetik des Realen als subjektive Rezeptionserfahrung und als spezifische, durch die Apparatur vorgegebene Medialität des Fotos bzw. Films. Das besondere, das Individuum berührende Detail oder der cinephile Moment ist demnach die Spur des Realen, das zufällige Ereignis, das sich im Moment der Aufnahme der Kontrolle der Regie entzieht, das gewissermaßen trotz ihrer Kommunikationsabsichten aufgezeichnet wurde.

Mit der in seinen filmwissenschaftlichen und filmkritischen Schriften entwickelten Ästhetik des Schaffensprozesses schließt Bergala an diese Ästhetik des Realen an. In seinen Filmanalysen richtet er, konsequenter als Bazin und Barthes, das Augenmerk auf den Moment der Aufnahme als ontologischem Ursprung des Films. Er beschreibt den filmischen Schaffensprozess als eine intersubjektive Beziehung, in welcher der Filmschaffende sich auf die Situation am Set, die Schauspieler und Dinge als widerständige ‹Subjekte› einlässt, und somit auch die Mitautorschaft des Realen und des Zufalls zulässt. Indem Bergala den Film nicht als abgeschlossenes Werk, sondern als vorläufiges Ergebnis eines Schaffensprozesses begreift und die negativen, triebhaften Impulse bei der Regie betont, schließt er zudem an die poststrukturalistische Infragestellung von Autorschaft und Werk an und formuliert einen individuellen Schaffensbegriff, der sich vom idealistischen Bild einer genialen Urheberschaft deutlich unterscheidet. Allerdings fehlt in der modellhaften Konzentration auf das Dreieck Regie-Darsteller-Realität eine weitergehende Reflexion der komplexen Beziehungen innerhalb der Crew eines filmischen Produktionsprozesses.

Mit Bezug auf Serge Daneys erschließt sich die Ästhetik des filmischen Schaffensprozesses auch in ihrer ethischen Dimension. Daney aktualisierte in den 1980er Jahren die in der Nachfolge von Bazin in den *Cahiers du cinéma* geführte Debatte um die Haltung des Regisseurs gegenüber den Figuren und die ‹Moral der Kamerafahrt›. Die von ihm anhand der Fernsehästhetik ebenso wie anhand des zeitgenössischen Kinos formulierte Ethik der Bilder beinhaltet die Forderung, dass sich Filme ihrem Potential der Aufzeichnung von Realität als Alterität stellen sollen. Das heißt, dass sie das Unzugängliche, Fremde nicht durch eine aneignende oder identifizierende Bebilderung stillegen, sondern in seiner Fremdartigkeit aufnehmen. Alterität erweist sich damit auch als eine ethische und filmästhetische Kategorie, die auf die ästhetische Tradition der *Cahiers du cinéma* zurückzuführen ist. Der von Bergala auch für den Schulunterricht eingeforderte intersubjektive Schaffensprozess, der ein sich Einlassen auf die gefilmte Realität voraussetzt, entspricht somit auch einer ethischen Haltung.

Vermittlung als Dreiecksbeziehung

Die Prinzipien der Intersubjektivität und der Alterität sind nicht nur für die Schaffensästhetik, sondern auch für den cinephilen Vermittlungsansatz grundlegend, der sich mit dem Modell der Dreiecksbeziehung fassen lässt. Barthes und Daney evozieren eine solche Dreieckskonstellation zwischen Vermittler – Gegenstand – Leser/Schüler, indem sie das Zeigen als eine wesentliche Vermittlungsgeste reflektieren. In Daneys Jugenderinnerungen ist es die als persönlich empfundene Geste seiner *passeurs,* die seinen Blick auf Filme, Realitäten gelenkt hat und Ausdruck einer Haltung war. Barthes bezeichnet damit hingegen seine eigene Praxis als Vermittler der Fotografie, der Fotos auswählt, auf Details in ihnen zeigt, die ihn persönlich berühren, und sie im Prozess des Schreibens zur Anschauung bringt. Beide bringen die Geste des Zeigens zudem mit der ‹Zeigefunktion› der Medien Fotografie und Film in Verbindung, einer Vermittlungsfunktion, die auch Winfried Pauleit in seinem Text «Der Kinematograph als Zeigestock» als eine «Konkurrenz» zum Lehrenden thematisiert hat.[2] Bergala bevorzugt demgegenüber den Begriff der *désignation,* ein Hin*deuten,* das die Praxis der individuelle Wahl und das zur Anschauung Bringen mit der Deutung und Ausrichtung auf die Lernenden verbindet.

Indem Bergala in Anlehnung an Daney den Lehrer als *passeur* bestimmt, betont er den intersubjektiven Charakter der Vermittlungsbeziehung. Denn der Lehrer soll die neutrale Rolle des Wissenden verlassen und seine individuelle Haltung zum Gegenstand in den Vermittlungsprozess einbringen, um auch die Lernenden zu einer individuellen Wahrnehmung zu ermutigen. Folgt man Barthes und cinephilen Autoren wie Douchet, so ist dies eine notwendige Bedingung für ästhetische Erfahrungen, die nicht nur die kognitiven Fähigkeiten, sondern auch die Sensibilität des Einzelnen ansprechen und prinzipiell unabgeschlossene Reflexions- und Bildungsprozesse in Gang setzen können. Die Figur des *passeurs* in *Kino als Kunst* changiert dabei zwischen dem Ideal einer Lehrpersönlichkeit, die durch ihre Kenntnis und Liebe zum Film zu begeistern versteht, und einem «unwissenden Lehrmeister», der die Bedingungen dafür schafft, selbst am Material zu lernen. Dieser unwissende Lehrmeister, den Jacques Rancière in Bezug auf den französischen Pädagogen Joseph Jacotot theoretisch reflektiert hat, stellt sich nicht zwischen den Lernenden und den Gegenstand, sondern nimmt eine seitlich versetzte Position zu beiden ein.

Auf diese Dreieckskonstellation überträgt Bergala auch die in Hinblick auf die Filmästhetik skizzierte Ethik der Alterität. Die Lernenden als Individuen anzu-

---

2   Pauleit 2004.

sprechen, setzt für ihn voraus, ihre prinzipielle Alterität zu akzeptieren. In *Kino als Kunst* verweist er dementsprechend darauf, dass Kinder und Jugendliche in ihrer körperlichen Differenz begründete eigene Erfahrungswelten haben, die Erwachsene nicht restlos verstehen können, die sich nicht kommunizieren lassen. Analog plädiert er – im Einklang mit Diskursen der Ästhetik und der Cinephilie – dafür, zu akzeptieren, dass Filme und Kunstwerke nicht vollkommen verständlich, entschlüsselbar sind. Die Einübung von Aufmerksamkeit, das sich Einlassen auf die Andersartigkeit des Gegenübers ist somit aus didaktischen, ethischen und ästhetischen Gründen erforderlich. Diese Haltung gilt für die Beziehung zu Menschen, ebenso wie zu Kunstwerken. Sie kann gleichermaßen im Rezeptionsprozess wie im Produktionsprozess erlernt werden. Die Schriften des Pädagogen Deligny, der mit autistischen Kindern gearbeitet hat, verdeutlichen insbesondere die pädagogische Relevanz des Filmens als eines ‹anderen›, nichtsprachlichen Zugangs zur Welt. Gerade solchen Kindern, die sich sprachlich nicht artikulieren können, vermag die Filmkamera zum Ausdruck verhelfen.

Methoden einer intersubjektiven Filmvermittlung

Wie eine solche intersubjektive Dreiecksbeziehung im Vermittlungsprozess gestaltet werden kann, veranschaulichen die vielfältigen Medien und Methoden, die Bergala gemeinsam mit Nathalie Bourgeois, Anne Huet und Catherine Groupil entwickelt habt. Im Zentrum steht die Arbeit am Material (Bilder, Fotos, Filmstills, Filmausschnitte, Rohfilme), die entweder in Film- und Videoanalysen vorgeführt oder den Lernenden direkt ermöglicht wird. Dies entspricht didaktischen Überlegungen, da statt des Lehrdiskurses die Arbeit am Bild und am Film eigenständige Lernprozesse in Gang setzen kann. Bereits die ersten von Bergala produzierten Materialien, die Diaserien und die Sammlung von Rohaufnahmen LE CINÉMA EN JEU, verwirklichen dies als analytische und kreative Auseinandersetzung mit dem Prozess der Montage. Die eigenständige Arbeit am Material setzt bei der ästhetischen Wahrnehmung als Ausgangspunkt für Reflexionsprozesse an. Dies wird insbesondere durch den Vergleich und die Montage von Filmausschnitten möglich, die Bergala in seinen Vermittlungsvideos und filmvermittelnden Filmen vorführt und die er mit seinen DVDs in die Hände der Lernenden selbst legt.

Von den filmvermittelnden Filmen ist vor allem LE CINÉMA, UNE HISTOIRE DE PLANS hervorzuheben, der die von Barthes vorgeführte Methode einer ästhetischen Reflexion von Fotos und Filmstandbildern an Filmeinstellungen fortsetzt. Diese manifestiert sich in der Konzeption der zehnminütigen Vermittlungsfilme, die in einer Dreiecksbeziehung zwischen zwei Sprechern und einem Filmausschnitt ästhetische Wahrnehmungen und Vermittlungssituationen vorführen. Darüber hinaus wird Barthes' kontemplative Bildbetrachtung in den Filmanalysen selbst verwirklicht, die vom Detail oder cinephilen Moment ausgehend Überlegungen zum Schaffensprozess, zur Deutung und zur kulturgeschichtlichen Einordnung ausführen. Der persönliche Standpunkt und das Prinzip des Dialogs prägen zudem eine Reihe anderer Vermittlungsmedien, wie die Filmhefte, das Kinderbuch *Mais où je suis* oder den filmvermittelnden Film LE COMBAT AVEC L'ANGE. Diesen Materialien ist das Prinzip des *passeurs* als individuelle Autorschaft eingeschrieben.

In den DVDs PETIT À PETIT, LE CINÉMA und LE POINT DE VUE tritt der subjektive Standpunkt des *passeurs* dagegen hinter das Material zurück und äußert sich ‹nur› in der Auswahl und Verknüpfung von Fragmenten. Damit wird ein Freiraum geschaffen für weitgehend eigenständige und prinzipiell unabgeschlossene Lernprozesse im Umgang mit dem Material. Mit der Konzeption dieser DVDs schließt Bergala an die Sehgewohnheiten der Netzgenerationen an, die Filmen im Internet oft zuerst in ‹Stücken› – Ausschnitten, Bildern, Trailern – begegnen.

Die mit den DVDs erprobte Vermittlungsmethode, Fragmente-in-Beziehungsetzen basiert auf der Montage als filmischem Prinzip des Denkens und auf der Theorie der Intertextualität, derzufolge jedes Bild und jeder Text in einem kulturgeschichtlichen Netzwerk stehen, das ihren Sinn erst konstituiert. Die auf den DVDs realisierten Verkettungen erschließen gleichermaßen die Methoden der Motiv- und Figurenanalyse wie der Schaffensanalyse. Denn im Vergleich von motivähnlichen Bildern und Filmausschnitten können stichprobenartig Bezüge zwischen weit auseinanderliegenden film- und kulturgeschichtlichen Kontexten hergestellt werden. Und der Vergleich von verschiedenen Möglichkeiten, eine Szene zu drehen, fungiert auch als Einführung in den Schaffensprozess.

Die enge Verzahnung von Theorie und Praxis in Bergalas Vermittlungsansatz zeigt sich nicht nur in der Umsetzung der theoretischen Überlegungen in didaktische Methoden und Medien. Sie betrifft auch das Zusammenspiel von Analyse und Schaffensprozess. Viele von Bergalas Vermittlungsmedien knüpfen an die Produktionspraxis an, insofern sie einerseits aktivierende Methoden einsetzen, die Grundprinzipien des Filmschaffens aufgreifen, und andererseits in der Analyse den Schaffensprozess reflektieren. Zugleich ermöglichen die für den Schaffensprozess im Unterricht vorgeschlagenen Methoden eine reflexive Praxis, wie beispielsweise das Rohmaterial LES TROIS RENCONTRES, das im Prozess der Montage die Darstellung von Alterität im Film erschließt. Dabei überträgt Bergala seine Überlegungen zu einem intersubjektiven Schaffensprozess auch auf die Filmpraxis im Unterricht: Auch hier können sich Lernende und Lehrende gemeinsam auf ein Drittes, die (dokumentarische oder fiktive) Realität vor der Kamera, einlassen.

Ausblick

Das von Alain Bergala formulierte Filmvermittlungskonzept beruht auf der kulturellen Tradition der französischen Cinephilie und wird in einer vielfältigen schulische Vermittlungspraxis in Frankreich bereits verwirklicht. Es wird von einer dort etablierten cinephilen Haltung zum Film getragen, die in der deutschen Kultur und Bildungstradition deutlich weniger verbreitet ist. Daher kann dieses Konzept sicher nicht ad hoc auf die deutsche Bildungslandschaft übertragen werden. Es öffent jedoch den Horizont und zeigt wie produktiv eine ästhetische und cinephile Perspektive gerade für Bildungs- und Vermittlungskontexte ist. Es kann als Inspirationsquelle dafür dienen, was in der Filmvermittlung möglich ist, und bietet vielfältige Anknüpfungsmöglichkeiten für die praktische Umsetzung auch in Deutschland. Abschließend möchte ich daher einige Aspekte herausgreifen, die mir in Hinblick auf die Entwicklung der Filmpädagogik besonders relevant erscheinen. Ich werde dabei Tendenzen in der Praxis der deutschen Film- und Medienpädagogik benennen, ohne an dieser Stelle differenzierter auf die Vielzahl der in den letzten Jahren entstandenen Publikationen und Vorschläge zur Filmbildung eingehen zu können, die auch neue Wege weisen und zunehmend ästhetische Aspekte mitberücksichtigen.[3] Ich schließe an Beobachtungen und Erfahrungen an, die ich im Rahmen meiner eigenen Arbeit im Kontext von Schulprojekten und Lehrerfortbildungen gemacht habe, ohne eine differenzierte Analyse von bildungspolitischen oder -wissenschaftlichen Diskursen zugrunde zu legen. Dies wäre Gegenstand einer eigenen Arbeit.

Der wesentliche Impuls von Bergalas Vermittlungsansatz ist die Verschiebung der Perspektive von einem kommunikations- und literaturwissenschaftlichen hin zu einem ästhetischen Verständnis des Films. Dies zieht folgende Überlegungen und Vorschläge zur pädagogischen Praxis nach sich:

Dreiecksbeziehung statt Subjektzentrierung: Ästhetische Bildungsprozesse werden durch Dreiecksbeziehungen initiiert, in denen die Subjekte des Lernenden und des Lehrenden ebenso wie der Gegenstand in seiner konkreten ästhetisch-materiellen Beschaffenheit mitspielen. Dieses Modell stellt die einseitige Ausrichtung

---

3   Beispielhaft seien neben den bereits zitierten Büchern von Spielmann (2011), Walberg (2011) und Zahn (2012) folgende weitere Publikationen genannt, die ästhetische Perspektiven in die Film- und Medienpädagogik einbinden: Gregor Pongratz (Hg.): *Spielfilm-Interpretation und ‹spielerische› Film-Gestaltung mit Musik. Filmpädagogik aus hermeneutisch-phänomenologischer Perspektive.* Hildesheim, Zürich, New York, 2006. Winfried Marotzki, Horst Niesyto (Hg.): *Bildinterpretation und Bildverstehen. Methodische Ansätze aus sozialwissenschaftlicher, kunst- und medienpädagogischer Perspektive,* Wiesbaden 2006.

auf eine subjektorientierte Filmpädagogik ebenso in Frage, wie den beispielsweise von Horst Niesyto postulierten Gegensatz zwischen einer subjektorientierten und einer gegenstandsorientierten Filmpädagogik.[4] Denn ästhetische Erfahrung beruht auf einer Wechselbeziehung zwischen Subjekt und Objekt. Beide bedingen sich gegenseitig. Das Individuum macht ausgehend von konkreten Gegenständen ästhetische Erfahrungen und zugleich werden ästhetische Gegenstände durch die Wahrnehmung von Subjekten konstituiert. Ästhetische Bildung setzt somit ein sich Einlassen auf den Gegenstand, eine Praxis der Aufmerksamkeit voraus. Zugleich heißt, die Lernenden als Subjekte ernstzunehmen, sie mit Filmen auch (heraus)zuzufordern und Filme nicht nur nach inhaltlichen, sondern auch nach ästhetischen Kriterien auszuwählen. Dies ist kein Anspruch elitärer Kunstvermittlung, sondern der Chancengleichheit. Denn Bildung heißt, den sozial vorgegebenen Horizont auch und gerade im Bereich der ästhetischen Erfahrung zu erweitern.

Ästhetische Bildung statt Kompetenzerwerb: Wenn ästhetische Erfahrung als intersubjektive Beziehung gedacht wird – in der das Subjekt den Gegenstand nicht kontrolliert, sondern von seiner Alterität berührt, irritiert, verändert wird –, dann stellt dies eine einseitige Ausrichtung der schulischen Bildung auf Kompetenzerwerb in Frage. Mit dem in aktuellen bildungspolitischen Diskursen dominierenden Begriff der Kompetenz kehren häufig Vorstellungen von einem selbstbestimmten, autonomen Subjekt wieder, die von den postmodernen Theorien des 20. Jahrhunderts als ideologische Konstrukte widerlegt worden sind. Die Zielvorgabe eines kontrollierenden und selbstbewussten Umgangs mit Medien übergeht, dass Bildungsprozesse mit Kontrollverlust und Fremdheitserfahrungen einhergehen. In der Ausrichtung auf kognitive und kommunikative Fähigkeiten sowie auf Handlungsautonomie bleibt die sinnliche Wahrnehmung und Erlebnisfähigkeit als Ausgangspunkt von Reflexionsprozessen und als Lernen motivierender Fakor häufig ausgeblendet. Eine scheinbar gegenstandsneutrale Forderung nach Erwerb von Schlüsselkompetenzen übergeht die Tatsache, dass Bildung an konkreten Gegenständen erfolgt und dass diese in ihrer Eigenart auch Auswirkungen auf den Bildungsprozess haben. Und die kurzfristige Zielorientierung auf ‹Problemlösungen› vermag weder die langfristige, persönlichkeitsbildende Wirkung von Lernprozessen noch ihre gesamtgesellschaftliche Relevanz und Nachhaltigkeit zu erfassen.[5] Das Phänomen der französischen Cinephilie

---

4   Siehe Horst Niesyto (Hg.) (2006): *film kreativ. Aktuelle Beiträge zur Filmbildung.* München, S. 8.
5   Zur ideologischen Dimension des Begriffs der Kompetenz im Kontext des Neoliberalismus siehe Thomas Höhne: Der Leitbegriff ‹Kompetenz› als Mantra neoliberaler Bildungsreformer. Zur Kritik seiner semantischen Weitläufigkeit und inhaltlichen Kurzatmigkeit. In: Ludwig A. Pongratz, Roland Reichenbach, Michael Wimmer (Hg.): *Bildung – Wissen – Kompetenz.* Bielefeld, 2007. Zur Debatte

ist dagegen ein hervorragendes Beispiel für die Wirksamkeit und Nachhaltigkeit der ästhetischen Bildung. Denn sie zeugt nicht nur von der ästhetischen und politischen Bildung durch Filme in individuellen Bildungsbiografien, sondern auch von kulturgeschichtlichen und gesamtgesellschaftlichen Auswirkungen einer solchen Bildungspraxis.

Film als spezifisches Medium: Die Forderung nach einer ästhetischen Bildung, die bei der sinnlichen Erfahrung eines konkreten Gegenstandes ansetzt, widerspricht auch dem in der Pädagogik verbreiteten allgemeinen Medienbegriff.[6] Denn dieser verstellt – gemeinsam mit einer kommunikationstheoretischen Ausrichtung der Medienpädagogik – den Blick auf die ästhetischen Eigenarten und das damit einhergehende Bildungspotential spezifischer Medien. Angesichts der neueren technisch-medialen Entwicklungen stellt sich zugespitzt die Frage, inwiefern Forschungen zu den neuen Medien, beispielsweise zu sozialen Netzwerken oder neuen Wissens- und Informationssystemen im Internet für die Filmvermittlung relevanter sein sollten, als zu geistes- und kunstwissenschaftlichen Fächern, deren Gegenstände ebenfalls medial vermittelt sind. Umgekehrt handelt es sich beim Film nicht lediglich um eine weitere ‹Textsorte›, wie sprach- und literaturwissenschaftliche Ansätze häufig voraussetzen. Film hat als Bewegtbild, als audiovisuelles Werk und als medial vermittelte Rezeptionserfahrung eine spezifische Ästhetik und Medialität, die in der Pädagogik auch Berücksichtigung finden sollte. Hierbei können – wie in Bergalas Vermittlungsansatz – Erkenntnisse und Methoden der Filmtheorie und der Filmwissenschaft wegweisend sein.[7]

Ein nicht differenzierter Medienbegriff führt in der Praxis dagegen häufig dazu, dass die neusten technologischen Entwicklungen und deren Nutzung im

---

um die Begriffe der Medienkompetenz und Medienbildung in den Erziehungswissenschaften, siehe http://joerissen.name/medienbildung/bildungskompetenzliteracyerziehung (12.01.2013). Neuere Publikationen zeugen auch von dem Versuch, den Kompetenzbegriff dahingehend auszudifferenzieren, dass ästhetische und filmgeschichtliche Dimensionen des Mediums Berücksichtigung finden. Die grundsätzliche Fragestellung, ob der Kompetenzbegriff geeignet ist, das Spezifische der ästhetischen Erfahrung und ihrer bildenden Wirkung zu fassen, wird damit umgangen. Vgl. Kammerer 2009. Bernd Schorb: Gebildet und kompetent. Medienbildung statt Medienkompetenz? In: *merz* 5, 2009, S. 50–56. Dieter Spanhel: Medienbildung statt Medienkompetenz? Zum Beitrag von Bernd Schorb. In: *merz* 1, 2010, S. 51–54.

6   Einen Einblick in die Vielseitigkeit des Medienbegriffs geben medienpädagogische Publikationen, wie Zeitschriften *medien+erziehung, medien parktisch, www.mediaculture-online.de*, die Jahrbücher *Buckower Mediengespräche* (Hg.: Klaus Dieter Felsmann. Kopaed München). Er führt von den ‹traditionellen› Massenmedien (z. B. Kino, Fernsehen, Hörfunk), über die aktuellen Kommunikations- und Informationstechnologien (z. B. Computer, Internet, Handy) und Institutionen der Kulturvermittlung (z. B. Museen), bis hin zur Jugend- und Populärkultur (z. B. Popmusik, Computerspiele).

7   Hanne Walberg (2011) verweist darauf, dass in der zeitgenössischen Film- und Medienpädagogik die aktuellen Forschung der Filmwissenschaft und der Erziehungswissenschaft nicht berücksichtigt werden.

Vordergrund (vor inhaltlichen oder ästhetischen Überlegungen) stehen und dass zugleich über die Medialität und Materialität der Medien, inbesondere der durch diese hervorgebrachten Rezeptionssituationen, selten nachgedacht wird. Dagegen erscheint es angesichts des aktuellen digitalen Kulturwandels und der damit einhergehenden Verschiebung von Nutzungsgewohnheiten und Machtkonstellationen wichtig, die Unterschiede zwischen analogen und digitalen Medien ebensowie die Änderung der Filmwahrnehmung durch die Dispositive Kino, Fernseher, Computer oder Handy zum Thema zu machen. Gerade die Kinoerfahrung, in ihrer spezifischen ästhetischen, technischen und sozialen Dimension kann Ausgangspunkt sein, die kulturgeschichtliche Entwicklung des Mediums Film und seine spezifische Wirkung auf den Zuschauer zu reflektieren.

Vermittlung von Filmgeschichte: Da Film immer noch den ‹neuen› Medien zugeordnet wird, findet Filmbildung im schulischen und medienpädagogischen Kontext meist ausschließlich unter dem Aspekt der ‹Aktualität› Berücksichtigung. Ganz abgesehen davon, dass Film im ‹Konkurrenzkampf› um Aktualität im Schulraum den immer wieder neuen technischen Entwicklungen der Medien zwangsläufig ‹unterlegen› ist, wird in dieser Perspektive die mittlerweile über hundertjährige Filmgeschichte und damit auch die ästhetische Vielfalt des Mediums ausgeblendet. So zeigt die Praxis der Schulkinoprojekte in Deutschland, dass die Filmgeschichte in der Schule nach wie vor einen schweren Stand hat und eher als Sonderfall, denn als Grundbedingung der Filmvermittlung behandelt wird.[8] Dabei wird im Sinne einer subjektorientierten Pädagogik gerne die ‹Jugendnähe› aktueller Filme ins Feld geführt. Dies schließt aus, dass Bildungsprozesse eine Erweiterung des begrenzten Horizonts des schon Bekannten erfordern und dass Kinder und Jugendliche sich auch für Filme, die nicht ihren Sehgewohnheiten entsprechen, begeistern können. Darüberhinaus wird die individuelle und gesamtgesellschaftliche Bedeutung einer Vermittlung von kulturellen Traditionen übergangen. Französische Vermittlungsprojekte wie *Ecole et cinéma* oder die Workshops der Cinémathèque française sind hingegen Beispiele dafür, dass Film schon in Grundschulen als ein Gesamtzusammenhang – in seiner ästhetischen und geschichtlichen Vielfalt, als technisch-optische Apparatur und als spezifische Form der Wahrnehmung – vermittelt werden kann. Für Kinder und Jugendliche geeignete Filme – das zeigen diese Projekte – müssen dabei nicht unbedingt die bekannte Alltagsrealität abbilden oder kindliche Darsteller in den

---

8 In den größten deutschen Schulkinoprojekten, den Schulkinowochen und dem französische Kinder- und Jugendfilmfestival Cinéfête dominieren aktuelle Produktionen. Klassiker sind meist die am schlechtesten besuchten Filme und es ist mit Kritik von Lehrern zu rechnen, wenn ein Programm nicht aktuell genug erscheint, wie ich in meiner Arbeit für das Projekt Cinéfête feststellen konnte.

Hauptrollen zeigen. Ausschlaggebend kann vielmehr sein, ob in ihnen Fragen verhandelt werden, die im Prozess des Erwachsenwerdens von Bedeutung sind.[9]

Filmvermittlung und Intermedialität: Die in dieser Arbeit analysierten pädagogischen Materialien sind ein Beispiel dafür, wie unterschiedliche Medien für die Vermittlung von Filmgeschichte eingesetzt und geänderte Sehgewohnheiten berücksichtigt werden können. Anstatt Bildung in den Dienst technologischer Entwicklungen zu stellen, entwickelt Bergala mit ihnen neue Methoden der Filmvermittlung und fragt nach den Herausforderungen, vor die sie die Pädagogik stellen. Diese Fokussierung auf Film bedeutet keineswegs, dass er intermediale Beziehungen ignoriert. Nur ist der Ausgangspunkt ein anderer. Statt von einer scheinbar neutralen, unspezifischen Gesamtheit der Medien auszugehen, setzt Bergala bei dem konkreten Medium Film an, um von ihm ausgehend Bezüge zu anderen Medien bzw. Kunstformen herzustellen. Die Methode Fragmente-in-Beziehung-setzen oder die Motiv- und Figurenanalyse sind geeignet, intermediale Bezüge von Filmen oder Filmausschnitten zu anderen kulturellen Formen, sei es Fotografie, Malerei oder Literatur herzustellen und weiterführende Überlegungen zu Bildung, Kultur, Politik und Gesellschaft zu erschließen.

Inhalte vermitteln sich über ästhetische Formen: Wenn man davon ausgeht, dass ästhetische Bildung am konkreten Gegenstand ansetzt, dann ist die Filmauswahl von zentraler Bedeutung. Dabei gilt es, motivische und thematische Bezugspunkte zur Erfahrungswelt von Kindern und Jugendlichen ebenso zu berücksichtigen, wie die eigenen Vorlieben und die ästhetische Komplexität der Filme. Zentral ist darüberhinaus eine Sensibilisierung dafür, dass (politische) Inhalte über ästhetische Formen vermittelt werden.[10] Auch im Politik- oder Geschichtsunterricht wäre somit die Frage des *Was wird gezeigt?* nicht nur in Bezug auf die Richtigkeit der zugrundeliegenden historischen Fakten zu untersuchen. Vielmehr ist sie untrennbar mit der Frage nach dem *Wie wird es gezeigt?* verbunden. Es geht um die

---

9   In dieser Hinsicht ist ein Vergleich des von der Bundeszentrale für politische Bildung etablierten Kanons und der Filmauswahl von *École et cinéma* aufschlussreich. In beiden sind teilweise dieselben Regisseure vertreten, wobei der Kanon der bpb zu filmgeschichtlich ‹relevantesten› Filmen tendiert, während der Katalog *École et cinéma* Filme enthält, die gezielter auf den Adressaten abgestimmt sind, da sie Fragen des Erwachsenswerdens verhandeln. Von Hitchcock ist dort statt VERTIGO das unbekannte Frühwerk YOUNG AND INNOCENT enthalten, von John Ford nicht STAGECOACH, sondern THE SEARCHERS, von François Truffaut nicht WOLFSKIND, sondern TASCHENGELD. Zum Filmkanon der bpb siehe Alfred Holighaus (Hg.): *Der Filmkanon. 35 Filme, die Sie kennen müssen.* Berlin 2005.

10   Siehe dazu auch Stefanie Schlüter: Geht Dich das was an? Das politisch Bildende im Film. In: Julius Lebert-Forum der Friedrich-Ebert-Stiftung (Hg.): *Mit Bildern bewegen. Der politische Film heute.* Hamburg 2009. Download http://library.fes.de/cgi-bin/populo/digbib.pl (21.11.2012)

Einstellung im doppelten Sinne: als Einstellung der Kamera zum Gegenstand, die auch eine Haltung offenbart.

‹Andere› Filme zeigen: In Bergalas Forderung nach der Arbeit mit anderen Filmen im Unterricht, die nicht dem medialen Alltag von Kindern und Jugendlichen entsprechen, überlagern sich verschiedene Argumente. Vor dem Hintergrund der soziologischen Theorie intendiert er zunächst, Kindern, die von der Familie keine kulturelle Bildung erfahren, Geschmacksbildung an einer Vielfalt von ästhetischen Gegenständen zu ermöglichen. Ästhetischen Theorien zufolge sind – in einem engeren Sinne – gerade Kunstwerke bildend, da sie irritieren, festgefügte Weltbilder in Frage stellen, da sie eine andere, die positivistischen Wissenschaften ergänzende, Reflexionsform eröffnen können. Cinephile Diskurse wiederum legen eine spezifisch bildende Wirkung von solchen Filmen nahe, die mit (Realität als) Alterität konfrontieren, die Raum für eine individuelle Wahrnehmung bieten und von einer ethischen Haltung, einer Aufmerksamkeit gegenüber dem gefilmten Sujet zeugen.

Die von Bergala publizierten Vermittlungsmedien und Texte bieten dementsprechend ein breites Spektrum an Filmen verschiedener Genres, Kulturen und Zeiten, das als Inspirationsquelle dienen kann: von den ersten Stummfilmen der Brüder Lumière über die russische Avantgarde, das klassische Hollywoodkino, die europäische Moderne bis hin zu zeitgenössischen Filmen aus Japan, Iran, Senegal usw. Diese Auswahl ließe sich in verschiedene Richtungen erweitern, die aktuelle Arbeiten zur Filmvermittlung in Deutschland verfolgen. Beispielsweise sind experimentelle Filme für den Unterricht interessant, da sie die sinnliche Wahrnehmung ansprechen, sich narrativen Mustern verweigern und oftmals die Funktionsweise des Mediums selbst reflektieren. Darauf haben unter anderem Christine Rüffert, Stefanie Schlüter und Manuel Zahn hingewiesen.[11] Desweiteren bieten sich die Filme von Regisseuren an, die der Berliner Schule zugeordnet werden, wie Christian Petzold, Thomas Arslan, Angela Schanelec, Henner Winckler, Christoph Hochhäusler, Valeska Grisebach, Ulrich Köhler. Diese suchen – im Sinne einer ‹Politik der Bilder› – mit Geduld und Genauigkeit nach ‹anderen› Blicken auf die Alltagsrealität, auf gesellschaftliche oder historische Konstellationen. Sie haben häufig jugendliche Hauptfiguren und fungieren – wie Wenke Wegner zeigt – auch als eine ‹Schule des Sehens›.[12] Insbesondere gilt es, den Horizont in Hinblick auf weibliche Regisseurinnen zu erweitern, die in den

---

11 Zahn 2012, Pantenburg, Schlüter 2011, Rüffert 2008.
12 Siehe dazu Wenke Wegner: Berliner Schule. Zur Lehrkraft des Kinos in PLÄTZE IN STÄDTEN und DIE INNERE SICHERHEIT. In: Henzler, Pauleit et al. 2010, S. 149–159.

Prozessen der Kanonisierung und Filmgeschichtsschreibung immer noch marginalisiert werden – teilweise auch weil sie sich nicht in etablierte Tendenzen und Filmästhetiken einordnen lassen. Wenn Filme Ausdruck einer Haltung zur Welt sind, dann heißt Vielfalt nicht nur kulturelle Differenzen, sondern auch die Perspektiven beider Geschlechter bei der Filmauswahl zu berücksichtigen.

Zwischenräume: Die in dieser Arbeit vorgestellten Methoden und Medien veranschaulichen, wie sich das theoretische Modell der Dreiecksbeziehung praktisch verwirklichen lässt. Es geht darum, die Vermittlungsbeziehung als einen Zwischenraum zu gestalten, in dem die individuelle Positionierung des Lehrenden auch den Lernenden individuelle Filmerfahrungen ermöglicht und sich ästhetischen Erfahrungen entfalten können – anstatt in schematischen Analysen vorzeitig stillgelegt zu werden. Eine Sensibilisierung der Wahrnehmung für die vielseitige Gestaltung von Filmen steht im Vordergrund, die über die Bestimmung von Einstellungsgrößen und Techniken der Montage hinausgeht, und Licht, Farben, Töne, Linien, Formen einbezieht. Grundlegend kann ein induktives Vorgehen sein, das beim genauen wiederholten Sehen von Bildern oder Filmausschnitten ansetzt, bevor es zur weiterführenden Interpretation kommt, das die Zuschauer anspringende Details ins Auge fasst und zugleich ihre Deutungen immer wieder zurückführt, auf das, was zu sehen ist. Wie ich in Seminaren mit Studierenden erproben konnte, motiviert gerade der Vergleich von Filmausschnitten Lernende sich das Material selbst zu erschließen. Die Auseinandersetzung mit einfachen Motiven und visuellen Figuren ermöglicht es, weitreichende Einsichten in Filmästhetik und kulturgeschichtliche Bezüge zu vermitteln, ohne ein komplexes Fachvokabular vorauszusetzen.

Standbilder und Filmausschnitte als pädagogisches Material: Die beiden grundlegenden Prinzipien der Arbeit am Material und der Subjektivität können auch bei der Konzeption von Unterrichtsmaterialien berücksichtigt werden.[13] Im Sinne einer intersubjektiven Ästhetik wäre es beispielsweise sinnvoll, den Autoren von Filmheften Freiräume zu geben, um auf der eigenen Filmerfahrung beruhende Schwerpunkte zu setzen und Vermittlungsmethoden zu entwickeln, die von der jeweils spezifischen Ästhetik der Filme ausgehen. Auch die optische Gestaltung von Unterrichtsmaterialien ist wesentlich. Hier sollte Bildern ein zentraler Platz eingeräumt werden, um eine Arbeit am Material zu ermöglichen. Denn die ‹Aufbereitung› des Films in Standbildern, die ‹Bilddramaturgie› ist immer auch Teil einer Vermittlungsstrategie. Dennoch fehlt vielen filmpädagogi-

---

13 Zur Konzeption von Filmheften in Deutschland siehe Henzler 2006 und 2010.

schen Materialien – sicher aus finanziellen Gründen, aber auch aus Gründen der Schwerpunktsetzung, da gerade die Pädagogik traditionell das Bild dem Text unterordnet[14] – eine bildorientierte Gestaltung. Darüber hinaus stellt sich die Frage, wie auch das Medium Film selbst zur Vermittlung hinzugezogen werden kann, durch die Entwicklung von DVDs und Ausschnittssammlungen, oder durch den Einsatz von filmvermittelnden Filmen.

Vermittlung von Analyse und Praxis: Über die Filmrezeption darf natürlich die praktische Filmarbeit nicht vergessen werden, die für Bergalas Vermittlungskonzept wie auch in vielen Filmbildungsprojekten in Deutschland zentral ist. Eine wesentliche Frage ist dabei, wie Rezeption und kreative Praxis miteinander vermittelt werden können. Das gilt zum einen für die Filmanalyse – es sind sicher noch nicht alle Möglichkeiten einer aktivierenden, die Filmpraxis reflektierenden Auseinandersetzung mit der Rezeption von Filmen, ausgelotet worden. Das gilt zum anderen für die Filmpraxis, die sich nicht im ‹Machen› erschöpfen sollte. Denn wenn die Filmpraxis nicht reflektiert und durch Sichtungen von vielfältigen ästhetischen Formen flankiert wird, läuft sie Gefahr, lediglich zur Nachahmung der geläufigsten medialen Formate anzuleiten. Dagegen zeigen Projekte wie beispielsweise *Le cinéma, cent ans de jeunesse*, dass eine Erforschung des Mediums und eine Bildung der sinnlichen Wahrnehmung im Wechselspiel von Filmeschauen und Filmemachen erfolgen kann.

Brückeschläge: Die französische Cinephilie, insbesondere die Arbeiten von Bergala zeigen, wie produktiv die Verbindung von Theorie und Praxis sein kann. Die intensive Auseinandersetzung mit dem Medium Film mündet dort in verschiedene Reflexionsformen: Filmtheorie, künstlerische Praxis oder Vermittlungsarbeit. Dies kann ganz grundsätzlich wegweisend sein für die Weiterentwicklung der Filmvermittlung in Deutschland. Auch wenn sie auf die pädagogische Praxis ausgerichtet ist, sollte sie sich der Erfahrung von Filmschaffenden ebenso wie theoretischen Überlegungen – insbesondere auch den Erkenntnissen der Fachwissenschaften – nicht verschließen.

Die Kunstwissenschaft und Kunstpädagogik kann mit ihren Methoden der Bildanalyse und der ästhetischen Forschung Impulse in die Filmvermittlung bringen und Film auch in den Korpus ihrer Gegenstände aufnehmen. Bergala schlägt diese Brücke, indem er den Museumsraum für die Vermittlung von (Kino)Filmen erschließt und Techniken der Figurenanalyse in seinen kunstver-

---

14 Zur traditionellen Bilderfeindlichkeit der Pädagogik siehe Schädler 2008.

417

mittelnden Filmen auf Werke der Kunstgeschichte überträgt.[15] Auch ist die Film-wissenschaft an der Universität wesentliche Ansprechpartnerin. Denn sie stellt Wissen und Methoden für die Erforschung der technischen, ästhetischen und filmgeschichtlichen Aspekte des Mediums bereit und kann sich umgekehrt auch Analyse- und Vermittlungsmethoden, wie Fragmente-in-Beziehung-setzen oder die Schaffensanalyse zu eigen machen.

Von Bergalas *passeur* und Barthes subjektiver Wissenschaft lässt sich lernen, dass es in der Pädagogik wie in der Wissenschaft lohnend sein kann, vertrautes, eindeutig abgestecktes Terrain zu verlassen und sich in fremde, ungesicherte Be-reiche vorzuwagen. Dies gilt unter anderem für die Unwägbarkeiten des Kon-kreten, der filmischen Praxis. Dies impliziert auch die Bereitschaft, Spannungen und Widersprüche – beispielsweise zwischen Kunstvermittlung und Schulun-terricht, zwischen der Manifestation des Realen im Film und der Konstruktion filmischer Wirklichkeiten, zwischen Subjektivität und einem sich-Einlassen auf das Andere – nicht zu negieren, sondern produktiv zu machen.

Die am Beispiel Bergalas aufgezeigte cinephile Filmbetrachtung, die phäno-menologische und strukturalistische, rezeptions- und schaffensästhetische As-pekte verbindet, bietet in dieser Hinsicht auch für die Filmwissenschaft vielfäl-tige Anknüpfungsmöglichkeiten. Denn sie zeigt Strategien auf, sich den ‹unrei-nen› Fragen zu stellen, die mit kommunikationwissenschaftlichen Methoden nur unzureichend erfasst werden können, ohne die man aber wesentliche Aspekte des Gegenstandes Film ausblendet: die ästhetische Dimension, das Subjekt des Rezipienten, insbesondere auch die Subjektivität des Wissenschaftlers, und die Wirksamkeit des Schaffensprozesses im ‹Endprodukt› Film. Darüberhinaus ist die cinephile Praxis der Vermittlung, die Beziehung von Cinephilie und Pädago-gik in verschiedenen historischen oder kulturellen Kontexten auch ein interes-santes Feld für weiterführende Forschungen.

Es ist an der Zeit, dass sich die Filmwissenschaft in Deutschland intensiver mit Fragen der Vermittlung befasst, und dass sich die Pädagogik für Erkenntnis-se der Filmwissenschaft ebenso wie für die ästhetische Filmvermittlung weiter öffnet.

---

15 Bergala hat eine Reihe von kunstvermittelnden Filmen für den Louvre Paris produziert, die im fran-zösischen Fernsehen (FTD) ausgestrahlt wurden. Die Serie widmet sich Motiven der Kunstgeschichte, die mit den Mitteln der Filmbetrachtung – so die Ankündigung auf der Internetseite – analysiert wer-den. Die drei halbstündigen Filme sind: LA FENÊTRE (Das Fenster, F 2002); LES BELLES ENDORMIES (Die schlafenden Schönen, F 2001), LES GISANTS ET LES MORTS (Die Liegenden und die Toten, F 2001).

Anhang

I. Fragen zur Kinokindheit in *Cet enfant de cinéma*

1. Was ist der erste Film, den Sie im Kino gesehen haben? Oder welches war der erste Film, der sie geprägt hat?

2. Wenn Sie als Kind ins Kino gingen, gab es da jemanden – einen Verwandten, einen Freund – der sie hingeführt hat? Welche Rolle hat für sie dieser Initiator gespielt?

3. Erinnern Sie sich an das Kino, in das Sie gegangen sind? Welche Rituale haben Sie mit der Kinovorstellung verbunden?

4. Welches ist das dominierende Gefühl, dass Sie mit diesen Kinoerinnerungen verbinden?

5. Haben Sie, wenigstens einmal in ihrer Kindheit, sich heftig gewünscht, einen Film zu sehen, weil er verboten war? Welchen? Wann haben Sie ihn schließlich gesehen?

6. Erinnern Sie sich an eine Geste oder ein Verhalten, einen Ort oder ein Gefühl, dass Sie im Kino entdeckt haben? Hat diese Entdeckung eine Rolle für Ihr Leben gespielt?

7. Haben Sie eines Tages entdeckt, dass das Kino Ihnen von manchen Wirklichkeiten eine falsche Vorstellung vermittelt hat?

8. Gibt es eine Fernsehsendung oder -serie, die Ihre Kindheit als Fernsehzuschauer geprägt hat? Gibt es eine Kinofigur, die Ihnen als Modell gedient hat?

9. Welchen Film möchten Sie am liebsten einem Kind zeigen?

10. Welchen zuletzt erschienen Film möchten Sie gerne Kindern zeigen?

Übersetzung: Bettina Henzler

II. *L'Eden cinéma*

1. Menü der DVD Petit à petit, le cinéma (Schritt für Schritt, das Kino)
Konzept: Nathalie Bourgeois

Les films (Die Filme)
en intégralité (Kurzfilme)
en extraits (Filmausschnitte)

Les programmations (Ausgewählte Themen)
Au cirque (Im Zirkus)
Filmer les animaux (Tiere filmen)
Films à trucs (Trickfilme)
Musiques (Musiken)
Un autre monde (Eine andere Welt)

Les enchaînements (Die Verkettungen)
Abracadabra
A l'eau (Im Wasser)
Au spectacle des marionettes (Im Marionettentheater)
Caméra fixe ou en mouvement (fixe oder bewegte Kamera)
Cheveaux (Pferde)
Chutes (Stürzen / Fallen)
Danser (Tanzen)
Félins (petits et grands) (Kleine und große Katzen)
Jongleurs et pyramides (Jongleure und Pyramiden)
La marche (Gehen)
Morceaux (Stücke)
Multiplications (Vervielfältigungen)
Noces (Hochzeiten)
Ralentir, accélerer (Verlangsamen, beschleunigen)
Rencontres (Begegnungen)
Ribambelles (Ringelreihen)
Sale temps! (Sauwetter!)
Singes (Affen)
Trapézistes et funambules (Akrobaten und Seiltänzer)
Voix off, récit (Stimme aus dem Off, Erzählung)
Vu d'en haut / vue d'en bas (Von oben / von unten gesehen)

Portefolio

Übersetzung: Bettina Henzler

2. Menü der DVD LE POINT DE VUE (Die Perspektive)

Konzept: Alain Bergala

PDV et récit global (Perspektive und Plot)
1. Objectif / Subjectif (Objektiv / Subjektiv)
2. Focalisé sur un personnage (Fokalisiert auf eine Figur)
3. Bascule sur un autre personnage (Wechsel zu einer anderen Figur)
4. Bifurcation documentaire / fiction (Abzweigung Dokumentarfilm / Spielfilm)
5. Plusieurs PDV pour une même scéne (Mehrere Perspektiven in derselben Szene)

PDV optique / PDV Psychique (Optische / Psychische Perspektive)
1. PDV subjectif optique (Subjektive optische Perspektive)
   - Alternance objectif / subjectif (Wechsel zwischen objektiv und subjektiv)
   - Effet viseur (Suchereffekt)
   - PDV subjectiv avec amorce (Subjektive Perspektive mit Auftakt)
   - PDV rapprochant de la pulsion scopique (Nähere Perspektive, die der Schau-lust folgt)
   - Mouvement de caméra et regard (Bewegung der Kamera und des Blicks)
   - Effet optique de subjectivité (Optischer Effekt von Subjektivität)
   - PDV subjectif à retardement (Subjektive Perspektive, verzögert)
2. PDV subjective permanent (Permanente subjektive Perspektive)
3. Le corps du spectateur dans son champ visuel (Der Körper des Betrachters in seinem Blickfeld)
4. PDV psychique (Psychische Perspektive)
5. Regard-caméra (Blick in die Kamera)

Permutabilité du PdV (Perspektivwechsel)
1. Le champ / contrechamp (Der Schuss-Gegenschuss)
   - Entre deux personnages (Zwischen zwei Figuren)
   - Latéral (Lateral)
   - Avec contrechamp sans personnage (Gegenschuss ohne Figur)
2. PdV à double foyer (Perspektive mit doppeltem Fokus)
3. PdV emboîtés (Verschachtelte Perspektiven)
4. Démultiplication du PdV (Vervielfältigung der Perspektive)
5. Décentrement du PdV (Dezentrierung der Perspektive)
6. PDV centré, puis dispersé (Zentrierte, dann zerstreute Perspektive)

Disposition / Attaque (Anordnung / Ansatz)
1. PdV déplacé (Verschobene Perspektive)
2. PdV bloqué (Blockierte Perspektive)

PdV de la transcendance (Perspektive der Transzendenz)
1. PdV de la mort (Perspektive des Todes)
2. PdV de Dieu, PdV du Mal (Perspektive Gottes, Perspektive des Bösen)

PdV et enonciation (Perspektive und Enunziation)
1. Ubiquité du PDV (Allgegenwart bzw. Ubiquität)
   - Espaces multiples (Vielfache Räume)
   - Espace unitaire (Einheit des Raumes)
   - Le spectateur plus voyant que le personnage (Der Zuschauer sieht mehr als die Figur)
   - caméra toute-puissante (allmächtige Kamera)
2. Retour aux mêmes PDV (Rückkehr zu denselben Standpunkten)
3. Montage parallèle (Parallelmontage)
4. PDV trompeur (Trügerische Perspektive)
5. PDV déictique (Deiktische Perspektive)
6. Le personnage entre dans son regard (Die Figur tritt in ihren Blick ein)
7. PDV impossible (Unmögliche Perspektive)
8. PDV élastique (Elastische Perspektive)
9. PDV émotionnel (Emotionale Perspektive)

PdV sonore (Tonperspektive)
1. PDV focalisé et focalisant (Fokalisierter und fokalisierender Ton)
   - Focalisation (Fokalisierung)
   - PDV subjectif sonore (Subjektive Tonperspektive)
   - Espace morcelé focalisé par un son (Fokalisierung eines zerstückelten Raumes durch den Ton)
2. Son dispersé et dissocié (Verstreuter und dissoziierter Ton)
   - PDV sonore multiple (Vielfache Tonperspektive)
   - PDV sonores différents pour une même scène (Verschiedene Tonperspektiven in einer Szene)
   - dissociation PDV image et PDV sonore (Dissoziation der Bild- und Tonperspektive)
3. Narration
   - Hors champ (Off)
   - Voix Off (Stimme aus dem Off)
4. Cinéma muet (Stummfilm)
5. Musique (Musik)
   - Musique émotionelle (Emotionale Musik)
   - Répétition même musique (Wiederholung derselben Musik)

Übersetzung: Bettina Henzler

III. Filme in *Le cinéma, une histoire de plans*

Kassette 1

Attelage d'un camion (Brüder Lumière, F 1896)
La Petite Fille et son chat (Brüder Lumière, F 1900)
Le Faux Cul-de-jatte (Brüder Lumière, F 1986)
Schloss im Schatten (Moonfleet, Fritz Lang, USA 1955)
Eselshaut (Peau d'âne, Jacques Demy, F 1970)
The passenger (Mossafer, Abbas Kiarostami, Iran 1974)

Kassette 2

Ich wurde geboren, aber... (Umarete wa mita keredo, Yasujiro Ozu, J 1932)
Fahrraddiebe (Ladri di bicicletti, Vittorio de Sica, I 1948)
Die Spielregel (La Règle du jeu, Jean Renoir, F 1939)
Die Geschichte der Nana S. (Vivre sa vie, Jean-Luc Godard, F 1962)
Die Ferien des Monsieur Hulot (Les vacances de M. Hulot, Jacques Tati, F 1953)
Die Mama und die Hure (La maman et la putaine, Jean Eustache, F 1973)

Transkription und Übersetzung der Offkommentare finden sich auf www.kunst-der-vermittlung.de in den Dossiers Frühes Kino, Alain Bergala und Filmpädagogik.

IV. Verzeichnis der Vermittlungsmedien

1. Filmhefte

Bergala, Alain: *Cahiers de notes sur «L'argent de poche» de François Truffaut*, Paris, o.J. (zu dem Film Taschengeld)
– *Cahiers de notes sur «Jeune et innocent» de Alfred Hitchcock. Paris, o.J. (zu dem Film Jung und unschuldig)*
– *Cahiers de notes sur «Moonfleet» de Fritz Lang, Paris, o.J. (zu dem Film Moonfleet)*
– *Cahiers de notes sur «Où et la maison de mon ami?» de Abbas Kiarostami. Paris, o.J. (zu dem Film Wo ist das Haus meines Freundes?)*
– *Cahiers de notes sur «Le petit fugitif» de Morris Engel, Ruth Orkin, Ray Ashley. Paris, o.J. (zu dem Film Little Fugitif)*
– *Cahiers de notes sur «Ponette» de Jacques Doillon. Paris, o.J. (zu dem Film Ponette)*
Bergala, Alain; Bourgeois, Nathalie: *Cahiers de notes sur «Le voleur de bicyclette» de Vittorio de Sica. Paris, o.J. (zu dem Film Fahraddiebe)*

Die Filmhefte wurden von «Les enfants de cinéma» (Paris) herausgegeben und können unter www.enfants-de-cinema.com bestellt werden.

2. Rohfilme zur Montage

Bergala, Alain: LE CINEMA, EN JEU. Institut de l'image. Aix en provence 1992 (Download http://ecole-des-images.scola.ac-paris.fr)
- LES TROIS RENCONTRES. Cinémathèque française (Le cinema cent ans de jeunesse). Paris, 1996 (unveröff.).
- LA LETTRE JAUNE. Cinémathèque française (Le cinéma cent ans de jeunesse). Paris, 2004 (unveröff.).

3. Filmvermittelnde Filme (Auswahl)

Bergala, Alain: LES CHEMINS D'IRÈNE. En trois journées et huit leçons une analyse du film EUROPE 51 de Roberto Rossellini. Videofilm, F 1992.
- LE CINÉMA, UNE HISTOIRE DE PLANS. 12 Filmanalysen auf zwei Videokassetten, F 1998/9.
- L'ÉPREUVE DU SOUTERRAIN. In: MOONFLEET, DVD der Reihe L'Eden cinema, 2001.
- CHAPLIN AUJOURD'HUI. LE KID. In: LE KID ET LE DICTATEUR, DVD der Reihe L'Eden cinéma, F 2002.
- LE COMBAT AVEC L'ANGE. In: MES PETITES AMOUREUSES, DVD der Reihe L'Eden cinema, F 2004. Der transkribierte und ins Deutsche übersetzte Offkommentar ist auf www.kunst-der-vermittlung.de/ dossiers/cinephilie-bergala/ verfügbar.
Bergala, Alain; Huet, Anne; Varda, Agnès: DU COQ À L'ÂNE. DES MAINS ET DES OBJETS. In: Varda tous courts. DVD der Reihe L'Eden cinema, F 2007. Der transkribierte und ins Deutsche übersetzte Offkommentar ist auf www.kunst-der-vermittlung.de/dossiers/cinephilie-bergala/ verfügbar.
- LA MISE EN SCÈNE DE L'ACTEUR DANS «PARTIE DE CAMPAGNE». In: L'ACTEUR AU CINÉMA, DVD der Reihe L'Eden cinema, F 2008.
Crépeau, Jeanne: JOUER PONETTE. In: L'ACTEUR AU CINÉMA, DVD der Reihe L'Eden cinéma, F 2008.
Huet, Anne: L'ARGENT DES GRANDS. In: MES PETITS AMOUREUSES, DVD der Reihe L'Eden cinéma, F 2005.
- LE CINÉMA DU CÔTÉ DES ENFANTS. In: LA FORME COURTE, DVD der Reihe L'Eden cinéma, F 2006.

4. Kunstvermittelnden Filme (Auswahl)

Bergala, Alain: MARSEILLE. LE TEMPS D'UN DÉTOUR. F 1991.
- CÉSAR PAVESE. Fernsehfilm der Reihe Un Siècle d'écrivains (France 3), F 1995.
- LES MOTIVS DE FERNAND LÉGER. Videofilm, F 1997.
- BLEU MÉDITERRANÉE. Videofilm zur Ausstellung Les peintres et la Méditerranée (Grand Palais Paris), F 2000.
- LES BELLES ENDORMIES. Fernsehfilm der von Bergala edierten Reihe Les scénarios de l'art (Louvre Paris), F 2000.

- Les gisants et les morts. Fernsehfilm der von Bergala edierten *Les scénarios de l'art* (Louvre Paris), F 2000.
- La fenêtre. Fernsehfilm der von Bergala edierten *Les scénarios de l'art* (Louvre Paris), F 2002.
- Les fioretti de Pier Paolo Pasolini 1922–1975. Fernsehfilm der Reihe *Un Siècle d'écrivains* (France 3), F 1997.

5. DVDs der Reihe *L'Eden cinéma* (in alphabetischer Reihenfolge)

L'acteur au cinéma. Doppel-DVD, F 2008.

«L'Aurore», un film de Friedrich Wilhelm Murnau, F 2005.

«Azur et Azmar», un film de Michel Ocelot (F 2007). Doppel-DVD, F 2007.

Le cinéma d'animation. Konzept: Anne Huet, Jean-Pierre Lemouland. Doppel-DVD, F 2005.

Le cinéma documentaire. Konzept: Catherine Goupil, F 2003.

Cinéma et théâtre. Konzept: Anne Huet, F 2007.

Cinémas d'Afrique, F 2001.

«Conte d'été», un film de Eric Rohmer, F 2006.

«Les contrebandiers de Moonfleet», un film de Fritz Lang, F 2002.

«L'esprit de la ruche», un film de Victor Erice, F 2008.

«L'évangile selon saint Matthieu», un film de Pier Paolo Pasolini, F 2003.

La forme courte, Konzept: Anne Huet, F 2006.

«Les glaneurs et la glaneuse», un film de Agnès Varda, Konzept: Agnès Varda, F 2002.

«Go West», un film de Buster Keaton, F 2005.

«L'homme à la caméra», un film de Dziga Vertov, F 2003.

«Le Kid» et «Le dictateur», deux films de Charlie Chaplin. Doppel-DVD, F 2005.

«Mes petites amoureuses», un film de Jean Eustache. F 2005.

«Nuit et brouillard», un film de Alain Resnais. F 2012.

«Où est la maison de mon ami?», un film de Abbas Kiarostami. Doppel-DVD, F 2001.

Petit à petit, le cinéma. Konzept: Nathalie Bourgeois, F 2002.

«Le petit fugitiv», un film de Morris Engel, Ruth Orkin, Ray Ashley. F 2009.

Le point de vue. Konzept: Alain Bergala, F 2007.

«Ponette», un film de Jacques Doillon. F 2004.

«La prisonnière du désert», un film de John Ford. Doppel-DVD, F 2003.

«Les quatre cents coups», un film de François Truffaut. F 2001.

Les raccords au cinéma. Geste et pensée du montage. Konzept: Jean-Louis Comolli, F 2010.

«Sherlock junior», un film de Buster Keaton. F 2005.

«Shoah» (extraits), un film de Claude Lanzmann. F 2001.

«LES TEMPS MODERNES», UN FILM DE VON CHARLIE CHAPLIN. F 2003.
VARDA TOUS COURTS. Konzept: Agnès Varda, Doppel-DVD, F 2007.

Diese DVDs hat Alain Bergala zusammen mit seinen Mitarbeiterinnen Anne Huet und Catherine Groupil in den Jahren 2000–2012 herausgegeben. Sie können auf der Internetseite http://www.cndp.fr/crdp-paris/collection-eden-cinema bestellt werden.

V. Literaturverzeichnis

1. Alain Bergala: Publikationen und Interviews

1.1 Publikationen (nach Erscheinungsjahr)

Belbo, Alain (Pseud.) (1973): Problème d'une stratégie de l'animation. In: *Cahiers du cinéma* 245/6, S. 15–18.

– u.a. (1973): Bilan de la commission d'animation culturelle. In: *Cahiers du cinéma* 248, S. 16–27.

Bergala, Alain (1975): *Pour une pédagogie de l'audio-visuel (Les cahiers de l'audio-visuel).* Paris.

– (1976): Le pendule (La photo historique stéréotypée). In: *Cahiers du cinéma. Images de Marque (Spécial)* 268–269, S. 40–46.

– (1976): Le miroir à bascule. In: *Cahiers du cinéma* 272, S. 19–25.

– (1978): *Initiation à la sémiologie du récit en images (Les cahiers de l'audio-visuel).* Paris.

– (1978): Ouverture pour une pédagogie de la photo. In: *Education 2000. Audiovisuel Communication Pédagogie* 10, S. 25–30.

– (Hg.) (1978): Spécial de Fotos de Films. In: *Cahiers du cinéma. Hors série 2.*

– (1979): Répérages pour une pédagogie de l'image. In: *Les cahiers de l'animation. Des pratiques audiovisuelles à l'éducation télévisuel* 24–25, S. 13–22.

– (Hg.) (1980): *Scénographie. Cahiers du cinéma. Hors série.* Paris.

– (1980): L'après-Barthes. In: *Le Journal des Cahiers du cinéma* 310, S. XIII.

– (1981): *Raymond Depardon. Correspondance new-yorkaise. Les absences du photographe.* Paris.

– (1982): C'est difficile de toucher le reel. ‹Vers le sud› de Johan van der Keuken. In: *Cahiers du cinema* 332, 1982, S. 9–11.

– (1983): Le vrai, le faux, le factice. In: *Cahiers du cinéma* 351, 1983, S. 4–9.

– (1983): De la singularité au cinéma. In: *Cahiers du cinéma* 353, 1983, S. 14–21.

– (1984): Roberto Rossellini et l'invention du cinéma moderne. In: Alain Bergala (Hg.): *Roberto Rossellini. Le cinéma révélé.* Paris, S. 7–30.

– (1985/8) (Hg.): Jean-Luc Godard par Jean-Luc Godard. Tome 1/2. Paris.

– (1990): Faux raccords. In: Alain Bergala, Jean Narboni (Hg.): *Roberto Rossellini.* Paris, S. 57–60.

– (1990): *Voyage en Italie.* Crisnée.

- (1992): *Pour une pédagogie des possibles. Le moment du choix, de la décision dans l'acte cinématographique.* Beiheft zu: LE CINÉMA EN JEU. Aix en Provence.
- (1992): Pour une pédagogie douce (allégé de dogmatisme). In: *Les chemins d'Irène Analyse de Europe 51 de Roberto Rossellini* (Beiheft zum Videofilm). Paris, S. 5–9.
- ; Bourgeois, Nathalie (Hg.) (1993): *Cet enfant de cinéma que nous avons été.* Aix-en-Provence.
- (1993): Au séminaire. In: *Cahiers du cinéma* 472, S. 7.
- (1993): L'irrémédiable. In: Bergala, Bourgeois, S. 83–87.
- (1993): Montage obligatoire. In: *Le Montage dans tous ses états. Conférences du collège d'histoire de l'art cinématographique* 5, Paris.
- (1993): Quelque chose de flambant neuf. In: *Les colloques de Cinémémoire.* Toulouse.
- (1994): L'acte cinématographique. In: *Professionnels et amateurs: La Maîtrise. Conférences du Collège d'Histoire de l'Art cinématographique* 6, S. 37–55.
- (1996): Critique / théorie: l'évaluation et la preuve. In: *La critique cinématographique. Cinémas. Revue d'études cinématographiques* 6, 1996, S. 29–44.
- (1997): India comme autoportrait de Rossellini en cinéaste et en mari. In: Nathalie Bourgeois, Bernard Bénoliel (Hg.): *India. Rossellini et les animaux.* Paris, S. 51–63.
- (1998): L'intervalle chez Mizoguchi. In: Paini, Dominique (Hg.): *Cinemathèque. Revue semestrielle d'esthétique et d'histoire du cinéma* 14, 1998.
- (Hg.) (1998): *Jean-Luc Godard par Jean-Luc Godard* (2 Bände). Paris.
- (1999): *Nul mieux que Godard.* Paris.
- (2000): La liberté et le code. In: *Cahier des ailes du désir* 9, S. 2–5.
- (2000): L'intervalle. In: Jacques Aumont (Hg.): *La mise en scène.* Brüssel, S. 25–35.
- (2000): Le Plan-Aquarium. In: Nathalie Bourgeois, Bernard Benoliel, Stéfanie de Loppinot (Hg.): *L'Atlante. Un film de Jean Vigo.* Paris, S. 153–161.
- (2001): *D'une certaine manière.* In: Antoine de Baecque (Hg.): *Théories du cinéma.* Paris, S. 156–165 (Orig 1985).
- (2001): Éloge de la liste. In: Les enfants de cinéma (Hg.): *Allons z'enfants au cinéma: Une petite anthologie de films pour un jeune public.* Paris, S. 8–21.
- (2001): ‹Ne tirez pas sur le pianiste!›. In: *Cahiers du cinéma* 554, S. 35.
- (2002): *L'hypothèse cinéma. Petit traité de la transmission du cinéma à l'école et ailleurs,* Paris.
- (2003): Éloge des morceaux choisis. Cinq pistes de réflexion sur les perspectives ouvertes par l'utilisation du DVD dans l'enseignement du cinéma. In: *Cahiers du cinéma* 585, S. 72–74.
- (2004): De l'impureté ontologique des créatures de cinéma. In: *Trafic (Qu'est-ce que le cinéma)* 50, S. 23–36.
- (2004): Allein das Begehren bildet. In: *Ästhetik & Kommunikation. Ästhetische Erziehung im Medienzeitalter* 125, S. 21–24.
- (2004): *Abbas Kiarostami (les petits cahiers).* Paris.
- (2004): De l'écran à l'écrit, une nouvelle espèce de livret DVD. In: *Cahiers du cinéma* 597, S. 126f.

- (2005): *Le cinéma comment ça va. Lettre à Fassbinder suivie de onze autres.* Paris.
- (2005): *Monika de Ingmar Bergman.* Crisnée.
- (2006): *Godard au travail. Les années 60.* Paris, S. 9–12.
- (2006): *Kino als Kunst. Filmvermittlung an der Schule und anderswo.* Hg.: Bettina Henzler, Winfried Pauleit. Marburg (Orig. 2002).
- (2007): Cher Abbas, cher Victor. Lettres à deux cinéastes. In: *Cahiers du cinéma* 626, S. 12–15.
- (2007): Freiheit und Regeln. In: *Recherche Film und Fernsehen. Medien Kompetenz–Konsum–Vermittlung. Zeitschrift der deutschen Kinemathek* 2, S.44–49. (Orig. 2000).
- (2007): *Mais où je suis? Territoires inconnus* (Reihe *Atelier cinéma*). Paris.
- (2007): Petite histoire de la photographie aux *Cahiers* en dix dates. In: *Cahiers du cinéma* 623, S. 90f.
- (2007): Une invitation à penser / Lignes de temps et les correspondances. Video-interviews auf http://web.iri.centrepompidou.fr/pop_site.html (8.12.2012).
- (2008): Propositions pour faire entrer le cinéma dans l'histoire des arts. In: Les enfants de cinéma (Hg.): *Actes de la Rencontre Nationale Ecole et cinéma. Lyon 15,16 et 17 octobre 2008.* Paris.
- (2010): Die DVD als Instrument einer aktiven Pädagogik und Filmforschung. In: Henzler, Pauleit u.a. 2010, S. 58–65.
- ; Marquez, Anne (2010): *Brune blonde: la chevelure féminine dans l'art et le cinéma. [Exposition présentée à la cinémathèque française, musée du cinéma, à Paris, du 6 octobre 2010 au 16 janvier 2011]*, Paris.
- (2011): Art, cinéma, pédagogie – les enjeux de la transmission. Videoaufnahme eines Gastvortrags an der Universität Paris 3, 22.9.2011. http://vimeo.com/30807643 (10.12.2012).
- (2012): Wozu Filmbildung? Vortrag übersetzt von Vinzenz Hediger. www.medien-bildung.eu/events/vortraege-ws2011/ (10.12.2012).

1.2 Interviews (nach Autor)

Blanc, Cécile (2003): Alain Bergala, enseignant à l'Université Paris III et à la Fémis. Une cinémathèque imaginaire. www.bifi.fr/public/ap/liste_articles.php. Paris (8.12.2012).

Delavaux, Gilles; Lefèvre, Gérard (1979): Faire un film pour enfants. Entretien avec Alain Bergala. In: *Education 2000. Audiovisuel Communication Pédagogie (Spécial)* 13, S. 19–23.

Heine, Isabel (1992): Le cinéma: Un peu de savoir et beaucoup de création. Un entretien avec Alain Bergala. In: Isabelle Heine (Hg.): *Revue Belge du cinéma. Cinéma et pédagogie* 32, S. 55–61.

Henzler, Bettina (2011): «Il les conduit ailleurs». Gespräch mit Alain Bergala zu Cinéphilie, Wissenschaft und Pädagogik. In: Sommer, Hediger, Fahle, S. 161–176.

Jacquinot, Geneviève (1993): Filmer l'expérience du savoir. Entretien avec Alain Bergala. In: *Mediascope Medias et science humaines. Nouvelles technologies et formation* 5, S. 146–152.

Lamant, Ludovic; Garson, Charlotte (2006): France: «Un recul objectif». Interview. Alain Bergala. In: *Cahiers du cinema. Atlas (Hors série)*. Paris, S. 22–25.

Lafont, Monique (1986): Mettre en contact... In: *Cahiers pédagogiques* 240, S. 19.

Libois, Jean-Louis (1978): L'arrivée de l'image à l'école. Entretien avec Alain Bergala. In: *La nouvelle critique (Libérer les images et les sons)* 115, S. 53–55.

Kermabon, Jacques (2003): Apprendre à aimer le cinéma. Entretien avec Alain Bergala. In: *24 images. La revue québéquoise du cinéma* 115, S. 12–17.

Pantenburg, Volker; Pethke, Stefan; Stein, Erik (2008): Filmvermittelnde Werkzeuge: Schneidetisch, VHS, DVD. Ein Gespräch mit Alain Bergala. www.kunst-der-vermittlung.de/dossiers/filmpaedagogik/ (20.2.2013).

– (2008): Begeisterte Waisensöhne. Gespräch mit Alain Bergala. www.kunst-der-vermittlung.de/dossiers/cinephilie-bergala/ (20.2.2013).

Rouaud, Chris (1988): Une certaine idée du cinéma (Interview). In: *APTE (Audiovisuel pour tous dans l'éducation)* 5, S. 2–5.

2. Weitere Literatur

Adorno, Theodor W. (1977): Kulturkritik und Gesellschaft. Prismen. Ohne Leitbild. In: R. Tiedemann und G. Adorno (Hg.): *Gesammelte Schriften 10/1*. Frankfurt/Main.

Agel, Henri (1955): *Le cinéma*. Tournai, Paris.

Aidelman, Núria; Colell, Laia (2010): Zum pädagogischen Potenzial kreativer Filmarbeit. Das spanische Schulfilmprojekt *Cinema en curs*. In: Henzler, Pauleit u.a. 2010, S. 101–109.

Andréanszky, Eugène (2009): Kino auf Augenhöhe mit Kindern. Pädagogisches Arbeiten im Rahmen des französischen Grundschulprojekts «École et cinéma». In: Henzler, Pauleit 2009, S. 189–200.

Andrew, Dudley (1983): *Andre Bazin*. Paris.

Arnaud, Philippe (1993): Anywhere inside the world. In: Bergala, Bourgeois 1993. Aix en Provence, S. 13–18.

– (1996): «...son aile indubitable en moi.» *Où l'on suit quelque variations sur la Rencontre*. Paris.

– (1998): *De l'esthétique au présent*. Paris, Brüssel.

– (2001): *Les paupières du visible*. Paris.

– (2007): *La rencontre au cinéma. Au cinéma, toujours l'inattendu arrive*. Rennes.

Aumont, Jacques; Bergala, Alain; Marie, Michel; Vernet, Marc (1992): *Aesthetics of Film*. Austin (Orig. 1983).

– (2004): *Esthétique du film*. Paris (Orig. 1983).

Aumont, Jacques; Marie, Michel (2007): *Dictionnaire théorique et critique du cinéma*. Paris.

Baecque, Antoine de (1991): *Les Cahiers du cinéma. Histoire d'une revue. (Tome 2): Cinéma, tours détours.* Paris.
- (Hg.) (2001): *Critique et Cinéphilie.* Paris.
- (2003): *La cinéphilie. Invention d'un regard, histoire d'une culture 1944–1968.* Paris.
- (Hg.) (2004): *Théories du cinéma.* Paris.
- (2008): *Crises dans la culture française. Anatomie d'un échec.* Paris.
Barthes, Roland (1957): *Mythologies.* Paris.
- (1963): *Sur Racine.* Paris.
- (1964): *Mythen des Alltags.* Frankfurt am Main (Orig. 1957).
- (1970): *S/Z.* Paris.
- (1973): *Le plaisir du texte.* Paris.
- (1974): *Die Lust am Text.* Frankfurt am Main (Orig. 1973).
- (1975): *Barthes par lui-même.* Paris.
- (1976): Beim Verlassen des Kinos. In: *Filmkritik* 235, S. 290–293 (Orig. 1975).
- (1980): *La chambre claire. Notes sur la photographie.* Paris.
- (1982): *L'obvie et l'obtus.* Paris.
- (1989): *Die helle Kammer. Bemerkungen zur Photographie.* Frankfurt am Main (Orig. 1980).
- (1990): *Der entgegenkommende und der stumpfe Sinn. Kritische Essays III.* Frankfurt am Main (Orig. 1982).
- (2000): Der Tod des Autors. In: Fotis Jannidis (Hg.): *Texte zur Theorie der Autorschaft.* Stuttgart (Orig. 1968).
- (2000): Der Real(itäts)effekt (Orig. 1968). www.nachdemfilm.de/content/der-realitätseffekt (8.12.2012).
Baudry, Jean-Louis (1970): Cinéma: effets idéologiques produits par l'appareil de base. In: *Cinéthique. Nouvelle revue du cinéma nouveau* 7–8, S. 1–8.
- (2004): Das Dispositiv: Metapsychologische Betrachtungen des Realitätseindrucks. In: Claus Pias, Joseph Vogel, Lorenz Engell, Oliver Fahle, Britta Neitzel (Hg.): *Kursbuch Medienkultur. Die maßgeblichen Theorien von Brecht bis Baudrillard.* Stuttgart, S. 381–404 (Orig. 1975).
Baute, Michael; Pantenburg, Volker (2007): Look at the way he rides with his legs stretched up! Zum filmvermittelnden Film. In: *kolik film.* Sonderheft 8, S. 7–15 (auch: www.kunst-der-vermittlung.de/dossiers/verfahren-des-filmvermittelnden-films 20.2.2013).
Bazin, André: Le mythe de Stalin dans le cinéma soviétique, In: *Esprit*, August, 1950.
- (1959): *Qu'est-ce que le cinéma? 2 Le cinéma et les autres arts.* Paris.
- (1961): *Qu'est-ce que le cinéma? 3 Cinéma et sociologie.* Paris.
- (1962): *Qu'est-ce que le cinema? 4 Une esthétique de la Réalité: le néoréalisme.* Paris.
- (1972): *Orson Welles.* Paris.
- (2004): *Was ist Film?* Hg.: Robert Fischer. Berlin.
Beauvoir, Simone de (1998): *Das andere Geschlecht. Sitte und Sexus der Frau.* Hamburg (Orig. 1949).

Becker, Jörg (2007): Vermittlung der Liebe zum Kino. In: *Ray*, 1.3.2007, S. 96f.

Benjamin, Walter (2007): *Das Kunstwerk im Zeitalter seiner technischen Reproduzierbarkeit.* Frankfurt am Main (Orig. 1939).

Bergmann, Susanne; Lauffer, Jürgen; Mikos, Lothar; Thiele, Günter A.; Wiedemann, Dieter (Hg.) (2004): *Medienkompetenz. Modelle und Projekte.* Bonn.

Bickerton, Emilie (2010): *Eine kurze Geschichte der Cahiers du cinéma.* Zürich.

Blümlinger, Christa (2000): Ein Seismograph in der Landschaft der Bilder. In: Serge Daney 2000: *Von der Welt ins Bild*, Hg.: Christa Blümlinger, S. 10.

Bordwell, David (2006): *Visual Style in Cinema. Vier Kapitel Filmgeschichte.* Frankfurt am Main.

– (2009): Bazins Lektionen: Sechs Pfade zu einer Poetik. In: *montage/av [Warum Bazin]*, 18.1.2009, S. 109–128.

Bourdieu, Pierre (1974): *Zur Soziologie der symbolischen Formen.* Frankfurt am Main (Orig. 1970).

– u.a. (1981): *Eine illegitime Kunst. Die sozialen Gebrauchsweisen der Photographie.* Frankfurt am Main (Orig. 1965).

– (1987): *Die feinen Unterschiede. Kritik der gesellschaftlichen Urteilskraft.* Frankfurt am Main (Orig. 1979).

– (1998): *Über das Fernsehen.* Frankfurt am Main (Orig. 1996).

– (1999): *Die Regeln der Kunst. Genese und Struktur des literarischen Feldes.* Frankfurt am Main (Orig. 1992).

– (2001): Questions sur l'art pour et avec les élèves d'une école d'art mise en question. In: *Penser l'art à l'école*, Arles Cédex, S. 13–54, hier 46.

– ; Passeron, Jean-Claude (1971): *Die Illusion der Chancengleichheit. Untersuchungen zur Soziologie des Bildungswesens am Beispiel Frankreichs.* Stuttgart (Orig. 1964/ 1970).

Bourgeois, Nathalie (2010): Wie die Cinematheque française Kinder in die Filmkunst einführt. In: Henzler, Pauleit u.a. 2010, S. 89–100.

Boutin, Perrine (2010): *Le 7ième art aux regards de l'enfance: Les mediations dans les dispositifs d'éducation à l'image cinématographique*, Avignon (unveröffentlichte Dissertation).

Bron, Jean-Albert (2003): Alain Bergala, l'Hypothèse cinéma. In: *Cahier des ailes du désir* 11, S. 56.

Bronfen, Elisabeth (1996): *Nur über ihre Leiche. Tod. Weiblichkeit und Ästhetik.* München.

Browne, Nick (Hg.) (1990): *Cahiers du cinéma 1969–1972. The Politics of Representation. An anthology.* London.

Bürger, Peter (1998): *Das Verschwinden des Subjekts. Eine Geschichte der Subjektivität von Montaigne bis Barthes.* Frankfurt am Main.

Caroll, Lewis (1965): *Alice's Adventures in Wonderland.* London.

Cayla, Véronique (Hg.) (2009): *1989–2009. Géographie de l'éducation au cinéma. 20 ans d'action culturelle cinématographique. École et cinéma / Collège au cinéma / Ly-*

céens et apprentis au cinéma / Passeurs d'images. www.passeursdimages.fr/Geographie-de-l-education-au?lang=fr (15.1.2013).

Chauvin, Jean-Sébastien (2000): Jack Lang prépare l'entrée du cinéma à l'école primaire. In: *Cahiers du cinéma* 552, Dezember, S. 12–17.

Comolli, Jean-Louis: Technique et idéologie: Caméra, perspective, profondeur du champs, *Cahiers du cinéma* 229, 1971.

Daney, Serge (1993): *L'Exercice a été profitable, Monsieur.* Hg.: Jean-Claude Biette, Emmanuel Crimail. Paris.

– (1993): *Le salaire du zappeur.* Paris.

– (1996): La rampe. In: Ders.: *La rampe.* Paris, S. 9–12 (Orig. 1983).

– (1998): André Bazin. In: Ders.: *Cine Journal Vol. 2 1983–1986.* Hg.: Alain Bergala, Renée Koch, Claudine Paquot. Paris, S. 41–46 (Orig. 1983).

– (1999): *Itinéraire d'un ciné-fils.* Hg.: Régis Debray, Christian Delage. Paris.

– (2000): *Im Verborgenen. Kino Reisen Kritik.* Wien (Orig. 1992).

– (2000): *Von der Welt ins Bild. Augenzeugenberichte eines Cinephilen.* Hg.: Christa Blümlinger. Berlin.

– (2004): La guerre, le visuel, l'image. In: *Trafic (Qu'est-ce que le cinéma)* 50, S. 439–444 (Orig. 1991).

– ; Roger, Philippe (1991): Le passeur. In: Serge Daney: *Devant la recrudescence des vols de sacs à mains, cinéma, télévision, information.* Hg.: Philippe Roger. Lyon, S. 107–136.

– ; Toubiana, Serge (1992): *Pérsévérance.* Paris.

Dausien, Bettina (2006): Geschlechterverhältnisse und ihre Subjekte. Zum Diskurs um Sozialisation und Geschlecht. In: Helga Bilden, Bettina Dausien (Hg.): *Sozialisation und Geschlecht. Theoretische und methodologische Aspekte.* Opladen, S. 17–44.

Deligny, Fernand (2007): *Oeuvres.* Paris.

Desbarats, Claude und Francis (2008): Filmstandbilder. Für eine schulische Vermittlung des Kinos als Kunst. In: Henzler, Pauleit 2009, S. 33–65.

Desbarats, Francis (2002): *Origines, conditions et perspectives idélogiques de l'enseignement du cinema aux lycées.* Toulouse (unveröff. Dissertation).

– (2008): Le cinéma est-il un art? Mise en perspective historique. In: Les enfants de cinema (Hg.): *Actes de la Rencontre École et cinéma 15, 16 et 17 octobre 2008 Lyon.* Paris, S. 33–41.

Douchet, Jean (2003): L'art d'aimer. In: Jean Douchet: *L'art d'aimer.* Paris (Orig. 1987).

Eagleton, Terry (1994): *Einführung in die Literaturtheorie.* Stuttgart.

Elsaesser, Thomas (2005): Cinephilia and the Uses of Disenchantment. In: Marijke de Valck, Malte Hagener (Hg.): *Cinephilia. Movies, Love and Memory.* Amsterdam, S. 27–43.

– ; Hagener, Malte (2007): *Filmtheorie zur Einführung.* Hamburg.

Erdmann, Eva; Hesper, Stefan (1994): Roland Barthes' Text(-Theorie) in der Encyclopaedia Universalis. In: Thomas Regehly, Thomas Bauer, Stefan Hesper. Alfred

Hirsch (Hg.): *Text-Welt. Karriere und Bedeutung einer grundlegenden Differenz.* Gießen, S. 9–25.

Europäische audiovisuelle Informationsstelle (Hg.) (2010): *World Film Market Trends / Tendences du marché mondial du film.* Strasbourg. www.obs.coe.int/oea_publ/market/focus-bis.html (20.7.2012).

Francastel, Pierre (1970): *Études de sociologie de l'art.* Paris.

Felsmann, Klaus-Dieter (2006): Aus allen Quellen schöpfen. Filmvermittlung an der Schule und anderswo: Zu Alain Bergala und der ‹Vision Kino› in Deutschland. In: *film-dienst* 24, S. 10f.

Frodon, Jean-Michel (2001): Premiers tours de manivelle pour l'enseignement du cinéma à l'école. In: *Le Monde*, 17.2.2001, S. 27.

– (2002): Alain Bergala à l'école de l'amour du cinéma. In: *Le monde*, 31.7.2002.

– (2004): Quel avenir pour l'enseignement du cinéma à l'école? Table ronde. Cinq professionels, impliqué dans l'enseignement du cinema, réunis. In: *Cahiers du cinéma* 591, S. 52–54.

– (2004): L'enseignement du cinéma en situation critique. In: *Cahiers du cinéma* 591, S. 45–46.

– (2007): Aventures du regard, aventures de l'esprit. In: *Cahiers du cinéma* 628, S. 93–94.

– (2008): *La critique de cinema.* Paris.

– (2008): L'école du jeu. In: *Cahiers du cinéma* 639, S. 30f.

Fuges, J.-B. (1979): *Comprendre Barthes.* Toulouse.

Godin, Christian (2004): *Dictionnaire de philosophie.* Paris.

Glevarec Hervé (2005): La fin du modèle classique de la légitimité culturelle. In: Macé, Maigret, S. 69–88.

Grenfell, Michael; Hardy, Cheryl (2007): *Art rules. Pierre Bourdieu and the Visual Arts.* Oxford, New York.

Grosse, Ernst Ulrich; Lüger, Heinz-Helmut (2008): *Frankreich verstehen. Eine Einführung mit Vergleichen zu Deutschland.* Darmstadt, S. 189–243.

Hamus-Vallée, Réjane (2004): *Les effets spéciaux.* Paris.

Hartung, Anja; Schorb, Bernd (2007): Projekt Identität. Medien in Prozessen der Selbstfindung Jugendlicher. In: *Computer und Unterricht* 68, S. 6–11.

Hediger, Vinzenz (2009): Das Wunder des Realismus. Transsubstantation als medientheoretische Kategorie bei André Bazin. In: *montage a/v. Zeitschrift für Theorie und Geschichte audiovisueller Kommunikation. [Warum Bazin]* 18/1, S. 75–108.

Hedin, Michèle; Bouquet, Serge (1978): Le film dans la classe de Français. In: *Le français aujourd'hui* 2/47, S.3.

Henschen, Hans-Horst (Hg.) (1988): *Roland Barthes.* München.

Henzler, Bettina (2004): L'éducation à l'image in Frankreich. In: Klaus-Dieter Felsmann (Hg.): *8. Buckower Mediengespräche.* München, S. 141–146.

– (2006): Plaidoyer für eine filmspezifische Pädagogik. In: Klaus-Dieter Felsmann (Hg.): *10. Buckower Mediengespräche. München*, S. 149–158.

- (2009): Von der Pädagogik audiovisueller Medien zur Vermittlung des Kinos als Kunstform. In: Henzler, Pauleit 2009, S. 10–32.
- (2009): Fährten legen. Zu Alain Bergalas filmvermittelnder DVD «Le point de vue». www.kunst-der-vermittlung.de/dossiers/cinephilie-bergala/ (10.12.2012).
- (2010): ich, du, er, sie, es. Intersubjektivität in der Filmvermittlung. In: Henzler, Pauleit u.a. 2010, S. 58–65.
- ; Pauleit, Winfried (Hg.) (2009): *Filme sehen, Kino verstehen. Methoden der Film-vermittlung. Bremer Schriften zur Filmvermittlung.* Marburg.
- ; Pauleit, Winfried; Rüffert, Christine; Schmid, Karl-Heinz; Tews, Alfred (Hg.) (2010): *Vom Kino lernen. Internationale Perspektiven der Filmvermittlung.* Berlin.

Hickethier, Knut (1974): Zur Tradition schulischer Beschäftigung mit Massenmedien. Ein kleiner Abriß. In: Reent Schwarz (Hg.): *Manipulation durch Massenmedien Aufklärung durch Schule?* Stuttgart, S. 21–52.

Höhne, Thomas (2007): Der Leitbegriff ‹Kompetenz› als Mantra neoliberaler Bildungsreformer. Zur Kritik seiner semantischen Weitläufigkeit und inhaltlichen Kurzatmigkeit. In: Ludwig A. Pongratz, Roland Reichenbach, Michael Wimmer (Hg.): *Bildung – Wissen – Kompetenz.* Bielefeld.

Holighaus, Alfred (2005): *Der Filmkanon. 35 Filme, die Sie kennen müssen.* Berlin.

Honig, Michael-Sebastian (1999): *Entwurf einer Theorie der Kindheit.* Frankfurt am Main.

Horkheimer, Max; Adorno, Theodor W. (2000): *Dialektik der Aufklärung.* Frankfurt am Main (Orig. 1944).

Hüther, Jürgen (2002): Wegbereiter der Medienpädagogik (6). Die Kinoreformer 1907–1920. In: *merz* 4, S. 251.

Jörissen, Benjamin (2010): Medien... -bildung? -kompetenz? -literacy? -didaktik? -erziehung? http://joerissen.name/medienbildung/bildungskompetenzliteracy-erziehung (20.2.2013).

Kammerer, Ingo (2009): *Film Genre Werkstatt. Textsortensystematisch fundierte Film-didaktik im Fach Deutsch.* Erlangen.

Kant, Immanuel (2001): *Kritik der Urteilskraft.* Hg.: Heiner F. Klemme, Hamburg (Orig. 1790).

Kastner, Jens (2008): Die Aufteilung des Gemeinsamen. In: *graswurzelrevolution* 332, S. 15–16 (auch: www.jenspetzkastner.de/ranciere.html, 31.10.2012).

Keathley, Christian M. (2006): *Cinephila and History or The Wind in the trees.* Bloomington.

Kessler, Frank; Lenk, Sabine; E. Müller, Jürgen (1994): Christian Metz und die Enunziation. Einleitende Anmerkungen zur Übersetzung. In: *montage AV* 3/1, S. 5–10.

Kirsten, Guido (2009): Die Liebe zum Detail. Bazin und der «Wirklichkeiteffekt» im Film. In: *montage a/v. [Warum Bazin]* 18/1, S. 141–162.

Klein, William (1981): Et mon punctum à moi alors? William Klein répond à Roland Barthes. In: *Cahiers du cinéma (Journal)* 322, S. XIV.

Koebner, Thomas (Hg.) (2002): *Reclams Sachlexikon des Films.* Stuttgart.

Kolmer, Petra; Wildfeuer, Arnim G. (Hg.) (2011): *Neues Handbuch philosophischer Grundbegriffe.* Freiburg, München.

Kristeva, Julia (1978): *Die Revolution der poetischen Sprache.* Frankfurt am Main.

Lacan, Jacques (1987): Die vier Grundbegriffe der Psychoanalyse. In: *Das Seminar, Buch 11.* Berlin (Orig. 1973).

Lamalle, Anne; Dreux, Guy (2005): Entretien avec Jacques Rancière à propos de l'ouvrage *Le maître ignorant.* In: *Nouveaux Regards* 28 (auch: institut.fsu.fr/IMG/pdf/EntretienJRanciere.pdf, 8.12.2012)

Laplanche, J.; Potentialis, J.-B. (1973): *Das Vokabular der Psychoanalyse.* Frankfurt am Main.

Lepastier, Joachim (2010): Les Safdies, tout est permis. In: *Cahiers du cinéma* 655, S. 19–22.

Lévinas, Emmanuel (1991): *Entre nous. Essais sur le penser-à-l'autre.* Paris.

Lindhoff, Lena (1995): *Einführung in die feministische Literaturtheorie.* Stuttgart.

Lismonde, Pascale (2002): *Les arts à l'école. Le Plan de Jack Lang et de Catherine Tasca.* Paris.

Lohauß, Peter (1995): *Moderne Identität und Gesellschaft. Theorien und Konzepte.* Opladen.

Maigret, Eric (2005): Après le choc Culturel Studies. In: Macé, Maigret, S. 17–40.

– (2005): *Ésthétique des médiacultures.* In: Macé, Maigret, S. 123–144.

– ; Mace, Eric (Hg.) (2005): *Penser les médiacultures. Nouvelles pratiques et nouvelles approches de la représentation.* Paris.

Majetschak, Stefan (2007): *Ästhetik zur Einführung.* Hamburg.

Malraux, André (1946): *Esquisse d'une psychologie du cinéma.* Paris.

– (1957): *Psychologie der Kunst. Das imaginäre Museum.* München (Orig. 1947).

Marotzki, Winfried; Niesyto, Horst (Hg.) (2006): *Bildinterpretation und Bildverstehen. Methodische Ansätze aus sozialwissenschaftlicher, kunst- und medienpädagogischer Perspektive,* Wiesbaden.

Matarrese, Vittoria; Tesson, Charles (2001): Du cinéma dans 30 000 classes. In: *Cahiers du cinéma* 562, S. 25–27.

– (2001): Trois catégories de DVD pédagogiques. In: *Cahiers du cinéma* 562, S. 27.

Méranger, Thierry (2004): Plaidoyer pour la discipline. In: *Cahiers du cinéma* 596, 2004, S. S. 66–67.

Metz, Christian (1973): *Sprache und Film.* Frankfurt am Main (Orig. 1971).

– (2000): *Der imaginäre Signifikant.* München (Orig. 1977).

Merleau-Ponty, Maurice (1966): *Die Phänomenologie der Wahrnehmung.* Berlin (Orig. 1945).

– (2006): Das Kino und die neue Psychologie. In: Dimitri Liebsch (Hg.): Philosophie des Films. Grundlagentexte. Paderborn, S. 70–84 (Orig. 1945).

– (2007): *Zeichen.* Hamburg (Orig. 1960).

Montoya, Nathalie (2007): Construction et circulation d'ethos politiques dans les dispositifs de médiation. In: *Terrains & travaux* 13, S. 119–135.

- (2008): *Médiateurs et dispositifs de mediation culturelle. Contribution à l'établissement d'un grammaire d'action de la démocratisation de la culture.* Paris (Dissertation).

Mouren, Yannick (1999): Les intellectuels francais dissertent du cinéma (Barthes, Foucault et quelques autres). In: *Les cahiers de la Cinémathèque. Revue d'Histoire du cinéma (Les intellectuels francais et le cinéma)* 70, S. 75–84.

Münch, Richard (2009): *Globale Eliten, lokale Autoritäten. Bildung und Wissenschaft unter dem Regime von PISA,* McKinsey & Co. Frankfurt am Main.

Nessel, Sabine; Pauleit, Winfried; Rüffert, Christine; Schmid, Karl-Heinz; Tews, Alfred (Hg.) (2008): *Wort und Fleisch. Kino zwischen Text und Körper.* Berlin.

- (2012): *Der Film und das Tier.* Berlin.

Niesyto, Horst (Hg.) (2006): *film kreativ. Aktuelle Beiträge zur Filmbildung.* München.

Nöstlinger, Elisabeth; Schmitzer, Ulrike (2007) (Hg.): *Bourdieus Erben: gesellschaftliche Elitenbildung in Deutschland und Österreich.* Wien.

Nowak, Lars (2002): Figur, Traum. Der imaginäre Signifikant von Christian Metz auf deutsch. www.nachdemfilm.de. 1.2.2002.

Nünning, Ansgar (Hg.) (1998): *Metzler Lexikon Literatur- und Kulturtheorie. Ansätze – Personen – Grundbegriffe.* Stuttgart.

Oudart, Jean-Pierre (1971): L'effet de réel. In: *Cahiers du cinéma* 228, S. 19–26.

- (1971): Notes pour une théorie de la représentation, In: *Cahiers du cinéma* 229, S. 43–45.

- (2004): La suture. In: Antoine de Baecque (Hg.): *Théories du cinéma.* Paris, S. 59–79 (Orig. 1969).

Pagel, Gerda (2002): *Jacques Lacan zur Einführung.* Hamburg.

Paigneau, Christian (2009): *L'odyssée de l'enfance. Enfance et narration au cinéma.* Paris.

Panowsky, Erwin (1978): *Sinn und Deutung in der bildenden Kunst.* Köln.

Pantenburg, Volker (2006): *Film als Theorie. Bildforschung bei Harun Farocki und Jean-Luc Godard.* Bielefeld.

- ; Pethke, Stefan; Stein, Erik (2008): Kino – Bildung – Politik. Ein Gespräch mit Eugène Andréanszky. www.kunst-der-vermittlung.de/dossiers/filmpaedagogik/ (10.12.2012).

- ; Schlüter, Stefanie (2011): Experimentalfilme vermitteln. Zum praktischen Umgang mit dem Kino der Avantgarde. In: Sommer, Hediger, Fahle, S. 213–222.

Pasquier, Dominique (2005): La culture comme activité sociale. In: Macé, Maigret, S. 107–123.

Pauleit, Winfried (2004): *Filmstandbilder. Passagen zwischen Kunst und Kino.* Frankfurt am Main.

- (2004): Der Kinematograph als Zeigestock. In: *Ästhetik & Kommunikation. Ästhetische Erziehung im Medienzeitalter* 125, S. 13–20.

- (2008): Barthes' dritter Sinn. Ansätze einer Semiologie des Kinos, die von den Körpern ausgeht. In: Nessel, Pauleit u.a. 2008, S. 66–74.

– (2009): Film als Handlungsfeld. Oder: Wie falsches «Spiel» zu Bildungsprozessen führt. In: Henzler, Pauleit 2009, S. 118–136.

Petke, Stefan (2008/9): Siehst Du? Über Alain Bergalas «Le combat avec l'ange». www.kunst-der-vermittlung.de/dossiers/cinephilie-bergala (10.12.2012).

Pigoullié, Jean-Francois (2006): *Serge Daney ou la morale d'un ciné-fils*. Lyon.

Pudowkin, Wsewolod I. (2003): Filmregie und Filmmanuskript / Über die Montage. In: Albersmeier (Hg.); *Texte zur Theorie des Films*. Stuttgart, S. 70–96.

Pongratz, Gregor (Hg.) (2006): Spielfilm-Interpretation und ‹spielerische› Film-Gestaltung mit Musik. Filmpädagogik aus hermeneutisch-phänomenologischer Perspektive. Hildesheim, Zürich, New York.

Rancière, Jacques (2007): *Der unwissende Lehrmeister. Fünf Lektionen über die intellektuelle Emanzipation*. Wien (Orig. 1987).

– (2008): *Ist Kunst widerständig?* Hg.: Frank Ruda, Jan Völker. Berlin.

Rebhandl, Bert (2006): Die Aufmerksamkeit und das Verlangen. Politische Bildung: Ein Plädoyer fürs Kino in der Schule. F.A.Z., 21.12.2006, S. 35.

Reckwitz, Andreas (2006): *Das hybride Subjekt. Eine Theorie der Subjektkulturen von der bürgerlichen Moderne zur Postmoderne*. Göttingen.

– (2008): *Subjekt*. Bielefeld.

Rehbein, Boike (2006): *Die Soziologie Pierre Bourdieus*. Konstanz.

Reynaud, Berenice (2000): Introduction: Cahiers du cinéma 1973–1978. In: Wilson, David (Hg.): *Cahiers du cinéma Vol. 4: 1973–1978: History, Ideologie, Cultural Struggle*. London, S. 1–44.

Ribbecke, Nicole (2007): Alain Bergala: Kino als Kunst. Filmvermittlung an der Schule und anderswo. In: *Schnitt – Das Filmmagazin*, 1.4.2007, S. 80.

Richtmeyer, Ulrich (2009): *Kants Ästhetik im Zeitalter der Photographie. Analysen zwischen Sprache und Bild*. Bielefeld.

Rivette, Jacques (1989): Über die Niedertracht. In: *Cicim* 24/25, S. 147–150 (Orig. 1961).

Roger, Philippe (1991): Du casse à la passe. In: Serge Daney: *Devant la recrudescence des vols de sacs à mains, cinéma, télévision, information*. Lyon, S. 199–259.

Rohmer, Eric (Pseud. Maurice Schérer) (1948): Le cinéma, art de l'espace. In: *La revue du cinéma* 14, S. 3–13.

Rohmer, Eric (2004): *Le goût de la beauté*. Hg.: Jean Narboni. Paris.

Rombes, Nicholas (2009): *Cinema in the digital Age*. London.

Ropert, Axelle (2005): Serge Daney, anatomie d'un success. www.bifi.fr/public/ap/liste_articles.php (8.12.2012).

Rosenbaum, Jonathan (1982/3): Barthes & Film. 12 Suggestions. In: *Sight and Sound*, Winter 1982/3, S. 45–53 (auch: www.jonathanrosenbaum.com/?p=21339, 20.2.2013).

Röttger-Denker, Gabriele (1989): *Roland Barthes zur Einführung*. Hamburg.

Rüffert, Christine (2008): Lichtspiele unter der Lupe. Filmvermittlung anhand von Experimentalfilmen. In: Henzler, Pauleit 2009, S. 93–117.

Sahli, Jan (2006): *Filmische Sinneserweiterung. László Moholy-Nagys Filmwerk und Theorie.* Marburg.

Schädler, Sebastian (2008): *Wenn Derrida Schneewittchen trifft. Filmpädagogik und [Dekonstruktion].* München.

– (2009): Mit Schneewittchen lernen, dass Geschlechterrollen veränderbar sind. Zum Potenzial des «pädagogisch wertlosen» Films. In: Henzler, Pauleit 2009, S. 66–92.

Schefer, Jean-Louis (1980): Barthes. In: *Cahiers du cinéma* 311, S. 7–8.

– ; Daney, Serge; Oudart, Jean-Pierre (1979): L'homme ordinaire du cinéma. Entretien avec Jean Louis Schefer. In: *Cahiers du cinéma* 296, S. 5–14.

– (1993): L'accident. In: Bergala, Bourgeois 1993, S. 39–43.

– (1997): L'homme ordinaire du cinéma. Paris (Orig. 1980).

Schenk, Irmbert (1998): ‹Politische Linke› versus ‹Ästhetische Linke›. In: Irmbert Schenk (Hg.): *Filmkritik. Bestandsaufnahme und Perspektiven.* Marburg.

Schiller, Friedrich (2000): *Über die ästhetische Erziehung des Menschen.* Stuttgart.

Schlüter, Stefanie (2006): Erziehung zum Bild. In: *die tageszeitung*, 14.12.2006, S. 17.

– (2008/9): «L'argent des grands», oder: Wie in der Schule über Film gesprochen werden könnte. www.kunst-der-vermittlung.de/dossiers/filmpaedagogik/ (8.12.2012).

– (2008/9): Die Brüder Lumière, der Kinematograph und die Einstellung. Alain Bergalas «Le cinéma, une histoire de plans» (F 1998). www.kunst-der-vermittlung.de/dossiers/fruehes-kino/ (8.12.2012).

– (2009): Geht Dich das was an? Das politisch Bildende im Film. In: Julius Lebert-Forum der Friedrich-Ebert-Stiftung: *Mit Bildern bewegen. Der politische Film heute.* Hamburg (auch: http://library.fes.de/cgi-bin/populo/digbib.pl, 21.11.2012).

Schorb, Bernd (2009): Gebildet und kompetent. Medienbildung statt Medienkompetenz? In: *merz* 5, S. 50–56.

Schumacher, Heidemarie (2000): *Fernsehen, Fernsehen. Modelle der Medien- und Fernsehtheorie.* Köln.

Schwingel, Markus (2000): *Pierre Bourdieu zur Einführung.* Hamburg.

Sommer, Gudrun (2010): Komplizen und Passeure. In: *Der Schnitt* 58.

– ; Hediger, Vinzenz; Fahle, Oliver (Hg.) (2011): *Orte filmischen Wissens. Filmkultur und Filmvermittlung im Zeitalter digitaler Netzwerke*, Marburg.

Spanhel, Dieter (2010): Medienbildung statt Medienkompetenz? Zum Beitrag von Bernd Schorb. In: *merz* 1, S. 51–54.

Spielmann, Ralph (2011): *Filmbildung! Traditionen – Modelle – Perspektiven.* München.

Stosch, Stefan (2006): Man muss das Sehen lernen. In: *Hannoversche Allgemeine*, 7.12.2006.

Stam, Robert; Burgoyne, Robert; Flitterman-Lewis, Sandy (1992): *New Vocabularies in Film Semiotics. Structuralism, Post-structuralism and Beyond.* London.

Sternschulte, Klaus-Peter (Hg.) (1976): *Historisches Wörterbuch der Philosophie.* Basel.

Stolorow, Robert D.; Brandchaft, B.; Atwood, G. E. (1996): *Psychoanalytische Behandlung. Ein intersubjektiver Ansatz.* Frankfurt/Main.

Tardy, Michel (1966): *Le professeur et les images.* Paris.

Theweleit, Klaus (1988): *buch der könige. orpheus und eurydike.* Frankfurt.

Tröhler, Margrit (2009): Film – Bewegung und die ansteckende Kraft von Analogien. Zu André Bazins Konzeption des Zuschauers. In: *montage a/v. [Warum Bazin]* 18/1, S. 49–74.

Toulza, Pierre-Olivier (1996): Soixante vues de l'hexagone (Enfants à la camera). In: *Cahiers du cinema* 494, 1996, S. 70–76.

Truffaut, François (1973): *Mr. Hitchcock, wie haben Sie das gemacht?* München, Wien (Orig. 1966).

Vallet, François (1991): *L'image de l'enfant au cinéma.* Paris.

Walberg, Hanne (2011): *Film-Bildung im Zeichen des Fremden. Ein bildungstheoretischer Beitrag zur Filmpädagogik.* Bielefeld.

Wallon, Henri (2003): Das Kind und der Film. In: *Montage av. Zeitschrift für Theorie und Geschichte audiovisueller Kommunikation. Digitales Kino / Filmologie und Psychologie* 12/1, S. 99–109 (Orig. 1971).

Wegner, Wenke (2003): *Körpersinn und Filmkritik. Zur Produktion eines neuen Wissens in den Texten von Frieda Grafe (1961–2002).* Bauhaus Universität Weimar (unveröff. Magisterarbeit).

– (2010): Berliner Schule. Zur Lehrkraft des Kinos in PLÄTZE IN STÄDTEN und DIE INNERE SICHERHEIT. In: Henzler, Pauleit u.a. 2010, S. 149–159.

Wegener, Claudia; Wiedemann, Dieter (Hg.) (2009): *Kinder – Kunst – Kino. Grundlagen zur Filmbildung aus der Filmpraxis.* München.

Weil, Simone (1952): *Schwerkraft und Gnade.* München.

Zahn, Manuel (2012): *Ästhetische Film-Bildung. Studien zur Materialität und Medialität filmischer Bildungsprozesse.* Bielefeld, 2012.

VI. Filmverzeichnis

Matthieu Amalric
  Les Yeux au plafond (F 1993)
Ray Ashley, Morris Engel, Ruth Orkin
  Der kleine Ausreisser (Little Fugitif), USA 1953)
Alain Bergala, Jean-Pierre Limosin
  Faux-fuyants (F 1983)
Alain Bergala
  Où que tu sois (F 1987)
  Incognito (F 1989)
  Pense à moi (F 1989)
Nathalie Bourgeois
  Jeunes Lumières (F 1995)
Ingmar Bergman
  Die Zeit mit Monika (Sommaren med Monika, Schweden 1952)
Robert Bresson
  Ein zum Tode Verurteilter ist entflohen (Un condamné à mort s'est échappé, F 1956)
  Pickpocket (F 1959)
  Zum Beispiel Balthasar (Au hazard Balthazar, F 1966)
Luis Buñuel
  Er (Él, Mexiko 1952)
Tim Burton
  Alice im Wunderland (Alice in Wonderland, USA 2010)
Charlie Chaplin
  Der Vagabund und das Kind (The Kid, 1921)
  Zirkus (The Circus, USA 1928)
Jacques Demy
  Eselshaut (Peau d'âne, F 1970)
Jacques Doillon
  Ponette (F 1996)
Carl Theodor Dreyer
  Die Passion der Jungfrau von Orleans (La passion de Jeanne d'Arc, F 1927/28)

Vampyr (F / D 1932)
Clint Eastwood
  A perfect World (USA 1993)
Sergej Eisenstein
  Streik (UdSSR 1925)
  Alexander Nevski (Aleksandr Nevskij, UdSSR 1938)
  Ivan der Schreckliche (Ivan Groznyj, UdSSR 1943–46)
Jean Eustache
  Die Mama und die Hure (La maman et la putain, F 1973)
  Meine kleinen Geliebten (Mes petites amoureuses, F 1974)
Viktor Fleming
  Der Zauberer von Oz (The Wizard of Oz, USA 1939)
John Ford
  Der schwarze Falke (The searchers, USA 1956)
Jean-Luc Godard
  Ausser Atem (À bout de souffle, F 1960)
  Die Geschichte der Nana S. (Vivre sa vie, F 1962),
  Die Verachtung (Le mépris, F 1963)
  Elf Uhr nachts (Pierrot le fou, F 1965)
  Passion (F 1982)
  Godard über Godard (JLG / JLG, F 1995)
  Histoire(s) du cinéma (F 1997–98)
  Moments choisis des Histoire(s) du cinéma (F 2004)
David Hand
  Bambi (USA 1942)
Howard Hawks
  Haben und nicht haben (To have and have not, USA 1944)

Alfred Hitchcock
    Jung und unschuldig (Young and innocent, GB 1937)
    Vertigo (USA 1958)
    Der unsichtbare Dritte (North by Northwest, USA 1959)
    Psycho (USA 1960)
    Die Vögel (The Birds, USA 1963)

Abbas Kiarostami
    Nan va kouchteh (IR 1970)
    The Passenger (Mossafer, IR 1974)
    Wo ist das Haus meines Freundes? (Kaneh-ye dust kojast?, IR 1987)
    Close-Up (Namay-e nazdik, IR 1990)
    Quer durch den Olivenhain (Zire-e Derakthan-e zeytun, IR 1994)

Takeshi Kitano
    Kikujiros Sommer (Kikujirô no natsu, J 1999)

Fritz Lang
    M – Eine Stadt sucht einen Mörder (D 1931)
    Das Schloss im Schatten (Moonfleet, USA 1955)
    Das indische Grabmal (D/F/I 1959)
    Das Todeshaus am Fluss (House by the river, USA 1959)

Ernst Lubitsch
    Sein oder Nichtsein (To be or not to be, USA 1942)

Auguste und Louis Lumière
    Le faux-cul-de-jatte (F 1896)
    Attelage d'un camion (F 1897)

Len Lye
    Rainbow Dance (UK 1936)

André Malraux, Boris Peskine
    Hoffnung (Sierra de Teruel, E 1945)

Jonas Mekas
    Notes on the Circus (USA 1966)

Friedrich-Wilhelm Murnau
    Sonnenaufgang (Sunrise – a song of two humans, USA 1927)

Yuri Norstein
    Der Igel im Nebel (Yozhik v Tumane, UdSSR 1975)

Norman Mac Laren
    Canon (Kanada 1964)

Djibril Diop Mambétys
    La petite vendeuse de soleil (Senegal 1999)

Cecil B. DeMilles
    Die zehn Gebote (The ten commandments, USA 1956)

Hayao Miyazaki
    Chihiros Reise ins Zauberland (Sen to Chihiro no kamikakushi, J 2001)

Kenji Mizoguchi
    Frau Oyu (Oyû-sama, J 1951)
    Erzählungen unter dem Regenmond (Ugetsu Monagatari, J 1953)

Michel Ocelot
    Azur et Azmar (F 2006)

Pier Paolo Pasolini
    Das erste Evangelium Matthäus (Il vangelo secondo Matteo, I/F 1964)

Arthur Pelechian
    The Seasons (Vremena Goda, UdSSR 1975)

Gilles Pontecorvo
    Kapo (I/F 1960)

Victor Renaud
    Ce gamin-là (F 1976)

Jean Renoir
    Eine Landpartie (Une partie de campagne, F 1946)

Alain Resnais
    Nacht und Nebel (Nuit et brouillard, F 1955)
    Hiroshima, mon amour (F 1959)

Hans Richter
VORMITTAGSSPUK (D 1928)
Yves Robert
DER KRIEG DER KNÖPFE (LA GUERRE DES BOUTONS, F 1962)
Eric Rohmer
VOLLMONDNÄCHTE (LES NUITS DE LA PLEINE LUNE, F 1984)
Georges Rouquier
FARREBIQUE (F 1946)
Roberto Rossellini
DEUTSCHLAND IM JAHR NULL (GERMANIA, ANNO ZERO, I / D 1948)
STROMBOLI (STROMBOLI, TERRA DI DIO, I 1950)
EUROPA 51 (I 1952)
REISE IN ITALIEN (VIAGGIO IN ITALIA, I 1953)
INDIEN, MUTTER ERDE (INDIA: MATRI BUHMI, I 1959)
Ben und Joshua Safdie
GO TO GET SOME ROSEMARY (USA / F 2010)
Vittorio de Sica
SCHUHPUTZER (SCIUSIA, I 1946)
FAHRRADDIEBE (LADRI DI BICICLETTE, I 1948)
UMBERTO D. (I 1951)
Pierre Schoendoerffer
DER HAUDEGEN (LE CRABE-TAMBOUR, F 1977)

Claire Simon
RECRÉATIONS (F 1992)
Céline Sciamma
TOMBOY (F 2010)
Jacques Tati
DIE FERIEN DES M. HULOT (LES VACANCES DE M. HULOT, F 1951/2)
TATIS HERRLICHE ZEITEN (PLAYTIME, F 1967)
François Truffaut
SIE KÜSSTEN UND SIE SCHLUGEN IHN (LES 400 COUPS, F 1959)
DIE AMERIKANISCHE NACHT (LA NUIT AMÉRICAINE, F 1973)
TASCHENGELD (L'ARGENT DE POCHE, F 1976)
Agnès Varda
JACQUOT DE NANTES (F 1991)
DIE SAMMLER UND DIE SAMMLERIN (LES GLANEURS ET LA GLANEUSE, F 2000)
Dziga Vertov
DER MANN MIT DER KAMERA (CHELOVEK S KINO-APPARATOM, UdSSR 1929)
Luchino Visconti
BESESSENHEIT (OSSESSIONE, I 1942)
DIE ERDE BEBT (LA TERRA TREMA, I 1948)
Orson Welles
CITIZEN KANE (USA 1941)

VII. Abbildungsnachweise

Soweit nicht anders vermerkt, wurden alle DVD-Screenshots von der Autorin selbst erstellt.

Cover: Screenshot aus den Filmen RAINBOW DANCE (DVD Petit à petit, le cinéma, Sceren-CNDP 2002), PONETTE (DVD Ponette, Sceren-CNDP 2004), L'ARGENT DE POCHE (Les Films du Carosse, F 1976), VIVRE SA VIE (Films de la Pléiade, 1962), NAN VA KOUCHTEH (DVD Où est la maison de mon ami, SCRERN-CNDP, F 2001), LADRI DI BICICLETTE (Produzione de Sica, I 1948)

1: LES CONTREBANDIERS DE MOONFLEET un film de FRITZ LANG (CNDP, F 2001)

2a–d: ATTELAGE D'UN CAMION in *LE CINÉMA, UNE HISTOIRE DE PLANS* (Les enfants de cinéma, AGAT Films & Cie, o.J.)

3a–t: *LE CINÉMA, UNE HISTOIRE DE PLANS* (Les enfants de cinéma, AGAT Films & Cie, o.J.)

4a–g: LES CHEMINS D'IRÈNE (Alain Bergala, Agat Films & Cie, F 1992); a,e,g: EUROPA 51

5a–d: JOUER PONETTE in L'ACTEUR AU CINÉMA (SCÉRÉN-CNDP, F 2008)

6a–d: PONETTE (SCÉRÉN-CNDP, F 2004)

7a–k: HISTOIR(E)S DU CINÉMA (1) toutes les histoires (Gaumont Pathé Archives)

8a–m: LES TROIS RENCONTRES (Cinémathèque française, 1996)

9a–b: PETIT À PETIT, LE CINÉMA (SCÉRÉN-CNDP, F 2002)

10a: DIE VERACHTUNG (Les films Concordia, Rome-Paris Films, Compagnia Cinematografia Champion, F 1963)

10b: TATIS HERRLICHE ZEITEN (Jolly Film, F 1967)

11a–w: LES CHEMINS D'IRÈNE (Agat Films & Cie, F 1992)

12a–d: LES CHEMINS D'IRÈNE (Agat Films & Cie, F 1992)

13a–i: *LE CINÉMA, UNE HISTOIRE DE PLANS* (Les enfants de cinéma, AGAT Films & Cie, o.J.)

14a–b: *LE CINÉMA, UNE HISTOIRE DE PLANS* (Les enfants de cinéma, AGAT Films & Cie, o.J.)

15a–e: Coverbilder der DVD-Edition *l'Eden cinéma* (SCÉRÉN-CNDP, F 2001–2012)

16a–f: PETIT À PETIT, LE CINÉMA (SCÉRÉN-CNDP, F 2002)

17a–i: PETIT À PETIT, LE CINÉMA (SCÉRÉN-CNDP, F 2002)

18a–q: PETIT À PETIT, LE CINÉMA (SCÉRÉN-CNDP, F 2002)

19: PETIT À PETIT, LE CINÉMA (SCÉRÉN-CNDP, F 2002), Illustration aus Lewis Caroll: *Alice's Adventures in Wonderland* (Mac Millan 1865, ©Pitrou)

20: CITIZEN KANE (Mercury / RKO, USA 1940/1)

21a–h: PETIT À PETIT, LE CINÉMA (SCÉRÉN-CNDP, F 2002): a: NOTES ON THE CIRCUS (Jonas Mekas, USA 1966); b: *Le Cirque* (Georges Seurat, 1859–1891, Musée d'Orsay, © RMN); c, h: RAINBOW DANCE (Len Lye, GPO Film Unit, UK 1936);

d: *Rhythme No 1* (Robert Delaunay, 1881–1941, Centre Pompidou MNAM-CCI Paris, © CNAC/MNAM Dist. RMN (Foto), © Succession Delaunay); e: *Acrobate*. Scheibe eines Phenakistiskops (1890, © Cinémathèque française); f: *Chevaux*. Chronophotographie (Étienne-Jules Marey, 1890); g: *Le Cirque de la série: Jazz* (Henri Matisse, 1869–1954, Centre Pompidou MNAM-CCI Paris, © CNAC/MNAM Dist. RMN (Foto), © Succession H. Matisse)

22a–i: LE POINT DE VUE (SCÈREN-CNDP, F 2007)

23a–c: LE POINT DE VUE (SCÈREN-CNDP, F 2007)

24a–f: JUNG UND UNSCHULDIG (Gaumont British, GB 1937)

25: Kopie einer Seite aus *Cahiers de notes sur JEUNE ET INNOCENT* (Les enfants de cinéma, o.J)

26: OÙ EST LA MAISON DE MON AMI? (SCÈREN-CNDP, F 2001)

27a–h: TASCHENGELD (Les Films du Carosse, F 1976)

28a–h: LES CONTREBANDIERS DE MOONFLEET UN FILM DE FRITZ LANG (SCÉRÉN-CNDP 2001)

29a–b: LE POINT DE VUE (SCÈREN-CNDP, F 2007)

30: MES PETITES AMOUREUSES UN FILM DE JEAN EUSTACHE (SCÈREN-CNDP, F 2005): Bildmontage aus PICKPOCKET und MEINE KLEINEN GELIEBTEN

Filmvermittlung

Alain Bergala
Kino als Kunst
Filmvermittlung an der Schule und
anderswo
Aus dem Französischen übersetzt von
Barbara Schärer, hg. von Bettina
Henzler und Winfried Pauleit
144 S. | Pb. |
ISBN 978-3-89472-449-8 | € 14,90

In *Kino als Kunst* widmet sich Alain
Bergala – theoretisch reflektiert und
praxisnah – der Frage, wie das
Medium Film heutzutage im
Schulunterricht eingesetzt werden
kann, um Kinder von klein auf für
das Kino zu begeistern und zu einem
kompetenten Publikum mit
vielfältiger ästhetischer Erfahrung
heranzubilden

Universitätsstr. 55 · D-35037 Marburg
Fon 06421/63084 · Fax 06421/681190
www.schueren-verlag.de

Filmvermittlung

Bettina Henzler/Winfried Pauleit (Hg.)
Filme sehen, Kino verstehen
Methoden der Filmvermittlung
240 S. | Pb. | 100 Abb. | € 19,90
ISBN 978-3-89472-538-9

Filme und Medien bieten sich dafür
an? Welche Rolle kommt Institutionen
wie dem Filmmuseum zu? Wie tragen
Filme zur Persönlichkeitsbildung bei?
Und inwiefern ist Film selbst eine
Vermittlungsinstanz?
Der vorliegende Band stellt aktuelle
Ansätze der Filmvermittlung von
Praktikern aus Deutschland, Frank-
reich, Österreich und der Schweiz vor.

Universitätsstr. 55 · D-35037 Marburg
Fon 06421/63084 · Fax 06421/681190
www.schueren-verlag.de

Neuerscheinung

Daniel Winkler
**Marseille! Eine Metropole im
filmischen Blick**
320 S. | viele Abb. | € 24,90
ISBN 978-3-89472-860-1

„Das Verhältnis zwischen Marseille
und Paris war stets von wechsel-
seitigem Misstrauen geprägt. Die
Machtansprüche des Zentrums
stießen im Lauf der Jahrhunderte
regelmäßig auf den rebellischen
Geist der Peripherie. Daniel Winkler
zeichnet diese Geschichte lebendig
nach. Sein Buch wird damit über
eine Filmanalyse hinaus zu seiner
spannenden Kulturgeschichte der
Stadt."
*Brigitte Voykowitsch, Radio Österreich
1 (Buch der Woche).*

Universitätsstr. 55 · D-35037 Marburg
Fon 06421/63084 · Fax 06421/681190
www.schueren-verlag.de

Neuerscheinung

Guido Kirsten
Realismus im Film
304 S., Klappbr., viele Abb. in Farbe
ZFS 32, € 38,00
ISBN 978-3-89472-832-8

Das Hauptinteresse des Buchs gilt
einer theoretischen Bestimmung des
filmischen Realismus, für den der
Autor zwei Ebenen unterscheidet:
Realismus des Films (als Bezeichnung
des besonderen Wirklichkeitsbezugs
des Mediums im Vergleich zu dem
anderer Medien) und Realismus im
Film (als spezifische Ästhetik, die sich
von anderen Filmästhetiken abgrenzt).

Universitätsstr. 55 · D-35037 Marburg
Fon 06421/63084 · Fax 06421/681190
www.schueren-verlag.de

Neuerscheinung

Henry Keazor (Hg.)
Hitchcock und die Künste
224 S. | 164 tw farbige Abb.
€ 19,90, | Pb.
ISBN 978-3-89472-828-1

Das meisterhafte filmische Schaffen
von Alfred Hitchcock hat Bezüge zu
zahlreichen anderen Disziplinen,
deren Betrachtung den Facetten-
reichtum seines Oeuvres erst wirklich
klar werden lässt. Seine Filme weisen
Bezüge zur Bildenden Kunst, zur
Literatur, Theater, Architektur, Musik,
Tanz, aber auch zur Kochkunst auf.
Sie zeigen die vielfältigen Interessen
Hitchcocks und sein Bestreben, für
seine Filme eine möglichst breite
Palette an Anregungen zu einem
Gesamtkunstwerk zu verarbeiten.

 Universitätsstr. 55 · D-35037 Marburg
Fon 06421/63084 · Fax 06421/681190
www.schueren-verlag.de

Neuerscheinung

Dominik Kamalzadeh/Michael Pekler
Terrence Malick
208 S. | Pb. | zahlr. Abb. | €19,90
ISBN 978-389472-819-9

Terrence Malick ist der visionäre
Außenseiter unter den US-Film-
regisseuren der Gegenwart. Sein Stil
ist unverwechselbar, fordernd und
bildgewaltig. Seit vierzig Jahren
verhandelt Malick in seinen poetisch
verschlungenen Filmerzählungen
*Badlands, Days of Heaven, The Thin
Red Line, The New World* und *To the
Wonder* die Geschichte vom „Traum"
Amerika, die Sehnsüchte und Begier-
den des Menschen, das Schauspiel der
Natur und die Verführung durch
Gewalt. Dieses Buch untersucht in
mehreren Essays das außergewöhnlich
sinnliche Kino von Terrence Malick.

Universitätsstr. 55 · D-35037 Marburg
Fon 06421/63084 · Fax 06421/681190
www.schueren-verlag.de